Weihnachten '99

Ein spannendes

Lesevergnügen

wünscht Dir

Dein Martin

Napoleon und Josephine

Evangeline Bruce

NAPOLEON UND JOSEPHINE

Das grandiose Bild einer Epoche

Aus dem Englischen von Monika Curths

Scherz

Die Originalausgabe erschien unter dem
Titel «Napoleon and Josephine» bei Scribner, New York.

Erste Auflage 1996

Inhalt

Für David und Sasha
in immerwährender Liebe

Paris 1995 mit einigen Hinweisen auf Stätten, die während der Revolution eine Rolle spielten

1. Place de la Révolution (Place de la Concorde)
2. Robespierres Haus
3. General Bonapartes Hauptquartier nach Vendémiaire
4. Tuilerien Reitschule, erster Sitz der Verfassunggebenden Versammlung
5. Jakobinerklub
6. Kirche St. Roch
7. Tuilerien, Schloß und Garten
8. Palais Egalité (Palais Royal)
9. Conciergerie (diente während der Franz. Revolution als Gefängnis)
10. Kathedrale Notre Dame
11. Kathedrale St. Sulpice
12. Palais du Luxembourg
13. Karmeliterkloster
14. Pentémont (Bernadinerkonvent)
15. Josephines Wohnung
16. Schwedische Botschaft, Madame de Staëls Hauptquartier
17. Ecole Militaire
18. Die Chaumière
19. Champs-Elysées

Jakobinermütze = Versammlungsorte der Revolutionäre

Gekreuzte Säbel = Massaker, Aufstände

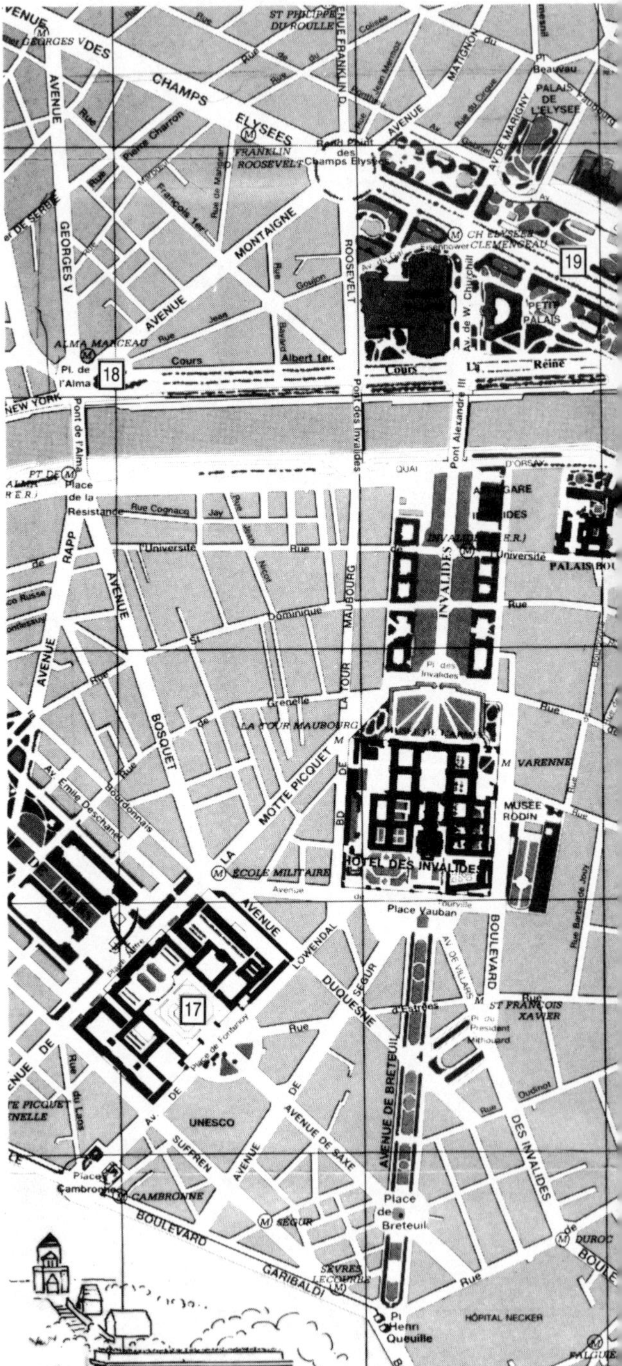

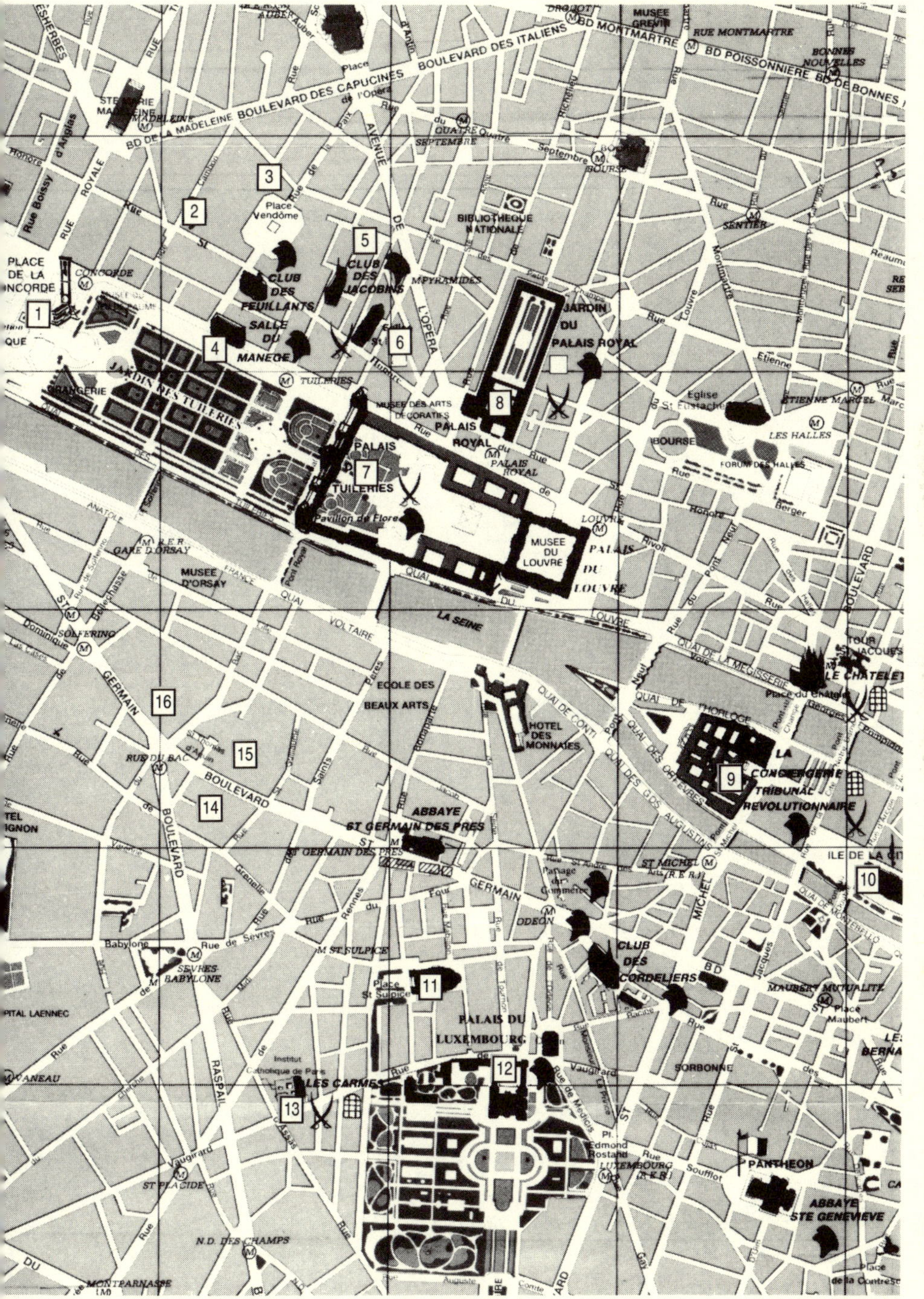
BOULEVARD DES CAPUCINES
BOULEVARD DES ITALIENS
BD MONTMARTRE
BD POISSONNIERE
RUE MONTMARTRE
BONNES NOUVELLES
MUSEE GREVIN
DROUOT
STE MARIE MADELEINE
MADELEINE
BD DE LA MADELEINE
QUATRE SEPTEMBRE
BOURSE
SENTIER
Place Vendôme
BIBLIOTHEQUE NATIONALE
PLACE DE LA CONCORDE
CONCORDE
CLUB DES FEUILLANTS
CLUB DES JACOBINS
SALLE DU MANEGE
PYRAMIDES
JARDIN DU PALAIS ROYAL
JARDIN DES TUILERIES
ORANGERIE
TUILERIES
MUSEE DES ARTS DECORATIFS
PALAIS ROYAL
PALAIS DES TUILERIES
Pavillon de Flore
Eglise St Eustache
ETIENNE MARCEL
LES HALLES
BOURSE
FORUM DES HALLES
MUSEE DU LOUVRE
PALAIS DU LOUVRE
LOUVRE
R.E.R. GARE D'ORSAY
MUSEE D'ORSAY
LA SEINE
QUAI VOLTAIRE
SOLFERINO
TOUR ST JACQUES
LE CHATELET
Place du Chatelet
QUAI DE LA MEGISSERIE
QUAI DE L'HORLOGE
ECOLE DES BEAUX ARTS
HOTEL DES MONNAIES
QUAI DE CONTI
QUAI DES GDS AUGUSTINS
QUAI DES ORFEVRES
LA CONCIERGERIE TRIBUNAL REVOLUTIONNAIRE
ILE DE LA CITE
RUE DU BAC
BOULEVARD ST GERMAIN
ABBAYE ST GERMAIN DES PRES
ST GERMAIN DES PRES
ST MICHEL
ODEON
CLUB DES CORDELIERS
MAUBERT MUTUALITE
Place Maubert
Rue de Sevres
SEVRES BABYLONE
HOPITAL LAENNEC
VANEAU
M ST SULPICE
Place St Sulpice
PALAIS DU LUXEMBOURG
Institut Catholique de Paris
LES CARMES
BOULEVARD RASPAIL
SORBONNE
Pl. Edmond Rostand
LUXEMBOURG (R.E.R.)
Rue Soufflot
PANTHEON
ABBAYE STE GENEVIEVE
ST PLACIDE
N.D. DES CHAMPS
MONTPARNASSE
Place de la Contrescarpe
1
2
3
4
5
6
7
8
9
10
11
12
13
14
15
16

Vorwort

Stendhal schrieb vor hundertfünfzig Jahren: «In der nächsten Jahrhunderthälfte wird die Geschichte Napoleons jedes Jahr neu geschrieben werden müssen.» Über Napoleon wurden inzwischen mehr Bücher geschrieben, als Tage nach seinem Tod vergangen sind, und auch über Josephine gibt es rund sechzig Biographien.

Der historische Zeitgeist bestimmte jeweils das Bild, das man sich von den beiden Persönlichkeiten machte. Je nach Ideologie wurde Napoleon als Sohn der Revolution, als Befürworter eines vereinten Europa oder als Erzdiktator und Propagandist gesehen. Josephines Ruf hat nahezu ebenso viele Metamorphosen durchlaufen.

In diesem Buch soll nicht der Versuch unternommen werden, den wissenschaftlichen Biographien, von denen mir viele eine große Hilfe waren, eine weitere hinzuzufügen. Was mich bewegt hat, war sowohl das faszinierende Zeitalter, in dem die beiden lebten, als auch der Einfluß, den sie auf das politische, gesellschaftliche und kulturelle Leben ihrer Epoche ausübten. Ich wollte die Ehe dieses ungleichen Paares als Rahmen benützen, um – in einem notwendigerweise äußerst selektiven Verfahren – eine Zeit umwälzender Veränderungen, eine Ära ähnlicher Gewalttätigkeit und Unberechenbarkeit wie die unsere darzustellen.

Zu großem Dank verpflichtet bin ich Monsieur Bernard Chevallier, dem Kurator des Musée de Malmaison, für die lehrreichen Besuche des Museums; ebenso Monsieur Jean-Pierre Samoyault, dem ehemaligen Kurator des Schlosses Fontainebleau, von dem ich vieles über die Geschichte des Palastes erfuhr. Ebenso danke ich Mademoiselle Benoit, der Bibliothekarin des Napoleonic Fonds Masson an der Bibliothèque Thiers, sowie Monsieur Luc Thévenon, der mir freundlicherweise Photographien von zwei Portraits aus dem Besitz des Musée d'Arts et d'Histoire im Palais Masséna in Nizza besorgte.

Besonders herzlich danke ich Pamela McClelland und Trudie Musson für ihre unentbehrliche Hilfe und Geduld; und dies gilt ebenso für Elizabeth Johnston, die immer wieder auf gekonnte und kluge Weise Ordnung in meine Entwürfe brachte.

Ich danke meiner ganzen Familie für ihre Unterstützung, besonders Nicholas Cabell Bruce und Virginia Surtees. Sehr zu danken habe ich auch Nicholas Henderson, Priscilla Bruce Jaretzki und Liliane de Rothschild für ihre Hilfe, ihren Rat und ihre Ermutigung; ebenso Douglas Matthews, John Saumarez Smith und Antonia Till, die so freundlich waren, mein Manuskript zu lesen, und wertvolle Anregungen und Ergänzungen lieferten.

Mein innigster Dank geht an Liliane Ziegel, die mir neben ihrer unschätzbaren professionellen Hilfe und unermüdlichen Suche nach brauchbarem Material auch ihr großes Wissen und ihre Freundschaft uneingeschränkt zukommen ließ.

1

Komm mit einer deiner Töchter oder mit beiden, aber beeile dich

Napoleons Josephine wurde am 23. Juni 1763 auf der Zuckerplantage ihrer Familie in der französischen Kolonie Martinique in Westindien geboren. Sie wurde auf den Namen Marie-Joseph-Rose getauft und war über die Hälfte ihres Lebens als Rose bekannt bis zu dem Tag, als der junge General Bonaparte seinen Brief mit den Worten begann: «Es ist sieben Uhr morgens: Süße und unvergleichliche Josephine, ich erwache erfüllt von Dir und der Erinnerung an unsere berauschende Nacht...»

Martinique war eine der Inselfestungen, die in dem unaufhörlichen Krieg um taktische Vorteile und die wertvollen Zuckerinseln in der Karibik von England an Frankreich und wieder an England gingen. Erst acht Monate vor Roses Geburt war Martinique nach achtjähriger britischer Besatzung wieder französisch geworden.

Westindien zu verlassen, um endlich einmal oder wieder Pariser Luft zu schnuppern, war der Traum jedes auf den Karibischen Inseln lebenden Franzosen – auch der von Roses Vater, Joseph Tascher de la Pagerie, der sich auf seiner Zuckerplantage langweilte und arg verschuldet war. Mit achtzehn Jahren war er als Page in den Hofstaat der Dauphine, der Mutter König Ludwigs XVI., aufgenommen worden, und die fünf Jahre, die er dort verbracht hatte, verglich er nun ständig mit dem provinziellen Inseldasein. Statt bei seiner Familie hielt er sich daher öfter in Fort Royal, der Hauptstadt der Insel, auf, wo er sich angeblich in Gesellschaft seiner schwarzen Mätresse beim Trinken und Spielen vergnügte.

Roses Geburt war für beide Eltern eine Enttäuschung. Der Vater hatte sich einen Sohn gewünscht, der in Paris in seine Fußstapfen treten sollte; und die Mutter glaubte, ein Sohn würde vielleicht ihre kränkelnde Ehe retten.

Nach der Geburt von zwei weiteren Töchtern leitete Rose-Claire de la Pagerie die Plantage, die sie in die Ehe gebracht hatte, praktisch allein. Das Anwesen lag oberhalb einer weiten Bucht mit drei kleinen Inseln und hieß Les Trois Ilets. Josephs Mißwirtschaft hatte dazu geführt, daß nur noch knapp ein Drittel der vormals hundertfünfzig Sklaven auf den Feldern und in der Zuckersiederei arbeiteten. Und nach dem Hurrikan von 1766, dem schlimmsten, den die Insel je erlebt hatte, wurde alles noch schwieriger.

In jener schrecklichen Sturmnacht des 3. August kauerte die dreijährige Rose zusammen mit ihrer Familie und den Sklaven in der Zuckersiederei. Die gesamte Insel wurde verwüstet. Der Sturm und eine Flutwelle hatten 48 Schiffe versenkt und 440 Menschen getötet. Auf Les Trois Ilets waren die Sklavenunterkünfte, das Krankenhaus und sogar die auf starken Pfählen errichtete Mühle verschwunden; die Zuckerrohrfelder waren dem Erdboden gleichgemacht.

Auch das geräumige und von luftigen Veranden umgebene Holzhaus der la Pageries war zerstört. Nach dem Sturm bezog die Familie das obere Stockwerk der Siederei, die mit ihren zweieinhalb Meter dicken Mauern als einziges Gebäude weit und breit stehengeblieben war. An zwei Seiten des Steingebäudes wurde eine niedere Galerie angebaut, und die provisorischen Wohnräume der Familie lagen über dem großen Rad und den lärmenden Walzen, mit denen das Zuckerrohr zerquetscht wurde. Nach einer guten Ernte hofften die la Pageries ein neues Wohnhaus zu bauen, aber sie sollten es nie soweit bringen. Mit Ausnahme von Rose blieben alle Familienmitglieder bis an ihr Lebensende in der Siederei wohnen. Die Sklavenquartiere wurden wieder aufgebaut, ebenso der hölzerne Turm mit der Glocke, welche die Feldsklaven bei Tagesanbruch – in Westindien das ganze Jahr über um halb sechs Uhr morgens – zur Arbeit rief, sowie das Sklavenkrankenhaus, die Wäscherei und der Taubenschlag. Der Blumengarten und die Gemüsebeete der Sklaven wurden wieder angepflanzt. Das ehemalige Gästehaus wurde nicht ersetzt, obwohl Gäste zu beherbergen auf den Antillen ebenso Brauch war wie im amerikanischen Süden vor dem Bürgerkrieg, und es hatte auch auf Les Trois Ilets Zeiten gegeben, wo gefüllte Rebhühner, Spanferkel und Krabben für Gäste zubereitet wurden, die von einer

Zuckerplantage zur anderen reisten und oft Wochen oder gar Monate blieben.

Auch wenn sich die Plantage nie von dem Wirbelsturm erholte, empfand die Familie den Mangel an einigen Annehmlichkeiten oder an Bargeld nicht als Not. Das Leben als Pflanzer war behaglich, und man konnte sich Sklaven leisten. Die ermüdende Luft, die langen Siestas, das gemächliche Leben in der Karibik, dies alles scheint zu Roses angeborener Indolenz und Nonchalance beigetragen zu haben, die selbst für dieses Klima bemerkenswert war. Sie wuchs in einer liebevollen, wenn auch nicht vollkommen glücklichen Familie auf. Als kleines Kind verbrachte sie die meiste Zeit, wie es damals üblich war, bei ihrer Amme Marion. Mit ihren beiden Schwestern Catherine und Manette, den Haussklaven und deren Kindern spielte sie im Schatten von Mango-, Zimtapfel- und Brotfruchtbäumen. Die Erinnerung an die farbenprächtigen Vögel der Insel, die Bougainvilleen, den duftenden Jasmin und die Orchideen begleitete Rose ihr ganzes Leben und sollte in ihren Gewächshäusern und Volieren wieder lebendig werden.

Mit zehn Jahren wurde Rose oder Yéyette, wie sie bei ihrer Familie und ihrer Amme hieß, nach Fort Royal auf der anderen Seite der Bucht in eine Klosterschule gebracht. Der Unterricht beschränkte sich auf das, was man damals für die Erziehung der Töchter der Pflanzeraristokratie für erforderlich hielt: gesellschaftliche Manieren, Lesen und Schreiben, Singen, Tanzen und Hofknicks. Die freien Tage verbrachte sie bei ihrer Großmutter, der alten Madame de la Pagerie, oder beim Bruder ihres Vaters, Robert Baron de Tascher, dem Hafenkommandanten. Die Unterhaltung der Mädchen drehte sich wie bei den Eltern fast ausschließlich um Paris, Hofklatsch, Namen und Geschichten von Persönlichkeiten in Versailles – und natürlich ums Heiraten.

Als Rose mit vierzehn Jahren nach Les Trois Ilets zurückkehrte, war sie in einem Alter, in dem viele Mädchen aus ihren Kreisen schon verheiratet waren. Eine Verlobung zwischen elfjährigen Kindern begüterter Familien war sowohl in Frankreich als auch in den Kolonien nichts Ungewöhnliches. Die sanftmütige und großzügige, ausgeglichene und zärtlich veranlagte Rose hegte aber nur den einen Traum: nach Paris zu gehen – und dies mit einer Beharrlichkeit, die ihrer sonst eher passiven Natur eigentlich fremd war. Als im Oktober 1777 Tante Désirées Brief aus Paris eintraf, schien dieser Traum in Erfüllung zu gehen.

Ohne die Hilfe seiner Schwester Désirée wäre es Joseph de la Pagerie wahrscheinlich nie gelungen, so vorteilhaft zu heiraten. Sie hatte einen ausgeprägten Familiensinn, war praktisch, ehrgeizig, entschlossen und in jeder Hinsicht das Gegenteil ihres Bruders. Da sie sich für das Glück seiner drei Töchter verantwortlich fühlte, drängte sie unaufhörlich, sie sollten zu ihr nach Paris kommen.

Als Roses Großvater, Gaspard Tascher de la Pagerie, 1726 aus Frankreich nach Martinique kam, war er wie die meisten seiner Generation von der Idee «Amerika» geblendet. Besonders in Westindien wurden tatsächlich große Vermögen gemacht. Die Inseln exportierten Zucker, Kaffee und Indigo; richtig reich werden konnte man vor allem mit Zuckerrohr, dem einzigen Rohstoff für Zucker bis zum Ende des Jahrhunderts. Santo Domingo, die reichste der karibischen Inseln, lieferte drei Viertel der Weltzuckerproduktion und war für Frankreich so wichtig, daß der König 1763 «ein paar Acker Schnee in Kanada opferte», wie Voltaire schrieb, für diese «Perle der Antillen». «Reich wie ein Kreole» war im 18. Jahrhundert eine bekannte Redewendung in Ländern, die Zuckerinseln in der Karibik besaßen, in Frankreich, England, Holland oder Dänemark.

Das Vermögen wurde gewöhnlich innerhalb von zwei Generationen gemacht. Dann kehrten die jungen Männer nach Frankreich zurück, um in Paris oder am Hof von Versailles ein luxuriöses Leben als «abwesende» Grundbesitzer zu führen. Ihre Pflanzungen wurden von Verwaltern, oft einem Familienmitglied, geführt. Gaspard de la Pagerie hatte es nicht zu dieser triumphalen Heimkehr gebracht, zum Teil infolge seines trägen Wesens. Wer auf den Zuckerinseln erfolgreich sein wollte, brauchte sowohl Kapital für den Erwerb der Plantage und der notwendigen Sklaven als auch Energie, und bei Gaspard haperte es an beidem. Das dritte unverzichtbare Attribut eines Pflanzers hatte er jedoch nicht vernachlässigt: die amtliche Eintragung eines ausführlich belegten Adelszertifikats, ohne das ein Pflanzer keinen Zugang zur politischen, wirtschaftlichen und gesellschaftlichen Welt der Inseln fand.

Gaspard war so unfähig und bald so verschuldet, daß er als Verwalter für andere Pflanzer arbeiten mußte, um seine Frau und seine fünf Kinder erhalten zu können. Mit Hilfe eines Bruders am Hof gelang es ihm, seinen Sohn Joseph, Roses Vater, als Pagen in Versailles unterzubringen. Als Joseph nach Martinique zurückkehrte, geriet auch er in Schulden. Die Situation war hoffnungslos und wäre es wohl auch geblieben, wäre da nicht Josephs Schwester

Désirée gewesen, die auf dem besten Weg war, einen ordentlichen Skandal auf den Inseln hervorzurufen und dem angeschlagenen Ruf der Familie la Pagerie zusätzlich zu schaden.

François de Beauharnais, der sich als Marquis bezeichnete, kam 1757 als der neu ernannte Gouverneur und Generalleutnant der französischen Besitzungen in Westindien nach Fort Royal. Beauharnais' Frau fand sofort Gefallen an Désirée Tascher de la Pagerie und lud sie ein, als ihre Gesellschafterin im Haus des Gouverneurs zu wohnen. Bald darauf verliebte sich Beauharnais, ein Mann von 42 Jahren, der schon zahlreiche Liaisons hinter sich hatte, bis über beide Ohren in die 19jährige Désirée. Sie wurde seine Mätresse, und er mußte sie anstandshalber unter die Haube bringen. Unter seinen Adjutanten fand er einen geeigneten Kandidaten – Alexis Renaudin von den Königlichen Musketieren, der noch nicht lange genug auf Martinique stationiert war, um Gerüchte über die Affäre gehört zu haben. Renaudins Vater, ein Pflanzer auf St. Lucie, erhob allerdings starke Einwände aufgrund des nicht besonders guten Rufs der Familie la Pagerie. Noch während der Ehevertrag ausgehandelt wurde, kreuzte Ende 1758 die britische Flotte vor Martinique auf, versuchte Truppen zu landen, und als dies nicht gelang, segelte sie weiter, um die benachbarte französische Inselkolonie Guadeloupe anzugreifen.

Der befehlshabende Offizier auf Guadeloupe bat den Gouverneur von Martinique, dem ein Kriegsschiff, acht Linienschiffe und drei Fregatten zur Verfügung standen, um Unterstützung. Aber von Fort Royal kam nichts als ein unerklärliches Schweigen, während sich die Einwohner von Guadeloupe ein Vierteljahr lang unter großen Verlusten verteidigten, bis Beauharnais endlich am 23. April 1759 mit seiner Flotte auslief, um am 27. April vor Guadeloupe zu erfahren, daß der Kommandant der Insel einen Tag zuvor kapituliert hatte. Ohne auch nur den Versuch zu machen, die Kolonie zurückzuerobern, kehrte Beauharnais nach Fort Royal zurück.

Ganz Martinique kannte den Grund für die dreimonatige Verzögerung, und bald kannte man ihn auch in Guadeloupe. Die Verhandlungen für Désirées standesgemäße Etablierung hatten Beauharnais völlig in Anspruch genommen, und erst nach Désirées Hochzeit mit Renaudin fand er Zeit, der belagerten Insel zu Hilfe zu eilen. In seinem Bericht nach Paris schob er die Verantwortung für die Kapitulation von Guadeloupe auf den Kommandanten und dessen Offiziere, die daraufhin unehrenhaft entlassen und zur Verbüßung einer lebenslangen Haftstrafe nach Paris geschickt wurden. Als dem Marineministerium in Paris das volle Ausmaß von Beauharnais' Niedertracht bekannt wurde, verlor der Gouverneur sein Kommando in Westindien und wurde nach Frankreich zurückbeordert. Er weigerte sich jedoch, Martinique und Désirée zu verlassen, und blieb noch ein ganzes Jahr mit der Begründung, seine Frau sei schwanger.

Inzwischen hatte Alexis Renaudin von der Affäre seiner Frau mit dem Gouverneur erfahren. Als ungestümer Mensch verprügelte er sie erst einmal und reiste dann nach Paris, um «angesichts des offenkundigen Fehlverhaltens meiner Ehefrau» eine gerichtliche Aufhebung der Ehe zu beantragen. Désirée folgte ihm kurzerhand nach Frankreich, um gegen die Scheidung Einspruch zu erheben und einen Anspruch auf Renaudins Einkommen anzumelden. Zuvor hatte sie mit Hilfe des ehemaligen Gouverneurs noch die Heirat ihres einfallslosen Bruders Joseph arrangiert, die weitaus vorteilhafter war als jede andere, auf die er ohne ihre Mitwirkung hoffen durfte.

Die Braut war Rose-Claire des Vergers de Sannois, ihre Familie eine der ältesten und angesehensten auf den Inseln. Die Verbindung kam wahrscheinlich nur zustande, weil Rose-Claire mit fünfundzwanzig Jahren schon fast über das heiratsfähige Alter hinaus war. Dazu kam, daß die Mutter der Braut, vormals Catherine Brown, angeblich irischer Abstammung war, aber ohne jeden weiteren Herkunftsnachweis, was auf den Inseln als wesentlicher Nachteil galt.

Nachdem Joseph auf Les Trois Ilets versorgt war, blieb Désirée noch einige Zeit, um bei der Taufe des neugeborenen Beauharnais-Babys Pate zu stehen. Danach reiste sie, begleitet von zwei befreiten Sklavinnen ihrer Mutter, nach Frankreich.

Das Ehepaar Beauharnais folgte ihr nach Paris, und weil man glaubte, der drei Monate alte Alexandre de Beauharnais werde die Strapazen einer Atlantiküberquerung nicht überleben, blieb das Kind bei Désirées Mutter. In Frankreich zog sich Madame de Beauharnais auf den Landsitz ihrer Familie zurück, und Désirée zog mit dem «Marquis» zusammen. Die beiden Frauen des «Marquis» schrieben sich in bestem Einvernehmen bis zum Tod von Madame de Beauharnais im Jahr 1767. Skandalös war nicht das Beauharnais-Renaudin-Verhältnis als solches; man war einzig schockiert, daß das Paar unter demselben Dach zusammenlebte. Eine Heirat kam nicht in Frage. Scheidungen gab es praktisch nicht, und Alexis Renaudins

Rache bestand darin, sich weitere 35 Jahre bester Gesundheit zu erfreuen.

Als der kleine Alexandre de Beauharnais fünf Jahre alt war, schickte ihn Désirées Mutter, die auch Roses Großmutter war, nach Frankreich, und nach dem Tod seiner Mutter wurde er von seiner Patentante Désirée im väterlichen Haus aufgezogen, und er liebte sie, wie er sagte, «als ob sie seine eigene Mutter wäre».

Als Alexandre siebzehn war, fand Désirée Renaudin, daß es nicht nur für ihren wenig vorsorgenden Bruder, sondern auch zur Festigung ihrer eigenen Position von Vorteil wäre, wenn die vierzigtausend Livres*, die Alexandre erben würde, in der Familie blieben, denn die zwei Beauharnais-Söhne sollten bei ihrer Volljährigkeit das beträchtliche Vermögen ihrer Mutter erhalten. Der ältere hatte sein Erbteil bereits bezogen und führte ein unabhängiges Leben. Der Marquis war finanziell abgesichert, denn seine Verbindungen am Hof hatten ihm statt einer Rüge ein großzügig bemessenes Ruhegeld verschafft sowie die offizielle Bestätigung des Titels, den er sich bereits selbst verliehen hatte.

Seit Rose fünf Jahre alt war, hatte Désirée Renaudin ihren Bruder gedrängt, ihr eine seiner Töchter zu schicken. Doch auf der Plantage war kein Geld da für zwei Schiffspassagen, und Roses Großmutter Sannois sah sich gezwungen, an Désirée zu schreiben: «Du hast mich gebeten, Dir meine älteste Enkelin zu schicken, aber ich bin dazu nicht in der Lage.»

Désirée Renaudin wußte aus eigener Erfahrung, wie unkultiviert ein in den Kolonien aufgewachsenes Mädchen in Paris wirkte. Die aristokratischen Familien beschränkten sich bei der Suche nach einem Vermögen für ihre Söhne in der Regel auf Töchter wohlhabender Pariser Finanziers und Erbinnen von den Zuckerinseln, wobei sie letztere bevorzugten, sofern ihr geringer Adelsstand verbürgt war. Man verzieh ihnen bereitwillig ihre Extravaganz und ihren sorglosen Umgang mit Geld. Die Hälfte der bedeutenden Familien am Hof waren Verbindungen mit Kreolinnen eingegangen (als Kreole wurde jeder Weiße bezeichnet, der in den Kolonien geboren wurde), die «eine nur ihnen eigene Anmut, eine lässige Sprache und unbekümmerte Bräuche mitbrachten». Sie regierten in Paris wie Königinnen. Ihr «herausfordernd träger Gang und ihre

* Ein Livre entsprach um 1780 knapp DM 5,–.

natürliche Eleganz wurden allgemein nachgeahmt, aber nie übertroffen».

Aber diese Mädchen waren nicht nur Erbinnen immenser Vermögen; sie waren zudem meistens schon als kleine Kinder nach Frankreich geschickt worden, um eine vornehme Erziehung zu erhalten. Bis Oktober 1777 hatte Désirée immer wieder darauf hingewiesen; nun drängte sie zur Eile. Eine ihrer Nichten, schrieb sie, solle sofort für eine geeignete Erziehung und als Braut für ihren Patensohn, den zwanzigjährigen Chevalier Alexandre de Beauharnais, nach Frankreich geschickt werden. Alexandre schilderte sie als einen Ausbund an Tugend. An sein großes Privatvermögen brauchte sie ihre Familie nicht zu erinnern und auch nicht an das an ein Wunder grenzende Glück einer solchen Verbindung. Normalerweise war in den wohlhabenden Familien eine Heirat ohne Mitgift praktisch unvorstellbar, es sei denn, die vorgeschlagene Partnerin stammte aus einer vornehmeren Familie. Der Marquis hatte Désirées Vorschlag dennoch bereitwillig akzeptiert; daß diese Verbindung für seinen Sohn wenig vorteilhaft sein würde, schien ihn nicht zu stören.

Roses Hoffnungen zerschlugen sich, als der nächste Brief aus Paris eintraf, in dem der Marquis de Beauharnais um die Hand der zwölfjährigen Catherine, der zweiten La-Pagerie-Tochter, bat. Alexandre sei der Meinung, schrieb der Marquis, daß Rose mit vierzehneinhalb Jahren zu nahe an sein Alter heranreiche. Catherine war jedoch eine Woche, bevor der Brief eintraf, an Tuberkulose gestorben. Joseph de la Pagerie informierte den Marquis umgehend und fügte hinzu, er werde sofort nach den Winterstürmen mit der elfjährigen Manette, seiner jüngsten Tochter, nach Paris kommen.

Aber Rose-Claire de la Pagerie und ihre Mutter hatten beschlossen, wenn eines der Mädchen in die Beauharnais-Familie, die nicht weniger skandalumwittert war als die eigene, einheiraten sollte, dann sollte es nicht die kleine Manette sein. Die beiden Frauen schrieben, Manette sei an einem Fieber erkrankt vor Kummer, ihr Zuhause verlassen zu müssen. Und da Rose nicht von ihrem Traum abzubringen war, legte Vater Joseph ein Wort für sie ein. «Das älteste Mädchen», schrieb er, «das mich oft gebeten hat, sie nach Frankreich zu schicken, wird sich gekränkt fühlen, wenn es so aussieht, als würde ich ihrer jüngeren Schwester den Vorzug geben. Sie hat eine sehr zarte Haut, schöne Augen, schöne Arme und eine erstaunliche Begabung für Musik. Sie sehnt sich danach, Paris zu sehen, und hat ein sehr liebenswürdiges Wesen. Ginge es nach mir, würde ich zwei

Töchter statt nur einer mitnehmen, aber wie kann man einer Mutter beide Kinder nehmen, nachdem sie der Tod erst vor kurzem des dritten Kindes beraubt hat?»

Dieser Brief kreuzte sich mit einem Brief des Marquis, der es nun ebenfalls eilig hatte. Mit seiner Gesundheit stehe es nicht zum besten, schrieb er, und die Vormunde seines Sohnes (vermutlich die Familie der verstorbenen Madame de Beauharnais) sähen sich im Falle seines Todes sicherlich anderswo als in Madame Renaudins Familie nach einer Braut um. Und Désirée schrieb zunehmend ungeduldig: «Komm mit einer Deiner Töchter oder mit beiden, aber beeile dich.»

Und so war es schließlich dank einer Reihe von Zufällen und wider Erwarten Rose, die nach Frankreich reiste.

Ihre dreimonatige Überfahrt im Herbst 1779 war ein Alptraum: Die Stürme auf dem Atlantik nahmen kein Ende; dazu kam die Angst, den feindlichen Briten in die Hände zu fallen. Nach ihrer Ankunft in Brest wurden sie und ihr Vater von Madame Renaudin und Alexandre abgeholt. Joseph de la Pagerie befand sich in so schlechtem Gesundheitszustand, daß sie die Rückreise nach Paris um etliche Tage verschieben mußten.

Alexandre de Beauharnais schrieb einen vorsichtig formulierten Brief an seinen Vater, in dem er ausführlich auf die von ihm getroffenen praktischen Maßnahmen einging – er hatte ein «Kabriolett in gutem Zustand» gemietet und warme Kleidung für Rose und ihre Zofe Euphémie besorgt. Am Schluß folgte eine kühle Würdigung seiner Verlobten: «Mademoiselle de la Pagerie wird Ihnen vielleicht weniger hübsch erscheinen, als Sie gehofft haben, aber ich denke, ihre Liebenswürdigkeit und ihr sanftes Wesen übertreffen sogar das, was man Ihnen darüber erzählt hat.»

2

Das verkommenste Geschöpf

Alexandre de Beauharnais hatte sich bereit erklärt, dieses Mädchen, das weder eine Mitgift noch einen besonderen Namen hatte, zu heiraten, um schon als Minderjähriger in den Besitz seines mütterlichen Vermögens zu kommen und um Madame Renaudin, die er aufrichtig liebte, gefällig zu sein. Zugleich hatte er seinem Vater das Versprechen abgerungen, daß er *cette demoiselle* nicht heiraten müsse, «sollten sie und er eine gegenseitige Abneigung verspüren».

Auf Roses Seite konnte von Abneigung nicht die Rede sein. Sie war hingerissen vom Anblick dieses gutaussehenden, eleganten Offiziers in der weißen Uniform mit den silbernen Aufschlägen und dem gepuderten blonden Haar und hatte keine Ahnung vom Ausmaß seines Verdrusses.

Er sah an seiner Verlobten nur die dickliche Figur, ihre Stupsnase und ein Gesicht, das keinerlei Lebhaftigkeit ausdrückte. Von dem zärtlichen Ausdruck ihrer Augen mit den deutlich ausgeprägten Lidern und ihrem später so berühmten Charme war noch nichts zu bemerken. Töricht und eingebildet wie Alexandre war, konnte er sein Entsetzen beim Anblick des unscheinbaren Mädchens kaum verbergen. Diese pummelige sechzehnjährige Provinzlerin konnte er unmöglich in die vornehme Gesellschaft einführen, in der er sich hervortun wollte.

Da er vom selben Lehrer unterrichtet wurde wie die Neffen des Duc de La Rochefoucauld, hatte er viel Zeit im Haus dieses führenden Liberalen verbracht. La Rochefoucauld war ein Freund von Benjamin Franklin, Übersetzer des Textes der Verfassung der dreizehn amerikanischen Staaten und ein hervorragender Vertreter jener

Alexandre, Vicomte de Beauharnais – Josephines erster Ehemann – von einem anonymen Künstler.
Er war sowohl gesellschaftlich als auch intellektuell ein Snob und konnte seine Enttäuschung kaum verbergen über die äußere Erscheinung seiner zukünftigen Frau, als er sie bei ihrer Ankunft aus Martinique zum ersten Mal sah. (Musée de la Malmaison – Bulloz)

uneigennützigen, idealistisch gesinnten Männer, die in der ersten Zeit der Revolution eine entscheidende Rolle spielen sollten. Sein Haus war ein Zentrum der jungen liberalen Aristokraten, die eine Erziehung nach den Grundsätzen der Aufklärung genossen hatten – eine Geisteshaltung, die sich in der *Encyclopédie* manifestierte, der vor knapp dreißig Jahren zum erstenmal veröffentlichten Anthologie von aufgeklärten Meinungen über Politik und Philosophie. Die *philosophes*, die sie zusammengestellt hatten, glaubten an eine egalitärere und demokratischere Ordnung der Gesellschaft, und Alexandre de Beauharnais hatte sich zumindest einiges vom Stil dieses Zirkels angeeignet. Aber er dachte nicht daran, irgendein Adelsprivileg aufzugeben oder die Ansichten der Gesellschaft der Freunde der Schwarzen, die La Rochefoucauld mit dem Ziel gegründet hatte, den Sklavenhandel abzuschaffen, in seinen Besitzungen in Santo Domingo in die Tat umzusetzen.

Dem Beispiel seines Vaters folgend, änderte Alexandre eigenmächtig seinen Titel Chevalier in Vicomte. Mit achtzehn hatte er bereits zahlreiche Liebschaften, über die er detailliert Buch führte, neben anderen Eigenschaften der jeweiligen Damen notierte er auch ihre Titel.

Als bereits über seine Heirat mit einer der La-Pagerie-Töchter verhandelt wurde, schrieb er regelmäßig aus der Bretagne, wo sein Regiment stationiert war, an Madame Renaudin, um sie über seine Eroberungen auf dem laufenden zu halten, und legte sogar einen Brief seiner augenblicklichen Geliebten bei, damit sich Désirée ein Urteil bilden könne über die Frauen, die er sich aussuchte. Ihr Name war Comtesse Laure de la Touche de Longpré, die später beträchtlichen Einfluß auf Roses Leben haben sollte. In jenem Brief wird auch erwähnt, daß sie ein Kind von Alexandre erwarte.

Nach ihrer Ankunft in Paris kümmerte sich Tante Désirée sogleich um die Aussteuer der Braut. Sie handelte einen Ehevertrag aus und errechnete die Kosten der Reise von Brest nach Paris, die sie, Alexandre und Monsieur de la Pagerie übernahmen; der Anteil des letzteren betrug 1264 Livres und 13 Sous.

Joseph de la Pagerie erklärte sich bereit, seiner Tochter eine Mitgift von 120 000 Livres abzüglich der Kosten für die Aussteuer zu bezahlen, zahlbar «nach seinem Ermessen» (die Bedeutung dieses Euphemismus war allen klar). Inzwischen sollte Rose fünf Prozent Zinsen auf diese Summe erhalten.

Die Hochzeit fand im Dezember in bescheidenem Rahmen statt. Von der Familie der Mutter des Bräutigams war niemand erschienen, und der Vater der Braut war noch zu krank, um dabei zu sein. Das junge Paar zog nach der Hochzeit sogleich bei Tante Désirée und dem Marquis ein. Alexandre kehrte zu seinem Regiment zurück und überließ den Familienhaushalt für immer längere Zeiten sich selbst. Madame Renaudin erklärte seine häufige Abwesenheit mit militärischen Pflichten, und Rose fand zunächst alles in Ordnung.

Die frischgebackene Vicomtesse de Beauharnais war wie betäubt von ihrem Glück und vollkommen zufrieden mit ihrem gutaussehenden Mann, ihrer Aussteuer und den drei Schmuckstücken, einem Armband, Ohrringen und einer Armbanduhr, die ihr Alexandre geschenkt hatte. Sie scheint das Leben auf der Plantage nicht vermißt zu haben, weder die Wärme noch die Blumen, die ihre spätere Passion wurden.

Paris war so verführerisch, wie sie sich das vorgestellt hatte. Nicht einmal der verwahrloste Zustand der Stadt schien sie zu erschrecken. Das Haus der Beauharnais lag in dem noch mittelalterlichen Ostteil der Stadt in einer Straße, die so schmal war, daß kein Sonnenstrahl in die hohen Häuser drang. In der Mitte der Rue Thévenot floß ein stinkender Bach aus Schlamm, Abwasser und dem Blut aus den Buden der Schlachter. Die Pariser bemerkten den Gestank angeblich nicht, aber jeder Fremde, der ihn zum erstenmal in die Nase bekam, wurde halb ohnmächtig davon. In diesem alten Stadtteil lagen Verwahrlosung und Luxus eng beisammen; es gab keine ausschließlich reichen oder ausschließlich armen Viertel.

Auch der Gegensatz zwischen dem zwanglosen Lebensstil in der Zuckersiederei von Les Trois Ilets und den dunklen kalten Räumen des Beauharnais-Hauses erschreckte Rose nicht, während selbst Besucher aus nordeuropäischen Ländern sich über die mangelnde Wärme in den zugigen Pariser Häusern beklagten. Aus einem eisigen Treppenhaus betrat man gewöhnlich ein Vorzimmer, das als Speisezimmer benutzt wurde (solche besonderen Eßzimmer gab es allerdings nur selten). Dann folgte ein Salon, von dem aus man die ineinandergehenden Schlafzimmer erreichte. Diese waren so kalt, daß sowohl Männer als auch Frauen ihre Schlafmützen erst abnahmen, wenn morgens das Kaminfeuer brannte.

Eine ungewohnte Ablenkung boten der Lärm und der Trubel auf den Pariser Straßen. Am frühen Morgen ratterten die Karren mit den Erzeugnissen der Landleute zu den Markthallen im Stadtzentrum,

Straßenverkäuferinnen boten den Passanten mit lauten Rufen Kaffee an, und die Friseure pfiffen gellend, während sie mit Brennschere und Haarpuder von Haus zu Haus eilten. Ein paar Stunden später erbebten die Häuser, wenn die schweren, staubigen Postkutschen mit Reisenden aus der Provinz vorüberrollten, gefolgt von den geschlossenen Kutschen der Adeligen und Reichen, den Kabrioletts der Ärzte und Rechtsanwälte und den Droschken. Die jungen Herren, die auf Einspännern mit riesigen Rädern durch die Straßen rasten, saßen so hoch, daß ihre Köpfe auf gleicher Höhe mit den Fenstern der zweiten Stockwerke waren. Gelegentlich mußte der ganze Verkehr einer Herde Kühe Platz machen oder einer plötzlich auftauchenden Meute von Jagdhunden und Reitern, die einen Hirsch bis in die Stadt verfolgten. Das Geschrei der sich überholenden Kutscher, das Knallen ihrer Peitschen und der Lärm der über das Kopfsteinpflaster polternden Wagen waren ohrenbetäubend. Um nicht überfahren zu werden, preßten sich die Fußgänger gegen die Hauswände oder flüchteten in Toreinfahrten; und wenn es regnete, wurden sie von den Pferden mit dem Schmutzwasser aus dem Bach in der Mitte der Straße bespritzt. Gegen zwei Uhr nachmittags erreichte dieses Tohuwabohu seinen Höhepunkt, und es endete erst, wenn die Arbeiter – Maurer, Steinmetze und Zimmerleute – nach Hause gingen und die letzten Cafés nach Mitternacht schlossen.

Für Rose wurde das Pariser Straßenleben zu einer ihrer wenigen Zerstreuungen. Denn mehr als ein paar Einkaufsausflüge konnten ihr Tante Désirée und der Marquis aufgrund ihrer zweifelhaften gesellschaftlichen Stellung nicht bieten, und Alexandre war offenbar nie zu Hause.

Sie wartete zuversichtlich auf die Einladung aus Versailles, für die ein wappengeschmücktes höfisches Kleid mit einer sechs Meter langen Schleppe vorgeschrieben war; doch als sie eine Vorstellung bei Hof zur Sprache brachte, wurde sie scharf zurechtgewiesen. Der selbsternannte «Vicomte» hatte nach den strengen Regeln von Versailles kein Recht auf eine solche Ehre. Die Genealogen am Hof hatten sogar herausgefunden, daß die Familie Beauharnais bereits in einer früheren Generation «wegen widerrechtlicher Aneignung von Titeln» bestraft worden war.

Trotz der egalitären Prinzipien, die Alexandre im Munde führte, soll dies ein so schwerer Schlag für seinen Stolz gewesen sein, daß die üble Behandlung, die er Ludwig XVI. und Marie Antoinette während der Revolution zuteil werden ließ, darauf zurückgeführt wurde. Daß Rose auf diese Ehre wesentlich mehr Anspruch hatte als er, ärgerte ihn besonders. Rose war von niedrigem, aber authentischerem Adel als er, und sie konnte es mit der früheren Stellung ihres Vaters am Hof beweisen.

Alexandres seltene Besuche zu Hause waren wenig erfreulich. Er war entsetzt über Roses mangelhafte Erziehung. In Briefen, die er ihr aus den Landhäusern von Freunden schrieb, empfahl er ihr, sich über römische Geschichte zu informieren und zeitgenössische Theaterstücke auswendig zu lernen. Aber sie schien sich auf nichts konzentrieren zu können. Alexandre beklagte sich bei Madame Renaudin, Rose sei «ein *objet*, das mir nichts zu sagen hat». Wie sollte sein «zärtliches Herz eine Frau lieben, die nicht imstande war, die langen Pausen zwischen den Liebesergüssen zu füllen»?

Rose jedoch schätzte diese «Ergüsse». Sie war verliebt in ihren Mann und genoß die körperliche Beziehung. Als ihr klar wurde, daß seine «militärischen Verpflichtungen» aus Gesellschaften, Bällen und Landpartien bestanden, machte sie ihm heftige Eifersuchtsszenen, die Alexandre wegen der altmodischen und – schlimmer noch – bürgerlichen ehelichen Treue, die sie von ihm erwartete, empörend fand.

Doch Alexandre war nicht ganz auf der Höhe seiner Zeit. Die Promiskuität und Liebeleien des vorangegangenen Zeitalters waren *out*; jetzt waren Zärtlichkeit und echtes Gefühl die neue Mode. Jean-Jacques Rousseau, das Idol dieser Generation, predigte eine neue Moral, die nicht auf der reinen Vernunft basierte, sondern auf dem Gefühl. Mit seinen politischen und sozialkritischen Schriften bewirkte er eine Revolution in der Literatur, der Mode, den Sitten und in der Einstellung zu den zwischenmenschlichen Beziehungen. Die jungen Menschen wehrten sich gegen einige der skeptischen Lehren der Aufklärung und übernahmen Rousseaus Kult der Empfindsamkeit, die als «der unmittelbare Ausdruck starken Fühlens» definiert wurde.

In Alexandres engstem Kreis befürwortete man eine konstitutionelle Regierungsform. Die jungen Männer waren entschlossen, Rousseaus Forderung, «der Menschheit nützlich zu sein», in die Tat umzusetzen. Sie stellten sich einen Idealstaat vor auf den Grundlagen von Vernunft, Gerechtigkeit und Antiklerikalismus. In den ersten Tagen nach der Revolution versuchten sie eine konstitutionelle Monarchie für Frankreich aufzubauen.

Obwohl einige nur von persönlichem Ehrgeiz getrieben wurden, glaubten doch die meisten von ihnen an gleiche Rechte und sozialen Fortschritt. Anfang der 1780er Jahre zählten zu dieser Gruppe unter anderen der Ökonom Pierre Samuel Dupont de Nemours, der Publizist Mirabeau, der später als «Maulwurf der Revolution» gefeierte Abbé Sieyès, Louis de Narbonne, der während einer Phase der Revolution Kriegsminister wurde, und der für seinen Scharfsinn und seinen ausschweifenden Lebenswandel gleichermaßen berühmte, klumpfüßige Abbé Charles-Maurice de Talleyrand.

Außerdem gehörten die «Amerikaner» zu diesem Kreis – jene jungen Franzosen, die freiwillig im Amerikanischen Unabhängigkeitskrieg gekämpft hatten und glaubten, in der Neuen Welt Rousseaus Vision von der idealen Republik gefunden zu haben. Ihr Anführer war der Marquis de Lafayette.

Aber den Ton des geistigen und politischen Lebens im Paris von damals bestimmten Frauen. Ihre Autorität fußte auf einer über hundertjährigen Tradition der Salons. Noch nie in der französischen Geschichte war ihr Einfluß auf sittliche Haltungen, Politik und Meinungsbildung so groß gewesen wie in den Jahren vor der Revolution. Für diese weibliche Elite gab es nur wenige gesellschaftliche Schranken. Die zukünftigen Konstitutionalisten trafen sich ebenso regelmäßig in den Salons gebildeter Schauspielerinnen und Kurtisanen wie in den Häusern, die sie als ihre Zentren betrachteten: die Schwedische Botschaft oder das Palais Royal. In diese beiden Salons soll Alexandre seine Frau mitgenommen haben. Beide Gastgeberinnen, die sehr unterschiedliche Ansichten vertraten, sollten im Leben von Napoleon und Josephine eine Rolle spielen.

Zu Félicité de Genlis' «Dienstagen» traf man sich im Palais Royal, der prächtigen Residenz ihres Liebhabers, des Duc d'Orléans, dem Ersten Prinzen von Geblüt und Vetter des Königs. Hier diskutierte man nicht über «die Entwicklung eines sozialen Bewußtseins und die Verfeinerung der Empfindsamkeit» nach Rousseauschen Prinzipien wie in den üblichen vorrevolutionären Salons, sondern pflegte einen zynischen Ton, der sich mehr an dem zeitgenössischen Roman «Gefährliche Liebschaften» zu orientieren schien, den der engste Freund des Herzogs von Orléans, Choderlos de Laclos, veröffentlicht hatte. Hier war die oppositionelle Stimmung gegenüber dem Hof bereits im wesentlichen revolutionär. Man spendete heimlich

Geld für Störmanöver, die den Thron schwächen sollten. Ziel dieses Kreises war eine konstitutionelle Monarchie mit dem Duc d'Orléans an der Spitze.

Félicité de Genlis selbst war hübsch, ehrgeizig und etwas spröde. Ihre übertriebene Prüderie paßte nicht ganz zu ihrer allbekannten Affäre mit Orléans. Ein Hauch von Pedanterie und Humorlosigkeit sollen ihre feinsinnige Konversation gelegentlich beeinträchtigt haben.

Roses zweiter Besuch führte sie in das Hauptquartier der «Amerikaner» und der künftigen Konstitutionalisten – in den Salon von Germaine de Staël in der Schwedischen Botschaft. Hier war das eigentliche Zentrum des politischen Lebens, der Treffpunkt aller irgendwie liberal Gesinnten und der Gegenpol des Palais Royal. Die Gastgeberin war die Tochter des schweizerischen Bankiers Jacques Necker, der seit 1777 französischer Finanzminister war, ein Idol des Hofs und die Hoffnung aller Reformer.

Germaine hatte sich, als sie siebzehn war, geweigert, den 24jährigen englischen Premierminister William Pitt zu heiraten, weil sie die Vorstellung unerträglich fand, Paris zu verlassen, und nicht in einem Land leben wollte, wo sich die Frauen nach dem Essen zurückzogen, damit die Männer ungestört politisieren konnten.

Der Finanzexperte Necker wurde in der schlechten wirtschaftlichen Situation, in der sich das Land befand, für so wichtig gehalten, daß ihm sogar der König bei der Suche nach einem Ehemann für die protestantische Germaine behilflich war. Nach mehrjährigen Verhandlungen wurde der Botschaftsangestellte Eric-Magnus de Staël vom schwedischen König geadelt und zum Botschafter seines Landes gemacht; und damit Neckers Tochter in Paris bleiben konnte, wurde im Ehevertrag festgelegt, daß der König von Schweden seinen Botschafter niemals abberufen werde.

Eric de Staël war froh, mit der großzügigen Mitgift seine Spielschulden begleichen zu können; während Germaine mit ihrer Meinung über ihren Gatten nicht lange hinter dem Berg hielt. «Von allen Männern, die ich niemals lieben könnte», sagte sie, «ist er derjenige, der mir am liebsten ist.» Einen Tag nach ihrer Hochzeit verkündete die zwanzigjährige Frau des Botschafters, «Politik und Liebe» seien ihre Zwillingsleidenschaften. Ihre «Donnerstage» wurden zu einem Mittelpunkt des Pariser Lebens.

Obwohl sie mit ihrer stämmigen Figur und den stark ausgeprägten Zügen – einem «Löwenmaul», wie böse Zungen sagten – für damalige Begriffe keine Schönheit war, hatte sie doch wunderschöne Augen und einen unbestritten schönen Busen und war Zeit ihres Lebens der Mittelpunkt höchst emotionaler Verstrickungen. Von Félicité de Genlis wurde sie als plumpe und «insgesamt höchst peinliche Person» bezeichnet, aber selbst die kritischsten Männer gaben zu, daß ihre Art der Konversation nicht minder verführerisch war als alle körperlichen Reize.

In einer Zeit, als Konversation eine Kunst war, bezauberte Germaine de Staël ihre Zuhörer mit ihrem funkelnden Witz, ihrem Enthusiasmus und ihrem scharfen Verstand. Obwohl sie später gegenüber dem Herzog von Wellington äußerte, «Politik ist mein Leben», unterhielt man sich in der Schwedischen Botschaft genauso engagiert über Literatur, Geschichte, Philosophie, das Theater und sparte auch den Gesellschaftsklatsch nicht aus.

Talleyrand, Lafayette und Louis de Narbonne, der große Herzensbrecher und Germaines erster Liebhaber, besuchten sie täglich, begierig nach Neuigkeiten, politischen Strömungen und dem einen oder anderen Tip. Politiker, Gelehrte und Literaten aus dem In- und Ausland strömten in ihren Salon. Frauen waren eher seltene Gäste; die witzigste unter ihnen war die achtzehnjährige Aimée de Coigny, deren Schönheit und liberale Ansichten Napoleon so irritieren sollten.

In jenem Jahr schickte Präsident Washington einen neuen Gesandten, Gouverneur Morris, nach Europa, der die Berichte der amerikanischen Repräsentanten in England und Frankreich überprüfen sollte. Morris sammelte einen Großteil seines Materials, das er an George Washington schickte, an den Donnerstagen der Madame de Staël. Er besuchte auch die meisten der anderen Pariser Salons und berichtete über die dort vorherrschenden politischen Meinungen, vom Kreis der Anhänger einer absoluten Monarchie um Aglaë de Simiane bis zum Salon von Julie Talma, einer Schauspielerin und ehemaligen Kurtisane, die eine radikalere Gruppe um sich scharte. Ihre Gäste, zu denen auch der Maler und später fanatische Revolutionär Jacques-Louis David gehörte, stritten oft bis spät in die Nacht, so daß diejenigen, die einen weiten Heimweg hatten, auf den Stühlen in ihrem kleinen Haus schliefen, das später als das Heim der Bonapartes zu Berühmtheit gelangen sollte. Aber selbst hier, schrieb Madame de la Tour du Pin, «sprachen vernünftige Menschen nur von der Abschaffung von Mißständen. Das Wort ‹Revolution› fiel nie. Hätte es jemand benutzt, man hätte ihn für verrückt gehalten.»

Morris notierte in seinem Tagebuch, daß diese Salons unvergleichliche Möglichkeiten boten, um in Paris Verbindungen anzuknüpfen. Besonders häufig sah man Morris bei Adèle de Flahaut, in die er sich ein wenig verliebt hatte. Adèle war jedoch *mariée de cœur*, wie sie sich ausdrückte, mit dem 34jährigen Abbé Talleyrand; ihre Liaison währte zehn Jahre, und ihr gemeinsamer Sohn sollte im Leben der Bonapartes eine wichtige Rolle spielen.

Diese Frauen also waren es, die Alexandre bewunderte. Auch Rose war von ihren dezidierten Meinungen und ihrer geläufigen und anspielungsreichen Redeweise beeindruckt.

Doch vorerst durfte sie in diesen Kreisen nicht mehr verkehren. Alexandre schrieb empört an Madame Renaudin: «Wenn wir ausgehen, erwartet sie, daß ich nur ihr Beachtung schenke. Sie ist eifersüchtig geworden und will wissen, was ich tue, was ich schreibe...» Und war er einmal zu Hause, überschüttete ihn Rose mit Vorwürfen, für die er sich mit scheinheiligen Predigten rächte, die vor allem seine «Tugend»* zum Thema hatten.

Im September 1781 wurde ihr Sohn Eugène geboren. Kurz danach überredete Madame Renaudin ihren zügellosen Patensohn zu einer Italienreise; vielleicht hoffte sie, eine vorübergehende Trennung von seinen Geliebten und dem gesellschaftlichen Leben würde seiner Ehe guttun. Seine Briefe von dort sind eine Mischung aus aufgeblasenen Belehrungen und Selbstmitleid. Er beneidet seine Familie um das Glück, das glanzvolle Pariser Leben genießen zu dürfen, was sicherlich auf keinen der drei zutraf. Seine Vergnügungen seien «von anderer Art und keine reine Freude... Die Bewunderung von Gemälden und Statuen wird mich für meine Abwesenheit trösten, die mir, das schwöre ich Euch, mehr abverlangt, als Ihr glaubt.» Stil und Inhalt dieser Briefe sagen alles über diesen Mann, der durch Rose zum Ahnherrn der königlichen Familien von Belgien, Dänemark, Norwegen, Schweden, Luxemburg, Italien, Portugal und Brasilien sowie zum Großvater von Napoleon III. wurde.

Als Alexandre im Juli 1782 nach Paris zurückkehrte, war seine Familie in ein auf seinen Namen gemietetes Haus im neuesten und elegantesten Teil von Paris umgezogen. Die Straße verlief parallel

* Dieser Lieblingsausdruck Rousseaus, ein Schlüsselwort während der Revolution, bedeutete in den 1780er Jahren nur irgendein persönliches Opfer zum Wohl der Allgemeinheit.

zum Vorort St. Honoré, der erst kurz zuvor auf dem Gelände von Gärtnereien und Sümpfen westlich der heutigen Place de la Concorde entstanden war. Die Aristokratie war aus dem Marais auf das linke Seineufer gezogen, während die Finanzwelt die Place Vendôme bewohnte und prächtige Häuser aus hellem Kalkstein entlang dem Faubourg St. Honoré baute. Als in den 1780er Jahren die zinnenbewehrten Stadtmauern geschleift wurden, war dies für die Stadt wie eine Befreiung aus einem steinernen Korsett. Entlang der Waldschneisen, die früher nur als Reitwege dienten, konnte jetzt gebaut werden. Ganze Abschnitte wurden zu einer einzigen riesigen Baustelle, wo Tag und Nacht bei doppelter Bezahlung gearbeitet wurde. Große Wohnhäuser entstanden innerhalb von zwei Monaten, die Oper in 75 Tagen. Es war, «als ob Paris noch in aller Eile die letzten Stunden der Ruhe vor dem Sturm genießen wollte».

Alexandre gefiel das neue Haus. Er war dank des Einflusses von La Rochefoucauld inzwischen zum Major befördert worden, und da er befürchtete, ohne aktiven Dienst nie ein Kommando über ein Regiment zu erhalten, meldete er sich freiwillig, um mit seinem Regiment in Übersee gegen die Briten zu kämpfen, die voraussichtlich erneut Martinique angreifen würden.

In der Nacht vom 6. September schlich er sich heimlich aus dem Haus (Rose hatte ihn gebeten, sie nicht wieder allein zu lassen), um nach Brest zu fahren. Bevor sein Schiff auslief, tauschte das Ehepaar noch Briefe aus. Als Rose ihm mitteilte, daß sie erneut schwanger sei, schien er sich zu freuen, beschwerte sich aber bald darauf, daß mehrere Kuriere aus Paris ohne einen Brief von seiner Frau gekommen waren. Andere Offiziere erhielten regelmäßig Post von ihren Frauen, «nur ich, der mehr als sie die Zärtlichkeit meiner anderen Hälfte verdiene – nur ich werde im Stich gelassen». Und einer seiner Briefe endet: «Ich schreibe als ein Mann, der weiß, daß er von vielen geliebt und begehrt wird.»

In seinem letzten Brief aus Brest berichtete er Madame Renaudin, daß Laure de Longpré, seine frühere Geliebte, mit demselben Schiff nach Martinique reisen werde. Sie war seit kurzem Witwe und wollte auf den Inseln ihr väterliches Erbe geltend machen. Er bat die Damen, Laures kleine Kinder in Paris zu besuchen (von denen eines sein Kind war), und man möge ihm ein Lottospiel schicken – dies sei ein Vorschlag von Madame de Longpré –, damit er sich die Zeit an Bord vertreiben könne.

Schließlich konnte das Schiff *La Vénus* bei günstigem Wind

auslaufen. In Martinique besuchte Alexandre zunächst Les Trois Ilets. Er schrieb, daß er enttäuscht sei von der heruntergewirtschafteten Plantage und schockiert von der offensichtlichen Tatsache, daß Joseph de la Pagerie selbst Hand anlegen müsse. Anschließend hielt er sich bei Roses Onkel, Baron Tascher, in Fort Royal auf. Von der Überfahrt berichtete er, er habe mit Laure Lotto gespielt, doch «obwohl mich das Spiel oft langweilte, wurde ich durch das Vergnügen ihrer Gesellschaft reichlich belohnt».

Er hatte keine begeisterte Reaktion von Rose erwartet, die inzwischen im siebten Monat schwanger war. Sie schrieb nicht mehr an ihn direkt, sondern ausschließlich an ihre Familie. Auf diesem Weg erfuhr er von der Geburt seiner Tochter Hortense und von Roses Verärgerung. «Du erwähnst mich nur», schrieb er zurück, «um zu sagen, Du seist geheilt von den lebhaften Gefühlen, die ich einst in Dir geweckt habe.»

Als Laure de Longpré von der Geburt erfuhr, verkündete sie vor einer großen Gesellschaft in Fort Royal, Hortense könne nicht von Alexandre sein, weil das Kind zwölf Tage vor Ablauf der neun Monate nach Alexandres Rückkehr aus Italien geboren wurde. Als nächstes fuhr sie mit Alexandre nach Trois Ilets und bestach einen Sklaven, damit er eine Aussage über sexuelle Verfehlungen der jungen Rose mache, die er später gegenüber Madame de la Pagerie wieder zurücknahm.

Am 8. Juli schrieb Alexandre an Rose: «Madame, hätte ich Ihnen in meinem anfänglichen Zorn geschrieben, hätte meine Feder das Papier verbrannt... Sie sind in meinen Augen das verkommenste Geschöpf... Und was soll ich von diesem letzten Kind halten, das acht Monate und einige wenige Tage nach meiner Rückkehr aus Italien geboren wurde? Ich schwöre beim Himmel, daß es von einem anderen ist... Ich ersuche Sie, sich sofort nach Erhalt dieses Briefes in ein Kloster zu begeben.»

Mit der für ihn typischen Kaltschnäuzigkeit besuchte Alexandre die la Pageries, bevor er Westindien verließ – für eine militärische Aktion war er zu spät gekommen –, und wunderte sich über die bitteren Vorwürfe von Roses Vater: «Das ist also das einzige Ergebnis Ihres glorreichen Feldzugs, den Sie gegen den Feind führen wollten! Sie haben nur gegen den Ruf meiner Tochter Krieg geführt und Schande über uns alle gebracht.»

Madame de la Pagerie schrieb ihrer Tochter, sie möge doch auf die Plantage zurückkommen. Aber das kam für Rose nicht in Frage. Im

November 1784 zog sie sich in ein «Kloster» zurück und unternahm, unter Anleitung von Tante Désirée, die ähnlich gegen ihren Mann vorgegangen war, die nötigen Schritte für eine gerichtliche Aufhebung der ehelichen Gemeinschaft. Sie verteidigte sich erstaunlich beherzt, indem sie die Einzelheiten der Intrige schilderte, die in Martinique gegen sie gesponnen wurde, und anhand einer Liste mit Daten nachwies, daß Alexandre in den vier Jahren ihrer Ehe ganze zehn Monate mit ihr verbracht hatte. Resolut bestand sie darauf, daß «es für die Klägerin unmöglich ist, so viele Beleidigungen hinzunehmen»; dies nicht zu tun, schulde sie sich und ihren Kindern.

Roses Antworten bei der Befragung durch einen Beamten des königlichen Zivilgerichts zeigen bereits eine Veränderung ihres Erscheinungsbilds. In einem Brief, den der Sekretär von Maître Joron am selben Abend an seine Frau schrieb, heißt es, Madame de Beauharnais sei «eine elegante und vornehme Dame mit vollkommenen Manieren. Sie hat eine Menge guter Eigenschaften und die entzückendste Stimme.» Rose lebte damals erst seit ein paar Wochen in der Abtei Pentémont in der Rue de Grenelle.

Alexandre versuchte sich auf verschiedene Weise zu rächen. Im Februar 1785 ließ er Eugène entführen – Rose wandte sich an den Profos von Paris, um ihren Ehemann zur Herausgabe des Jungen zu zwingen –, dann verlangte er von Rose seine Möbel aus dem Pariser Haus und sämtlichen Schmuck zurück, den sie von ihm bei ihrer Hochzeit bekommen hatte. Rose wandte dagegen ein: «Monsieur de Beauharnais müßte besser als jeder andere wissen, daß er nach seiner Rückkehr aus Martinique alle Möbel verkauft hat.» Und was den Schmuck betraf, sagte sie, habe sie von den vielen Stücken, die auf der Rechnung des Juweliers aufgeführt seien, nur drei erhalten.

Rose lag inzwischen vor allem daran, ihre Freiheit zurückzugewinnen; sie war entschlossen zu kämpfen. Sie drohte ihrem Mann mit einem öffentlichen Prozeß. Im März 1785 kam es zu einer gütlichen Einigung. Alexandre zog seine sämtlichen Anschuldigungen zurück, da er keinerlei Beweise vorbringen konnte, entschuldigte sich für seinen Brief aus Martinique und gewährte Rose eine Jahresrente von 5000 Livres. Eugène blieb bis zu seinem fünften Lebensjahr bei seiner Mutter und verbrachte später alle Sommermonate bei ihr. Hortense blieb ganz bei Rose. Alexandre besuchte seine Tochter sogar im Haus ihrer Amme auf dem Land, brachte ihr Spielsachen mit und schien seine beiden Kinder aufrichtig zu lieben.

Der Winter 1784 war der eigentliche Beginn von Roses Leben in Frankreich. Das Kloster Pentémont war mehr ein elegantes Damenstift mit einzelnen Apartments und gemeinschaftlichen Wohnräumen, wo sich aristokratische Damen in ähnlicher Situation wie Rose de Beauharnais einige Monate lang zurückziehen konnten.

Im Alter von einundzwanzig Jahren begann Rose, die von ihrem Mann wegen ihres mangelnden Eifers so streng getadelt worden war, zu lernen und sich Dinge zu merken, die sie interessierten – in diesem Fall die Manieren und das Auftreten von gebildeten Frauen, die sie in der Abtei kennenlernte, von Frauen, wie sie Alexandre bewunderte. Sie beobachtete ihr Verhalten, übernahm ihren Akzent, den modischen Jargon und sogar ihre Ansichten, so daß sie sich bald ebenso elegant ausdrücken konnte, sowohl in einem Gespräch als auch in den scheinbar spontanen kleinen Bemerkungen, die ihr besonderes Merkmal werden sollten. Und sie entwickelte bereits hier ihre unnachahmliche Kunst, in jeder Situation vollkommen natürlich und entspannt zu wirken. Sie perfektionierte ihren eigenen Stil mit bemerkenswert anmutigen Gesten und Bewegungen und einem verführerischen Gang, der zu ihrer angeborenen Trägheit paßte. Mit scheinbar eisernem Willen schaffte sie es auch, aus ihrem etwas formlosen Körper eine schlanke Gestalt zu machen. Die «dicken Bäckchen», von denen Alexandre gelegentlich gesprochen hatte, verschwanden. Er hatte die ins Auge fallenden Reize seiner Frau nie bewundert, weder die zierliche Stupsnase noch die ein wenig schräg stehenden, halb geschlossenen Augen* mit den langen Wimpern. Ihre faszinierende Stimme mit dem leicht kreolischen Akzent – «melodiös» und «wie eine Liebkosung» würde Napoleon sie nennen – war ihr größter Vorzug.

Die neue Mode, die Mitte der 1780er Jahre aufkam, hätte eigens für Rose erfunden sein können, zu der die steifen Brokatroben, hochhackigen Schuhe und komplizierten Frisuren der Damen des 18. Jahrhunderts nie so recht paßten. Rousseaus Ideal vom ländlichen Leben spiegelte sich in den leichten weißen Kleidern wider, die jetzt sogar im Winter getragen wurden. Ländliche Eleganz wurde zur Mode durch Marie Antoinettes Trianon und ein neues Portrait von ihr, das in jenem Jahr in der Akademie hing. Die ältere Genera-

* Ihre Farbe ist ein Geheimnis. Gewöhnlich werden sie als tiefblau beschrieben; auf Portraits sind sie häufig dunkelbraun. In einem Paß wird als Augenfarbe schwarz angegeben, in einem anderen «orange».

tion war empört über das weiße Musselinkleid, in dem die Malerin Vigée-Lebrun die Königin gemalt hatte. Auch gepudertes Haar war nicht mehr modern, seit Rousseau erklärt hatte, die Armen hätten kein Brot, weil aus Weizenmehl Haarpuder hergestellt wurde; und die Jugend fand, ungepuderte Locken sähen zu Strohhüten und schlichten Kleidern, die nur mit einer Schärpe zusammengehalten wurden, natürlicher aus.

Daß Spitzen und Seidenstoffe verschwanden, hätte wie eine Sparmaßnahme aussehen können, wenn diese täuschend schlichten Baumwollkleider nicht ein enormer Luxus gewesen wären. Damit sie ihr strahlendes Weiß behielten, schickten die Damen aus Versailles und Paris «ihre Wäsche zum Waschen nach Santo Domingo, genauso wie sie ihre Hemden in Curaçao anfertigen und ihr Porzellan in China reparieren ließen».

Aber Sparsamkeit war für Rose nie ein Thema. Seit ihrer Zeit im Pentémont würde sie bis zu ihrem Tod kaum jemals keine Schulden haben. Eine ihrer Hauptbeschäftigungen blieb immer, sich auf eine sehr persönliche, aber stets geschmackvolle Weise zu kleiden, und die Pariser sollten deswegen immer besonders stolz auf ihre Kaiserin sein.

Die «kleine Amerikanerin», als die Rose bekannt war – ein Ausdruck, der für jede Frau von den Antillen oder aus Amerika angewendet wurde –, hatte es nicht eilig, das Pentémont und ihre Freunde dort zu verlassen. Im September 1785 entschloß sie sich dann aber doch, zu Hortense, Madame Renaudin und dem Marquis nach Fontainebleau zu ziehen. Sie waren dorthin übersiedelt, nachdem Alexandre das Pariser Haus leergeräumt hatte. Eugène, der inzwischen sieben Jahre alt war, lebte wie im Trennungsvertrag vorgesehen bei seinem Vater.

Obwohl man sich in Paris auf den Straßen, in den Salons, den einflußreichen Freimaurerlogen und den Cafés über Verfassungsreformen und die finanziellen Probleme des Landes die Köpfe heiß redete, drehte sich das Leben in Fontainebleau vor allem um die Männer und Frauen, die mit dem Königshof verbunden waren, das Schloß verwalteten und die Jagden organisierten für das regelmäßig aus Versailles kommende königliche Gefolge.

Rose wurde nie bei Hofe vorgestellt, aber sie durfte an den Probejagden vor der Ankunft des Königs teilnehmen. Im Herbst 1786 war der König aus Sparsamkeitsgründen ohne seine Gemahlin und nur für zwei oder drei Tage gekommen. Es war sein letzter Besuch in Fontainebleau.

Der Marquis de Beauharnais hatte, ebenfalls aufgrund der von Necker getroffenen Sparmaßnahmen, zwei Drittel seiner Bezüge eingebüßt, und was er von seiner Plantage in Martinique erhielt, reichte nicht aus, um den Verlust wettzumachen.

In dieser Zeit entwickelte sich Rose zu einer meisterhaften Bittstellerin. Sie erreichte mit ihren Briefen ein Darlehen von ihrem Notar und eine Ermäßigung ihrer Kopfsteuer; ihre in sanfterem Ton gehaltenen Briefe an ihren Vater, in denen sie um das versprochene Jahresgeld und die Zinsen aus ihrer Mitgift bat, blieben jedoch ohne Erfolg.

Die finanziellen Sorgen schienen Rose nicht sonderlich zu belasten. Es war eine Situation, die sie von Kind an kannte. Auch Alexandre kam seinen Verpflichtungen ihr gegenüber nur unregelmäßig nach. Als 1788 Gerüchte aufkamen, der König werde die Generalstände einberufen, nahmen seine politischen Ambitionen konkretere Formen an; überdies beanspruchten ihn neue und kostspielige Damenbekanntschaften, so daß man ihn in der Familie kaum noch sah.

Auch Rose hatte angeblich mehrere Liebschaften. Nach der Zurückweisung durch ihren Ehemann schien sie sich ihre Attraktivität ständig beweisen zu müssen. Die sinnliche und kokette junge Frau, der eindeutig Unrecht getan worden war, lockte besonders etwas ältere Männer an, Männer, die verheiratet waren und über Einfluß am Hof verfügten. Nach Napoleons Sturz wurden viele Geschichten über ihre Promiskuität verbreitet. Zu ihren Bewunderern in Fontainebleau zählte der elegante Chevalier de Coigny und der Duc de Lorge. Vielleicht war einer von ihnen der Grund für Roses fluchtartige Abreise aus Frankreich im Juni 1788.

Die Tante war ernsthaft erkrankt. Eugène sollte für den Sommer nach Fontainebleau kommen. Aus Les Trois Ilets waren weder gute noch schlechte Nachrichten eingetroffen. Dennoch unternahm sie diese Reise.

Ihr plötzlicher Aufbruch verlief panikartig. Rose borgte sich von Madame Renaudin tausend Livres, verkaufte ihre Harfe und fuhr, ohne ein Wort über ihr Vorhaben und fast ohne Kleider und Gepäck, mit der fünfjährigen Hortense nach Le Havre, wo sie an Bord des nächstbesten Handelsschiffs nach Martinique ging.

Jeder wußte, daß Rose sich vor einer neuerlichen Schiffsreise über den Atlantik fürchtete. Was konnte sie zu dieser überstürzten Abreise bewegt haben? Obwohl ihre mangelnde Diskretion während des Konsulats und ihrer Zeit als Kaiserin legendär wurde und sie «mit ihrer angeborenen kreolischen Unmoral» über ihre Nächte mit Napoleon und andere intime Dinge später völlig ungeniert sprach, konnte sich niemand erinnern, daß sie diese Reise und den Grund dafür jemals erwähnte. War sie auf die Inseln geflüchtet, weil sie hoffte, dort auf die sicherste Weise eine ungewünschte Schwangerschaft zu beenden? Resultierte daraus vielleicht ihre spätere Unfruchtbarkeit? Hortense, die verständlicherweise auf den guten Ruf ihrer Mutter bedacht war, nennt in ihren Memoiren als Grund für diese Reise den schlechten Gesundheitszustand von Roses jüngster Schwester, die an Skorbut dahinsiechte, und beschreibt die Situation ihrer Mutter zum damaligen Zeitpunkt als «glänzend».

Rose scheint jedoch mehr Zeit in Fort Royal als auf Les Trois Ilets verbracht zu haben. Sie erschien auf Bällen und Soupers, wo sie mit den Offizieren der vor Anker liegenden französischen Kriegsschiffe tanzte und flirtete. Vom Haus ihres Onkels, Baron Tascher, schrieb sie an Tante Désirée und bat sie, ihr fünf Paar englische Strumpfbänder, ein Dutzend Fächer und ein Musselinballkleid zu schicken. Von den Liebhabern, die sie damals gehabt haben soll, war einer mit ziemlicher Sicherheit der junge Marineoffizier Graf Scipion du Roure.

Ein royalistischer Marinekommandant erinnerte sich in der Zeit nach Napoleon in seinem Tagebuch, daß er im Jahr 1789 Madame de Beauharnais kennenlernte, «die während unserer jüngsten unrechtmäßigen Glanzzeit eine so große Rolle gespielt hat. Ohne ausgesprochen hübsch zu sein, war die Dame trotzdem anziehend wegen ihrer Aufmachung, ihrer Fröhlichkeit und ihrer Gutmütigkeit... Sie setzte sich ziemlich offen über die öffentliche Meinung hinweg... Da ihre Mittel sehr beschränkt waren und sie gern Geld ausgab, war sie häufig gezwungen, auf die Geldbörsen ihrer Bewunderer zurückzugreifen.»

Rose blieb zwei Jahre auf der Insel, vielleicht weil sie nicht das nötige Geld für zwei Schiffspassagen nach Frankreich hatte. Im Sommer 1790, ein Jahr nach der Erstürmung der Bastille, bildeten die Schwarzen auf den französischen Antillen nach Pariser Vorbild Komitees und Versammlungen und forderten teilweise oder völlige Gleichberechtigung mit den weißen *Martiniquais*. Als auf der Insel die Nachricht eintraf, daß die Gesellschaft der Freunde der Schwarzen in der Pariser konstituierenden Versammlung die völlige Abschaffung der Sklaverei verlangt hatte, kam es zu Krawallen. Im Juni 1790 meuterte ein Teil der in Fort Royal stationierten Truppen und schloß sich den Sklaven, den freigelassenen Schwarzen sowie den unterprivilegierten Weißen an.

Trotzdem verblieb Rose diesen Sommer über mit Hortense in der Hauptstadt, wo das gesellschaftliche Leben unverändert weiterging. Am Vorabend des 3. September wurde sie gewarnt, ein Angriff der Meuterer und verbündeten Schwarzen, die bereits die umliegenden Forts besetzt hielten, stehe unmittelbar bevor. Ohne Geld und ohne Gepäck lief sie mit Hortense zum Hafen und flüchtete sich auf die Fregatte *La Sensible*, auf der Graf du Roure Dienst tat. Eine Kanonenkugel, erzählte Hortense später, sei nur wenige Meter von ihnen entfernt eingeschlagen, als sie über den Platz rannten, auf dem heute die lebensgroße Marmorstatue der Kaiserin Josephine steht.

In der Nacht eröffneten die Aufständischen das Feuer auf die in der Bucht ankernde Flotte. Die Schiffe konnten sich mit knapper Not aus der Reichweite der Küstenbatterien retten. Die Flotte kreuzte drei Tage vor Martinique, ohne eine Nachricht aus Fort Royal zu erhalten; dann drehte sie in Richtung Heimat ab. Zweiundfünfzig Tage später landeten Rose und Hortense in Toulon. Scipion du Roure borgte ihnen das Fahrgeld nach Paris.

3

Ich bin eine Amerikanerin

Äußerlich hatte sich Paris durch die Revolution kaum verändert. In der Stadt war noch immer einiges von dem Optimismus und der Hoffnung auf eine bessere Zukunft zu spüren, die nach dem Sturm auf die Bastille am 14. Juli im Jahr zuvor aufgekommen waren. In den Sommermonaten nach Roses überstürzter Abreise herrschte in Paris große Aufregung, weil aufgrund der wirtschaftlichen Notlage eine Versammlung der Generalstände nach Versailles einberufen werden sollte.

Aus Beauharnais' Kreis hatten ausnahmslos alle als Deputierte für diese Versammlung kandidiert, und im Mai 1789 waren diese künftigen Konstitutionalisten einschließlich Lafayette, Abbé Talleyrand, der inzwischen Bischof geworden war, und Alexandre gewählt worden. Sie kamen nach Versailles in der Hoffnung, politische und fiskalische Reformen einzuführen, das bestehende System von Privilegien und Ungleichheit abzuschaffen und die Macht der Monarchie durch eine Verfassung zu beschränken.

Im Juni 1789, nachdem sich der Dritte Stand zur Verfassungsgebenden Versammlung erklärt hatte, schienen sich die Hoffnungen von Alexandres Gruppe auf eine friedliche Lösung zu erfüllen. Für diese Männer war der unerwartete Gewaltausbruch vom 14. Juli kaum mehr als ein bedauerlicher Vorfall.

Gerüchte, wonach der König die Versammlung auflösen und Jacques Necker, den Hoffnungsträger für eine neue Ordnung, ins Exil schicken wolle, hatten in den östlichen Pariser Vorstädten einen bewaffneten Pöbel auf die Straßen getrieben. Hunderttausend Menschen waren zur Bastille marschiert und hatten den Kommandanten der Festung ermordet. Obwohl sich in diesem Gefängnis nur sechs «Opfer der Tyrannei» befanden – fünf Verbrecher und ein Wahnsinniger –, stellte ihre Befreiung einen ungeheuren moralischen Sieg über den König dar. In Versailles schleuderten die Abgeordneten ihre Hüte in die Luft, und ganz Europa jubelte.

Als nach dem Sturm auf die Bastille die Unruhen anhielten, aufgespießte Köpfe und menschliche Herzen auf Pieken durch die Straßen getragen wurden und der Mob im November in das Schloß von Versailles eindrang, die Wachen tötete und die königliche Familie zwang, in die Tuilerien nach Paris zurückzukehren, begann der Optimismus nachzulassen, und einige flüchteten ins Ausland. Aber allgemein glaubte man doch, die Revolution von 1789 sei vorbei; nur wenige ahnten, daß sie gerade erst begonnen hatte.

Im Oktober 1790, als Rose de Beauharnais nach Paris zurückkehrte, waren nächtliche Patrouillen und die überall anwesende neue Pariser Miliz, Lafayettes Nationalgarde, die einzigen sichtbaren Hinweise auf die Ereignisse des Sommers 1789. Die Cafés blieben die Zentren der politischen Agitation und Diskussion. Doch das eigentliche Nervenzentrum des revolutionären Paris war die Versammlung, die sich mit dem Entwurf für eine Verfassung für Frankreich beschäftigte und Brennpunkt des leidenschaftlichen Interesses des ganzen Landes war. In diesem Monat war Alexandre der gewählte Präsident der Konstituante. Roses Ehemann war in Paris ein berühmter Mann geworden, und seinem Hang zur Rhetorik boten sich schier unbegrenzte Möglichkeiten. Er sprach über Religion und den Status der Juden, die Presse, die Armee, die Marine, seine Elogen über Tugend wurden besonders bewundert.

Als die Versammlung nach Paris umzog, wurde die königliche Reitschule in den Tuilerien in aller Eile umgestaltet und mit Gipsfiguren von berühmten Römern und grün gepolsterten Sitzbänken versehen. Madame de Beauharnais nutzte ihren bekannten Namen, um Plätze auf der Galerie zu bekommen, die begehrter waren als Opernkarten. Germaine de Staël saß in der ersten Reihe und schickte den Rednern kleine Briefe, in denen sie ihnen zu ihren Ansichten gratulierte und sie in die Schwedische Botschaft einlud, während Félicité de Genlis, die auf Nummer Sicher ging, nachdem sich die Meinung bereits gegen Philippe d'Orléans zu wenden begann, stets in Begleitung des siebzehnjährigen Sohns von Orléans erschien, ihrem Schutzbefohlenen, dem späteren Bürgerkönig Louis-Philippe.

In den literarischen Zirkeln, Raucherclubs und Freimaurerlogen wurden hitzige Debatten geführt. Die Salons waren einflußreicher denn je. Rose war dort eine weitgehend unbemerkte Besucherin. Germaine de Staëls Salon in der Schwedischen Botschaft galt immer noch als das Zentrum der Vertreter der Gemäßigten, und es war bekannt, daß Germaines Stimme bei der Besetzung von Regierungsämtern ein gewisses Gewicht hatte. Deputierte kamen auf dem Weg zur Versammlung bei ihr vorbei, um ihre Reden zu proben; jede neue Broschüre und jedes Pamphlet wurde kritisch und leidenschaftlich diskutiert.

Rose lernte dort alle einflußreichen Männer der Stunde kennen: Gemäßigte wie den Marquis de Lafayette; den pockennarbigen und großartigsten Redner der Konstituante, Graf Mirabeau; den Abbé Sieyès, Verfasser der berühmten Streitschrift *Was ist der Dritte Stand*; Alexandres Schirmherrn La Rochefoucauld; Charles-Maurice de Talleyrand, der an seinem humpelnden Gang und seiner überheblichen Miene sogleich zu erkennen war und der ein Jahr zuvor, als er unbedingt als Delegierter der Generalstände gewählt werden wollte, seine offizielle Mätresse Adèle de Flahaut verlassen hatte, um Madame de Staël erfolgreich den Hof zu machen. Sein siegreicher Wahlfeldzug bestätigte sein Vertrauen in die politische Macht der Frauen, «die besser als jeder Mann imstande sind, den Interessen eines Freundes oder Liebhabers zu dienen». Adèle hatte sich gerächt, indem sie sich in die Arme des amerikanischen Gouverneurs und späteren Botschafters Morris warf, der ebenfalls täglich in die Schwedische Botschaft kam, um die neuesten Nachrichten nach Washington berichten zu können. Aber der willkommenste Gast war der gutaussehende, intelligente und arrogante Comte Louis de Narbonne, der Germaines Liebhaber und dank ihres Einflusses 1792 Kriegsminister wurde.

Unter den eher «linken» Mitgliedern der Konstituante freundete sich Rose mit dem deutschen Prinzen Friedrich von Salm-Kyrburg und seiner Schwester an und wurde bald ein regelmäßiger Gast in deren Palais.*

Inmitten all dieser politischen und sozialen Strömungen schien Rose sich zu keiner Seite besonders hingezogen zu fühlen. «Ich bin zu faul, um Partei zu ergreifen», schrieb sie an Tante Désirée. Im Augenblick wollte sie begehrenswert und einflußreich sein in Alex-

* Es ist das heutige Maison de la Légion d'Honneur.

andres Welt, und es gelang ihr tatsächlich in zunehmendem Maß, die radikaleren Gruppen, zu denen es Alexandre hinzog, mit ihrem Charme zu beeindrucken. Talleyrand sagte später, sie sei intelligent genug gewesen, um zu wissen, wann sie den Mund halten mußte.

Der Name der Citoyenne Beauharnais genügte, um Zutritt zu jeder politischen Versammlung zu erhalten. Daß sie ihren Titel verloren hatte, war eine der ersten Entdeckungen, die Rose nach ihrer Rückkehr nach Frankreich machte. Thomas Jefferson hatte in dem von Idealismus geprägten Sommer 1789 den liberalen französischen Adligen vorgeschlagen, sich von der Aristokratie zu trennen. Alexandre de Beauharnais war einer der begeistertsten Befürworter gewesen, als in der berühmten Nacht des 4. August 1789 die «Amerikaner», gefolgt von Dutzenden anderer Abgeordneter, in der Versammlung die Abschaffung der Standesprivilegien durchsetzten. Ein royalistischer Journalist verglich die Deputierten mit den Japanern, «die es für eine Ehre halten, sich in Gegenwart anderer eigenhändig die Kehle durchzuschneiden».

Doch der Titel «Bürgerin», der so schick römisch klang, entschädigte sie dafür. Zudem hatten sie und Hortense, die ohne jedes Gepäck an Bord der *Sensible* gegangen waren, das Vergnügen, sich völlig neu einzukleiden, natürlich nach der neuen asketischen Mode. Die Citoyenne Beauharnais trug Kleider aus «ärmlichen», rot, blau und weiß gestreiften Stoffen (rot und blau waren die Farben der Stadt Paris, weiß die der bourbonischen Königsfamilie) und Leinenhüte *à la Constitution*. Man trug Schmuck aus Eisen oder Stahl, wenn kein Stein von der zerstörten Bastille zu ergattern war. Madame de Genlis trug einen Bastillestein als Medaillon mit der Aufschrift *Liberté* aus Diamanten.

Die Bürgerin Beauharnais, die von Krediten lebte und das Geld leichtsinnig ausgab, wohnte bei ihrer Freundin Dominique Hosten in der Rue St. Dominique. Zu ihrem Haushalt gehörten außer ihren Kindern ihre Zofe Euphémie aus Martinique, Hortenses Gouvernante Marie Lannoy, ein Diener sowie der Mops Fortuné. Dieser ständig bellende und ausnahmslos jeden angreifende Hund, der Napoleon, als er zum erstenmal mit Rose schlief, ins Bein biß, war der erklärte Liebling seiner Herrin.

Inzwischen waren Roses Vater und ihre Schwester Manette gestorben. Wegen der britischen Blockade der Inseln konnte Madame de la Pagerie kein Geld an Rose schicken, und Alexandre zahlte nach wie vor unregelmäßig. Roses Schuldenberg wuchs, während die

Lebenshaltungskosten dramatisch stiegen. Vor den Bäckereien standen die Menschen Schlange, weil die Müller das Getreide zurückhielten. Sie mißtrauten bereits den Assignaten, dem zum erstenmal ausgegebenen Papiergeld.

Am 21. Juni 1791, dem Tag, als Alexandres Name in die Geschichte einging, befand sich Rose mit ihren Kindern in Fontainebleau. Alexandre war wieder Präsident der Versammlung – ein Amt, das alle vierzehn Tage neu besetzt wurde –, und es war seine Aufgabe, die Flucht und die anschließende Gefangennahme des Königs und seiner Familie bekanntzugeben. Der König war aus den Tuilerien geflohen, wo er achtzehn Monate unter strenger Bewachung gelebt hatte. Die Nachricht hatte wie ein Blitz in Paris eingeschlagen.

Beauharnais entsandte eine Kompanie Soldaten, um die königliche Familie, die in einer schwerfälligen Kutsche langsam Richtung Ostgrenze reiste, zur Umkehr zu zwingen, und ordnete an, daß die Versammlung bis zur Festnahme der Flüchtigen tagen solle. Sechsundzwanzig Stunden lang repräsentierte Alexandre de Beauharnais die oberste Instanz in Frankreich.

Als am 25. Juni die staubbedeckte Kutsche mit dem erschöpften Königspaar, den zwei Kindern und begleitet von einer Schar von «Patrioten» aus Varennes zurückkehrte, leitete Alexandre die Befragung des Königspaars und befahl die Inhaftierung.

Nach Varennes kam es zu einer dramatischen Machtverschiebung. Die Revolution driftete nach links ab; Alexandre de Beauharnais ebenfalls. Lafayette und die meisten Konstitutionalisten verließen ihre Plätze auf der linken Seite des Rednerpults und besetzten die rechte, wo sie vom Mob auf den Galerien täglich als «Gemäßigte» beschimpft wurden. Die neue «Linke» (ein Ausdruck, der damals zum erstenmal als Bezeichnung für eine politische Meinung verwendet wurde) setzte sich zusammen aus den Girondisten – überwiegend Abgeordnete aus der Gegend um Bordeaux und der extrem radikalen «Berg»-Partei, die so genannt wurde, weil sie auf den Bänken hoch oben an der Wand zur Linken des Präsidenten saß. Die Führer des Bergs – Jean Paul Marat, Georges Danton und der Rechtsanwalt Maximilien Robespierre – bezogen ihre Unterstützung vor allem aus dem Jakobinerklub, einer mächtigen politischen Interessengruppe, die über einen wirksamen Propagandaapparat verfügte. Beauharnais war bereits zweimal zum Präsidenten dieses Klubs gewählt worden.

Im September endete Alexandres Tätigkeit als Abgeordneter.

Nachdem der König eine neue Verfassung gebilligt hatte, erklärte die Konstituante ihre Arbeit für beendet. Gouverneur Morris, selbst einer der Unterzeichner der Amerikanischen Verfassung, schrieb an Präsident Washington, daß man in Frankreich fast allgemein von der Undurchführbarkeit der Verfassung überzeugt sei. Trotzdem feierte man in Paris das Ende der Revolution mit Festbeleuchtung und Feuerwerken und ließ einen Heißluftballon in den Farben der Trikolore über der Hauptstadt aufsteigen.

Der enthusiastische, idealistische Ton, wie er zu Beginn der Revolution vorgeherrscht hatte, wurde scharf und gemein, als politische und persönliche Streitigkeiten sowohl die Girondisten als auch den «Berg» spalteten. In den Reden und Schmähschriften drückte sich eine zunehmende Brutalität aus. Germaine de Staël war ein besonders beliebtes Ziel der royalistischen und radikalen Pamphlete; die Schwedische Botschaft wurde als Schauplatz von Orgien dargestellt. Doch der Ton gegenüber der königlichen Familie blieb sogar auf der extrem liberalen Seite ehrerbietig. Man glaubte wie Rousseau, daß eine Republik nur in kleinen Ländern wie den Schweizer Kantonen oder in den klassischen Staaten des Altertums möglich sei. Alle künftigen Terroristen – Robespierre, Danton und Saint-Just – waren noch Monarchisten.

Konstitutionalisten wie Talleyrand stimmten mit Jefferson überein, daß Frankreich für eine Demokratie noch nicht reif sei und an Stelle einer parlamentarischen Regierung eine Diktatur bekommen könnte.

Im Kampf um die Macht in der im September 1791 neu gewählten und jetzt Gesetzgebenden Versammlung erklärten die Girondisten im April 1792 Österreich den Krieg und ein Jahr später auch Preußen. Der König und die Königin standen im Verdacht, mit dem österreichischen Kaiser, dem Bruder der Königin, heimlich Verhandlungen zu führen, und die französischen Emigranten, die ihre Zentrale in Koblenz hatten, drängten die recht säumigen deutschen Fürsten, die französische Königsfamilie zu retten. In Paris waren nur der König und die Jakobiner gegen den Krieg. Es war der Jakobiner Robespierre, der das Ergebnis des Streits richtig voraussah. «Seid ihr euch darüber im klaren», fragte er die Versammlung, «daß der gefährlichste Feind der Freiheit der Völker der militärische Despotismus ist? Daß das Schicksal von Revolutionen von denen besiegelt wird, die die Streitkräfte kontrollieren? Wir bewegen uns mit Riesenschritten auf eine Militärdiktatur zu.»

Als die Legislative nach der Kriegserklärung bestimmte, daß die Deputierten der Konstituante nicht neu gewählt werden dürften, ging Alexandre an die Front und wurde dank seiner Beziehungen Generalleutnant und Befehlshaber der Rheinarmee.

Der Krieg veränderte in Roses Leben zunächst wenig. Alle zwanzig Pariser Theater waren allabendlich ausverkauft. «Wir tanzten», schrieb Frénilly in seinen Erinnerungen, «wie am Vorabend der Schlacht.» Rose strebte unvermindert nach männlicher Bewunderung und Einfluß. Obwohl sie nicht zum innersten Kreis der Girondisten gehörte, schrieb sie an die Männer der neuen Ordnung Einführungs- und Empfehlungsbriefe und schuf sich auf diese Weise Freunde und Verbindungen im radikalen Lager. Ihre Briefe unterzeichnete sie mit *«salut et fraternité»*; nach Alexandres Ernennung zum Chef der Rheinarmee und solange der Name Beauharnais noch Türen öffnete, mit «Lapagerie Beauharnais, Gattin des *Maréchal de Camp*».

Die Umgangsformen des alten Regimes hatte sie eben zu beherrschen gelernt. Nun paßte sie sich ähnlich schnell dem Jargon und der Ideologie der neuen Gesellschaft an. «Sie war keineswegs abgeneigt, mit der Zeit zu gehen, und die verlangte damals, daß man die Sprache und das Benehmen des gemeinen Volkes herauskehrte», schrieb ein Überlebender des Terrorregimes. Man warf ihr vor, daß sie das vertrauliche «Du» schon sehr eifrig gebrauchte, bevor es obligatorisch wurde.

Ende 1792 galten alle Formen der Höflichkeit als «Aberglaube». Ein Hut sollte nur gelüpft werden, wenn es einem Patrioten am Kopf zu heiß wurde, und Handküsse waren ebenso *out*, weil ein guter Patriot stets seine stolze und männliche Haltung bewahrte. Obwohl sich Rose die Sprache der Sansculotten angeeignet hatte und von jeder neuen Mode begeistert war, scheint sie eine nicht mitgemacht zu haben: Sie hat nie die rote phrygische Mütze getragen, die in der Antike das Zeichen der befreiten Sklaven war.

Der Krieg wurde für Rose im Sommer 1792 Realität. Nach einer Reihe von Niederlagen an der Nordostfront änderte sich der Verlauf der Revolution. Während in jenem glühend heißen Juli die österreichischen und preußischen Heere näher rückten und aus allen Teilen des Landes Freiwillige zusammenströmten, veröffentlichte der Herzog von Braunschweig, der oberste Heerführer der österreichisch-preußischen Armeen und der Streitkräfte der

Emigranten, ein Manifest, das in Paris wie eine Bombe einschlug. Er drohte Paris zu zerstören und «seine Bewohner mit unvergeßlicher Rache zu behandeln», wenn der königlichen Familie etwas zuleide getan würde, und schien damit das geheime Einverständnis zwischen dem französischen Herrscherpaar und dem Feind zu bestätigen. Dies bedeutete das Todesurteil für Ludwig XVI.

Die neue Pariser Zentralregierung, die Kommune, bestimmte mit einer «Gefängnisreinigung» im August den Tag des Aufstands. Die Presse forderte dazu auf, die «Verräter in unserer Mitte» aufzuspüren. Marat, Roland, sogar Stanislas Fréron, ein künftiger Abgeordneter der Rechten, riefen dazu auf, alle Konterrevolutionäre zu beseitigen. Das Signal für den Aufstand war die Ankunft der neuen Rekruten, unter ihnen ein für seinen Radikalismus bekanntes Bataillon aus Marseille, das eine mitreißende neue Schlachthymne hatte, die «Marseillaise».

Die ganze Nacht bis zum frühen Morgen läuteten in allen 48 Pariser Sektionen die Sturmglocken und riefen die Bürger zu den Waffen. Am frühen Nachmittag des 10. August stürmte der Pöbel, verstärkt durch die neu angekommenen Freiwilligen, die Tuilerien. In der Versammlung nebenan saßen die Abgeordneten starr vor Schreck, während die Schweizer Garde und einige der Bewohner der Tuilerien, die nicht mehr fliehen konnten, getötet wurden. Die königliche Familie entging dem Tod, indem sie sich in die Versammlung flüchtete, wo die Abgeordneten prompt für die Abschaffung der Souveränität des Königs stimmten und das Experiment der konstitutionellen Monarchie für beendet erklärten.

Bis Ende August war Paris eine ruhige und unheimliche Stadt. Die Tore waren geschlossen, die Straßen verlassen. Am 2. September verkündeten Plakate: «Der Feind steht vor den Toren», und am selben Tag begannen die Septembermorde.

Die Kommune hatte Gerüchte von einer Verschwörung zwischen den Gefängnisinsassen und den herannahenden feindlichen Armeen in Umlauf gesetzt. Aus den Eintragungen der Kommune geht hervor, daß dem größeren Teil der angeheuerten Mörder pro Kopf 24 Livres bezahlt wurden. «Fünfhundert Wahnsinnige», erinnerte sich einer der Abgeordneten, «die meisten betrunken, mit roten Mützen und aufgerollten Ärmeln, verbrüderten sich von einer Schenke zur anderen.»

Während des fünftägigen Massakers wurden mehr als tausend

wehrlose Menschen mit Säbeln, Piken, Äxten und Schaufeln niedergemetzelt – Bauern, Domestiken, Anwälte, Weinhändler, Priester, kleine Kinder und dreißig erst vor kurzem aus der Provinz in die Stadt gebrachte junge Mägde. Nur ganz wenige Opfer der Septembermorde waren Abkömmlinge des Adels. Das eigentliche Ziel der Jakobiner waren die früheren Konstitutionalisten, die sie für ihre gefährlichsten politischen Rivalen hielten, weil sie die einzige Partei darstellten, der sich später die Gemäßigten zuwenden könnten.

Alexandres Schirmherr, der Duc de La Rochefoucauld, wurde in Stücke gehackt; seiner 93jährigen Mutter schleuderten die Mörder sein Gehirn ins Gesicht. Sein Neffe, Alexandres ehemaliger Schulkamerad, der als «Verdächtiger» im Gefängnis saß, wurde zu Tode geprügelt. Einige Konstitutionalisten entkamen nach England. Talleyrand fuhr den inzwischen als Kriegsminister wieder abgesetzten Narbonne an die Küste, kehrte selbst jedoch wieder nach Paris zurück und bestand auf einem Paß, der ihn nicht zum Emigranten stempelte. Nach Wochen, in denen er seine Reisekleidung nie ablegte, erhielt er schließlich einen von Danton ausgestellten Paß, in dem es hieß: «Nach London in unserem Auftrag»; dann erst folgte er seinen Freunden auf die andere Seite des Ärmelkanals. Lafayette, der erfolglos versucht hatte, mit seinen Truppen nach Paris zu marschieren, um die Jakobiner zu verjagen, versuchte nach Amerika zu fliehen, als er von seiner drohenden Verhaftung erfuhr, wurde jedoch von den Österreichern geschnappt und eingesperrt.

Das ganze liberale Frankreich, der größte Teil der intellektuellen Elite des aufgeklärten 18. Jahrhunderts, war jetzt im Exil oder tot.

Später wollte niemand an der Organisation oder der Verübung der Septembermorde beteiligt gewesen sein, die, wie Danton verkündete, die Revolution durch einen «Fluß aus Blut» von ihren Gegnern trennten. Doch wer der Mittäterschaft verdächtigt wurde wie Danton und Jean-Lambert Tallien, war auf ewig gebrandmarkt.

Als im August die Sturmglocken läuteten, durfte Eugène, der in einem Internat nur wenige Straßen von Roses Wohnung entfernt lebte, zu seiner Mutter und seiner Schwester kommen. Die drei blieben während des Massakers zusammen. Das Haus lag in der Nähe zweier Gefängnisse – der Abtei von St. Germain und dem Karmeliterkloster –, so daß sie während jener Tage und Nächte die Schreie der Gefangenen hören mußten. Sie müssen das Blut in den Rinnsteinen gesehen haben und wie später die blutbespritzten Häuserwände und Straßen mit Essig gereinigt wurden. Vom letzten Massaker am Morgen des 7. September konnten sie nichts gehört haben, denn es fand auf dem rechten Seineufer statt in einem Gefängnis, das außer Bettlern und rechtmäßig verurteilten Verbrechern auch Kinder und Jugendliche zwischen acht und siebzehn Jahren beherbergte. «Diese armen Kinder», schrieb ein Augenzeuge, «waren weniger leicht zu töten... In diesem Alter läßt man nur schwer sein Leben.»

Selbst überzeugte Radikale wollten Frankreich jetzt verlassen, darunter auch Roses Freunde, der deutsche Prinz Friedrich von Salm-Kyrburg und seine Schwester, Prinzessin Amalie. Rose nahm ihr Angebot an, Eugène und Hortense in die Normandie mitzunehmen, um sie von dort nach England zu bringen, und versprach den Kindern, sie im Frühjahr zurückzuholen. Als jedoch Alexandre im Hauptquartier der Armee von diesem Plan erfuhr, schickte er einen Sonderkurier zu den Salms in die Normandie und bestand darauf, daß Hortense und Eugène nach Paris zurückgebracht würden. Zwei Tage vor der geplanten Überfahrt kehrte Prinz Salm-Kyrburg mit den Kindern nach Paris zurück und vergab damit seine letzte Chance zur Flucht; er wurde am selben Tag wie Alexandre auf der Guillotine hingerichtet. Eugène wurde in eine Schule in Straßburg gebracht.

Ende September trat eine neue Versammlung zusammen, die sich in Anlehnung an den amerikanischen Kongreß «Konvent» nannte. Die Monarchie wurde offiziell abgeschafft, Frankreich zur Republik erklärt, und alles, was früher war, sollte durch die Einführung eines neuen Kalenders der Vergangenheit angehören. Der erste Tag der neuen Ära wurde rückwirkend auf den 21. September 1791 festgelegt. Die Monate erhielten poetische Namen; die Wochen wurden nach dem Dezimalsystem eingeteilt; jeder zehnte Tag, der Décadi, ersetzte den Sonntag.*

* Die Frühlingsmonate waren: Germinal (Monat des Keimes, vom 11. März bis 10. April), Floréal, Prairial; Sommer: Messidor, Thermidor und Fructidor; Herbst: Vendémiaire, Brumaire (Nebelmonate) und Frimaire (Kältemonat); Winter: Nivôse, Pluviôse und Ventôse (Schnee-, Regen- und Windmonat). Dieser umständliche Kalender, der Frankreich von der westlichen Welt trennte und der arbeitenden Bevölkerung nur jeden zehnten Tag einen Ruhetag gewährte, blieb bis 1804, Napoleons Krönungsjahr, in Kraft.

Eine Hinrichtung auf der Place de la Révolution (heute Concorde). Links die Freiheitsstatue aus Pappmaché. (Musée Carnavalet – Phototèque des Musées de la Ville de Paris)

Im Dezember eröffnete der Konvent den Prozeß gegen Ludwig XVI. Als darüber abgestimmt wurde, ob er ins Exil geschickt oder zum Tode verurteilt werden sollte, entschied eine einzige Stimme über sein Schicksal, die allgemein dem früheren Duc d'Orléans, jetzt Philippe Egalité, zugeschrieben wurde, der daraufhin bis zu seinem Tod auf dem Schafott von allen Parteien gleichermaßen geächtet wurde.

Für die Hinrichtung des Königs im Januar wurde die neue, «humanere» und vor allem rasch arbeitende Hinrichtungsmaschine, die Guillotine, auf die geräumige Place de la Révolution gebracht. Auf der erhöhten Terrasse der Tuileriengärten wurden Verkaufsstände für Speisen und Getränke errichtet, die in den kommenden Jahren für Unterhaltung sorgten, während die sensationslüsterne

Menge auf die Schinderkarren wartete, in denen die Opfer stehend, mit geschorenem Kopf und auf den Rücken gebundenen Händen aus den Gefängnissen gebracht wurden.

In jenem Winter 1792 flohen in einer einzigen Woche 14 000 Menschen aus Paris in die Emigration. Rose gehörte nicht zu ihnen. Ihr Leben änderte sich kaum, trotz der Straßenkrawalle, der zahlreichen neuen Beschränkungen, der Lebensmittelrationierung und des sich allmählich verändernden Stadtbilds.

Kirchen und Klöster waren geschlossen, ihr Besitz verstaatlicht. Die Priester wurden gezwungen, einen Eid auf die Verfassung zu schwören; wenn sie sich weigerten, drohte ihnen die Todesstrafe. Heiligennamen waren bereits aus dem revolutionären Kalender gestrichen und durch Namen von «nahrhaften Gemüsen, landwirtschaftlichen Geräten und Patrioten der Geschichte» wie Wilhelm Tell und Konfuzius ersetzt. Straßen und Plätze wurden umbenannt. Obwohl die Jakobiner Jesus zugestanden, «der erste *sans culotte*» gewesen zu sein, den die «Aristokraten von Judäa» gekreuzigt hatten, verbot die Kommune alle christlichen Feiern und führte den Kult der Vernunft ein. Eine Schauspielerin mit der roten Freiheitsmütze auf dem Kopf wurde in einer Sänfte – vorbei an den Statuen der Könige von Judäa, denen man kurz zuvor in der Annahme, es handle sich um die Vorfahren französischer Herrscher, die Köpfe abgeschlagen hatte – in die Kathedrale Notre Dame getragen und vor dem Altar zur Göttin der Vernunft erklärt.

Rose bemühte sich weiterhin um nützliche Bekanntschaften. Anpassungsfähig, opportunistisch und von dem revolutionären Leumund Beauharnais' profitierend, schlängelte sie sich durch das komplizierte Geflecht einer Gesellschaft aus radikalen Revolutionären, internationalen Financiers, Geheimagenten der Bourbonen und der mächtigen Lobby der Besitzer westindischer Plantagen, und es gelang ihr, sich in all diesen Systemen gegenseitiger Abhängigkeiten und wechselnder Loyalitäten frei zu bewegen.

Sie schrieb Petitionen an die neuen Männer, bat um Protektion für Freunde, die in Gefahr schwebten, verhaftet zu werden, oder um andere Vergünstigungen. Sie tat es gewiß aus Mitleid, aber sie genoß es auch, Drahtzieherin zu sein, obwohl sie dabei schon jetzt einiges riskierte. Im Augenblick jedoch war ihre einzige Verwundbarkeit ihr Ruf, denn kaum jemand glaubte, daß sie die Gefälligkeiten, die man ihr erwies, nicht irgendwie bezahlte. «Sie war in der Lage, vielen

Menschen zu helfen dank ihrer Freundschaft mit damals einflußreichen Männern, und die lockere Moral von Madame de Beauharnais, ihre Liebesaffären und ihre angeborene Gutmütigkeit machten sie allgemein beliebt; sie war ungefährdet, zumindest für den Augenblick.»

Um den mörderischen Kampf um politische Vorherrschaft zwischen Girondisten (der neuen Rechten) und der von Robespierre und Danton geführten radikalen Bergpartei zu beenden, unternahm Danton den Versuch einer Versöhnung mit den gemäßigten Rechten. Doch die Kluft, die sie trennte, war unüberbrückbar.

Die Girondisten stürzten schließlich über den Verrat an der Ostfront. Im September 1792, nach einer Reihe französischer Niederlagen, überschritt die preußische Armee, damals die beste aller Berufsarmeen, die französische Grenze. General Dumouriez, ein Protegé der Girondisten, hatte das oberste Kommando in der neuen Revolutionsarmee, die sich aus den Freiwilligen von 1791 und der alten königlichen Armee zusammensetzte und mit patriotischer Begeisterung in den Kampf zog. Zwei Drittel der Offiziere waren emigriert und durch tüchtige Unteroffiziere der alten Armee ersetzt worden.

Am ersten Tag der neuen Republik griff Dumouriez die Preußen bei Valmy an. Die zahlenmäßig unterlegene preußische Armee zog sich kampflos zurück. Es war das erste Mal, daß ein Krieg für eine Idee geführt wurde. Goethe schrieb über die Kanonade von Valmy: «Von hier und heute geht eine neue Epoche der Weltgeschichte aus, und ihr könnt sagen, ihr seid dabei gewesen.»

Nach Valmy gingen die Franzosen in die Offensive. Savoyen, Nizza und Teile der Niederlande und Belgiens wurden annektiert und mußten für ihre «Befreiung» hohe Entschädigungen zahlen. Der Konvent erklärte die Pyrenäen, die Alpen, den Rhein und das Mittelmeer als natürliche Grenze Frankreichs. Die Nation, die ursprünglich auf alle Eroberungen verzichtet hatte, proklamierte jetzt die Notwendigkeit, «Europa die Freiheit zu bringen».

Im März 1793 versuchte der Girondistengeneral Dumouriez aus Protest gegen diesen «Kreuzzug», den der Konvent ausgerufen hatte, seine Armee zum Marsch auf Paris zu bewegen. Als ihm dies nicht gelang, lief er mit einer Handvoll Offizieren zum Feind über. Die französischen Truppen verloren daraufhin am Rhein gegen die Preußen, und nun bezichtigten die Jakobiner im Konvent die Girondisten der Komplizenschaft mit dem verräterischen Dumouriez. «Paris sitzt auf einem gewaltigen Vulkan», schrieb Gouverneur Morris an seinen Präsidenten. Die Österreicher eroberten Belgien zurück. Die Engländer traten nach der Hinrichtung des französischen Königs in den Krieg ein. General Custine, ein ehemaliger Aristokrat, kapitulierte im Osten. Frankreich wurde von allen Seiten belagert. Im Juli waren die Österreicher und Preußen bis tief nach Frankreich vorgedrungen, und die Straße nach Paris lag offen.

Nun wurde der nationale Notstand ausgerufen. Auf den Türmen der Notre Dame wehte die schwarze Fahne. Stündlich feuerte abwechselnd die Kanone auf dem Pont Neuf oder die des Arsenals. In allen 48 Stadtsektionen wurde zu den Waffen gerufen. Der Konvent ordnete für das ganze Land nicht nur die totale Mobilmachung an, sondern führte auch eine Arbeitspflicht ein und unterstellte alle materiellen Ressourcen der staatlichen Nutzung. Innerhalb von zwei Jahren wurden vierzehn Armeen (ungefähr eineinhalb Millionen Menschen) rekrutiert und ausgerüstet.

Das Revolutionsgeld, die Assignaten, verlor durch Spekulationen zunehmend an Wert. Eine schlechte Ernte und die Requirierung von Lebensmitteln für die Armeen trieb die Brotpreise in die Höhe. Die Wäscherinnen protestierten gegen die teure Seife. Der Konvent führte das «Maximum» ein, um der ersten großen Inflation der Moderne entgegenzuwirken.

Im Sommer 1793 brach in der Vendée ein heftiger Bürgerkrieg aus. Hier waren die Bauern dem König und der Kirche treu geblieben. Lyon und Toulon erhoben sich ebenfalls gegen Paris und den Konvent.

Im April signalisierten Kanonenschüsse und Sturmglocken die Festnahme der Girondisten, die für die militärischen Katastrophen der Republik verantwortlich gemacht wurden. Einige ihrer Führer versteckten sich und flüchteten nach Bordeaux. Die meisten der girondistischen Abgeordneten wurden sofort hingerichtet.

Im Juni verlor Frankreich Mainz infolge Unfähigkeit des Oberbefehlshabers der Rheinarmee, Alexandre de Beauharnais.

Im Paris der Kommune waren Beauharnais' weitschweifige Berichte und Kommentare auf immer weniger Interesse gestoßen. Noch im Sommer 1793 schickte er dem Konvent seine Aufrufe an die Soldaten sowie Petitionen, mit denen er seinen Patriotismus und seine Tugend beweisen wollte. Sie erreichten ein vom Staatsstreich gegen die Girondisten erschüttertes Paris, das wie toll war aus Angst vor einer Invasion und wegen des Verrats in der Armee.

Der Konvent schickte politische Kommissare zu den Armeen, Abgeordnete der Bergpartei, die mit allen zivilen und militärischen Vollmachten ausgestattet waren und sogar Generäle von ihrem Kommando entbinden konnten. In den Armeehauptquartieren sah man der Ankunft dieser «Inkarnation von Macht und Schrecken» mit Besorgnis entgegen. Beauharnais hieß die Kommissare willkommen, die an den Konvent berichteten, Beauharnais' enge Verbindung mit dem örtlichen Jakobinerklub sei zwar zu begrüßen, daß er jedoch «seine Tage mit Prostituierten verbrachte und nachts Bälle für sie gab», sei ein öffentlicher Skandal.

Als im Juni die in Mainz von den Alliierten belagerten französischen Truppen sofortige Verstärkung von der Rheinarmee anforderten, rührte sich General Beauharnais mit seinen sechzigtausend Mann nicht von der Stelle, obwohl er ständig nach Paris berichtete, er sei bereits unterwegs. Als Mainz im Juli fiel, befahl Alexandre den Rückzug und prangerte, ähnlich wie sein Vater vor Guadeloupe, «die Feiglinge, die kapituliert hatten», an. Als dann die Alliierten auf die französische Grenze zumarschierten, verließ er seine Armee und schrieb aus Straßburg an den Konvent, er habe sein Kommando aus gesundheitlichen Gründen einem Untergebenen übertragen.

Er hatte offensichtlich keine Ahnung, was ein Verlassen des Postens im Angesicht des Feindes bedeutete. Die Revolution, die von allen ihren Generälen Siege erwartete, verfuhr erbarmungslos mit *ci-devants*. General Custine, der Befehlshaber der Nordarmee und ein ehemaliger Adeliger, war bereits in diesem Sommer abberufen und wegen der Niederlage, die er mit seiner Armee erlitten hatte, aufs Schafott gegangen.

Als Beauharnais von seinem «Krankenbett» in Straßburg aus einen weiteren Rückzug der Rheinarmee befahl, erklärte ein Kommissar diesen Befehl für ungültig mit der Begründung: «Nachdem General Beauharnais, wie er selbst zugab, weder die körperliche noch die für einen General der republikanischen Armee nötige moralische Kraft besitzt, ordnen wir an, daß sein Abschied angenommen wird und er sich innerhalb von sechs Stunden auf eine Entfernung von zwanzig Meilen von der Front zu entfernen hat.»

Als Randbemerkung steht zu lesen: «Meiner Ansicht nach sollte Beauharnais verhaftet werden.»

Die «erste» Schreckensherrschaft begann 1793 mit der Diktatur der Bergpartei. In dem Konvent tobte ein tödlicher Machtkampf zwischen Danton, dem Idol von Paris, der an seiner Krankheit ebenso ausblutete wie das ganze Land, und Robespierre, dem Ideologen der Jakobiner. Die Gemäßigten in den Klubs und im Konvent scharten sich um Danton, während Robespierre und seine zwei Anhänger, der 25jährige Louis Antoine Saint-Just und jüngste Abgeordnete im Konvent, sowie der gelähmte Georges Couton, zusahen und abwarteten.

Der letzte Schritt vor dem großen Terror war die Ausbootung der verschiedenen Kräfte im Konvent durch die Wahl des Wohlfahrtsausschusses – eine provisorische Regierung mit nahezu absoluten Vollmachten. Das erste Revolutionstribunal, ein politischer Gerichtshof, wurde eingerichtet; dieses verweigerte den Angeklagten jeden Rechtsbeistand; einer Verurteilung folgte stets die Todesstrafe. Emigranten wurden zur Unperson erklärt, und wer von ihnen nach Frankreich zurückkehrte, wurde festgenommen und zum Tode verurteilt. Die Zahl der hingerichteten Gefangenen verzehnfachte sich.

In den Monaten nach dem Fall von Mainz schickte Rose, die wesentlich besorgter war als Alexandre, Briefe an Mitglieder der Kommune, in denen sie sich für ihren Mann einsetzte. Selbst im Vertrauen auf ihre einflußreichen Freunde erforderte dies zum damaligen Zeitpunkt einigen Mut. Aber Rose war ihr Leben lang unfähig, rachsüchtig oder nachtragend zu sein, oder, wie man es auch formulierte, ein Gefühl über längere Zeit wachzuhalten. «Sie scheute alle schmerzlichen oder tieferen Eindrücke», schrieb Madame de Rémusat später in ihren Erinnerungen, «und starke Gefühle waren ihr beinahe fremd.»

Mit einer Großzügigkeit, für die sie später gefeiert wurde, zeigte sie sich bereit, Petitionen zu schreiben, und manchmal bat sie sogar, das Leben von Menschen zu schonen, die sie kaum kannte, obwohl sie sich dabei selbst in Gefahr brachte. Als eine ihrer Bekannten, die Marquise de Moulin, zu ihr kam und sie bat, ihre neunzehnjährige Nichte zu retten, die man als Verwandte eines Emigranten inhaftiert hatte, machte Rose bei den Behörden die Runde und erreichte ihre Entlassung.

Zu einer Zeit, als alle Bürger, besonders die früheren *aristos*, möglichst unbemerkt blieben, zeigten weder Alexandre noch Rose die geringste Furcht, Aufsehen zu erregen. «Wir wagten nicht einmal, von einem Bekannten auf der Straße gesehen zu werden», schrieb einer der Überlebenden des Terrors. Alexandre jedoch konnte nicht glauben, daß ein Star der Konstituante und ein früherer Befehlshaber der republikanischen Armee in irgendeiner Weise gefährdet sein könnte. Er überschüttete den Wohlfahrtsausschuß mit Briefen, in denen er an seine Verdienste um die Revolution erinnerte. Und Rose, die sich dank der Protektion ihrer Freunde sicher glaubte, wandte sich weiterhin mit Bitten um Gefälligkeiten an Mitglieder des Ausschusses. Hortense erinnerte sich, daß sie für Alexandre «den ganzen Tag damit verbrachte, dieselben Leute aufzusuchen wie für die Nichte von Madame de Moulin».

Erst das Verdächtigen-Gesetz vertrieb Rose aus Paris. Zu den «Verdächtigen», denen der Tod drohte, gehörten «ehemalige Adelige» mit allen Familienangehörigen, «deren Loyalität gegenüber der Revolution Beständigkeit vermissen ließ», sowie alle, die «herabsetzende Bemerkungen über republikanische Einrichtungen und ihre Mitglieder» machten oder Schmähungen äußerten wie ein Halbwüchsiger in einem Café, der nach einem verlorenen Kartenspiel ausrief: «Zum Teufel mit allen Patrioten!» Er wurde ebenso guillotiniert wie der Mann, der in einer belebten Straße verdrossen brummte: *«Merde à la nation!»*

Bis zum Oktober waren als Folge des neuen Gesetzes die vierzig Revolutionsgefängnisse – ehemalige Krankenhäuser, Priesterseminare, Paläste und Kasernen – überfüllt. Siebentausend «Verdächtige» waren inhaftiert und erwarteten ihren kurzen Auftritt vor dem Revolutionstribunal.

Doch entscheidend für Roses Flucht aus der Stadt war dies alles ebensowenig wie die immer längeren Schlangen vor den Bäckereien oder die allgemein düstere Stimmung. Das Verdächtigen-Gesetz verlangte zudem, daß jeder, ob Mann, Frau oder Kind, einen Bürgerausweis besaß, der nicht ohne weiteres zu bekommen war. Wer keinen hatte, versuchte unterzutauchen. Einige von Roses Freunden kampierten den ganzen Winter lang draußen im Bois de Boulogne und standen an den öffentlichen Verteilstellen nach Kartoffeln an, die sie im Freien auf tragbaren Herden kochten.

Roses Freundin Désirée Hosten, eine Kreolin aus St. Lucia und leidenschaftliche Verfechterin der Revolution, war drauf und dran, in ihre Heimat zurückzukehren, nachdem man ihr auf den Straßen nachgerufen hatte, sie solle «ihr Indigo und ihre Zuckerhüte nehmen und sich dahin scheren, wo sie herkam». Westindien wurde nach wie vor mit Reichtum gleichgesetzt. Sie besaß ein Haus in Croissy, sechs Meilen von Paris entfernt, das sie Rose nun zur Verfügung stellte. Rose zog mit Hortense, Euphémie und Marie Lannoy nach Croissy, und nachdem auch Eugène ganz allein aus Straßburg, wo ihn sein Vater sich selbst überlassen hatte, zu ihnen gekommen war, bewarb sich der gesamte Haushalt um die begehrten Bürgerausweise. Die Kinder kamen nominell nach *Sans-culotte*-Prinzipien in eine Lehre: Eugène beim Zimmermann am Ort und Hortense bei einer Schneiderin, als die sich ihre Gouvernante Mademoiselle Lannoy ausgab.

Über Désirée Hosten hatte Rose eine Reihe nützlicher Bekanntschaften geschlossen, unter anderem mit dem einflußreichen Radikalen Bertrand Barère, einem ehemaligen Konstitutionalisten, sowie mit dem derzeitigen Staatsanwalt des Revolutionstribunals, Pierre-François Réal, auch «Réal *tête-de-cochon*» genannt, weil er allen Patrioten empfahl, am Jahrestag der Hinrichtung des Königs einen Schweinskopf zu essen; später, als er unter Napoleon stellvertretender Polizeiminister wurde, erinnerte man sich besser nicht an seinen Spitznamen. Durch Madame Hosten lernte sie den radikalen Abgeordneten Jean-Lambert Tallien kennen.

Einige Frauen auf den Galerien der Versammlung hielten den großen blonden Abgeordneten für gutaussehend. Andere verglichen ihn wegen seiner spitzen Nase und der fliehenden Stirn mit einem Frettchen; dazu kam, daß er den Septembermördern angeblich erklärt hatte, wie man schnell töte und anschließend das Blut los werde. Welche Rolle er bei den Septembermorden spielte, weiß man nicht genau, aber er hatte zweifellos an der Kommunensitzung teilgenommen, wo sie organisiert wurden. Er war bekannt für seine Eitelkeit, seine Feigheit und seinen unsteten Charakter. So hatte er zum Beispiel Ludwig XVI. im Gefängnis besucht, ihm Bücher geliehen und dann in einer Rede mit besonders brutalen Ausdrücken für seinen Tod gestimmt. Andererseits rettete er mehreren *ci-devant*-Damen, darunter auch Germaine de Staël, das Leben. Auf dem Podium der Versammlung war er so geschwätzig wie Alexandre Beauharnais. Robespierre verglich ihn mit einem «lecken Faß mit lauwarmem Wasser». Aber die Machtstellung dieses ehemaligen Druckerlehrlings in der Kommune war unbestritten.

Die Fenster des Hauses in Croissy gewährten Rose zum erstenmal einen Blick auf Malmaison, das von hier aus gesehen hinter einer Seineschleife lag. In Croissy schloß sie Freundschaft mit mehreren

Menschen, die zu Schlüsselfiguren in ihrem späteren Leben wurden – mit Madame Campan, einer früheren Vorleserin von Marie Antoinette, die jetzt um ihre kürzlich hingerichtete Königin trauerte, sowie mit der Familie Vergennes. Die kleine Claire Vergennes, nur ein paar Jahre älter als Hortense, sollte als Madame Rémusat Hofdame der Kaiserin Josephine werden sowie die Autorin vieler lebendiger und manchmal boshafter Augenzeugenberichte über die kaiserliche Familie. Schon mit vierzehn Jahren war sie von Rose de Beauharnais' Charme beeindruckt. «Ihre Figur», erinnerte sie sich später, «war vollkommen, zartgliedrig und geschmeidig, ihre Bewegungen ungezwungen und elegant. Sie war eher anmutig als schön mit einem unbeschreiblich liebenswürdigen Ausdruck.»

Im Frühjahr 1794, noch während des Terrorregimes, kehrte Rose mit ihren Kindern, nun im Besitz von Bürgerausweisen, nach Paris zurück. Eine Atmosphäre des Grauens hing über der Stadt. Berühmte Persönlichkeiten wie Marie Antoinette, Philippe Egalité (der frühere Duc d'Orléans), Madame Roland, die auf die Girondisten einen bedeutenden Einfluß ausgeübt hatte, waren auf dem Schafott gestorben. Ein Überlebender schrieb: «Nach dem stumpfen Ausdruck auf den Gesichtern der Menschen hätte man glauben können, die Pest habe in der Stadt gehaust.»

Das lärmige Paris der ersten Revolutionszeit war längst verschwunden. Wo früher an den Straßenecken die Zeitungsverkäufer die Schlagzeilen von einem Dutzend Zeitungen, Heften und Pamphleten ausriefen, standen jetzt die Männer in den Cafés nach dem offiziellen *Moniteur* und den wenigen zugelassenen Blättern an und lasen stumm die letzte Seite, auf der die Hinrichtungen für den nächsten Tag aufgeführt waren.

Rose bat wegen Alexandre um eine Audienz bei Guillaume Vadier, dem Präsidenten des allmächtigen Wohlfahrtsausschusses; doch ihre Bitte wurde abgelehnt. Daraufhin schrieb sie Vadier einen schmeichlerischen und ziemlich raffinierten Brief:

«Lapagerie Beauharnais an Vadier, Volksvertreter: Grüße, Hochachtung, Vertrauen, Brüderlichkeit... Ich versetze mich in Ihre Lage; Sie müssen den Patriotismus aller *ci-devants* bezweifeln, aber Alexandre ist ein glühender Verehrer von Freiheit und Gleichheit... Wäre er kein Republikaner, er besäße weder meine Achtung noch meine Freundschaft... Ich bin eine Amerikanerin. Mein Haushalt ist republikanisch; vor der Revolution waren meine Kinder von Sansculotten nicht zu unterscheiden... Wie Sie glaube ich nicht an einen Patriotismus ohne Tugend; darin bin ich wie Sie unerbittlich.» Am Schluß versteigt sie sich zu der unwahrscheinlichen Behauptung: «Ich schreibe Ihnen in aller Offenheit als eine *sans culotte* der Bergpartei.»

Wenige Wochen später saß Alexandre im Gefängnis des ehemaligen Palais Luxembourg. Vadier hatte als erster den Haftbefehl unterschrieben, gefolgt von dem Abgeordneten und Maler Jacques-Louis David, der den Todeskampf von Opfern der Septembermorde gezeichnet hatte und zehn Jahre später den Auftrag erhielt, die Kaiserkrönung zu malen.

Roses Verhaftung hing vielleicht nicht direkt mit ihren Bemühungen um Alexandre zusammen. Es gab auch in Croissy Spione und Informanten; in einer von dort beim Wohlfahrtsausschuß eingegangenen anonymen Anzeige hieß es, die ganze Gruppe um Madame Hosten seien Feinde der Republik, und sie endet: «Hütet euch vor der früheren Vicomtesse de Beauharnais, die geheime Beziehungen mit Regierungsstellen unterhält.»

Am Abend des 21. April erschienen drei Mitglieder des örtlichen Revolutionskomitees in ihrem Haus mit dem Haftbefehl für «die Frau namens Beauharnais, verheiratet mit dem *ci-devant* General, Rue Dominique, und die Frau namens Ostenn daselbst.»

Möglicherweise war es ihrem Charme zuzuschreiben, daß Rose an diesem Abend nicht abgeführt wurde. Die drei Männer schrieben einen Bericht, daß sie «nach genauester Prüfung aller Papiere nichts gegen die Interessen der Republik gefunden haben, dagegen viele patriotische Briefe, die nur für diese Bürgerin sprechen».

Als sie am nächsten Tag zu einer Hausdurchsuchung kamen, fanden sie im Speicher mehrere persönliche Unterlagen von Alexandre, die er Rose zur Aufbewahrung geschickt hatte. Rose wurde sofort festgenommen. «Unsere Mutter», schrieb Hortense in ihren Memoiren, «weckte uns nicht, weil sie nicht ertragen konnte, uns weinen zu sehen.»

Die ersten Gefängnisse, in die man Rose in jener Nacht einliefern wollte, waren so überfüllt, daß sie keine Gefangenen mehr aufnehmen konnten. Schließlich brachte man sie im Karmeliterkloster unter, wo auch Alexandre einsaß.

4

Thermidor

Keines der Pariser Gefängnisse, die im Frühjahr 1794 überfüllt waren, war so furchtbar und hatte eine so entsetzliche jüngste Vergangenheit wie das ehemalige Karmeliterkloster. Erst eineinhalb Jahre zuvor waren die hier eingesperrten Priester während der Septembermorde erschlagen und geknüppelt worden. Die Zellen waren noch von ihrem Blut bespritzt. Der stille Garten, wo die barfüßigen Karmelitermönche Heilpflanzen gezogen hatten, war überwuchert; in den einst makellos sauberen Zellen wimmelte es von Ungeziefer, und es war so feucht, daß die Gefangenen jeden Morgen ihre Kleider auswringen mußten.

Siebenhundert Menschen waren hier zwischen 1792 und 1794 zusammengepfercht. Im Insassenverzeichnis sind ihre Berufe angegeben: Knopfmacher, Bibliothekar, Domestik, Altkleidersammler, Apotheker, Maurer, Musiker, Ex-Mitglied des Revolutionskomitees, Bauer, Wasserträger, Kutscher, um nur einige zu nennen. Der jüngste Gefangene war ein dreizehnjähriger Junge. Ehemalige Adelige waren in der Minderheit, und diese wenigen – Prinz Salm-Kyrburg war einer von ihnen – gehörten gewöhnlich zu jenen liberalen Aristokraten, die in Frankreich geblieben waren, als andere flüchteten, um sich Condés Emigrantenarmee in Koblenz anzuschließen oder in England oder in der Schweiz im Exil zu leben.

Im Karmeliterkloster fand Rose ihren Ehemann wieder, der hierher verlegt worden war. Er hatte eine heftige Affäre mit einer Leidensgenossin, Delphine de Custine, der schönen blonden Schwiegertochter des Generals, der «wegen Verrats an der Republik» geköpft worden war. Ihr Mann wurde am selben Tag hinge-

General Lazare Hoche, Stich von Duplessis-Bertaux. Ein Mitgefangener beschrieb ihn als «gutaussehend, fröhlich und galant... und häufig bei den Damen». (Collection Viollet)

richtet, als Alexandre ins Karmeliterkloster kam. Obwohl sie zugab, nie mehr als «zärtliche Freundschaft» für Armand de Custine empfunden zu haben, trug sie Trauerkleidung – etwas Unerhörtes in revolutionären Gefängnissen. Sie machte auch kein Geheimnis daraus, daß sie Alexandres Leidenschaft erwiderte.

Roses Einsamkeit fand bald ein Ende, als Lazare Hoche ins Karmeliterkloster eingeliefert wurde. Der 26jährige republikanische General war erst seit einem Monat verheiratet und liebte seine junge Frau sehr – «Engel meines Lebens» nannte er sie in den Briefen, die er aus dem Gefängnis regelmäßig an sie schrieb. Trotzdem erlag er dem erotischen Fieber des Gefängnislebens und den Reizen der Bürgerin Beauharnais. Eine Mitgefangene, die Engländerin Grace Elliott, schrieb, daß «sich Hoche viel bei den Damen in Les Carmes» aufhielt, und schilderte ihn als «hübsch, von militärischem Auftreten, gutmütig und galant». Er war der Typ Mann, den Rose am meisten bewunderte. Sein Optimismus und seine Lebensfreude müssen ihr eine große Hilfe gewesen sein. Hoche genoß das Privileg, sich sein Essen von draußen schicken zu lassen. Seine Mitteilungen an den benachbarten Bäcker existieren noch. «Meine Gesundheit ist gut», heißt es da, oder: «Immer lebenslustig, froh und unschuldig. Nichts ist so erfreulich wie ein gutes Essen, wenn man hungrig ist. *Vive la République*!» Und nachträglich fügte er hinzu: «Schick mir das Bild von meiner Frau mit meinem Essen.»

Als populärer Held und ehemaliger Kommandeur der siegreichen Armee an der Mosel, der das Opfer von Eifersüchteleien in der Armee geworden war, genoß Hoche ein weiteres Privileg: Er hatte eine eigene Zelle neben dem Schlafsaal von Rose, Delphine de Custine und zwölf anderen Frauen.

Wie in allen damaligen Pariser Gefängnissen hatten auch die Menschen im Karmeliterkloster das Bedürfnis, die letzten Stunden ihres Lebens auszukosten. Überlebende berichteten von dem «Liebestaumel», vom «Geräusch der Küsse nach Einbruch der Dunkelheit», von «der Krönung der zärtlichsten Liebeswünsche dank der Finsternis und der lockeren Kleidung» und dem «glücklichen Abstand zwischen den Gitterstäben». Im Karmeliterkloster waren Männer und Frauen nicht getrennt. Der Aufseher schloß einfach die Zugänge zu den Gängen und Zellen auf jedem Stockwerk ab.

Aber es gab noch einen weiteren Grund für diese Promiskuität. Frauen, die schwanger waren, wurden vorübergehend von der Liste der Angeklagten gestrichen. Die meisten Frauen verachteten jedoch diesen Trick. «Ich habe meinen Mund nur mit dieser Lüge beschmutzt», schrieb die Fürstin von Monaco, «um mein Haar selbst abschneiden zu können; es ist das einzige Andenken, das ich meinen Kindern hinterlassen kann. Jetzt bin ich bereit zu sterben.»*

* Dieser Brief wurde vom Gerichtshof abgefangen und mit Tausenden anderen zu den Akten gelegt, die sich heute in den nationalen Archiven befinden. Das Haar der Fürstin wurde ihrer Familie von einem Unbekannten überbracht.

Roses kurze Idylle war vorbei, als Hoche am 17. Mai vor das Tribunal gebracht wurde, um aller Voraussicht nach hingerichtet zu werden. Daraufhin verließ sie der Mut.

Jeden Morgen, bevor um zehn Uhr der Ruf «Die Karren sind da!» durch das Gefängnis schallte, brach sie zusammen. Dann erschienen zwei Männer, riefen die Namen der Männer und Frauen auf, die sie zum Tribunal bringen sollten, der letzten Station vor dem Schafott. Die Aufgerufenen hatten nur wenige Augenblicke Zeit für einen letzten Blick, eine Umarmung, ein paar Zeilen zum Abschied – dann waren sie für immer gegangen. Kaum waren sie fort, brach unter den übrigen Gefangenen eine hektische Fröhlichkeit aus, denn sie waren bis zum nächsten Morgen gerettet.

Nachdem Hoche abgeholt worden war, lebte Rose, die alles andere als eine Stoikerin war, hundert Tage in einem Alptraum. Sie erlaubte sich als einzige, offen zu weinen. Zwischen ihren Tränenausbrüchen legte sie Karten, was sie aber auch nicht tröstete. In ihrer Heimat, erzählte sie einer Mitgefangenen, habe ihr ein schwarzer Wahrsager prophezeit, ihr erster Mann werde eines gewaltsamen Todes sterben und sie selbst werde «sogar größer als eine Königin» sein. Nun wünschte sie nur das Blutbad zu überleben.

Roses Mitgefangene waren bestürzt über ihre offen gezeigte Angst. Die meisten gaben sich wohlgemut und sogar fröhlich. Einige machten ihre Tage zum Theater und spielten groteske Hinrichtungsscharaden. Nur in den letzten Briefen, die den Adressaten allerdings selten erreichten und sich heute in den Archiven türmen, enthüllen die von Tränen verwischten Zeilen die tiefe Frömmigkeit und Verzweiflung, die Angst und den Mut, die sich hinter so viel heldenhafter Frivolität versteckten.

Doch die anderen Gefangenen fanden Rose rührend und versuchten sie zu trösten. «Ihr Mangel an Mut ließ ihre Leidensgefährtinnen erröten», erinnerte sich einer der Mitgefangenen. «Sie ängstigte sich schrecklich, aber sie war so natürlich, so gewinnend; ihr Aussehen, ihr Wesen und vor allem ihre Art zu sprechen hatten einen so besonderen Reiz.»

Während der ersten Wochen durften die Beauharnais kurze Besuche von ihren Kindern und Mademoiselle Lannoy empfangen. Die Kinder brachten den Mops Fortuné mit und versteckten Briefe an ihre Mutter unter seinem Halsband. Alexandre trug seiner Tochter auf, dem Konvent seine Petitionen zu übermitteln. Er wolle unverzüglich entlassen werden, «um meinen so tief in mein Herz gegrabenen Haß auf alle Könige weiterhin zu beweisen», schrieb der Mann, der Ahnherr einer ganzen Reihe von Monarchen werden sollte.

Nichts hätte mehr Unklugheit beweisen können, als sich so in Erinnerung zu bringen. Trotz der Geschwindigkeit, mit der das Revolutionstribunal jetzt die Angeklagten aburteilte, waren die Gefängnisse noch immer übervoll. Aber Couthon, ein fanatischer Anhänger Robespierres, verkündete: «Die Feinde der Republik müssen ausgerottet, nicht nur getötet werden», und im Juli lieferte eine weitere erfundene «Verschwörung der Gefängnisse» den Vorwand, noch mehr Menschen auf die Guillotine zu schicken.

Als es Sommer wurde und die erbarmungslose Sonne des Thermidor – des republikanischen Hitzemonats – auf die Stadt niederbrannte, kamen die Gefangenen, die in den Korridoren schlafen mußten, beinahe um von dem Gestank aus den offenen Eimern, die als Latrinen benutzt wurden. Die Luft dort war stickig genug, um eine Kerze zum Erlöschen zu bringen.

Am Morgen des 22. Juli stieg Alexandre de Beauharnais, verurteilt wegen Verschwörung mit dem Feind, auf das Schafott. Er verabschiedete sich verzweifelt von Delphine, steckte ihr seinen Ring an und hinterließ ein paar Zeilen für seine Frau, in denen er sie seiner «brüderlichen Zuneigung» versicherte.

«Beauharnais war ein sehr angenehmer Mann, aber ziemlich eingebildet», berichtete Grace Elliott. «Madame de Beauharnais weinte sehr, als ihr Ehemann hingerichtet wurde», aber «sie war eine Französin», fügte sie hinzu, «und ihre Tränen trockneten bald. Er war nicht sehr aufmerksam zu ihr. Die andere Dame sah ich nach seinem Tod nie mehr lächeln.» Als Rose gefragt wurde, warum sie um einen Mann trauere, unter dem sie so gelitten hatte, antwortete sie unter Tränen: «Ich war meinem Mann zugetan.»

Fünf Nächte nach Alexandres Hinrichtung hörten die Gefangenen im Karmeliterkloster die Sturmglocken und Trommeln, die zu den Waffen riefen. Auf den Straßen wurde marschiert und gejohlt. Ein neues Massaker drohte. In der Nacht zum 27. Juli verbarrikadierten die Männer die Zellentüren mit Stühlen oder zerlegten sie, um sich zu bewaffnen. Am Morgen signalisierten ihnen von draußen Freunde und Verwandte, was sich tags zuvor ereignet hatte. Der Sturz Robespierres hatte die Schreckensherrschaft beendet.

Der große Terror hatte 47 Tage gedauert, vom 10. Juni bis zum 27. Juli, während «eine ungeheure Stille über dem betäubten Land lag». Jener Sommer war ungewöhnlich heiß. Die Sonne brannte von einem wolkenlosen Himmel, und selbst nachts sank das Thermometer nicht unter dreißig Grad. Die Wochen, in denen Rose im Gefängnis saß, waren auch ein Alptraum für eine Handvoll im geheimen wirkender Männer, die sich in Freiheit befanden, aber wußten, daß sie exekutiert werden sollten.

Anfang des Jahres waren drei politische Kommissare nach Paris zurückbeordert worden: Joseph Fouché aus Lyon, wo sich die Bevölkerung gegen den Konvent erhoben hatte; Paul Barras aus Toulon, das sich den Engländern ergeben wollte; und Jean-Lambert Tallien aus Bordeaux, wo er einen sich anbahnenden Aufstand unterdrücken sollte.

Fouché, ein ehemaliger Geistlicher wie Talleyrand und Sieyès, war nach Paris zurückgerufen worden, weil sich selbst die Lyoner Jakobiner über seine Greueltaten beschwert hatten. Auf sein Konto gingen die Zerstörung eines großen Teils von Lyon sowie die Morde an Hunderten von Bürgern, die erschlagen, erstochen oder erschossen in die Rhône geworfen wurden. Fouché war ein politisches Genie. Während der Revolution diente er jedem Regime, dem Direktorium, dem Konsulat, dann dem Kaiserreich und sogar der Restauration, und er verriet sie alle. Er arbeitete stets im verborgenen. Nun war er zum ersten und einzigen Mal gezwungen, seine Tarnung aufzugeben.

Der Bürger General Paul Barras, ein geborener Aristokrat, war verbittert über das *ancien régime*, das ihn gezwungen hatte, die königliche Armee zu verlassen. Die «neuen Ideen» sagten ihm zu, und 1793 war er einer der ersten politischen Kommissare für das Heer. Im August war er mit dem Abgeordneten Stanislas Fréron nach Toulon geschickt worden, dem wichtigsten Marinehafen, der sich den Alliierten ergeben hatte. Er ersetzte den unfähigen befehlshabenden General der Artillerie durch einen Hauptmann namens Buonaparte, der ihm von seinem korsischen Kollegen Saliceti empfohlen worden war. Buonaparte erwies sich als hervorragender Offizier und wurde, nachdem die Belagerung von Toulon aufgehoben war, auf Barras' Empfehlung hin vorübergehend zum Brigadekommandeur befördert. Anschließend hatten Fréron und Barras «die ganze, in diesen schweren Zeiten notwendige Entschlossenheit gezeigt» – eine geläufige Redewendung für gnadenlose Unterdrükkung. Sie berichteten nach Paris, daß innerhalb von drei Tagen sechshundert Hinrichtungen stattgefunden hatten, obwohl Fréron später sagte, sie hätten übertrieben; es seien mindestens zwei Drittel weniger gewesen.

Tallien war aus Bordeaux zurückbeordert worden, wo er die überlebenden Abgeordneten der Gironde aufspüren sollte, die sich, wie der Konvent vermutete, dort versteckt hielten. Nach einem ausgezeichneten Start – eine befriedigend lange Liste von Enthauptungen war regelmäßig beim Wohlfahrtsausschuß in Paris eingegangen, ebenso Berichte über Maßnahmen zur Förderung der Denunziation und über die Zahl der Inhaftierten – waren die Hinrichtungen plötzlich deutlich zurückgegangen. Robespierre schickte seinen persönlichen Agenten nach Bordeaux, der Wohlfahrtsausschuß drei seiner Kommissare. Alle berichteten, der Rückgang der Exekutionen habe offenbar mit einer Schwäche des Kommissars Tallien für Thérésia Cabarrus, die ehemalige Marquise de Fontenay, zu tun. Tallien hatte sie angeblich nicht nur aus dem Gefängnis gerettet, sondern fuhr auch in einem offenen Wagen mit ihr spazieren, wobei die Dame mit einer Pike in der Hand und der roten Revolutionsmütze auf dem Kopf an seiner Schulter lehnte. Außerdem würden die Gnadengesuche der Cabarrus zugunsten ihrer Freunde erhört, und sie und Tallien ließen sich ihre Gefälligkeiten mit Geld und Juwelen bezahlen.

Bis zum Frühjahr 1794 war es Robespierre mit Hilfe der gut organisierten Jakobiner gelungen, die rivalisierenden Führer im Konvent zu eliminieren. Nach Dantons Hinrichtung befand sich die «Republik der Tugend» auf ihrem Höhepunkt. Sie wurde beherrscht von Robespierre, der besessen war von der Idee, die Republik von Korruption zu säubern, und einer kleinen Kaste der jakobinischen revolutionären Elite, bestehend aus Couthon, Saint-Just und einem halben Dutzend anderer. Die meisten von ihnen hatten keinen anderen Beruf als die Politik; sie verdächtigten jeden Außenseiter und stützten sich auf *le véritable peuple*, wie sie es nannten, das wahre Volk. Sie waren die Militanten der Partei.

Kommissare des Konvents wurden bei ihrer Rückkehr nach Paris nicht selten wegen mangelnder Sorgfalt angeklagt. Fouché, Barras und Tallien drohten Robespierres endgültiger «Säuberung» zum Opfer zu fallen, nicht nur weil sie seine Überzeugung von der reinsten demokratischen Theorie mißachtet, sondern auch weil sie ihn, den «Unbestechlichen», den strengen Advokaten mit dem vorbildlichen Lebenswandel, durch ihr Verhalten beleidigt hatten.

Wie Alexandre de Beauharnais ahnten auch die zurückberufenen

Prokonsuln nicht, wie sehr sich die Machtverhältnisse während ihrer Abwesenheit verändert hatten. Der allmächtige Wohlfahrtsausschuß setzte sich aus Männern zusammen, deren Idol Robespierre war. Als Joseph Fouché vom Jakobinerklub ausgeschlossen wurde – was einem Todesurteil gleichkam –, ging er in den Untergrund. Tallien wurde von den Jakobinern freigesprochen, aber Robespierre kannte diesen Mann in Zukunft nicht mehr. Paul Barras, der im Verdacht stand, sich durch Erpressung bereichert zu haben, und dessen Maßnahmen in Toulon als unangemessen angesehen wurden, versuchte zunächst erfolglos, sich privat an Robespierre zu wenden, und verzichtete dann ganz darauf, sich zu verteidigen. Zusammen mit Fouché und Tallien versuchte er nun, die «Ebene», die gemäßigten Abgeordneten im Konvent, für sich zu gewinnen.

Diese Abgeordneten und sogar einige Mitglieder der Bergpartei fragten sich allmählich, ob die Fortsetzung der Schreckensherrschaft notwendig sei. Im Juni, nach einer Niederlage der Österreicher und Siegen der republikanischen Armeen an allen Fronten, bestand kein nationaler Notstand mehr. Doch der Krieg hatte weiterhin die härteste Unterdrückung zu rechtfertigen, und die Guillotine war mehr denn je im Einsatz. Proteste wurden laut gegen «die Blutbäche auf den Straßen» und die überfüllten Friedhöfe, wo die nur noch ein paar Zentimeter tief begrabenen Toten wieder aus der Erde traten, so daß sich der Verwesungsgestank in der Sommerhitze über die ganze Stadt ausbreitete. Die militantere Bevölkerung in den östlichen Stadtvierteln befürchtete den Ausbruch von Seuchen und beschwerte sich, daß man die Guillotine von der Place de la Révolution, wo das Blut nicht ablaufen konnte, in ihre Nähe an die Bastille verlegt hatte. Die Kommune, die versucht hatte, das Friedhofsproblem mit Ätzkalk zu lösen, konnte am 8. Thermidor als Vorbeugungsmaßnahme gegen eine Epidemie nur vorschlagen, Thymian zu verbrennen.

Durch die Reform des Revolutionstribunals im Frühjahr 1794 – «moralische Beweise» genügten jetzt zur Verurteilung – waren auch die Parlamentsabgeordneten praktisch ihrer Immunität beraubt. Da die meisten fürchteten, auf einer der berüchtigten Listen der «großen Säuberung» zu stehen, schliefen über fünfzig Abgeordnete nicht mehr bei sich zu Hause. Im Konvent saßen sie auf den äußeren Plätzen der Bänke in der Nähe der Türen und verschwanden, sobald Robespierre erschien.

Die Spannung und Unsicherheit, die sich im Konvent ausbreitete, griff auch auf den Wohlfahrtsausschuß über. Die Sitzungen während dieser heißen Monate wurden zum Schauplatz heftigster Auseinandersetzungen, von Weinkrämpfen und Versöhnungen. Trotz der großen Hitze mußten die Fenster zu den Tuileriengärten geschlossen bleiben, weil die Menschen draußen über den unglaublichen Tumult nur noch den Kopf schüttelten.

Robespierres Spione taten sich immer schwerer, den heimlichen Verschwörern zu folgen. Fouchés Lieblingstochter lag im Sterben, doch er wagte es nicht, sie zu besuchen. Barras, der entschlossen war, sein Leben teuer zu verkaufen, verwandelte sein Zimmer in ein Waffenarsenal. Talliens Geliebte, die Bürgerin Cabarrus, die ihm nach Paris gefolgt war, wurde auf Robespierres Veranlassung hin verhaftet und in eine Einzelzelle gesperrt. Der Mann, der weder Geld noch Frauen liebte, schien ein merkwürdiges Interesse an ihr zu haben; die Tatsache, daß er sich alle Briefe, die an sie geschickt wurden, sofort zeigen ließ, entging seinen Kollegen nicht.

Ende Juni trafen sich die Verschwörer und ihre Verbündeten mit etlichen anderen neuen Konventsmitgliedern im *Doyen*, einem Restaurant auf den Champs-Elysées. Fouché nannte die Namen von Abgeordneten, die seiner Meinung nach unbedingt liquidiert werden müßten, und in der Nacht suchte er diese Leute heimlich auf und warnte sie, daß sie auf Robespierres Liste ständen.

Bis zum 26. Juli (8. Thermidor) stand die Koalition zwischen den Verschwörern – führenden Männern der Linken im Konvent und blockfreien Abgeordneten der Mitte. Am selben Tag erhielt Tallien laut einer Legende von seiner Geliebten, Thérésia Cabarrus, die wußte, daß der Sturz Robespierres ihre einzige Rettung war, einen Dolch und einen Brief, in dem sie voller Verachtung schrieb, sie habe wohl irrtümlich geglaubt, ihr Liebhaber sei ein mutiger Mann. «Ich gehe verzweifelt in den Tod, weil ich einem Feigling wie Dir gehört habe.» Ob es diesen Brief wirklich gab oder nicht – Tallien sah sich jedenfalls plötzlich veranlaßt, mutig zu werden, vielleicht aus Angst um sein eigenes Leben, vielleicht aus einem edleren Grund.

Um sieben Uhr morgens des 9. Thermidor wimmelte es in den Korridoren des Konvents von aufgeregten Abgeordneten. Draußen brütete bereits die Hitze, und am Himmel über Paris braute sich ein Gewitter zusammen. Als Robespierre eintraf, makellos gekleidet in einem seidenen blauen Rock, Kniehosen, gestreiften Strümpfen und gepudertem Haar, wurde er mit donnerndem Beifall begrüßt. Collot d'Herbois, ein Feind Robespierres, führte den Vorsitz in der Versammlung. Saint-Just hatte kaum mit dem ersten Punkt der Tagesordnung begonnen, als er von Tallien unterbrochen wurde, der gehört werden wollte. Andere Abgeordnete schlossen sich seinem Begehren an. Saint-Just wurde niedergeschrien und Robespierre am Betreten des Podiums gehindert. Seine schrillen Proteste gingen in dem allgemeinen Lärm unter. Ein völlig außer sich geratener Tallien schwenkte einen Dolch und brüllte: «Nieder mit dem Tyrannen, nieder mit dem Diktator!» Als Robespierre zu ersticken drohte, rief ein Abgeordneter: «Er erstickt an Dantons Blut!» Saint-Just stand wie versteinert auf dem Podium, und Couthon in seinem Rollstuhl schwieg.

Niemand hatte bis jetzt gewagt, den Namen des Tyrannen zu nennen. Die Spannung im Saal stieg nahezu ins Unerträgliche, während es durch das heraufziehende Gewitter immer schwüler und dunkler wurde. Schließlich hatte doch einer den Mut, Robespierres Verhaftung zu fordern. Nach einer namentlichen Abstimmung, die einstimmig ausfiel, wurden Robespierre, sein Bruder Augustin, Saint-Just, Couthon und etliche ihrer Anhänger abgeführt.

Inzwischen war es halb sechs Uhr abends geworden, eine halbe Stunde über die Essenszeit hinaus. Die Sitzung wurde für zwei Stunden unterbrochen. Bis die Herren in den Konvent zurückkamen, hatte die Pariser Kommune, die sich ganz aus Robespierres Männern zusammensetzte, die Sturmglocken läuten lassen, die Pariser Sektionen mobilisiert und den Gefängnissen verboten, die verhafteten Abgeordneten aufzunehmen, die im Hôtel de Ville, dem Rathaus der Stadt, in Sicherheit gebracht worden waren. Stunden vergingen, während die Kommune auf Anweisungen von Robespierre wartete, der plötzlich unentschlossen wirkte.

Eine weitere bange Nacht begann. Ein bewaffneter Aufstand der Bevölkerung und die Befreiung der Verhafteten wurden immer wahrscheinlicher. Paul Barras wurde zum Befehlshaber der kleinen Schutztruppe des Konvents ernannt mit dem Auftrag, die Versammlung zu schützen und Robespierre mit seinem Anhang ins Gefängnis zu sperren.

Auf den Straßen herrschte völliges Chaos. Barras ließ das Rathaus umstellen. Im Schein der Fackeln wurde den Truppen der Kommune der Erlaß des Konvents vorgelesen. Bei den Worten: *«Hors la loi!»* brach das Gewitter los, das sich so lange über der Stadt zusammengebraut hatte. Unter dem strömenden Regen löste sich die führerlose

Truppe der Kommune auf, erst allmählich, dann in immer größeren Gruppen.

Als Barras und seine Männer nach Mitternacht in das Hôtel de Ville eindrangen, stürzte sich Robespierres Bruder aus dem Fenster. Couthon hatte sich aus seinem Rollstuhl geworfen und unter einem Tisch versteckt, und Robespierre hatte sich in den Kiefer geschossen. Nur Saint-Just stand ruhig da und erwartete seine Festnahme.

Am 28. Juli waren die Dächer und Balkone entlang der Route, auf der die Karren zum Hinrichtungsplatz fuhren, schwarz von Menschen. Manche Gesichter in den Fenstern waren kalkweiß nach einem monatelangen Leben im Versteck. Ganz Paris schien seit dem vergangenen Abend auf den Beinen zu sein. Das Menschengedränge war so groß, daß die Karren vom Gefängnis in der Conciergerie bis zur Place de la Révolution, der heutigen Place de la Concorde, wohin man die Guillotine in der Nacht zurückgebracht hatte, anderthalb Stunden brauchten.

Die Menge beschimpfte Robespierre erbarmungslos. Sein Kiefer wurde von einem Verband zusammengehalten, sein blauer Rock war blutbefleckt, die gestreiften Strümpfe rutschten ihm über die Schuhe. Vor seiner Wohnung im Haus eines Zimmermanns in der Rue St. Honoré hielt der Zug kurz an, während ein Junge vom Schlachter nebenan einen Eimer Ochsenblut holte und über die Eingangstür goß.

«Von nun an», schrieb der Historiker Michelet, «war etwas Hochmütiges, Unmenschliches und Schreckliches aus der Revolution verschwunden.»

5

In der Chaumière

Zehn Tage nach Thermidor war Rose de Beauharnais eine der ersten Gefangenen, die aus dem Karmeliterkloster entlassen wurde. Sie fiel anmutig in Ohnmacht, als ihr Name aufgerufen wurde. Bevor sie unter den sonnigen Himmel von Paris trat, gefolgt von «den guten Wünschen aller Mithäftlinge», bedankte sie sich bei ihren Freunden.

Vor dem Gefängnis wartete eine aufgeregte Menschenmenge auf Verwandte und Freunde. Das düstere Straßenbild der Schreckensherrschaft war verschwunden. Überall traf man auf freudige Gesichter. Fremde umarmten sich, und an den Straßenecken drängten sich die Menschen um die Zeitungsverkäufer.

An die 100 000 Verdächtige tauchten überall in der Stadt aus ihren Verstecken auf; bis Ende August wurden 3000 aus den Gefängnissen entlassen. Diese Menschen waren schon glücklich, «einfach an den Quais in der Sonne spazierenzugehen, frische Luft zu atmen, den Himmel zu sehen und zu fühlen, daß man den Kopf noch auf den Schultern hatte».

Trotzdem gingen die Entlassungen langsam vor sich. Daß Rose so bald freikam, verdankte sie, wie allgemein angenommen wurde, Jean-Lambert Tallien. Zweifellos unterzeichnete er die nötige Anordnung, damit das Amtssiegel aus ihren Papieren, ihrer Wäsche und «anderen Dingen des täglichen Gebrauchs» in ihrer Wohnung entfernt werden konnte. Am Haus selbst blieben die Siegel jedoch, denn die Eigentümerin, Désirée Hosten, sollte noch für einige Zeit in Haft bleiben.

Rose mietete bei einer Freundin, Madame de Krény, für sich, ihre Kinder, ihre zwei Dienstboten und Marie Lannoy eine größere

Wohnung in der Rue de l'Université, und sie stürzte sich sofort wieder in Schulden. Die britische Flotte auf dem Atlantik behinderte den Verkehr mit den Antillen. Im November fand Rose endlich jemand, «der nach Neuengland» reiste und einen Brief an Madame de la Pagerie mitnahm. «Ich trauere um meinen Gatten», schrieb sie. «Meine Kinder sind mein einziger Trost.» Und sie bat um Kreditbriefe via Hamburg. Sie brauche 50 000 Livres sofort und später alle drei Monate, was immer ihre Mutter entbehren könne, «...denn jetzt haben wir nur noch Sie, die für unser tägliches Brot sorgen kann».

Inzwischen lebte Rose von Schulden und Krediten. Die Dienstboten verzichteten vorerst auf ihren Lohn, und Marie Lannoy lieh ihr ihre gesamten Ersparnisse. Rose borgte von Freunden und dem Bankier Emmery, der mit ihrer Familie auf Martinique schon früher in Verbindung gestanden hatte, und sie fuhr nach Fontainebleau, um Tante Désirée um 50 000 Francs anzupumpen. Für diese Reise brauchte Rose einen Paß, Wagen und Pferde, die sie nur durch Beziehungen bekommen konnte. In dem Paß wird ihre Augenfarbe – die meisten nannten sie braun – als «orange» bezeichnet, und sie ist plötzlich drei Jahre jünger.

Sie borgte auch von Lazare Hoche, der den Thermidor überlebt hatte. Am 4. August, dem Tag seiner Entlassung aus dem Gefängnis, schrieb er an seine sechzehnjährige Frau Adèle im Elsaß, seine Liebe für sie werde «täglich größer» und er sei eben dabei, zu ihr nach Hause zu kommen, «zu Fuß, wie es einem Republikaner geziemt». Zehn Tage später war er immer noch in Paris unter teils widersprüchlichen Vorwänden. Adèle solle nicht versuchen, zu ihm zu kommen, schrieb er, «die Zeiten sind zu gefährlich... Ich lebe fast ganz im verborgenen. Hab Geduld.»

Roses Liaison mit dem General verlief nicht im verborgenen. Sie feierten gemeinsam ihre Befreiung und stürzten sich in den allgemeinen Freudentaumel der Stadt. Der Karneval, der fünf Jahre dauern sollte, hatte begonnen.

Nicht weniger als dreizehn Theater hatten in jenem Monat wieder eröffnet, und schon gab es einen Schwarzmarkt für Theater- und Konzertkarten. Die Cafés waren ähnlich überfüllt wie die Theater. Spielhallen hatten die ganze Nacht auf. An den Häusern, die mit den vielen übereinandergeklebten Proklamationen und Konventsverordnungen beinahe aussahen, als bestünden sie nur aus Papier, verkündeten bunte Plakate die Eröffnung von Tanzsälen.

Rose hatte sich in Lazare Hoche verliebt, und weil sie außerdem einen Mann brauchte, der sie protegieren konnte, versuchte sie ihn zu überreden, sich von seiner Frau scheiden zu lassen – im Jahr III der Republik die einfachste Sache. Hoche zögerte, aber er fand Rose doch so unwiderstehlich, daß er ihr Geld lieh und seiner Frau verbot, zu ihm zu kommen.

Als Hoche Ende August zum Befehlshaber der neu aufgestellten Westarmee ernannt wurde, um die Rebellion in der Vendée und der Bretagne zu unterdrücken, bat er seine junge Frau jedoch, sofort nach Paris zu kommen und ihm seinen Degen, seine Pistolen und sein Pferd mitzubringen. Nach kurzen Flitterwochen reiste er mit ihr in die Bretagne, begleitet von dem dreizehnjährigen Eugène de Beauharnais, dessen Schicksal es war, allen Bewunderern seiner Mutter zu dienen.

Als Adèle Hoche in Paris den Grund für die unnötig lange Trennung von ihrem Mann erfuhr, machte sie Hoche bittere Vorwürfe. Obwohl er sich reumütig zeigte und entzückt war von seiner Frau, schrieb er aus Cherbourg leidenschaftliche Briefe an Rose, und sie hoffte mindestens bis zum Sommer des nächsten Jahres, daß er seine Frau verlassen würde. Lazare Hoche war bis zu dem Tag, an dem sie sich zögernd zu einer Ehe mit dem General Bonaparte entschloß, vermutlich der Mann, den sie am liebsten geheiratet hätte. Wie kompromittierend Roses Briefe an ihn gewesen wären, läßt sich an den beträchtlichen Risiken ermessen, die sie als Madame Bonaparte einging, um sie zurückzubekommen.

Nach Hoches Abreise kehrte Rose wieder zu ihrer Hauptbeschäftigung zurück. Sie suchte Sicherheit, Einfluß, Geld und Zerstreuung.

Seit dem Thermidor hatte das Papiergeld zwei Drittel seines ursprünglichen Werts verloren. Leben konnte man nur vom Tauschhandel. «Der Anblick gutgekleideter Frauen, die Tabak, Musselin, Butter oder Reitpferde verkaufen, ist völlig alltäglich», schrieb Mercier. «Menschen jeden Alters, jeden Geschlechts und aus allen Schichten tragen ein Päckchen mit Kaffee oder Zucker unter dem Arm. Bohnen bekommt man beim Friseur, Spitze beim Apotheker.»

Kutschen waren so gut wie ganz aus der Stadt verschwunden. Rose, die nicht gern zu Fuß ging, gelang es jedoch, eine zu mieten. Sie bezahlte dafür mit Marie Lannoys Ersparnissen und fuhr mit ihren Tauschwaren durch die Stadt, in der nach fünf Jahren des Terrors noch vieles an das Blutvergießen und die Plünderungen erinnerte. Auf der Place de la Révolution standen noch die Schranken, welche die Guillotine vor der andrängenden Zuschauermenge geschützt hatten, und die rosarote Freiheitsstatue aus Pappkarton. Vor den Häusern und Geschäften steckten noch die roten Mützen auf den Piken, und die Mauern der Tuilerien waren durch den Beschuß wie von Pockennarben verunziert. Auf dem weitgehend verlassenen linken Seineufer, wo Rose wohnte, «waren die großen Häuser nicht nur ihrer Möbel, Spiegel, Täfelungen und Stukkaturen beraubt», wie Mercier schrieb. «Man hatte sogar das Blei von den Dächern gestohlen.»

Auf beiden Ufern jedoch «sah die französische Hauptstadt wie ein riesiger Trödelmarkt aus». Die Straßen waren verstopft mit Karren, auf denen sich Berge von Wäsche, Porzellan, Teppichen, Küchengeräten und Matratzen türmten, die zum Verkauf oder Tausch angeboten wurden. Möbel, Skulpturen, Drucke, Gemälde, Wein und Juwelen fand man übereinandergehäuft in den Rinnsteinen. An den Seinequais stapelten sich die Bestände der Universitätsbibliotheken. Die Preise waren so niedrig, daß Ausländer eigens Leute nach Paris schickten, um einige der unschätzbaren Sammlungen ausfindig zu machen und zu kaufen. Der Prince of Wales erwarb auf diese Weise Bronzen und Gemälde, Büsten von Coysevox und Möbel aus Versailles von so berühmten Ebenisten wie Jacob, Riesener und Weisweiler.

Der Winter kam früh in diesem Jahr; es wurde der kälteste seit Menschengedenken. Vor der Kanalküste bildete sich ein zwei Meilen breiter Eisstreifen. In der Provence erfroren die Olivenbäume. Die Seine war zugefroren, so daß die Stadt weder mit Holz noch mit Kohlen beliefert werden konnte. Der Bois de Boulogne und sogar die Tuileriengärten wurden abgeholzt, und «die Bürger zersägten ihre Betten auf den Straßen, um ihr Essen zu kochen und nicht zu erfrieren».

Aber es gab bald immer weniger zu essen. Nach der schlechten Ernte des Jahres 1794 – Hagel im Frühjahr, ein verregneter Sommer und mangelnde Arbeitskräfte nach den massenhaften Truppenaushebungen – war die neue Regierung der «Thermidorianer» gezwungen, Getreide einzuführen. Doch die Konvois blieben in Schnee und Eis stecken. Das Fleisch wurde rationiert – alle zehn Tage ein Viertelpfund pro Person. Kerzen, Öl, Mehl und Zucker verschwanden völlig vom Markt. Und die Bauern horteten ihre Erzeugnisse, weil sie nicht mit wertlosen Assignaten bezahlt werden wollten. Die

Pariser gingen auf Hamstertour, um den Bauern ein paar Eier oder eine Handvoll Weizenmehl abzubetteln.

«Aber man kann unmöglich vergnügter verhungern», schrieb ein zurückkehrender Emigrant in jenem Winter. Er meinte, die Pariser hätten gelernt, ohne das Notwendigste zu leben, indem sie sich dem Überflüssigen hingaben. Die Leute strömten aus den Theatern, wo ein Platz Hunderte von Livres kostete, und stellten sich im eisigen Morgengrauen vor den Bäckereien an für den rationierten «nationalen Brotlaib», eine pappige Mischung aus Kleie und Bohnen. «Ich habe den nationalen Laib ein Dutzend Mal an die Wand geworfen», schrieb Frénilly, «und jedesmal blieb er dort kleben. Nicht einmal mein Hund wollte ihn fressen.» Anständiges Weißbrot entbehrten die Pariser am meisten; es war «das beherrschende Thema an jeder Tafel».

In den Häusern, wo Rose dinierte, trugen die Gäste geflickte Kleider. Die meisten besaßen nur einen Mantel und ein Paar Schuhe. Obwohl die Bürgerin Beauharnais glückliche Besitzerin mehrerer Paare grauer Seidenstrümpfe «mit farbigen Fersen» war, von denen das Paar siebenhundert Livres oder ein Stück Rindfleisch kostete, schien ihre finanzielle Lage prekärer zu sein als die ihrer Freunde. Als einzige brauchte sie zu den Einladungen nicht ihre eigene Kerze und ihren Brotlaib mitzubringen. Bei der Marquise de Moulin wurde für sie jeden Tag ein Gedeck aufgelegt, weil sie geholfen hatte, deren Nichte vor der Guillotine zu retten.

Die Zeit des Tauschens und der bescheidenen Diners endete für Rose, als sie in die Welt der Talliens eintrat. Hier fehlte es weder an Weißbrot noch an anderen Luxusgütern wie Tee, Zucker, Wein, Öl oder Brennholz, die aus Dankbarkeit oder eigennützigen Interessen frei Haus geliefert wurden, begleitet von Briefen voller Bewunderung für Thérésia Tallien, die Heldin des Thermidor.

Am kältesten Weihnachtsabend seit Menschengedenken durchbrach eine anscheinend für eine Maskerade gekleidete Menge die Stille eines unbeleuchteten Fußwegs abseits der ländlichen Champs-Elysées. Alle Mächtigen und Einflußreichen des Thermidor waren unterwegs zu Thérésias «Häuschen im Grünen», der Chaumière.

Die 21jährige Thérésia eröffnete am Abend ihrer Hochzeit mit ihrem Retter Jean-Lambert Tallien ihren Salon, und einige, die an diesem Abend hier zusammenkamen, sollten für die nächsten dreißig Jahre eine führende Rolle in Frankreichs Geschichte spielen. Thérésia selbst, witzig und von aufsehenerregender Schönheit, war zu einer Heroine Frankreichs geworden dank jenes verächtlichen Briefs, den sie aus dem Gefängnis an ihren Liebhaber geschrieben hatte und mit dem sie tüchtig Reklame machte.

Im vierten Monat schwanger und elegant in einen «antiken» Schal gehüllt, begrüßte sie ihre Gäste in einer griechischen Tunika und Sandalen. Das Haar trug sie kurz geschnitten und gelockt wie die alten Römer. Neben ihr stand, ähnlich gekleidet, ihre Freundin Rose de Beauharnais.

Im Sommer der Befreiung war Thérésia Cabarrus zu einer mythischen Figur geworden. Sie symbolisierte Weiblichkeit und Mut und das Ende der Schreckensherrschaft. Weil sie einen der Führer des Coups vom 27. Juli ermutigt hatte, aktiv zu werden, bezweifelten weder Paris noch Thérésia selbst, daß sie «die Revolution gerettet» hatte. In der säkularisierten Stadt, wo keine Straße mehr den Namen eines katholischen Heiligen trug, war sie «Unsere liebe Frau vom Thermidor». Seit dem Tag, als sie aus dem Gefängnis entlassen und auf den Schultern einer begeisterten Menge nach Hause getragen wurde, war sie der Mittelpunkt der allgemeinen Neugier und Lobhudelei. Wo immer sie und Tallien in der Öffentlichkeit erschienen, jubelten ihnen die Menschen zu, wobei das Interesse weniger dem recht gutaussehenden Tallien als der auffallenden Schönheit an seiner Seite galt. Sie war größer als er, schrieb der spätere Kanzler Pasquier in seinen Memoiren, und sah aus wie «die Karyatide seines Ruhms».

Als bekannt wurde, daß sie geschworen hatte, «allen Haß zu beenden und alle Wunden zu heilen», wurde sie für das leidgeprüfte und zerrissene Frankreich zur Hoffnungsträgerin. Daß Thérésia ihren Schwur erfüllen würde, erschien noch wahrscheinlicher, als sie ihren Retter an Weihnachten nach Thermidor heiratete – nachdem sie festgestellt hatte, daß sie schwanger war.

Anfang des Jahres 1795 symbolisierte die Chaumière auch den allmählichen Rechtsruck der «Thermidorianer», jener Allianz von Gemäßigten und Ex-Terroristen, den Besiegern der Schreckensherrschaft, die im Konvent jetzt über eine schwankende Mehrheit verfügten. Anfangs waren die Abgeordneten, die sich der Verschwörung gegen Robespierre angeschlossen hatten, erstaunt, daß man sie als Helden betrachtete. Sie hatten erwartet, daß sie die zwei großen Ausschüsse intakt übernehmen würden, statt sie abzuschaffen, und daß sie die Revolution fortsetzen würden. Nun fanden sie sich an der

Spitze einer gewaltigen Welle der Reaktion, die sie selbst ausgelöst hatten.

Die öffentliche Meinung, etwas, womit seit einigen Jahren keine Regierung mehr gerechnet hatte, ließ sich nicht kontrollieren. Die Polizei berichtete nach dem Thermidor, daß in der vor den Gefängnissen wartenden Menge Rachegelüste laut wurden und daß die politischen Meinungen dieser Leute ebenso unterschiedlich waren wie die Herkunft der Opfer. Das Land schien berauscht zu sein von dem Wunsch nach Rache, nach einer Abrechnung mit den Organisatoren der Hinrichtungen. Die Ex-Terroristen mußten sich, wenn auch zunächst zögernd, von der Guillotine trennen. Unter dem Druck der Öffentlichkeit wurden nacheinander das Revolutionstribunal geschlossen, die Machtbefugnisse der politischen Klubs eingeschränkt, die Preiskontrolle aufgehoben und einige der schlimmsten Terroristen bestraft.

Jean-Lambert Tallien, nach dem Thermidor Präsident des Konvents, zog es plötzlich auffallend auf die Seite der Reaktion, während die Thermidorianer versuchten, ein Gleichgewicht zwischen Jakobinern und neuen Gemäßigten aufrechtzuerhalten. Die notwendige Unterstützung außerhalb des Konvents fanden die Thermidorianer bei der befreiten Presse, den Theatern (fast das gesamte Personal der Comédie Française war als «verdächtig» inhaftiert worden) und auf der Straße. Dort waren ihre Verbündeten die Muscadins, die *Jeunesse dorée*, wie sie von den Jakobinern bezeichnet wurden – eine Jugendbewegung unter der Führung des Publizisten und Politikers Stanislas Fréron.

Diese jungen Männer, vorwiegend Handwerker und kleine Geschäftsleute, waren zum Teil Söhne von Männern und Frauen, die auf dem Schafott gestorben waren. Mit stillschweigender Billigung der Regierung bildeten sie eine irreguläre Miliz, organisierten Demonstrationen auf den Straßen und auf der Galerie des Konvents und jagten Jakobiner, wo sie sie fanden. Ihre provokative Aufmachung – geflochtenes Haar und geckenhafte Kleidung – unterstrich ihr herausforderndes Auftreten gegenüber den Sansculotten. Sie hatten eine eigene Zeitung, trafen sich in ihren eigenen Cafés und waren sich einig in der Verehrung von Madame Tallien.

Deputierte der extremen Linken blieben Thérésias Haus fern, nicht nur, weil sie den Coup gegen die Jakobiner ausgelöst hatte, sondern auch, weil sie drei Monate nach Thermidor, nur von einer Gruppe Muscadins begleitet, die Türen des Jakobinerklubs eine

Stunde vor einer Sitzung geschlossen und die Schlüssel persönlich dem Konvent überreicht hatte. Als William Pitt der Jüngere in England davon erfuhr, sagte er: «Diese Frau ist imstande, die Tore der Hölle zu schließen.» Im Konvent wurde sie von den Jakobinern als «die neue Marie Antoinette» bezeichnet. Einer der Abgeordneten, Joseph Cambon, beschwerte sich über eine «im Boudoir der Cabarrus gebildete öffentliche Meinung», und direkt an Tallien gerichtet, sprach er von den «Schurken, die unsere Köpfe ihren Konkubinen versprochen haben».

Die Chaumière wurde in diesem sowohl für Napoleon als auch für Josephine entscheidenden Jahr das Sprungbrett zu Erfolg und Ruhm. Nach der völligen Zerstörung der letzten Reste einer sozialen Struktur durch die Schreckensherrschaft war das Haus der Talliens zum Mittelpunkt des politischen Establishments des neuen Frankreich geworden.

Hier wurden Reputationen aufgebaut und demontiert, Allianzen gebildet, Vermögen begründet. Hier fanden die alten und neuen Welten zusammen: Männer des Konvents, republikanische Offiziere, Bankiers, Journalisten, schöne Frauen, Künstler, Muscadins, einige zurückgekehrte Emigranten, die neuen Spekulanten und die Heereslieferanten, letztere die anerkannten Könige dieser Gesellschaft. Zu den Abgeordneten, die regelmäßig die Chaumière besuchten, gehörten die neuen Gemäßigten wie Stanislas Fréron, Paul Barras, Joseph Chénier und der Dichter André; die Frauen waren die jungfräuliche Juliette Récamier; die skandalumwitterte Fortunée Hamelin, die angeblich barbrüstig die gesamte Länge der Champs-Elysées abgeschritten hatte; Germaine de Staël, jüngst aus ihrem Schweizer Exil zurück, und natürlich Rose de Beauharnais.

«Unglaublicher Luxus, Konzerte, Theater und die schöne Bürgerin Cabarrus, Talliens Frau – das beschäftigt die meisten Leute hier mehr als Lebensmittelrationierung und das Schicksal unserer Soldaten!» schrieb Espinchal, ein royalistischer Spion, an seine Auftraggeber in London. Im Gegensatz zu den vorrevolutionären Salons, wo man sich über gesellschaftsverändernde Ideen unterhalten und gestritten hatte, herrschte jetzt, nach den seelischen Belastungen der vergangenen Jahre, ein allgemeines Bedürfnis nach Vergnügen und Luxus. Politik, Kunst, der Krieg, der seit vier Jahren an den Grenzen tobte, wurden ignoriert. Viel interessanter waren Börsentips, Tauschgeschäfte und lukrative Regierungsverträge. Es wurde mit

Waffen gehandelt, mit Schuhen für das Militär, Lebensmitteln und Gold. «Verträge gibt es für alles», bemerkte einer von Talliens Gästen, «von Hafer bis zu Säbeln, und es ist keineswegs unwahrscheinlich, daß sie einem von einer Frau in fleischfarbenem Trikot und Diamanten auf den bloßen Zehen weggeschnappt werden.»

Die Zusammensetzung dieser heterogenen Gruppe war so neu, so frisch und unverhofft wie das ganze Leben für die Männer und Frauen, die sich vor Freude, der Guillotine entgangen zu sein, wie Verrückte gebärdeten. Die ganze Nacht schallte aus der Chaumière Musik bis hinaus zu den Champs-Elysées, damals noch eine ländliche Straße, wo Blumen wuchsen und Kühe weideten. Das Haus war ein wie für die Bühne gebautes Landhaus in einem Gemüsegarten, rot gestrichen, damit es wie ein Ziegelbau aussah, mit Schilf gedeckt und nur ein paar Schritte von der Seine entfernt an der heutigen Avenue Montaigne. Es lag halb verborgen hinter Ulmen und war in seiner ländlichen Schlichtheit gelungener als das Petit Trianon Marie Antoinettes in Versailles. In einer ländlichen Umgebung zu wohnen entsprach nicht allein der von Rousseau geprägten Mode, sondern auch dem Bedürfnis vieler Pariser, die in den letzten Jahren Bäume und Himmel nur durch Gefängnisgitter gesehen hatten. Die Einrichtung war im klassizistischen Stil des Directoires: strenge römische Stühle und Säulen im «pompejischen» Vestibül; eine antike Dreifußlampe in Thérésias Schlafzimmer und eine nackte Dianastatue, die unmißverständlich der Hausherrin glich.

Die Damen trugen griechische Tuniken und Sandalen. Korsett und Unterwäsche hatten ausgedient. Die bis zum Oberschenkel und von oben bis zum Nabel geschlitzten Tuniken wurden manchmal vor dem Tragen in duftendes Öl getaucht, damit sie die Figur besonders betonten, und sie waren so durchsichtig, daß «man durch den hauchdünnen Stoff sehen konnte, wie die zwei Reservoire der Mutterschaft wippten», wie ein erstaunter Beobachter schrieb. Das Bedürfnis zu schockieren war eine Art Sucht. Junge Frauen kleideten sich wie Männer. Junge Männer trugen Mädchenfrisuren mit Mittelscheitel und Zöpfen, die sie mit einem Schildpattkamm hochsteckten.

Gegen die bittere Kälte schützten die Merveilleuses, wie die eleganten Frauen jetzt genannt wurden, ihre nahezu nackten Körper nur mit Schals, die jedoch einem weiteren Zweck dienten. August von Kotzebue stellte fest, daß nach der Enge in den Gefängnissen bei vielen Frauen sichtbare Anzeichen bevorstehender Mutterschaft vorhanden waren; und bei der allgemeinen sexuellen Freizügigkeit, den neuen Scheidungsgesetzen und so vielen umgestoßenen Verboten habe sich die Zahl der fragwürdigen Verbindungen, die an die Stelle der Ehe getreten waren, zwangsläufig vermehrt und zu dem plötzlichen Bevölkerungswachstum beigetragen.

Ganz Paris war nach den Jahren der «demokratischen Tugend» zu einem riesigen Ballsaal geworden. Man tanzte auf den Straßen, an historischen Stätten, in Kirchen und auf Friedhöfen. Auf den Bällen der Neureichen schritt man nicht mehr gravitätisch zu Menuett und Gavotte, sondern hopste zur Polka oder drehte sich skandalös eng umschlungen zur berauschenden Walzermusik. Zum «Bal des Victimes», der nur Familien vorbehalten war, die mindestens ein Opfer der Schreckensherrschaft zu beklagen hatten, erschienen Männer und Frauen mit einem blutroten Band um den Hals und mit geschorenen Köpfen, als wären sie bereit für die Hinrichtung. Wenn sie sich begrüßten, machten sie eine Bewegung, als «spuckten sie in den Korb», wie die Pariser sagten, wenn einer auf dem Schafott hingerichtet wurde. Manche Männer knöpften ihre Jacken über dem Kopf zu und stopften die Schultern aus, so daß sie aussahen wie wandelnde Torsos.

Obwohl die Lebensmittelpreise nach der Aufhebung der Preiskontrolle in die Höhe schnellten, das Geld immer wertloser wurde und halb Paris hungerte, füllten sich am Décadi, der nach einer zehntägigen Woche an Stelle des Sonntags eingeführt worden war, die Wirtshäuser der arbeitenden Bevölkerung. Zweitausend Restaurants wurden in jenem Jahr eröffnet, größtenteils von den Köchen ehemaliger Aristokraten. Um sich den Sitzungszeiten der Abgeordneten anzupassen, verlegten die Restaurants die Hauptmahlzeit auf den späten Nachmittag oder Abend, und für die Zeit zwischen dem Morgenkaffee und dem Diner wurde das Gabelfrühstück erfunden, zu dem zwischen drei und fünf Uhr nachmittags Austern, Melonen, Anchovis und kaltes Geflügel serviert wurden.

«Niemand will allein sein, niemand will allein essen, schlafen oder ausgehen», schrieb Mercier, der während des Terrors ebenfalls im Gefängnis saß. Alle wollten vergessen und sich gemeinsam vergnügen.

In diesem Jahr nach der Schreckensherrschaft führte Rose ein Leben, das ihrer Natur vielleicht am besten entsprach.

Anpassungsfähig wie sie war, gewohnt, sich zu behelfen, sich auf neue Bräuche und neue Machtverhältnisse einzustellen, gedieh sie in dieser Gesellschaft, deren Bedürfnisse den ihren glichen. Sie nahm ebenso selbstverständlich an der hektischen Jagd nach Vergnügungen teil, wie sie in die attischen Posen schlüpfte, die der Maler Jacques-Louis David, noch im Jahr zuvor ein gnadenloser Terrorist, den Damen vorschrieb. Nur ihre Suche nach Sicherheit unterschied sie von der Gesellschaft in der Chaumière. Mit ihren einunddreißig Jahren, bereits ein gefährliches Alter, ihren ewigen Schulden, einem kostspieligen Geschmack und zwei Kindern, die sie unterhalten mußte, brauchte sie einen Beschützer. Die Chaumière war für sie eine unschätzbare Operationsbasis. Hier konnte sie sich Tips über die Börse einholen und vor allem Verbindungen mit einflußreichen Leuten knüpfen und Hilfe finden, denn Madame Talliens engster Freundin konnte kaum etwas verweigert werden.

Rose war entschlossen, einiges von Alexandre de Beauharnais' konfisziertem Besitz zurückzubekommen, und noch mehr, ihn politisch mit den Siegern des Thermidor gleichzusetzen statt mit der jetzt verabscheuten Bergpartei. Sie schickte Kopien seiner Briefe aus dem Gefängnis an den Konvent, in denen er sich zu rechtfertigen versucht hatte, und erklärte, sie wolle seine Haltung klarstellen. Immerhin erreichte sie damit, daß ihr die Abgeordneten Tallien und Barras Pferde und eine elegante Kutsche zuwiesen, «um die zu ersetzen, die General Beauharnais der Rheinarmee überlassen hat».

Wie viele andere pflegte Rose ihre Rolle als unschuldiges Opfer der Revolution. Noch war es zu früh, um zur «Vicomtesse» zurückzukehren, aber sie stellte sich als «die Witwe des unglücklichen Beauharnais» vor. Sie schrieb auch wieder Empfehlungen zugunsten anderer, häufig an Männer, die sie nur einmal getroffen hatte, und bemühte sich mit ihrem Charme und ihrer Herzlichkeit sogar um solche, die noch nicht zu Macht und Einfluß gelangt waren. Ihre besonderen Bemühungen waren jedoch den bereits Mächtigen vorbehalten.

In jenem Winter schickte sie einen reizenden kleinen Brief an den Bürgergeneral Paul Barras, ohne Zweifel der renommierteste der Abgeordneten im Kreis der Chaumière und Talliens Nachfolger als Präsident der Nationalversammlung. Sie schrieb ihm unter dem Vorwand, ihn auf «einen Sansculotten, der im Kampf für das Vaterland verwundet wurde», aufmerksam machen zu wollen; außerdem habe sie schon sehr lange nicht mehr das Vergnügen gehabt, Barras zu sehen; er vernachlässige «eine alte Bekannte», und sie lud ihn ein, sie in der Rue de l'Université zu besuchen.

6

Ein übermenschlicher Republikaner

Es war Paul Barras, der im Sommer 1795 den korsischen Offizier Napoleon Buonaparte in die Chaumière mitbrachte. In dem Karneval rings um Barras und die Talliens beachtete man den kleinen Mann mit dem ausgezehrten Gesicht und dem verächtlichen, mürrischen Blick nicht. Man fand ihn nicht attraktiv; überdies schienen sein ungekämmtes Haar und die schmutzigen Kleider seinen Ruf als Jakobiner zu bestätigen. In den nächsten vier Monaten kannte man ihn nur als «Barras' kleinen italienischen Schützling».

Bonaparte* war sofort von einem für ihn völlig neuen Phänomen beeindruckt: von der Macht und dem Einfluß der Frauen. Kurz nach seiner Ankunft in Paris schrieb er an seinen Bruder Joseph: «Die Frauen hier sind die schönsten der Welt und von zentraler Bedeutung.»

Mit diesen Worten hatte sich Bonaparte, dem bislang nur der Erwerb von Geld und Macht am Herzen lag, bereits einen Schritt von seiner Auffassung entfernt, schätzenswert seien nur Frauen, die viele Kinder bekämen. Der ehrgeizige Provinzler erkannte, daß im neuen Frankreich Frauen nicht nur Vergnügen bedeuteten, sondern auch den Weg zu Geld und Erfolg; aber kaum jemand war weniger für eine solche Welt vorbereitet als er.

Die Frau, die sein bisheriges Leben am stärksten beeinflußt hatte, war seine Mutter. Letizia Buonaparte war nach seinen eigenen

* Napoleon französierte seinen Familiennamen zwar erst nach seiner Heirat mit Josephine; der Einfachheit halber wird er im Buch ab jetzt «Bonaparte» genannt.

Worten «der starke Mann in der Familie», aber sie hatte sich immer den Wünschen ihres leichtsinnigen, charmanten und schwachen Carlo gebeugt. Im Jahre 1767, während der französischen Invasion Korsikas, war sie, das erste Kind auf dem Arm und mit dem zweiten schwanger, als überzeugte Patriotin an der Seite ihres für Korsika kämpfenden Mannes in die Berge gezogen, und als Carlo den korsischen Führer Pasquale Paoli im Stich ließ, war sie ihm treu gefolgt. Sie verlor nie ein Wort darüber, wie schnell er sich vom Dissidenten zum französischen Höfling gemausert hatte. Da Carlo und Letizia wie viele alteingesessene korsische Familien italienischer Abstammung behaupteten, adelig zu sein, nannte sich Carlo nun Charles de Buonaparte. Danach sah man ihn nur noch selten auf Korsika. Er verbrachte den Rest seines kurzen Lebens – er starb mit neununddreißig Jahren – fast ausschließlich in Paris und Versailles, wo er sich um Vergünstigungen bemühte sowie um eine Pension für sich und Stipendien für die Erziehung seiner drei ältesten Kinder an staatlichen Schulen.

Letizia erzog ihre acht Kinder praktisch allein. Sie war eine ungewöhnlich schöne Frau – als junges Mädchen nannte man sie «Korsikas kleines Wunder» – von großer Charakterstärke und wie Josephines Mutter energischer als ihr Mann. Sie war nachgiebig gegenüber ihrem Mann, aber streng in der Erziehung der Kinder, die sie lehrte, Entbehrungen zu ertragen, die Eltern zu achten und als Familie zusammenzuhalten.

Korsika hatte seit zwei Jahrhunderten zur Republik Genua gehört, als Pasquale Paoli 1757 einen Aufstand gegen die Genueser Herrschaft anführte. Er regierte zehn Jahre auf der Insel, bis Genua seine Rechte an Korsika an den König von Frankreich verkaufte. Als die Franzosen kamen, leisteten die Korsen, wieder angeführt von Paoli, ein Jahr lang leidenschaftlichen Widerstand gegen die neuen Herren, bis das korsische Heer aufgerieben war. Paoli ging nach England ins Exil. Am 15. August 1768 verkündete Frankreich die «Wiedervereinigung» mit der Insel.

Genau ein Jahr später, als Korsika den ersten Jahrestag dieser «Wiedervereinigung» feierte, wurde Napoleon geboren. Signora Buonaparte spürte während der Messe zum Fest Maria Himmelfahrt die ersten Wehen und eilte rasch nach Hause, wo sie ihren zweiten Sohn allein zur Welt brachte. Das Kind wurde nach einem Onkel getauft, der vor kurzem im Kampf gegen die Franzosen gefallen war.

Das sparsame Leben, das sie und ihre Kinder führen mußten,

schien ihr nicht schwerzufallen. Sie bewohnten den ersten und zweiten Stock des Buonapartehauses in Ajaccio. Im dritten und vierten Stock wohnten ihr Halbbruder, ihre Vettern und entfernt verwandte Tanten. Das meiste, was sie zum Leben brauchten, kam von dem Land, das sie besaßen, von ihren Olivenbäumen, dürftigen Weingärten und kleinen Ziegenherden. Letizias größte Sorge war es, die nötige Fassade aufrechtzuerhalten. Das sei man seinem Stolz schuldig, erklärte sie Napoleon. «Es ist besser, schöne Kleider und einen vornehmen Salon zu haben und sein trockenes Brot heimlich zu essen.» Es war eine Lektion, die sich ihr Sohn gemerkt hatte, als er mit neun Jahren auf die Königliche Militärakademie von Brienne in der Champagne geschickt wurde, wo Kinder aus dem Adel für die Armee erzogen wurden.

Hier wurde sein Eigendünkel erheblich erschüttert. Man machte sich über ihn lustig wegen seines ausländischen Namens (bereits hier ließ er das *e* am Ende seines Vornamens weg), wegen seines großen Kopfs und der zu kurzen Beine und weil er keine andere Sprache beherrschte als den italienisch-korsischen Dialekt. Die ungewohnte Ernährung und das Klima machten ihm die Fremde noch verhaßter. Er wurde verschlossen und nachtragend. Seinem einzigen Freund, Louis-Antoine Bourrienne, gestand er, er werde seinem Vater nie vergeben, daß er die Vereinigung Korsikas mit Frankreich unterstützt hatte, «und *deinen* Franzosen werde ich schaden, wo ich nur kann».

Er war ein mittelmäßiger Schüler, ausgenommen im Fach Mathematik. Mit fünfzehn bestand er als letzter die Prüfung in der Artillerieklasse. Trotzdem erhielt er ein zweites Stipendium für die Königliche Militärakademie in Paris. Mit seinen übrigen Klassenkameraden nahm er 1784 die «Wasserkutsche» nach Paris – eine zweitägige Flußfahrt auf der Seine. Unter der Aufsicht eines Paters aus Brienne ging die kleine Gruppe am St. Paul Quai im alten Marais an Land, und der junge Mann aus der Provinz sah zum erstenmal die französische Hauptstadt, eine riesige, laute Stadt von 600 000 Einwohnern.

Die Studenten der Ecole militaire – ein prächtiger klassizistischer Bau auf dem Marsfeld – sahen vom Leben in Paris nur wenig. Ihre Tage waren mit Lernen und Exerzieren ausgefüllt – und sie lebten, wie Napoleon meinte, in «ungebührlichem Luxus». Künftige Offiziere bräuchten keine Einzelzimmer (die sparsam eingerichtet waren); auch das gute Essen und die Dienstboten hielt er für überflüssig. Da er sich den reicheren adeligen Kadetten gesellschaftlich unterlegen fühlte, verhielt er sich betont arrogant und kritisierte alles Französische, obwohl er die kleidsame Uniform eines königlichen Kadetten trug. Er machte sich hier ebenso unbeliebt wie zuvor in Brienne. In seinem Abschlußzeugnis stand: «Zurückhaltend und fleißig ... launisch, stolz und sehr geltungsbedürftig ... große Selbstachtung ... außerordentlich ehrgeizig».

Als sein Vater 1785 an Magenkrebs starb, ließ Napoleon seine Mutter wissen, daß jetzt er das Oberhaupt der Familie sei. Nach dem korsischen Erstgeburtsrecht hätte dieses eigentlich seinem älteren Bruder Joseph zugestanden, doch Napoleon hielt ihn für leichtfertig, unentschlossen und ungeeignet für diese Rolle, obwohl er ihn gern hatte.

Bonaparte konnte aufgrund seiner guten Leistungen die Militärakademie schon nach einem Jahr beenden (als 42. von 58 Prüflingen – normalerweise dauerte das Studium zwei oder drei Jahre). Er wurde als Unterleutnant zum Artillerieregiment La Frère nach Valence in der Bourgogne geschickt.

Einer der jungen Offiziere, die mit ihm reisten, berichtete, Napoleon habe in Lyon, wo sie Station machten, als einziger der Gruppe seine neue Freiheit nicht mit einem Besuch im Bordell gefeiert, sondern Bekannte seiner Familie aufgesucht mit der Bitte um Empfehlungsschreiben an führende Bürger in Valence.

Napoleon bewohnte in dem damals freundlichen Städtchen an der Seine ein Privatquartier. In seiner Freizeit las er und machte sich zu jedem Thema, ob Recht, Wirtschaft, Geographie, Physiognomie oder auch Kastration umfangreiche Notizen. Er las Voltaire, Plato, Geschichte des Altertums, wobei ihn besonders Alexander der Große interessierte, aber auch über Ägypten, Assyrien, Lydien, Persien und Griechenland; doch kein einziges Buch über Kriegsgeschichte oder militärische Taktik. Was er damals als junger Mann an Wissen aufnahm, behielt er bis an sein Lebensende. Er las auch gern Romane. Die ergreifende Geschichte von *Paul et Virginie* von Bernardin de Saint-Pierre gehörte zu seiner Lieblingslektüre. Vor allem aber las er Rousseau. Auf St. Helena sagte er: «Bis zu meinem 16. Lebensjahr hätte ich für Rousseau mein Leben gegeben.» Später hatte er nur Hohn und Spott für ihn übrig.

Als er sich in Valence um die wohlhabende Adelaïde de St. Germain bewarb, schrieb er noch recht schwülstige Briefe in einem neo-rousseauschen Stil. Obwohl man in der französischen Armee wußte, daß sich nur begüterte Offiziere eine Ehe vor der Pensionierung leisten konnten, hielt der siebzehnjährige Unterleutnant Bonaparte um Adelaïdes Hand an und erhielt einen höflichen Korb.

Im Jahr 1786 bekam er ein halbes Jahr Urlaub und kehrte auf seine Heimatinsel zurück, wo er zum erstenmal Joseph Fesch, den jungen Halbbruder seiner Mutter, und seine jüngeren Brüder und Schwestern kennenlernte, die seit seiner Abreise nach Brienne geboren wurden. Luigi war acht, Paoletta sechs, Maria Annunziata vier und Girolamo ein Wickelkind – vier zukünftige Könige, Königinnen und Kaiserliche Hoheiten liefen barfuß hinter den Ziegenherden der Familie her.

Obwohl die Buonapartes dank der Bemühungen des Vaters von der französischen Krone eine ansehnliche Unterstützung für landwirtschaftliche Projekte bezogen und Joseph, Napoleon, Luciano und Anna Maria Stipendien für französische Schulen erhielten, mußte die Familie in Ajaccio außerordentlich sparsam leben, zum Teil, weil nach dem Anschluß an Frankreich die Lebenshaltungskosten wesentlich gestiegen waren.

Napoleon blieb ein ganzes Jahr auf Korsika. Als die Subventionen für die Maulbeerbaumanpflanzung seiner Mutter ausblieben, beschloß er, sich in Paris darum zu kümmern. Doch wir hören in diesem Herbst 1787 nichts mehr von Maulbeerbäumen und auch nicht, wie der Leutnant Bonaparte auf die zunehmenden Spannungen im Paris kurz vor der Revolution reagierte. Er kassierte seinen ausstehenden Sold, begeisterte sich für die Oper und das Theater und verlor seine Jungfräulichkeit bei einer Dirne aus den Arkaden des Palais Royal* – typischerweise nicht ohne sie vorher genauestens nach den Einzelheiten ihres Gewerbes und wie sie dazu gekommen war, befragt zu haben.

Napoleon hatte inzwischen unter diversen Vorwänden zwei Jahre Urlaub bei vollem Sold genommen. Als er 1788 zu seinem nun in Auxonne in der Bourgogne stationierten Regiment zurückkehrte,

* Philippe d'Orléans hatte 1780, um seiner Schulden Herr zu werden, an den Rändern seines riesigen Gartens sechzig Häuser errichten lassen, die zum Garten hin eine einheitliche Fassade erhielten mit einer offenen Galerie und Ladenräumen, die er mit den darüberliegenden Etagen verkaufte. Da die Polizei zu dem Garten des Herzogs keinen Zugang hatte, entwickelte sich in den Cafés, Restaurants und Spielhallen der Arkaden ein freies Leben, und der Garten wurde Treffpunkt aller «mauvais sujets dont abondait la capitale». (A. d. Ü.)

nahm er seine geschichtlichen und geographischen Studien wieder auf und entdeckte seine Leidenschaft für Kanonen und die neue Rolle der Artillerie. Während der wenigen Monate, die er bei seinem Regiment verblieb, war der Unterleutnant Bonaparte ein begeisterter Schüler in der ausgezeichneten Artillerieschule von Auxonne. Seine Vorgesetzten erkannten sein ungewöhnliches Talent und ermutigten ihn, einen Bericht über Versuche mit Granaten – sprengstoffgefüllten Geschossen – zu schreiben. In diesem Jahrzehnt, als die alten Militärtaktiken durch die revolutionären Theorien Guiberts ersetzt wurden, bei denen Schnelligkeit, Überraschung des Feindes und vor allem die Konzentration einer zahlenmäßigen Überlegenheit auf ein einziges Ziel eine wesentliche Rolle spielten, kam der Artillerie zunehmend Bedeutung zu. Diese neuen Taktiken hatten später großen Einfluß auf Napoleons eigene Strategie.

In dem aufregenden Jahr 1789 begrüßten viele von Bonapartes Offizierskollegen die Abschaffung der Standesprivilegien, die in der Nacht vom 4. August von der Nationalversammlung beschlossen wurde; denn nun hatte auch der niedere Adel die Möglichkeit, in die höheren militärischen Ränge aufzusteigen. Bonaparte jedoch, der parteilich nicht gebunden war und sich in Frankreich immer noch als Fremder fühlte, bat im September jenen Jahres erneut um Urlaub und ging nach Korsika. Diesmal sollte er eineinhalb Jahre dort bleiben.

Mit seinen Brüdern Joseph und Lucien beteiligte er sich an den politischen Auseinandersetzungen auf seiner Heimatinsel. Sie spielten die Volkspartei und die nationale Partei gegeneinander aus – letztere trat für die neue Verfassung ein, während sich die Volkspartei hauptsächlich wegen der kirchenfeindlichen Maßnahmen dagegen wehrte –, indem sie erst die nationale, treu zu Paoli stehende Partei unterstützten. Paoli war 1790 aus dem Exil zurückgekehrt und begeistert empfangen worden. Er war nicht nur das Symbol für den Widerstand der Korsen gegen die Invasoren – die Genuesen in den Jahren nach 1720 und die Franzosen 1768 –, sondern auch das Idol der europäischen Aufklärung. Er hatte Korsika eine verfassunggebende Versammlung und eine demokratische Verfassung gegeben und war jetzt auf Einladung der neuen Pariser Nationalversammlung zurückgekehrt mit dem Versprechen, der Insel ihre Autonomie zurückzugewinnen.

Napoleon schrieb schmeichlerische Briefe an Paoli, der jedoch Carlo Buonapartes raschen Gesinnungswandel nicht vergessen hatte und die Brüder mit einiger Reserve begrüßte. Daraufhin suchten die Buonapartes die Verbindung zu Saliceti, dem korsischen Abgeordneten in der Pariser Nationalversammlung und Führer der Volkspartei. Dieser ungeheuer große, finster blickende Mann mit dem pokkennarbigen Gesicht soll einer der scharfsinnigsten Geister Korsikas gewesen sein, und sein Einfluß auf Napoleons Zukunft war beträchtlich.

Im März 1792 waren die drei älteren Buonapartes und Saliceti in eine Wahlmanipulation verwickelt, und im April hatte Napoleon als Oberstleutnant der korsischen Nationalgarde eine korsische Truppe gegen französische Truppen in Ajaccio geführt. Dafür und weil er sich ohne Urlaub außerhalb seiner Garnison aufhielt, konnte er vor ein Kriegsgericht gestellt werden. Er hatte nämlich die Anordnung des Kriegsministeriums ignoriert, daß alle Offiziere, die sich zwischen dem 25. Dezember 1791 und dem 10. Januar 1792 ohne Urlaubsschein nicht bei ihrer Truppe aufhielten, entlassen würden, sowie eine weitere vom Februar, als sich das Land auf den Krieg vorbereitete, daß sich alle regulären Offiziere bis spätestens 1. April bei ihren Regimentern einzufinden hätten.

Als die Regierung im April 1792 Österreich und dann Spanien, dem Alliierten Österreichs, den Krieg erklärte, wurden sofort französische Truppen an der Nordostfront und in den Pyrenäen stationiert. Das dürftige Heer im Süden, zu dem das Regiment La Frère gehörte, wurde entlang der Südküste verteilt. Wenn Napoleon wieder in die Armee aufgenommen werden wollte, mußte er schleunigst einen diesbezüglichen Antrag beim Kriegsministerium stellen.

Bei seiner Ankunft in Paris im Mai 1792 schäumte die Stadt über von revolutionärer und patriotischer Agitation.

Freiwilligenbataillons aus dem ganzen Land versammelten sich überall. Allein in diesem Monat ließ die Versammlung 56 neue Bataillons aufstellen, 42 weitere folgten im Juli. Napoleon vergaß rasch das «de», das Carlo dem Familiennamen hinzugefügt hatte, folgte aber im übrigen den Fußstapfen seines Vaters und manövrierte sich so erfolgreich durch die Bürokratie, daß er nicht nur rückwirkend, also auch für die Zeit, in der er einen Aufstand gegen die reguläre französische Armee in Korsika angeführt hatte, seinen vollen Sold erhielt, sondern auch noch die Beförderung, die ihm zugestanden hätte, wenn er bei seinem Regiment geblieben wäre.

Auf der Galerie der Versammlung traf Napoleon seinen alten Schulfreund Bourrienne wieder. Am 20. Juni saßen sie in einem Café in der Nähe des Palais Royal, als fünf- oder sechstausend Männer mit Piken und Musketen und «die gröbsten Beleidigungen brüllend» von den Markthallen auf das Tuilerienschloß zumarschierten. Die beiden Freunde liefen vor der Menge her und beobachteten, wie «das verkommenste Gesindel» – Napoleons eigene Worte – in den Palast eindrang. Als der König an einem Fenster erschien und sich, der Aufforderung der Menge nachgebend, die rote Mütze aufsetzte, murmelte Napoleon: «Dieser Narr!» – Der italienische Ausdruck war allerdings deftiger – «Er hätte seine Kanone auf ein paar Hundert von ihnen richten und sie erledigen sollen.»

Im Juli wurden noch mehr Soldaten eingezogen, nachdem der mit dem preußischen Heer nach Paris vorrückende Herzog von Braunschweig sein Manifest zur Befreiung des Königs bekanntgegeben und die Versammlung erklärt hatte, das Vaterland sei in Gefahr. Innerhalb weniger Tage traten 15 000 neue Freiwillige in die Armee ein, aber es fehlte an Kommandeuren. Lafayette, der von der Front zurückgekehrt war, um gegen die Übergriffe auf die Tuilerien im Juni zu protestieren, befand sich auf der Flucht. Die neuen Kommandos erhielten einige der künftigen Generäle und Marschälle des napoleonischen Kaiserreichs wie Davout, Bessières, Bernadotte und Soult. Nur wenige waren älter als 24 Jahre, einige kamen aus den unteren Offiziersrängen der alten königlichen Armee; die meisten aber waren junge Rekruten, Söhne von Arbeitern und Handwerkern. Die Preußen lachten über diese «Armee aus Schustern und Schneidern».

Als unvergeßliches Erlebnis empfanden es diese jungen Offiziere, als in der Armee zum erstenmal das Wort *«la patrie»* – das Vaterland – fiel. «Ich spüre noch heute die Kraft und Wärme, die davon ausging», erinnerte sich einer der Helden der ersten Revolutionsarmee, und Stendhal schrieb, daß in der «lauteren Glut» von 1792 «unser einziger Gedanke war, unserem Land zu nützen. Kleidung, Essen, Ehrgeiz ... das alles war unwichtig.»

Leutnant Bonaparte jedoch, den der französische Patriotismus kalt ließ, befand sich noch immer in Paris – seine Verhandlungen mit dem Kriegsministerium waren noch nicht abgeschlossen –, als in der Nacht vom 9. auf den 10. August die Sturmglocken läuteten. Er ging wieder zu den Tuilerien und wurde Zeuge des Massakers an der Schweizer Garde, die das Schloß verteidigte. Die Flucht der königlichen Familie in die Versammlung bedeutete das Ende der Monarchie. Napoleon schrieb in jener Nacht an seinen Bruder Joseph: «Hätte sich der König auf ein Pferd gesetzt, er hätte den Sieg davongetragen.» Dieser Tag prägte ihn für sein Leben: Seine künftige Scheu vor Menschenmassen scheint auf dieses Ereignis zurückzugehen.

Die Niederlagen der französischen Armee setzten sich im August fort. Nach der Kapitulation bei Longwy war die Straße nach Paris frei. Die Regierung verkündete eine Massenaushebung und schlug vor, den Sitz des Konvents nach Süden hinter die Loire zu verlegen. Obwohl das französische Heer floh und sein Regiment La Frère (inzwischen hieß es Vierte Artillerie) der Südarmee zugeteilt worden war, sorgte sich der frisch beförderte Hauptmann Bonaparte mehr um die Wahlchancen seines Bruders Joseph auf Korsika. Glücklicherweise wurde die königliche Schule St. Cyr, die seine Schwester Anna Maria – jetzt Elisa – besuchte, geschlossen, so daß Napoleon um Urlaub bitten konnte, um seine Schwester in diesen gefährlichen Zeiten nach Ajaccio zu begleiten – und sich aus der Armeekasse 352 Livres für Reisekosten auszahlen ließ.

Ende Oktober 1792, nach einer gemächlichen Reise und einem einmonatigen Aufenthalt in Marseille, traf Napoleon mit seiner Schwester in Ajaccio ein. Als Paoli von seiner Ankunft erfuhr, war er der Auffassung, der Hauptmann müsse sich sofort seinem Korps anschließen. «Weiß er nicht, daß sich Frankreich im Krieg befindet und die Vierte Artillerie bei der Armee im Süden kämpft? Wo ist seine Pflicht als Offizier?»

Als der Konvent in jenem Monat die Annektierung Savoyens, Belgiens und des linken Rheinufers mit den für die Republik unverzichtbaren «natürlichen Grenzen» rechtfertigte, wurde Paoli klar, daß die französische Revolutionsregierung Korsika keine Autonomie gewähren würde. In Ajaccio erklärten Saliceti und die anderen Abgeordneten des Konvents Paoli den Krieg, als dieser sich an England um Hilfe wenden wollte. Napoleon verkündete seine eigenen revolutionären Überzeugungen, und Lucien, der in Toulon eine Stütze des Jakobinerklubs geworden war, denunzierte Paoli beim Konvent, der den korsischen Nationalhelden im April 1793 für vogelfrei erklärte. Es kam zu einem Bürgerkrieg zwischen Paolisten und Buonapartisten, und es gelang Napoleon im letzten Moment, mit Salicetis Hilfe den empörten Paolisten zu entkommen und sich und seine Familie aufs Festland zu retten. Die Casa Buonaparte war geplündert worden, ihre Ziegenherden und Weingärten vernichtet.

Am 11. Juni 1793 erklärte die korsische Versammlung die gesamte

Familie Buonaparte zu «Verrätern und Feinden des Vaterlands, verurteilt zu ewiger Schande und ihrer bürgerlichen Ehrenrechte verlustig».

Als die Buonapartes in Toulon an Land gingen, befand sich Frankreich in der schlimmsten Situation. In Paris herrschte der Terror, und da der Feind an allen Grenzen stand, wurde in allen Sektionen zu den Waffen gerufen.

Im Juni war der Ausschluß der Girondisten aus dem Konvent für über die Hälfte der französischen Provinzen das Signal zum Aufstand gegen die Diktatur der jakobinischen Minderheit gewesen. Im gesamten Südwesten Frankreichs tobte ein Bürgerkrieg. Toulon, vom Konvent mit der «Säuberung» bedroht, erklärte sich bereit, seinen Hafen für die britische Flotte zu öffnen unter der Bedingung, daß er im Namen Ludwigs XVII., des eingekerkerten Sohnes des hingerichteten Königs, eingenommen werde. Das aufständische Lyon wurde vom Regierungskommissar Joseph Fouché mit Feuer und Schwert unterdrückt. In Bordeaux herrschte unter Tallien die Guillotine, und Marseille ertrank in Blut.

Diese schrecklichen Zustände sowie der von Lucien anscheinend ungünstig gewählte Zeitpunkt, um Paoli zu denunzieren, waren Napoleons Glück, an das er bereits fest glaubte. Obwohl er später sagte, er habe sich im Sommer 1793 für Frankreich «entschieden», waren es ausschließlich finanzielle Gründe, die ihn zwangen, sich der Armee anzuschließen. Als er Korsika verließ, folgte ihm keineswegs der Ruf eines Deserteurs oder korsischen Separatisten. Er galt nur als extrem radikal, was sich im Frankreich von 1793 als sehr nützlich erwies, und wurde wieder in die Vierte Artillerie integriert. Im Hauptquartier der Italienarmee in Nizza ersuchte er erneut erfolgreich um Urlaub und eine Rückvergütung seines Solds in Höhe von 3000 Livres.

Dann ließ er seine korsischen Verbindungen spielen. In Paris unterstützte Saliceti die Schadensansprüche des Hauptmanns Bonaparte, der auf Korsika nach seinen eigenen Worten «alles für sein Ideal geopfert hatte». Der Konvent genehmigte der Familie «korsischer jakobinischer Patrioten» anstandslos 600 000 Livres. Durch Saliceti, der die Unterdrückung der Aufständischen in Marseille organisierte, erhielt Lucien einen einträglichen Posten in einer Kleinstadt an der Küste, Joseph eine Stellung bei einem Kriegskommissar und der Rest der Familie eine Wohnung in Marseille.

Nun begann Napoleon ein doppeltes Spiel zu treiben zwischen

Girondisten und Jakobinern. Auf St. Helena rühmte er sich später, daß er für erstere «Verständnis» gehabt habe. Möglicherweise hatte er in jenem Sommer auch an der schrecklichen Unterdrückung von Marseille teilgenommen. Man weiß nichts Genaues über seine Tätigkeit während dieser Zeit. Im Juli, während er in Avignon einen Munitionskonvoi für die Italienarmee zusammenstellte, veröffentlichte er auf eigene Kosten eine jakobinische Propagandaschrift, das *Souper de Beaucaire* – eine Mischung aus Lobhudelei für die örtlichen Jakobiner, Kritik an lauwarmen Patrioten («Marat und Robespierre! Das sind meine Heiligen!») und Beschimpfungen gegen Paoli. Obwohl sein früherer theatralischer Stil noch gelegentlich mit ihm durchging, zeigt sich hier zum erstenmal die für ihn typische knappe und präzise Prosa.

Auf St. Helena, wo Napoleon sein Leben für die Nachwelt aufschreiben ließ, diktierte er General Bertrand, daß er «sich in Paris befand, als der Wohlfahrtsausschuß verlangte, er solle Toulon zurückerobern». Die tatsächlichen Umstände waren allerdings etwas anders.

Im September wurde er ins Hauptquartier der Italienarmee zurückbeordert. Auf dem Weg von Marseille nach Nizza besuchte er Saliceti, damals politischer Kommissar bei der Armee. Saliceti machte seine Kollegen Paul Barras und Stanislas Fréron, beides einflußreiche Abgeordnete des Konvents, auf seinen Protegé aufmerksam. In der Woche zuvor war der Artilleriekommandant in Toulon verwundet worden, und Barras und Fréron ersetzten ihn umgehend durch Hauptmann Bonaparte. Die zwei Abgeordneten hatten auch bereits die imkompetenten kommandierenden Generäle in Toulon abgesetzt, die ihre Posten nur aufgrund ihrer Zugehörigkeit zu den Jakobinern innehatten. Beide waren nicht begeistert, daß ihnen ein junger Offizier vor die Nase gesetzt wurde; doch der eine, der Jakobiner Corelli Barrett, erinnert uns, daß «Bonapartes politischer Stammbaum untadelig war».

In Toulon kam Hauptmann Bonaparte, der sechzehn Jahre lang auf Kosten Frankreichs erzogen und ausgebildet worden war, 1793 zum erstenmal seiner Aufgabe als Artillerieoffizier nach. Er erfüllte sie glänzend, indem er zwei Hafenfestungen durch einen Überraschungsangriff einnahm und daraufhin die dort stationierten britischen Geschütze auf Toulon und die britischen Schiffe richtete. Toulon kapitulierte am 18. Dezember.

Napoleons energisches Auftreten sowie die Tatsache, daß er seine Truppen nie verlassen, sondern sogar in seinen Mantel gehüllt neben ihnen geschlafen hatte, wurden in den begeisterten Berichten der Regierungskommissare an den Konvent erwähnt; ebenso sein unerschrockener körperlicher Einsatz. Napoleon sagte später, in Toulon habe er zum erstenmal erkannt, daß er «unverwundbar» sei, weil ihn sein «Stern» beschützte. Obwohl es ihm zeitlebens schwerfiel zu akzeptieren, daß ein Mann gläubig sein konnte – «Religion», sagte er, «ist nur etwas für Schwachköpfe und Frauen» –, war er extrem abergläubisch.

Nach der Kapitulation erlebte Toulon ein furchtbares Massaker. Joseph Fouché, der aus Lyon herbeigeeilt war, um an den Plünderungen und Morden teilzunehmen, schrieb an einen seiner Kollegen in Paris: «Heute abend werden wir 1213 Rebellen hinrichten. Adieu – Freudentränen fließen aus meinen Augen und laben meine Seele.»

Als Barras und Fréron im neuen Jahr nach Marseille weiterzogen, um dort die Verfolgung «Verdächtiger» aufzunehmen, nahm auch der inzwischen zum Brigadegeneral auf Zeit ernannte Bonaparte in Marseille Quartier. Hier machte er zum erstenmal Bekanntschaft mit der Familie Clary.

Dank der Freundschaft und Protektion dieser wohlhabenden Kaufmannsfamilie hatte sich die finanzielle Lage der Bonapartes gebessert. Verdient hatten sie sich dieses Wohlwollen, als der junge Nicolas Clary, wegen seiner Beteiligung am Aufstand festgenommen, durch Josephs Bemühungen wieder freigekommen war. Der tadellose revolutionäre Hintergrund der Bonapartes war für die Clarys genauso nützlich wie ihr Vermögen für die mittellosen Korsen. Die Bonaparte-Frauen brauchten nun nicht mehr für andere Leute zu waschen, um ihren Lebensunterhalt zu verdienen, und Joseph bewarb sich ernsthaft um Nicolas' 22jährige Schwester Julie. Als Napoleon erfuhr, daß jede der Clary-Töchter eine Mitgift von 100 000 Francs erhalten werde, warf er sofort ein Auge auf die jüngere Désirée.

Aber im April 1794 befand er sich bereits wieder in Nizza. Seine neue Stellung im Hauptquartier der Italienarmee hatte er über den Regierungskommissar Saliceti erhalten und vor allem durch Augustin Robespierre, den jüngeren Bruder des allmächtigen Maximilien, der als Chefdelegierter des Konvents mit allen Vollmachten über militärische und zivile Operationen in der Region ausgestattet war.

«Bon-Bon», schrieb Robespierre an seinen Bruder, sei «ein leidenschaftlicher, übermenschlicher Republikaner, der Paolis Avancen widerstand», und er habe den Brigadegeneral mit der militärischen Planung eines Feldzugs gegen Italien beauftragt.

In diesen Operationsplan – «um Piemont den Armeen der Republik zu öffnen» – steckte Napoleon sein ganzes Wissen über frühere Kriege und zeitgenössische Strategie; vor allem beherzigte er Guiberts Offensivtaktik und die Teilung der Streitkräfte in gebirgigem Gelände.

Frankreich befand sich noch immer im Krieg mit Österreich. Lazare Carnot, im Wohlfahrtsausschuß für die Verteidigung zuständig, riet, den Feind an der spanischen Grenze anzugreifen (Spanien war mit Österreich verbündet). Bonaparte schlug jedoch vor, Österreich an seiner Südflanke zu packen und nach einem französischen Sieg in die Lombardei und nach Tirol vorzustoßen. «Angesichts der patriotischen Gesinnung der Spanier», erklärte er, «wäre der Einsatz weitaus größerer Truppen nötig, als sie die Republik aufbringen könnte» – ein ausgezeichneter Ratschlag, den er fünfzehn Jahre später nicht mehr befolgen sollte.

Napoleons neue Stellung ermöglichte es ihm im Sommer 1794, seine Familie in Château Sallé unterzubringen, einem hübschen Landhaus in der Nähe des Fischerdörfchens Antibes. Sergeant Andoche Junot, seit der Belagerung von Toulon Napoleons Adjutant, begleitete die Familie von Marseille nach Antibes und verliebte sich Hals über Kopf in die vierzehnjährige Paola, nun Pauline genannt, die kaum lesen und schreiben konnte und schon jetzt Anzeichen napoleonischer Überheblichkeit und Skrupellosigkeit erkennen ließ.

Diese Charakterzüge waren bei den meisten jungen Familienmitgliedern der Buonapartes vorhanden. Alle wurden von ihren Zeitgenossen für rachsüchtig und berechnend gehalten und schienen «jene Unverfrorenheit, jenen perfekten Zynismus» zu besitzen, «der ihre Biographen staunen ließ». Äußerlich glichen sie alle ihrer hübschen Mutter. Joseph, Louis und Jérôme hatten zudem etwas von der Leichtfertigkeit ihres Vaters geerbt. Nur Pauline, die so skrupellos war wie Napoleon und so vergnügungssüchtig wie ihr Vater, bewies in späteren Jahren etwas von der Heldenhaftigkeit der Mutter, als sie den entthronten Napoleon auf Elba besuchte.

Joseph war inzwischen mit Julie Clary verheiratet und durfte bei der Familie in La Sallé wohnen – im Gegensatz zu Lucien, der die mittellose Schwester eines Gastwirts geheiratet hatte. Letizia und Napoleon fanden sich nie mit dieser Ehe ab, obwohl sie glücklich war. Lucien blieb seinen republikanischen Grundsätzen treu, obwohl er im Grunde genauso opportunistisch war wie alle übrigen Familienmitglieder.

Auch Julies Schwester Désirée verbrachte jenen Sommer auf La Sallé, aber Napoleon bewarb sich inzwischen um die Tochter des bemittelten Comte de Laurenti. Als er um die Hand der Comtesse anhielt, lehnte der Graf «vorerst» freundlich ab mit dem Hinweis, daß der General von dem geplanten Italienfeldzug vielleicht nicht zurückkommen werde.

Der Sturz Robespierres ließ Napoleons Operationsplan platzen und beendete anscheinend auch seine Karriere. Die Nachricht erreichte Nizza Anfang August. Napoleon wurde in Nizza festgenommen und durch Saliceti von seinen Aufgaben suspendiert, möglicherweise, weil dieser ihn vor der Guillotine bewahren wollte. Bonaparte erhielt lediglich Hausarrest, den er bei den Laurentis verbrachte – die Tochter Emilie hatte man vorsichtshalber zu Verwandten nach Grasse gebracht –, und am 24. August war er wieder frei.

Unmittelbar nach seiner Festnahme hatte er einen Brief an den Konvent geschrieben, in dem er «Robespierres Verschwörung» scharf verurteilte und seine Freundschaft mit ihm und seinem Bruder leugnete. «Männer», sagte er später selbst, «handeln nur aus zwei Beweggründen: Angst und Eigennutz.» Aber der Brigadegeneral erhielt kein neues Kommando. Er wurde wieder in die Armee eingereiht, um an der Planung eines Angriffs auf die britische Flotte mitzuarbeiten – ein Unternehmen, das trotz einiger brillanter strategischer Beiträge Napoleons für die Franzosen verheerend endete.

Im Herbst und Winter dieses Jahres begann er wieder, wann immer er sich nicht in Marseille aufhielt, an Désirée zu schreiben. Er nannte sie Eugénie, nicht nur, weil man sich damals vielfach andere Namen gab – auch die Buonapartes hatten ihre Vornamen französiert oder völlig andere angenommen –, sondern weil er diesen Namen romantischer und würdevoller fand als Désirée und weil er sich für ihn mit keiner anderen Person verband. Ähnlich romantisch und besitzergreifend nannte er später Marie Joseph Rose de Beauharnais «Josephine».

In seinen Briefen an Désirée schrieb er über alle möglichen Themen und hatte zu allem eine dezidierte Meinung. Er schrieb ihr, welche Bücher sie lesen, wie sie ihr Klavierspiel, ihren Gesang und ihre Manieren verbessern sollte. Von Liebe ist darin nicht viel zu spüren. Als Désirée diesen Mangel an Gefühl erwähnte, antwortete Napoleon mit einer brutalen Aufzählung ihrer eigenen Unzulänglichkeiten.

Im Jahr 1794 war Désirée sechzehn, ein gutmütiges, rundliches Mädchen mit leicht vorquellenden schwarzen Augen, die ihre Liebe zu ihrer Schwester Julie und Joseph auf den eindrucksvollen jüngeren Bruder Napoleon übertrug.

Obwohl Napoleon in jenem Frühjahr in einer heftigen Reaktion auf Rousseaus enormen Einfluß in sein Notizbuch geschrieben hatte: «Liebe halte ich für schädlich für die Gesellschaft und für den einzelnen... Sei stets Herr deiner Seele», wurde der Ton in seinen Briefen weicher. «Ich denke immer an Dich. Ich habe nie an Deiner Liebe gezweifelt, meine süße Eugénie. Wie kannst Du nur denken, daß ich je aufhören könnte, Dich zu lieben?» Ihr Zusammensein scheint sich auf lange Spaziergänge und Händchenhalten beschränkt zu haben, auch wenn Napoleon auf St. Helena behauptete: «Ich habe Bernadotte [Désirées Ehemann] zum Marschall und dann zum König gemacht, nur weil ich Désirée in Marseille entjungfert habe.» Der zweite Teil dieser «Enthüllung» könnte genauso unzutreffend sein wie der erste, denn als Kaiser hatte er Bernadottes Erhebung auf den schwedischen Thron heftig opponiert.

Bonaparte befand sich in Marseille, als er am 16. April 1795 vom Wohlfahrtsausschuß den Befehl erhielt, sich sofort zur Westarmee zu begeben. Der Zeitpunkt war für Napoleon ungünstig, denn die Heirat mit Désirée war noch nicht unter Dach und Fach. Er hielt sich zwar für inoffiziell mit ihr verlobt, aber von Heirat wollte die Familie Clary offenbar nichts wissen; man hatte sie sogar sagen hören, *ein* Bonaparte in der Familie sei genug.

Ärgerlich war außerdem, daß die Vendée kein Betätigungsfeld war, auf dem persönlicher Ruhm oder ein Vermögen zu gewinnen waren, und daß er diesem Befehl unbedingt gehorchen mußte. Um seinen Einsatz in der Westarmee zu verhindern, würde er sich direkt an den Wohlfahrtsausschuß wenden müssen.

Am 8. Mai verließ Bonaparte Marseille, begleitet von Andoche Junot und Auguste Marmont, beides Offiziere, die er ohne Erlaubnis aus der Italienarmee herausnahm. Auf der Fahrt nach Norden besichtigten sie verstaatlichte Besitzungen, die zum Verkauf standen. Joseph war von der Liste der Regierungskommissare gestrichen worden und suchte nach einer vorteilhaften Gelegenheit, die Clary-Mitgift zu investieren. Sie besuchten Marmonts Eltern in der Bourgogne, und hier begegnete Napoleon die gleichaltrige Victorine de Chastenay, eine intelligente junge Frau, die ihn sehr anschaulich beschrieben hat. Er sei ungewöhnlich bleich und dünn gewesen, langes fettiges Haar umrahme sein hohlwangiges Gesicht; er glich ihrer Meinung nach genau der Zeichnung, die Jacques-Louis David etwas später im selben Jahr von ihm machte. Doch seine Manieren fand sie abscheulich. Madame Marmont gestand, sie sei verzweifelt gewesen über das «völlige und unentwegte Schweigen» ihres Gastes, und als Victorine eine Ballade auf italienisch gesungen hatte und sie Napoleon fragte, ob ihre Aussprache richtig gewesen sei, sagte er einfach: «Nein.»

Am nächsten Tag, während die übrige Gesellschaft im Garten Blumen pflückte und Kränze flocht, unterhielt sich Victorine mit Napoleon. Ihr Gespräch dauerte vier Stunden lang. Er überschüttete sie mit seinen Ansichten zu Literatur und Politik – wie sehr er die von Macpherson gefälschten und ziemlich rührseligen Gedichte Ossians schätze; daß er Happy-Ends verabscheue und Shakespeares Theaterstücke erbärmlich finde.

Im Hinblick auf seine politischen Ansichten meinte Victorine, daß «Bonaparte auch emigriert wäre, wenn er darin eine Erfolgschance gesehen hätte». Sie konnte «kein Anzeichen für eine republikanische Überzeugung oder Meinung» entdecken. «Toulon hätte in ihm einen Verteidiger haben können, wenn die Niederlage der Stadt nicht ein Element seiner Pläne gewesen wäre... Er war immer noch ein Abenteurer und leistete sich keinen erfolglosen Schritt.»

Als die jungen Herren an der nächsten Postmeisterei von den Ereignissen in Paris erfuhren, beschleunigten sie ihre Reise.

Die Brotrationierung war zusammengebrochen, und in der Bevölkerung waren Stimmen laut geworden, die sich die Diktatur zurückwünschten, «als Blut floß, aber Brot zu haben war». Am 18. Mai war eine Schar hungriger Männer und Frauen in den Konvent eingedrungen. Als ein Abgeordneter versuchte, mit ihnen zu diskutieren, wurde er erschossen und sein Kopf auf einer Pike dem entsetzten Präsidenten überreicht. Der Konvent wurde von diesem scheinbaren Wiederaufleben der Linken schwer erschüttert und schickte die noch übrigen radikalen Jakobiner auf die Guillotine oder nach Guyana.

In Paris hatte sich das Gleichgewicht der Kräfte erneut verschoben. Napoleon hatte gehofft, mit Hilfe der Abgeordneten

Turreau und Ricord um die Versetzung in die Vendée herumzukommen, aber nun standen sie wie andere Offiziere und wie Napoleon selbst unter dem Verdacht, Jakobiner zu sein, und wurden eliminiert.

7

Ich kannte nur Barras

Ohne zu ahnen, daß seine Akten einen Vermerk enthielten, in dem es hieß: «Bonaparte ist die personifizierte Intrige und Hinterlist ... zu ehrgeizig und zu gerieben, um befördert zu werden», wandte er sich in Paris sofort an das Kriegsministerium. Er war entschlossen, nicht in der Westarmee zu dienen, und um Zeit zu gewinnen, meldete er sich erst einmal für zwanzig Tage krank.

Keiner der drei jungen Männer Napoleon, Marmont und Junot hatte viel Geld; doch ganz so arm, wie Napoleon später behauptete, war er nicht. Joseph Bonaparte schrieb in seinen Memoiren, sein Bruder habe den vollen Sold eines Brigadegenerals bezogen; die Hälfte davon schickte er seiner Mutter. Außerdem erhielt jeder Offizier den «Volkslaib», den sie zu Madame Permon, einer korsischen Freundin der Familie Bonaparte, mitnahmen, bei der sie regelmäßig aßen, bis der Bürger General Barras in seiner sorglosen Großzügigkeit Bonaparte einlud, allabendlich bei ihm zu speisen. Madame Permons Tochter Laure*, damals eine aufgeweckte Neunjährige, nannte Napoleon wegen seiner dünnen Beine in den viel zu großen Stiefeln – und sehr zu seinem Verdruß – den «Gestiefelten Kater».

Während der ersten Tage seines Krankenurlaubs besuchte Napoleon die Theater und neuen Restaurants und beobachtete das Leben und Treiben in der Stadt. «Die Erinnerung an die Schreckensherrschaft», schrieb er an seinen Bruder Joseph, «ist hier nur noch ein böser Traum. Jeder scheint entschlossen, sich für das Erlittene

* Als Duchesse d'Abrantès wurde sie berühmt für ihre Memoiren.

schadlos zu halten und mit Blick auf die ungewisse Zukunft kein einziges Vergnügen auszulassen.»

In diesem Trubel scheint die allgegenwärtige Anwesenheit von Frauen den keuschen jungen General am stärksten beeindruckt zu haben. Auf den Promenaden und in den Theatern starrte Napoleon die aufreizend entblößten Frauen an, deren lose Kleider «keine Taschen haben», wie Sébastien Mercier bemerkte; und er fuhr bissig fort: «Um ihre natürlichen Rundungen noch besser zur Geltung zu bringen, steckt die elegante Frau den Fächer in den Gürtel, die Geldbörse in den Busen, das Taschentuch in die Tasche ihres Begleiters... und das sind die Zeiten, die auf Robespierre gefolgt sind!»

Auf St. Helena sagte Napoleon, daß er in Paris «niemand kannte, nur Barras; ich schloß mich ihm an». Und Barras berichtet in seinen Memoiren, daß er in jenem Sommer «General Bonaparte in die Salons von Madame Tallien, Madame de Staël... und in mehrere Häuser mitnahm, wo er speiste und freundlich aufgenommen wurde».

Napoleons Briefe an Joseph in diesem Sommer geben nicht nur seine Ansichten über die französische Nation und ihr Schicksal wieder, sondern auch sein Erstaunen über die führende Rolle von Frauen. «Überall in Paris siehst Du schöne Frauen. Hier wie nirgends sonst scheinen sie die Zügel der Regierung in der Hand zu halten, und die Männer machen sich zu ihren Narren, denken nur an sie und leben nur für sie... Eine Frau braucht nur für ein halbes Jahr nach Paris zu kommen, um zu wissen, was ihr zusteht, und um ihre Macht zu begreifen. Nur hier verdienen sie, über so viel Einfluß zu verfügen.» Wie vorauszusehen war es ihre Macht, die ihn am meisten beeindruckte.

«Madame Tallien, Madame de Beauharnais, Madame Récamier und Madame Hamelin, die sich ganz nach den derzeitigen Vorstellungen von griechisch-römischer Kleidung und Dekoration richten... sind von größerer Bedeutung als alle fünf Armeen an den fünf Fronten», berichtete Graf Espinchal, eine der größten Klatschbasen des Jahrhunderts, an seine Auftraggeber in London.

Die militärische Situation der Republik interessierte den General Bonaparte in diesem Sommer weniger. Die Heere waren an allen Fronten siegreich, hatten das gesamte Territorium Frankreichs befreit und dank der zugefrorenen Flüsse und Kanäle mit einer verwegenen Kavallerieattacke über das Eis die holländische Flotte erobert. Es waren die Frauen in den politischen Salons, die seine Aufmerksamkeit fesselten und die er mit einer Mischung aus Bewunderung und Unbehagen betrachtete. Unter all den Frauen, für die Bonaparte im Jahr des Thermidor nur «Barras' kleiner italienischer Protegé» war, sollte Rose de Beauharnais die einzige sein, die er nicht dafür büßen ließ.

Als Kaiser tat Napoleon später sein Bestes, um das Leben von Juliette Récamier zu zerstören. In der libertinösen Gesellschaft jener Tage erschien diese zarte, stets weiß gekleidete Achtzehnjährige wie die Keuschheit in Person. Ihre Ehe mit einem älteren Bankier war angeblich nie vollzogen worden. Die Avancen ihrer Verehrer wies sie zurück, doch es gelang ihr meistens mit «unveränderlicher Liebenswürdigkeit», sie zu treuen Freunden zu machen. Einige Männer fühlten sich durch ihre Unnahbarkeit provoziert und sahen darin eine besonders aufreizende Methode, sich begehrt zu machen. Ihr Narzißmus war legendär. Aber Juliette Récamier besaß durchaus Energie und Mut und riskierte in späteren Jahren Napoleons unversöhnliche Feindschaft, als sie auf seine Annäherungsversuche nicht einging und sich überdies weigerte, ihre Freundschaft mit Germaine de Staël aufzugeben.

Fortunée Hamelin war damals neunzehn, eine temperamentvolle, nicht besonders schöne Kreolin, die ihr Leben in vollen Zügen genoß. Sie hatte ebenso viel Spaß an Politik wie an ihren zahlreichen Liebhabern, und ihre Art sich auszudrücken sowie ihr sprühender Witz waren unvergeßlich. In einem schwierigen Moment in Josephines und Napoleons Leben sollte sie sich als treue Freundin erweisen, und sie verehrte Napoleon selbst dann noch, als sie wegen ihrer Vergangenheit als «Merveilleuse» vom kaiserlichen Hof verbannt wurde.

Dann waren da Rose de Beauharnais – bemerkenswert nur als Busenfreundin der Madame Tallien – und die verwegene Aimée de Coigny. Sie hatte wie Madame Tallien kurz nach Thermidor ihren Retter aus dem Gefängnis geheiratet.

Der Gegensatz zwischen Aimées überstürzter Heirat mit Casimir de Montrond und ihrer ersten, zehn Jahre zuvor geschlossenen Ehe mit dem Duc de Fleury hätte nicht größer sein können. Damals waren Braut und Bräutigam fünfzehn Jahre alt, Ort der Trauung ein königlicher Palast, und es war Frühling. Ihre jetzige Trauung fand im Winter in einem eiskalten dörflichen Rathaus statt, und danach ging es in ein nahe gelegenes Häuschen auf dem Land. Aber Aimée war verliebt, und Casimir hoffte, in den Besitz der Überreste des einst riesigen Vermögens seiner Frau zu gelangen, um seine Schulden bezahlen zu können. Keiner der beiden war für eine dauerhafte Ehe geschaffen.

Die Malerin Elisabeth Vigée-Lebrun, die Aimées Portrait vor der Revolution gemalt hatte, sprach von ihrem «bezaubernden Gesicht, den glühenden Augen, der Figur einer Venus». Mit ihrer originellen Art und ihrem Witz war sie eine Sensation im Konstitutionalistenkreis des Palais Royal. Madame Genlis, die inoffizielle Gastgeberin dort, hielt sie für frivol und fand ihre «Heiterkeitsausbrüche etwas verrückt, ja sogar anstößig».

Aimée bewahrte sich diese Heiterkeit auch in den schrecklichen Tagen der Jakobinerherrschaft, aber auch ihren bemerkenswerten Mangel an Vernunft. Sie kümmerte sich weder um Ansehen, Geld noch gesellschaftliche Stellung und opferte dies alles absolut souverän. Um während der Revolution nicht verhaftet zu werden, ließ sie sich von ihrem Mann scheiden, als er wie viele Aristokraten nach Koblenz emigrierte. Sie ging dann nach London, wo sie sich in den schönen Montrond verliebte, einen Abenteurer, der von Schulden und vom Glücksspiel lebte und aus ihrer Liaison kein Geheimnis machte. Am Vorabend der Schreckensherrschaft kehrten sie anscheinend aus keinem anderen Grund, als daß sie das Exil satt hatten, nach Frankreich zurück und landeten bald darauf in einer gemeinsamen Zelle im Gefängnis St. Lazare in Paris. Montrond versprach dem Mann, der die Listen für das Revolutionstribunal zusammenstellte, einhundert Louisdor, wenn er seinen und Aimées Namen jeden Tag streichen würde, so daß sie am 9. Thermidor schließlich noch lebten.

Casimir de Montrond fühlte sich im Frankreich des Directoire wie zu Hause, und sein Selbstbewußtsein war so umwerfend, daß es sogar in seinem Paß unter «besondere Kennzeichen» vermerkt war. Nachdem Aimée ihren gesamten Besitz verkauft hatte, um Casimirs Lebenswandel zu finanzieren, ließen sie sich scheiden. Er wurde der Liebhaber von Fortunée Hamelin, Pauline Bonaparte und ziemlich vielen anderen. Die einzige bleibende Beziehung unterhielt er mit Talleyrand. Beide waren skeptisch und hatten eine Leidenschaft für Frauen und Glücksspiel. Sie folgten dem Kaiser und ließen ihn gemeinsam im Stich. Aimée dagegen ging schon 1800 in Opposition zu Napoleon, als dieser Madame de Staël zum erstenmal verbannte.

Baron de Staël kehrte 1795 nach Frankreich zurück, um über die

General Bonaparte, von Guérin im Jahr 1797
(Musée Carnavalet – Bulloz)

diplomatische Anerkennung der Französischen Republik durch Schweden zu verhandeln. Er war der erste Botschafter einer ausländischen Regierung, der vom Konvent empfangen wurde, und in der Folge war auch Germaine de Staël aus ihrem Elternhaus in der Schweiz wieder nach Paris zurückgekehrt. Die Schwedische Botschaft in der Rue du Bac auf dem linken Seineufer lag jetzt wie eine Oase in einer Wüste verlassener Aristokratenhäuser. Germaines Ziel in diesem Sommer war ähnlich dem von Madame Tallien: die Revolutionäre und Royalisten zu versöhnen und die Überlebenden des Terrors mit den neuen führenden Kräften zusammenzubringen. Sie war entschlossen, die Revolutionäre zu unterstützen, und war der Meinung, ihre konstitutionalistischen Freunde müßten zurückkehren und sich am Aufbau der Republik und dem öffentlichen Leben beteiligen.

Die Männer, die er in den politischen Salons antraf, waren für General Bonaparte in jenem Sommer nur von untergeordnetem Interesse. Aber viele, die er hier kennenlernte, sollten ihn auf seinem späteren Weg begleiten, so der 25jährige Bankier und Spekulant Gabriel Ouvrard, der Journalisten bezahlte, damit sie nicht über ihn schrieben, und seine erste Million im Alter von dreiundzwanzig gemacht hatte. Er war ein kühner, phantasievoller und großzügiger Mann, der aller Welt Geld lieh und Kredit gewährte (auch Rose) und sich sein Leben lang grenzenlos gastfreundlich verhielt.

Zum Kreis der Chaumière gehörte auch der Star der Comédie Française, Joseph Talma, trotz seiner Jakobiner-Vergangenheit. Als Talma in einem klassischen Drama zum erstenmal nicht im traditionellen Kostüm des 17. Jahrhunderts auf der Bühne erschien, sondern in römischer Toga und Sandalen, krümmten sich die Zuschauer vor Lachen. Er war der erste Schauspieler, der nicht mehr pompös deklamierte, sondern sich einer schlichten Bühnensprache bediente. Später wurde er ein enger Freund Napoleons, der sich als Kaiser von ihm in Sprechtechnik und Vortragskunst unterrichten ließ.

Was von der Welt der Künste noch übrig war, versammelte sich in der Chaumière: die Komponisten Méhul und Cherubini, die eine Rolle in Napoleons Leben spielen sollten; die beiden Duplessis, der eine Kupferstecher, der andere Maler; die Maler Louis Boilly, Carle Vernet und Jean-Baptiste Isabey – letzterer malte all die revolutionären Szenen und Persönlichkeiten; auch die reizende Skizze von Madame Bonaparte aus jenem Jahr stammt von ihm.

Die beherrschenden Figuren in der Chaumière waren die Mitglieder des Konvents, obwohl sich für Politik damals niemand interessierte. Diesbezüglich herrschte überall im Land Erschöpfung und Apathie. Die Abgeordneten Paul Barras und Stanislas Fréron, beide vierzig, ragten in dem jugendlichen Kreis als ältere Männer hervor.

Die Revolution war von jungen Männern gemacht worden. Von all den revolutionären Führern wurde nur Lafayette älter als vierzig. Danton war zweiunddreißig, als er starb, Robespierre sechsunddreißig, Saint-Just fünfundzwanzig. In der Chaumière war Jean-Lambert Tallien siebenundzwanzig, der Bankier Ouvrard achtundzwanzig. Thérésia Tallien hatte mit ihren zweiundzwanzig Jahren zweimal geheiratet, war die ungekrönte Königin von Paris und hatte zum Sturz eines Regimes beigetragen.

Doch der ehemalige Vicomte de Barras, der einzige frühere

Josephine, von Jean-Baptiste Isabey aus dem Jahr 1797 – ein Portrait, das angeblich «zu den wenigen gehört, die ihren verführerischen Reiz wiedergeben». (Tallandier)

Aristokrat unter den jetzigen Abgeordneten und vielleicht der aufrichtigste Republikaner, dominierte in der Chaumière. Er war groß, hatte einen sarkastischen Zug um den Mund, stechende schwarze Augen und ein ungezwungenes Auftreten. Seine Vorfahren hatten an den Kreuzzügen teilgenommen und an den mittelalterlichen Minnehöfen eine Rolle gespielt. Eine seiner Vorfahrinnen war heiliggesprochen worden. Ein Onkel, Melchior de Barras, hatte im Amerikanischen Unabhängigkeitskrieg wesentlich zum Sieg bei Chesapeake und der Eroberung von Yorktown beigetragen.

Vor der Revolution hatte Barras gegen die Briten in Indien gekämpft, wo sein Mut sprichwörtlich geworden war und wo er angeblich «zweifelhafte Neigungen» angenommen hatte. Als er nach Frankreich zurückkehrte, wurde er beinahe in die Bastille geschickt, weil er den Kriegsminister ohrfeigte, als dieser sich weigerte, seinen Bericht über die Unfähigkeit einiger Offiziere im Indienfeldzug anzuhören.

Unehrenhaft aus der Armee entlassen, scheint er die folgenden zehn Jahre von Frauen und vom Glücksspiel gelebt zu haben. Seine Feinde behaupteten, er habe beim Kartenspiel betrogen; wahr ist jedenfalls, daß er sich über die Herkunft seines Geldes nie sonderlich Gedanken machte. Er freundete sich mit Verfechtern der «neuen Ideen» an und gehörte zu den ersten Mitgliedern des Jakobinerklubs. Beim Sturm auf die Bastille 1789 wunderte er sich als Soldat, daß die vier in der Nähe stationierten Regimenter nichts zur Verteidigung unternahmen. Im Jahr 1790 wurde er als Abgeordneter gewählt, und als er am 10. August Zeuge wurde, wie Ludwig XVI. die Tuilerien verließ, bemerkte er, daß es für einen erfolgreichen revolutionären «Tag» auf drei Dinge ankomme – «Ordnung, Bewegung und einen Mann».

Seiner Mutter waren seine politischen Ansichten so zuwider, daß sie ihn während eines kurzen Aufenthalts bei ihr in der Provence kurzerhand mit einer Nachbarin verheiratete, die eine nützliche Mitgift und streng royalistische Ansichten hatte. Nach ein paar Wochen trennten sich die Neuvermählten in gegenseitigem Einvernehmen.

Wieder in Paris, setzte Barras seine politische Tätigkeit fort. Er stimmte für den Tod des Königs, aber er war einer der wenigen, die sich nie dafür entschuldigten. Er gab zu, daß es vielleicht ein Fehler gewesen sei und daß es besser gewesen wäre, den König als Geisel zu behalten; doch er fügte hinzu: «Wir waren nicht mehr Herr der Lage;

wir mußten unerschrocken und schrecklich sein, wie es die Revolution verlangte.»

Warum Barras ein etwas besserer Republikaner war als die Mehrheit seiner Kollegen, lag zum Teil vielleicht daran, daß ihn das alte Regime gezwungen hatte, die Armee zu verlassen, und daß er Ungerechtigkeit haßte. Obwohl er im Zentrum der Macht bleiben wollte, unterstützte er die Republik. Dasselbe könnte man von Tallien, Fréron und einer Reihe anderer Thermidorianer kaum sagen. Dieser ehrgeizige, gutaussehende, waghalsige Mann, der zynisch war und sich keinen Zwang antat, fühlte sich in der Welt des Thermidor in seinem Element. Sicher war er vergnügungssüchtiger als viele seiner Kollegen im Konvent; die materiellen Vorteile seiner gegenwärtigen Lage waren ihm wichtig, aber als großzügiger Mensch ließ er andere gern daran teilhaben.

Als Paul Barras mit seinem Protegé General Bonaparte die Chaumière betrat, war das Schicksal von vier Menschen besiegelt. Napoleon, Josephine, Barras und Thérésia Tallien werden in den nächsten fünf Jahren, der dramatischsten Zeit ihres Lebens, in engster Beziehung zueinander stehen.

8

Es werden bessere Zeiten kommen

«Auf dieser Welt kann man nur eines tun», sagte Napoleon später häufig, «und das ist, sich Geld und noch mehr Geld und Macht und noch mehr Macht verschaffen. Alles andere ist bedeutungslos.» Für aufstrebende Familien wie die Bonapartes waren die Jahre nach der Revolution eine große Chance.

Napoleon kommt in seinen Briefen an Joseph in diesem Sommer immer wieder auf finanzielle Angelegenheiten zurück. «Wenn Du ein ausgezeichnetes Geschäft machen willst, solltest Du den Besitz von Monsieur de M. kaufen. Ich bin sicher, Du bekommst das Gut für 80 000 Francs in bar. Vor der Revolution war es 250 000 wert.»

Die neue Gesellschaft war vor allem damit beschäftigt, Geld zu machen, einen Hinweis auf den Wert der Assignaten zu bekommen und einen Mann an der Börse kennenzulernen. Mit dem rapiden Verfall des Revolutionsgelds und dem praktisch von Minute zu Minute steigenden Kurs des Louisdor wuchs die Macht der Spekulanten. Für sie wurde der Ausdruck *nouveau riche* erfunden. Sie entwickelten sich zu dem neuen Geldadel, indem sie Landsitze sowie Möbel und Bilder aus den königlichen Palästen aufkauften. Das größte und skandalöseste Geschäft machten die Heereslieferanten. Es gab ständig Beschwerden über defekte Kanonenrohre oder Schuhe aus Pappe. Die meisten großen Bankiers der folgenden Jahre machten ihr Vermögen, indem sie die Armee belieferten; viele ohne der Korruption verdächtigt zu werden. Gabriel Ouvrard galt als «lächerlich ehrlich». Geachtete Bankiers wie Récamier und Hottinguer machten dank der Armee riesige Vermögen und wurden ungeheuer mächtig. Ohne diese Männer, die sich nur in harter Währung bezahlen ließen, hätten die Thermidorianer ihre Heere weder ernähren noch kleiden können.

Bevor Bonaparte von Barras unter die Fittiche genommen wurde, befand er sich während dieser ersten Wochen in Paris nach seinen eigenen Worten auf einem Tiefpunkt seines Lebens. Zum erstenmal hatte er das Vertrauen in seinen «Stern», sein Glück, verloren, weil er nirgends eine Möglichkeit sah, seinen angestauten Ehrgeiz zu verwirklichen. Auch die Aussicht auf einen gewissen Wohlstand rückte durch die widerstrebende Haltung der Eltern Clary in immer weitere Ferne. Zudem erschien ihm diese Heirat von Paris aus gesehen nicht mehr besonders verlockend.

Er hatte erst neun Tage nach seiner Ankunft in Paris Zeit gefunden, Désirées postlagernde Briefe abzuholen. Immerhin konnte das «Désiréegeschäft», wie er es in seinen Briefen an Joseph nannte, noch nützlich sein. «Warum erwähnst Du nie Mademoiselle Eugénie?» beschwerte er sich bei Joseph. Doch Joseph hielt sich möglicherweise an ein wesentliches Prinzip der Revolution, nach dem man sich auch bei den gegnerischen Parteien Verbündete schaffen mußte; er wollte sich mit der Mitgift seiner Schwägerin einen mächtigen Mann eines anderen «Clans» verpflichten.

Als Jüngling hatte sich Napoleon wie viele seiner Generation mit Goethes Werther identifiziert, der Selbstmord beging, weil die Gesellschaft gegen ihn war. Solche Gedanken suchten auch Napoleon in diesem Sommer heim. An Joseph schrieb er, daß ihm das Leben nicht sehr viel bedeute und daß er den Tod begrüßen würde. Und Désirée schilderte er «den Zustand seiner romantischen Seele»; er habe, schrieb er selbstgefällig, «eine feurige Phantasie, einen eiskalten Kopf, ein seltsames Herz und einen Hang zur Melancholie».

Aus Désirées Briefen sprachen nach wie vor Verliebtheit und der Wunsch, seiner würdig zu sein. «Weil ich weiß, wie sehr Sie die kultivierten Damen von Lyon schätzen ..., bemühe ich mich, ihren Ton und ihr Benehmen in Gesellschaft nachzuahmen.» Doch schon im nächsten Satz schrieb sie: «Sie erwähnen Madame T. gar nicht. Bitte schreiben Sie mir, was es Neues über sie gibt.»

Napoleon, der sich bereits mit seiner Freundschaft mit der legendären Thérésia Tallien brüstete und sich in den Briefen an Joseph, die auch Désirée zu lesen bekam, so begeistert über die hinreißenden Pariserinnen äußerte, wollte vielleicht etwas gutmachen, als er ihr antwortete: «Ich habe gestern abend bei Madame T. gegessen. Sie war so liebenswürdig wie stets, aber aus irgendeinem Grund erschien sie mir weniger reizvoll. Sie ist irgendwie gealtert. Es waren noch ungefähr zwanzig andere Frauen zugegen. Nur ältere und häßlichere Frauen scheinen ihr Haus zu besuchen.» Da Thérésia erst einundzwanzig war, war dies wohl kaum überzeugend. Aber vielleicht gehörte Rose, die mit ihren zweiunddreißig Jahren einigen ihrer Zeitgenossen schon «verwelkt» erschien, zu dieser Kategorie.

Diese Bemerkung Napoleons enthält eine weitere Ironie, denn Napoleon machte in dieser Zeit der wohlhabenden, kürzlich verwitweten Madame Permon einen Heiratsantrag. Ihre Tochter, Laure Junot und spätere Duchesse d'Abrantès, hörte, wie sie dem General erklärte, sie werde ihm zwar ihr Alter nicht verraten, aber sie sei alt genug, um seine Mutter zu sein. «Genug», sagte sie, wobei sie sich vor Lachen schüttelte. «Dieser lächerliche Antrag ist deprimierend, weil er von Ihnen kommt.» Napoleon sollte Panoria Permon nie vergeben.

Der Jardin des Plantes war für die Pariser nach der Revolution eine beliebte Promenade und ein Zoo geworden. Die exotischen Tiere aus der Menagerie des Trianon hatten nach der Plünderung des Königspalastes im Park von Versailles frei gelebt, und diejenigen, die nicht gefangen und verspeist worden waren, saßen nun wieder zur Ansicht hinter Gittern im Jardin des Plantes. Andoche Junot berichtet, wie er und Napoleon eines Abends dort flanierten und sich, berauscht vom Duft der Blumen, Geheimnisse anvertrauten, die sie sonst für sich behalten hätten.

Junot gestand, daß er sich «wahnsinnig» in Napoleons Schwester Pauline verliebt habe und sie heiraten wolle. Napoleon wies sein Ansinnen zurück, da auf beiden Seiten kein Geld vorhanden war. «Aber es werden bessere Zeiten kommen», sagte er, «selbst wenn ich sie in einem anderen Teil der Welt suchen muß.» «Napoleon jedoch», berichtet Laure Junot weiter, «der, wie wir wissen, später von einer gewissen verheerenden Leidenschaft vollkommen überwältigt sein sollte, war zu diesem Zeitpunkt in eine andere Frau verliebt. Seine Stimme bebte vor Schmerz, als er Junot gestand, er sei ‹unglücklich verliebt›.»

Niemand scheint damals angenommen zu haben, daß es sich um Désirée handeln könnte. Einige seiner Zeitgenossen hielten Thérésia für seine Angebetete. Laure Junot schrieb: «Als Napoleon nach Paris kam, war er in alle Frauen verliebt und vor allem darauf bedacht,

Karriere zu machen.» Und sie schloß, daß er sich in Madame Tallien verliebt haben müsse. Die unparteiische französische Schriftstellerin Sophie Gay schrieb später: «Napoleon war erstaunt, so viele Qualitäten in dieser schönen Frau vereint zu finden, und überlegte sofort, wie nützlich ihre Macht in einer so einzigartigen Situation in der französischen Geschichte sein konnte... Er baute für sie eine großartige Zukunft und setzte die Krone unserer Königin auf das Haupt der Frau, der die Franzosen bereits in Liebe und Dankbarkeit verbunden waren.» Daß Napoleon bei dieser Frau, die er, wie einige glaubten, in jenem Sommer begehrte, kein Gehör fand, hat er ihr mit Sicherheit sein Leben lang übelgenommen.

Aus Ehrgeiz war Napoleon auf dem Höhepunkt von Robespierres Diktatur Jakobiner geworden; aus demselben Grund entdeckte der Verfasser jakobinischer Streitschriften nun seine Bewunderung für Frauen mit royalistischem Flair.

In einem Brief, den er in jenem Sommer an Désirée schrieb, schildert er auf taktlose Weise die Überlegenheit der Pariserinnen hinsichtlich ihrer Kultiviertheit, ihres Aussehens und sogar ihres Patriotismus: «Märchenhaft schön und gebildet... haben alle diese leichtsinnigen Frauen eines gemeinsam, eine erstaunliche Liebe für Tapferkeit und Ruhm... Die meisten von ihnen sind zudem leidenschaftlich royalistisch, und ihre Arbeit und ihr Vergnügen besteht darin, achtbare Leute für ihre Sache zu gewinnen.»

Obwohl Madame Talliens Salon zweifellos den Rechtsruck der Revolution ankündigte und Napoleon vielleicht glaubte, alle einflußreichen Frauen seien «leidenschaftlich royalistisch», bemühte sich Thérésia Tallien, wie auch Germaine de Staël, mehr um eine Rückkehr zu den Idealen der ersten Nationalversammlung und befürwortete eine Verfassung mit dem Ziel, die Errungenschaften der Revolution zu festigen und auszubauen. Die Salons dieser beiden Damen blieben Stützpunkte für die «gemäßigten» Ex-Jakobiner in der Regierung und wurden von beiden Seiten des politischen Spektrums ständig unter Beschuß genommen. Doch das Gleichgewicht der Kräfte verschob sich, als die wieder auflebenden royalistischen Aktivitäten zu einer Bedrohung für die Regierung wurden. Besonders in den südlichen Provinzen entwickelte sich die Konterrevolution rasch zum «weißen Terror», der mit willkürlichen Massakern alte Rechnungen beglich.

Für die Emigrantenführer, die «Ultra-Royalisten», war es schwer zu verstehen, daß die Revolution nicht umkehrbar war. Baron Joseph d'André, ein royalistischer Agent, hatte diese Männer in London gewarnt: Die Auswirkungen der Revolution hätten schon so stark auf den Charakter des Landes abgefärbt, daß es die Mehrheit in Frankreich wahrscheinlich begrüßen würde, wenn die Revolution zu ihrem Kurs von 1789 zurückkehrte oder sogar eine konstitutionelle Monarchie als Nachfolgerin der jetzigen Regierung billigen würde.

Im Konvent glaubte man allmählich, für die Bildung einer neuen Regierung müsse auch ein neues Oberhaupt gefunden werden. Im Gespräch waren der junge Duc d'Orléans – der Sohn des Philippe Egalité, der für den Tod des Königs gestimmt hatte –, ein ausländischer Fürst oder vielleicht auch ein republikanischer General – dabei dachte man vor allem an Bernadotte und Hoche –, der über der Politik stand, denn die Armee könnte eine mächtige politische Waffe in seinen Händen sein. Der Konvent erwog sogar, den Sohn Ludwigs XVI., den zehnjährigen Dauphin – für die Royalisten war er Ludwig XVII. –, nach dem englischen Modell einer konstitutionellen Monarchie als Galionsfigur zu benutzen. Doch alle diese Hoffnungen wurden durch die Proklamation von Verona zunichte gemacht.

Nach dem Tod des Dauphins im Temple-Gefängnis im Juni 1795 hatte man erwartet, daß der im Exil in Verona lebende Bruder des ermordeten Königs, der Comte de Provence, eine versöhnliche Erklärung abgeben werde, die eine Koalition zwischen Thermidorianern und Konstitutionalisten ermögliche. Doch was Provence, der sich nun Ludwig XVIII. nannte, am 24. Juni bekanntgab, führte lediglich dazu, daß mindestens die Hälfte des Konvents und alle Thermidorianer ängstlich zusammenrückten. Die Proklamation von Verona drohte allen Königsmördern mit «gnadenloser Rache», insbesondere den führenden Persönlichkeiten des Thermidor. Und der Passus, daß den neuen Besitzern von verstaatlichtem Eigentum keinerlei Zugeständnisse gemacht werden sollten, zementierte das Bündnis zwischen Nation und Revolution. Die Verteilung des Landbesitzes auf alle Bevölkerungsschichten hatte bereits zu einer gesellschaftlichen Revolution geführt, da halb Frankreich von dieser gewaltigen Umverteilung profitierte.

Die Proklamation von Verona beeinflußte die Geschichte zwischen 1795 und 1814 und zerstörte die Hoffnung auf eine konstitutionelle Monarchie. Durch die Blindheit der Ultra-Royalisten wurde eine letzte Chance vertan.

Der Konvent mußte sich neu gruppieren. Durch die Proklamation war das von der Regierung mühsam gewahrte Gleichgewicht zwischen Jakobinern und Gemäßigten erschüttert; die politische Rechte hatte die Thermidorianer gründlich erschreckt. Die Regierung benötigte dringend eine Stärkung der Partei der Jakobiner, und die Gelegenheit dazu bot sich, als die Royalisten bei Quiberon landeten.

Die Erhebung in der Vendée gegen die Revolution war zunächst von Hoche niedergeschlagen worden, doch nun brach der Aufstand mit unvorstellbarer Grausamkeit auf beiden Seiten erneut los. Die Truppen der Rebellen, die wie Guerillas kämpften, bestanden aus Bauern, Wildhütern und einheimischen Adeligen, alles überzeugte Katholiken, die oft nur mit Sensen und Piken bewaffnet waren.

Zwei Tage nach der Proklamation von Verona setzte die britische Flotte eine Truppe französischer Emigranten vor der bretonischen Küste ab. Da ein Sturm die Landung weiterer Truppen zur Verstärkung verhinderte, wurde das Royalistenheer, noch bevor es sich mit den Rebellen in der Vendée vereinigen konnte, von den Republikanern unter General Hoche vernichtend geschlagen.

Gerüchte über Intrigen des Ehepaars Tallien zugunsten einer konstitutionellen Monarchie ließen es Jean-Lambert Tallien geraten erscheinen, sein revolutionäres Ansehen aufzupolieren. Er ging als Kommissar zur Westarmee in die Bretagne. Bei Quiberon waren 12 000 Emigranten gefangengenommen worden. Tallien ließ sie vor einer militärischen Kommission erscheinen, versprach ihnen Straffreiheit und verurteilte 748 von ihnen zum Tode.

Als Tallien am 9. Thermidor nach Paris zurückkehrte, erschien er im Konvent, wo ein doppelter Triumph gefeiert wurde: der Jahrestag von Robespierres Sturz und der Sieg bei Quiberon. Ausländische Botschafter und die Merveilleuses füllten die Galerien des Hauses, und Blumengirlanden schmückten die Wände. Zum erstenmal wurde die «Marseillaise» als Nationalhymne gespielt, und anschließend gab es in der Chaumière ein «bescheidenes Bankett». Obwohl Tallien andeutete, daß er für das Massaker an unbewaffneten Männern in Quiberon nicht allein verantwortlich gewesen sei, war jetzt bekannt, wie skrupellos er sein konnte, sobald er sich bedroht fühlte. Thérésia hörte man sagen: «Zu viel Blut an den Händen dieses Mannes.» Talliens Einfluß war damit zu Ende, nicht jedoch, wie Napoleon bemerkte, die Macht des Salons seiner Frau.

Im August hatte sich Napoleons Stimmung wesentlich gebessert. Er verkehrte in der Welt von Barras und in den berühmten Salons. Ein freundlicher Brief an Désirée schildert Paris und das gesellschaftliche Leben; in einem Brief an Joseph geht es mehr um praktische Dinge. Seine Haltung gegenüber dem französischen Volk war noch immer ambivalent – er bezeichnet sie als «Ausländer» –, und er beschreibt die Bedeutung der Mode in allen Bereichen des französischen Lebens. «Es ist sehr leicht, die Franzosen durch Eitelkeit zu lenken.» Dann berichtete er, daß die Diskussionen über die neue Verfassung begonnen hatten und daß «sie das Schicksal dieses unveränderlichen Volkes bestimmen kann». Er spekulierte über die Unterschiede zwischen Frankreich und England; der Charakter dieser beiden Völker sei ungleich «aufgrund von Klima und Kost»; deshalb seien ähnliche politische Institutionen, vor allem «die englische Verfassung», auf Frankreich nicht anwendbar. «Ich bin der Meinung», schloß er, «daß Frankreich keine Verfassung haben sollte. Es ist im wesentlichen monarchistisch.»

Paul Barras war einer der Väter der neuen Verfassung, und es erschien Bonaparte jetzt noch wichtiger denn je, den Posten in der Vendée nicht anzutreten, sondern in der Nähe der Macht zu bleiben. Er besorgte sich zum zweitenmal ein fingiertes ärztliches Attest und bat um Krankenurlaub.

Am 17. August erhielt er seinen Bescheid. Der Wohlfahrtsausschuß hatte ihn von seinem Kommando entbunden «wegen der Weigerung dieses Offiziers, seinen Posten anzutreten». Überdies sei der Arzt, der das Attest ausgestellt hatte, «dazu nicht berechtigt» gewesen.

Schockiert von dieser unverhofften Entscheidung, wandte er sich an Paul Barras, der ihn im Topographischen Büro des Wohlfahrtsausschusses unterbrachte, das von General Carnot geleitet wurde. Es war die ideale Position für Napoleon, um einen neuen strategischen Plan für die Italienarmee auszuarbeiten.

Joseph gegenüber erwähnte er den Verlust seines Kommandos nicht, sondern schrieb, daß er «Carnot ersetzen» werde; außerdem werde er eventuell «mit dem schmeichelhaften Titel eines Botschafters» in die Türkei gehen – er hatte sich als Leiter einer geplanten Mission zur Modernisierung der türkischen Artillerie empfohlen und vom Außenausschuß, der offensichtlich nichts von Bonapartes Maßregelung durch den Wohlfahrtsausschuß wußte, eine Zusage erhalten. Dann «würde ich Dich zum Konsul ernennen lassen ... und auch Deine beiden Schwäger könnten dorthin geschickt werden».

Ein fröhlicher Brief in ganz verändertem Ton ging an Désirée. Er schrieb ihr, er arbeite nur von Mitternacht bis zwei Uhr morgens und dann wieder zwei Stunden am Nachmittag, so daß er sie, wäre sie jetzt in Paris, in die Gesellschaft der charmanten Pariser Damen einführen könnte. «Wenn ich fern von Ihnen glücklich sein könnte, so wäre ich es jetzt ... Ich bin hier hoch angesehen, und ich habe Freunde, Vergnügungen und Einladungen. Lassen Sie uns nicht länger säumen, geliebte Eugénie, die Zeit fliegt, wir sind schon beinahe alt. Ich küsse Sie eine Million mal. Ihr lieber Freund fürs Leben.»

Gefühl und Stil drücken aus, daß sich seine Aussichten verbessert hatten. Endlich hatte sich ihm ein Betätigungsfeld eröffnet, ein Ventil für seine Talente und seinen Tatendrang.

Doch die Beziehung zu Désirée mußte aufrechterhalten werden für den Fall, daß sich andere, bessere Partien, die er ins Kalkül zog, nicht verwirklichen ließen; dazu gehörte zumindest bis Mitte Oktober eine Ehe mit Madame Permon. Er hatte noch immer die Idee, möglichst bald eine Ehe, sprich eine Verbindung mit einer akzeptablen Mitgift, einzugehen, denn um mächtig zu sein, brauchte man Geld. Am 5. September schrieb er mit seiner neugewonnenen Zuversicht an Joseph: «Ich könnte mir überlegen zu heiraten.» Und einen Tag später: «Vergiß mein Geschäft [d. h. Désirée] nicht, denn ich habe die fixe Idee, ein eigenes Haus zu besitzen.» Tags darauf versicherte er seinem Bruder: «Du brauchst meinetwegen nichts zu befürchten. Ich habe alle richtigen Leute zu Freunden, ungeachtet ihrer Partei oder Meinung.» Am 26. September schrieb er Joseph, die Sache mit der Türkei sei arrangiert und wäre sogar schon endgültig, wenn es «hier nicht so viel Unruhe» geben würde. Paris füllte sich mit Truppen zum Schutz der Wahl, die am letzten Tag im September stattfinden sollte.

An Désirée schrieb er erst wieder im Januar, nachdem sich seine Heiratspläne konkretisiert hatten.

9

Die Folie in No. 6

«Im Mai oder Juni», schrieb ein Zeitgenosse im Jahre 1795, «wurde Rose de Beauharnais in Barras' Harem zugelassen.»

In jenem Sommer war Paul Barras Präsident des Konvents, Mitglied des Wohlfahrtsausschusses und befehlshabender General der Heimatarmee. Für Rose war diese Liaison nicht nur lohnend, sondern auch beglückend. Als Barras' anerkannte Mätresse hatte sie praktisch unbegrenzten Kredit; als seine Gastgeberin im Palais Egalité – seinem offiziellen Wohnsitz – und in seinem Haus im ländlichen Chaillot nahe der Chaumière kam sie mit allen einflußreichen Leuten in Kontakt.

Rose und Barras paßten von Natur aus gut zusammen. Beide wußten den Hedonismus ihrer Zeit zu schätzen. Sie war genau der Frauentyp, den Barras bevorzugte. Er hatte bei Männern nichts gegen eine gewisse Derbheit einzuwenden und sah es lieber, wenn sie keine Verbindung zum alten Regime hatten; bei den Frauen in seinem Kreis setzte er jedoch die kultivierten Manieren jener Welt voraus. Er nahm seine Liebschaften auf die leichte Schulter und verlangte nie, daß ihm seine Frauen treu blieben. Obwohl er zynisch war und keine großen Ansprüche stellte, erwies er sich seinen früheren und gegenwärtigen Mätressen gegenüber stets gefällig, half ihnen mit Rat und Tat, mit Geld – vom Staat und aus seiner eigenen Kasse – und mit nützlichen Empfehlungen an Bankiers und Spekulanten.

Rose nahm eine ihrer Lieblingsbeschäftigungen wieder auf und schrieb, häufig völlig uneigennützig, Empfehlungsbriefe für Freunde, Bekannte und für sich selbst. Beziehungen zu den Mächtigen und einflußreiche Freunde hatten es ihr ermöglicht, die Revolution zu überleben, und jetzt, da sie den Schutz des einflußreichsten Mannes in Frankreich genoß, war diese Tätigkeit besonders ergiebig.

Paul Barras schrieb in seinen Memoiren, er habe Bonaparte «in die Häuser von Madame Tallien, Madame de Staël und anderer» eingeführt. Nicht zu diesen «anderen» gehörte damals Madame de Beauharnais, die mehr oder weniger als ständiger Gast in der Chaumière lebte und noch keine geeignete Wohnung hatte, um Gäste zu empfangen. Man nahm jedoch an – und Barras bestätigte es später –, daß er die Miete des Hauses in Croissy bezahlte, das Rose in jenem Sommer wieder von Désirée Hosten gemietet hatte. Ihr Nachbar dort war der zukünftige Kanzler Pasquier, der mit seiner Familie aufs Land gezogen war, weil er fand, daß die Inflation dort weniger zu Buche schlug als in der Stadt. Wegen der allgemeinen Lebensmittelknappheit baute die Familie im Garten Gemüse an. Die Freßkörbe und Weinkisten, die aus Paris in Roses Haus geschickt wurden, erregten unter den Einwohnern der kleinen Gemeinde einiges Aufsehen.

«Unsere Nachbarin Madame de Beauharnais», schrieb Pasquier in seinen Memoiren, «kam selten, vielleicht einmal die Woche, um Barras zu empfangen, der immer eine große Gesellschaft mitbrachte. Am Vormittag wurden körbeweise Lebensmittel geliefert; dann patrouillierten berittene Gendarmen auf der Straße von Nanterre nach Croissy. In Madame de Beauharnais' Haus gab es einen gewissen Luxus, der Eindruck machen sollte, und vieles, was überflüssig war, aber am Nötigsten fehlte es. Geflügel, Wild und seltenes Obst türmte sich in der Küche – und das zur Zeit der größten Hungersnot –, und gleichzeitig fehlte es an Töpfen, Gläsern und Tellern, die sie in unserem bescheidenen Haushalt borgte.»

Roses ständiger Wunsch, einflußreich zu sein oder wenigstens zu scheinen, hatte sich erfüllt; ihre Schulden waren kein Problem mehr, das sie belastete. Doch obwohl Barras dafür bekannt war, seine Frauen nicht im Stich zu lassen, muß sie sich ihres Einflusses auf ihn nicht sicher gewesen sein. Eine gewisse Angst verließ sie nie. Sie brauchte einen Beschützer, der in der Lage war, ihr auch in Zukunft ein Leben in diesem beneidenswerten Stil zu bieten.

Sie hoffte noch immer, Lazare Hoche werde sich scheiden lassen. Als sie im nächsten Frühjahr erfuhr, daß Adèle Hoche ein Kind erwartete, bestand sie darauf, daß sich Eugène von dem Posten als

Adjutant des Generals versetzen ließ. Aber sie war nicht der Typ Frau, die einen Mann längere Zeit aus der Ferne lieben konnte. Obwohl sie mit Hoche zunächst einen leidenschaftlichen Briefwechsel unterhielt, beklagte er sich bald über ausbleibende Briefe aus Paris und beschuldigte sie sogar, eine Affäre mit dem Überbringer seiner Briefe an sie zu haben. Aber er war noch immer in sie vernarrt und schrieb im Mai an einen Freund, er habe gehört, Rose sei jetzt eine elegante Merveilleuse geworden. «In ihrem Herzen ist Eitelkeit an die Stelle von Freundschaft getreten», und dann folgt der übliche Refrain aller Männer in Roses Leben: «Ich bin verzweifelt, weil ich keine Antwort von der Frau habe, die ich liebe, von der Witwe, deren Sohn ich schon als meinen eigenen betrachte. Es gibt kein Glück für mich auf dieser Erde. Wie Sie wissen, kann ich nicht nach Paris gehen, um die Frau zu besuchen, die der Grund meines Kummers ist. Die Pflicht und der Krieg, der hier gerade wieder ausbricht, zwingen mich, auf meinem Posten zu bleiben.» Es handelte sich um einen Posten bei der Westarmee, der sich Bonaparte nicht hatte anschließen wollen.

Vermutlich hatte Rose bereits erkannt, daß Barras unaufhaltsam zu Thérésia hinstrebte, seinem weiblichen Pendant am Pariser Firmament, und es gelang ihr sogar, für einmal ihre angeborene Eifersucht zu unterdrücken.

Obwohl alle Vorteile auf Thérésias Seite zu liegen schienen, wirkte Rose weiterhin verführerisch, sogar neben so gefeierten jungen Schönheiten wie Thérésia und Juliette Récamier. Sie strahlte so viel Liebenswürdigkeit aus, ihr Make-up war so kunstvoll, ihre Fröhlichkeit so ansteckend, daß sie in der Chaumière ebenso viel Bewunderung genoß wie die jüngeren Frauen.

Und sie bestätigte die Legende von der erotischen Anziehungskraft kreolischer Frauen. «Sie war damals immer noch schön», schrieb später einer aus dem Kreis der Chaumière, «mit der geschmeidigen und üppigen Figur der Kreolin und dem ausgezeichneten Benehmen des alten Regimes. Ihre Stimme war so rührend, ihre Miene so sanft!» Und sogar nach der Revolution ging man noch davon aus, daß die Kreolinnen große Vermögen besaßen – riesige Besitzungen und ganze Sklavenheere, besonders wenn die Erbinnen wie Fortunée Hamelin aus Santo Domingo kamen. Rose widersprach solchen Spekulationen nicht und erwähnte gelegentlich sogar, daß sie Geld aus den Kolonien erhielt; trotzdem lebte sie von Darlehen und Schulden.

Thérésia Tallien, von Masquerier (Hulton Deutsch Collection, Ltd., London)

Rose und Thérésia waren bald unzertrennlich. Es scheint keine Rivalität zwischen ihnen gegeben zu haben, obwohl Thérésia zehn Jahre jünger war, aus reichem Elternhaus stammte – ihr Vater war Bankier des Königs von Spanien –, eine wichtige Rolle in der unmittelbaren Vergangenheit gespielt hatte und auch jetzt über großen Einfluß verfügte. Beide Frauen waren von Natur aus freundlich und hilfsbereit; sie hatten diese Tugenden auch während der Schreckensherrschaft bewiesen und dafür ihr Leben riskiert. Sie waren beide außerhalb von Frankreich geboren, hatten in jungen Jahren egoistische Männer geheiratet, von denen sie vernachlässigt worden waren, und sie waren beide im Gefängnis, wo sie täglich mit dem Tod rechnen mußten. Nun verband sie das Bedürfnis, die Schrecken der Vergangenheit zu vergessen, und der gemeinsame Wunsch nach Bewunderung und Luxus.

Barras' oft zitierter Vergleich der zwei Frauen soll nicht von ihm, sondern aus der Feder seines Erbschaftsverwalters stammen, der seine Gründe hatte, die spätere Madame Bonaparte nicht zu mögen. «Obwohl Madame Talliens Liebschaften für sie eine echte Freude darstellten, weil sie von Natur aus feurig und leidenschaftlich war», hieß es da, «spielte das Herz von Madame de Beauharnais bei diesen Beziehungen nie eine Rolle. Die Männer, die sie besaßen, fühlten sich vielleicht wegen ihrer leidenschaftlichen Hingabe geschmeichelt, aber die geile Kreolin verlor nie auch nur für einen Moment das Geschäft aus den Augen... Madame Talliens Schönheit», fügte er hinzu, «war damals voll erblüht. Madame de Beauharnais begann zu welken. Das ist keine Übertreibung... alles an ihr verdankte sie einer raffinierten und sorgfältigen Kunst, der sich auch die Kurtisanen von Griechenland oder von Paris bedient hatten.»

Der Marquis de Sade, der Rose und Thérésia zu dieser Zeit kannte, berichtete: «Madame de Beauharnais war hundertmal vergnügungssüchtiger als Madame Tallien.» Roses hektische Vergnügungssucht und auch ihr Streben nach Sicherheit waren keine vorübergehenden Bedürfnisse und nicht allein die Erlösung von unerträglicher Spannung, sondern die Folge einer lebenslangen Abhängigkeit – ein Hintergrund, den die triumphierende und ihrer Macht gewisse Thérésia überhaupt nicht kannte.

Abgesehen von der Sorge, ihren Beschützer zu verlieren, war dieses Jahr als Thérésias Busenfreundin für Rose sehr erfreulich. Sie kleideten sich so oft wie möglich gleich. «Vergiß nicht, zum Ball morgen dein Pfirsichblütenkleid anzuziehen», schrieb Rose an Thérésia. «Ich werde meines tragen mit einem kreolischen Turban und drei Locken auf der Stirn. Unsere gleichen Kostüme werden für unsere englischen Rivalinnen verheerend sein.» Beide richteten sich nach den immer verrückteren Moden. Als Thérésia die modischen blonden Perücken aufgab und blaue und violette trug, tat es ihr Rose selbstverständlich nach. (Das *Journal de Paris* mißbilligte diesen Brauch und erinnerte daran, daß Perücken aus dem Haar der Opfer der Guillotine gemacht wurden.) Das Problem, einen passenden Hut für Kleider im antiken Stil zu erfinden, lösten die Merveilleuses, indem sie sich eine der Tagespolitik entsprechende Kopfbedeckung auf die Perücke setzten: Bauernhüte, Turbans oder übergroße samtene Jockeymützen, als die Anglomanie wieder in Paris einzog. Man stülpte ungeniert eine Mode über die andere; wichtig war nur die gesteigerte Wirkung.

Nachdem Madame Tallien von der Geburt ihrer Tochter Rose Thermidor (Rose war Patin des Kindes) genesen war, stürzten sich beide Damen in das seit neuestem schicke Leben in der freien Natur. Sport und athletische Wettbewerbe waren die große Mode. Begeistert für alles Griechische organisierte man «antike» Spiele, und die aus England zurückgekehrten Emigranten veranstalteten Pferderennen auf dem Marsfeld. Im Bois de Boulogne wurde Boule gespielt mit Madame Tallien als Schiedsrichterin, die für diese Rolle natürlich in ein entsprechendes Kostüm schlüpfte. «Wie viele andere», schrieb Victor de Broglie, «sah ich die schöne Madame Tallien in Ranelagh, à la Diana mit halbnacktem Busen, Sandalen an den Füßen und bekleidet, wenn man dies so nennen kann, mit einem nicht einmal knielangen Chiton.»*

Die Menschen auf den Illustrationen jener Zeit scheinen immer in Bewegung zu sein; sie jagen in leichten, mit Glöckchen behangenen Einspännern dahin, laufen Schlittschuh, schwimmen, reiten, fahren Wagenrennen und tanzen.

Paris genoß das schöne Spätsommerwetter in vollen Zügen. Das gesellschaftliche Leben spielte sich zum erstenmal im Freien ab – in den neuen öffentlichen Gärten der früheren Aristokratie. Man tanzte und trank Tee unter Bäumen. Illusionisten, Trapezkünstler, Harfenspieler, Seiltänzer und Bauchredner führten ihre Künste vor, und

* Der Chiton war ein gegürteter knielanger Leibrock im Griechenland der Antike.

wer nach Chantilly hinausfuhr, konnte sich sogar «unmoralische *tableaux vivants*» ansehen. Unsere beiden Freundinnen aßen «himmlisches Eis, das wie Pfirsiche und Aprikosen geformt war». Begleitet wurden sie bei diesen rein geselligen Anlässen von einer neuen Sorte junger Männer, den Incroyables, die im Gegensatz zu den Muscadins keine politischen Aktivisten waren, sondern lächerliche Gecken in übergroßen Mänteln, Krawatten bis über das Kinn und fleischfarbenen Kniehosen, die so eng waren, daß sie zwei Helfer brauchten, um hineinzukommen.

Die Pariser hatten sich an die krassen Unterschiede zwischen enormem Reichtum auf der einen Seite und bitterer Armut auf der anderen gewöhnt; aber für die allmählich zurückkehrenden Emigranten waren die neuen Verhältnisse ein Schock. Es schien keine Mitte zu geben zwischen dem neuen Reichtum in der Welt der Politiker und Financiers und der Armut jener, die von einer Pension oder einem festgesetzten Einkommen leben mußten, zwischen den Schlangen unterernährter Männer und Frauen vor den Bäckereien und den unverschämt üppigen Auslagen in den Schaufenstern der Restaurants.

Im Lauf des Jahres kehrten aus Brüssel, dem Rheinland, der Schweiz und aus Amerika rund 140 000 Emigranten zurück. Ungefähr ein Drittel waren Bauern und Handwerker, der Rest Bürger, Adelige und Angehörige des Klerus. Das neue Paris mit den eleganten Restaurants, den verrückten Moden, einer Sprache mit einer Menge neuer Ausdrücke und den gelockerten Umgangsformen zwischen den Geschlechtern – kein Mann hätte früher die Hand in die Hosentasche gesteckt oder auf die Stuhllehne einer Dame gelegt –, dieses Paris war ihnen nicht nur fremd, sondern auch fast ebenso unerschwinglich wie den Bettlern auf den Straßen.

Die junge Generation, die im Exil gelebt hatte, tat sich bei der Rückkehr leichter. Sie fand die neue revolutionäre Unkompliziertheit erfrischend und reizvoll. Ehepaare teilten sich die Arbeit am Herd, das Schlangestehen und die Hausarbeit. Junge Männer holten die Mädchen zu Fuß zum Tanzen ab, hielten schützend einen Schirm über sie und trugen die Tanzschuhe ihrer Damen, die Fächer und Rougetöpfchen, denn trotz bescheiden dekolletierter Baumwollkleider, die kaum mehr als die Knöchel zeigten, lehnten die Emigrantinnen wie die Merveilleuses Taschen ab, um die Figur nicht zu verunstalten.

Mode während des Thermidor (Musée Carnavalet – Hachette)

«Le Bokay» – leichter einspänniger Wagen (Musée Carnavalet – Hachette)

Josephines *Folie*, später bekannt als *Maison de Brumaire* (Collection Viollet)

Für die meisten Emigranten war die Rückkehr ein Wagnis. Sie mußten immer noch befürchten, denunziert zu werden, und konnten ohne Gerichtsverfahren hingerichtet werden, wenn sie illegal eingereist waren.

Angesichts der zunehmenden Verarmung der Pariser Bevölkerung (die Brotrationen wurden im Herbst wieder heruntergesetzt; Fleisch und Brennholz waren nur zu astronomischen Preisen zu haben), der allgemeinen Ernüchterung und der im ganzen Land offen gezeigten Verachtung und Skepsis gegenüber dem Konvent hatten die Emigranten Grund, auf eine mögliche Restauration der Monarchie oder zumindest auf eine Mehrheit des rechten Flügels bei den kommenden Wahlen zu hoffen. Tallien selbst gab zu: «Wenn man das Land jetzt seinen eigenen Wünschen überließe, würde die Konterrevolution noch in diesem Monat verfassungsgemäß ihr Ziel erreichen.»

Im August 1795 mietete Rose, immer noch tief verschuldet, ein Haus in der Rue Chantereine für viertausend Francs in harter Währung (der Franc hatte in diesem Jahr den Livre ersetzt) oder zehntausend Francs in Assignaten, und das zu einer Zeit, als ein Pfund Brot 22 Francs kostete. Das Haus lag in einer damals bevorzugten Pariser Sektion unweit des Palais Egalité, der Tuilerien, des Konvents und der bedeutendsten Theater, war aber dennoch von ebenso viel «Natur» umgeben wie Thérésias Landhaus. Ein Stadthaus in einer ländlich anmutenden Umgebung anstelle des üblichen Vorhofs und eines Gartens hinter dem Haus war für Paris etwas Neues.

Als die Pariser Stadtmauern in den 1780er Jahren abgerissen wurden, bauten berühmte Architekten wie Ledoux und Brogniart auf dem Gelände der früheren Gärtnereien für Bankiers und königliche Hoheiten Miniaturpalais, sogenannte *folies*, meistens für Damen, die unter deren Schutz standen. Die *folie* in No. 6, ein neoklassizistischer Bau mit einer für Paris typischen Mansarde, lag in einem kleinen Garten. Zu beiden Seiten des gepflasterten Hofs befanden sich Ställe und eine Remise. Wie viele *folies* war auch diese hier als Liebesnest gebaut worden mit einem absichtlich halb verfallen wirkenden Eingang und einem von hohen Mauern und Linden flankierten, ungepflasterten Weg zum Haus. Steinstufen führten zum Haus hinauf und unmittelbar in ein halbkreisförmiges Vorzimmer. Es folgten der Salon, in dem der offene Kamin zwischen zwei hohen Fenstertüren lag, die sich zum Garten öffneten, und ein kleines Studierzimmer. Über eine schmale Treppe gelangte man in den ersten Stock mit Schlafzimmer, Badezimmer, Toilette und Ankleidezimmer. Darüber lagen die Mansardenzimmer, und im Souterrain befand sich die Küche.

Rose ließ ihre vier Mahagonistühle sofort frisch beziehen mit blauem Nanking und roten und gelben Quasten. Die spärlichen Möbel waren alle im strengen Stil des Directoire. Die flieder-, schwefel- und rosafarbenen Wände aus der Zeit vor der Revolution wurden rot und violett überstrichen getreu den Wandfarben, die man bei den archäologischen Ausgrabungen in Herculaneum gefunden hatte. Entlang der Schlafzimmerwände zog sich ein Fries mit einem schwarzen, an eine griechische Vase erinnernden Figurenmotiv auf ochsenblutfarbenem Grund. Das Erdgeschoß zierte eine silberne «etruskische» Urne, und bis zu den Tagen des Wohlstands stand auf dem Kaminsims eine kleine Büste von Sokrates. Diese bescheidenen Zugeständnisse an den neoklassizistischen Geschmack sollten bald von den echten Vorbildern dieser Mode ersetzt werden, von antiken römischen Bronzen, Mosaiken und Marmorstatuen aus dem Beutegut des Italienfeldzugs.

Vermutlich bezahlte Paul Barras die Miete für die *folie* und auch für die Erziehung der Kinder. Eugène wurde nach seinem Abschied von General Hoches Armee in einer teuren höheren Lehranstalt in St. Germain untergebracht, und Hortense, die bislang bei ihrem Großvater Beauharnais gelebt hatte, besuchte die benachbarte Internatsschule von Madame Campan.

Ende September war Roses Haus bezugsfertig. Barras hatte sie jedoch vor bevorstehenden Unruhen in diesem Monat, dem Vendémiaire, gewarnt, und so beschloß sie, erst einmal eine Woche bei ihrer Tante in Fontainebleau zu verbringen.

10

General Vendémiaire

In der ersten Oktoberwoche des Jahres 1795 kam es zwischen Jakobinern und Muscadins in Cafés, öffentlichen Gärten und im Theater zu Schlägereien. Überall sah man die antirepublikanischen grünen Mäntel mit schwarzem Samtkragen. Die Republikaner verbreiteten das Gerücht, Paris sei voll von britischen Spionen, «getarnt als Bürger von Nordamerika». Es waren jene unruhigen Tage, von denen Napoleon in seinem Brief an Joseph Bonaparte sprach.

In der Chaumière und im Salon von Madame de Staël war der Entwurf der «Verfassung des Jahres III» das Thema endloser Diskussionen. Der Übergang zu einer neuen legalen Regierung erwies sich als ein höchst schwieriges Problem. Im September waren Gerüchte aufgekommen, der Konvent sei entschlossen, sich «fortzusetzen» trotz der versprochenen freien Wahlen. Die Regierung wußte, daß die Nation eine legale Beendigung der Revolution wünschte, aber sie wollte nicht wahrhaben, wie sehr die einzelnen Regierungsmitglieder und der gesamte Konvent in der Bevölkerung verhaßt waren. Die Muscadins und ihre Freunde beschimpften die Abgeordneten von den Galerien herunter, die Journalisten stimmten in die aufwieglerischen Lieder und das Gelächter mit ein, und einzelne Abgeordnete wurden auf offener Straße verhöhnt. Die Fenster der Chaumière wurden eingeschlagen, und am Jahrestag der Septembermorde erschienen in der Presse unfreundliche Anspielungen auf die Rolle, die Tallien dabei gespielt hatte. Dem Abgeordneten Joseph Chénier schrien die Leute auf der Straße nach: «Kain, wo ist dein Bruder?» Aber generell machten die Leute kaum Unterschiede zwischen den Abgeordneten. In ihren Augen hatten alle diese Männer Blut an den

Händen, und sie machten den verhaßten Konvent verantwortlich für den Niedergang des Landes, für Hunger und Armut.

Schließlich war der Text der neuen Verfassung fertig. Im Oktober sollte gewählt werden. Doch als die Männer, welche die wiederholten Säuberungsaktionen des Konvents überlebt hatten, erkannten, wie wenige von ihnen auf eine Wiederwahl hoffen konnten und daß eine Mehrheit für den rechten Flügel oder sogar für die Wiedereinführung der Monarchie stimmen könnte, beschlossen sie, sich zu schützen. Da die meisten von ihnen am Königsmord beteiligt waren und ihre eigenen Köpfe in Gefahr wußten, schreckten sie vor nichts zurück, um an der Macht zu bleiben. Um sicherzugehen, daß Gemäßigte und Royalisten bei den bevorstehenden Wahlen keine Mehrheit bekommen würden, verabschiedete der Konvent ein zusätzliches Wahlgesetz, das «Zweidritteldekret», wonach zwei Drittel der neuen Legislative aus dem Konvent übernommen werden mußten.

Als dieser Zusatz zum Wahlgesetz bekannt wurde, änderte sich die Stimmung in der Öffentlichkeit. Nur wenige Wähler wollten wieder eine Monarchie; die meisten lehnten die Konterrevolutionäre und die Rückkehr des «Emigrantenkönigs» ab. Selbst ein Ultra-Royalist wie d'André berichtete nach London: «Wenn sie sich für einen König entscheiden sollten, müßte er ein Kind der Revolution sein.» Praktisch alle wollten die Republik erhalten; nur die Vorstellung eines ständig amtierenden Konvents war den Parisern unerträglich.

Trotz einer immens hohen Zahl von Enthaltungen – über vier von fünf Millionen eingetragener Wähler – wurde die neue Verfassung angenommen. Als die Wahlergebnisse bekanntgegeben wurden und die Öffentlichkeit begriff, daß von den 500 zu wählenden Abgeordneten nur 376 tatsächlich gewählt waren und die Regierung nun die restlichen Sitze aus den Reihen der jetzigen Konventsmitglieder auffüllen konnte, kam es zu heftigen Protesten. Ein Aufstand wurde unvermeidbar. Wohlfahrts- und Sicherheitsausschuß beschleunigten die Krise, indem sie die Armee in die Hauptstadt riefen – einmal mehr illegal. Die Pariser glaubten, eine zweite Schreckensherrschaft bahne sich an.

Am 2. Oktober entschlossen sich die gemäßigteren Pariser Sektionen zum Aufstand. Sie verfügten über die Nationalgarde, mindestens 20 000 den Royalisten ergebene und gegen den Konvent eingestellte Bürger. Die Ultra-Royalisten nahmen an diesem Aufstand nicht teil, weil sie fanden, er sei nicht im Interesse echter

Monarchisten; Napoleon selbst nannte die Aufständischen schlicht «Pariser». Die Regierung konnte zu ihrer Verteidigung nur auf die Heimatarmee und die Polizei zählen. Barras wurde zum befehlshabenden General ernannt mit dem Auftrag, die Verteidigung der Tuilerien zu organisieren und den Aufstand niederzuschlagen.

Barras ergänzte die Truppen, die dem Konvent zur Verfügung standen, mit einer recht gemischten Schar aus Offizieren, die wegen ihrer jakobinischen Vergangenheit entlassen worden waren, ehemaligen und erst kürzlich aus dem Gefängnis entlassenen Terroristen und sogar, wie Barras' Feinde behaupteten, einigen Septembristen – insgesamt zwischen fünfzig- und sechzigtausend Mann. Vierzig Offiziere ohne derzeitiges Kommando meldeten sich freiwillig; Bonaparte befand sich nicht unter ihnen. Barras schickte Napoleon eine eilige Nachricht in dessen Wohnung mit der Aufforderung, sich unverzüglich zu melden. Was dann geschah, ist eines der ersten Beispiele für die napoleonische Legendenbildung.

Laut Napoleons späterer Darstellung befand er sich im Theater, als ihn Freunde von den Ereignissen des Abends unterrichteten. «Aus purer Neugier» habe er sich auf die Zuschauergalerie des Konvents begeben. «Mehrere Abgeordnete» hätten vorgeschlagen, ihn holen zu lassen «als den Mann, der am fähigsten ist, der Republik zu dienen». Eine halbe Stunde lang habe er seine Seele erforscht und sich dann «bereit erklärt, die großen Wahrheiten der Republik zu retten».

Auf St. Helena erzählte Napoleon General Bertrand, er habe sich am Abend vor Vendémiaire nach reiflichem Abwägen der Vor- und Nachteile entschlossen, die «monarchistische» Erhebung, wenn sie sich gut anließ, zu unterstützen, und seine Meinung erst geändert, als Barras ihm den Einsatz der Artillerie genehmigte.

Als sich Napoleon um neun Uhr an jenem Abend schließlich bei Barras meldete, war er in der Tat unentschlossen. Erst am Tag zuvor hatte er zu Junot gesagt: «Ah, wenn nur die Pariser [d.h. die Rebellen] mich zu ihrem Anführer ernennen würden. Ich würde dafür sorgen, daß die Tuilerien innerhalb von zwei Stunden genommen wären, und wir würden diese elenden Abgeordneten von dort verjagen.» Er hatte geplant, zu warten, um sich auf die Seite der Sieger zu schlagen, und war deshalb so verwirrt, als ihm Barras sagte, er habe genau drei Minuten, um sich zu entscheiden, ob er einer seiner Stellvertreter werden wolle. Sobald er zugestimmt hatte, brachte ihn Barras vor den Wohlfahrtsausschuß, der in den Tuilerien saß, und verlangte die Unterzeichnung eines Dekrets, daß Bonaparte wieder in die Armee aufgenommen war. Nur wenige im Ausschuß hatten von Napoleon gehört, aber der royalistische Agent Mallet, der jeden in Paris kannte, beschrieb ihn seinen Freunden in Wien als «korsischen Terroristen namens Buonaparte, ein professioneller Halunke und der rechte Arm von Barras».

Während der ganzen Nacht des 4. Oktober regnete es in Strömen. 20 000 Aufständische rückten gegen die Tuilerien vor und umzingelten das Gebäude in immer engeren Kreisen. Ein großer Teil der Stadt befand sich bereits in ihrer Hand. Die Situation der Regierung erschien verzweifelt. Man rechnete damit, daß die Rebellen auf der Rückseite der Tuilerien, vom linken Seineufer her, angreifen würden.

Beide Seiten hatten keine Artillerie, die unverzichtbare Waffe für Straßenkämpfe; aber im Konvent wußte man, daß in Neuilly, damals etwas außerhalb der Stadt, vierzig Kanonen standen. Als ein Kavallerieoffizier gesucht wurde, meldete sich Joachim Murat, ein riesiger Mann mit einer großen Nase und starkem südlichen Akzent. Mit dem Auftrag, die Kanonen um jeden Preis in die Stadt zu bringen, galoppierte er mit seinen dreihundert Reitern durch das Lager der Rebellen, schirrte die Pferde vor die Lafetten und schleppte die Geschütze zu den Tuilerien. Murat erinnerte sich, daß der Lärm der Räder auf dem Kopfsteinpflaster wie Gewitterdonner klang.

Während Murat hier den ersten Schritt in Richtung seines künftigen Throns machte – er wurde später König von Neapel –, inspizierte Napoleon mit Barras und anderen, offiziell nicht im Dienst der Armee stehenden Generälen bis zum nächsten Morgen die Verteidigungslinien. Barras hatte die Regierungstruppen, knapp viertausend Mann, rings um die Tuilerien aufgestellt. Die Aufständischen schienen den Konvent auf dem rechten Seineufer fest im Griff zu haben; alle Straßen, die zum Regierungssitz führten, waren in ihrer Hand. Bonaparte brachte Batterien vor der Rue St. Honoré, auf der die Rebellen auf den Konvent zumarschieren würden, und an der Seinebrücke in Stellung. Obwohl sich viele erinnerten, was andere Offiziere an jenem Tag getan hatten, scheint Bonaparte nur General Thiébault aufgefallen zu sein. Er sah ihn damals zum erstenmal. In seinen Memoiren erwähnt er «das schwächliche Aussehen, das kameenhafte Gesicht und die schmutzige Uniform» des Generals. «Er schien überall gleichzeitig zu sein, und seine Befehle waren kurz und zutreffend und ziemlich herrisch.»

Die Rebellen griffen nicht sofort am frühen Morgen an, sondern warteten, bis der Regen aufhören würde. Auf diese Weise hatte Bonaparte Zeit, alle seine Geschütze in Stellung zu bringen. Am Nachmittag des 5. Oktober, um 4 Uhr 45, begann der Angriff auf die Tuilerien.

Zum erstenmal in einem revolutionären Straßenkampf schlug den Rebellen mörderisches Artilleriefeuer entgegen. Sie zogen sich hinter die Tuilerien zurück und sammelten sich in der heutigen Rue St. Roch, die direkt zum Schloß führte. Die Kirche St. Roch befand sich unmittelbar vor einer von General Bonaparte kommandierten Batterie. Vom ersten Sperrfeuer zurückgeworfen, kletterten die Aufständischen auf das Dach und den Turm der Kirche und schossen von dort. Doch als die Kanonen vorrückten, wurden sie von den berühmten Kartätschen Bonapartes niedergemäht, und die Straße war innerhalb weniger Minuten frei. Die Batterien am Fluß verhinderten, daß die Rebellen vom linken Ufer herüberkamen. Gegen sechs Uhr abends waren auch sie geschlagen und bei Einbruch der Dunkelheit völlig aufgerieben. Die Toten lagen in Pfützen und Schlamm. Vierhundert Leichen wurden in St. Roch geborgen; ungefähr eintausend weitere lagen im Regen auf den Straßen. Die Theater waren in jener Nacht wie stets bis auf den letzten Platz gefüllt.

Am Tag nach der Schlacht sollen die Tuilerien einer belagerten Festung geglichen haben. In den Gartenanlagen standen Zelte und Artillerie. Die permanente Sitzung des Konvents war aufgehoben, und ein Militärausschuß richtete über die Anführer des Aufstands. Die Regierung, deren Fortbestand mit der linken Mehrheit gesichert war, ordnete an, die Stadttore offen zu lassen, um den Aufständischen die Möglichkeit zur Flucht zu geben.

Paul Barras, nun der mächtigste Mann der Republik, informierte den Wohlfahrtsausschuß, daß der Sieg am Tag zuvor weitgehend den von General Bonaparte getroffenen Maßnahmen zu verdanken sei, und bat um eine Beförderung Bonapartes zum Generalmajor. Der Ausschuß zögerte, denn niemand hatte Napoleons Namen bis dahin erwähnt. Als Barras eine Woche später von seinem Posten als kommandierender General zurücktrat, verlangte er die Ernennung General Bonapartes zu seinem Nachfolger. Trotz einiger Proteste, besonders von Lazare Carnot, dem Organisator der Revolutionsarmee, schaffte es Barras, daß der Konvent Napoleon zum Kommandeur der Heimatarmee ernannte.

Aus seinem riesigen neuen Amtssitz an der Ecke der Place Vendôme berichtete General Bonaparte seinem Bruder von der Schlacht (er selbst sei bei seinem «üblichen Glück» nicht verletzt worden), von dem Goldregen, der seit Vendémiaire auf ihn niederging, und den zahlreichen Ehrungen. «Du weißt», schrieb er, «daß ich nur für das Vergnügen lebe, etwas für meine Familie tun zu können... Hier stehen Dir eine Wohnung und ein Wagen zur Verfügung, und ich habe bereits 60 000 Livres in Gold, Silber und Papiergeld an die Familie geschickt, so daß Du Dir keine Sorgen zu machen brauchst.» Er werde auch für Lucien eine gute Stellung finden, wahrscheinlich als Verantwortlicher für den Nachschub der Rheinarmee. Auch Louis solle befördert werden; der zwölfjährige Jérôme solle in eine irische Schule bei Paris kommen; auf Onkel Fesch warte ein Posten, und sicherlich werde sich für Joseph ein Konsulat «in einem romanischsprachigen Land» finden. Stanislas Fréron habe er mit einem Empfehlungsschreiben, in dem eine gewisse Herablassung unverkennbar ist, zu Désirées Mutter, Madame Clary, geschickt. Der Brief endet mit einem Postscriptum: «Grüße an Eugénie und Julie.»

Die schlechten Zeiten waren vorbei. Der Reichtum, von dem er stets geträumt hatte, war Wirklichkeit geworden; und zusätzlich bedeutete sein neues Kommando auch Macht. Er hatte den Gipfel der Militärhierarchie erreicht, indem er die Jahre, die er mit politischen Manövern in Korsika und Frankreich vertan hatte, innerhalb weniger Wochen wettgemacht hatte, und war nun gleichrangig mit so hoch geschätzten republikanischen Generälen wie Hoche, Kellermann und Joubert, die gegen den Feind gekämpft und die Invasion zurückgeschlagen hatten. Seine finanzielle Situation war jedoch unvergleichlich besser. Das Jahresgehalt eines republikanischen Oberbefehlshabers betrug damals 48 000 Livres, einiges davon wurde in Papiergeld ausbezahlt. Bereits nach der ersten Teilzahlung hatte er seiner Familie mehr als ein Jahresgehalt überwiesen.

Ein so rascher Aufstieg war selbst in jener Zeit der schwindelerregenden Veränderungen unerhört. Baron Fain, später einer der treuesten Diener des Kaisers Napoleon, erinnerte sich, daß «wir uns damals fragten: Woher kommt er, was hat er getan, für welche außerordentlichen Leistungen wird er belohnt?» Für die royalistischen Agenten war die Antwort offensichtlich; in ihren Berichten war er noch immer «der Mann von Barras».

Nur Napoleon erschien nicht im geringsten überwältigt oder überrascht und schrieb diesen Triumph, wie auch alle seine späteren, seinem «Stern» zu, auf den er vertraute und von dem er sogar glaubte, daß er ihn beschütze. Bei einem Gespräch über einen seiner Feinde fragte er verwundert: «Weiß der unglückliche Mann nicht, daß ich meinen Stern habe?»

Als Oberbefehlshaber der Heimatarmee und damit gleichzeitig Gouverneur von Paris, der für die Sicherheit der Hauptstadt verantwortlich war, übernahm er als erstes die Polizei und beschäftigte persönlich mehrere Geheimagenten. Bald standen ihm private und politische Informationen über jeden Mann von Bedeutung zur Verfügung. In der Rolle des «jakobinischen Generals Vendémiaire» drängte er auf ein härteres Vorgehen gegen die Rebellen in der Vendée und forderte für die Anführer des jüngsten Aufstands die Guillotine. Er erbot sich, die patriotischen Bekundungen in der Öffentlichkeit zu beobachten; in keinem seiner Tagesberichte an das Direktorium fehlte die Angabe, wie oft die Marseillaise in den Pariser Theatern gespielt wurde.

Laure Junot erinnerte sich, wie Napoleon über Nacht zu einem Mann wurde, den man in Paris kennen mußte. General Vendémiaire – er förderte diesen Namen, zum Teil, weil sein eigener für die Franzosen unaussprechlich war –, der in einer eleganten Kutsche fuhr, gab in seinem Amtssitz «Gesellschaften für zwanzig Personen, bei denen manchmal Damen anwesend waren», und lud Gäste in seine Loge in der Oper ein. Eine neue Selbstsicherheit machte sich bemerkbar. Seine schlecht sitzenden Uniformen waren sauberer, er benützte reichlich Eau de Cologne und war ein regelmäßiger Gast auf den Empfängen von Paul Barras.

Als Anfang November das Militärlager in den Tuileriengärten aufgehoben wurde, meldete die Polizei, daß die Prostituierten bereits in die Luxembourg-Arkaden umgezogen seien. Am 3. November um neun Uhr morgens trafen die fünf Direktoren, die gewählten Leiter der Exekutive der neuen parlamentarischen Regierung, in zwei Droschken vor ihrem Amtssitz, dem Palais du Luxembourg, ein. Barras erzählte später Madame de Staël, als sie zu fünft den Palast betreten hätten, sei kein Mensch dagewesen außer ihnen und dem Hausmeister, der ihnen ein kleines Zimmer aufschloß, ihnen seinen eigenen wackeligen Tisch lieh, fünf Stühle zusammensuchte und mit ein paar Stücken Holz Feuer machte. «Die Situation war völlig klar», erinnerte sich einer der fünf. «Niemand glaubte an die Stabilität unserer politischen Existenz, und deshalb hatte es niemand eilig, für uns zu arbeiten.» Die Dienstboten weigerten sich, im Luxembourg zu arbeiten, weil sie überzeugt waren, daß sie keinen Lohn erhalten würden.

An diesem nebeligen Herbsttag war es in den großen vergoldeten Salons fast dunkel. Es gab weder Kronleuchter noch Mobiliar. Den als Witwensitz von Maria Medici erbauten Palast bewohnte zuletzt der 1790 emigrierte Ludwig XVIII. Danach wurde der Luxembourg zu einem düsteren Gefängnis. Die Fenster waren noch vergittert, die Wände vollgekritzelt mit Abschiedsworten von Menschen, die den Tod erwarteten; das Pflaster der Straße, die zum einstigen Schloß führte, war gesprungen unter dem Gewicht der Karren, die in den vergangenen Jahren zwischen dem Luxembourg und der Guillotine hin- und hergefahren waren.

Um einer weiteren Diktatur vorzubeugen, sah die neue Verfassung für die Legislative wie in den USA zwei Kammern vor: den Rat der Alten und den Rat der Fünfhundert. Diese Legislative wählte eine Exekutive von fünf Direktoren. Die vollständige Trennung der Gewalten führte unvermeidlich zu Rivalitäten zwischen den Direktoren und den Räten.

Die Zusammensetzung des Direktoriums spiegelte die Antirechts-Reaktion nach dem 13. Vendémiaire wider. Alle Mitglieder waren streng republikanisch, antiklerikal und als Königsmörder einig im Glauben, daß sie aufgrund ihrer «Aristokratie des Schafotts» im Fall einer Restauration mit keiner Gnade zu rechnen hatten. Die «Aristokratie des Schafotts» galt als so wichtige Vorbedingung für ein Regierungsamt, daß Talleyrand im Laufe seiner Bemühungen um einen Ministerposten im Direktorium verkündete, er sei «im Grunde ein Königsmörder, nachdem ich mit allen für die Revolution Verantwortlichen in Verbindung gestanden habe».

Die Direktoren verachteten und mißtrauten sich gegenseitig; jeder war als Gegengewicht zu den anderen gewählt worden. Ihre Aufgaben waren sorgfältig abgegrenzt. Barras hatte das Innenministerium und die Polizei unter sich; Lazare Carnot leitete das Kriegsministerium; Jean-François Reubell die Außenpolitik; die zwei übrigen bekleideten unbedeutendere Positionen. Sie alle hatten ein desolates Erbe angetreten. Die Staatskasse war leer, das Papiergeld wertlos, in Stadt und Land hungerten die Menschen. Es gab keine Staatseinnahmen, aber vierzehn Armeen, die ernährt und bezahlt werden mußten.

Nach einem langen Arbeitstag zogen sich die Direktoren in ihre

Wohnungen im Luxembourg zurück. Sie arbeiteten nicht nur säuberlich voneinander getrennt, sondern lebten auch so. Barras hatte sich ohne zu zögern in der besten Zimmerflucht eingerichtet, zu der auch die Galerie mit dem berühmten Medici-Zyklus von Rubens (heute im Louvre) gehörte, und lebte hier als «Bürger General» im Stil des *ancien régime*. Doch im Gegensatz zu seinen Kollegen sah man ihn – ausgenommen bei sehr feierlichen Anlässen – immer nur in ein und demselben langen Soldatenmantel und in Stiefeln, obwohl er nach allgemeiner Auffassung der einzige war, der in der neuen, von David entworfenen Direktorenamtstracht – rote Toga, Kniehosen, Spitzenkragen, blaue Schärpe, Schuhe mit Rosetten und großer Filzhut mit Federn – nicht lächerlich aussah.

Der ehemalige Vicomte de Barras genoß die Jahre seiner Herrschaft. Auf seinen Abendgesellschaften im Luxembourg plauderte man, es wurde getanzt, man spielte Glücksspiele und seit neuestem auch begeistert Kinderspiele. Seine Gäste scheinen nichts von dem bemerkt zu haben, was ein Direktoriumskollege als «wüste Orgien» beschrieb, in deren Verlauf «reichlich viel Schokolade serviert wurde», der man eine aphrodisierende Wirkung zuschrieb. Es waren alles wohlerzogene, wenn auch teilweise ungenügend bekleidete Menschen. Jemand erinnerte sich, wie Barras seine Diener ermahnte: «Vergeßt nicht, Kissen auf die Stühle der *Citoyenne*-Gäste zu legen.»

Madame Tallien war Barras' offizielle Gastgeberin im Luxembourgpalast, während Madame de Beauharnais als offizielle Mätresse des Direktors auftrat. Ihre neue Liaison mit dem General Vendémiaire war durchaus kein Geheimnis.

11

Au Destin!

Nach den ersten übermütigen Frohbotschaften erhielt Joseph Bonaparte nur noch kurze Mitteilungen von Napoleon, der nun, wie er schrieb, «zu sehr in Anspruch genommen war» – unter anderem auch von Rose de Beauharnais.

Obwohl sie sich fast täglich in der Chaumière und bei Paul Barras gesehen haben mußten, scheint ihre Liaison erst nach dem Vendémiaire begonnen zu haben.

In dem ersten Brief von Rose an Napoleon, der uns bekannt ist, geschrieben am Donnerstag der republikanischen Woche «um sechs Uhr abends», heißt es: «Sie haben aufgehört, eine Freundin zu besuchen, die Ihnen zugetan ist; Sie haben sie ganz verlassen. Sie tun unrecht daran, denn sie ist Ihnen zärtlich verbunden. Kommen Sie morgen, *septidi*, zum Gabelfrühstück zu mir. Ich muß Sie sehen und mit Ihnen über Angelegenheiten sprechen, die von Interesse für Sie sind. Gute Nacht, *mon ami, je vous embrasse.*» Der Brief ist unterschrieben mit «Witwe Beauharnais».

Die Antwort kam noch am selben Abend: «6. Brumaire: Ich kann mir den Grund für den Ton Ihres Briefes nicht vorstellen. Bitte glauben Sie mir, daß niemand Ihre Freundschaft mehr wünscht als ich; niemandem ist mehr daran gelegen, sie Ihnen zu beweisen. Wenn es meine Pflichten erlaubt hätten, wäre ich selbst gekommen, um diese Nachricht zu überbringen. Bonaparte.»

Bei der Chronologie dieses Briefwechsels sind wir auf Vermutungen angewiesen, denn es sind oft nur die republikanischen Wochentage angegeben, und später wurden die Briefe von Eugène und Hortense absichtlich durcheinandergebracht und verstümmelt.

Wenn Napoleons obige Zeilen tatsächlich die Antwort auf Roses Brief vom «6.» sind, hätten beide am 28. Oktober geschrieben, nur 23 Tage nach der Straßenschlacht im Vendémiaire und dem plötzlichen Aufstieg des Generals.

Es ist durchaus möglich, daß Rose die einzige Merveilleuse im Chaumièrekreis war, die Barras' unscheinbarem Protegé bereits ihre Aufmerksamkeit geschenkt hatte. Sie schuf sich ständig Freunde und Verbündete, und bei ihrer Suche nach einem Beschützer wollte sie sich vermutlich auch den unwahrscheinlichsten Kandidaten nicht entgehen lassen. Für Napoleon war sie jedoch damals vielleicht nur eine der «älteren und häßlicheren Frauen» um Madame Tallien, von denen er in seinem Brief an Désirée sprach.

Der Grund für seine anfängliche Zurückhaltung war möglicherweise Madame Permon, um die er sich noch immer bemühte, oder er brauchte tatsächlich eine Ermutigung, um in das Haus des eleganten und begehrenswerten Wesens zurückzukehren, das alles verkörperte, was er in Paris bewunderte.

«Ich war nicht unempfindlich gegenüber den Reizen der Frauen», sagte Napoleon auf St. Helena, «aber ich wurde von ihnen nicht gerade verwöhnt. Ich war schüchtern bei ihnen. Madame Bonaparte war die erste, die mir Vertrauen schenkte.» Und in der dritten Person von sich redend, diktierte er dort: «Als Madame de Beauharnais ihn zu sich einlud, war er hingerissen von ihrer außerordentlichen Anmut und ihrer unwiderstehlichen und entzückenden Art. Die Bekanntschaft reifte bald zur Intimität heran.»

Wann dieser Zustand erreicht war, ist ungewiß; es muß aber in jener Nacht gewesen sein, nach der Napoleon schrieb: «Sieben Uhr morgens. Ich erwache ganz erfüllt von Dir ... die Erinnerung an den berauschenden gestrigen Abend hat meine Sinne nicht ruhen lassen ...» Dann gebraucht er zum erstenmal den Namen, den er sich für Marie Joseph Rose ausgedacht hatte. «Süße und unvergleichliche Josephine. Deine Lippen, Dein Herz haben eine Flamme entfacht, die mich verzehrt ... Tausend Küsse, aber Du gib mir keine, denn sie verbrennen mein Blut.»

Diesen anscheinend ersten leidenschaftlichen Brief Napoleons versahen die Beauharnais-Kinder mit einem Datum nach der Hochzeit, auf der Napoleon beinahe sofort bestand. Über seine früheren Begegnungen mit Rose lieferte Napoleon mehrere Versionen, unter anderem diese: «Madame de Beauharnais hörte stets mit Interesse zu, wenn ich von meinen Plänen sprach. Eines Tages, als ich beim Diner neben ihr saß, machte sie mir allerhand Komplimente wegen meiner militärischen Fähigkeiten. Ihr Lob berauschte mich. Von diesem Moment an unterhielt ich mich nur mit ihr und wich nie von ihrer Seite.» Als er sich an Josephines typische Art zu schmeicheln erinnerte, hatte er vielleicht vergessen, daß er auch behauptete, er habe «Madame de Beauharnais nie zuvor bemerkt».

Eugène und Hortense hatten um die Zeit, als Napoleon auf St. Helena lebte, in ihren Memoiren bereits einige Veränderungen an der Vergangenheit ihrer Mutter vorgenommen. Um die Hoche-Affäre loszuwerden, behaupteten sie zum Beispiel, ihr Vater habe Lazare Hoche wahrscheinlich im Gefängnis gebeten, Eugène in die Vendée mitzunehmen; doch Hoche erhielt das Vendée-Kommando erst nach der Hinrichtung von Alexandre Beauharnais. Auf ihr Konto geht auch die Geschichte mit dem Degen, die Napoleon später übernommen hat.

Neun Tage nach Vendémiaire hatte Bonaparte die Entwaffnung aller Zivilpersonen angeordnet; nicht zugelassene Waffen mußten bei den Behörden abgegeben werden. Nach der Legende soll der junge Eugène, verzweifelt von der Vorstellung, den Degen seines Vaters hergeben zu müssen, Bonaparte in seinem Büro aufgesucht und um die Rückgabe der Waffe gebeten haben. Er wurde von seiner Mutter, einer dem General nicht bekannten Dame, begleitet. Obwohl die Waffen aus Josephines Pariser Sektion ins Arsenal geschickt worden waren, befand sich von den Tausenden abgelieferter Waffen ausgerechnet dieser Degen im Amtssitz von General Bonaparte und konnte Eugène sofort ausgehändigt werden. Die dankbare Mutter lud Napoleon daraufhin zu sich ein. Diese Geschichte entsprach nicht nur dem romantischen Zeitgeschmack, sondern hatte zudem auch den Vorteil, daß sie jede Beziehung zu Paul Barras und dessen Einfluß auf Josephines und Napoleons Leben ausschloß.

Von Anfang an fühlte sich General Bonaparte von der unauffälligen Eleganz in Josephines Haus beeindruckt und eingeschüchtert. Die Atmosphäre hier glich weder dem biederen Reichtum im Haus der Clarys noch der glitzernden Modewelt in der Chaumière. Auf St. Helena erzählte Napoleon dem General Gourgaud, Josephines Kreis habe sich aus «der vornehmsten Gesellschaft in Paris» zusammengesetzt – ein Beweis für ein mehrfaches Mißverständnis. Mit seiner geringen weltmännischen Erfahrung erkannte Napoleon damals nicht, daß dieser ausschließlich männliche Kreis weitgehend aus älteren Männern bestand, die nicht im Traum daran gedacht hätten, ihre Frauen in das reizende kleine Wohnzimmer von Barras' Mätresse mitzubringen, und daß viele ehemalige Aristokraten die Nähe der Mächtigen nur deshalb suchten, um zu erreichen, daß ihr Name von der Emigrantenliste gestrichen wurde.

Obwohl Napoleon gesellschaftlichen Dingen bereits großen Wert beimaß, konnte er als Emporkömmling nicht wissen, daß der alte Adel, sofern er noch einigen Besitz retten konnte, in völlig anderen Verhältnissen lebte als die Mätresse des Direktors Barras – ohne Pferd und Wagen, ohne ein Heer von Dienstboten und einen Pseudosalon. Er hatte keine Ahnung, daß der scheinbare Luxus in Josephines Haus aus Versatzstücken bestand und die angebliche Vertrautheit Josephines mit dem Hof von Versailles nichts anderes war als Illusion. Keine Illusion war jedoch, was er später als Josephines «ruhiges und würdiges Benehmen der Gesellschaft des *ancien régime*» beschrieb.

«Mein Schwiegersohn ist ein Parvenü», sagte der österreichische Kaiser Franz I. später über Napoleon, dessen Präferenz des französischen Adels unter dem Kaiserreich geradezu lächerliche Formen annehmen sollte und der es jetzt als großes Glück empfand, Josephine, diese «authentische Vicomtesse», für sich allein zu gewinnen. General Marmonts Ansicht könnte durchaus zutreffen, daß Napoleon «damals [als Josephine schließlich einer Heirat zustimmte] mit ziemlicher Sicherheit glaubte, einen größeren Schritt nach oben gemacht zu haben als bei seiner Hochzeit mit der Tochter des Kaisers».

Marmont, der sich einigermaßen wunderte, warum sich Bonaparte von einer Frau angezogen fühlte, die «all ihren Schmelz verloren hatte», kam zu dem Schluß, daß der «unglaubliche Grund», warum der General so stolz auf diese Verbindung war, in der Faszination lag, welche die Aristokratie auf ihn ausübte, obwohl «sein häufiges Dozieren über das Thema seine Unkenntnis der französischen Gesellschaft vor der Revolution bewies».

Unter Napoleons Generalskollegen war man der Meinung, Josephines Macht über ihn resultiere zum Teil daraus, daß er ihrer vollkommenen Kapitulation nie sicher sein konnte. Daß er in ihr eine unerobertе Festung sah, könnte ein mächtiges Aphrodisiakum gewesen sein; ihre scheinbare Unerreichbarkeit steigerte nur seinen Wunsch, sie zu besitzen.

Ein Brief, den Napoleon im November an seinen Bruder Joseph schrieb, endet mit den Worten: «Liebe Grüße an Deine Frau und meine Empfehlungen an Désirée» (nicht mehr Eugénie).

Joseph muß Napoleons mangelnde Begeisterung für das «Désiréegeschäft» bedauert haben. Die Bonapartes verfolgten zunehmend entsetzt Napoleons Verhältnis mit der Mätresse von Barras. Ihre ganze Zukunft hing von Napoleon ab, denn die Macht einer korsischen Familie beruhte auf verwandtschaftlichen Verbindungen. Noch war der Widerstand der Familie diskret. Lucien bezeichnete Madame de Beauharnais hinter Napoleons Rücken als «alternde Kreolin», und sicherlich stellte sich Madame Letizia eine ideale Schwiegertochter anders vor.

Josephine besaß für Napoleon jedoch andere Vorzüge. Sie blieb für ihn immer «une vraie femme». Lazare Carnot gegenüber nannte er sie «eine Frau im wahrsten Sinn des Wortes»; und auf St. Helena meinte er: «Zwei Dinge stehen einer Frau – Rouge und Tränen.» Ihr Takt und ihre lässige Anmut, die Tränen, die ihr so leicht kamen, ihre sanfte Stimme und sogar ihre Schulden und Lügen wirkten anziehend auf Napoleon.

Weder Marmont noch Napoleons Familie berücksichtigten jemals die Leidenschaft, mit der Napoleon Josephine begehrte. Der Mann, der seine sexuelle Initiation durch eine Prostituierte als Enttäuschung empfunden hatte, der Liebe als «ein soziales Gefühl» bezeichnete und noch ein Jahr zuvor von einer schlichten ehelichen Zuneigung träumte, war nun hilflos in Gefühle verstrickt, von denen er geglaubt hatte, daß es sie nicht gab. In späteren Jahren behauptete er wie früher, «Präliminarien» seien überflüssig; er verlangte nur, daß seine Partnerin in einem Raum neben dem kaiserlichen Arbeitszimmer entkleidet für ihn bereit war. Der Kaiser nahm sich oft nicht einmal die Zeit, um viel mehr als den Degen abzulegen, und «die Angelegenheit», so sagte er zu seinen Untergebenen, «war in drei Minuten erledigt».

Doch jetzt war seine Erotik geweckt, und er begehrte nicht nur die «echte Frau», sondern auch den Stil, den Charme, das Geheimnis des *ancien régime*, das Josephine für ihn verkörperte. Josephines Artigkeiten und Schmeicheleien, ihre scheinbaren Einflußmöglichkeiten sowie sein Wunsch, sie zu besitzen, verleiteten ihn zu einem seiner wenigen nicht sorgfältig vorausberechneten Schritte. Einige seiner Biographen behaupteten, Napoleon habe in diesem Winter ausschließlich aus Berechnung und Ehrgeiz gehandelt. Auf St. Helena lautete Napoleons zynischer Kommentar, den Bertrand seinem verschlüsselt geschriebenen Tagebuch anvertraute: «Ich habe Josephine wirklich geliebt, aber ich hatte keinen Respekt vor ihr. Sie hatte die niedlichste Möse, die man sich denken kann, die Trois Ilets von Martinique. Im Grunde habe ich sie nur geheiratet, weil ich dachte, sie besitze ein großes Vermögen. Sie behauptete es, aber es stimmte nicht.»

Allein seine glühenden Liebesbriefe lassen diese Äußerung nicht überzeugend erscheinen, auch wenn Josephines Anspielungen auf ein großes Vermögen in Westindien vielleicht einigen Einfluß hatten.

Es kam zu einem Streit zwischen ihnen. Napoleon erwähnte «die betrübliche Szene zwei Wochen vor unserer Hochzeit» in einem Brief, der mit den Worten beginnt: «Du dachtest, ich würde Dich nicht nur um Deiner selbst willen lieben.» Josephine hatte herausgefunden, daß sich Napoleon bei ihrem Notar über ihre Besitzungen in Westindien erkundigt hatte. Er soll sich dafür entschuldigt haben, und diese Mißhelligkeit war anscheinend der Grund für ihren ernsthaftesten Streit vor ihrer Ehe.

Thema dieses Streits könnte aber auch ihre Beziehung zu Barras gewesen sein. Daß Napoleon davon gewußt hatte, läßt sich kaum bezweifeln. Einige Biographen glaubten sogar, daß diese Beziehung ausschlaggebend war für seinen Entschluß, Madame de Beauharnais zu heiraten; es wäre der einfachste Weg gewesen, seine militärischen und politischen Ambitionen zu verwirklichen. Barras berichtet, daß Napoleon in jenem Winter jedesmal, wenn er um einen Gefallen bat, mit Josephine kam oder sie bat, ein gutes Wort für ihn einzulegen. Zum Beispiel sollte Barras Napoleon als Kriegsminister vorschlagen. Die Direktoren weigerten sich, auch nur darüber nachzudenken, und Lazare Carnot, der weiterhin die militärische Planung leitete, lehnte sowohl Bonaparte als auch dessen Plan für einen Italienfeldzug ab.

Napoleons leidenschaftliche Liebesbriefe nach seiner Heirat beweisen mit Sicherheit, daß weder Ehrgeiz noch die Hoffnung auf ein Vermögen sein einziger oder wichtigster Beweggrund gewesen sind. Sogar General Marmont schrieb, «als sich General Bonaparte in Madame de Beauharnais verliebte, war es Liebe im wahrsten Sinn des Wortes. Es war anscheinend seine erste Leidenschaft, und er empfand sie mit der ganzen Kraft seiner Natur.»

Josephine weigerte sich zunächst, eine Ehe mit Napoleon überhaupt in Betracht zu ziehen.

Es war für die meisten ihrer Freunde unverständlich, warum General Bonaparte den Wunsch haben sollte, die kostspielige Witwe zu heiraten, die ihm ihre Gunst bereits gewährt hatte. Josephine teilte diese Verwunderung. Sie fühlte sich vollkommen glücklich als Barras' anerkannte Mätresse im Luxembourg und fand ihr Leben in Paris nahezu ideal.

Die Heftigkeit, die sie bei Bonaparte spürte, widerstrebte ihrem trägen Wesen. Sie schätzte keine heftigen Gefühle. Ein weiterer Grund für ihre zögerliche Haltung war, daß ihr eine Ehe mit Bonaparte nicht die Sicherheit versprach, für die sie bereit gewesen wäre, andere reizvolle Dinge aufzugeben. Alexandre de Beauharnais war erst vor eineinhalb Jahren hingerichtet worden. Sie hatte wenig Grund, an eine sichere Zukunft eines republikanischen Generals zu glauben. Außerdem entsprach der General in keiner Hinsicht ihrer Vorstellung von einem Gatten oder Liebhaber, schon weil er sie nie zum Lachen brachte; andererseits erzählte sie später Madame de Rémusat, Napoleon «war schweigsam und unbeholfen im Umgang mit Frauen, aber leidenschaftlich und lebhaft, wenn auch alles in allem sehr seltsam». Heftig und «despotisch» sei er erst nach dem Ägyptenfeldzug geworden. (Sie hatte vielleicht vergessen, daß er damals von ihrer Untreue erfuhr.) Er besaß kein Vermögen. Er war in ihren Augen körperlich nicht attraktiv. Ihr gefielen stets große, gutaussehende Männer wie Beauharnais, Barras und Hoche. Selbstverständlich hätte sie auch lieber einen Bankier wie Ouvrard geheiratet oder einen mächtigen Politiker wie Barras.

Josephine sorgte sich aber auch um ihre Stellung bei Paul Barras. Obwohl sie offiziell noch als seine Mätresse galt, hatte Thérésia Tallien sie bereits verdrängt. Würde ihr Barras weiterhin seinen Einfluß und sein Geld zukommen lassen, wenn sie verheiratet war? Zudem war sie beunruhigt wegen ihres Alters und ihres Aussehens. Barras war nicht der einzige, der in seinen Memoiren ihr «frühes Altern» erwähnte.

Josephine wäre ihrem Naturell gemäß lieber den Weg des geringsten Widerstands gegangen, statt eine Entscheidung zu treffen; aber da waren ihre unsichere Zukunft, ihre erschreckend hohen Schulden, und zu viele Freunde meinten, es könnte ihre «letzte Chance» sein.

Sie besuchte den alten Beauharnais, der ihr riet, den General zu heiraten. Ihr Notar war ausgesprochen gegen eine Verbindung mit einem Mann, der nicht mehr besaß als seinen Degen. «Sie sollten einen Heereslieferanten heiraten, der Ihnen all das Geld geben könnte, das Sie brauchen», erklärte er ihr.

Sie fragte auch Barras und Thérésia um Rat. Barras berichtet, er habe Bonaparte ermutigt, der ihn ebenfalls um seine Meinung gebeten hatte. «Warum nicht, du gehörst nirgendwohin, du bist allein; ein verheirateter Mann bietet seinen Feinden ein bißchen mehr Oberfläche und Widerstand.» Napoleon sagte auf St. Helena: «Barras erwies mir einen guten Dienst, als er mir riet, Josephine zu heiraten. Er wies darauf hin, daß sie sowohl zum alten als auch zum neuen Regime gehörte, daß mir die Ehe ‹consistance› [einen festen Stand] geben werde. Die Leute würden meinen korsischen Namen vergessen; ich würde ein richtiger Franzose werden.»

Das Direktorium hielt die Ehe für einen Beweis guten Bürgertums. Eine Heirat konnte für diesen unsicheren Außenseiter nur nützlich sein. Die Verfassung des Jahres III schrieb vor, daß die Mitglieder des Rats der Fünfhundert nur dreißig Jahre alt und nicht verheiratet zu sein brauchten; doch die Mitglieder des einflußreicheren Rats der Alten mußten nicht nur über vierzig, sondern auch einen «festen Stand» haben, also verheiratet oder verwitwet sein.

Der Bruch mit Lazare Hoche führte schließlich dazu, daß sich Josephine für Napoleon entschied. Seit die Rebellen in der Vendée besiegt waren, hielt man den Bürgerkrieg für beendet. Die Westarmee wurde aufgelöst, und Hoche kam im November nach Paris zurück. Am 26. Dezember 1795 wurde er zum Chef der Armee der Westküste ernannt, die sich für eine geplante Landung in Irland vorbereiten sollte.

Obwohl Hoche wußte, daß seine hochschwangere Frau in Lothringen auf ihn wartete, blieb er noch eine ganze Weile in Paris und schrieb ihr auch nicht sofort von seiner neuen Aufgabe. Er konnte sich immer noch nicht von Josephine trennen. Möglicherweise wußte er bereits, daß sie als Barras' Gastgeberin fungierte; doch die Tatsache, daß ihr neuer Bewunderer derselbe General war, der immer wieder Krankheiten erfunden hatte, um nicht unter seinem Kommando in der Vendée zu dienen, empörte ihn.

Ouvrard schildert in seinen Memoiren eine Szene, die sich in jenem Winter in der Chaumière abspielte. Bonaparte, «in glänzender Laune», fühlte sich, ganz untypisch für ihn und vielleicht nur, weil er eifersüchtig war, zu Späßen aufgelegt. Er spielte den Wahrsager und «nahm Madame Talliens Hand, dann die von einigen anderen und erfand tausend Narreteien». Als er zu Hoche kam, «schlug seine Stimmung um, und er sagte in ganz ekligem Ton: ‹General, Sie werden in Ihrem Bett sterben.›» Hoche wurde rot vor Zorn, «worauf Madame de Beauharnais das Thema wechselte».

In jenem Winter, schrieb Barras, «versuchte Madame de Beauharnais, Hoche wieder zu ködern, indem sie ihm berufliche und finanzielle Hilfe versprach durch ihren Einfluß auf die Regierung und auf mich, über den sie, wie sie sagte, große Macht habe. Aber Hoche war zu stolz, um seinen Ruhm irgend jemand anderem zu verdanken als sich selbst, und lehnte jedes derartige Gespräch ab.» Barras schrieb dies zweifellos, um hervorzuheben, wie gegensätzlich Hoche und Bonaparte auf solche Vorschläge reagierten, doch hier klingt zu deutlich Josephines erster Brief an Napoleon durch. Welche Haltung Hoche einnahm, bestätigt auch seine Bemerkung über Josephine im Jahr darauf. Als er Grund hatte, Bonaparte und alle in dessen Umgebung zu verachten, sagte er laut Barras: «Im Gefängnis ist es vollkommen normal, eine Hure zur Geliebten zu nehmen, aber man macht sie nicht zur Ehefrau.» Und später schrieb Hoche an einen Freund: «Ich habe Madame Bonaparte gebeten, mir meine Briefe zurückzugeben. Ich möchte nicht, daß ihr Mann meine Liebesbriefe an diese Frau liest... die ich verachte.» Trotzdem blieb Hoche bis zum 3. Januar in Paris, statt zu seiner Frau zu fahren. Die Freunde des Ehepaars Hoche vermuteten, daß er sich immer noch nicht entschließen konnte, mit Madame de Beauharnais zu brechen. Als er die Nachricht von der Geburt seiner Tochter erhielt, verließ er Paris, ohne etwas von Scheidung zu erwähnen.

Im Januar informierte Napoleon Désirée Clary, daß er seine Beziehung zu ihr abbrechen müsse, wenn sie nicht umgehend die Einwilligung ihrer Familie erhalten werde, die sie, wie er genau wußte, als Minderjährige benötigte und nicht bekommen würde. Sie antwortete mit einem herzzerreißenden Brief, in dem sie ihm Glück wünschte und meinte, daß sie nie wieder einen anderen lieben könne.

Am 2. März 1796 erhielt Bonaparte das Kommando über die Italienarmee. Obwohl Italien als Nebenkriegsschauplatz galt, der wie die geplante Landung in Irland nur der Ablenkung dienen sollte, war Bonaparte sofort umstritten. Ein Aufschrei der Empörung ging durch die Presse, als die ersten Gerüchte von seiner Ernennung durchsickerten.

Das Direktorium wurde beschuldigt, diesen «berechnenden Abenteurer» nur deshalb zu befördern, weil er im Vendémiaire geholfen habe, die «Immerwährenden» zu beschützen, und weil die Regierung den Ehrgeiz von Generälen mit einer rühmlicheren militärischen Laufbahn fürchte.

«Als Oberbefehlshaber», schrieb Lacretelle, «hatte man einen phantastischen Posten zu einer Zeit, in der es üblich war, daß sich Generäle während eines Feldzugs durch Plünderungen bereicherten.»

Obwohl Napoleon auf St. Helena darauf bestand, daß es Carnot war, der ihn für das Italienkommando empfohlen hatte, und Carnot diese Empfehlung, wenn auch erst nach dem siegreichen Feldzug, bestätigte, behauptete Lucien Bonaparte weiterhin, daß «das Oberkommando der Italienarmee Barras' Mitgift» gewesen sei. Und auch Jérôme Gohier, später Mitglied des Direktoriums und kein Freund von Barras, war dieser Meinung und verurteilte Napoleons «ungeheure Undankbarkeit» gegenüber Barras. Es besteht kein Zweifel, daß sowohl Napoleon als auch Josephine Barras als ihren Schirmherrn betrachteten. Napoleon hielt es in den folgenden Monaten sogar für politisch klug, aus Italien die schmeichelhaftesten Briefe an Thérésia und Barras zu schreiben.

Die Geschichte von «der Mitgift» blieb an Napoleon hängen, und später machte er Josephine dafür verantwortlich. Eine boshafte englische Karikatur brachte die mehr oder weniger allgemeine Reaktion auf Bonapartes Beförderung auf den Punkt. Sie zeigt Bonaparte, der hinter einem Vorhang versteckt zusieht, wie zwei nackte Frauen – Thérésia Tallien und Josephine – vor Barras tanzen.

Josephine erklärte sich erst am 24. Februar bereit, Napoleon zu heiraten. Mindestens bis zum 14. Februar trat sie als Barras' offizielle Gastgeberin in dessen Haus in Chaillot auf und verschickte Einladungen, um dort *chez elle* zu dinieren. Und wenn man Barras glaubt, schlief er mit ihr bis zur Hochzeit im März.

Josephine entschied sich für eine Ziviltrauung, die kaum bindend war. Als Scheidungsgrund genügte eine Unvereinbarkeit der Interessen. In einem Ehevertrag wurde festgelegt, daß Josephine im Fall von Napoleons Tod in Italien seine Rente erhalten würde. Und natürlich würde sie ihren eigenen renommierteren Namen behalten.

Die Trauung sollte am 6. März um sieben Uhr abends im Büro des Bürgermeisters stattfinden, das sich im zweiten Stock des Hauses eines früheren Emigranten befand. Die vergoldete Täfelung in dem Zimmer ist noch heute zu sehen, wo Josephine und ihre Trauzeugen drei Stunden auf den Bräutigam warteten, der entweder von den Plänen für den Italienfeldzug oder der Fälschung seiner Geburtsurkunde aufgehalten wurde.

Die Braut, ganz das Abbild einer guten Republikanerin, trug ein weißes Musselinkleid und eine Schärpe in den Farben der Trikolore. Ihr einziger Schmuck war das Hochzeitsgeschenk ihres Bräutigams, «eine schlichte Halskette aus Haar, an der ein vergoldetes Medaillon hing mit der Gravierung *‹au destin›*».

Gemeinsam mit ihr warteten die beiden Talliens, Barras, ihr Notar Calmelet sowie der achtzehnjährige Hauptmann Le Marois, der Napoleons Trauzeuge war.

Die vielen Gesetzwidrigkeiten, die bei diesem Ereignis zusammenkamen, sind fast schon skurril. Josephine behauptete, sie könne wegen der britischen Besetzung der Antillen keine Geburtsurkunde beibringen, und machte sich vier Jahre jünger, indem sie das Geburtsdatum ihrer verstorbenen Schwester Manette eintrug. Napoleon sah sich angeblich ebenfalls außerstande, eine Geburtsurkunde vorzulegen, und gab das Geburtsdatum seines Bruders Joseph an, wodurch er sich eineinhalb Jahre älter machte; außerdem schrieb er unter Geburtsort Paris statt Ajaccio. Le Marois war noch minderjährig und hätte gar nicht als Trauzeuge fungieren dürfen.

Als Napoleon schließlich ins Zimmer stürzte, fand er eine schlafende Hochzeitsgesellschaft vor, und der Bürgermeister war gegangen. Sein Ersatzmann, ein gewisser Collin, war gesetzlich nicht befugt, eine Trauung vorzunehmen. Napoleon rüttelte ihn wach. «Kommen Sie, trauen Sie uns rasch!» befahl er. Wenige Minuten später fuhren die Neuvermählten zurück in die Rue Chantereine.

«Der junge Held», berichtete die Presse, «hat Madame Beauharnais geheiratet, eine jugendliche Witwe von zweiundvierzig, die nicht schlecht aussah, obwohl in ihrem hübschen Mündchen ein Zahn fehlte.» Und Baron de Frénilly schrieb später: «Madame de Beauharnais war mit zwei Kindern und ohne Geld aus Hunger und einer amourösen Veranlagung die *maîtresse en titre* von Barras geworden. Der Rest ist bekannt. Barras war ihrer überdrüssig und wurde sie los, indem er ihr die Italienarmee als Mitgift schenkte. Der kleine General vom 13. Vendémiaire nahm die Mitgift und die Mätresse und machte aus ihr eine Kaiserin.»

12

Ein gewisses Strahlen

Zwei Tage nach der Hochzeit war Bonaparte unterwegs nach Nizza, um das Kommando über die Italienarmee zu übernehmen.

Zwei Monate später, im Juni 1796, war er der unumschränkte Herrscher in Norditalien. Sein Armeehauptquartier befand sich in Mailand, wo er im prächtigsten Palast Josephines Ankunft erwartete.

Die Gewaltmärsche, die blitzartigen Angriffe, die dramatische Umgehung der schneebedeckten Alpen, alle die berühmten Siege des Italienfeldzugs waren – nach Napoleons Briefen an Josephine – nur so rasch bewältigt worden, damit sie so bald wie möglich zu ihm kommen konnte.

Vom 8. März bis zum 13. Juli, 127 Tage, schrieb General Bonaparte mindestens einmal täglich an seine Frau – Briefe voller Sehnsucht, Niedergeschlagenheit, offen ausgedrückter Sinnlichkeit; und als sie sich weigerte, zu ihm zu kommen, von nahezu völliger Verzweiflung.

Täglich ging mindestens ein Brief mit dem schnellsten Kurier vom Hauptquartier in die Rue Chantereine, während ein Kurier nach dem anderen mit Berichten von immer neuen Siegen beim Direktorium eintraf. Die Kuriere hatten Befehl, keine Rast einzulegen; und damit sie mit den erhofften Briefen von Josephine schnellstens zurückkehrten, schrieb Napoleon an Barras, Carnot und Joseph Bonaparte: «Ich bitte, dafür zu sorgen, daß sich meine Kuriere nicht länger als vier Stunden in Paris aufhalten.»

Vor seiner Abreise hatte Bonaparte die Regierung gedrängt, den kämpfenden Truppen die Selbstversorgung durch Requirierung zu gestatten. Sein großer Einfluß auf seine Soldaten beruhte nicht zuletzt darauf, daß er ihnen zu immer mehr Beute verhalf.

Im Exil auf St. Helena diktierte Napoleon die berühmte Ansprache, die er vor seinen Soldaten hielt, bevor sie zu ihrem siegreichen Feldzug nach Italien aufbrachen:

«Soldaten, ihr seid schlecht gekleidet und schlecht ernährt. Obwohl euch die Regierung viel schuldet, kann sie euch nichts geben. Eure Geduld und euer Mut sind bewundernswert, aber sie machen euch nicht berühmt; kein Glanz strahlt auf euch herab. Ich werde euch in die fruchtbarsten Ebenen der Welt führen. Reiche Ländereien, große Städte werden in eurer Gewalt sein; dort werdet ihr Ehre, Ruhm und Reichtum finden.»

Die Tatsache, daß diese Rede anscheinend nie gehalten wurde, ist unwesentlich. Bonaparte begeisterte seine Truppen nicht nur, indem er ihnen Beute und Ruhm in Aussicht stellte; es war auch die Art, wie er zu ihnen sprach. Die mitreißende Wirkung, die er dabei erzielte, ließ ihn bis zum Ende seiner Herrschaft nicht im Stich. Er war der geborene Führer, ein großartiger Schauspieler und überzeugt von seiner nahezu hypnotischen Kraft, die er mit Kalkül einsetzte; dazu gehörten der Tonfall, ein gewisser Gesichtsausdruck und Zornausbrüche, denen ein seltenes und ungewöhnlich verführerisches Lächeln folgte, das viele «magisch» oder «dämonisch» fanden.

Mit seiner magischen Anziehungskraft flößte er Offizieren und Mannschaften absolutes Vertrauen ein. Marschall Marmont erinnerte sich nach dem Ende des Napoleonischen Reichs: «Wir marschierten umgeben von einem gewissen Strahlen, dessen Wärme ich heute wie vor fünfzig Jahren fühle.»

Als Bonaparte am 15. März 1796 in Nizza eintraf, erwarteten ihn die Generalmajore Masséna, Desaix und Augereau – alle drei Veteranen der Revolutionskriege und soziale Aufsteiger. Es waren gutaussehende, kühne Männer, jeder über 1,80 m groß, und sie wirkten noch größer durch die Trikolorenfedern auf ihren Hüten, die sie keineswegs abnahmen, als der frischgebackene Oberbefehlshaber der Italienarmee das Zimmer betrat. Die Geschichte von Madame Bonapartes Mitgift war Napoleon vorausgeeilt; auch von seiner Erscheinung war man wenig beeindruckt – «kümmerlich und ungesund» lautete

Massénas Kommentar –, und Bonaparte bekräftigte die geringe Meinung, die sie von ihm hatten, als er ein Miniaturbild seiner Gattin zur Ansicht herumreichte.

Ihre Haltung änderte sich, als er sich gut unterrichtet nach jedem einzelnen Korps erkundigte. Sie waren beeindruckt, wie entschlossen er eine Beinahe-Meuterei in der früheren Alpenarmee handhabte und ein Bataillon kurzerhand entließ, das erst marschieren wollte, wenn die Armee den rückständigen Sold bezahlte. Innerhalb von zwei Tagen hatte Napoleon Brot, Fleisch und Branntwein für eine Woche organisiert sowie 12 000 Paar Schuhe. Und vor allem hatte er seinen Soldaten versprochen, daß sie in der Lombardei reiche Beute machen würden.

Bonapartes Armee von 41 000 Mann sollte gegen eine ungefähr 38000 Mann starke österreichische Armee und 25 000 Piemonteser kämpfen. Napoleon hatte nicht genügend Artillerie und praktisch keine Nachschublinie, und er hatte noch nie eine offene Feldschlacht geführt. Dennoch brach er am 2. April zuversichtlich von Nizza auf, seinen taktischen Offensivplan, an dem er zwei Jahre gearbeitet hatte, im Gepäck – und seinen Ehrgeiz.

Die französische Regierung wußte nichts von Bonapartes persönlichen Ambitionen. Das Direktorium stand am Rand des wirtschaftlichen Ruins und war weniger an einer Eroberung interessiert als an einem allgemeinen europäischen Frieden, nachdem sich jetzt nur noch Rußland, England und das habsburgische Kaiserreich in der Ersten Koalition gegen das revolutionäre Frankreich befanden. Lazare Carnot, nun Direktor des Kriegs- und Heereswesens, hatte die zwei französischen Rheinarmeen angewiesen, von Norden her gegen Österreich vorzugehen, während die Italienarmee im Piemont, das mit Österreich verbündet war, einmarschieren und einen Teil der kaiserlichen Armee binden und sich schließlich in einer Zangenbewegung durch Tirol mit den französischen Rheinarmeen in Wien vereinigen sollte. Die Operationen der Italienarmee galten als Nebenschauplatz des Krieges, der nach Carnots Einschätzung vor allem von den Rheinarmeen unter den Generälen Jourdan und Hoche gewonnen werden mußte, da ihnen eine größere Übermacht und renommiertere Heerführer gegenüberstanden. Das angestrebte Ziel dieses Manövers war, Österreich zu einem Friedensvertrag zu zwingen, der vor allem die für Frankreich heilige «natürliche Grenze» am Rhein sichern würde.

Österreich war nur eines der Länder innerhalb des riesigen Heiligen Römischen Reichs Deutscher Nation, der Hausmacht der Habsburger, zu dem nicht nur Ungarn, das heutige Tschechien, die Slowakei, Rumänien und ein Teil des ehemaligen Jugoslawiens gehörten, sondern auch große Teile Deutschlands, also auch ausgedehnte Gebiete auf dem linken Rheinufer.

In Italien herrschten die Habsburger über die Lombardei und Venetien; ihr wichtigster Verbündeter in Italien war der König von Savoyen und Piemont; weitere Verbündete waren Rom und der Kirchenstaat, das Königreich Neapel sowie eine Reihe kleinerer Herzog- und Fürstentümer wie Parma und Modena. Die erste Aufgabe der Italienarmee sollte darin bestehen, die österreichischen Truppen von den Piemontesern abzuschneiden, die alle Alpenfestungen beherrschten und nach Meinung der französischen Regierung nach der ersten Schlappe aufgeben würden.

Um die engen und gut verteidigten Pässe der Seealpen zu vermeiden, rückte Bonaparte zunächst entlang der Küste vor und begann dann in einem Feldzug, der die Kriegsführung revolutionieren sollte und bis heute für alle Militärhistoriker ein Wunder darstellt, die österreichische Verteidigung durch die Schnelligkeit seiner Truppenbewegungen völlig zu verwirren. Nach brutalen Gewaltmärschen und nachdem er praktisch alle Regeln der Kriegsführung gebrochen hatte, konnte er am 14. April dem Direktorium melden, daß er sechs Schlachten gewonnen, 2000 Gefangene genommen, 6000 gegnerische Soldaten getötet sowie 22 Flaggen und 40 Kanonen erobert hatte.

Neun Tage später baten die Piemonteser um einen Waffenstillstand. Die Österreicher waren von ihren Alliierten abgeschnitten, aber Bonaparte erkannte in der neuen Situation einen weiteren Vorteil. Als erste Bedingung für einen Frieden verlangte er, daß seine Kuriere das Piemont ungehindert passieren durften. In dem Vertrag, der dem Waffenstillstand folgte, erklärte sich der König von Savoyen-Sardinien bereit, einen «Kriegsbeitrag» von drei Millionen Francs zu leisten, Savoyen an Frankreich abzutreten und, was das Wichtigste war, den Franzosen freien Durchgang durch das Piemont zu gewähren. Paris rückte damit um mehr als 300 Kilometer näher, weil sich der Umweg über Nizza erübrigte.

In Napoleons ersten Briefen an Josephine steht wenig von seinen Ambitionen oder über den Feldzug. Aus Nizza schrieb er, mitten in den Vorbereitungen für den Aufbruch: «Kein Tag vergeht, ohne daß ich Dich liebe, keine Nacht, in der ich Dich nicht in den Armen halte... Ich verfluche Ruhm und Ehrgeiz, die mich vom Mittelpunkt meines Lebens fernhalten... Wenn ich von Dir forteile mit der Geschwindigkeit der Rhône, so nur, um Dich um so früher wiederzusehen. Wenn ich mitten in der Nacht aufstehe, um zu arbeiten, so in der Hoffnung, Deine Ankunft, *mio dolce amor*, um ein paar Stunden zu beschleunigen.» Der Brief endet mit der unerfüllbarsten Bitte, die er an Josephine richten konnte: «Ich bitte Dich nicht um ewige Liebe oder Treue, nur um Ehrlichkeit, um uneingeschränkte Aufrichtigkeit.» Und am nächsten Tag schreibt er: «Vergiß nicht, was ich Dir einmal gesagt habe. Die Natur hat mich stark und entschlossen gemacht... und Dich aus Spinnweb und Spitze.» Die Nachschrift enthält einige Hinweise auf seine derzeitige Beschäftigung: «Ich habe Fleisch, Brot und Futter verteilen lassen. Meine Kavallerie wird bald einsatzbereit sein. Meine Soldaten bringen mir unglaubliches Vertrauen entgegen. Nur Du bekümmerst mich; Du, die Freude und die Qual meines Lebens!» Und das nur, weil er einige Tage nichts von ihr gehört hatte.

Bonaparte schrieb seine Briefe, wann immer er einen Augenblick Zeit dafür fand – nach einem anstrengenden Tagesmarsch in einem Zelt, frühmorgens vor einer Schlacht, während Taktikbesprechungen. Die Hälfte seiner Briefe blieb, wie er später sagte, unabgesandt in seinen Taschen. Josephine schrieb ihre kurzen Briefe zwischen Landpartien und in immer längeren Abständen. «Ich bekomme nur alle vier Tage einen Brief von Dir», beklagte sich Bonaparte. «Wenn Du mich liebtest, würdest Du mir zweimal täglich schreiben... Aber Du mußt mit Deinen Besuchern um zehn Uhr morgens plaudern und Dir dann unnützes Geschwätz anhören bis ein Uhr nachts... Aber ich liebe Dich mit jedem Tag mehr. Entfernung kuriert kleine Leidenschaften, aber die großen macht sie schlimmer.»

Ende April, als Bonapartes Briefe immer dringlicher und schließlich verzweifelt klangen, schrieb Josephine, in Gedanken bei einem neuen Liebhaber, noch seltener.

Der Waffenstillstand mit dem Piemont wurde am 28. April unterzeichnet. Drei Tage zuvor war Oberst Andoche Junot über die längere Route nach Paris geschickt worden mit 22 eroberten Fahnen für das Direktorium, einer patriotischen Proklamation an die Regierung und der strikten Order, nicht ohne Josephine zurückzukommen. Am 29. April reiste Oberst Joachim Murat über die neue kürzere Route nach Paris mit Befehlen an alle Postmeister des Piemonts, ihn bei jeder Station mit frischen Pferden zu versorgen. Am 6. Mai erreichte er Paris, lieferte die Briefe des Generals bei den Direktoren Carnot und Barras im Luxembourg ab und überbrachte dann den Brief wie befohlen persönlich an Josephine. Es war ein ungewöhnlich unzusammenhängender Brief. «... Ein Kuß auf Deine Lippen und auf Dein Herz... Es ist doch kein anderer darin als ich, nicht wahr?... Und noch einer auf Deine Brust. Glücklicher Murat!... kleine Hand!...» Doch seine Anweisungen für ihre Reise mit Murat waren knapp und präzis. Ihre Fahrt nach Italien war bis ins kleinste geplant – Zofe, Wagen, Kutscher, Pferde. Und am Ziel erwartete sie jeder erdenkliche Luxus.

Ein paar Stunden später erschien auch Oberst Junot in der Rue Chantereine mit dem früher geschriebenen, genauso auf Eile drängenden Brief von General Bonaparte.

«Du mußt mit Junot kommen, hörst Du, meine Allerliebste. Er wird Dich sehen, er wird die Luft Deines Zimmers atmen. Vielleicht wirst Du ihm die einzigartige Gunst eines Kusses auf Deine Wange gewähren... Du wirst kommen, nicht wahr? Du wirst bei mir sein, auf meinem Herzen, in meinen Armen, auf meinen Lippen... Ein Kuß auf Dein Herz, und dann noch einen ein wenig tiefer, sehr *viel tiefer*.» Die beiden letzten Worte hatte er so heftig unterstrichen, daß die Feder das Papier ritzte.

Zunächst war Josephine verwirrt von der zunehmend herrischen Art, mit der ihr Ehemann, mit dem sie sich keineswegs leidenschaftlich verbunden fühlte, ihr Kommen forderte. Der Gedanke, ihm regelmäßig zu schreiben oder gar ihn im Feld zu besuchen, war ihr nie gekommen. Sie war so beschäftigt mit Freunden, Gesellschaften und den täglichen Besuchen ihrer Schneiderin, daß sie nicht einmal Zeit fand, jeden seiner Briefe sogleich zu öffnen.

Die Bewunderung, die ihr Gatte für sie empfand, erfüllte sie jedoch mit Genugtuung. Besonders leidenschaftliche Zeilen Bonapartes – sie nannte ihren Mann wie die meisten Frauen ihrer Zeit beim Familiennamen – las sie Besuchern vor. Ihr Freund, der Dichter und Dramatiker Antoine Arnault, besuchte sie an dem Tag, als Murat seinen Brief vom General ablieferte. «Ich erinnere mich», schrieb er, «daß sie eine Passage vorlas, in der sich ihr Mann gegen die Zweifel zu wehren schien, die ihn quälten. ‹Wenn es wahr wäre, dann fürchte Othellos Dolch!› hatte er geschrieben. Ich sehe sie noch, wie sie mit ihrem kreolischen Akzent lächelnd sagte: ‹*Qu'il est drôle*, Bonaparte!›»

Ihr halbkreisförmiges Boudoir hatte sich wieder mit Besuchern gefüllt, nachdem der störend ernste General abgereist war; aber die Unterhaltung wurde ständig unterbrochen durch Kuriere, die in die schmale Straße galoppiert kamen und weitere unleserliche Ausbrüche einer beunruhigenden Vergötterung überbrachten.

Dieser Sturzbach glühender Leidenschaft muß Josephine ein wenig lächerlich vorgekommen sein. Schließlich war sie eine Vernunftehe eingegangen, und dies mit unverhohlenem Zögern. Die Frau, die «alle heftigen Gefühle scheute», konnte sich von so viel schwülstiger Leidenschaft nur abgestoßen fühlen und mit ihrer unbeschwerten Art von Sinnlichkeit auf so viel Ungestüm gar nicht anders reagieren. In diesem Frühjahr lebte sie allerdings auf ihre Weise ebenso intensiv wie Bonaparte auf die seine.

Nach jedem neuen Sieg in Italien wurde sie auf der Straße gegrüßt, und wenn sie ihre Loge im «Feydeau» betrat, erhob sich das Publikum und klatschte Beifall. Niemand hätte die aufdringlichen Schmeicheleien, mit denen man jetzt die Citoyenne Générale bedachte, natürlicher entgegennehmen können als Josephine. Gratulierte ihr jemand zu den militärischen Erfolgen ihres Mannes, antwortete sie schlicht: «Ich glaube, Bonaparte ist recht tüchtig.»

Sehr erfreulich war auch, daß ihr die Geschäftsleute nun höhere Kredite gewährten und daß sie dank der zunehmenden Machtstellung des Generals einen vorrangigen Platz im Palais Luxembourg, in der Chaumière und bei allen Festen einnahm. Im Luxembourg war sie jetzt beinahe ebenso sehr die Königin wie Thérésia. Paul Barras umgab Josephine mit einer Art Hofstaat und versäumte nie, sie als erste von den Siegen ihres Mannes zu unterrichten. Sie war überzeugt, daß Barras der mächtige Mann war.

Barras war sich dessen jedoch immer weniger sicher. Die Direktoren begannen sich zu fragen, wieviel persönlicher Ehrgeiz bei der geschickten Öffentlichkeitsarbeit des Generals mitspielte. Noch vor einem Monat war der Name Bonaparte so gut wie unbekannt; kaum jemand konnte seinen Namen richtig aussprechen. Keiner der anderen republikanischen Generäle, von denen einige große Siege errungen hatten, war so schnell berühmt geworden.

In der Regierung beobachtete man mit Unbehagen, wie wirkungsvoll Bonapartes zündende Ansprachen an seine Soldaten in Paris verbreitet wurden und wie seine Offiziere dank perfekt organisierter

Paul, Vicomte de Barras, in der von Jacques-Louis David entworfenen Direktorenrobe. (Bibliothèque Nationale, Paris – Hachette)

Relaisstationen mit den blutbefleckten Fahnen des Feindes triumphierend in Paris einritten. Die Agenten des Generals und das von Joseph Bonaparte geleitete Propagandabüro in Paris präsentierten ihn bereits mit Erfolg nicht nur als einen heldenhaften jungen General der Revolution, der überwältigende (und häufig übertriebene) Schwierigkeiten meisterte, sondern auch als den einzigen Mann, der imstande sei, dem Land den Frieden zu bringen.

Das Direktorium war sich bewußt, daß die durch und durch republikanisch gebliebenen Armeen ihren Führern treuer ergeben waren als der Regierung und daß die Regierung erst ein Jahr zuvor von der Armee gerettet worden war.

In den Briefen an Paul Barras – und Madame Tallien – hielt sich General Bonaparte noch an einen unterwürfigen Ton. Den anderen Direktoren schenkte er kaum Beachtung, obwohl diese großen Wert darauf legten, ihre Bewunderung für den populären General zu beweisen. Carnot zum Beispiel, berichtete Joseph Bonaparte, knöpfte nach einem Diner im Luxembourg seine Weste auf, um eine Miniatur von General Bonaparte zu zeigen, die er als Brosche «über dem Herzen trug».

Da Josephine weder mit Murat noch mit Junot nach Italien reisen wollte, blieben beide Offiziere in Paris, um auf weitere Anweisungen zu warten. Joachim Murat, ein verwegener Riese mit langen schwarzen Locken, blieb nur ein paar Tage, um sich von seinem Gewaltritt zu erholen und die Schmeicheleien der Pariser Damen zu genießen. Doch dieser Luxus kostete ihn das Vertrauen seines Generals, das er weder als Marschall, als König von Neapel noch als Schwager des Generals wiedergewinnen sollte. Nach seiner Rückkehr nach Italien hatte Napoleon gehört, wie sich Murat in seinem Zelt bei einem Champagnerfrühstück mit seinen Kameraden brüstete, «eine reizende Kreolin» habe ihn in Paris nicht nur gelehrt, einen westindischen Punsch zu mischen, sondern auch «noch eine Menge andere Sachen». «Kaum salonfähige Details», schrieb Laure Junot d'Abrantès, die diese Geschichte von ihrem Mann erfahren hatte, «und nur für eine abendliche Männerrunde geeignet» wurden zum besten gegeben, «sowie Einzelheiten eines Frühstücks, eines Diners und eines Soupers, alle am selben Tag, auf dem Land [den Champs-Elysées], und alle mit der schönsten Frau in Paris und mit der hübschesten» – und das waren nach allgemeiner Auffassung Madame Tallien und Madame Bonaparte.

Obwohl Murats Freunde glaubten, er habe in seiner Überschwenglichkeit nur übertrieben, steht fest, daß Napoleon dieses Geschwätz vom Champagnerfrühstück einen Tag später wußte, und abergläubisch wie er war, hatte er nicht vergessen, daß am Tag von Murats Ankunft in Paris das Glas von Josephines Miniaturbild, das er stets bei sich trug, zerbrochen war. «Er wurde erschreckend blaß», beschrieb Auguste Marmont diesen Vorfall, «und sagte: ‹Marmont, entweder ist meine Frau sehr krank oder sie ist mir untreu.›»

Es ist jedoch höchst unwahrscheinlich, daß sich Josephine damals für Murat interessierte, denn in jener Woche Anfang Mai begann die leidenschaftlichste Liebesbeziehung ihres Lebens.

Ein paar Tage vorher hatte Oberst Leclerc von der Italienarmee seinen Adjutanten, Oberleutnant Hippolyte Charles, in die Rue Chantereine mitgebracht. Charles war neun Jahre jünger als Josephine, ein Meter siebzig groß – ungefähr ihre und Napoleons Körpergröße – und eigentlich kein besonders gutaussehender Mann. Doch nach damaligen Begriffen war er reizend mit seinen fröhlichen blauen Augen, einem Grübchen im Kinn und seidigem schwarzen Haar. Er wirkte sehr schneidig in seiner himmelblauen Husarenuniform, zu der ein mit Fuchspelz verbrämter Mantel über der linken Schulter getragen wurde. Ein Zeitgenosse beschrieb die Husaren als «einen verwegenen und derb fluchenden Haufen, gekleidet in die eng anliegenden, mit Knöpfen und Schnüren besetzten kurzen Husarenjacken... die prunkvollsten Uniformen in der Armee; sie trugen lange Zöpfe und schienen besonders viel von der Großtuerei der gesamten französischen Kavallerie zu verkörpern, die sich seit den vorrevolutionären Zeiten kaum verändert hatte.»

Hippolyte Charles liebte das Leben, die Frauen, seine Karriere und war vor allem stets zu Späßen aufgelegt. Napoleon wurde von Talleyrand als *«inamusable»* beschrieben; Oberleutnant Charles dagegen brachte Josephine «zum Lachen, bis ihr die Tränen kamen, wobei sie sorgfältig darauf achtete, sich ein Taschentuch vor den Mund zu halten, damit man ihre Zähne nicht sah.» Josephine schrieb sofort an Talleyrand, der erst vor kurzem aus dem Exil in Amerika zurückgekehrt war: «Sie werden entzückt sein von ihm. Madame Récamier, Madame Tallien und Madame Hamelin sind ganz vernarrt in ihn. Er hat einen so schönen Kopf! Ich glaube, vor ihm konnte keiner eine Krawatte richtig binden.»

Doch für Hippolyte Charles sprach noch einiges mehr. Als

Neunzehnjähriger war er in die Nationalgarde eingetreten und hatte bei Valmy gekämpft. «Ich habe nie einen besseren Kameraden gekannt», sagte ein Zeitgenosse über ihn. Und ein anderer schrieb: «In seiner Jugend war er witzig und sehr charmant; als alter Mann war er klein, dünn, häßlich und sehr unterhaltsam.» Laure d'Abrantès schilderte ihn als einen «guten Vater, guten Freund, und mit dem wärmsten Herzen».

Und er war ein Ehrenmann. Auf dem Sterbebett – er starb 1837, nach mehreren in Einsamkeit und Armut verbrachten Jahren – bat er seine Nichte, alle Liebesbriefe der früheren Kaiserin der Franzosen vor seinen Augen zu verbrennen.

Napoleons Biographen, sofern sie Charles' Existenz überhaupt zuließen, glaubten nur ungern, daß Josephine diesen Mann über längere Zeit Napoleon vorzog; aber, wie ein Historiker schrieb: «Es ist ein großer Unterschied zwischen der akademischen Bewertung von Napoleons Verdiensten und der einer hübschen verliebten Frau.» Josephine fühlte sich damals vermutlich nicht im geringsten zu ihrem Mann hingezogen. Vor seinen ruhmreichen Tagen fand man seine Erscheinung mit dem unverhältnismäßig großen Kopf, den kurzen dünnen Beinen und der von Krätzeekzemen entstellten Haut nahezu komisch. Da er für freundliches Geplauder oder irgendeinen Zeitvertreib nichts übrig hatte («bei seinem gezwungenen Lachen fühlten sich andere unbehaglich») und als Liebhaber wahrscheinlich schon damals schnell bei der Sache war (wie später bei anderen Frauen), kann man verstehen, warum ein Mann wie Hippolyte Charles einer frivolen und sinnlichen Frau besser gefiel.

Josephine bat Oberst Murat, ihrem Mann zu schreiben, sie sei schwanger und zu krank, um selbst zu schreiben, und ihr Arzt habe vorerst von einer langen Reise abgeraten. Oberst Leclerc kehrte nach Italien zurück, ließ aber auf Madame Bonapartes Bitte hin seinen Adjutanten Charles in Paris, damit dieser sie später zusammen mit Junot nach Italien begleiten könne.

Der Sieg bei Lodi am 10. Mai 1796 war nicht nur für den Italienfeldzug ein entscheidendes Ereignis – Napoleon hatte die feindliche Armee umgangen; Mailand, der österreichische Regierungssitz in der Lombardei, lag offen vor ihm –, sondern auch, wie Napoleon auf St. Helena einräumte, eine Art persönliche Wasserscheide. Damals fühlte er sich zum erstenmal aus der Masse der Menschen herausgehoben, als Mann der Vorsehung, der berufen war, das Schicksal eines

Volkes zu beeinflussen. «Ich fühlte bereits die Erde unter mir weichen, als würde ich zum Himmel getragen.»

Murats Brief mit der Nachricht von Josephines Schwangerschaft erreichte ihn in Lodi, kurz vor dem Einzug der französischen Armee in Mailand. Er schrieb ihr sofort: «Tag und Nacht denke ich nur, daß du krank bist. Ohne Appetit, ohne Schlaf, ohne Interesse an Freundschaft, Ruhm oder dem Land... Ein magnetischer Strom fließt zwischen Menschen, die sich lieben... Tausend Küsse auf Deine Augen, Deine Lippen, Deine Zunge, überall... Hier geht alles gut» – letzteres ist alles, was er zu den militärischen Operationen anmerkt, bevor er fortfährt, die Tatsache zu beklagen, daß er «das Bäuchlein» nicht sehen kann, «das Dir ein wundervoll majestätisches und ehrbares Aussehen geben muß».

Drei Tage nach der Schlacht bei Lodi zog Bonaparte auf seinem Schimmel Bijou in Mailand ein. Die Marseillaise erklang, die Mailänder jubelten und säumten dicht gedrängt die Straßen, um den französischen General zu sehen, der sie von den Österreichern befreit hatte – einen überraschend kleinen, ausgemergelten Mann, der unter einem großen Hut mit einer noch größeren Trikolorefeder beinahe verschwand. Nachdem er feierlich einen Baum der Freiheit gepflanzt hatte, wandte er sich in italienischer Sprache an das Volk. Die französische Armee sei gekommen, «um eure Ketten zu zerschlagen... wir liegen nur im Streit mit den Tyrannen, die euch zu Sklaven gemacht haben». Freiheit und Frankreichs nie endende Freundschaft, sagte er, sei ihnen gewiß. Den Intellektuellen und Liberalen in Mailand schien es, als dämmerte der Tag der Aufklärung.

Bonaparte verließ Mailand danach sofort wieder, um den Österreichern nachzusetzen, mußte aber schon zwei Tage später wieder zurück, um Revolten gegen die rigorosen Requirierungsmaßnahmen der französischen Armee überall in der Lombardei und in den Außenbezirken von Mailand zu unterdrücken. Vierzehn Tage nach seinem ersten begeisternden Auftritt in Mailand erklärte er, seine Armee werde «schrecklich wie das Feuer vom Himmel gegen Rebellen und die Dörfer, die sie beherbergen», vorgehen. Die italienischen Republikaner hatten ihre Illusion gehabt.

Trotz dieser Rückschläge glaubte er weiterhin fest an seinen Stern und sein Glück. «Denn das Glück ist eine Frau», sagte er zu seinem Adjutanten Auguste Marmont, «und je mehr sie für mich tut, um so mehr werde ich von ihr verlangen.» Nur in der Liebe ließ ihn das Glück im Stich.

Während seines triumphalen Einzugs in Mailand vermutete keiner seiner Offiziere, daß sein Herz blutete. Ihn quälten entsetzliche, kaum eingestandene Zweifel an Josephine. In Paris wußten nur Carnot und Barras, wie es um ihn stand. In seinen Briefen an beide wehrte er sich verzweifelt gegen seinen Liebeskummer. An Carnot schrieb er rührend und völlig widersinnig von seiner Frau: «Ich empfehle sie Ihnen; sie ist aufrichtig und patriotisch, und ich liebe sie bis zum Wahnsinn.» Jedesmal, wenn Bonaparte in sein Hauptquartier im Palazzo Serbelloni zurückkehrte, erwartete er, Josephine dort in die Arme schließen zu können. Nach der Unterzeichnung eines Waffenstillstands mit dem Königreich von Neapel im Juni war er nach Mailand geeilt, nur um ihren «dürftigen Brief» vorzufinden, in dem sie ihm mitteilte, sie sei krank und habe drei Ärzte, die sich um sie kümmerten. «Seit ich Deine Nachricht gelesen habe», schrieb er, «befinde ich mich in einem unbeschreiblichen Zustand... die heiße Liebe, die mich erfüllt, hat möglicherweise meinen Verstand aus dem Gleichgewicht gebracht.» Mit demselben Kurier schickte er Briefe an Joseph und Barras. «Ich bin verzweifelt», schrieb er an seinen Bruder. «Beruhige mich hinsichtlich der Gesundheit meiner Frau. Du weißt, daß Josephine die erste Frau ist, für die ich je geschwärmt habe... Ich liebe sie wahnsinnig und kann nicht länger ohne sie sein.» Und in dem Brief an Barras, der eine offizielle Mitteilung über einen Waffenstillstand mit dem Kirchenstaat enthielt, fügte er hinzu: «Ich hasse alle Frauen. Ich bin verzweifelt. Meine Frau will nicht kommen. Sie muß in Paris einen Liebhaber haben.» In einem weiteren Brief an Josephine versuchte er es mit einer neuen Tour: «Als ob man von einer hübschen Frau erwarten könnte, daß sie ihre Freunde, ihre Madame Tallien, Diners bei Barras, ein neues Spiel oder Fortuné – ja, Fortuné! [der Mops] verläßt. Du liebst jeden anderen mehr als Deinen Ehemann.»

Er versuchte, ihre Eifersucht zu wecken: «Fünf- oder sechshundert der schönsten Frauen in Mailand haben versucht, mir zu gefallen, aber ich konnte nur Dich sehen, nur an Dich denken.» Sobald der Brief abgeschickt war, bereute er ihn und flehte sie an, ihm zu schreiben, daß sie überzeugt sei, daß er sie mehr liebe, «als man sich vorstellen kann», daß sie wisse, daß es ihm nie einfallen würde, an eine andere Frau zu denken.

Selbst seine Eifersucht stellte er vorübergehend hintan. Er schrieb

Josephine, er sei bereit, ihr eher einen Liebhaber zu schicken, als daß sie melancholisch werde. Dann, von panischer Angst ergriffen, nahm er sein Angebot zurück: «Du weißt genau, daß ich es nicht ertragen könnte, wenn Du einen Liebhaber nähmest – noch weniger würde ich Dir ernsthaft einen unterstellen... Küsse auf Deine Augen, Deine Lippen, Deine Zunge, Deine –––.» Nachdem Prosper Mérimée einige dieser Briefe gelesen hatte, sagte er zu Josephines Enkel, dem Kaiser Napoleon III.: «Er kann von nichts anderem sprechen als von Küssen, überall Küsse, auf Körperteile, die in keinem Wörterbuch der Académie Française vorkommen.»

Sogar seinen Stern, sein Glück, wollte er ihr opfern. «Möge mein Schutzgeist, der mich stets inmitten von Gefahr behütet hat, Dich umgeben und umhüllen und mich ungeschützt lassen.»

Laure d'Abrantès behauptete, Napoleon sei ohne ein Herz geboren, er sei, «obwohl offen für Familiengefühle», immer unfähig gewesen zu lieben. Madame de Rémusat dagegen glaubte, er «hätte vielleicht ein besserer Mensch sein können, wenn er mehr geliebt worden wäre». Es erscheint wahrscheinlicher, daß seine Leidenschaft für Josephine eine Verirrung war und daß er in jedem Fall zu seinem angeborenen Zynismus und seiner Misogynie zurückgekehrt wäre. «Egoismus in einer Seele aus Feuer», lautete Lacretelles Beschreibung von Napoleon – eine Ichbezogenheit, die mit der Macht, die er errang, ins Grenzenlose wuchs.

Doch noch galt sein erster Gedanke stets Josephine. «Wenn einer von uns krank sein muß, könnte ich es sein... Das Schicksal ist grausam. Es bestraft mich durch Dich.»

Ende Juni, nachdem Josephine einen Monat so gut wie nichts hören ließ, tauchen in Bonapartes Briefen zunehmend Gedanken an Selbstmord auf. «Meine Vorahnungen sind so schrecklich, daß ich meine Hoffnungen darauf beschränke, Dich nur noch einmal zu sehen, Dich nur noch für zwei Stunden in den Armen zu halten – um dann vereint zu sterben.» Man kann sich nur schwer vorstellen, daß Josephine zwischen ihren Gesellschaften Zeit fand, um diese verzweifelten Briefe zu entziffern. «Wenn Du stirbst, werde ich sofort sterben, ein Tod aus Verzweiflung.» Und dann kam zum erstenmal eine Drohung: «Wenn Du in Gefahr bist, ich warne Dich, werde ich sofort nach Paris aufbrechen. Meine Anwesenheit wird die Krankheit besiegen... Ich bin immer fähig gewesen, dem Schicksal meinen Willen aufzuzwingen.»

Sein nächster Brief löste Bestürzung aus; vielleicht auch bei Josephine, sicher aber bei der Regierung. «Wenn Du weiterhin krank bist», schrieb er, «mußt Du mir Urlaub besorgen, damit ich kommen und Dich für eine Stunde besuchen kann. In fünf Tagen kann ich in Paris sein und am zwölften wieder bei meiner Armee. Ohne Dich kann ich hier nicht von Nutzen sein... wenn meine süße Freundin leidet, kann ich nicht kaltblütig den Sieg planen... Vergiß nicht, daß es nie eine Liebe wie die meine gab, sie wird so lange dauern, wie ich lebe.»

Nun sah es so aus, als würde der General seine Armee verlassen, wenn Josephine nicht zu ihm kommen würde.

Als Bonaparte Mailand genommen hatte, informierte er das Direktorium, daß sich Italien nun in französischer Hand befinde. Aber die Österreicher sammelten ihre Streitkräfte und bereiteten eine große Gegenoffensive vor. Die Lage in Italien durfte nicht gefährdet werden, nur weil sich Madame Bonaparte weigerte, an der Seite ihres Mannes zu leben. Vermutlich auf Barras' Anweisung hin unterzeichnete Lazare Carnot einen absurden Brief an den General, in dem er Josephine eine Art Zeugnis für gute Führung ausstellte und behauptete, das Direktorium sei bis jetzt gegen eine Abreise der Bürgerin Bonaparte gewesen, weil es befürchte, die übergroße Fürsorge ihres Gatten könnte ihn von den Bemühungen ablenken, welche die Sicherheit und der Ruhm seines Landes von ihm verlangten; jetzt aber, nachdem Mailand genommen sei, habe das Direktorium ihrer Abreise zugestimmt. Es war sechs Wochen her, daß Mailand zum erstenmal von französischen Truppen besetzt worden war.

Die Drohung Bonapartes, nach Paris zurückzukehren, wurde so ernst genommen, daß Barras Madame Bonaparte buchstäblich per Express über die Alpen schickte. Nach einem letzten Souper im Luxembourg wurde die schluchzende Josephine in die erste Kutsche eines Konvois von sechs Wagen gesetzt. «Sie weinte», sagte ein Gast an jenem Abend, «als ginge sie in eine Folterkammer statt nach Italien, um Landesfürstin zu sein.»

In der ersten Kutsche wartete Fortuné, der ein neues Lederhalsband trug mit zwei silbernen Glöckchen und der Aufschrift «Ich gehöre Madame Bonaparte», Joseph Bonaparte, Andoche Junot und Hippolyte Charles. In den anderen Kutschen, die alle von sechs Pferden gezogen wurden, befanden sich der Fürst Serbelloni, Désirées Bruder Nicolas Clary, Josephines Zofe, zwei Diener und Berge von Gepäck.

In Fontainebleau, wo Josephine noch rasch ihre Tante Désirée und den achtzigjährigen Marquis – beide waren nun endlich ehelich vereint – umarmen durfte, schloß sich ihnen in einer gemieteten Postkutsche der Bankier Antoine Hamelin an. Der ganze Konvoi wurde von einer Kavallerieabteilung begleitet.

Während der Fahrt aus dem milden Pariser Juli in die sengende Hitze eines italienischen Sommers klagte Josephine, den Mops auf dem Schoß, über die Hitze, Fieber und Kopfschmerzen. Hamelin berichtete, daß in den Gasthöfen die Zimmer von Junot und der Zofe, Mademoiselle Louise, stets nebeneinander lagen, ebenso die von Josephine und Hippolyte. Joseph Bonaparte, der noch an den Folgen seines letzten Seitensprungs in Paris litt, verbrachte seine Nächte allein und schrieb an einem Roman.

Sie reisten in kleinen Etappen. Josephine hatte es nicht eilig, ihr Ziel zu erreichen. In Turin, wo Josephine nach Bonapartes Anweisungen vom König des Piemont wie eine Fürstin empfangen wurde, ließ sie sich ebenfalls Zeit.

Nach achtzehntägiger Reise führte ein entzückter Napoleon seine Gemahlin, umgeben von einer riesigen Menschenmenge, durch die Tore von Mailand und in den eigens für Josephines Ankunft mit blühenden Büschen geschmückten Serbellonipalast. Oberleutnant Charles reiste sofort weiter zum Großen Hauptquartier in Brescia, und die Bonapartes verbrachten die dritte gemeinsame Nacht ihres Ehelebens. Achtundvierzig Stunden später zog der General wieder ins Feld.

13

Grandeur, Hoffnung und Freude

Der große Mailänder Palast der Familie Serbelloni, wo sich das Hauptquartier der Italienarmee befand, glich einem königlichen Hof. Die Marmor- und Porphyrsäle, die auf Terrassen und große Gärten hinausführten, waren Tag und Nacht bevölkert von jungen Offizieren, französischen Kriegskommissaren, ihren Ehefrauen und Mätressen, den Vertretern sämtlicher Fürstentümer Italiens, des habsburgischen Erzherzogtums Toskana, des Königreichs von Neapel, des Kirchenstaates, der Republik Venedig und des Königs von Piemont sowie mit den schönsten Frauen von Mailand und Paris.

Josephine hatte einige ihrer Freunde nachkommen lassen. Fortunée Hamelin war die erste, die eintraf. Ihrem Mann Antoine hatte Josephine bei einem Blindekuhspiel in Paris empfohlen, sich in Mailand um einen Posten als Heereslieferant zu bewerben («Wenn es jemanden gibt, für den du etwas tun willst», hatte Napoleon ihr geschrieben, ohne bereits ihre Leidenschaft für diese Art Fürsprache zu kennen, «schicke ihn zu mir»), und im Anschluß daran hatte sie sich von Hamelin hundert Louisdor geliehen mit der Bitte, etwas Spitze und etliche andere Kleinigkeiten vor ihrer Abreise für sie zu besorgen. Einige der bitteren Bemerkungen in Hamelins Memoiren über Josephine sind vielleicht auf die Tatsache zurückzuführen, daß sie ihm nie auch nur einen Sous zurückzahlte.

Anfangs waren Josephines Freunde ein Schock für die Mailänder. Die Zeitungen beklagten ihr «unbescheidenes Auftreten; Arme, Busen, Schultern, alles unbedeckt. Ihre Haartracht ist ein Skandal – übersät mit Blumen und Federn, und das Ganze gekrönt mit kleinen Soldatenhelmen, unter denen wirre Haarlocken hervorquellen. Sie haben sogar die Stirn, Tuniken zu tragen, die Beine und Schenkel, kaum verhüllt in fleischfarbenen Trikots, sehen lassen. Und so wie sie sich kleiden, benehmen sie sich auch: arrogante Sprache, herausfordernde Blicke und Fleischgerichte am Freitag.»

Mailand wurde jedoch so schnell französisiert, daß es bald als der einzige Ort außerhalb von Paris galt, an dem es anständiges französisches Brot gab. Die Mailänder Damen überboten die Französinnen mit gewagten Kleidern, und obwohl sich einige Italiener weigerten, mit den Okkupanten zusammenzuarbeiten, konnte die Mehrheit der weiblichen Gesellschaft Josephines Bällen und Empfängen nicht widerstehen – geschweige denn den galanten französischen Offizieren.

Josephine fand allmählich Geschmack an der Ehrerbietung, die den Bonapartes entgegengebracht wurde. Während der Abwesenheit ihres Mannes organisierte sie volkstümliche Feste und empfing Abordnungen mit Anmut und Würde. Nur wenige kamen mit leeren Händen. Josephine nahm Juwelen, Mosaike, Marmorstatuen und Bronzen in Empfang, die ihr von den italienischen Fürsten in der Hoffnung überreicht wurden, Madame Bonaparte könnte sie durch ihren Einfluß auf Napoleon vor weiteren Plünderungen bewahren und die enorme Höhe der ihnen auferlegten Reparationszahlungen senken. Der Herzog von Modena hatte vergeblich dreißig Millionen Francs geboten, um nur ein einziges Bild von Correggio behalten zu dürfen. Der König von Neapel schickte ein Halsband aus wundervollen Perlen. Der Papst ließ seiner Tochter in Gott (er wußte nicht, daß sie nicht kirchlich getraut und also in Sünde lebte) eine Sammlung antiker Kameen überreichen.

Sobald Napoleon Mailand verlassen hatte, schrieb er wieder täglich seine leidenschaftlichen Briefe. Um seine Haltung gegenüber ehelicher Treue zu unterstreichen, berichtete er über jeden seiner Offiziere, der sich in Mailand mit einer Geschlechtskrankheit infiziert hatte. «Gütiger Himmel, welche Frauen! Welche Sitten! Sag meinem Bruder Joseph, er soll seiner Julie treu sein.»

Seine Briefe zeigen auch, wie wenig er seine Frau verstand. «Du weißt, wie sehr ich mich über Deine Briefe freue, und ich bin sicher, daß Du sie auch gerne schreibst.» Er begriff nicht, daß sie keine von Rousseau begeisterte, romantische Désirée-Eugénie war. In der Nähe von Vergils Geburtsort schilderte er ihr, wie er bei Mondschein schreibend vor seinem Zelt saß und meinte, sie hätte sein Vergnügen mit ihm geteilt. Und immer wieder liest man: «Sobald es

Josephine, von Pierre-Paul Prud'hon (Musée Marmottan-Tallandier)

Dir gutgeht, komm und leiste mir Gesellschaft.» Es ist viel von Josephines Gesundheit die Rede – nicht jedoch von ihrer wahrscheinlich fiktiven Schwangerschaft –, und man gewinnt den Eindruck, daß sie während der wenigen gemeinsamen Stunden in Mailand verschiedene Unpäßlichkeiten vortäuschte, um sich des leidenschaftlichen Ansturms ihres Mannes zu erwehren.

Trotzdem schrieb sie in ihrem ersten Brief an Thérésia Tallien: «Ich sterbe hier vor Langeweile. Bei all den wunderbaren Festen, die für mich gegeben werden, vermisse ich unaufhörlich meine Freunde aus Chaillot [die Talliens] und den einen im Luxembourg [Barras]. Mein Ehemann liebt mich nicht nur, er vergöttert mich. Ich glaube, er wird verrückt. Ich habe ihn nur kurz gesehen, er ist sehr beschäftigt mit der Belagerung von Mantua.» Und der Brief endet mit einer verschlüsselten Mitteilung: «Morgen abend fahre ich nach Brescia. Das bringt mich näher zum Großen Hauptquartier.» Und natürlich zu Oberleutnant Charles.

Im Juli befand sich die Italienarmee in der Defensive. Die Österreicher sammelten sich im Norden, und im Süden hatte sich ein gefährliches Feindesheer hinter den Mauern von Mantua verschanzt.

Trotzdem ließ der General seine Frau neun Tage nach ihrer Ankunft in Italien nach Brescia kommen. Antoine Hamelin nützte die Gelegenheit, sich als Heereslieferant vorzustellen, und begleitete sie.

Als die Bonapartes mit Hamelin in Verona auf einer Terrasse Kaffee tranken, sah Josephine als erste auf den Ausläufern der Alpen die weißen Punkte der österreichischen Uniformen. Bonaparte vermutete sofort, daß die Kaiserlichen die Franzosen über die Brennerstraße umgangen hatten. Er schickte Josephine und Hamelin, eskortiert von Junot und dreißig Dragonern, sofort los, bevor sie von Mailand abgeschnitten werden konnten.

Am Gardasee wurde ihre Kutsche von einem österreichischen Kanonenboot beschossen. Ein Vorreiter und ein Pferd wurden getötet. Junot stieß die zwei Passagiere aus dem Wagen, und sie krochen im Straßengraben bis zu einer geschützten Stelle, wo sie wieder in die Kutsche einsteigen und weiterfahren konnten.

Junot kehrte danach zum Heer zurück, und Josephine und Hamelin reisten zehn Tage lang durch die Toskana. Nach der großen Schlacht bei Castiglione am 5. August ließ sie der siegreiche Napoleon nach Brescia zurückholen, wo sie die Anweisung vorfanden, dem General in sein neues, vierzig Kilometer entferntes Hauptquartier zu folgen. Doch Josephine wollte nicht; sie sei zu müde, sagte sie und schlug Hamelin vor, ihr beim Abendessen Gesellschaft zu leisten. Als Hamelin ihr Zimmer in der Wohnung, die der General in Brescia bewohnt hatte, betrat, war der Tisch neben ihrem Bett für drei Personen gedeckt; Charles, eben von einem Einsatz zurück, war ebenfalls da. Als die Herren nach dem Essen gingen, rief «eine schmachtende Stimme» Charles zurück. «Als ich bemerkte, daß ich Hut und Pistolen im Vorzimmer des Schlafzimmers liegen gelassen hatte», erinnerte sich Hamelin, «ging ich zurück, um sie zu holen. Ein Grenadier vor der Tür verbot mir den Zutritt.»

Mantua war noch immer nicht gefallen, so daß Bonaparte erst im September Zeit fand für einen dreiwöchigen Aufenthalt in Mailand. Dort verließ er immer wieder Kartentische und Konferenzen, schrieb Hamelin, um in Josephines Privaträume zu eilen, wie ein Kind mit ihr zu spielen und sie zu necken, bis sie weinte. «Sogar in meiner Gegenwart liebkoste er Madame Bonaparte so leidenschaftlich und unanständig, daß ich es für das Beste hielt, ans Fenster zu gehen und so zu tun, als sähe ich nach dem Wetter.»

Obwohl Josephine nun ein glanzvolleres Leben als Thérésia führte, entschädigte sie das nicht für den Verlust von Paris, für ihren «Einfluß» bei Barras und die fortgesetzte Abwesenheit von Hippolyte. In einem Brief an Tante Désirée schrieb sie: «In Italien werde ich überall, wohin ich komme, gefeiert. Alle Fürsten Italiens geben Gesellschaften für mich, sogar der Großherzog von Toskana... Ich wäre lieber eine private Bürgerin in Frankreich... ich langweile mich... mein Mann verharrt den ganzen Tag in Bewunderung vor mir, als ob ich eine Gottheit wäre; man kann unmöglich einen besseren Ehemann haben.»

Sie vermißte auch ihre Kinder. «Deine Briefe und die Deines Bruders», schrieb sie an Hortense, «trösten mich ein wenig darüber hinweg, daß ich so fern von meinen lieben Kindern bin.»

Die meisten ihrer Briefe aus Mailand gingen an Barras. Sie wollte unbedingt das Bindeglied zwischen ihm und ihrem Mann bleiben, weil sie hier ihre größten Einflußmöglichkeiten sah.

Im November 1796, nach mehreren militärischen Niederlagen, schien es plötzlich, als könnten die Franzosen aus Italien vertrieben werden. Dann traf in Mailand endlich die Nachricht von zwei großen Siegen ein. Nach einem Nachtmarsch hatte Bonaparte die Flanke einer überlegenen österreichischen Streitmacht umgangen und zuerst bei Rivoli und tags darauf noch einmal bei Arcole geschlagen. Rivoli war die eigentlich entscheidende Schlacht, aber die Eroberung der Brücke von Arcole wurde unsterblich durch das Bild, das den General mit dem Adlergesicht zeigt, der, in der einen Hand die Fahne, mit der anderen seine Truppen antreibend, über die umkämpfte Brücke stürmt.

Die Franzosen hatten Norditalien zurückgewonnen, und Mantua würde mit Sicherheit bald fallen. In seiner ungeheuren Erleichterung schrieb er an diesem Abend in seinem Brief an Josephine zum erstenmal nichts anderes als einen triumphierenden Bericht über den Hergang der Kämpfe. Zwei Tage später kehrte er zu seinen erotischen Phantasien zurück. «Ich gehe zu Bett mit Deinem anbetungswürdigen Bild im Herzen... Ich kann es kaum erwarten, Dir Beweise meiner glühenden Liebe zu geben... Wie glücklich wäre ich, könnte ich Dir beim Entkleiden helfen, die kleine feste weiße Brust, das allerliebste Gesicht, das Haar hochgebunden mit einem Schal *à la créole*. Du weißt, daß ich die kleinen Visiten niemals vergesse, Du weißt schon, den kleinen Schwarzwald... Ich küsse ihn tausendmal und warte ungeduldig auf den Moment, wenn ich darin sein werde. In Josephine zu leben ist im Elysium sein. Küsse auf Deinen Mund, Deine Augen...»

Dieser Brief vom 21. November sollte der letzte sein, in dem «der kleine Schwarzwald»* vorkommt und Tausende von Küssen aufgezählt werden. Denn als Napoleon am 27. November wieder nach Mailand kam und die Treppe des Serbellonipalastes zum gemeinsamen Schlafzimmer hinaufrannte, fand er es leer. Josephine hielt sich in Genua auf, höchstwahrscheinlich mit Hippolyte Charles.

Der Schock traf ihn mit solcher Wucht, daß er beinahe ohnmächtig wurde. In den neun Tagen, in denen er in Mailand auf Josephines Rückkehr wartete, schrieb er ihr drei wütende, mitleiderregende und desillusionierte Briefe. «Ich habe alles liegengelassen, um Dich zu sehen, Dich in den Armen zu halten... Der Schmerz, den ich fühle, ist unermeßlich. Ich möchte nicht, daß Du Pläne für Gesellschaften änderst oder am Glück eines Mannes interessiert bist, der nur für Dich lebt... Ich bin es nicht wert... Wenn ich Dich bitte, mir eine Liebe, die der meinen gleicht, entgegenzubringen, habe ich

* Hortense strich alle Anspielungen dieser Art in ihrer Veröffentlichung einiger dieser Briefe.

unrecht... Warum sollte ich erwarten, daß Spitze ebenso viel wiegt wie Gold... Möge das Schicksal alle Sorgen und allen Kummer in mir vereinigen, aber Josephine gebe es nur glückliche Tage. Wenn ich sicher bin, daß sie mich nicht mehr lieben kann, werde ich still sein und zufrieden, nur um ihr von Nutzen zu sein.» Nachdem er den letzten Brief versiegelt hatte, öffnete er ihn noch einmal, um ihr einen Kuß zu senden und hinzuzufügen: «O Josephine, Josephine!»

Von diesem Schlag sollte er sich nie mehr erholen. Er schrieb ihr weiterhin liebevoll, scherzend, gebieterisch, wiederholt auch leidenschaftlich; oft berichtete er nur über seine Gesundheit, seine Schlachten, seine Pläne. Aber mit der völligen Hingabe seiner Seele und Sinne war es vorbei.

Erst im Februar 1797, nach dem Fall von Mantua, sah sich General Bonaparte in der Lage, den Anweisungen der Direktoren zu folgen, die nun trotz der Vorsicht, mit der sie Bonaparte inzwischen behandelten, darauf drängten, daß er in Kärnten einmarschierte, um sich mit den Generälen Hoche und Jourdan und den französischen Rheinarmeen zu vereinigen.

Ende März stand Bonaparte nur noch 140 Kilometer vor Wien, wo der kaiserliche Hof bereits packte, um vor den Franzosen zu fliehen. Aber am 26. März bot Bonaparte den schwer bedrängten Österreichern einen Waffenstillstand an. Er wußte, daß zwei französische Heere unter Hoche der Donau entlang vorrückten und Wien wahrscheinlich gleichzeitig mit der Italienarmee erreichen würden. Aber er war nicht bereit, sich den Ruhm mit Hoche zu teilen, obwohl ein Friedensvertrag, der damals in Reichweite lag, für Frankreich wesentlich vorteilhafter gewesen wäre. Napoleon brauchte Bedingungen, die seinen persönlichen Erfolg hervorhoben und ihn «in Frankreich», wie er sagte, «als den Mann des Friedens erscheinen ließen».

Ohne das Direktorium zu fragen, schickte Bonaparte General Leclerc zu den französischen Generälen am Rhein mit der Aufforderung, ihre Offensive zu stoppen, und im April unterzeichnete er mit dem Feind in Leoben einen Vorfrieden – wieder ohne die Bedingungen mit Paris abzustimmen. Österreich sollte auf Belgien und die Lombardei verzichten, die bereits in französischen Händen waren. In einer Geheimklausel, die in direktem Gegensatz zur französischen Politik des Verzichts auf Eroberung und der Verletzung der natürlichen Grenzen stand, sollte Frankreich die noch neutrale und unabhängige Republik Venedig an Österreich «abtreten».* Das wichtigste Ziel der Politik des Direktoriums – die Herrschaft Frankreichs über das linke Rheinufer – ignorierte er. Im republikanischen Frankreich war das Konzept des alten römischen Gallien innerhalb seiner «natürlichen Grenzen» immer noch ein Glaubensartikel; und es war in der Verfassung enthalten, auf die Bonaparte einen Eid geleistet hatte.

Die Regierung war empört, als sie erfuhr, daß General Bonaparte, nach einer geschickten Inszenierung einiger antifranzösischer Krawalle, in Venedig den Dogen abgesetzt und alle Schätze des Arsenals, den Löwen von Venedig und die vier Bronzepferde von St. Markus entwendet und nach Paris geschickt hatte. Und sie mußte sich von den Abgeordneten der beiden Kammern fragen lassen, warum sie Bonaparte erlaubt hatte, eine befreundete Republik zu vernichten. Die Ratsmitglieder verlangten außerdem eine Erklärung für die Plünderungen der Italienarmee, «deren Generäle ganze Wagenladungen mit Gemälden, Juwelen und anderen Schätzen nach Hause schickten» und deren Oberbefehlshaber als «ein skrupelloser Demagoge» geschildert wurde.

Die Regierung war schon, bevor sie von der Zerstörung der Republik Venedig erfahren hatte, überzeugt, daß Bonaparte die Interessen Frankreichs geopfert hatte, um in Italien Macht zu erlangen, und daß ihn seine Eifersucht auf Hoche zu dem voreiligen Frieden von Leoben veranlaßt hatte. In ihren Kreisen war man sich darüber im klaren, daß es Bonaparte war, der die Gerüchte über einen möglichen Frieden drucken und in Paris zirkulieren ließ – mit dem Bild eines jungen republikanischen Generals, der dem reaktionären österreichischen Kaiser die Bedingungen diktierte, die den endlosen Krieg mit Europa beenden würden.** Er galt überall,

* Pieter Geyl schrieb, daß manche den Eindruck hatten, als wohnten zwei Seelen in Napoleons Brust; und Stendhal glaubte, daß 1797 «der wahrhaft poetische und vollkommen edle Teil von Napoleons Leben mit der Besetzung von Venedig endet».

** Ein Historiker hat unlängst gezeigt, daß auch die Legende, Napoleon habe ein besiegtes Österreich zum Frieden gezwungen, weit von der Wirklichkeit entfernt ist. Nach einer vorübergehenden Panik begriffen die Österreicher, daß es Napoleon eilig hatte und daß schon vor dem Vertrag von Leoben «seine Bedingungen den Preis anzeigten, den er für eine Übereinkunft zu zahlen bereit war ... Die Österreicher konnten ihr Glück kaum glauben».

ausgenommen in Italien, als der Mann, dem nur die Republik und der Frieden am Herzen lagen.

Lazare Carnot ließ sich von Bonapartes diversen Entschuldigungen nicht täuschen; er und das Direktorium wären für einen Friedensvertrag bereit gewesen, aber der war nun beinahe unmöglich geworden.

Als die ersten Berichte über Proteste der Kammern in Mailand Bonaparte erreichten, forderte er vom Direktorium die sofortige Ernennung seines Nachfolgers. Die Proteste der Regierung verstummten. Als General Pichegru davon hörte, schrieb er aus seinem Hauptquartier in Deutschland privat an Barras: «Die Direktoren glauben, sie hätten in Napoleon Bonaparte ihr eigenes Geschöpf. Eines Tages wird er sie ohne Warnung auffressen.»

Barras bemerkte dazu nur: «Pichegru hat recht. Wir werden alle durch die Generäle zugrunde gehen.»

Nach dem Vorfrieden von Leoben und dem Termin für die endgültigen Friedensverhandlungen im Oktober gab es für Napoleon eine Pause, so daß er im Mai 1797 mit seinem Hauptquartier und seiner Familie in den großen Barockpalast in Mombello vor den Toren von Mailand umziehen konnte. Oberleutnant Charles sollte dort den ganzen Sommer über Dienst tun.

Josephine vergaß ihre Absicht, aus Gesundheitsgründen nach Paris zurückzukehren. Sie würde Hippolyte täglich sehen können, wenn auch stets nur unter den eifersüchtigen Augen Napoleons und des gesamten Bonaparte-Clans. Der General hatte seinen Bruder Jérôme und Eugène de Beauharnais aus der McDermott-Schule kommen lassen. Nur Lucien wurde nicht eingeladen, weil er «unter seinem Stand» geheiratet hatte.

In Mombello begegnete Josephine zum erstenmal den Bonaparte-Frauen. Bevor Napoleon die Italienarmee übernahm, hatte er in Marseille drei Tage lang versucht, die Familie wegen seiner überraschenden Heirat zu besänftigen. Madame Letizia war zutiefst schokkiert, weil man ihre Erlaubnis nicht eingeholt hatte und weil sie wie die gesamte Familie befürchtete, Josephine werde die persönlichen Vergünstigungen, die der General erwarb, allein für sich und ihre Kinder beanspruchen.

Die Familie hätte sich vielleicht mit Josephine abgefunden, wenn sie ihrem Mann jedes Jahr ein Kind geschenkt hätte. So jedoch hatte sie nie die geringste Chance, in den Clan aufgenommen zu werden, obwohl sie sich, wie Napoleon zugab, gegen ihre Schwiegermutter stets respektvoll und liebenswürdig erwies. Sie war älter als Napoleon, extravagant und von zweifelhaftem Ruf. Joseph hatte die Familie über Madame de Beauharnais' jüngste Vergangenheit informiert.

Madame Letizia beobachtete mißbilligend, daß ihr Sohn abends Karten spielte und tanzte, und mit noch größerem Abscheu, wie er sich gegenüber seiner Frau benahm. Auch die Offiziere in Mombello sowie die italienischen Besucher zeigten sich überrascht, daß der General seine Frau vor aller Augen auf den Mund küßte und ihre Brüste streichelte.

Majestätisch saß Madame Letizia als stillschweigend anerkannte Herrin des Hauses Strümpfe strickend im großen Salon von Mombello, wo die akkreditierten Botschafter von Österreich und sämtlichen Fürstentümern und Königreichen Italiens aus und ein gingen, Gelehrte und Wissenschaftler, französische Offiziere in prächtigen Uniformen und mit klirrenden Sporen über die Marmorböden schritten, schöne Frauen und Josephines Pariser Freunde Palast und Gärten füllten. Die Offiziere verbeugten sich vor ihr und dann erst vor der Frau des Generals. Vor den übrigen Familienmitgliedern waren ebenfalls tiefe Verbeugungen vorgeschrieben. Bonapartes Offiziere aßen auch nicht mehr am selben Tisch mit ihm. Wie ein Bourbonenkönig in Versailles dinierte der General jetzt häufig allein in einem Zelt im Garten, während die Schar der ehrfürchtigen Besucher langsam an ihm vorbeidefilieren durfte. Selbst bei Picknicks und Landpartien bestand Bonaparte auf strenger Etikette.

Bonapartes Selbstvertrauen war seit Leoben, wo er mit Politikern verhandelt und die Landkarte Europas verändert hatte, noch größer geworden. Eine Veränderung in seinem Verhalten hatte sich schon zu Beginn seines Kommandos bemerkbar gemacht. Admiral Denis Decrès, ein Bekannter Napoleons aus Paris, erzählte, wie er den General vor dem Italienfeldzug in Nizza besucht hatte, um ihm zu gratulieren. «Als die Tür aufging, wollte ich schon auf ihn zueilen, als mich plötzlich etwas an seiner Haltung, seinem Ausdruck, dem Ton seiner Stimme innehalten ließ. Es war nichts Beleidigendes, aber es genügte. Seit diesem Tag versuchte ich nie mehr, die Distanz, die er geschaffen hatte, zu überbrücken.» Und General Augereau, ein analphabetischer Riese, kam kopfschüttelnd aus Bonapartes Hauptquartier und knurrte: «Ich weiß nicht, warum, aber der Knirps macht mir Angst.»

Alle in Mombello fühlten den «einzigartigen Zauber» jenes Sommers. «Er hatte einen eigenen Charakter, den spätere Umstände nicht wiedererschaffen konnten», erinnerte sich Auguste Marmont. «Dort herrschten Grandeur, Hoffnung und Freude. Wir waren alle sehr jung, vom obersten Kommandanten bis hinunter zu den rangniedrigsten Offizieren; alle strotzten vor Kraft und Gesundheit und der Freude am Ruhm ... wir hatten uneingeschränktes Vertrauen in unsere Zukunft.»

In Mombello konnte sich Josephine zum erstenmal ihrer Leidenschaft für Gärten und Tiere hingeben. Napoleon hatte Gewächshäuser und Volieren für sie bauen lassen, und sie füllte den riesigen Park mit Blumen und Wasservögeln. In diesem Jahr wählte sie den Schwan zu ihrem Emblem, das später in der Einrichtung aller Konsulate und kaiserlichen Residenzen zu sehen war.

Die Mailänder mußten zugeben, daß Josephine, obwohl sie älter aussah und weniger schön war, als sie erwartet hatten, einen unwiderstehlichen Charme besaß. Ein französischer Besucher fand sie in jenem Sommer unendlich verführerisch: «Ein engelsgleiches Gesicht... ein ungewöhnlich vollkommener Körper... In allen ihren Bewegungen lag eine unglaubliche Geschmeidigkeit und Leichtigkeit.» Er schwärmte von ihrem Gang – «schwebend und doch majestätisch» –, ihrer schönen Haut, der entzückenden Stimme und vor allem von ihren Augen – «dunkelblau, stets halb geschlossen unter länglichen Lidern, gesäumt von den längsten Wimpern der Welt» – und von ihrem unwiderstehlich liebenswürdigen Ausdruck.

Josephines königliche Gelassenheit, ihr Instinkt für das richtige Wort, die passende Geste machten sie zur perfekten Gemahlin in ihrer zukünftigen Rolle. Ein Beobachter meinte später, sie habe möglicherweise schon in Mombello die Prophezeiung ihres Schicksals erfüllt gesehen: «Geliebt von einem allgemein bewunderten Mann, umgeben von allem, was eine Frau entzücken kann, und noch ohne das Gewicht einer Krone fühlen zu müssen.»

Die Familie des Generals zerstreute sich wieder. Der inzwischen beförderte Hauptmann Charles kehrte nach Brescia zurück. Die Bonapartes boten das Bild eines liebenden Paares. Wir wissen nicht, wieviel Schauspielerei auf Josephines Seite dazu beigetragen hat. Doch später, nach dem Bruch mit Charles, wurde deutlich, daß ein ruhiges Familienleben für Josephine ein fundamentales Bedürfnis war. Aus der Fassade – wenn es denn eine war – vom häuslichen Glück wurde mit der Zeit Wirklichkeit.

Kleine intime Zusammenkünfte waren ihr stets lieber als Etikette und Prunk, die Napoleon in zunehmendem Maß verlangte. Was sie in Italien vermißte, waren nicht die großen Salons des Palais Luxembourg, sondern die kleinen Gesellschaften innerhalb des gleichen Kreises in Barras' Privaträumen und die gemütlichen Vormittage, umgeben von Freunden, in ihrem eigenen Haus.

Von Natur aus gütig und freundlich schien sie inzwischen willens, sich den Vorstellungen ihres Mannes von den Pflichten einer Ehefrau anzupassen. Was Napoleon betraf, so besaß er beinahe die Gefährtin, die er sich erhofft hatte. Gemeinsam empfingen sie Delegationen oder sahen auf einem Balkon des Palazzo Serbelloni zu, wie ein weiterer Freiheitsbaum gepflanzt wurde. Sie begleitete ihn klaglos zu vorgeschobenen Militärlagern. Besucher in Mailand sprachen über die anscheinend gegenseitige Zuneigung des Ehepaars Bonaparte.

Unvergeßlich für jeden, der miterlebte, wie Baron Antoine Gros das berühmte Portrait Napoleons auf der Brücke von Arcole malte, waren die Umstände, unter denen das Bild zustande kam. Bonaparte fand es unmöglich, in einer Pose mit erhobenem Arm stillzuhalten, so daß ihn Josephine jeden Tag, bis das Bild fertig war, nach dem Diner auf den Schoß nahm und die Arme um ihn legte, damit er sitzen blieb.

Jeder, der Mombello besuchte, war verblüfft von Josephines Anteil an der Doppelrolle, die Bonaparte nun zunehmend spielte, sowie von dem scharfen, aber reizvollen Kontrast, der sich aus dem revolutionären Ton des Generals und der Eleganz von Josephines Salon ergab. Hier herrschte, von Napoleon unterstützt, Josephines Ton des *ancien régime*. Ihr Takt und ihre Höflichkeit versöhnten viele, die sich durch seine heftig geäußerten republikanischen Ansichten gekränkt fühlten. In privatem Kreis «sprach er verächtlich von republikanischer Demagogie», aber seine gehässigen Angriffe auf die «Konterrevolutionäre, die Lästerer, die Freiheit und Ruhm beleidigt haben», fanden bei seiner Armee ein begeistertes Echo, wo man über die Kritik der Pariser Abgeordneten an der Plünderung von Venedig und den Raubzügen der Italienarmee empört war. Es gab in der Armee wahrscheinlich keinen einzigen, der den Oberbefehlshaber nicht für einen leidenschaftlichen Republikaner hielt.

Die Maske fiel, als Comte Miot de Mélito, der Gesandte der Französischen Republik in Turin, den General in Mombello besuchte. Während eines zweistündigen Spaziergangs im Garten

Napoleon auf der Brücke von Arcole, von Baron Antoine Gros. Josephine brachte Napoleon dazu, für dieses Portrait zu posieren, indem sie ihn auf den Schoß nahm und festhielt. (Musée de Versailles – N. D. Roger-Viollet)

bekam er von Napoleon Dinge zu hören, die sowohl das Direktorium als auch die Italienarmee schockiert hätten.

Miot schrieb, er sei völlig unvorbereitet gewesen, einen Mann vorzufinden, der «kleiner war als der Durchschnitt; das Haar, das gepudert und gerade geschnitten war, reichte ganz unüblich bis unter die Ohren. Sein Rock war bis zum Kinn geknöpft und mit reicher Goldstickerei versehen... Seine brüsken und lebhaften Bewegungen verrieten sowohl leidenschaftliches Gefühl als auch größte Nachdenklichkeit. Seine Ausdrucksweise war kurz und in jenen Tagen sehr fehlerhaft.»

Bonaparte machte Miots Theorien von einer idealen Republik unverzüglich zunichte. «Was für eine absurde Vorstellung! Unmöglich bei unseren Bräuchen und Lastern. Die Franzosen sind besessen von der Idee einer Republik, aber das wird vorübergehen.» Er sagte, er sei nicht bereit, Italien zu verlassen, solange er nicht sicher sei, in Frankreich eine ebenso bedeutende Rolle spielen zu können wie hier. «Ich, mein lieber Miot, habe Autorität gekostet, und ich werde sie nicht aufgeben. Ich habe beschlossen, Frankreich zu verlassen, wenn ich nicht der Herr sein kann. Aber jetzt ist es noch zu früh, die Frucht ist noch nicht reif.» Und als Miot zu fragen wagte, was er denn von dem Wunsch des Direktoriums nach Frieden hielt, wurde er über die zynischen Ansichten des Generals zu diesem Thema nicht im Zweifel gelassen. «Frieden», vertraute ihm Bonaparte an, «wäre jetzt nicht in meinem Interesse... Ich müßte diese ganze Macht abgeben. Wenn ich die Unterzeichnung von Friedensverträgen einem anderen überließe, würde er in der öffentlichen Meinung besser dastehen als ich mit meinen Siegen.»

Miot war nicht der einzige, dem Bonaparte in diesem Sommer seine Pläne anvertraute. In Mombello erhielt er den ersten Brief des neuen Außenministers, Charles Maurice de Talleyrand. Es war der Beginn einer Beziehung mit kaum abschätzbaren Folgen.

14

Leben Sie wohl, General und Friedensstifter!

Als Talleyrand 1796 nach zweijährigem Exil aus Amerika zurückkehrte, fand er praktisch Neuland vor. Paris, schrieb er an einen Freund in New York, sei nicht wiederzuerkennen. Die Menschen lebten anders; ihre Art sich zu kleiden, zu essen, Geld zu machen und Macht zu nutzen, war völlig neu.

In der faszinierenden Atmosphäre politischer und finanzieller Intrigen fühlte er sich sofort zu Hause. Die hektische Vergnügungssucht, die unendlichen Möglichkeiten, schnell ein Vermögen zu machen, die sich ständig im Fluß befindende politische Landschaft und der vertraute, überall vorhandene weibliche Einfluß, den er im Exil vermißt hatte – all dies war so recht nach seinem Geschmack.

Talleyrand setzte sich zwei Ziele: Geld und ein hohes Regierungsamt. Seine Taktik, die er ein Jahr später auch Napoleon empfahl, bestand darin, zunächst keinerlei Interesse an einer politischen Rolle zu zeigen, in der passenden Gesellschaft jedoch republikanische Überzeugungen zu betonen. Zudem hielt er als «Abgesandter aus der Neuen Welt» am Institut de France Vorlesungen über die richtige Führung eines Landes, das soeben eine Revolution hinter sich hat, und machte auch damit auf sich aufmerksam.

Um sich ein Netz von Freunden und Förderern zu schaffen, nützte Talleyrand wie schon früher seine Beziehungen zu den Damen der Gesellschaft. Er bot einen verwirrenden Anblick, wenn er in seinen vorrevolutionären Kniehosen, Schnallenschuhen und mit gepudertem Haar in den neuen Salons erschien; zudem hatte er sich einen eigenartig gleitenden Gang angewöhnt, um sein Hinken zu verbergen. Obwohl er mit seinem herablassenden Lächeln und seiner «würdevollen Überheblichkeit», wie sich Madame de Rémusat ausdrückte, orthodoxe Jakobiner ärgerte, hatte er keine Probleme, die Frauen für sich und seine Ambitionen zu gewinnen. Auf die Frage, warum er so viel Zeit in diesen Salons verbrachte, statt sich mit Politik zu beschäftigen, antwortete er: «Aber Frauen *sind* Politik.»

Talleyrands erster Besuch galt Madame Tallien. Ihrem und Madame de Staëls Einfluß verdankte er es, daß sein Name von der Emigrantenliste gestrichen wurde. Thérésia war, so berichtete er einem New Yorker Bekannten, «so kostspielig unbekleidet wie dies nur möglich ist». Er machte täglich die Runde bei neuen und alten Freunden und wurde regelmäßiger Gast in den einflußreichen Salons einiger Damen, die er vor der Revolution kaum bemerkt hatte – bei Fortunée Hamelin, Juliette Récamier und Josephine Bonaparte, bevor sie nach Italien ging. Die offensichtliche Verachtung, die Madame Bonapartes Gatte gegenüber der Regierung an den Tag legte, schien ihm das politische Gleichgewicht in Paris nicht weniger zu verändern als die italienischen Siege. Er verkehrte überall, wo man die Interessen von Paul Barras unterstützte, denn Barras war einer der beiden Männer, die Talleyrand für die Schlüsselfiguren zu hohen Ämtern und für das Schicksal Frankreichs hielt. Der zweite Mann war in seinen Augen Bonaparte.

Josephines Freundin (und diejenige Talleyrands aus den Tagen des Salons des Duc d'Orléans), die hinreißende Aimée de Coigny, gehörte ebenfalls zu den Frauen, die auch im künftigen Leben Talleyrands und in dem der Bonapartes eine Rolle spielen sollte. Ihr Mann, Casimir de Montrond, blieb von dieser Zeit an bis an sein Lebensende Talleyrands engster Verbündeter. Mit seiner Hilfe legte Talleyrand den Grundstock für seinen späteren Reichtum. Doch um richtig reich zu werden und ein hohes Regierungsamt zu erlangen, mußte er Germaine de Staëls Rückkehr abwarten. Mit ihr ließ sich der weibliche Einfluß am wirkungsvollsten zum Einsatz bringen.

Im Mai 1797 wurde Germaine die Rückkehr nach Frankreich gestattet, nachdem sie wenige Wochen vor der Einrichtung des Direktoriums, des neuen demokratischen Regimes, das sie so herbeigesehnt hatte, zum zweitenmal ins Exil geschickt worden war. Jakobinische Abgeordnete hatten ihr damals im Konvent Drohungen entgegengeschleudert und sie beschuldigt, Emigranten zu helfen, Abgeordnete zu bestechen und ihrem Mann, der ebenfalls auf der Galerie anwesend war, Hörner aufzusetzen. Baron de Staël war niedergeschmettert, als er hörte, daß sie nach Paris unterwegs war, und hätte sie am liebsten an der Grenze wieder zurückgeschickt. Aber sobald sie da war, verhielt er sich tadellos, selbst als sie eine Woche später eine Tochter, vermutlich von ihrem Liebhaber, dem Schriftsteller und liberalen Politiker Benjamin Constant de Rebecque, zur Welt brachte.

Sogar während ihres Wochenbetts war ihr Salon immer offen; selten waren weniger als ein Dutzend Menschen in ihrem Schlafzimmer. Sie kümmerte sich sofort um die Anliegen des «Bischofs», wie sie Talleyrand nach wie vor nannte, lieh ihm Geld und ihren Wagen und übernahm es schließlich, ihn bei Paul Barras einzuführen. Sie war morgens und abends im Palais Luxembourg und vertrat Talleyrands Sache mit zunehmender Hysterie. Seine Liebe und Hochachtung für Barras seien so groß, sagte sie, daß «er Sie [Paul Barras] für übermenschlich hält. Er vergöttert Sie». Barras werde nie jemanden finden, der ihm so völlig ergeben, der bereitwilliger sein Sklave sein werde als der Bischof.

Kein Wunder, daß Paul Barras glaubte, er habe wenigstens einen loyalen Mitstreiter. Gegen Ende seines Lebens schrieb er: «Manchmal denke ich mit einigem Stolz daran, daß ich es war, der Talleyrand und Bonaparte und viele andere gemacht hat; aber», fügte er hinzu, «dann frage ich mich auch, ob jene beiden wirklich das Beste waren, was ich zustande gebracht habe.» Talleyrand hatte nie das Bedürfnis, sich gegenüber Germaine oder Barras dankbar zu zeigen. Als sich der Kaiser später bei ihm erkundigte, ob Madame de Staël eine Intrigantin sei, sagte er: «In solchem Maße, Sire, daß ich ohne ihre Intrigen heute nicht hier wäre.»

Nach Talleyrands Ansicht würde auf die gegenwärtige schwache Regierung bald ein starkes, von der Armee gestütztes Regime folgen mit einem der revolutionären Generäle an der Spitze. Er korrespondierte mit allen Oberbefehlshabern, die im Feld standen und möglicherweise eine politische Zukunft hatten, erkannte in Bonaparte jedoch intuitiv das geeignetere «Schwert», mit dem er die Wiedereinführung der Monarchie abblocken und einen gesicherten Frieden in Europa erreichen wollte.

In seinem ersten Brief schmeichelte er dem General auf so unwiderstehliche Weise, daß er sofort Antwort erhielt. Bonaparte äußerte volles Verständnis für die Position des Ministers als ehemaliger Emigrant. Die Exekutive – die fünf Direktoren –, schrieb er, hätten Urteilsvermögen bewiesen, als sie Talleyrands «geklärtes» Verhältnis zum Bürgertum und seine Distanzierung von den «Verirrungen, welche die Revolution entehrten», erkannten. Diese Ausdrücke bedeuteten im revolutionären Vokabular, daß dem Minister weder ein royalistischer noch ein terroristischer Makel anhaftete.

Bonaparte beantwortete aber nicht alle schmeichelhaften Briefe, die er in Italien erhielt; einige, wie die von Madame de Staël, erzürnten ihn sogar. Diese Briefe existieren nicht mehr, aber Bourrienne erinnerte sich, daß Germaine in ihrer einseitigen Korrespondenz mit dem General beteuerte, ihre Seele aus Feuer sei von der Vorsehung dazu ausersehen, ihn zu lieben, und sicherlich sei er dazu bestimmt, seine Mesalliance mit einer unbedeutenden Schönheit aufzugeben. «Wie kann sie es wagen, sich mit Josephine zu vergleichen!» lautete sein zorniger Kommentar.

Doch Talleyrands Briefe wurden sorgfältig beantwortet. Bonaparte fühlte sich geschmeichelt von ihrem Ton und daß der Minister annahm, sie teilten die gleichen Ansichten. Seine eigenen Vorstellungen von Frieden behielt er jedoch für sich.

Talleyrands Ernennung zum Außenminister im Juli 1797 war eine rein politische Maßnahme. Nach den für die Regierung katastrophalen Wahlen suchte Barras für diese Schlüsselposition einen Mann, der ihn unterstützte.

Das ganze Land hatte in jenem Jahr überwiegend antijakobinisch gewählt, und die Reaktion machte sich überall bemerkbar. Die Anrede «Bürger» wurde nur noch ironisch gebraucht; die Frauen versteckten die Trikolorenkokarde unter dem Hut, und die jungen Männer trugen die grauen Rebellenröcke mit achtzehn Messingknöpfen zum Zeichen, daß sie für den Thronbewerber Ludwig XVIII. waren. In den Kirchen wurden wieder Messen gelesen, und obwohl Sébastien Mercier glaubte, daß die Menschen nur hingingen, um die Republik zu ärgern, befürchtete die antiklerikale Regierung, daß ein Großteil der Bevölkerung zum Glauben zurückkehren werde.

Nachdem das ohnehin labile politische Gleichgewicht in der Regierung nicht mehr zu halten war, planten die drei radikalen Direktoren Barras, Reubell und Larevellière einen republikanischen Staatsstreich. Bei der Kabinettsumbildung schaffte es Barras, seine eigenen Leute in die Schlüsselpositionen Kriegs-, Polizei- und Innenministerium zu bringen, doch bei der Besetzung des Außenministeriums bekam er Probleme. Madame de Staël hatte seinen Widerstand gegen Talleyrand zwar gebrochen, doch in der Regierung stieß er wegen des schlechten Rufs des Bischofs auf heftige Opposition – besonders seitens des amtierenden Außenministers Reubell, der als orthodoxer Revolutionär weiterhin gegen das monarchistische Europa kämpfen wollte und vermutete, daß Barras und seine Klientel zum Frieden mit Österreich bereit seien.

Für Talleyrand war die Wiederherstellung der Monarchie ebenso ein Schreckgespenst wie für das Direktorium, denn sie war das einzige, was ihn seiner Meinung nach endgültig vom politischen Leben ausschließen würde; und so arbeitete er vom Tag seiner Ernennung zum Außenminister an mit den drei radikalen Direktoren zusammen auf einen Staatsstreich hin, mit dem die jüngsten Wahlen für ungültig erklärt werden sollten.

Ende Juli 1797 wurde klar, daß die antirevolutionäre Flut nur mit Hilfe der treu republikanischen Armee eingedämmt werden konnte. Die neue gemäßigte Legislative kündigte an, sich für den Frieden einzusetzen – mit dem Hintergedanken, die vier im Feld stehenden Armeen sowie ihre Oberbefehlshaber vor den Kopf zu stoßen.

Drei «Degen» – die damals geläufige Bezeichnung für einen hohen Offizier, der bereit war, einen politischen Coup zu unterstützen – standen zur Wahl: Bonaparte, Hoche und Bernadotte.

Die drei linken Direktoren begannen, General Bonaparte auszuhorchen. «Napoleon», berichtete sein Sekretär Bourrienne, «hatte keinerlei Zweifel, wo seine Interessen lagen.»* Er befürchtete nur, daß die neu gewählten Abgeordneten, deren erklärtes Ziel der Frieden war, eine stabile Regierung bilden könnten, bevor er seine eigenen politischen Ziele erreicht hatte. Zu Miot hatte er gesagt: «Ich bin bereit, die Republikaner eines Tages zu schwächen, aber nur zu meinem eigenen Vorteil»; jetzt müsse das Direktorium erst einmal verteidigt werden «als eine Kraft, deren einzige Berechtigung darin besteht, den Platz für meine Rückkehr offen zu halten.»

Eine republikanische Haltung war jetzt das Richtige für ihn. Die jakobinischen Zeitungen bezeichneten ihn weiterhin als «Schild der

* Louis-Antoine Bourrienne war Napoleons Schulfreund und jetzt sein Sekretär und Vertrauter.

Republik» und betonten seine Selbstlosigkeit, während er aus rechten Kreisen heftig kritisiert wurde wegen der Venedig-Affäre und die Monarchisten seine Rolle bei der Niederschlagung des Aufstands im Vendémiaire nicht vergessen hatten.

Bonaparte ließ die Direktoren wissen, er werde bei einem Staatsstreich die Unterstützung durch die Italienarmee garantieren, allerdings unter dem Kommando eines seiner Offiziere, des Generals Pierre Augereau. Damit verhinderte er die mögliche Ernennung eines anderen charismatischen Generals, und er selbst müßte nicht noch einmal als der Mann in Erscheinung treten, der mit Waffengewalt gegen die Pariser Bevölkerung vorging.

In Paris war man sich Ende August ziemlich sicher, daß ein Staatsstreich bevorstand. Die Hitze und die fiebrige Atmosphäre erinnerten an die Tage vor dem Thermidor.

Talleyrand hatte Germaine de Staël mit der Vorstellung einer eventuellen Wiederherstellung der Monarchie so geängstigt, daß sie sein williges Werkzeug wurde und Gerüchte über konterrevolutionäre Verschwörungen zirkulieren ließ. Der Coup wurde zum großen Teil in Talleyrands Haus und in der benachbarten Schwedischen Botschaft organisiert. Offizieren der Italienarmee sowie Freunden oder Verwandten der Bonapartes, die dort auftauchten, wurde auffallend große Aufmerksamkeit gewidmet.

Anfang September bat Germaine de Staël ihre Freunde, alle möglicherweise unvorsichtigen Briefe, die sie ihnen geschrieben hatte, zu verbrennen. Barras riet Thérésia Tallien, Paris für einige Tage zu verlassen. General Augereau, der überzeugteste Jakobiner unter Bonapartes Generälen, spazierte in seiner exotischen, von ihm selbst entworfenen Uniform mit seinen Leuten in der Stadt umher und verkündete laut seine Verachtung für die Abgeordneten.

Am Abend des 3. September (17. Fructidor) waren die Pariser Straßen verlassen. Nur die polternden Geschützfahrzeuge, die rings um die Tuilerien in Stellung gingen, unterbrachen die Stille. Am 4. September wurden die Pariser um drei Uhr morgens von einem Kanonenschuß geweckt. Es war das Zeichen für Augereau, mit seinen zweitausend Männern in die Tuilerien einzudringen und alle kürzlich gewählten Abgeordneten, die man zu einer dringenden Sitzung gerufen hatte, festzunehmen. Anschließend zog Augereau zum Palais Luxembourg, um die zwei «dissidierenden» Direktoren zu verhaften. Einer von ihnen, Lazare Carnot, flüchtete im Nachthemd durch den Garten; der andere, Barthélemy, wurde im Schlaf überrascht.

Am Morgen hingen überall in der Stadt Plakate, welche die Aufdeckung einer royalistischen Verschwörung und die «Flucht der Regierung vor einer neuen Gefahr» bekanntgaben. Die Öffentlichkeit reagierte kaum. Am Abend waren die Theater voll, die Tanzveranstaltungen im Freien begannen zur üblichen Zeit, und «hübsche Frauen, alle die Göttinnen jener Tage, fegten die Straßen der Hauptstadt mit ihren schleifenden, durchsichtigen Gewändern».

163 Bürger unterschiedlicher politischer Richtungen wurden in Eisenkäfigen nach Guyana deportiert. Die «gesäuberte» Legislative erklärte die jüngsten Wahlen für ungültig, verbot dreißig Zeitungen und verabschiedete ein Gesetz, nach dem alle illegal zurückkehrenden Emigranten und jeder, der die Monarchie oder die Verfassung von 1793 zurückwünschte, standrechtlich erschossen werden konnte.

Madame de Staël erkannte nicht sofort, daß sie mitgeholfen hatte, die erste demokratische parlamentarische Regierung Frankreichs zu stürzen. Später meinte sie, Frankreich sei nur unter dem Direktorium eine Republik gewesen, allerdings nur bis zum 18. Fructidor; diese Republik habe sich einer liberalen Regierung erfreut, wie sie sich die Männer der Aufklärung erträumt hätten. Charles-Maurice de Talleyrand, der am Tag des Staatsstreichs zu Hause geblieben war und mit seinen Freunden Karten spielte, schrieb am folgenden Tag an Bonaparte: «Paris ist ruhig, Augereaus Verhalten war tadellos. Man sieht, daß er in die richtige Schule gegangen ist.»

Der Staatsstreich, allgemein bekannt als Fructidor, hatte das Direktorium von der Angst eines erneuten Aufkommens der Royalisten befreit; aber er hatte auch andere Folgen. Den Generälen der Republik konnte nicht entgehen, daß die Regierung nun schon zum drittenmal von der Armee gerettet worden war. Für General Bonaparte bedeutete der Fructidor nicht nur, daß diejenigen Abgeordneten, die den Frieden angestrebt hatten, eliminiert waren, sondern auch, daß das Direktorium in seiner Schuld stand, nachdem er den Coup unterstützt hatte. Er hatte jetzt freie Hand, um die Bedingungen für einen Frieden mit Österreich zu diktieren.

Am Abend des 16. Oktober traf bei den Bonapartes in Passeriano, der Sommerresidenz der Dogen außerhalb von Venedig, der ratifizierte Vertragsentwurf aus Wien ein, den Napoleon mit Graf Ludwig von Cobenzl ausgehandelt hatte. Er enthielt die von Napoleon geforderten Bedingungen: Belgien wurde an Frankreich abgetreten, Österreich erhielt Venedig. Auch Cobenzl war ausgesprochen zufrieden mit diesem für das geschlagene Österreich unverhofft günstigen Abkommen. Beide Männer zeigten sich in bester Laune, als der Frieden von Campo Formio an diesem Abend bei Kerzenlicht unterzeichnet wurde. Eine Stunde später war der Vertragstext unterwegs nach Paris.

Eine ernste Warnung des Direktoriums, die Französische Republik dürfe auf keinen Fall durch die Übergabe der freien Republik Venedig entehrt werden, traf zum Glück für Napoleon erst am nächsten Morgen ein, als es bereits zu spät war.

Der Vertrag von Campo Formio war natürlich ein persönlicher Triumph für General Bonaparte, obwohl er Schwächen enthielt, die der französischen Regierung und dem Rat der Fünfhundert nicht entgingen. Nur Paul Barras, der Schirmherr des Generals, der von den anderen Direktoren für die Insubordination ihres Repräsentanten verantwortlich gemacht wurde, drängte auf die Ratifizierung des Vertrags. Sogar Emmanuel Sieyès, der als einziger der bedeutenderen Persönlichkeiten der Revolution überlebt hatte und zu den Anhängern Bonapartes zählte, erklärte vor dem Rat der Fünfhundert, er habe «geglaubt, das Direktorium diktiere Österreich die Friedensbedingungen, aber jetzt sehe ich, daß sie Frankreich von Österreich auferlegt wurden. Dieser Frieden ist kein Frieden, er ist die Aufforderung zu einem neuen Krieg.» Und auch Talleyrand, der die unheilvollen Aspekte des Vertrags ebenfalls erkannte, weil dem österreichischen Kaiserreich zu viel Macht überlassen worden war, sah voraus, daß Campo Formio nur ein Waffenstillstand sein würde.

Nach einer vierstündigen erregten Debatte ratifizierte das Direktorium den Vertrag schließlich aus Furcht vor der öffentlichen Meinung, und noch am selben Abend wurde in Paris groß gefeiert. Die Straßen waren beleuchtet, und man trank auf die Gesundheit des Generals. Doch die Opposition innerhalb des Direktoriums blieb bestehen, und als Barras am folgenden Tag vorschlug, General Bonaparte zum Regierungsvertreter für die Ratifizierung des Vertrags in Österreich zu ernennen und ihm anschließend den Oberbefehl über die französischen Streitkräfte am Ärmelkanal zu übertragen, erhob sich im Rat der Fünfhundert ein Sturm des Protests.

Während die Regierung den ganzen Oktober hindurch heftig stritt, erwogen die Bonapartes ihre Rückkehr nach Paris.

Josephine würde ihrem vizeköniglichen Hof in Italien keine Träne nachweinen, weder der Speichelleckerei noch der Ehrerbietung oder den Geschenken, feierlichen Empfängen und Beifallsbekundungen, die ihr dargebracht wurden. Paris, das Palais Luxembourg und ihr geliebtes Haus in der Rue Chantereine würden all dies aufwiegen.

Obwohl sie in Passeriano erfahren hatte, wie wertvoll sie für ihren Mann war, als sie während der schleppenden Verhandlungen mit den Österreichern als bezaubernde Gastgeberin auftrat und einiges von dem Schaden, den seine Wutanfälle anrichteten, wiedergutmachte, hatte sie in der Sommerresidenz der Dogen keine glückliche Zeit verbracht. Für sie bedeuteten diese sechs Wochen nur Langeweile und Tristesse. Sie hatte geweint, als sie aus Mailand erfuhr, Hippolyte Charles habe dort eine Affäre mit einer Italienerin, und es tröstete sie auch nicht, daß ihr die Dame angeblich so ähnlich sah, daß sie ihr Double hätte sein können. Und sie weinte, als sie die Nachricht vom Tod General Hoches erfuhr.

Lazare Hoche war zwei Wochen nach Fructidor und nach zwei weiteren großen Siegen am Rhein im Alter von neunundzwanzig Jahren in seinem Bett gestorben (angeblich an Lungenentzündung), wie Bonaparte vorausgesagt hatte. Hoche besaß wie Napoleon die Gabe, seine Soldaten zu begeistern. Bei seiner Beerdigung hörte man die Grenadiere schluchzen, und auf einem Banner, das von jungen Mädchen an der Spitze des Leichenzugs getragen wurde, stand: «Er wäre der Bonaparte des Rheins gewesen» – genau dies hatte Bonaparte befürchtet.

Der Tod von General Hoche hatte etliche unvorhergesehene Auswirkungen. Seit Josephines Heirat hatte Hoche ihr wiederholt geschrieben und die Rückgabe seiner Liebesbriefe verlangt, jedoch ohne Erfolg. Nun befürchtete Josephine, ihre Liebesbriefe an ihn könnten dem Bonaparte-Clan in die Hände fallen. Sie bat Hippolyte Charles um Hilfe. Ein Freund von Charles, der polnische Brigadier Sulkowski, übernahm schließlich den delikaten Auftrag, und es gelang ihm, diese Briefe von Rousselin de St. Albin, dem Vormund der noch minderjährigen Madame Hoche, zurückzubekommen.

Nach Hoches Tod gab es für Talleyrand kaum noch Zweifel, welcher General das «Schwert» für seinen späteren Coup sein würde. Bonaparte schien der einzige zu sein, mit dem der nun schon fünf Jahre währende Krieg beendet werden könnte, und Talleyrand, der den Raub von Venedig anfangs als eine «für die junge Republik schandbare Tat» geißelte, schrieb einen unterwürfigen Brief an

Napoleon in Italien: «Nun gibt es Frieden, Frieden *à la* Bonaparte ... Die Forderung des Direktoriums ist erfüllt, die Öffentlichkeit überglücklich. Die Italiener werden vielleicht etwas protestieren, aber das macht nichts. Leben Sie wohl, General und Friedensstifter! Meine besten Grüße, Bewunderung, Respekt, Dankbarkeit – mir fehlen die Worte; die Liste könnte endlos weitergehen.»

Im November herrschte im Palazzo Serbelloni Aufbruchstimmung. Nach wochenlanger Unentschlossenheit war Napoleon schließlich bereit, Mailand zu verlassen. Er hatte in Paris vorsichtig Erkundigungen eingeholt, ob die Vorschrift, daß ein Direktor mindestens vierzig Jahre alt sein mußte, für ihn, «den Großen Pazifikator», aufgehoben werden könnte. Die Antwort war nicht ermutigend. Es sei kein günstiger Zeitpunkt, hieß es, die Räte um eine Verletzung der Verfassung zu ersuchen, da sich ihre Empörung über den Vertrag von Campo Formio noch nicht gelegt habe. Bonaparte wußte, daß, wenn er aus dem Bild des großen Friedensstifters politisches Kapital schlagen wollte, er sich in Paris sehen lassen mußte. Aber vorher mußte der Vertrag von Campo Formio ratifiziert werden.

Josephines persönliche Habe wurde gepackt. Sowohl die großartigen Geschenke der italienischen Fürsten als auch ihre eigenen Erwerbungen – Bronzen, Gemälde, Plastiken und kistenweise Liköre – wurden in die Rue Chantereine geschickt. Ihren Juwelenkoffer gab sie jedoch während der ganzen Heimreise nicht aus der Hand. Jede Stadt, die vom General verschont geblieben war, hatte etwas zu seinem Inhalt beigetragen; ein Kopfschmuck aus Diamanten und Saphiren, den sie als Bestechungsgeschenk durch Antoine Hamelin erhalten hatte, und mehrere Garnituren antiker Kameen waren nur ein Teil ihrer Kollektion.

Von Passeriano aus hatte Josephine bei den berühmten Brüdern Jacob für das Haus in Paris eine Einrichtung im neuesten römischen Militärstil bestellt und 120 000 Francs als Anzahlung überwiesen. «Ich möchte, daß es sehr elegant wird», schrieb sie.

Doch trotz dieser erfreulichen Aussichten äußerte Josephine vor ihrer Abreise aus Italien plötzlich den Wunsch, Rom zu besuchen. Napoleon informierte seinen Bruder Joseph, jetzt Gesandter des Direktoriums beim Heiligen Stuhl, und bat ihn, alle Vorbereitungen für ihren Empfang in Rom zu treffen. Nach einem kurzen Besuch, schrieb er, sollte sie zu ihm nach Paris kommen.

Sobald Napoleon am 16. November nach Rastatt aufgebrochen war, änderte Josephine ihre Pläne. Und während er das Schicksal von Venedig besiegelte, beschloß sie, dorthin statt nach Rom zu reisen.

Seit Mai war die Venezianische Republik von einer französischen Garnison besetzt. Die Venezianer hofften dennoch, ihre Unabhängigkeit zu behalten. Das von Talleyrand von vornherein als unwesentlich abgetane «italienische Protestgeschrei» war bislang ausgeblieben, weil die Venezianer von ihrem Schicksal noch nichts wußten. Sie hofften vielmehr, daß sich die Frau des Eroberers für sie einsetzen werde, und veranstalteten für sie vier Tage lang so glänzende Feste, daß sich Josephine bis an ihr Lebensende daran erinnerte.

An die 150 000 Menschen verfolgten von den Dächern und Fenstern entlang des Canal Grande aus ihre Ankunft. Die Gondeln drängten sich so dicht auf dem Wasser, daß sie «wie eine ganze Stadt in Bewegung aussahen». Bei Nacht schienen die Lichter der Festbeleuchtung und Feuerwerke die Kanäle in Flüsse aus Feuer zu verwandeln. In der Oper, auf dem Ball im Dogenpalast, in all dem Jubel und Trubel war Madame Bonaparte der Mittelpunkt, begleitet von General Marmont, dem Adjutanten ihres Gatten, und einem anderen jungen, nicht namentlich erwähnten französischen Offizier, der aber mit ziemlicher Sicherheit Hauptmann Charles hieß.

Bonaparte scheinen in Rastatt einige unangenehme Dinge zu Ohren gekommen zu sein. Laure d'Abrantès erfuhr später von ihrem Mann, daß in jenem Monat im Hauptquartier in Mailand plötzlich Gerüchte kursierten, der Oberbefehlshaber habe die Festnahme und standrechtliche Erschießung von Hauptmann Charles befohlen. Tatsächlich gab es einen Befehl Bonapartes, der von General Berthier unterschrieben und mit ihm nach Mailand unterwegs war, in dem es hieß: «10. Frimaire des Jahres VI der einen und unteilbaren Französischen Republik, Bonaparte, Oberbefehlshaber der Italienarmee: Der Adjutant Bürger Charles hat Mailand sofort zu verlassen, um in Paris auf weitere Anweisungen zu warten.»

Durch Zufall trafen sich Josephine und Berthier an einer Poststation in den Alpen, wo die Pferde gewechselt wurden – sie auf der Rückfahrt nach Paris, er auf dem Weg nach Mailand, wo er Bonaparte als Chef der Italienarmee ablösen sollte. Berthier verdankte Josephine zahlreiche Gefälligkeiten; sie war seine Vertraute in seiner langen und leidenschaftlichen Liebesbeziehung mit der Signora Visconti. Josephine muß ihn überredet haben, Ton und Inhalt des

Befehls, den er bei sich trug, zu ändern. In dem neu ausgestellten Befehl erhielt Charles drei Monate Urlaub, um in «Familienangelegenheiten» nach Paris zu reisen.

Dieser zweite Befehl wurde am 22. Dezember unterzeichnet. Zu diesem Zeitpunkt hatte Josephine auf ihrer Heimreise, die einer Besuchsreise einer königlichen Hoheit glich, Lyon erreicht. Für jemand, der eineinhalb Jahre von der Rückkehr nach Paris geträumt hatte, ließ sie sich sehr viel Zeit. Sie trödelte selbst in den provinziellsten Gasthöfen, so daß sich ihre Reise unglaublich in die Länge zog.

In jeder Kleinstadt wurde sie mit Fackelzügen empfangen, jedes Dorf war beleuchtet. In Lyon, wo sie zwei Nächte verbrachte, wurden die Bürger öffentlich unterrichtet, daß «die Stadtmauern alles beherbergten, was dem Eroberer und Friedensstifter Bonaparte am teuersten ist: seine Frau, für ihre Qualitäten und Tugenden ebenso berühmt wie für den Glanz ihres Namens». Bis in die frühen Morgenstunden wurden Ansprachen gehalten. Von Lyon bis zur nächsten Poststation in dem nur 160 Kilometer entfernten Moulins, wo sie mit Böllerschüssen begrüßt wurde, brauchte sie drei Tage. Abteilungen der Nationalgarde, der Polizei und der Armee begleiteten sie zu ihrem Gasthof, wo sie als «die tugendhafte Gemahlin des größten aller Helden, eine Frau, die dank ihrer Tugenden und ihrer Kultiviertheit all seinen Ruhm teilt», willkommen geheißen wurde.

Josephine antwortete auf diese Reden mit dem ihr eigenen Taktgefühl. «Wenn mein Mann so erfolgreich gewesen ist», erklärte sie, «dann deshalb, weil er das Glück hat, eine Armee zu befehligen, in der jeder Soldat ein Held ist.» Als sie Moulins verließ, wölbten sich Triumphbögen über die Straßen mit der Aufschrift: «Wir würden sie gern länger hier behalten, aber sie brennt vor Verlangen, bei ihrem Mann zu sein.»

Hippolyte Charles, vermutlich das einzige Ziel ihres brennenden Verlangens, könnte Josephine bis zum 28. Dezember an ihrer nächsten Station vor Nevers eingeholt haben, wenn er Mailand am 22. Dezember verlassen hatte und wie der Teufel geritten war. Vermutlich haben sie gemeinsam Silvester gefeiert, denn andernfalls hätte sie für die restlichen 230 Kilometer bis Paris bestimmt nicht fünf Tage benötigt.

Am 2. Januar war Josephine schließlich zu Hause.

15

Sohn und Held der Revolution

Am 5. Dezember 1797 kehrte Napoleon in das Haus in der Rue Chantereine zurück, wo er erst zwei Tage seines Ehelebens verbracht hatte. Die Rechnung für «Verbesserungen» des Hauses war eingetroffen; Josephine, die bereits seit einer Woche in Paris sein sollte, jedoch nicht.

Paul Barras besuchte den General noch am selben Abend, und die beiden berieten bis spät in die Nacht. Am nächsten Morgen unterrichtete Bonaparte den Außenminister, er werde ihn um elf Uhr aufsuchen. Talleyrand empfing Napoleon an der Tür des Ministeriums, und während er ihn zu seinen Räumen auf der Gartenseite geleitete, bahnte sich zwischen den beiden eine Beziehung an, die in der ersten Zeit fast einer Liebesbeziehung glich und weitreichende Folgen für die Geschichte Europas haben sollte. Talleyrand war auf die Wirkung, die Bonaparte auf ihn ausübte, nicht vorbereitet. Im Gegensatz zu vielen seiner Zeitgenossen fand er den kleinen General beeindruckend – «seine Blässe, seine edlen Gesichtszüge und seine Anzeichen von offensichtlicher Erschöpfung. Zwanzig Siege stehen der Jugend so gut», schrieb er in seinen Memoiren.

Nur die Anwesenheit von Madame de Staël störte, die mit ihrem üblichen Mangel an Takt darauf bestanden hatte, bei dieser ersten Begegnung dabei zu sein. Der berühmte Forschungsreisende Admiral Bougainville, ein Held aus Napoleons Kindheit, war ebenfalls eingeladen worden. Der General sprach mit ihm und mit Talleyrand. Germaine, die er bereits sowohl fürchtete als auch verachtete und deren Briefe mit den herabsetzenden Äußerungen über Josephine er nicht vergessen hatte, übersah er einfach.

Paris wurde von einer fieberhaften Heldenverehrung erfaßt, als Bonaparte in die Rolle des idealen Bürgersoldaten schlüpfte. Das Bild des siegreichen Generals sollte in der Öffentlichkeit durch das eines neuzeitlichen Cincinnatus, eines französischen George Washington ersetzt werden. Bonaparte erklärte sich entschlossen, über allen politischen Parteien zu stehen. Er weigerte sich sogar, eine Abordnung der *dames de la Halle*, der Marktweiber, zu empfangen, die bisher bei jedem revolutionären Führer herzlichst willkommen waren. Je mehr sich der General versteckte, um so mehr Neugier erregte er. Die Pariser Zeitungen schrieben fast nur noch über seine Aktivitäten. In der Rue Chantereine spähten die Menschen durch das neue, von Jacob entworfene Gittertor, um den General «in seinem bescheidenen Garten» spazierengehen zu sehen. Ein Journalist, der mit Sicherheit keinen Zutritt zu Bonapartes Haus erhalten hatte, beschrieb das Haus als «klein, schlicht und bar jeden Luxus».

Obwohl der Kaiser Napoleon später 44 Schlösser besaß, von denen jedes auf Staatskosten für Millionen von Francs neu eingerichtet wurde, erinnerte er sich zwanzig Jahre später auf St. Helena immer noch mit Empörung an die 130 000 Francs, die allein für die Möblierung des Salons in der Rue Chantereine an Jacob zu zahlen waren.

Als Josephine die neue Ausstattung für das Pariser Haus bestellte, mußte sie überzeugt gewesen sein, daß Georges Jacob, der letzte der großen vorrevolutionären Kunsttischler und Dekorateure, immer noch der gefragteste Mann seines Fachs war. Doch Jacob, der einst für Marie Antoinette das ländliche Ambiente des Trianon entworfen hatte, arbeitete nun auf der Suche nach «der edlen Klarheit des republikanischen Rom» in einem völlig anderen Stil.

Marmont schrieb zwar, das Haus in der Rue Chantereine sei für Bonaparte immer noch der «Liebestempel» gewesen, doch von der reizenden und preisgünstigen Einrichtung dieses Tempels war kaum etwas übriggeblieben. Das Haus war vollgestopft mit eleganten, nüchternen Mahagonimöbeln, das Eßzimmer mit einem Mosaikfußboden gepflastert und mit einigen Bronzen aus Italien dekoriert. Napoleon arbeitete in dem unteren kleinen Zimmer, das in Jacobs Rechnungen als «General Bonapartes Arbeitszimmer» bezeichnet wird; und selbst hier, wo er seine Landkarten von der Kanalküste auf dem Fußboden ausbreiten mußte, wurde er durch zusätzliche Möbel beengt. Im ehelichen Schlafzimmer hatte Jacob für den Nationalhelden einen einzigartigen militärischen Directoire-Stil entwickelt, der etwas schwerfällig und nicht immer passend, aber sinnträchtig und sogar rührend wirkte.

Als Hortense mit Tante Désirée und dem Marquis einige Tage später zu Besuch kam, konnte sie die Veränderungen im und außerhalb des Hauses kaum fassen. Sogar die Straße hatte einen neuen Namen erhalten und hieß jetzt Rue de la Victoire, nachdem die Regierung erklärt hatte, sie halte es für ihre Pflicht, «alle in Straßennamen vorkommenden Hinweise auf die monarchische Regierung zu eliminieren». Die Direktoren, die keine Sprachforscher waren, hatten sich an der Silbe *reine* (Königin) gestoßen, ohne zu wissen, daß dies nur die bäuerliche Bezeichnung für die Frösche war, die in dem einstigen Sumpfgebiet quakten.

«So viele Veränderungen in unserem kleinen, einst so ruhigen Haus!» schrieb Hortense in ihren Erinnerungen. «Die Wachposten hatten Mühe, sowohl das einfache Volk als auch angesehene Persönlichkeiten zurückzuhalten, die alle den Eroberer von Italien sehen wollten. Trotz der vielen Menschen gelang es uns schließlich, zum General vorzudringen, der gerade beim Frühstück saß, umgeben von seinem Generalstab. Er begrüßte mich mit der ganzen Zärtlichkeit eines Vaters.»

Die Fragen der Besucher nach dem Verbleib Josephines konnten nicht beantwortet werden, aber alle vermuteten, daß sie zur Feier, die das Direktorium zu Ehren des siegreichen Generals veranstalten wollte, zurück sein werde.

General Bonaparte machte sich in der Öffentlichkeit weiterhin rar, um das geplante Überraschungsmoment aufrechtzuerhalten. Am 10. Dezember, als er zu seiner Ehrung fuhr und die Straßen zwischen seinem Haus und dem Palais Luxembourg von Menschen wimmelten, die nun endlich ihren Helden zu sehen hofften, wählte er einen Umweg und saß weit zurückgelehnt in einer «ganz schlichten Kutsche», in der er kaum wahrgenommen werden konnte.

Im großen Schloßhof des Luxembourg wehten die Fahnen sämtlicher Armeen der Republik. Auf einem überdachten Podium vor einem Altar des Vaterlands saßen die fünf Direktoren in ihren roten Togen, umgeben von Mitgliedern des Kabinetts und des diplomatischen Corps. In einem Halbkreis zu beiden Seiten saß alles, was in Paris Rang und Namen hatte. Der ganze Hof, jedes Fenster und sogar das Dach des Schlosses war mit erwartungsvollen Menschen besetzt.

Plötzlich ertönte auf der Straße der Ruf: *«Vive la Republique! Vive Bonaparte!»* Schüsse krachten, Musik erklang, und dann erschien die schmächtige, in einen schlichten grauen Rock gekleidete Gestalt des Generals, der «ruhig und bescheiden wirkte» und dennoch «den ganzen Raum zu füllen schien».

Es herrschte völlige Stille, als Talleyrand Napoleon als «den Sohn und Helden der Revolution» und als Bürger und Friedensvermittler vorstellte. Talleyrand hatte durchaus begriffen, auf welche Weise Bonaparte zu erscheinen wünschte. Ohne ein Lächeln schloß der Bischof seine Rede mit den Worten: «Wenn ich bedenke, was er alles getan hat, damit wir ihm seinen Ruhm verzeihen können – seine tiefe Verachtung für Pomp, Luxus und Zurschaustellung, diese erbärmlichen Ambitionen gewöhnlicher Seelen!... Ah! Ich fürchte nicht, was einige vielleicht seinen Ehrgeiz nennen. Ich glaube eher, wir werden ihn eines Tages anflehen müssen, sich von der Stille der von ihm so geschätzten Zurückgezogenheit zu trennen.»

Die mit starkem italienischem Akzent vorgebrachte Antwort des Generals war kurz und unverbindlich. Anschließend tauchte er in einer Woge von Straußenfedern und wehenden Togen unter, als er von den Direktoren umarmt wurde. Barras, der diesjährige Präsident des Direktoriums, schloß die Feier, indem er den General Bonaparte aufrief, das Themseufer hinaufzumarschieren und «das Universum von den Unholden zu befreien, die es unterdrücken und entehren. Nieder mit dem St.-James-Palast! Ihr Land wünscht es, die Menschlichkeit erfordert es, die Rache verlangt es!»

Der Agent der Bourbonen in London, Mallet du Pan, schilderte die Zeremonie so: «Bonaparte unterdrückte seinen Stolz entweder dank seiner großen Verstellungskunst oder weil er klug genug ist, das Theater und die Schauspieler richtig einzuschätzen. Die Jakobiner und die Terroristen beobachten jeden Schritt, jeden Besuch, jedes gesprochene Wort dieses Mannes, der das Ziel ihres Mißtrauens geworden ist und bald das ihres Hasses sein wird.»

Nach dieser Feier plante Bonaparte sein Erscheinen in der Öffentlichkeit noch sorgfältiger. Eine Zeitung berichtete an dem Tag, als er die Nachricht von seiner Aufnahme in die französische Akademie der Wissenschaften – die Vorgängerin des Institut de France – erhielt: «Gemessen an seinem bescheidenen Betragen schien sich Bonaparte nicht bewußt, daß er im Mittelpunkt der Aufmerksamkeit stand», und er ließ wissen, daß er von nun an am liebsten nur noch mit seinen Kollegen von der Akademie verkehren würde.

Talleyrand mit seinem sicheren Instinkt für den richtigen Zeitpunkt war allerdings der Meinung, Paris sei nun reif für ein Auftreten des nationalen Idols in einem luxuriösen, würdigen und patriotischen Rahmen. Er beschloß, am 25. Dezember zu Ehren der Frau des großen Helden einen Ball zu geben.

Sobald die fünfhundert Einladungen verschickt waren, wußte man in Paris, daß der Außenminister mit diesem Abend an das *ancien régime* erinnern wollte. Talleyrand, so hieß es, wolle die gröberen Elemente des Direktoriums ausmerzen, woraufhin zwei der Direktoren die Einladung ablehnten. Die anderen, Reubell, Larevellière und Barras äußerten ihr Mißfallen, indem sie in schlichten Tuchröcken und Reitstiefeln erschienen.

Am 25. Dezember war Madame Bonaparte noch nicht aus Italien zurück. Der Ball wurde auf den 28. verlegt, und als Josephine immer noch nicht eingetroffen war, auf den 3. Januar. Fünfhundert Gäste wurden zweimal aus- und wieder eingeladen, 930 Bäume und Ziersträucher hin und her transportiert; Speisen und Getränke mußten zurückgeschickt und neu bestellt werden.

Am Abend des 3. Januar – es schneite leicht – stauten sich die Kutschen von der Rue de Grenelle, wo das Fest in dem eleganten Hôtel Gallifet, der offiziellen Residenz des Außenministers (heute befindet sich darin die Italienische Botschaft), stattfinden sollte, bis hinunter zur Seine. Am Eingang zum ersten Hof war eine Feldlagerszene mit Rauch, Fackeln, Lagerfeuern und martialischer Musik nachgestellt – vielleicht das erste *son-et-lumière*. Im zweiten Hof war ein kleiner Tempel aufgestellt worden mit einer Bronzebüste von Brutus, dem größten Helden im Olymp der Jakobiner, die von der Italienarmee aus dem römischen Kapitol «befreit» worden war.

Im Inneren des Hauses hingen Kopien der meisten berühmten erbeuteten Bilder – Tizians, Correggios, Raphaels und Leonardos. Eine weitere Anspielung auf die Triumphe des Generals war die Myrtengirlande an dem oval geschwungenen doppelten Treppenaufgang, an dessen oberem Ende der Gastgeber, auf einen Elfenbeinstock gestützt, jeden Gast mit sorgfältig auf dessen Rang abgestimmter Freundlichkeit begrüßte – ein herzliches Händeschütteln für den einen, zwei Finger für einen anderen. Eine Wolke von Ambraduft, dem Lieblingsparfüm des Ministers, vermischt mit dem Duft der blühenden Jasminsträucher, wehte den Ankömmlingen entgegen sowie eine ungewöhnliche Wärme und Helligkeit, die eine vorrevolutionäre Überfülle von Kerzen verbreiteten.

Um halb zehn Uhr setzte die Musik aus, und alle Gespräche verstummten. Eine Stille, die eindrucksvoller war als jede Ovation, kennzeichnete die Ankunft der Bonapartes – Napoleon, schmächtig und sehr aufrecht in seinem üblichen bis zum Kinn geknöpften zivilen Rock und mit durchdringendem, kaltem Blick, und Josephine, die wie gewöhnlich die richtige Note gefunden hatte und keines der kostbaren italienischen Schmuckstücke trug, sondern eine kleine Kappe aus Goldstoff und ein schlichtes Diadem aus antiken Kameen, das ihr der General geschenkt hatte.

Es war ein Herrscherpaar, das hier auftrat, und Talleyrand ließ keinen Zweifel aufkommen, daß die Bonapartes an diesem Abend in seinem Haus als Herrscher regierten. Als sie eintraten, teilte sich die schweigende Menge vor ihnen. Der General war sichtlich verblüfft und beinahe peinlich berührt von der inbrünstigen Verehrung, die ihm hier entgegenströmte. Um Haltung zu bewahren, nahm er Arnault am Arm und bat ihn, sich eine Weile mit ihm zu unterhalten, damit keine anderen Gäste auf ihn zukamen. Aber er schien sich kaum für längere Zeit von der Seite seiner Frau lösen zu können und «machte kein Geheimnis aus der Tatsache, daß er wahnsinnig eifersüchtig und bis über beide Ohren verliebt war».

Germaine de Staël sorgte für den einzigen Mißton an diesem gelungenen Abend, was ihr Talleyrand niemals verzieh. Trotz eindringlicher Bitten ihrer Freunde, sich zurückzuhalten, versperrte sie dem General am Fuß der großen Treppe buchstäblich den Weg. Inmitten von neugierigen Zuhörern und Napoleon um einen ganzen Kopf überragend, feuerte sie eine Salve von Fragen auf ihn ab, und auf alle hätte Napoleon antworten müssen: «Sie, Madame.» Doch Napoleon schwieg. Erst auf die Frage: «General, welche Frau könnten Sie am meisten lieben?» antwortete er: «Meine Frau.» Und als Germaine weiterfragte: «Aber welche lebende oder tote Frau bewundern Sie am meisten?» erhielt sie die eisige Antwort: «Diejenige, welche die meisten Kinder bekommt.» Damit ließ er sie stehen – versteinert, wie Augenzeugen berichteten.

Um elf Uhr wurde das Souper angekündigt, und wie einst in Versailles nahmen nur die Damen Platz und wurden von den männlichen Gästen, die hinter ihnen standen, bedient. Talleyrand bediente Josephine den ganzen Abend lang mit ausgesuchter Höflichkeit und wich nicht von ihrer Seite. Paris, das seit über einem Jahrzehnt keinen solchen Abend erlebt hatte, bemerkte auch diese demonstrative Geste.

Bis zum Morgengrauen wurde getanzt, aber die Bonapartes waren bereits um Mitternacht gegangen.

Trotz der horrenden Rechnungen, die Talleyrand am nächsten Tag präsentiert wurden, muß er gewußt haben, daß sich der Aufwand gelohnt hatte. Nur vier Jahre nach dem blutigsten Terror, als die Hälfte seiner Gäste im Gefängnis oder bereits zum Tode verurteilt war und die andere Hälfte zu den Terroristen zählte, hatte er bewiesen, daß es möglich war, die Welt des *ancien régime* und des Direktoriums zu vereinen. Darüber hinaus konnte er annehmen, daß Bonaparte die eigentliche Bedeutung des Balls verstanden hatte.

Noch auf St. Helena erinnerte sich Napoleon an jenen Abend. Dort habe er gelernt, schrieb er, wie sehr die Franzosen Protokoll, Anmut und Würde schätzten.

«Patriotismus lag in der Luft», schrieben die Pariser Blätter am Tag darauf, und auch der republikanische Charakter des Abends wurde hervorgehoben. Bonaparte, dessen Adlerprofil noch als «bizarr» bezeichnet wurde, war nach Meinung der Zeitungen der eigentliche Mittelpunkt des Abends. Josephine fand man nur «aufgrund ihres reizenden Charakters und ihres geschmackvollen Kleides bemerkenswert» und mehr noch wegen der unablässigen Aufmerksamkeit, die ihr der Held des Abends widmete, der «sich viel mehr über die Hochachtung freute, die ihr entgegengebracht wurde, als über die, die man ihm zollte».

Josephine wirkte auf dem Ball zerstreut und nahezu schlecht gelaunt. Einige glaubten, sie sei sich bewußt gewesen, daß sie nicht besonders gut aussah. Ihre goldene Kappe fand nicht bei allen Bewunderung, und möglicherweise hatte sie sarkastische Bemerkungen über die «Kalotte» [die Dogenkappe] aufgefangen.

Daß es wegen Josephines später Ankunft in Paris zwischen den Bonapartes Streit gegeben hatte, ist unwahrscheinlich; denn sie hätte nur auf die Zeitungen zu verweisen brauchen, die laufend über «Madame Bonapartes triumphale Reise und die Feierlichkeiten, die sie verschönten», berichtet hatten. Nur der Schmerz über die Trennung von Hippolyte Charles konnte die Ursache sein, daß sie dieses nahezu königliche Fest, das ihr zu Ehren gegeben wurde, nicht zu würdigen verstand.

Paul Barras war für Napoleon auch jetzt der wichtigste Mann. Bonaparte wollte zum Direktor ernannt werden, da ihm dies als der sicherste Weg zur Macht erschien, und Barras konnte seinen Wunsch am ehesten verwirklichen.

Josephine erwies sich als Verbindungsglied zu Barras nützlicher denn je. Blondin, der Diener der Bonapartes, war ständig mit Briefen zum Luxembourg unterwegs, in denen der Direktor um ein Gespräch gebeten oder zum Essen eingeladen wurde. Napoleon wußte allerdings nicht, daß Josephine Barras auch allein zu sehen wünschte, denn als er am 10. Februar unverhofft von einem Besuch der Häfen am Ärmelkanal zurückkehrte, schickte sie eine dringende Nachricht an ihren Freund Botot, Barras' Sekretär: «Bonaparte kam gestern abend zurück. Ich bitte Dich, mein lieber Botot, sag Barras, wie leid es mir tut, daß ich heute abend nicht mit ihm dinieren kann. Sag ihm, er soll mich nicht vergessen! Du kennst meine heikle Stellung besser als jeder andere.»

Nach außen hin arbeitete Bonaparte eng mit dem Direktorium zusammen; es ging dabei um die Instruktionen für den französischen Regierungsvertreter in Rastatt und die Invasion in England. Doch das Ziel, das er mit seinem eisernen Willen, mit seiner Begabung für Diplomatie und Intrige und seiner Verführungskunst anstrebte, war, Direktor zu werden. Im Lauf der täglichen Sitzungen mit den einzelnen Direktoren erlangte er allmählich beträchtlichen Einfluß über sie, obwohl sie ihm alle, ausgenommen Barras, anfangs mißtrauten. «Bonaparte», so formulierte es der Botschafter Preußens gegenüber seinem König, «besitzt die Gabe, Menschen anzuziehen und für sich einzunehmen.»

Nach dem 27. Januar endeten die täglichen Sitzungen beim Direktorium. An diesem Tag hatte er Barras vorgeschlagen, wenn er, der Eroberer von Italien und Friedensvermittler, im Alter von 28 Jahren als Direktor wählbar gemacht würde, könnten er und Barras anschließend einen Staatsstreich «in ihrem eigenen Interesse» durchführen. Als sich Barras weigerte, verließ der General wutentbrannt das Palais Luxembourg.

Nun stand Bonaparte vor drei Problemen. Er mußte einen Vorwand finden, um ohne Ansehensverlust in Paris zu bleiben, sich von der englischen Expedition lösen und seine Rivalen in der Armee ausschalten. Es gelang ihm mühelos, Augereau, der vom Direktorium seit Fructidor viel zu sehr bewundert wurde, von der Rheinarmee zu der weniger wichtigen Pyrenäenarmee versetzen zu lassen. Jean Bernadotte jedoch war ein ernstzunehmender Konkurrent. Er war ebenfalls ein politischer General, ebenso eifersüchtig auf Konkurrenten wie Bonaparte selbst, über einen Meter achtzig groß und eine so eindrucksvolle Erscheinung, daß es «unmöglich war, sich seiner Anwesenheit in einem Raum nicht bewußt zu sein». Napoleon kannte ihn als erfahrenen Soldaten und Verwaltungsbeamten. «Er ist ein Teufelskerl und er mag mich nicht», gestand er einem Freund. Als er erfuhr, daß Bernadotte zum Oberbefehlshaber der Italienarmee ernannt worden war, wandte er ein, Bernadotte sei ein viel zu guter Diplomat, um nicht als solcher eingesetzt zu werden, und ließ ihn als Vertreter der Republik nach Wien schicken.

Bonaparte schien wegen der englischen Expedition weiterhin intensiv mit dem Marineminister und mit Bankiers zu verhandeln. Als er wieder einmal von einer Inspektionsreise zum Ärmelkanal zurückkehrte, erschien Louise Compoint bei ihm – die Zofe, die Josephine nach Italien begleitet hatte. Sie sei entlassen worden, sagte sie, «weil es Madame Bonaparte nicht gefiel, daß sie mit Andoche Junot schlief». Und dann erzählte sie ihm, daß Hauptmann Charles während der Reise nach Italien in ihrer Kutsche mitgefahren war und die Nächte in denselben Herbergen verbracht hatte.

Napoleon sagte zu General Bertrand auf St. Helena, er habe Josephine daraufhin gebeten, ihm die Wahrheit zu sagen. «Schließlich können ein Mann und eine Frau in denselben Herbergen schlafen, ohne etwas Unrechtes zu tun»; aber sie löste sich in Tränen auf und konnte nur wiederholen: «Nein! Nein!» «Sie war von Grund auf verlogen», war das Verdikt von Madame da la Tour du Pin. «Selbst wenn die Wahrheit interessanter und erheiternder gewesen wäre als die Unwahrheit, zog sie es vor zu lügen.»

Diese Episode ereignete sich im Januar. Zum «Tag der Katastrophe» kam es in der dritten Märzwoche.

Zwei von Josephines Briefen an Hippolyte Charles entgingen der Verbrennung, die der Hauptmann auf dem Totenbett angeordnet hatte. Sie waren wahrscheinlich aufgrund der finanziellen Dinge, die darin zur Sprache kamen, unter seinen Geschäftspapieren in seinem Familiensitz auf dem Land abgelegt worden. Der Historiker Louis Hastier fand sie dort in den 1950er Jahren. Sie sind der einzige schriftliche Beweis für Josephines leidenschaftliche Affäre mit Hippolyte Charles.

Am 19. März schrieb sie an Charles:

> «Joseph hatte gestern eine lange Unterredung mit Bonaparte, und danach fragte er mich, ob ich Bürger Bodin kenne, ob ich ihm zu

dem Lieferantenvertrag für die Italienarmee verholfen hätte und ob es wahr sei, daß Charles in Bodins Haus 100 Faubourg St. Honoré wohne und ich täglich dorthin ginge. Ich antwortete, daß ich nicht wüßte, wovon er rede; daß er es nur zu sagen brauche, wenn er sich scheiden lassen wolle, daß es nicht nötig sei, zu solchen Taktiken zu greifen und daß ich die unglücklichste Frau der Welt sei.
Ja, mein Hippolyte, sie alle hassen mich. Nur Dir allein gehört meine Zuneigung, meine Liebe... Ich bin verzweifelt, weil ich darauf verzichten muß, Dich so oft zu sehen, wie ich will. Hippolyte, ich werde mich töten; ja, ich will einem Leben ein Ende setzen, das mir von nun an nur noch eine Last wäre, weil ich es nicht mehr Dir widmen kann. O Gott, was habe ich diesen Ungeheuern nur getan?...
Ich flehe Dich an, richte Bodin aus, er solle sagen, daß er mich nicht kennt, daß der Auftrag für die Italienarmee nicht durch meine Vermittlung zustande gekommen ist... Ah, sie können mich quälen, soviel sie wollen, sie werden mich doch niemals von meinem Hippolyte trennen...
Ich werde alles Menschenmögliche versuchen, um Dich im Lauf des Tages zu sehen... Morgen früh schicke ich Blondin zu Dir, um Dir zu sagen, wann ich Dich im Garten der Mousseau erwarte. Adieu, mein Hippolyte, tausend heiße Küsse, glühend heiß wie mein Herz und genauso verliebt... Sie sagten auch am Tag der Katastrophe, Du seist im Kriegsministerium gewesen, um Deinen Abschied von der Armee einzureichen.»

Es gibt einen zweiten besorgten Brief, in dem von ihren Bemühungen um die Handelsgesellschaft Bodin und ihre Briefe an den Kriegsminister und an Barras die Rede ist. Anschließend schreibt sie:

«Ich fahre aufs Land... Um fünf Uhr komme ich zurück und werde Dich um halb sechs oder sechs bei Bodin treffen. Ja, mein Hippolyte, mein Leben ist eine ständige Qual! Du allein schenkst mir Glück. Sag mir, daß Du mich liebst, daß Du nur mich liebst! Schicke mir 50 000 Livres durch Blondin aus dem vorhandenen Guthaben. Collot bittet mich um das Geld.
Lebewohl, ich schicke Dir tausend zärtliche Küsse – und ich bin Dein, ganz Dein.»

Seit Thermidor konnte die Regierung aufgrund ihrer Geldnot nur mit solchen Firmen Lieferverträge für die Armee abschließen, die finanzkräftig genug waren, um Ratenzahlungen zu akzeptieren. In der Chaumière hatte Josephine wie viele andere dort mit Handelsgesellschaften Geschäfte gemacht, die praktisch eine Monopolstellung einnahmen und die Armee mit Kleidung, Lebensmitteln und Futter für die Pferde versorgten – häufig zu überhöhten Preisen.

Auch in Mailand hatte sie vermutlich Abmachungen mit mehreren Heereslieferanten und erhielt mindestens von einer Gesellschaft, wahrscheinlich über Antoine Hamelin, ihren Anteil. Nun nützte sie ihre Beziehungen zum Kriegsminister Schérer und zu Barras, um der Firma Bodin einen Vertrag für die Versorgung der Italienarmee zu beschaffen. Vermutlich war dies die «heikle Position», die sie in dem Brief an Botot erwähnte.

Als Josephine den Vertrag bekommen hatte, bat sie die Brüder Bodin, Hippolyte Charles, der Mitte März aus der Armee ausgeschieden war, bei sich einzustellen. Charles wußte vermutlich, daß seine Offizierslaufbahn beendet war und daß man ihn zwingen würde, seinen Abschied zu nehmen, sofern er nicht freiwillig ging. Nachdem er nun offiziell mit den Bodins liiert war, schien Josephine auch noch dafür zu sorgen, daß er bei ihnen im Haus Nr. 100 Faubourg St. Honoré eine Wohnung bekam.

Selbst wenn Joseph mit dieser Geschichte nicht eilends zu seinem Bruder gelaufen wäre, fragt man sich, wie Josephine annehmen konnte, Bonaparte werde von ihrer Verbindung mit den Bodins und deren Verbindung mit der Italienarmee nichts erfahren. Hier bewies Josephine ein beträchtliches Maß *inconséquence*, wie Napoleon ein solches Verhalten nannte.

«Die Ungeheuer», denen Josephines ganzer Haß galt und die ihr das Leben «zur Qual» machten, waren natürlich der Bonaparte-Clan – und der zog nun nach Paris. Zuerst kamen Joseph, seine Frau Julie und seine Schwägerin Désirée Clary aus der Botschaft in Rom zurück, nachdem es dort, zum Teil aufgrund von Josephs Aktivitäten, einen antifranzösischen Aufstand gegeben hatte. Josephs Darstellung der Umstände wurde vom Direktorium nicht akzeptiert, aber wegen seiner Verwandtschaft mit dem mächtigen General sah man darüber hinweg. Gerüchten zufolge hatte Joseph eine Unmenge an Schätzen aus Rom fortschaffen lassen, und diese Gerüchte erhielten neue Nahrung, als er nahe der Rue de la Victoire ein großartiges

Haus erwarb, das der berühmte Architekt der Place de la Concorde, Ange Gabriel, gebaut hatte.

Die Verhältnisse der mittellosen Familie Bonaparte hatten sich seit dem Beginn des Italienfeldzugs erheblich verändert. Nur Joseph konnte zumindest für eine Weile auf die Mitgift seiner Frau als Quelle seines Reichtums zählen, als er bald nach dem Pariser Haus auch das Château de Mortefontaine kaufte, das mit seinen Feldern, Seen und Wäldern in nur vier Stunden von Paris aus zu erreichen war.

Napoleon hatte weder sich noch seine Familie vernachlässigt. Obwohl er immer behauptete, er sei mit nichts außer seinem Generalssold aus Italien zurückgekommen, schickte er seiner Mutter in jenem Jahr genügend Geld, um das zerstörte Haus der Familie in Ajaccio aufbauen zu lassen, kaufte das von Josephine gemietete Haus in der Rue de la Victoire und erwarb noch im selben Monat einen großen Besitz in Belgien. Außerdem bezahlte er teure Schulen für seine Geschwister Caroline und Jérôme. In Italien hatte er seine Schwestern Elisa und Pauline mit einer großen Mitgift ausgestattet. Heutige Historiker rechnen, daß von den fünfzig Millionen, die Napoleon in Italien erbeutet hatte, knapp zehn Millionen an das Direktorium gingen und mindestens drei im Besitz des Generals blieben.

Napoleon scheint Josephs Anschuldigungen gegen Josephine entweder nicht geglaubt zu haben, oder er war zu beschäftigt, um sich damit zu befassen. Bourrienne sieht den Grund dafür in «seiner Liebe zu seiner Frau, den Inspektionsreisen an die Küste und der Planung des Ägyptenfeldzugs».

Der Angriff auf Ägypten, den Talleyrand vorgeschlagen hatte, schien alle Probleme Bonapartes zu lösen. Er kam genau zur richtigen Zeit, denn das negative Ergebnis der Barras-Demarche und die Befürchtung, daß ihm der Oberbefehl über die Englandarmee kein zusätzliches Ansehen bringen würde, hatten Bonaparte wie seinerzeit im Sommer 1795 in tiefe Niedergeschlagenheit gestürzt. Wenn seine Ambitionen vereitelt schienen, bekam er Depressionen; diesmal äußerten sie sich als paranoide Angst, jemand trachte ihm nach dem Leben.

Die Presse berichtete, General Bonaparte glaube, die Jakobiner wollten ihn ermorden lassen. In den jakobinischen Zeitungen erschienen täglich heftigere Angriffe auf «eine Person, die Diktator von Frankreich zu sein wünscht». Arnault schrieb, daß im Stall der Rue de la Victoire immer ein gesatteltes Pferd bereit stand und der General, obwohl stets in Zivil, nie seine Sporen ablegte.

Von nun an hatte Bonaparte bei jeder öffentlichen Veranstaltung seinen eigenen Diener bei sich, der nur ihm servierte und einschenkte. Er benützte bloß seine eigenen Gläser, Teller und Bestecke. Dem Direktor Reubell erzählte er damals, er befürchte, festgenommen zu werden; er träume jede Nacht, er sitze als Gefangener im Temple, und wenn der Ägyptenfeldzug nicht zustande komme, «werde er sich nach Preußen zurückziehen».

Bonaparte hatte bereits früher erwogen, die britische Flotte und den Handelsverkehr im Mittelmeer anzugreifen. Mit der Invasion in Ägypten sollten die Briten von Indien abgeschnitten werden. Als weitere Rechtfertigung dienten die französischen Handelsinteressen, die von den Mamelucken bedroht wurden, einer 1250 aus Militärsklaven türkischer und slawischer Herkunft hervorgegangenen Dynastie, die auch unter der osmanischen Herrschaft in Ägypten und Syrien als Feudalherren ein bestimmender Faktor geblieben waren.

Alle, die für diese katastrophal endende Expedition verantwortlich waren, wollten später nichts damit zu tun gehabt haben. Und selbst Napoleon setzte vor seiner Einschiffung nach Ägypten das Gerücht in Umlauf, die Regierung wolle ihn ins Exil schicken.

Die Mitglieder des Direktoriums waren einhellig der Meinung, für einen Angriff auf Ägypten sei jetzt nicht der geeignete Zeitpunkt. Sie befürchteten, ein Krieg mit dem Osmanischen Reich, Frankreichs ältestem Verbündeten, könnte zu einem Konflikt mit Rußland führen. Ohne die Vorherrschaft im Mittelmeer wäre die Verbindung mit Ägypten kaum aufrechtzuerhalten, und die Chance, Nelsons britischer Marine im Mittelmeer aus dem Weg zu gehen, wären gering. Obwohl der Vertrag von Rastatt noch nicht unterzeichnet war, gab es für die Regierung bereits Anzeichen für die Bildung einer neuen Koalition gegen Frankreich. So, wie sich die Situation in Europa darstellte, konnte es sich Frankreich im Grunde nicht leisten, auf seine besten Offiziere und Soldaten, die Bonaparte für sich beanspruchte, zu verzichten. Nur Barras unterstützte Napoleon, wenn auch zögernd, denn er versprach sich aufgrund seiner Erfahrungen als Soldat in Indien wenig von einer Invasion Englands.

Nach einem weiteren Besuch an der Kanalküste legte Bonaparte den Direktoren einen Bericht vor, aus dem hervorging, daß die französische Marine für eine Invasion in Großbritannien nicht genügend ausgerüstet war und daß die ihm zur Verfügung stehenden Mittel in keinem Fall ausreichen würden. Als man ihm weitere Schiffe und Vorräte zusagte und die enormen Summen, die er verlangte, akzeptierte, schlug er auf den Tisch und drohte mit seinem Rücktritt, woraufhin ihm Reubell, der den ägyptischen Plan rigoros ablehnte, gelassen eine Feder reichte und sagte: «General, das Direktorium erwartet Ihre Unterschrift.»

Bonaparte unterzeichnete seinen Rücktritt nicht, und die Regierung wagte es nicht, sich gegen ihn zu stellen, obwohl der Ägyptenfeldzug eine unvernünftige und allein aus Napoleons Geltungsbedürfnis geborene Sache war. Am 5. März 1798 gaben die Direktoren nach.

In den zwei Monaten, bevor sich der General nach Ägypten einschiffte, mußte die fast bankrotte Republik zwischen acht und neun Millionen Francs aufbringen, um das Unternehmen zu finanzieren. Bonaparte verlangte außerdem, daß die Regierung General Joubert nach Holland – jetzt die Batavische Republik – schickte, um weitere Geldmittel aufzutreiben; daß General Berthier aus demselben Grund nach Rom reiste, und General Brune befohlen wurde, in die neutrale Helvetische Republik einzumarschieren, um die Staatskasse in Bern zu konfiszieren. Obwohl die Ägyptenexpedition angeblich Geheimsache war, erschien im April eine Karikatur der Direktoren mit der Ankündigung: SCHWEIZER GOLD WIRD UNS ÄGYPTEN KAUFEN! Noch Jahre später fand man in der ägyptischen Wüste Goldmünzen mit dem Berner Bären.

Daß das Ziel der geplanten Expedition geheim blieb, war überaus wichtig. Der größte Teil von Admiral Nelsons Flotte war noch zum Schutz der englischen Küste eingesetzt. In England wurden freiwillige Milizen ausgebildet, eine Telegraphenstation auf einem der Türme der Westminster-Abtei installiert, und für den Fall einer Invasion hatte die Regierung angeordnet, auf den Plätzen und Straßen von London Barrikaden zu errichten.

In Frankreich wußten nur wenige Teilnehmer der Ägyptenexpedition, in welchem Hafen sie landen würden. Einer der angeworbenen Wissenschaftler schrieb an seine Familie: «Keiner von uns kennt bis jetzt unser Ziel. Einige glauben, es ist Amerika, andere denken an Afrika oder Asien.» Dies war um so bemerkenswerter, da sich unter der Gruppe der Zivilisten zahlreiche Orientalisten befanden. Auf Wunsch Bonapartes sollte die Expedition auch eine Kommission der

Künste und Wissenschaften begleiten, die sich nicht nur aus technischem Personal, sondern auch aus Physikern, Geologen, Paläontologen, Astronomen und Kartographen zusammensetzte.

Doch trotz der bis ins kleinste geplanten Expedition blieb das Datum des Aufbruchs ungewiß. Napoleon war deprimiert und unentschlossen und fand immer wieder neue Gründe für einen Aufschub. Er konnte nicht einmal entscheiden, ob ihn seine Frau begleiten sollte, die ihn sogar darum bat und ihm versicherte, durch Martinique sei sie für das strapaziöse Klima in Ägypten vorbereitet.

Fouché glaubte, obwohl in Toulon «die Elite unserer Wissenschaftler und Künstler, die alten Italienkämpfer und das gesamte Vermögen des Landes» auf Napoleon warteten, habe dieser immer noch auf ein Ereignis gehofft, das es ihm ermöglichen würde, die Macht in Frankreich zu übernehmen, ohne diesen Feldzug in den Orient unternehmen zu müssen. Die Forderung des Direktoriums, zum Kongreß nach Rastatt zu fahren, um endlich den Vertrag unter Dach und Fach zu bringen, ignorierte er.

Zuerst wurde die Einschiffung für den 28. April festgesetzt. Bonaparte verabschiedete sich offiziell beim Direktorium, dann sagte er den Termin ab. Er fuhr mit Josephine aufs Land, um sich zum Verkauf stehende Besitzungen anzusehen, darunter auch das Schloß Malmaison, das er gerne gekauft hätte, aber der Preis erschien ihm zu hoch. Dann besuchten sie Caroline Bonaparte und Hortense in der Schule von Madame Campan, um sich von ihnen zu verabschieden. Caroline zeigte sich immer noch verärgert, weil ihr Bruder sie hierher geschickt und ihr geraten hatte, sich ein Beispiel an Hortense zu nehmen, einer Beauharnais, und weil sie auf Paris und die Gesellschaft von General Murat verzichten mußte, in den sie sich verliebt hatte.

Als die letzten Hindernisse für die Ägyptenexpedition aus dem Weg geräumt waren, sah Bonaparte schließlich ein, daß er seine politischen Ambitionen noch nicht verwirklichen konnte. «Die Frucht ist noch nicht reif», vertraute er Bourrienne an. Er rechnete, daß es noch vier Monate dauern werde, bis sich eine neue Koalition der europäischen Mächte bilden werde, und hoffte, bis dahin nach einem kurzen siegreichen Feldzug wieder zurück zu sein. «Ich habe alles versucht, aber sie wollen mich nicht. Ich sollte sie stürzen und zum König gekrönt werden, aber noch ist nicht daran zu denken.» Und Arnault gestand er: «Wenn ich jetzt aufs Pferd stiege, würde mir niemand folgen. Wir brechen morgen auf.»

Bedenkt man Josephines ständige Lügen und ihr Verhalten während des Italienfeldzugs, so wundert es kaum, daß viele ihrer Biographen zu der Ansicht neigen, sie habe nie vorgehabt, ihren Mann nach Ägypten zu begleiten; daß ihr verhaltenes Lächeln und ihre scheinbare Fügsamkeit nur ihre Entschlossenheit verbargen, in Paris zu bleiben.

Doch jetzt scheint sich in ihren Gefühlen gegenüber Napoleon eine Veränderung anzudeuten, entweder aufgrund ihres von Natur aus gutmütigen Wesens und einer gewissen Dankbarkeit oder weil ihr allmählich dämmerte, was für einen außergewöhnlichen Mann sie geheiratet hatte. Mit der Zeit war sie es auch gewohnt, überall die erste zu sein, und obwohl seit dem «Tag der Katastrophe» von Scheidung anscheinend nicht mehr die Rede war, muß sie begriffen haben, daß ihr Leben als Madame Charles wesentlich anders ausgesehen hätte.

Bonaparte war «so leidenschaftlich verliebt in seine faszinierende Frau, daß er sie nach Toulon mitnahm, um den grausamen Abschied bis zum letzten Augenblick hinauszuschieben». Sie akzeptierte klaglos, daß sie bis zum Tag der Einschiffung nicht wußte, ob sie nun nach Ägypten mitfahren werde oder nicht. Am 5. Mai verließen Napoleon und Josephine Paris um vier Uhr morgens, damit die englischen Spione ihre Abreise nicht bemerkten. Als ihr Wagen in Toulon einfuhr, bot sich ihnen ein großartiges Bild. Der große Hafen war meilenweit mit Schiffen bedeckt, «deren Masten einem riesigen Wald glichen». Die Kriegsflotte erstreckte sich nahezu drei Quadratmeilen in die offene See hinaus. An Bord befanden sich 37 000 Landsoldaten, Seeleute und Seesoldaten, 1000 Zivilisten und 700 Pferde.

Als Napoleon die Admiralsbarkasse bestieg, um die Flotte zu inspizieren, flaggten die Schiffe, und alle Kanonen feuerten Salut.

Dann zog ein Sturm auf, und sie mußten sechs Tage warten, bis die Schiffe auslaufen konnten. Josephine besichtigte mit ihrem Mann das Flaggschiff, die *Orient*. Bonapartes Unterkunft war «erstaunlich luxuriös». Napoleons Bett stand auf Rollen, welche die schlingernden Bewegungen des Schiffs ausgleichen sollten. Es gab eine umfangreiche Bibliothek, vorwiegend mit Büchern über Geschichte, aber auch mit philosophischen Werken und Gedichten. Achthundert Flaschen vom besten Burgunder und eine Staatskarosse befanden sich ebenfalls an Bord.

Trotz dieses Komforts hielt es Napoleon für besser, wenn Josephine in Frankreich blieb, bis die Expedition Sizilien passiert hatte und der britischen Flotte entgangen war. Aber sie flehte ihn weiterhin an, sie mitzunehmen. Als General Alexandre Dumas, ein schwarzer Riese aus Santo Domingo (und Vater des berühmten Romanautors) eines Morgens im Quartier des Oberbefehlshabers in der Marine-Intendantur auftauchte, fand er die Bonapartes noch im Bett. Josephine, nackt unter der Bettdecke, war in Tränen aufgelöst, weil sich Napoleon, wie er Dumas erklärte, nicht entschließen konnte, ob sie ihn auf der Expedition begleiten sollte oder nicht.

Später empfing Madame Bonaparte, vollständig gekleidet und liebevoll an die Schulter ihres Gatten gelehnt, einige der Herren, die an der Expedition teilnahmen, darunter 32 Generäle des Italienfeldzugs einschließlich des getreuen Stabschefs Alexandre Berthier und Andoche Junot. Auch Louis Bonaparte und Eugène de Beauharnais begleiteten Napoleon auf dem Feldzug.

Am 18. Mai wurden einige englische Schiffe gesichtet, doch es war falscher Alarm. Die britische Admiralität, die befürchtete, die «englische Expedition» könnte ein Ablenkungsmanöver sein, hatte Nelson schließlich doch mit einem Geschwader ins Mittelmeer geschickt; aber er wurde wie die Franzosen vom Sturm aufgehalten und erreichte Toulon erst eine Woche nach dem 19. Mai, an dem die französische Flotte ausgelaufen war.

Die Bonapartes nahmen auf rührende Weise voneinander Abschied. Josephine beobachtete vom obersten Balkon der Marine-Intendantur das Auslaufen der Flotte. Es war ein majestätischer und für einen Moment auch sehr aufregender Anblick, als die überladenen Schiffe gefährlich krängten und das Flaggschiff sogar kurz auf Grund lief. Doch schließlich richtete sich die *Orient* wieder auf, und die Flotte fuhr auf das offene Meer hinaus, während die Kanonen donnerten und die Regimentskapellen an Bord spielten. Josephine sah ihnen nach, bis sie hinter dem Horizont verschwanden. Ihr Taschentuch, mit dem sie ihnen nachwinkte, flatterte im kräftigen Wind.

16

Mir ist nichts geblieben

Josephine blieb zwei weitere Wochen in Toulon, um auf Nachricht von der *Orient* zu warten. Anschließend fuhr sie zur Kur nach Plombière, das seit der Römerzeit für seine besonders bei Unfruchtbarkeit heilkräftigen Quellen berühmt war. Hier wollte Bonaparte sie abholen lassen, sobald das Mittelmeer vor Nelsons Flotte sicher war.

Der kleine Badeort in den Vogesen bestand überwiegend aus zweistöckigen Häusern, die alle durch Balkone miteinander verbunden waren. Josephine führte ein ruhiges Leben in einer kleinen Pension, besuchte täglich die heißen Quellen und schickte einen Brief nach dem anderen per Kurier nach Paris.

An Bonaparte zu schreiben, etwas, das ihr einst so schwer fiel, war ihr nun ein Bedürfnis, ja sogar ein Vergnügen. «Ich lege einen Brief für Bonaparte bei», schrieb sie an Barras, «den Sie bitte sofort an ihn weiterleiten wollen. Ich werde alle meine Briefe an ihn durch Sie übermitteln lassen und bitte Sie dringend, dafür zu sorgen, daß sie so schnell wie möglich nach Ägypten gelangen. Sie kennen ihn und wissen, wie ungehalten er wäre, wenn er nicht regelmäßig Nachricht von mir bekommen würde. Der letzte Brief, den ich von ihm erhielt, ist sehr liebevoll... Er sagt, daß ich sobald wie möglich zu ihm kommen soll... Ich habe ihn sehr gern trotz seiner kleinen Fehler.»

Für Josephines Reise nach Ägypten schickte Napoleon die Fregatte *Pomone* nach Neapel, doch als das Schiff dort eintraf, konnte Josephine wegen eines Unfalls nicht reisen.

Am Nachmittag des 20. Juni saß sie mit Gästen in ihrem Salon in Plombière. Als eine Dame vom Balkon aus rief, sie sollten sich ein besonders niedliches Hündchen ansehen, und Josephine mit den beiden Herren hinauseilte, brachen die Bodenbretter des Balkons, und alle stürzten fast fünf Meter in die Tiefe. Am schwersten verletzte sich Josephine, die teilweise gelähmt war und vermutlich auch innere Verletzungen erlitten hatte.

In den Berichten des ansässigen Arztes Dr. Martinet, die täglich per Kurier an Barras und von dort zum Hauptquartier der Orientarmee gingen, steht, daß Blutegel angesetzt und Kompressen mit Kampfer, Kognak und gekochten Kartoffeln, heiße Bäder und häufige Einläufe angewendet wurden, letztere um «den Magen offen zu halten». Aus ganz Lothringen wurden Ärzte hinzugezogen, und man schickte nach Hortense.

Josephine litt wochenlang unter Schmerzen, und sie war unglücklich, weil sie nicht nach Ägypten reisen konnte. An Barras schrieb sie, sie habe einen reizenden Brief von Bonaparte erhalten. «Er sagt, er kann nicht ohne mich leben und daß ich mich in Neapel einschiffen sollte. Ich wünschte sehr, meine Gesundheit würde mir erlauben, sofort aufzubrechen, aber ich kann keine zehn Minuten stehen oder sitzen ohne schreckliche Schmerzen in den Lenden und im Unterleib. Ich weine nur noch... Mein lieber Barras, Sie haben keine Ahnung, wie sehr ich leide!»

Doch selbst während dieser Leidenszeit konnte es Josephine nicht lassen, Barras mit Empfehlungsbriefen zu überschütten – für Dr. Martinet, seinen Sohn, seine neugeborene Tochter – sie und Barras sollten die Paten des Kindes werden –, für den Chef der Polizei und ein halbes Dutzend andere.

Am 16. August kehrte Josephine mit Hortense nach Paris zurück, wo man am selben Tag den Sieg bei den Pyramiden feierte. An den Gebäuden hingen riesige Portraits von General Bonaparte vor dem Hintergrund von Palmen und Pyramiden, und ganz Paris befand sich in einem Taumel der Begeisterung. Josephine hatte jedoch bereits die Nachricht von der darauffolgenden Katastrophe erhalten. Am 1. August war die französische Flotte bei Abukir von den Engländern angegriffen und bis auf vier Schiffe versenkt worden.

Obwohl Bonapartes Bericht von der Vernichtung der Flotte den Eindruck vermittelte, Admiral Brueys' Niederlage bei Akubir sei unerheblich und nicht zu vergleichen mit seinem eigenen Sieg über die Mamelucken bei den Pyramiden, machte sich die Regierung keine Illusionen. Die Orientarmee war von Frankreich abgeschnitten.

Nelson hatte ein kleines Geschwader vor der ägyptischen Küste zurückgelassen, aber diese Blockade war nur teilweise effektiv. Bonapartes Transportschiffe in Alexandria waren unversehrt geblieben, und die meisten seiner optimistischen Berichte gelangten im folgenden Jahr nach Paris. Ein Postschiff der französischen Armee wurde jedoch auf dem Weg nach Frankreich von den Engländern abgefangen, und so erfuhr Josephine erst einige Monate später von einem Gespräch, das ihr Leben und ihr Verhalten wesentlich beeinflussen sollte.

Während der sechswöchigen Seereise nach Ägypten hielt sich Bonaparte überwiegend in seiner Kabine auf, wo ihm Bourrienne stundenlang vorlesen mußte, hauptsächlich über Geschichte und den Islam. Aber «Josephine war fast immer das Thema unserer vertraulichen Gespräche», erinnerte sich Bourrienne. «So leidenschaftlich er den Ruhm liebte – sowohl den Frankreichs als auch den seinen –, beanspruchte doch Josephine einen Großteil der Gedanken einer Seele, die sich großen Zielen widmete. Seine Liebe zu ihr grenzte an Vergötterung.»

Nachts mußte auch auf der *Orient* alles dunkel bleiben, damit sie von den verfolgenden britischen Schiffen nicht entdeckt wurden. Tagsüber saßen die Herren des Generalstabs in der Bibliothek neben Napoleons Kabine; man unterhielt sich, las und spielte Karten. Als Napoleon sah, daß Eugène und General Berthier Romane lasen – *Paul et Virginie* von St. Pierre und Goethes *Werther*, die ihn in seiner Jugend stark beeinflußt hatten –, schnaubte er empört: «Kammerzofenlektüre! Männer sollten nur Geschichtsbücher lesen!»

Die Lebensbedingungen auf den anderen Schiffen waren miserabel. Schon vor der Besetzung Maltas am 18. Juni mußten die Seeleute und seekranken Soldaten wurmigen Schiffszwieback essen und fauliges Wasser trinken. In Malta konnte die Flotte nur wenig Lebensmittel und Wasser übernehmen, so daß sich das Leben für die Mannschaften an Bord noch verschlechterte.

Weder die französische noch die britische Flotte bemerkte, daß sie in der Nacht vom 23. Juni in einem Abstand von nur wenigen Meilen aneinander vorbeifuhren. Nelson hatte Malta erreicht, nachdem Bonapartes Flotte dort einen Tag zuvor ausgelaufen war. Nelson segelte nach Alexandria weiter, wo er vor der langsameren französischen Flotte eintraf, und verließ Abukir, den Hafen von Alexandria, wieder zwei Tage vor der Ankunft der Franzosen.

Als Bonaparte in der Bucht von Abukir ankam, ging er mit seinen Truppen trotz der rauhen See noch in der Nacht an Land und marschierte sofort weiter nach Alexandria. Die seekranken, hungrigen und durstigen Soldaten hielt nur die Aussicht auf Trinkwasser aufrecht. Alexandria kapitulierte fast sofort, und am nächsten Tag marschierten die Franzosen nach Kairo.

In der glühenden Hitze trugen die Männer die gleiche schwere Ausrüstung wie beim Italienfeldzug; nur an Wasserflaschen hatte niemand gedacht. Der Kommandant einer Vorhut berichtete, als seine Leute endlich in der Wüste an zwei Brunnen haltmachten, «wurden bei dem Ansturm auf das Wasser über dreißig Soldaten totgetrampelt; einige, die kein Wasser mehr vorfanden, begingen Selbstmord».

Die Mamelucken erwarteten sie auf einer kleinen Anhöhe zehn Meilen vor Kairo. Sie waren eine hervorragend ausgebildete Kriegerkaste, die, zusammen mit den türkischen Beys, als Feudalherren in den osmanischen Provinzen von Ägypten herrschten. Auf die Franzosen jedoch wirkten diese Turban tragenden Reiter mit Wurfspeeren, Krummsäbeln und Pistolen und einer Schar unausgebildeter ägyptischer Infanterie wie ein mittelalterliches Heer.

Bei Sonnenaufgang befahl Bonaparte, die Marseillaise zu spielen, und dann stürmten die Mamelucken unter wildem Kriegsgeschrei den französischen Divisionen entgegen, die sich zu sechs Reihen tiefen Karrees aufgestellt hatten. Zwei Stunden lang rannte die Kavallerie der Mamelucken gegen die Geschütze und geschlossenen Blöcke der Franzosen an. Als sie aufgaben und flohen, ließen sie neben ihren Toten die Art von Beute zurück, von der die französischen Soldaten geträumt hatten: perlenbesetzte Sättel, vergoldete Helme und mit Juwelen geschmücktes Zaumzeug. Am nächsten Tag zogen die Franzosen in Kairo ein.

Napoleon nannte diesen Sieg die «Schlacht bei den Pyramiden», denn diese waren in der Ferne zu sehen, und dieser Name verband sich in der Vorstellung der Franzosen für immer mit dem Namen Bonaparte und dem Ägyptenfeldzug. Ganz Europa war hingerissen von der sagenhaften Romantik dieser Schlacht und vom Bericht des Generals, wie er an jenem Tag vor seine Soldaten hingetreten war und sagte: «Soldaten! Von diesen Pyramiden blicken viertausend Jahre Geschichte auf euch herab!»

Napoleons Siegesmeldung erreichte Paris am selben Tag wie sein knapper Bericht von der Vernichtung der Flotte. Nelson war am

1. August in die Bucht von Abukir zurückgekehrt, wo die französische Flotte vor Anker lag, und hatte dreizehn der siebzehn Kriegsschiffe zerstört. Über dreitausend französische Seeleute wurden getötet oder verwundet, während die Briten kein einziges Schiff verloren. Es war das schrecklichste Blutbad, das es je bei einer Seeschlacht gegeben hatte. Die Flammen erhellten den Himmel meilenweit, und als das Flaggschiff *L'Orient* getroffen wurde, erschütterte die Explosion der Pulvervorräte das fünfundzwanzig Meilen entfernte Alexandria.

Zwei Tage vor der Schlacht bei den Pyramiden, während eines Spaziergangs in einer Oase, hatte General Junot seinen Oberbefehlshaber über Josephines Affäre mit Hippolyte Charles informiert. Warum er dies tat, weiß man nicht; möglicherweise war das Motiv seine enge Verbindung mit der Bonaparte-Familie.

Bourrienne hatte die Szene aus der Nähe beobachtet. Bonaparte, der sehr blaß geworden war, winkte General Berthier heran, als suche er Bestätigung; er schlug sich mit der Faust gegen die Stirn, und dann wandte er sich an Bourrienne: «Wenn Sie mir wirklich ergeben wären, hätten Sie mich längst über alles informiert, was ich eben von Junot erfahren habe», rief er. «Er ist ein wahrer Freund... Josephine! Und ich bin sechshundert Meilen weit fort... Ich lasse mich scheiden – ja, ich werde eine aufsehenerregende öffentliche Scheidung verlangen. Ich will nicht zum Gespött von ganz Paris werden. Ich werde Joseph schreiben, damit er die Scheidung veranlaßt.»

Als Bourrienne versuchte, ihn zu beruhigen, und meinte, er solle an seine Zukunft und seinen Ruhm denken, rief Bonaparte: «Mein Ruhm! Ich liebe diese Frau so sehr, daß ich alles dafür geben würde, wenn das, was Junot erzählt hat, nicht wahr wäre.»

Zwei Tage später schrieb Napoleon aus Kairo an Joseph, daß er in zwei Monaten wieder in Frankreich zu sein hoffe; und dann: «Der Schleier ist zerrissen... Es ist traurig, wenn ein und dasselbe Herz von so widersprüchlichen Gefühlen für einen Menschen bewegt wird... Sorge dafür, daß ich bei meiner Rückkehr ein Landhaus vorfinde, entweder bei Paris oder in der Bourgogne. Ich möchte mich dort für den Winter zurückziehen. Ich muß allein sein. Meine Gefühle sind verdorrt. An meinem Ruhm liegt mir nichts mehr. Mit neunundzwanzig Jahren habe ich alles ausgeschöpft. Mir ist nichts geblieben, außer vollkommen egoistisch zu werden... Ich habe vor, mein Haus in Paris zu behalten; niemand anderer soll es je haben.»

Dieser Brief wurde von den Briten abgefangen, zusammen mit einem Brief Eugènes an seine Mutter, der eine taktvolle Warnung enthielt. «Bonaparte ist sehr traurig gewesen nach einem Gespräch mit Junot und Berthier», schrieb Eugène. «Soviel ich verstanden habe, geht es darum, daß Charles bis drei Poststationen vor Paris in Deinem Wagen reiste, daß Du in Paris mit ihm im Theater warst, daß er Dir Dein Hündchen schenkte und daß er jetzt bei Dir ist... Ich bin sicher, das alles ist nur böser Klatsch, den sich Deine Feinde ausgedacht haben. Bonaparte liebt Dich um nichts weniger und sehnt sich nach wie vor danach, Dich zu umarmen. Ich hoffe, daß all dies vergessen ist, wenn du hierher kommst.» In seinen Memoiren schreibt Eugène, Bonaparte habe nach dem fatalen Gespräch jede Nacht in seinem Zelt mit ihm über den Treuebruch Josephines gesprochen.

Auch nach dem Verlust der Flotte trat Bonaparte in Kairo so gelassen und zuversichtlich auf, wie er sich in seinen Berichten an das Direktorium gab. Er bewohnte einen Marmorpalast wie aus Tausendundeiner Nacht und widmete sich der Verwaltung und den religiösen Problemen Ägyptens, ließ Krankenhäuser und Bewässerungsanlagen bauen und Zeitungen drucken. Auf seine Anregung hin erwog man den Durchstich des Isthmus von Suez, der jedoch erst Mitte des nächsten Jahrhunderts verwirklicht wurde.

In Kairo verkündete er, die Franzosen seien als Verbündete des Sultans gekommen, um die tyrannischen Mamelucken zu bestrafen und die Ägypter von ihrer Herrschaft zu befreien; vor allem sollte der Islam beschützt werden. Zur Feier von Mohammeds Geburtstag erschien er in einem knöchellangen Gewand und mit einem Turban auf dem Kopf, doch nach dem Gelächter, das er damit bei seinem Generalstab auslöste, und nachdem ihm auch Tallien, der seine Wochenzeitung in Ägypten herausgab, von dieser orientalischen Tracht abriet, zog er sie kein zweites Mal an.

Weder die herrschenden Beys noch die Fellachen – die ägyptischen Bauern – nahmen ihm diese Scharade ab. Sie sahen nur, daß die Ungläubigen von ihrem Land lebten und die Armen noch ärmer machten. Als einige Moscheen in Kairo zu Cafés für die französischen Truppen umfunktioniert wurden, kam es zu Straßenrevolten, und Bonaparte ordnete Vergeltungsmaßnahmen an. Als abschrekkendes Beispiel wurden jede Nacht mindestens dreißig Ägypter geköpft, und die französischen Soldaten urinierten in der Großen

Moschee von Kairo, raubten sie aus und vernichteten die heiligen Bücher.

Bonaparte beherrschte nur ein kleines Gebiet rings um Kairo, auch wenn er es in seinen Proklamationen für die Armee und in seinen Bulletins anders darstellte. Er wußte, daß die Briefe seiner demoralisierten Offiziere und Männer nicht nach Frankreich gelangten; die meisten seiner eigenen Berichte kamen an. «Hier geht alles gut...», schrieb er an das Direktorium. «Frankreich wird auf lange Sicht gesehen Herr von Indien sein; das Kabinett in London ist sich dessen vollkommen bewußt.» «Phantasie regiert die Welt», war eine seiner Maximen; und natürlich wollte er sich auch ins rechte Licht rücken, ein Motiv, das vielen seiner Aktionen in Ägypten zugrunde lag.

Dieser Feldzug sollte dank seiner weitsichtigen Planung den Europäern die Pracht und Herrlichkeit des alten Ägypten vor Augen führen. Die einzigen Artefakte jener alten Zivilisation, die man in Europa bis dahin kannte, waren Obelisken und Statuen, die einst die Römer nach Hause brachten. Die Wissenschaft der Ägyptologie wurde erfunden, als der Maler Vivant Denon ein französisches Armeekorps bis Assuan in Oberägypten begleitete und – häufig vom Sattel aus – jedes Monument zeichnete. Zurück in Frankreich schilderte er, wie die viertausend Mann starke Division vor dem Tempel von Karnak in Theben, ohne daß es befohlen wurde, in Reihen antrat, wie die Kapelle zu spielen begann und die Männer ehrfurchtsvoll die Gewehre präsentierten.

Auch der Rosette-Stein wurde in jenem Jahr entdeckt, eine schwarze Basaltplatte mit einem Text in drei verschiedenen Schriften. Dreißig Jahre später konnte Jean-François Champollion das Geheimnis der altägyptischen Hieroglyphen entschlüsseln, indem er herausfand, daß bei dieser Schrift Zeichen für Begriffe mit einzelnen Lautzeichen kombiniert wurden.

Als Bonaparte im November erfuhr, daß die britische Presse seinen Brief an Joseph veröffentlicht hatte, in dem er sein Ehedrama beklagte, ließ er ein Fest mit ägyptischen Tänzerinnen veranstalten, die ihm jedoch alle nicht gefielen, weil sie ihm zu dick waren und ein Parfüm benützten, das er nicht mochte. Doch als er die hübsche, zwanzig Jahre junge Pauline Fourès sah, hatte er gefunden, was er suchte, um in aller Öffentlichkeit Rache an Josephine zu nehmen. Pauline, eine blonde Näherin, trug noch die Uniform des Regiments ihres Mannes – einen blauen Soldatenrock und enge weiße Kniehosen –, die sie angezogen hatte, um nach Ägypten mitfahren zu können. Bonaparte schickte den Leutnant Fourès mit dringenden Depeschen nach Paris. Fourès' Schiff wurde bereits einen Tag, nachdem es Alexandria verlassen hatte, von einem Engländer aufgebracht, und der englische Kapitän, der mit dem Kairoer Klatsch vertraut war, expedierte Fourès wieder nach Alexandria. Seine Pauline wohnte inzwischen im Palast des Oberbefehlshabers, Fourès protestierte, doch der General sorgte für eine rasche Scheidung und versprach Pauline angeblich, sie zu heiraten, wenn sie ein Kind bekommen würde. Eugène mußte als Adjutant Napoleons seinen Stiefvater und Pauline bei Fahrten im offenen Wagen durch Kairo begleiten, bis er auf seine förmliche Bitte hin von dieser erniedrigenden Aufgabe entbunden wurde. Als Bonaparte im Januar 1799 nach Syrien aufbrach, ließ er Pauline in Kairo zurück mit dem ausdrücklichen Befehl, «einen Sohn zu produzieren».

Obwohl Bonaparte so tat, als wüßte er nichts von einer Kriegserklärung des Sultans an Frankreich, war dies in Kairo seit Oktober bekannt. Der Ägyptenfeldzug hatte die Folgen gezeitigt, die das Direktorium vorausgesehen hatte. Als Sultan Selim III. Frankreich den Krieg erklärte, tat dies unmittelbar danach auch der mit ihm verbündete Zar von Rußland.

Österreich, das sich infolge von Napoleons Widersetzlichkeit in der Rastatt-Angelegenheit immer noch im Kriegszustand mit Frankreich befand, schloß sich nun den Briten und Russen an in der Zweiten Koalition gegen die französische Republik. Vordringlichstes Ziel der Koalition war, die nun ihrer schlagkräftigsten Truppen beraubten Franzosen aus Italien und Deutschland zu vertreiben. Die französische Regierung geriet zusätzlich unter Druck, als in der Vendée nach dem Verlust der französischen Flotte erneut Feindseligkeiten ausbrachen und das noch stehende Englandheer zur Unterdrückung des Aufstands eingesetzt werden mußte.

Napoleon hatte vorausgesehen, daß ein neuer Krieg in Europa für die militärische Stellung Frankreichs vorübergehend fatal sein könnte, jedoch nicht für seine eigenen Ambitionen. Im Januar beschloß er eine kühne Offensive gegen das osmanische Reich und seine britischen Verbündeten. Um die osmanischen Streitkräfte zu schlagen, zog er mit 13 000 Mann durch die Wüste Sinai, das heutige Israel, Libanon und Jordanien nach Syrien.

Napoleon schien sich glücklich zu fühlen in der Wüste, die seine

Phantasie beflügelte. Sein Kopf war voll von orientalischen Träumen, den Namen des Heiligen Landes, von Kreuzfahrern und Alexander dem Großen. «Ich sah mich auf dem Weg nach Asien», sagte er später, «auf einem Elefanten reitend, mit einem Turban auf dem Kopf und die Engländer in Indien angreifend ...»

Seine Soldaten, die das Glück hatten, Frankreich wiederzusehen, hatten weniger angenehme Erinnerungen. In der erbarmungslosen Wüste litten sie unter der Hitze, den Fliegen, unter Durchfall und Durst. Als das befestigte Jaffa nach einer kurzen Belagerung kapitulierte, wurde es geplündert, und dreitausend Soldaten, Frauen und Kinder wurden nach der Kapitulation, bei der Napoleon versprochen hatte, das Leben der Besiegten zu schonen, auf seinen Befehl hin getötet – ertränkt oder erstochen, um Schießpulver zu sparen. Seine Rechtfertigung lautete, er hätte nicht beide, Gefangene und Armee, ernähren können. Die französischen Soldaten wurden gezwungen, auch diejenigen zu verfolgen, die sich, zum Teil mit ihren Kindern auf dem Rücken, schwimmend ins Meer zu retten versuchten. Ein Offizier schrieb am 11. März an seine Frau: «Früher oder später wird uns das Blut dieser dreitausend Opfer vernichten.» Einen Tag danach traten in der Orientarmee die ersten Fälle von Beulenpest auf, aber nur bei denen, wie Bonaparte behauptete, die Angst davor hatten. Um seine Behauptung zu beweisen und die Moral der Truppe zu heben – und nebenbei Stoff für eine der eindrucksvollsten Szenen des Expeditionsfeldzugs zu liefern –, half er im Lazarett von Jaffa die Leiche eines Seuchenopfers wegtragen.

Im April hatten die französischen Truppen Acre an der syrischen Küste erreicht; doch die Festung, die schon Ludwig der Heilige und Richard Löwenherz belagert hatten, hielt ihrem Ansturm stand. Wie bei der Belagerung von Mantua war Napoleon halb wahnsinnig vor Ungeduld. Zum Glück für ihn wurde er bald an anderer Stelle gebraucht. General Kléber, der die rechte Flanke der Franzosen deckte, war auf der Ebene unter dem Berg Tabor vom Pascha von Damaskus angegriffen worden. Am 15. April eilte ihm Bonaparte zu Hilfe. Die Türken flohen, als sie die französische Verstärkung anrücken sahen. In einem Bericht an das Direktorium, der erst sieben Monate später, aber gerade rechtzeitig zu Napoleons Rückkehr in Paris eintraf, war die Rede von einem großen Sieg und «der totalen Vernichtung der osmanischen Armee».

Nach einer Woche war Bonaparte wieder in Acre. «Ich habe in Acre kein Glück gehabt; Kairo ruft mich», sagte er bald danach zu seinen Offizieren. Die Sackgasse Acre stellte er dem Direktorium als einen weiteren entscheidenden Sieg dar; die Festung sei geschleift worden; es habe sich nicht mehr gelohnt, sie einzunehmen. In den Zelten vor Acre lagen zweitausend Verwundete und Seuchenkranke; trotzdem wies der General das Angebot des Kommandeurs des britischen Geschwaders vor der Küste zurück, die französischen Verwundeten an Bord zu nehmen, da er den Engländern nicht zu Dank verpflichtet sein wollte. «Das Herz der Armee war durchbohrt, als wir unsere pestkranken Männer zurückließen. Sie flehten uns an, sie nicht zu verlassen... Sobald wir abgerückt waren, wurden ihnen vom Feind die Köpfe abgeschlagen», schrieb ein Offizier in einem Brief, der von den Briten abgefangen wurde.

Während des Rückzugs der dezimierten Truppen, einem Marsch, der von Jaffa bis Kairo einem Alptraum glich – alle Schwerverwundeten und Pestverdächtigen wurden am Straßenrand zurückgelassen –, konzentrierte sich der Oberbefehlshaber auf eine Tätigkeit, die einer modernen Öffentlichkeitskampagne gleicht. In seinen Berichten an das Direktorium wurden weiterhin aus militärischen Katastrophen, Rückzügen und Massakern Triumphe über zahlenmäßig überlegene Streitkräfte. Er erwähnte weder den Mangel an Lebensmitteln und Trinkwasser noch die Pest. «Uns geht hier nichts ab», schrieb er, «wir strotzen vor Kraft, Gesundheit und guter Laune.» Im Brief eines Zivilisten an seine Familie, der den Briten in die Hände fiel, heißt es: «Der Bericht des Oberbefehlshabers, den ich beilege, wird Euch beweisen, wie sehr ein Mann lügen muß, um in der Politik zu sein»; und dann liest man *seine* Beschreibung des Rückzugs aus Syrien.

Siegesmeldungen eilten den Überresten der Orientarmee nach Ägypten voraus. Bonaparte wünschte, in Kairo wie ein Held der Antike empfangen zu werden. Gefangene und erbeutete Fahnen wurden nach Kairo vorausgeschickt, und die Armee zog mit klingendem Spiel und mit Palmwedeln an Mützen und Helmen in die Stadt ein. Bonaparte wurde von der französischen Garnison und den Muftis mit Geschenken und Weihrauch empfangen. Scheich El Bekir, ein Nachfahre des Propheten, verehrte dem General ein Araberpferd mit einem gold- und perlenverzierten Sattel; ein junger Sklave, Roustam, hielt die Zügel.

Eine Woche nach der Rückkehr aus Syrien konnte Bonaparte einen echten Sieg verzeichnen. Eine große osmanische Streitmacht – die er angeblich schon in Acre vernichtet hatte – ging bei Abukir an

Land. Bonaparte schlug sie ohne Schwierigkeiten mit zehntausend Mann. Viele Osmanen ertranken, als sie sich auf ihre Schiffe retten wollten, und Bonaparte erinnerte sich, daß «etliche tausend Turbane auf dem Wasser schwammen». In seinem Bericht an das Direktorium verdoppelte er die Zahl der feindlichen Truppen, und auch diese Siegesmeldung traf günstigerweise kurz vor seiner Ankunft in Frankreich ein.

Bonapartes Glück war wiederhergestellt, allerdings nicht auf allen Gebieten. Er hatte in Kairo sofort Pauline Fourès aufgesucht, «aber die dumme Frau ist nicht imstande gewesen, mir einen Sohn zu schenken», sagte er zu General Berthier. Pauline lachte nur und meinte: «Aber es liegt nicht an mir.» Noch hatte Bonaparte keinen Grund, ihr nicht zu glauben.

Nach dem Sieg bei Abukir ließen ihm Offiziere von britischen Versorgungsschiffen Londoner Zeitungen zukommen, weil sie hofften, die Nachricht von mehreren französischen Niederlagen in Europa werde ihn demoralisieren. Die Franzosen waren von den Österreichern aus Deutschland verjagt und in Italien von russischen und österreichischen Truppen geschlagen worden. Überdies schien sich in Frankreich eine politische Krise anzubahnen.

Doch diese Neuigkeiten waren schon etliche Monate alt, und er wußte das meiste bereits. Die Offiziere, die ihm die Zeitungen überbracht hatten, berichteten jedoch, daß Bonaparte «große Überraschung und Verärgerung vortäuschte».

Aber die Frucht war jetzt eindeutig reif, und die einzige Sorge Bonapartes war die, rechtzeitig genug in Paris zu sein, um sie zu pflücken.

17

Das ist Ihr Mann

Nachdem Josephines Ehemann nur noch einen unwesentlichen Faktor in der Machtpolitik darstellte, stand auch sie nicht mehr im Mittelpunkt des Interesses. Nur im Palais Luxembourg, der Domäne von Paul Barras, fühlte sie sich nicht an den Rand des Pariser Lebens gedrängt, und obwohl sie noch nichts von Junots Enthüllungen wußte, hielt sie die Protektion des Direktors für die beste Sicherung ihrer ungewissen Zukunft.

Der düstere Palast erstrahlte wenigstens zum Teil wieder in seinem alten Glanz; an das frühere Gefängnis erinnerte nur noch wenig. Die fünf thronähnlichen, mit rotem Samt bezogenen Sessel in den großen Salons im Erdgeschoß standen vor vergoldeten Paneelen und leuchtenden Trikoloren. Über eine monumentale Treppe und durch die berühmte Rubens-Galerie gelangte man in die Wohnung von Barras. Hier fand man ihn, die meisten Männer überragend, inmitten der üblichen Schar von Bankiers, Künstlern, Generälen, übriggebliebenen Aristokraten und Heereslieferanten.

Seit Beginn des zweiten Direktoriums nach Fructidor war die Regierung zunehmend zum Gefangenen dieser Heereslieferanten geworden, die das Direktorium über Wasser hielten. Obwohl Frankreich wirtschaftlich und finanziell besser dastand als irgendwann seit 1789, mit einer Metallwährung, die endlich das wenig geschätzte Papiergeld ersetzte, hatte sich das Land noch nicht von der Inflation der Jahre 1793–96 erholt. Alle Versuche des Direktoriums für eine Verbesserung der wirtschaftlichen Situation scheiterten, weil die Kriegsmaschine gefüttert werden mußte.

Die Regierung geriet mehr denn je in die Abhängigkeit von

Das Luxembourg, Palast und Garten. (Musée Carnavalet – Hachette)

korrupten Männern wie dem Belgier Michel Simon, der die französische Marine belieferte; Pierre Collot, der mit Napoleon und der Italienarmee Geschäfte machte; Hainguerlot, der angeblich auch Talleyrand und Fouché auf seiner Bestechungsliste hatte; und Hamelin, der in Josephines Gefolge nach Italien gereist war und wahrscheinlich auch jetzt noch die Finger in ihren Geschäften mit den Bodins und etlichen anderen Armeelieferanten hatte.

Das Direktorium war aber auch ein Gefangener der Armee. Es brauchte den «Krieg der Generäle», um mit dem Beutegut die Staatskasse zu füllen und seine Gläubiger, die Bankiers und Handelsgesellschaften, zu bezahlen. Sogar in der Außenpolitik blieb das Direktorium eine Geisel der Generäle.

In den Zeitungen erschienen erneut heftige Angriffe gegen die Direktoren. Berichte über Korruption und Bestechlichkeit in Regierungsämtern und der Finanzwelt, über die Kriminalität auf den

Straßen und die schrecklichen Verhältnisse auf den Landstraßen füllten ganze Seiten.

Barras schien angesichts dieser Vorwürfe als einziger der Direktoren gelassen zu bleiben. Er machte sich keine Illusionen über seine Unbeliebtheit. Er war als Direktor am längsten im Amt, er war der auffälligste und galt somit in der Öffentlichkeit als die Personifizierung der Regierung, der verantwortlich war sowohl für die finanzielle Erholung des Landes als auch für alles, was im zweiten Direktorium im argen lag. Seine Jagdgesellschaften in Grosbois, seine Hirschhunde, die auf den ersten Blick erkennbare Kutsche und das silberne Zaumzeug seiner Pferde, seine Empfänge im Luxembourg und seine Mätressen waren in aller Munde. Man hielt ihn für ungeheuer extravagant, und zweifellos hatte er wie viele seiner Zeitgenossen im öffentlichen Leben keine Skrupel, sich dank guter Beziehungen zur Börse und mit Hilfe der Heereslieferanten zu bereichern.

Scheinbar unerschütterlich gab er abwechselnd mit den anderen Direktoren Audienzen. Aber im Gegensatz zu früher arbeitete er jetzt nicht mehr länger als seine Kollegen und verbrachte mehr Zeit in Grosbois als in Paris. Man hatte den Eindruck, daß er das ins Trudeln geratene zweite Direktorium und die militärischen Schlappen im Frühjahr 1799 mit einem gewissen Fatalismus betrachtete.

Sowohl die Regierung als auch die Bonapartes schätzten Napoleons Chancen, nach Frankreich zurückzukehren, realistisch ein, und Josephines Sorge wurde zur Panik, als ihr klar wurde, wieviel Feindschaft ihr von der Familie ihres Mannes entgegenschlagen würde.

Die Brüder Bonaparte waren inzwischen mächtig genug, um Josephine gefährlich zu werden. Joseph und Lucien hatten politische Ambitionen, besaßen ein riesiges Vermögen und nutzten den Namen Napoleons für ihre politische Zukunft. Joseph, der die Millionen seines Bruders aus dem Italienfeldzug in einem Familienfonds angelegt hatte, zahlte Josephine zunächst widerwillig einen Teil des ihr monatlich zustehenden Betrags; doch bald blieben seine Zahlungen ganz aus.

Lucien hielt ebenso wie Joseph in einem großartigen Landsitz Hof und besuchte die bedeutenden politischen Salons in Paris. Beide Brüder sah man bei jedem Empfang von Barras, Madame de Staël und Talleyrand.

Lucien war durch eine betrügerische Wahl mit sechsundzwanzig

Jahren (anstelle der vorgeschriebenen dreißig) Mitglied des Rats der Fünfhundert geworden. Inzwischen hatte er seinen Sitz im Rat aufgegeben und war von seiner extrem jakobinischen Position abgerückt, weil er glaubte, mit den rechten Anti-Jakobinern eher an die Macht zu kommen. Seine Aufzählung der Fehltritte und Extravaganzen seiner Schwägerin, die er regelmäßig nach Ägypten schickte, war noch erbarmungsloser als die von Joseph. Diese Berichte erreichten zwar nicht ihr Ziel, aber sie wurden in England mit großem Vergnügen gelesen.

Madame Letizia, Napoleons Mutter, nannte Josephine im privaten Kreis *«la putana»* – die Hure –, aber sie war die einzige in der Familie, die zu Josephine wenn auch keine herzliche, so doch eine passable Beziehung unterhielt. Sie war wegen ihrer schlechten Gesundheit von Korsika nach Paris gekommen und lebte nun bei Joseph und Julie, wo sie ständig bedauerte, daß sie ihren neu aufgebauten und schön eingerichteten Familienbesitz in Ajaccio hatte verlassen müssen.

Ihre Töchter fühlten sich gegenüber Josephine jedoch zu keinerlei Höflichkeit verpflichtet. Elisa äußerte unverblümt ihre Verachtung für Josephine. Caroline schlug kräftig in die gleiche Kerbe, weil sie hoffte, nicht länger in Madame Campans Schule bleiben zu müssen mit Hortense als erstrebenswertem Vorbild.

Josephines hartnäckigste Feindin war jedoch Napoleons Schwester Pauline Leclerc. Sie konnte die für sie traumatischen Wochen in Mombello nicht vergessen, als sie von dieser «alten Frau» ausgestochen wurde. Ihrem Mann, Victor Leclerc, der bei der Italienarmee diente, lag sie ständig wegen mehr Geld und Beutegut in den Ohren, und Leclerc kam ihrem Drängen so eifrig nach, daß ihn der Oberbefehlshaber aufforderte, sich versetzen zu lassen. Bevor er zur Englandarmee geschickt wurde, zog er mit Pauline in ein palastartiges Haus in Paris und erwarb ein Schloß auf dem Land unweit der Besitzungen von Joseph und Lucien.

Sobald Leclerc seinen neuen Posten an der Kanalküste angetreten hatte, überließ Pauline ihr kleines Kind einer Amme und konzentrierte sich in Paris auf das ernste Geschäft, mit ihrer Schwägerin zu konkurrieren. Sie verbrachte Stunden bei Josephines Couturiers und Juwelieren und, so behauptete sie jedenfalls, bei Josephines Liebhabern, «um das Geheimnis ihres Erfolgs auf diesem Gebiet herauszufinden». «Ich bin genauso gut wie sie», sagte Pauline zu Laure d'Abrantès. «Sie hat nur mehr Erfahrung als ich.»

Der endgültige Triumph des Bonaparte-Clans schien Ende des Jahres 1798 gekommen. Inzwischen wußte Josephine und fast ganz Frankreich, daß Napoleon von ihrem Verhältnis mit Hippolyte Charles erfahren hatte. Der Inhalt des von der britischen Flotte abgefangenen Postsacks der Orientarmee war in den Londoner Zeitungen in englischer und französischer Sprache veröffentlicht worden. Obwohl Barras die Pariser Zeitungen überreden konnte, den Brief von Bonaparte an Joseph und den von Eugène an seine Mutter nicht zu veröffentlichen, wurden sie in Regierungskreisen bekannt, und ein in Frankreich abgedruckter Kommentar einer Londoner Zeitung ließ auch eine breitere Öffentlichkeit den Inhalt dieser Briefe erraten.

Die schlechten Nachrichten für Josephine bestätigten sich, als Louis Bonaparte aus Ägypten zurückkehrte. Napoleon, dem der Gesundheitszustand seines Bruders Sorgen machte, hatte die riskante Rückfahrt für Louis arrangiert. Das französische Schiff war von britischen Fregatten verfolgt worden, doch Louis war unversehrt in Frankreich gelandet und überbrachte einen nur an Joseph gerichteten Brief, der mit der Bitte endete: «Erweise meiner Frau etwas Höflichkeit und besuche sie hin und wieder. Ich bitte Louis, ihr einige gute Ratschläge zu geben.» Dieser Wink, daß er ihr verzieh, wurde Josephine nie mitgeteilt; und als sich Louis, bislang ihr einziger Freund in der Sippe, weigerte, sie zu besuchen, scheint sie einen neuen seelischen Tiefpunkt erreicht zu haben.

Paul Barras war Josephines stärkstes Bollwerk gegen die Bonaparte-Brüder, die mit dem Direktor auf gutem Fuß standen. Aber Barras reagierte offensichtlich nicht mehr mit der gleichen Bereitwilligkeit wie früher, sei es, weil er ihre ständigen Briefe um Fürsprache leid war oder weil er nicht in einen neuen Bodin-Skandal verwickelt werden wollte. Einer ihrer Briefe, in dem sie Barras bat, er möge behilflich sein, damit Louis Bodin nicht ins Gefängnis müsse, beginnt so: «Ich bedaure, Sie für eine Minute von Ihrer wichtigen Tätigkeit ablenken zu müssen, aber ich zähle so sehr auf Ihre Freundschaft, mein lieber Barras, die ich, wie ich weiß, schon häufig benötigt habe.» Und in einem anderen ähnlich apologetischen Brief schrieb sie, sie «würde sterben vor Gram, wenn ich Sie je für eine Minute kompromittieren würde». Aber das hatte sie bereits getan. Und als sich der Bodin-Skandal ausweitete – die Gesellschaft hatte angeblich Pferde für die Italienarmee requiriert, ohne dafür zu bezahlen –, schrieb sie einen Brief nach dem anderen an sämtliche

Regierungsmitglieder. An dem Tag, als Louis Bodin verhaftet werden sollte, wandte sie sich mit einem enthüllenden Brief an den Marineminister, aus dem hervorgeht, daß sie endlich begriffen hatte, in welche Gefahr sie sich mit ihren Empfehlungen begeben hatte. «Je mehr Sie mich nötigen, Bürger Minister, um so mehr fürchte ich, Sie zu kompromittieren», warnte sie ihn und fügte hinzu, wenn er in der betreffenden Angelegenheit weitergehe, «könnte es aussehen, als wäre ich diejenige gewesen, die darum gebeten hat.»

Josephine fühlte sich in Paris in zunehmendem Maß schutzlos und verfolgt; besonders eine Szene im Luxembourg konnte sie nicht vergessen. Als Talleyrand, der zwischen ihr und Madame Tallien an der Tafel saß, ihr betont den Rücken kehrte und sich ausschließlich mit Thérésia unterhielt, hatte Josephine das Gefühl, daß er von irgendeinem neuen Drama wußte – vielleicht, daß Napoleon etwas zugestoßen war oder daß man ihr etwas zur Last legte. Ein Mann wie der Bischof hätte sie niemals ignoriert, solange die Chance bestand, daß sie der General beschützte. Völlig verunsichert und mit Tränen in den Augen verließ sie den Tisch, bevor das Essen zu Ende war.

Sie war einsam, verängstigt «und so tief verschuldet», erinnerte sich Claire de Rémusat, «daß sie nicht die kleinsten Rechnungen bezahlen konnte. Da sie die Hoffnung auf die Rückkehr ihres Mannes aufgegeben hatte, nutzte sie ihren Einfluß bei den derzeit Mächtigen ... und lieferte den Bonaparte-Brüdern damit ständig nur allzu konkrete Beweise, um ihre Anschuldigungen gegen sie zu erhärten.»

Aufgrund des in London veröffentlichten Briefs von Napoleon wußte sie jetzt, daß man ihr vielleicht sogar ihr Haus nehmen würde. Ihre Sehnsucht nach einem Garten und einem eigenen Haus, nach Blumen und Tieren ging schließlich im April in Erfüllung, als sie das Schloß Malmaison erwarb, das Napoleon für zu teuer befunden hatte, als sie es vor seiner Abreise nach Ägypten gemeinsam besichtigten. Den ganzen Winter über hatte sie mit dem Besitzer, einem Bankier, deswegen verhandelt.

Malmaison war ein nur sechs Meilen außerhalb von Paris gelegenes Landgut und keinesweg zu vergleichen mit den fürstlichen Gütern der Brüder Bonaparte. Die landwirtschaftlichen Gebäude schlossen sich unmittelbar an das Wohnhaus an. Der frühere Besitzer wies darauf hin, daß sich die Bewohner des Guts dank der Weizenfelder, der zwölf Kühe, der Schweine, der 150 Schafe, der Hühner, Truthähne und Tauben selbst versorgen konnten und daß sich besonders der leichte, etwas herbe Weißwein, der hier gezogen wurde, zu einem recht beachtlichen Preis verkaufen ließ.

Madame Bonaparte besaß natürlich keine 325 000 Francs – die Kaufsumme, auf die man sich schließlich einigte. Vielleicht hat sie ein paar Juwelen verkauft, um eine Anzahlung zu leisten; möglicherweise kamen ihr auch Barras und der Bankier Ouvrard zu Hilfe, aber wahrscheinlicher ist, daß sie einfach weitere Schulden machte. Da sie das Haus mitsamt dem wenn auch altmodischen und bescheidenen Mobiliar erstand, konnte sie sofort einziehen.

Die über 120 Hektar Wald, Felder und Weingärten von Malmaison lagen am östlichen, von Pappeln gesäumten Seineufer; auf der Westseite war der Besitz nur durch einen tiefen Graben von der Straße nach St. Germain getrennt. Ein Teil des Grundstücks konnte von Passanten eingesehen werden. Böse Pariser Zungen wiederholten bald die unschuldige Bemerkung eines Nachbarn, daß man «die arme Madame Bonaparte in der Dämmerung in ihrem Garten sehen kann, wo sie, gestützt auf den Arm eines jungen Mannes, wahrscheinlich ihres Sohns, spazierengeht. Arme Frau! Vielleicht denkt sie an ihren ersten Mann, der während der Revolution getötet wurde, oder an ihren jetzigen Mann irgendwo in der ägyptischen Wüste.»

Josephine verlor nun völlig den Kopf. In ihrer Hoffnungslosigkeit schien sie unfähig, ihr Abgleiten in die Katastrophe aufzuhalten. Obwohl sie wußte, daß die Bonapartes alles, was sie tat, mit Argusaugen verfolgten, empfing sie nun wieder Hippolyte Charles, zunächst heimlich und schließlich beinahe öffentlich.

Charles war im Frühjahr aus Italien zurückgekehrt, wo er für die Handelsgesellschaft der Bodins tätig war, und als Josephine nach Malmaison übersiedelte, wurde er anfangs für einen Tag, dann aber gleich wochenlang eingeladen. Wenn Besuch kam, verschwand er. Sie stritten sich – ein kühler Brief einer gekränkten Josephine blieb erhalten – und versöhnten sich wieder.

«Dank der nahen Seine», schrieb Madame de Rémusat, die Josephine in jenem Sommer besuchte, «konnte nichts frischer oder grüner sein als die Felder und der Park von Malmaison.» In diesem grünen Paradies verbrachte Josephine den letzten Sommer des Jahrhunderts in einem Zustand der Verzweiflung.

Ihre Briefe während dieses düsteren Abschnitts ihres Lebens

triefen vor Selbstmitleid. Ihre Antwort auf ein geschäftliches Angebot von Rousselin de St. Albin, der ihr einst geholfen hatte, ihre Liebesbriefe an Hoche zurückzubekommen, endet mit den Worten: «Ihr freundlicher Brief, lieber Bürger, hat mich gerührt wegen Ihrer Anteilnahme an meiner erbärmlichen Lage... und der Gedanke, Sie zum Schutzengel zu haben, läßt mich hoffen, weniger unglücklich zu sein.»

Aber die Hauptrolle als Schutzengel war natürlich Barras vorbehalten. In den Briefen an ihn wird ihre zunehmende Panik deutlich. Zum erstenmal wendet sie sich nun in Bonapartes Namen an ihn: «Ich muß mit Ihnen sprechen, mein lieber Barras, ich muß Sie allein sehen. Um der Freundschaft willen, bitte opfern Sie eine Viertelstunde und kommen Sie entweder zu mir oder teilen Sie mir mit, wann ich Sie absolut allein antreffen kann. Ich hoffe, mein lieber Barras, daß Sie diese Freundlichkeit der Frau Ihres Freundes nicht verweigern...»

Josephine wußte nichts von den Machtspielen im Sommer 1799, vom Wiederaufleben der Jakobinerbewegung und dem Machtwechsel in der Regierung. Das zweite Direktorium existierte nicht mehr; im Frühjahr hatte die jährliche Wahl der Mitglieder der Versammlung zu einem Ergebnis geführt, das einer parlamentarischen Revolution gleichkam und praktisch auf ein neues Direktorium hinauslief. Und nach den militärischen Rückschlägen im Sommer wetterten die neuen Jakobiner gegen die «für unsere Niederlagen verantwortlichen Verräter in der Regierung».

Ein neuer Jakobinerklub rief nach der Guillotine und nach Heugabeln zur Verteidigung der Bürger und forderte den Rat der Fünfhundert auf, den vaterländischen Notstand auszurufen. Gemäßigte Franzosen waren überzeugt, daß es bald wieder zu einer Schreckensherrschaft kommen werde. Es gab sogar Gerüchte über einen neuen Wohlfahrtsausschuß.

Doch Frankreich hatte zehn Jahre nach Ausbruch der Revolution von Unruhen genug. Das zunehmend konservative Land wünschte sich ein Ende der Revolution und wollte das, was es hatte, behalten. Nur die wirklich Armen – die Pensionäre und Handwerker – hatten es sich nicht leisten können, verstaatlichtes Eigentum zu erwerben; aber Bauern, Händler und die Kriegsgewinnler hatten im Fall einer Rückkehr der Bourbonen alles zu verlieren.

Die Empörung über das gegenwärtige Regime und den nun schon acht Jahre dauernden Krieg war so groß, daß laut Benjamin Constant de Rebecque neun Zehntel der französischen Bevölkerung damals konterrevolutionär eingestellt waren. Nach Meinung vieler war Frankreich in der Tat reif für eine Diktatur. In Paris herrschte eine so völlige politische Apathie, daß die Leute zugaben, sie hätten die jüngsten gewalttätigen Aktivitäten der Jakobiner kaum bemerkt und interessierten sich nur für Essen, Klatsch und Geld; im übrigen werde «Frankreich dem Mann gehören, der für Ordnung, Sieg und Frieden sorgen werde». Das Land wartete einfach auf jemanden, der die Revolution beenden würde. Patriotischer Stolz regte sich nur im Hinblick auf General Bonaparte, der die Phantasie des Volkes mehr beschäftigte als jeder andere General.

Die Jakobiner, Barras' Wählerschaft, waren im Rat der Fünfhundert während dieser Periode eine Minderheit, aber eine sehr mächtige, und nun begann Emmanuel Sieyès, einer der vier neuen Direktoren (die anderen drei waren Jérôme Gohier, Roger Ducos und General Moulins), einen großen Teil von Barras' Macht an sich zu reißen.

Elegant formulierte Einladungen, mit Madame Bonaparte zu speisen, lockten den früheren Abbé Sieyès nicht nach Malmaison, aber die Kutschen von Gohier, dem neuen Vorsitzenden des Direktoriums, und von Polizeiminister Fouché ratterten bald über die nur zur Hälfte gepflasterte Straße nach Malmaison. Für Josephine war der gesellschaftliche Verkehr mit solchen Persönlichkeiten ein weiterer Schutzwall gegen die Familie Bonaparte und eine Möglichkeit, ihre Zukunft zu sichern.

Napoleon äußerte auf St. Helena, Gohier habe sich damals in seine Frau verliebt und Josephines Rolle sei im Brumaire für die «Ausschaltung» des letzten Kopfes in der Regierung des Direktoriums entscheidend gewesen. Gohier besuchte Josephine, wann immer sie sich in jenem Sommer in Paris aufhielt, jeden Nachmittag um vier Uhr und manchmal auch am Abend. Mit Madame Gohier, der früheren Köchin des Direktors, pflegte Josephine eine scheinbare Freundschaft.

Jérôme Gohier, während der Schreckensherrschaft Justizminister, war ein großer, stattlicher Mann von 54 Jahren, hinter dessen schwerfälligem Äußeren sich ein Don Juan verbarg. Er führte eine heimliche Liste seiner Eroberungen. Zweifellos hoffte er, seine platonischen Besuche bei Madame Bonaparte würden zu einer engeren Beziehung führen. Er riet Josephine, sich scheiden zu lassen, auch wenn sie, wie sie ihm versicherte, nur Freundschaft für Hippolyte Charles empfand. Aber diese Freundschaft, warnte er sie, «kompromittiert Sie in den Augen der Welt».

Doch eine Scheidung scheint Josephine nicht einmal in Erwägung gezogen zu haben. Ihr Verhältnis zu Charles war vielleicht bereits etwas gespannt, und ihr ganzes Denken konzentrierte sich auf ihre Sicherheit. Vielleicht spielten auch die Gefühle, die sie vor Napoleons Abreise nach Ägypten zeigte – aus Eigennutz oder aufkommender Zuneigung –, ein Rolle.

Den neu ernannten Polizeiminister Joseph Fouché kannte Josephine seit Thermidor. Unter der Protektion von Barras hatte er sich in aller Stille mit Heereslieferungen ein Vermögen geschaffen und sich als Botschafter der Republik in Mailand bereichert.

Im Jahre 1799 kamen Sieyès, Barras und Talleyrand angesichts der bedrohlich auflebenden Jakobinerbewegung zum Schluß, daß nur ein Jakobiner mit der Herausforderung der extremen Linken fertig werden könnte, und ließen Fouché zum Polizeiminister ernennen.

Wie seine drei Schirmherren und alle Königsmörder fürchtete auch Fouché eine Konterrevolution und glaubte, die einzige Möglichkeit, dies zu verhindern, sei die Übernahme der Regierung durch Bonaparte, sollte er denn aus Ägypten zurückkehren. Er fuhr beinahe ebenso regelmäßig wie Gohier in der Rue de la Victoire vor; vielleicht hatte Madame Bonaparte ja etwas von ihrem Mann gehört. Wenn man ihm glauben will, so hat er damals Josephine mit einem regelmäßigen Einkommen aus Mitteln der Polizei versorgt und diese Zahlungen angeblich während des Konsulats und der Kaiserzeit fortgesetzt. In diesem Sommer des Intrigierens und Taktierens war Fouché in jedem Lager zu finden. Er besuchte die überfüllten Salons der Brüder Bonaparte ebenso häufig wie die seines Schirmherrn Barras, und er beteiligte sich an einem Komplott mit Sieyès.

Emmanuel Sieyès, von Robespierre als «Maulwurf der Revolution» bezeichnet, war auch jetzt wieder dabei, die bestehende Regierung zu untergraben. Als politischer Philosoph und «Mann von 1789» genoß der einstige Jesuit ungeheures Ansehen. Er hatte sich für die Konstituierung des Dritten Standes als Nationalversammlung eingesetzt, war Mitglied des Konvents gewesen, hatte an der Erklärung der Menschenrechte mitgewirkt und zählte zu den Vätern der Verfassung. Er hatte nacheinander Danton und Robespierre verraten, und von ihm stammte die berühmte Antwort auf die Frage, wie er denn seine Aktivitäten während der Zeit der Schreckensherrschaft beschreiben würde: «Ich überlebte.»

Sieyès, der es gewohnt war, bei seiner Wühlarbeit keine Spuren zu hinterlassen, fühlte sich in einer Welt, in der sich jeder gegen jeden verschwor, in seinem Element. In dem extrem polarisierten Frankreich von 1799 wurde er zum Mittelpunkt für die gemäßigten Republikaner. Wie die Mehrheit der Königsmörder wollte auch er eine starke Regierung, welche die Errungenschaften der Revolution konsolidieren und eine monarchistische Restauration verhindern sollte. Doch obwohl er oft und ausführlich davon sprach, daß die Verfassung zugunsten einer stärkeren Exekutive geändert werden müsse, gab er seine weiteren Absichten nicht zu erkennen. Er arbeitete vorsichtig auf einen von ihm geführten Staatsstreich hin. Seine Idee war es, drei der Direktoren abzusetzen, Barras vorübergehend zu behalten und einen geeigneten Oberbefehlshaber für die Heimatarmee zu finden, der bald nach dem Coup wieder abberufen werden sollte.

Seine wichtigsten Verbündeten bei diesem Komplott waren Talleyrand, Fouché und Lucien Bonaparte. Sein Verhältnis zu Barras war nicht das beste; Sieyès verachtete seinen Kollegen im Direktorium, und Barras verachtete ihn, den feisten und feigen ehemaligen Priester, der aus Angst vor einem Mordanschlag jede Nacht in einem Schrank außerhalb seines Schlafzimmers im Luxembourg schlief – aber er brauchte ihn.

Es gelang Sieyès, die wichtigsten Posten im Kabinett mit seinen Leuten zu besetzen, ausgenommen den Kriegsminister General Bernadotte, der von Barras ernannt wurde. Über Talleyrand, der als Außenminister nur schwer zu halten gewesen wäre – sein unsittlicher Lebenswandel und seine finanziellen Transaktionen waren allzu bekannt –, setzten die Jakobiner zusammen mit den Brüdern Bonaparte das Gerücht in Umlauf, Talleyrand und Barras hätten «den General Bonaparte und die Crème der Streitkräfte und Wissenschaftler in die Wüsten Arabiens geschickt». Der von den Politikern verratene Bürger General war ein allgemein beliebtes Thema. Als Barras jedoch in privatem Kreis Luciens illegale Wahl in den Rat der Fünfhundert zur Sprache brachte, beschränkten die Brüder Bonaparte ihre Anschuldigungen auf Talleyrand.

Talleyrand versuchte daraufhin, die Ägyptenexpedition seinem Vorgänger Charles Delacroix in die Schuhe zu schieben, der diese erneute Kränkung aber nicht hinnahm und ohne weiteres beweisen konnte, daß Talleyrand in dieser Affäre den wichtigeren Part gespielt hatte.*

Doch Talleyrand war gar nicht unglücklich, aus einer Regierung auszuscheiden, die jetzt auch den letzten Rest an Glaubwürdigkeit verlor. Er trat zurück und ernannte einen unscheinbaren Mitarbeiter zu seinem Nachfolger. Sein Umzug vom Außenministerium in ein kleines Haus, das er sich mit seiner derzeitigen Mätresse teilte, einer Madame Grand, die angeblich so dumm war wie Talleyrand klug, erwies sich für die Planung des Coups sogar als vorteilhaft. Madame Grands Häuschen wurde zum wichtigsten Zentrum der Verschwörer.

Im August war alles für den Coup vorbereitet, nur der General fehlte noch als vorübergehend benötigtes Werkzeug. Sieyès wußte, daß es auf diesen Mann ganz wesentlich ankam, denn die Armee konnte zum Schiedsrichter bei diesem Coup werden.

Es war für Sieyès nicht einfach, den geeigneten «Degen» zu finden. Obwohl fast alle Generäle politischen Ehrgeiz besaßen und sowohl ihre Karriere als auch ihr Vermögen der Republik verdankten, sprach man im Land nur von Bonaparte. Doch Lucien Bonaparte, der annahm, daß seine dringenden Bitten an Napoleon, sofort zurückzukehren, Ägypten nicht erreicht hatten, drängte auf die Ernennung Bernadottes, der durch die Heirat mit Désirée Clary Mitglied des Clans geworden war.

Der Einfluß der Bonapartes war in diesem Jahr durch Bernadottes Ernennung zum Kriegsminister noch größer geworden. Doch sie mußten schließlich einsehen, daß mit Bernadotte bei dem geplanten Coup nicht zu rechnen war, obwohl er der richtige Mann gewesen wäre. Bernadotte war viel zu sehr Republikaner und viel zu unabhängig. So hatte er es zum Beispiel trotz vieler Bitten von Désirée und Julie abgelehnt, mit seiner Frau und der Familie von Joseph Bonaparte in einem Haus zu wohnen. Und was war von einem Mann zu halten, der nicht bereit war, sich bei einem Feldzug zu bereichern? Es hieß, er sei der einzige General gewesen, der ohne ein Vermögen aus Italien zurückkam. Für den Kauf eines kleinen Hauses in einer

* Talleyrand hatte Delacroix nicht nur aus dem Ministerium entlassen, sondern galt allgemein als der Vater des 1798 geborenen und später berühmten Malers Eugène Delacroix.

Pariser Vorstadt mußte er sich von Gabriel Ouvrard 50 000 Francs borgen, die er bis auf den letzten Sous zurückzahlte.

Wenige Wochen später, im September, war die Gefahr einer Invasion feindlicher Heere gebannt und die Macht der Neo-Jakobiner gebrochen. Zuerst traf die Nachricht vom Sieg General Brunes über die englischen und russischen Streitkräfte in Holland ein, dann von einem noch größeren Sieg über die Österreicher und Russen bei Zürich. In den Wochen darauf wurden Österreicher, Russen und Briten wieder und wieder an den französischen Grenzen geschlagen. Am 13. September erreichte eine zwei Monate alte Nachricht von General Bonaparte Paris, er habe 18 000 Osmanen bei Abukir geschlagen. Es folgten weitere Siege von General Brune über englisch-russische Streitkräfte und von General Ney am Rhein.

Sieyès beschleunigte seine Vorbereitungen. Als die Kunde vom zweiten Sieg General Brunes eintraf, bestand er als Sicherheitsmaßnahme auf einem verbalen Rücktritt des Jakobiners Bernadotte. Dem General blieb zumindest die Genugtuung, daß er seinen eigenen Brief an Sieyès persönlich der Presse übergeben konnte, in dem er dem Direktor dankte, daß er «ein Rücktrittsgesuch annahm, das ich nicht gestellt hatte».

Den ganzen verregneten Sommer von 1799 blieb Josephine in Malmaison und versuchte, nach außen hin etwas Dekorum zu wahren. Obwohl ganz Paris von Hippolyte Charles' dortigem Aufenthalt wußte, Gohier sie gewarnt hatte und sie sich der immer größeren Macht und Feindschaft des Bonaparte-Clans bewußt war, schien sie es nicht fertiggebracht zu haben, ihren Kurs zu ändern. Sie zog sich immer mehr zurück. Manchmal machte sie sich auf den Weg nach Paris, und dann ließ sie, kaum angekommen, den Wagen wieder umkehren. Nach einem solchen Tag schrieb sie aus Malmaison an Barras und berief sich erneut auf ihren Mann: «Ich bin nach Paris gekommen, um Sie, mein lieber Barras, zu sehen, aber als ich dort war, sagte man mir, daß Sie heute eine große Gesellschaft hätten», und sie bat ihn, ihr mitzuteilen, an welchem Morgen er sie zum Frühstück einladen könnte, aber sie müsse ihn allein sprechen. «Seit ich auf dem Land wohne, bin ich so scheu geworden, daß ich die große Welt fürchte. Ich bin so unglücklich, daß ich für andere nicht zum Gegenstand des Mitleids werden möchte. Sie, mein lieber Barras, lieben Ihre Freunde, selbst wenn sie in Schwierigkeiten sind.

Ich muß Sie sprechen und Sie um Rat fragen. Das sind Sie Bonapartes Frau und seiner Freundschaft schuldig.»

Ihr sicherer Hafen war immer noch bei ihren treuen Freunden Thérésia Tallien und Barras im Luxembourg. Es gibt eine Beschreibung von ihr aus der damaligen Zeit im Luxembourg: «Eine äußerst elegante, mittelgroße Frau erschien an Gohiers Arm. Es war Madame Bonaparte – Josephine –, die später Königin von Frankreich sein würde! Sie verneigte sich tief vor Madame de Staël, als sie an ihr vorüberging. Sobald sie Barras' Salon betrat, erhob sich dieser, kam auf sie zu und führte sie zu ihrem Sessel... Madame Tallien kam und setzte sich neben sie. Sie waren damals sehr eng befreundet, und nichts wies darauf hin, daß sie nur wenige Monate später in denselben Salons, wo jetzt Madame Tallien regierte, eine Herrscherin sein würde.»

Anfang Oktober konnten Josephine und Hortense je einen Brief mit der Post des Direktoriums nach Ägypten schicken. Josephines Brief an Bonaparte ist nicht mehr vorhanden, aber der von Hortense an ihren Bruder beschreibt sorgfältig Josephines tadelloses Leben in Paris und auf dem Land sowie die vielen Besuche bei Direktor Gohier und seiner Gemahlin. «*Maman* hat Malmaison in der Nähe von St. Germain gekauft. Sie lebt dort sehr zurückgezogen und empfängt nur Madame Campan und mich. Sie hat nur zwei große Gesellschaften gegeben, seit Ihr beide fort seid. Die Direktoren und alle Buonapartes waren eingeladen, aber letztere kommen nie. Nicht einmal Louis wollte bei uns bleiben und besucht uns nie... *Maman* ist sehr traurig, daß die Familie nicht freundschaftlich mit ihr verkehren will, denn es muß bedrückend sein für ihren Mann, den sie sehr liebt. Ich bin überzeugt, wenn *Maman* sicher gewesen wäre, ihn zu erreichen, wäre sie gefahren, aber Du weißt, wie unmöglich das jetzt wäre...»

Josephine schrieb eigenhändig ein Postscriptum, in dem sie Eugène mitteilte, wie sehr sie seine Rückkehr und die seines Stiefvaters herbeisehne, «besonders wenn ich Bonaparte so vorfinde, wie er war, als er von mir ging, und wie er immer zu mir hätte sein sollen; dann werde ich alles vergessen können, was ich durch Deine und seine Abwesenheit erlitten habe.»

Wollte sie sich etwas vormachen, oder war es das, was Napoleon ihre *«inconséquence»* nannte, ihre Leichtfertigkeit, oder einfach eine Bitte um Vergebung?

Weder Napoleon noch Eugène erhielt diesen Brief, der am 4. Oktober geschrieben wurde, denn zu diesem Zeitpunkt befanden sie sich bereits auf Korsika.

Anfang Oktober war alles für den Coup von Sieyès bereit – bis auf den General. Sieyès hatte sich zunächst für General Joubert entschieden, da er seine parteipolitische Einstellung für brauchbar hielt, aber Joubert fiel an der italienischen Front. Der nächste Kandidat war General Macdonald, der sich jedoch weigerte, bei der Verschwörung mitzumachen. Dann wandte sich Sieyès an den Sieger von Hohenlinden, doch General Jean Moreau zögerte.

Am 14. Oktober saß Sieyès in seinem Büro im Luxembourg und erwartete Moreaus Besuch. Der General war am selben Morgen aus Italien zurückgekehrt, und Sieyès hoffte, ihn doch noch für sich gewinnen zu können. Gerade als Moreau eintraf, brachte ein berittener Bote die Nachricht, daß Bonaparte am 9. Oktober an der Südküste gelandet sei und sich auf dem Weg nach Paris befinde.

«Das ist Ihr Mann. Er wird Ihren Staatsstreich besser ausführen als ich», sagte Moreau und ging.

18

Die Frucht ist reif

Im August 1799 beschloß Bonaparte, die Rückreise nach Paris zu wagen. Er mußte den kürzlich errungenen Sieg über die Osmanen nutzen, bevor die Wahrheit über die Ägyptenexpedition in Frankreich bekannt wurde.

Um heimlich verschwinden zu können, schickte er General Kléber zu einem Kampfeinsatz gegen einen nicht existenten Feind. Als Kléber zurückkam, fand er ein Schreiben von Bonaparte vor, in dem ihm der Oberbefehl über die geschwächte Ägyptenarmee übertragen wurde mit der Versicherung, daß er in Kürze Verstärkung erhalten werde. «Ich werde jeden Tag meines Lebens als vergeudet betrachten», schloß Bonaparte, «an dem ich nichts für die Armee tue, die ich Ihnen überlasse.» Doch erst im Juni des nächsten Jahres wurde eine kleine Hilfstruppe nach Ägypten entsandt. Als Erster Konsul behauptete Bonaparte, fünf Sechstel der Expeditionsarmee seien in die Heimat zurückgekehrt. In Wirklichkeit war es nur die Hälfte, und mehrere tausend Männer waren erblindet oder zum Krüppel geworden. Kléber wurde 1801 in Ägypten ermordet.

In der mondlosen Nacht des 22. August 1799 liefen von Alexandria zwei kleine Fregatten aus. An Bord befanden sich Napoleon, sein Koch, sein Sekretär Bourrienne, der neunzehnjährige Mameluck Roustam, vier Adjutanten, zu denen auch Eugène gehörte, und die Generäle, die Bonaparte ergeben waren – die künftigen Marschälle Murat, Berthier, Duroc, Lannes und Marmont. Junot wurde in Ägypten zurückgelassen. Von all den Offizieren, die Napoleon nahestanden, wurde er während des Kaiserreichs als einziger nicht zum Marschall befördert, vielleicht als Strafe für seine Enthüllungen über Josephine.

Während der Heimreise kam Bonaparte immer wieder auf das Glück zu sprechen. Er sei Fatalist, behauptete er, «aber alle großen Ereignisse hängen an einem Haar, und ich glaube an das Glück; doch der kluge Mann läßt nichts außer acht, was seiner Bestimmung dient.» Er brauchte in der Tat Glück, um nach der Landung in Frankreich nicht in Quarantäne gesteckt oder wegen Desertion vor ein Kriegsgericht gestellt zu werden. Doch «nichts außer acht lassend», packte er schon einmal die Bücher zusammen, die er lesen wollte, wenn man ihn internieren würde.

Während die zwei Fregatten an der afrikanischen Küste entlangschlichen, sahen sie zweimal britische Segel in der Ferne. Bonaparte erklärte seinen Begleitern, er wolle, wenn die Gefahr bestehe, daß sie von einem britischen Schiff aufgebracht würden, mit zwei oder drei von ihnen an Land gehen, um zu Fuß einen Hafen zu erreichen.

Aber sie gelangten heil nach Korsika, und Napoleon verbrachte einige Nächte im wieder aufgebauten Haus seiner Kindheit in Ajaccio – notgedrungen, denn es herrschte acht Tage Flaute. Er besuchte seine Amme, ein Festessen für vierzig Freunde und Verwandte und die wiedererstandenen Weingärten, aber immer wieder eilte er voller Ungeduld zum Hafen und verzweifelte schier wegen der totalen Windstille. Die einzigen verfügbaren Zeitungen waren zu alt, um daraus zu ersehen, ob er seine Chance in Paris bereits versäumt hatte. «Ich werde zu spät kommen», hörte man ihn murmeln, als er die jüngsten Nachrichten aus Paris las.

Doch das Wagnis hatte sich gelohnt. Als sie in Fréjus landeten, waren ihm Berichte von seinem letzten Sieg über die Osmanen bereits vorausgeeilt. Angesichts der Begeisterung, mit der er begrüßt wurde, konnte er Quarantäne und Kriegsgerichtsverfahren vergessen. Fahnen, Musik und jubelnde Menschen begrüßten ihn an jeder Station seiner Fahrt nach Paris. Als er am 12. Oktober die Hauptstadt erreichte, waren die Straßen festlich beleuchtet, und die Begeisterung der Menschen erinnerte an die frühen Tage der Revolution. Fremde riefen einander zu: «Bonaparte ist wieder da!» In den Theatern wurde Marschmusik gespielt. «Einige Bürger wurden vor Aufregung krank», berichtete die Presse. Die triumphale Fahrt durch das Land war für Bonaparte das Signal, auf das er gewartet hatte.

Als er im Morgengrauen schließlich vor seinem Haus vorfuhr und feststellte, daß Josephine nicht da war, wurde er schrecklich wütend. Unter dem überdachten Eingang erwarteten ihn die Frauen des Clans und versicherten ihm, Josephine sei zweifellos mit Hauptmann Charles geflohen. Napoleon hatte anscheinend vorgehabt, ihr zu vergeben, aber daß sie vor ihm geflohen war, kränkte ihn tief.

Sein erster Besuch galt Paul Barras im Luxembourg. Er blieb bis zwei Uhr morgens, um ihn hinsichtlich seiner politischen Zukunft auszuhorchen und immer wieder seine Entschlossenheit zu beteuern, sich von Josephine scheiden zu lassen. Barras riet ihm, die Sache philosophisch zu nehmen; aber Napoleon sagte, seine Brüder, die ihm bis Lyon entgegengefahren waren, hätten ihm Einzelheiten berichtet, und er habe ihnen versprochen, sich von ihr scheiden zu lassen, ohne sich ihre Ausreden anzuhören.

Am nächsten Tag besuchte ihn der Bankier Jean-Pierre Collot, der in Italien diverse Geschäfte mit ihm gemacht hatte. Er fand den General vor einem kräftig brennenden Kaminfeuer, empfindlicher denn je gegen das ungewohnte Pariser Klima. Als Napoleon damit herausplatzte, er werde Josephine nie wieder einen Fuß in dieses Haus setzen lassen, entgegnete Collot, er solle ihr vergeben, wenn sie zurückkäme. «Niemals!» rief Napoleon mit erhobenem Schürhaken. «Da kennen Sie mich zu wenig! Wenn ich meiner nicht sicher wäre, würde ich mir das Herz ausreißen und es in dieses Feuer werfen.»

«Ganz Frankreich blickt auf Sie», sagte Collot. «Sie sind sein Idol. Ihre Größe wäre dahin, wenn man Sie in häusliche Streitereien verwickelt sähe. Später, wenn Sie mit Ihrer Frau unzufrieden sind, können Sie sie immer noch loswerden.»

Wie unentschlossen Napoleon war, zeigt sich darin, daß er bei mehreren Personen Rat suchte. Am selben Abend noch besuchte er Fortunée Hamelin, die Josephine zu seiner Überraschung verteidigte. Er war beeindruckt von ihren Argumenten. Sie erinnerte ihn daran, daß eine Trennung zum jetzigen Zeitpunkt seinen Ruf ruinieren und ihn lächerlich machen würde. Trotzdem leerte er zu Hause Josephines Schränke – vielleicht aus Furcht, ihr gegenüber schwach zu werden – und schickte alle ihre Kleider hinunter in die Portiersloge, wo sie Josephine am nächsten Morgen fand, als sie nach einer achtundvierzigstündigen Reise mit Hortense schließlich im dicken Nebel in der Rue de la Victoire ankam.

Josephine hatte bei den Gohiers zu Abend gegessen, als über die neu eingerichtete Telegrammpost die Nachricht von Eugène eintraf, er und der General seien in Fréjus gelandet und auf dem Weg nach Paris. Kreidebleich verließ sie den Tisch mit der Entschuldigung: «Ich muß ihn erreichen, bevor seine Brüder mit ihm sprechen können.» Doch als sie mit Hortense in Lyon ankam, hatte der General die Stadt bereits auf einer anderen Route nach Paris verlassen.

Erschöpft langten die beiden Frauen vor dem Haus in der Rue de la Victoire an. Napoleon hatte sich im Ankleidezimmer eingeschlossen. Josephine weinte und klagte mit ihrer unwiderstehlichen Stimme, daß sie alles erklären könne. Nachdem sie mehrere Stunden auf der obersten Stufe der schmalen Treppe gesessen hatte, rief sie Eugène und Hortense, die sich in ihren Mansardenzimmern aufhielten, zu Hilfe, und dann sank sie entkräftet in Ohnmacht. Der General riß schließlich die Tür auf, und die stürmische Szene, die sich danach im Schlafzimmer abspielte, war im ganzen Haus zu hören. Als Lucien am folgenden Morgen erschien, um seinem Bruder politische Schachzüge und weitere Details vom anstößigen Lebenswandel seiner Frau zu unterbreiten, empfingen ihn die beiden im Ehebett.

Den Ruf zur Macht glaubte Bonaparte vernommen zu haben, als ihn die Menschen auf den Straßen mit spontanem Beifall begrüßt hatten. Nur die Mittel zur Ergreifung dieser Macht waren noch unklar.

Als er am folgenden Tag vor dem Rat erschien – braungebrannt, mit kurzem, ungepudertem Haar und einem türkischen Krummsäbel unter der breiten Schärpe – und mit peinlicher Weitschweifigkeit verkündete, sein Pflichtgefühl habe ihn zurückgerufen, wurde er wiederholt von ärgerlichen Zwischenrufern unterbrochen. Doch niemand unternahm etwas gegen ihn, obwohl Bernadotte das Direktorium unmittelbar nach Bekanntwerden von Napoleons Rückkehr gewarnt hatte, daß kein Augenblick zu verlieren sei, um den General wegen Verlassens seines Postens vor ein Kriegsgericht zu stellen.

Obschon Bonaparte noch nicht genau wußte, welchen Weg durch das Dickicht der Intrigen er nehmen sollte, stand für ihn fest: Nur ein Mann, der deutlich über den Parteien stand, also weder Jakobiner noch ein Reaktionär war, konnte die Regierung entmachten. Und so begann er wieder wie schon vor zwei Jahren, den klugen Bürger zu spielen, der moderate Ansichten hatte, keinerlei Ehrgeiz an den Tag legte und über jeden Parteienzwist erhaben war. Abordnungen, besonders des Militärs, wurden nicht empfangen; in der Öffentlichkeit sah man ihn nur anläßlich zweier Besuche bei den Invaliden, wo er die Veteranen des Italienfeldzugs umarmte. Und Josephine sekundierte ihm – allerdings unbeabsichtigt – in den drei hektischen Wochen vor dem Staatsstreich am 9. November. Wenn Politiker in die Rue de la Victoire zu Besuch kamen, saß Napoleon mit seiner Frau vor dem Kaminfeuer, spielte Backgammon und bot das vollendete Bild vom Familienmenschen und Bürger General Bonaparte.

Doch bereits eine Woche nach seiner Rückkehr nach Frankreich begriff Napoleon, daß er sich beeilen mußte. Obwohl der fehlgeschlagene syrische Feldzug noch nicht bekannt geworden war und immer noch die irreführenden Berichte aus Acre eintrafen, erregte sein Erscheinen in der Öffentlichkeit bereits weniger Interesse. Siegreiche Generäle wie Ney, Masséna und Brune waren die neuen Helden, und die militärische Situation war enttäuschend stabil. Einige Zeitungen, besonders die linken Blätter, beschäftigten sich kritisch mit Napoleon und äußerten sogar die Meinung, er habe Ägypten nur deshalb so plötzlich und heimlich verlassen, um einer Meuterei seiner Armee zuvorzukommen.

Lucien Bonaparte und Talleyrand drängten ihn, sich mit Emmanuel Sieyès und dessen Partei der Liberalen und Gemäßigten zu verbünden. Aber trotz der fertigen Pläne dieser Gruppe für einen Coup und eine Verbesserung der Verfassung brachte es Bonaparte nicht über sich, «diesem Pfaffen» zu vertrauen, der seiner Meinung nach aussah wie eine Leiche. Auch für den Denker und Philosophen Sieyès hatte er nichts übrig als seine übliche Verachtung aller Ideologen.

Eine ganze Woche wurde vertan, zum Teil wegen absurder persönlicher Skrupel. Bei einem Diner, das Gohier, der gerade den Vorsitz im Direktorium führte, zwei Tage nach Josephines Rückkehr für den General gab, sprach Bonaparte während der ganzen Mahlzeit kein Wort mit Sieyès. Er war beleidigt, weil er bei seinem offiziellen Besuch des Direktors Sieyès ein paar Stunden zuvor nicht mit allen militärischen Ehren begrüßt worden war und weil man ihn hatte warten lassen und die Türen der Ratskammer nicht ganz geöffnet hatte, wie man das früher für die Prinzen von Geblüt und auch jetzt noch für berühmte Persönlichkeiten tat.

Sieyès seinerseits war empört über Bonapartes offen gezeigte

Verachtung und verabschiedete sich unmittelbar nach dem Essen. Bevor er ging, flüsterte er Gohier noch ins Ohr: «Haben Sie das Benehmen dieses überheblichen kleinen Mannes mir gegenüber bemerkt? Wir hätten ihn erschießen sollen.»

Bonaparte ärgerte sich kurz darauf beinahe ebenso über Gohier. Nach einigem Hin und Her hatten sich die Direktoren doch entschlossen, den General zu rügen, weil er seine Armee verlassen hatte; außerdem verlangten sie ein klärendes Wort zu den Gerüchten, er habe aus Italien ein Vermögen nach Hause gebracht. Gohier versuchte, ihn zu verteidigen, indem er sagte: «Das Direktorium ist überzeugt, daß Ihre Lorbeeren das Wertvollste sind, was Sie aus Italien mitbrachten. Wir wissen jedoch», fuhr er fort, «daß Sie nicht untätig bleiben wollen, während die Armeen der Republik an jeder Front siegreich kämpfen. Das Direktorium wünscht, daß Sie den Oberbefehl über eine dieser Armeen, die Ihnen die liebste ist, übernehmen.» Bonaparte sah darin den Versuch, ihn aus Paris zu entfernen, und lehnte ab mit der Begründung, seine Gesundheit sei noch schonungsbedürftig. Nach dieser Sitzung wußte er, daß er eine Entscheidung treffen mußte und daß er anscheinend nur die Wahl zwischen zwei Parteien hatte – entweder die von Sieyès oder die von Barras.

Doch erst einmal legte er sich ins Bett, angeblich, weil er unter dem Wetter litt; in Wirklichkeit war er krank vor Unentschlossenheit. Er war nervös wie am Vorabend einer Schlacht. «Ich übertreibe alle möglichen Gefahren», sagte er später vertraulich zu General Bertrand. «Ich bin entsetzlich aufgeregt, obwohl ich vielleicht völlig gelassen wirke. Sobald ich jedoch eine Entscheidung gefällt habe, konzentriere ich mich ausschließlich darauf, sie mit Erfolg in die Tat umzusetzen.»

Schließlich fällte er seine Entscheidung. Auf St. Helena sagte er, er hätte damals lieber mit Paul Barras zusammengearbeitet; aber der Direktor habe ihn beleidigt, als er am 30. Oktober bei ihm speiste. Sie waren übereingekommen, daß eine Republik nach amerikanischem Vorbild, «aber ohne den Föderalismus», für Frankreich die beste Lösung sei, und dann hatte Barras irgendeine politische Null für die Führung der französischen Republik vorgeschlagen und gesagt, Bonaparte wolle zweifellos wieder ins Feld und den Befehl über die Italienarmee übernehmen.

Napoleon empörte sich immer noch, als er dieses Gespräch später wiedergab. Barras habe nur die Tatsache verschleiern wollen, daß er sich selbst schon als Präsidenten sah. Er wollte den Namen Barras nie wieder hören; der Mann sei ohnehin sowohl politisch als auch in der öffentlichen Meinung erledigt gewesen. Er erwähnte nicht, daß er unmittelbar nach dem Essen mit Barras im Luxembourg einen Stock tiefer Sieyès in seiner Wohnung aufsuchte und ihm erklärte, er könne nun definitiv auf ihn zählen.

Barras versicherte er bis zum letzten Tag vor dem Coup, daß alles, was geschehen würde, im Rahmen des Gesetzes bleiben und nichts ohne das Wissen des Direktors unternommen werden würde. Fragte ihn jemand nach Barras' Rolle in der Verschwörung, antwortete er stets: «Barras gehört zu uns.» Und während das Ehepaar Bonaparte fast allabendlich mit Barras speiste, glaubte Josephine wie viele andere und auch Barras selbst, daß ihr Mann nichts ohne ihren gemeinsamen Beschützer unternehmen würde.

Nachdem sich Bonaparte entschlossen hatte, auf die Sieyès-Karte zu setzen, begann er, die führenden Männer aller Parteien auszuhorchen, wobei er jedes Interesse an einer Rolle für sich bestritt. Er wolle nur eine auf demokratischen Prinzipien aufgebaute Republik. Er versprach nichts und verlangte keine Garantien. Zu den Offizieren, von denen sich viele auf unverdientem Urlaub in Paris aufhielten, ohne daß die Regierung dagegen zu protestieren wagte, sagte er, die ganze Zivilverwaltung sei korrupt und sollte ersetzt werden. Den Rechten gegenüber äußerte er, Barras sei ein gefährlicher Demokrat, der Frankreich revolutionieren wolle, und den Jakobinern versicherte er, daß alles im Interesse der Republik getan werde. Die Bankiers waren sofort auf seiner Seite, als sie hörten, daß sie mit Anti-Jakobinern zusammenarbeiten würden.

Aber Bonaparte brauchte auch die Unterstützung der Intellektuellen, die in Frankreich die öffentliche Meinung bestimmten. Er sprach mit den Mitgliedern des Institut de France, den überlebenden Enzyklopädisten, über die Aufrechterhaltung der Republik, wie wichtig es sei, sich an die Verfassung zu halten, und versicherte ihnen, die bevorstehenden Ereignisse würden die Grundsätze von 1789 wiederherstellen. Sobald das Direktorium gestürzt sei, werde er ihre Entscheidung erwarten, wie er seinem Land am besten dienen könne.

«Er ließ es zu», schrieb ein Historiker, «daß ihn ein gewaltiges Mißverständnis, gepaart mit seinem allgemeinen Ansehen, an die Macht brachte.»

In den letzten Tagen... vor dem Coup richtete Napoleon eine besondere Bitte an seine Frau. Er wollte auf keinen Fall einen Bruch mit den linksstehenden Militärs riskieren. Die meisten seiner dortigen Rivalen hatte er neutralisieren können, aber um General Bernadotte, den störrigsten von ihnen, zu umgarnen, benötigte er Josephines Hilfe. Désirée Bernadotte und Napoleon hatten sich seit 1795 in Marseille nicht mehr gesehen; nun begegneten sich die Ehepaare fast täglich in einem der Häuser der Familie Bonaparte. Zwischen den beiden Männern bestand eine unverhohlene Feindschaft. Napoleon wußte, daß Bernadotte seit seiner Rückkehr aus Ägypten jede Gelegenheit genützt hatte, um deutlich zu machen, was er von einem Mann hielt, der seine Armee im Stich gelassen hatte. Als er an einem offiziellen Diner für Bonaparte teilnehmen sollte, erklärte er, er habe nicht die Absicht, mit einem möglicherweise von der Pest infizierten General zu speisen.

Vor einer gemeinsamen Fahrt nach Mortefontaine, dem Landsitz Josephs, bat Napoleon Josephine, ihren ganzen Charme auf das Ehepaar Bernadotte zu konzentrieren. Doch sie hatte anscheinend nicht den beabsichtigten Erfolg. Kaum in Mortefontaine angekommen, lief Désirée zu ihrer Schwester Julie und ahmte Josephines, wie sie es nannte, schmachtendes Kokettieren und schmeichelndes Benehmen nach.

Der zwei Tage währende Besuch in Mortefontaine war von Spannungen geprägt. Désirée war immer noch eifersüchtig auf Josephine, und Napoleons Versuche, mit Jean Bernadotte ins Gespräch zu kommen, blieben fruchtlos. Mehr als eine gewisse Neutralität am Tag des Staatsstreichs konnte er sich von Bernadotte nicht erhoffen.

Im Vertrauen, daß Frankreich nun hinter ihm stehe, informierte Napoleon Sieyès, daß der Coup am 9. November (18. Brumaire) stattfinden solle. Zunehmend fieberhafte Besprechungen beanspruchten die nächste Woche. Da alle fünf Direktoren im Palais Luxembourg wohnten und sich gegenseitig bespitzelten, wurde das Intrigenspiel immer komplizierter. Man traf sich im Luxembourg bei Sieyès, im Haus von Joseph Bonaparte und bei Talleyrand. Die Nummer 6 in der Rue de la Victoire war in jenen Tagen jedoch das wichtigste Zentrum für eilige Zusammenkünfte und Verabredungen. Und Joseph Fouché sorgte dafür, daß die Polizei nicht störte.

Die meisten kannten nicht den gesamten Verschwörungsplan, sondern nur ihre eigene kleine Rolle darin. Viele glaubten, sie würden die Republik retten, indem sie nur ihre äußere Form veränderten.

Josephines Nachmittage und Abende «chez nous» waren nicht nur die perfekte Tarnung, sondern auch eine ideale Möglichkeit, diejenigen zu versammeln, die irregeführt oder von Napoleon noch gewonnen werden mußten. «Die Gespräche in diesem Haus schienen sich einzig um Mode und Pferde zu drehen», aber der überfüllte Salon und das Vorzimmer waren nur der Durchgang zu Napoleons kleinem Arbeitszimmer im hinteren Teil des Hauses, wo er einzelne Generäle, Bankiers und Abgeordnete empfing, um herauszufinden, auf welcher Seite sie am Tag des Coups stehen würden. Alle Hauptakteure nahmen an diesen Gesellschaften teil, aber auch solche, die kleine Nebenrollen spielten: junge Offiziere und hübsche Mädchen wie Pauline Leclerc und Hortense. Roustam, der Mameluck, jetzt Napoleons Leibwächter und Bursche, servierte in seinem exotischen Kostüm den Tee.

Josephine hatte noch keine genaue Vorstellung davon, was eigentlich gespielt wurde; und nicht nur sie. Ihr alter Freund Antoine Arnault besuchte sie eines Tages und fand die übliche Gesellschaft vor. Josephine saß, die Teetasse in der Hand, auf dem Sofa zwischen Gohier und Fouché, der eben von einem geheimen Treffen bei Talleyrand gekommen war. Als Gohier sich erkundigte, was es Neues gebe, antwortete Fouché: «Eigentlich nichts, Bürger Direktor, nur die gleichen alten Geschichten von einer Verschwörung.» «Eine Verschwörung?» fragte Josephine. «Ja, eine Verschwörung», antwortete Fouché. «Aber wenn etwas Wahres daran wäre, könnte man die Beweise wohl schon auf der Place de la Révolution sehen», womit er meinte, daß die Guillotine bereits am Werk wäre. Dabei lachte Fouché schallend, aber Josephine wirkte schockiert. «Aber Bürger Fouché», sagte sie, «wie können Sie über so etwas lachen?» Und Gohier meinte wichtigtuerisch: «Keine Sorge, Bürgerin. Daß der Minister in Gegenwart von Damen über solche Dinge spricht, beweist, daß die Gerüchte grundlos sind. Folgen Sie dem Beispiel der Regierung, Madame. Geben Sie nichts auf Gerüchte und schlafen Sie ruhig.» Bonaparte stand während dieser Szene an den Kamin gelehnt und lächelte.

Napoleon war glücklich, wieder in Josephines beruhigender Nähe zu sein. Er schilderte Talleyrand «das unendliche Vergnügen», das ihm das Zusammenleben mit seiner Frau bereitete. Inmitten all dieser fieberhaften Aktivitäten schien er Zeit gefunden zu haben, Josephine mehr als nur seine Anerkennung für ihre Hilfe zu beweisen. Zwei Tage vor dem Staatsstreich schrieb sie an ihren Anwalt, sie sei sehr glücklich und Bonaparte «liebevoller denn je». Philippe de Ségur, der wie manche anderen glaubte, Josephine habe von all den Intrigen der Verschwörung gewußt, schrieb: «Ihre Diskretion, ihre Anmut, ihr sanftes Wesen, ihre kühle Haltung, ihre Schlagfertigkeit und ihr Witz waren eine große Hilfe. Sie rechtfertigte Bonapartes Vertrauen in sie.»

Eine Woche später war alles bereit. Der Plan sah vor, die zwei Kammern der Legislative nach St. Cloud vor Paris zu verlegen, weil man glaubte, daß sie, umgeben von Truppen unter Bonapartes Kommando und außerhalb der Hauptstadt, eher dazu gebracht werden könnten, für eine «Verbesserung der Verfassung» zu stimmen.

Zuvor mußte eine drohende Gefahr erfunden werden. Lucien und einige Abgeordnete des Rats der Fünfhundert sollten Gerüchte von einer terroristischen Jakobinerverschwörung verbreiten, die beabsichtige, die gemäßigten Direktoren zu ermorden und die liberaleren Abgeordneten in den beiden Kammern auf die Guillotine zu schicken. Dies sollte als Vorwand dienen, damit der Rat der Alten General Bonaparte das Kommando über die Pariser Truppen erteilte.

Für einen legalen Sturz des Direktoriums mußten noch mindestens drei Direktoren zum Rücktritt überredet werden. Sieyès und sein Anhänger Ducos waren natürlich sichere Kandidaten; vielleicht auch Moulins. Barras und Gohier hingegen mußten geschickt überlistet werden. Barras sollte weiterhin glauben, daß ohne ihn nichts unternommen werde, und Gohier, daß überhaupt nichts im Gange war. Sieyès wäre erstaunt gewesen, hätte er vom gesamten Ausmaß des Plans gewußt, denn sein Ziel war nicht der Sturz der Regierung, sondern ihre Konsolidierung und eine von beiden Kammern bestätigte Verfassungsänderung. Bonaparte, der zumindest einen gewissen demokratischen Anschein wahren wollte, lieferte bewußt nicht zu viele Details.

Die Schwachstelle seines Plans war die Haltung der Armee. Die Generalität war eifersüchtig auf ihn; die jakobinischen Offiziere würden einen Sturz der Regierung kaum befürworten. Auf die Pariser Truppen konnte er sich verlassen – die meisten hatten in Italien unter ihm gedient –, aber die «undisziplinierten und ultrademokratischen» Grenadiere der Garde des Direktoriums waren ein Unsicherheitsfaktor. Doch auf zwei Männer konnte sich Bonaparte verlassen, auf seinen Schwager General Leclerc und auf Joachim Murat, der alles tun würde, um die Hand von Caroline Bonaparte zu erringen.

Nach einem offiziellen Diner, das die zwei Kammern am 6. November 1799 zu Ehren der Generäle Moreau und Bonaparte gaben, wußte Napoleon definitiv, daß er auf die jakobinischen Generäle nicht zählen konnte. Das Essen fand im Tempel des Sieges, der ehemaligen Kirche St. Sulpice, statt. Es war eiskalt. Der Nebel drang in die Halle, und draußen ging der Regen in Schnee über. Auf dem früheren Altar stand noch eine Statue der Göttin der Vernunft. Napoleon ließ deutlich erkennen, daß er nur ungern gekommen war, und saß finster und wortlos am Tisch. Zu den Gästen zählten die Direktoren und die wichtigsten Politiker. In der angespannten Atmosphäre – einige wußten, andere glaubten, daß eine Verschwörung bevorstand, doch kaum jemand wußte, wer daran beteiligt war und wer nicht – wurde während des ganzen Essens kaum gesprochen. Die Tafel war für 250 Personen gedeckt. Bonaparte hatte sich aus Furcht, vergiftet zu werden, sein eigenes Brot, eine Flasche Wein und eine Birne mitgebracht. Sobald die Tischreden gehalten waren, erhob er sich und ging. Draußen empfingen ihn wie bei seiner Ankunft sowohl Hoch- als auch Protestrufe; für letztere machte er die Ultra-Republikaner verantwortlich, da die jakobinischen Generäle Jourdan, Augereau und Bernadotte nicht zu dem Festakt erschienen waren.

Am nächsten Morgen war Bonaparte jedoch wieder bester Laune. Er summte vor sich hin, während er die letzten Plakate und Flugblätter korrigierte, die im Lauf des Tages in Druck gehen sollten. Um Jérôme Gohier in Sicherheit zu wiegen, lud er sich und Josephine für den Abend des 9. November bei den Gohiers zum Essen ein. Alle ranghohen Offiziere, deren Haltung nicht eindeutig war, wurden aufgefordert, sich am 9. November morgens um halb sieben im Haus von General Bonaparte einzufinden. Ein besonderer Grund wurde nicht angegeben; jeder glaubte, nur er allein sei bestellt worden. Am Vorabend wurden in einem Zimmer der Tuilerien hinter geschlossenen Läden Briefe an diejenigen Mitglieder des Ältestenrats geschrieben, von denen man glaubte, daß sie mit den Verschwörern sympathisierten. Um fünf Uhr morgens wurden die Briefe zugestellt.

Josephine saß an dem nebligen Abend des 8. November an ihrem Schreibtisch und schrieb auf Wunsch ihres Mannes an Gohier: «Kommen Sie morgen früh um acht mit Ihrer Frau zu mir zum Frühstück, mein lieber Gohier. Versäumen Sie es nicht. Ich muß sehr wichtige Dinge mit Ihnen besprechen.» Eugène, der zu einem Ball ging, lieferte den Brief ab.

Dann ließ Napoleon Bourrienne kommen. «Barras erwartet mich heute abend um elf», sagte er. «Nehmen Sie meinen Wagen und sagen Sie ihm, daß ich nicht kommen kann, daß ich Kopfschmerzen habe und zu Bett gegangen bin; er brauche sich jedoch keine Sorgen zu machen. Gehen Sie nicht auf Fragen ein. Kehren Sie so bald wie möglich zurück, und dann kommen Sie in mein Zimmer hinauf. Morgen wird unsere Arbeit getan sein. Ich will ihn heute abend nicht sehen.»

Als Bourrienne zurückkam, berichtete er, Barras habe ihn ausgefragt. Er habe ihm in die Augen gesehen und gesagt: «Ich verstehe. Bonaparte hat mich hereingelegt. Er wird nicht zurückkommen. Es ist zu Ende. Und dabei verdankt er mir alles.»

19

In die Klauen von Geiern

Am Morgen des 9. November, des 18. Brumaire, war es um halb sieben noch zu dunkel, als daß sich die Uniform tragenden Offiziere, die auf Bonapartes Haus zuritten, erkennen konnten. Jeder dieser Männer hatte erwartet, privat empfangen zu werden, und nun hatten sie in dem Gedränge der dunklen schmalen Straße Mühe, ihre Pferde unter Kontrolle zu halten.

Bald waren Hof und Garten, über dem der erste Frost lag, und schließlich auch das Haus voll von Militärs mit rasselnden Säbeln und klirrenden Sporen.

Während Josephine die Herren begrüßte, nahm Bonaparte «heiter wie am Morgen vor einer Schlacht» einige von denen, die offenbar zögerten, beiseite, um sie zu überzeugen. Bernadotte kam in Zivil zusammen mit Joseph Bonaparte. Er wirkte zornig und wollte seinen Schwager zur Rede zu stellen. In Napoleons Arbeitszimmer kam es zu einer lautstarken Auseinandersetzung. «Sie sind nicht in Uniform, Bernadotte.» «Ich bin gekleidet wie immer, wenn ich nicht im Dienst bin.» «Sie werden in Kürze im Dienst sein.» «Ich werde an keiner Rebellion teilnehmen.» Napoleon versuchte es mit Schmeicheleien und Drohungen und betonte, sein einziger Ehrgeiz sei es, sich «nach der Rettung der Republik» mit einigen Freunden nach Malmaison zurückzuziehen. Aber er konnte Bernadotte einzig das Versprechen entlocken, er werde sich während der kommenden Ereignisse neutral verhalten. Joseph wurde befohlen, seinen Schwager nach Hause zu bringen und ihn nicht aus den Augen zu lassen.

Zwei Männer, auf die es an diesem Tag wesentlich ankam, wurden noch erwartet. Bonaparte wollte, daß Gohier, der Präsident des Direktoriums, auch in der neuen Regierung ein Amt übernahm. Und ebenso wichtig war, daß General Lefebvre blieb.

Lefebvre, jetzt Militärgouverneur von Paris, war überzeugter Republikaner – ein großer, barscher Mann mit einem weichen Herzen, der ebenso frei von der Leber weg redete wie seine Frau Catherine, die ehemalige Wäscherin und später berühmte Madame San Gêne.

Bonaparte führte ihn in das kleine Arbeitszimmer, überreichte ihm den Degen, «den ich in der Schlacht bei den Pyramiden getragen habe», und forderte ihn auf, bei der Rettung der Republik mitzumachen. Lefebvre stellte nur eine Frage: «Und Barras?» Und Bonaparte antwortete: «Barras ist auf unserer Seite.» Daraufhin stürzte General Lefebvre mit Tränen in den Augen und fluchend auf den Hof. «Werfen wir dieses Advokatengesindel in den Fluß!» Damit war sichergestellt, daß Bonaparte den Befehl über die Pariser Truppen übernehmen konnte. Nur die Unterstützung der Parlamentswache war noch ungewiß.

Der nächste Schachzug erwies sich als weniger glücklich. Jérôme Gohier hatte Verdacht geschöpft, nicht zuletzt aufgrund des ungewöhnlich zeitigen Frühstücks, zu dem ihn Madame Bonaparte gebeten hatte, und schickte seine Frau allein in die Rue de la Victoire. Als Bonaparte stirnrunzelnd fragte, warum der Präsident nicht mitgekommen sei, und auf Gohiers Erscheinen bestand, schrieb Madame Gohier ihrem Mann eine Nachricht und warnte ihn.

Josephine versicherte ihr vergeblich, daß die Anwesenheit des Präsidenten überaus wichtig sei. Madame Gohier hätte doch verstehen müssen, sagte sie, daß es sich bei der Nachricht, die sie eigens durch ihren Sohn Eugène hatte überbringen lassen, um eine wirklich wichtige Sache handle. Im übrigen sei sie beauftragt, ihr mitzuteilen, es sei Bonapartes Wunsch gewesen, daß der Präsident freiwillig zurücktreten möge, um danach Mitglied in der vom General neu gebildeten Regierung zu werden.

Inzwischen war es acht Uhr. Bonaparte hatte bereits drei Boten zu den Tuilerien geschickt, wo der Rat der Ältesten seit einer Stunde tagte, aber das Dekret, das ihn zum Oberbefehlshaber der Pariser Streitkräfte ernennen sollte, war noch nicht eingetroffen, und er konnte die Armeeführer, von denen einige noch immer zögerten, nicht ewig festhalten. Die Offiziere ahnten nicht, daß sie praktisch seine Gefangenen waren; eine Dragonerabteilung am Eingang hatte nämlich Anweisung, jeden am Verlassen des Hauses zu hindern.

Um halb neun traf endlich die Ernennungsurkunde ein. Darin hieß es, die beiden Räte wollten zur Gewährleistung ihrer Sicherheit in den Palast von St. Cloud umziehen. Bonaparte sei für ihren Schutz verantwortlich und werde hiermit zum Kommandanten aller Truppen im Pariser Bezirk ernannt.

Bonaparte ging mit dem Erlaß in sein Arbeitszimmer und änderte ihn dahingehend, daß auch die Parlamentswache unter seinem Kommando stehe. Als er dann auf der obersten Stufe des Eingangs erschien und das Dekret verlas, stand der immer noch sichtlich gerührte General Lefebvre neben ihm. Dieser Anschein von Legalität zerstreute die letzten Zweifel der Generäle, die in Beifallsrufe ausbrachen und ihre Degen schwenkten. Napoleon ging noch einmal kurz ins Haus und rief Bourrienne zu: «Gohier ist nicht gekommen – um so schlimmer für ihn.»

Dann stieg er auf seinen Rappen und ritt mit seinem Generalstab in einem Meer wippender Trikolorefedern zu den Tuilerien. Eine bleiche Novembersonne glänzte auf den Epauletten und den goldbestickten Uniformen. Nur Bonaparte, der an der Spitze der rund sechzig Offiziere ritt, trug seine schlichteste Uniform und den zu großen Hut, den wir von tausend Abbildungen kennen.

General Sébastianis Truppen waren bereits postiert auf der Place de la Révolution, in den Tuileriengärten und rings um das Schloß, dem Sitz des Rats der Alten. Als Bonaparte mit einem Dutzend Generälen die Versammlungshalle betrat, herrschte unter den Abgeordneten einige Verwirrung. Die Truppen rings um die Tuilerien sowie das Fehlen vieler ihrer Kollegen hatte ihnen endlich bewußt gemacht, daß der Aufruf zu dieser frühzeitigen Sitzung nicht von den Direktoren ergangen war. Der Vorsitzende des Inspektorenausschusses hatte die Sitzung um sieben Uhr eröffnet mit dem Hinweis auf ausländische Verschwörungen und «Konspirationen», ein Wort, das böse Erinnerungen weckte. «Das Skelett der Republik wird in die *Hände* von Geiern fallen», warnte er, jede Metaphorik mißachtend, und riet dem Rat der Alten dringend, die gesamte militärische Macht in die Hände General Bonapartes zu legen, «jenes erlauchten Mannes ... der darauf brennt, seine vornehmen Bemühungen mit diesem Akt der Hingabe an die Republik zu krönen».

Trotz eines deutlichen Unbehagens, als der militärische Aspekt der Maßnahmen erwähnt wurde, und obwohl es keine Antwort gab auf die Frage, welche extreme Gefahr denn drohe, wurde das Dekret eilends verabschiedet, und die Versammlung beschloß, am folgenden Tag aus nicht näher angegebenen Gründen in St. Cloud zusammenzutreten.

Mittlerweile befanden sich die fünf Direktoren in verschiedenartigen Stadien der Ungewißheit. Sieyès schickte, sobald er von dem Erlaß des Rats der Alten erfahren hatte, einen Befehl an die Parlamentswache, ihn zu den Tuilerien zu begleiten, mußte jedoch feststellen, daß es keinen großartigen Reiterzug durch die Stadt geben würde, weil Bonaparte das Wachbataillon bereits selbst übernommen hatte. Und Gohier entdeckte im Lauf des Vormittags, nachdem seine Frau zurückgekommen war, daß seine Kollegen, die Direktoren Sieyès und Ducos, das Palais Luxembourg verlassen hatten. Gohier und Jean Moulins beschlossen deshalb, sich zu den Tuilerien zu begeben, wo Bonaparte bereits sein Hauptquartier einrichtete. Er hatte eben feierlich geschworen, die Verfassung, die er stürzen wollte, zu schützen, doch nun stand er vor dem Problem, den Anschein von Legalität aufrechtzuerhalten.

Damit das Dekret der Alten, das ihm den Oberbefehl über die Pariser Truppen verlieh, rechtskräftig wurde, mußte es vom Präsidenten des Direktoriums unterschrieben und mit dem Großen Siegel der Republik versehen werden. Napoleon tobte bereits wegen dieser Verzögerung, als Gohier erschien. Sobald der Präsident das Dekret unterzeichnet hatte, teilte ihm Bonaparte mit, daß es kein Direktorium mehr gebe. «Kein Direktorium?» wiederholte Gohier. «Sie irren sich, General. Und Sie wissen doch, daß Sie heute abend mit seinem Präsidenten dinieren werden.» Fast verzweifelt warnte ihn Bonaparte, er und Moulins sollten jetzt, nachdem Paul Barras zurückgetreten sei (Barras' Haltung war in Wirklichkeit unbekannt) und nachdem sie sich nun in der Minderheit befänden, unverzüglich auch ihren Rücktritt anbieten. «Und ich werde heute *nirgends* dinieren!»

Gohier hatte Josephines Nachricht, die sie ihm durch Madame Gohier hatte übermitteln lassen, entweder nicht verstehen wollen oder tatsächlich nicht verstanden. Sowohl er als auch Moulins weigerten sich zurückzutreten. Da diese zwei Direktoren nun zu einem möglichen Sammelpunkt für die Mitglieder der Kammern werden konnten, ließ Bonaparte unter dem Vorwand einer möglichen terroristischen Erhebung das Luxembourg von Truppen umstellen mit dem Auftrag, niemanden weder hinein- noch herauszulassen. Vor den Türen von Gohiers und Moulins' Wohnung wurden Wachsoldaten postiert; einer verbrachte die Nacht sogar in Gohiers ehelichem Schlafzimmer.

Barras, dem die falsche Meldung überbracht wurde, die vier anderen Direktoren seien zurückgetreten, blieb in seiner Wohnung im Luxembourg und wartete auf einen Ruf von Bonaparte. Wie die Mehrheit der Regierung, und auch Josephine, hatte er geglaubt, daß er bei dem Staatsstreich eine wesentliche Rolle spielen werde. Daß ein Coup ohne ihn, den Mann des Thermidor, Vendémiaire und Fructidor, über die Bühne gehen würe, war undenkbar, und Talleyrand, Sieyès, Napoleon und Lucien Bonaparte hatten ihm dies bis zuletzt wiederholt versichert.

Barras empfing an diesem Morgen keine Besucher außer Thérésia Tallien, die hochschwanger war, und Gabriel Ouvrard. Beide hatten ihn in den vergangenen Wochen vor Bonapartes Machenschaften gewarnt, jedoch ohne Erfolg.

Um elf Uhr wollte sich Barras eben an die wie üblich für dreißig Personen gedeckte Tafel setzen, als Talleyrand und Admiral Eustache Bruix erschienen. Bei der Szene, die nun folgte, gab es keine weiteren Augenzeugen, und jeder der Beteiligten schilderte sie anders. Bruix (ein Protegé von Barras) und Talleyrand informierten Barras – wiederum absichtlich falsch – vom Rücktritt der vier anderen Direktoren und behaupteten, die Republik befinde sich in ernster Gefahr und nur aus diesem Grund sei General Bonaparte ihr zu Hilfe geeilt. Um Unruhen und Blutvergießen zu verhindern, müsse der General den Direktor Barras um den Rücktritt bitten. Dann legten sie ihm sein Rücktrittsgesuch vor, einen Text voller Lob für Bonaparte – «... ich hatte das Glück, ihm den Weg zum Ruhm zu öffnen». Barras unterschrieb ohne Kommentar. Nachdem es nicht nötig gewesen war, Barras' Rücktritt zu erkaufen, blieben die zwei Millionen Francs, die Collot dafür locker gemacht hatte, in der Tasche des Bischofs. Talleyrand küßte Barras die Hand und versicherte ihm, er sei «der herausragendste französische Patriot», und Barras verließ stehenden Fußes das Luxembourg und fuhr nach Grosbois. Im folgenden Jahr erhielt er den Befehl, seinen Besitz innerhalb von 24 Stunden zu verlassen; erst nach dem Untergang von Napoleons Reich durfte er wieder nach Paris zurückkehren.

Es gibt verschiedene Erklärungen für Paul Barras' Lethargie, die sonst nicht seine Art war. Bourrienne glaubte, sein Besuch in der vorangegangenen Nacht sei eine wirksame Warnung für den normalerweise optimistischen Barras gewesen. Bedenkt man Barras' Ansichten über Freundschaft, so war es zweifellos ein großer Schock für ihn, daß ihn Bonaparte, Talleyrand und anscheinend auch Josephine verraten hatten.

Früh am Morgen des naßkalten 10. November zog eine Karawane von Kutschen, Reitern und Fußgängern hinaus nach St. Cloud. Sah man von der Anwesenheit der Truppen ab, konnte man meinen, es ginge zu einem Picknick. Einige dieser Ausflügler brachten ihre Verpflegung mit; die meisten jedoch verließen sich auf die Cafés und Gasthäuser von St. Cloud, so daß dort nach elf Uhr kein Platz mehr zu finden war. Es war aber nicht zu kalt, um sich auf den Bänken unter den herbstlichen Bäumen niederzulassen und die Ankunft der Gefährte aus Paris zu beobachten. Die Abgeordneten der beiden Kammern trafen früh ein. Lucien Bonaparte, Präsident der Fünfhundert, und sein Bruder Joseph kamen zusammen in einem Wagen. Benjamin Constant, der stündlich Berichte an die Schwedische Botschaft schicken sollte, fuhr allein. Sieyès und Ducos teilten sich eine Postkutsche, die in unmittelbarer Nähe des Schlosses warten sollte für den Fall, daß die Lage gefährlich und eine Flucht notwendig werden sollte.

Talleyrand, Montrond und Fortunée Hamelin hatten sich in das nahe gelegene Haus von Mademoiselle Lange begeben, wo sie bereits bei einer im voraus bestellten Mahlzeit saßen. Ein sechsspänniger Reisewagen wartete vor der Tür, denn niemand wußte, wie dieser Tag enden würde.

Als Bourrienne an diesem Morgen über die Place de la Révolution fuhr, wo die Guillotine gestanden hatte, sagte er zu einem Freund: «Morgen schlafen wir entweder im Luxembourg, oder wir werden hier enden.»

Auch Fouché ging kein Risiko ein. Napoleon erfuhr später, daß Fouché für den Fall, daß der Staatsstreich mißlang, bereits seine Festnahme und die seiner Komplizen vorbereitet hatte. Fouché hatte die Pariser Stadttore schließen lassen und beabsichtigte, sie erst wieder zu öffnen, wenn der Sieger des Tages feststand. Der Wagen von General Bonaparte stand ebenfalls bereit.

Die Abgeordneten der beiden Kammern betraten einen Palast, der seit dem Sommer 1790, als Ludwig XVI. und seine Familie hier ihre letzten, noch einigermaßen freien Tage verbracht hatten, nicht mehr bewohnt war. Arbeiter waren noch dabei, Wandbehänge vor zerbrochene Fenster zu nageln und Bänke, Stühle und Podien aufzustellen. Der Rat der Alten sollte in der *Galerie d'Apollon* tagen, einer riesigen Empfangshalle, deren Sonnengott-Fresken Mignard für Ludwig XIV., den Sonnenkönig, gemalt hatte, während der Rat der Fünfhundert in die Orangerie ziehen sollte, die, günstig für die Verschwörer, abseits vom Hauptgebäude lag, was eine Kommunikation zwischen den beiden Sitzungsräumen erschwerte.

Da die Abgeordneten ihre Plätze noch nicht einnehmen konnten, kam es draußen auf der Terrasse bald zu erregten Diskussionen zwischen ihnen – genau die Situation, welche die Anführer des Coups hatten vermeiden wollen. Die «Alten» mußten bohrende Fragen über sich ergehen lassen, was es denn mit der «schrecklichen Gefahr», die sie hierher geführt hatte, auf sich habe, und sie konnten sie nicht beantworten. Darüber hinaus waren die Abgeordneten bestürzt, daß sie von Truppen umstellt waren. Sechstausend Mann unter dem Befehl von Joachim Murat säumten die Zufahrtsstraßen; General Sébastianis Dragoner umzingelten den Palast, und im Schloßhof drängte sich die Parlamentswache. So viel Schutz konnte elf Kilometer von Paris und der «Anarchistenverschwörung» entfernt kaum nötig sein.

In der Rue de la Victoire hatte sich das Haus seit dem frühen Morgen mit den militärischen und zivilen Führern des Staatsstreichs gefüllt. Bonaparte wirkte weniger heiter als am Vortag. Kurz bevor er das Haus verließ, rief ihn Josephine zu sich nach oben. Der General – «immer noch verliebter, als er zugeben wollte» – schien sich darüber zu freuen. «Ich werde hinaufgehen», sagte er, «aber heute ist kein Tag für Frauen. Diese Sache ist viel zu ernst.»

Als Bonaparte mittags in St. Cloud eintraf, war er empört, daß die Sitzungsräume immer noch nicht fertig eingerichtet waren und die Deputierten miteinander diskutieren konnten. Als er mit seinem Generalstab die Orangerie besichtigte, begegnete er mürrischen Blicken, und einige der sich um einen Ofen drängenden Fünfhundert murmelten hörbar etwas von «Rüpeln» und «Schurken».

Anschließend wartete Bonaparte zusammen mit Sieyès und Ducos in einem Zimmer neben der Galerie d'Apollon auf das Ergebnis der Sitzungen. Nervös und frierend ging er zwei Stunden lang auf und ab. Die Sitzung des Rats der Alten hatte in feindseligem Ton begonnen. Da es keinen Beweis für die «schreckliche Gefahr» gab, wegen der sie nach St. Cloud gekommen waren, und nachdem durchaus nicht alle fünf Direktoriumsmitglieder zurückgetreten waren (Gohier und Moulins hielten immer noch im Luxembourg stand), einigten sich die Alten lediglich auf den Vorschlag, der Rat der Fünfhundert solle eine Kandidatenliste aufstellen, aus der sie neue Direktoren auswählen konnten.

Als Bonaparte davon hörte, konnte er seine Wut kaum bändigen. Bleich vor Zorn stürmte er, gefolgt von Bourrienne und einigen Offizieren, in die Galerie. Seine Anwesenheit dort, die allein schon gesetzeswidrig war, und sein bedrohliches Benehmen verursachten eine Sensation. Er blickte auf die roten Togen und Barette der empörten Alten und vergaß völlig, daß er nur der Verteidiger der Verfassung sein sollte und der Rat von ihm höchstens Einzelheiten über die drohende Gefahr hören wollte. Mit heiserer Stimme setzte er zu einer konfusen Rede an. «Sobald diese Gefahren vorüber sind, werde ich auf alle Macht verzichten. Ich möchte nur der rechte Arm einer Regierung sein, die Sie wählen.» «Nennen Sie die Verschwörer!» schallte es ihm entgegen. Als der Tumult immer heftiger wurde, wies der General, der keine Unterbrechungen gewohnt war, auf die bewaffneten Grenadiere an der Tür und rief, falls ihm hier jemand nach dem Leben trachten sollte, würden ihn diese tapferen Männer, «die er so oft zum Sieg und zur Erniedrigung von Königen» geführt habe, beschützen. Und als der Protest immer lauter wurde, schrie er völlig außer sich: «Denken Sie daran, daß ich Seite an Seite mit dem Kriegsgott und der Glücksgöttin marschiere!» Er hatte diesen Satz schon einmal recht wirkungsvoll in Ägypten gebraucht. Bourrienne zupfte ihn am Ärmel und flüsterte: «Gehen Sie, General. Sie wissen nicht, was Sie sagen.»

Als Bonaparte aus der Galerie trat, schien er die Katastrophe, die er mit seinem Erscheinen dort angerichtet hatte, gar nicht zu begreifen. Boten von Talleyrand und Fouché erwarteten ihn. Beide warnten, es sei keine Zeit zu verlieren. Die feindselige Haltung der Kammern ihm gegenüber sei in Paris bereits bekannt, und die jakobinischen Generäle Jourdan und Augereau, die sich geweigert hatten, offiziell nach St. Cloud zu kommen, würden jetzt mit den Soldaten sprechen, damit sie bei dem Bonapartisten-Coup nicht mitmachten, sondern der Verfassung und der Republik treu blieben. Talleyrand und Fouché erinnerten ihn daran, daß vom Verhalten dieser Soldaten der Erfolg oder Mißerfolg dieses Tages abhing.

Bonaparte sandte zunächst einen Boten nach Paris, um Josephine mitzuteilen, daß alles gutgehe. Dann, um vier Uhr nachmittags, betrat er in Uniform und flankiert von zwei riesenhaften Grenadieren die Orangerie, wo der Rat der Fünfhundert tagte und er nach dem Gesetz ebenfalls nichts zu suchen hatte; durch die offene Tür hinter ihm waren Soldaten mit aufgepflanzten Bajonetten zu sehen. Die empörten Abgeordneten stiegen über die Bänke und warfen Stühle um, während sie auf das uniformierte Trio zustürzten und riefen: «Hinaus! Nieder mit ihm!» Und schließlich ertönte das gefürchtete «*Hors la loi!* – Ächtet ihn!« Einige schlugen mit Fäusten auf die Grenadiere ein, und einer der Abgeordneten packte Napoleon am Kragen und beutelte ihn wie eine Ratte.

Murat und Lefebvre boxten sich durch die Menge, gefolgt von weiteren Soldaten. Bonaparte, der in seiner alten Angst vor Menschenmassen einer Ohnmacht nahe war, wich, von vier Grenadieren umgeben und halb getragen, Schritt für Schritt zurück.

Als er sich wieder bei Sieyès und seinen Adjutanten befand, war er zunächst sprachlos; dann stammelte er zusammenhangloses Zeug. Er hatte sich einen seiner Pickel im Gesicht aufgekratzt und sagte zu Sieyès, dies sei die Spur eines Mordversuchs. Doch nachdem jeder wußte, daß die Abgeordneten keine Waffen trugen, empfand Sieyès kein Mitleid beim Anblick des sonst so herrischen und nun vor Schreck halb gelähmten Generals. «Sie [die Abgeordneten] scheinen zu denken, dies sei 1794», sagte er kühl. «Nun, General, werfen Sie sie aus der Orangerie.»

Damit war jede Hoffnung auf einen rein parlamentarischen Staatsstreich dahin. Nun hing alles davon ab, ob die Parlamentsgarde in den Ruf: «Ächtet ihn!» einstimmen würde. Lucien Bonaparte wurde schließlich zum Retter des Tages. Er verließ die chaotische Sitzung der Fünfhundert, schwang sich, noch in seiner roten Toga, auf ein Pferd, versammelte die Truppen im Schloßhof und befahl der Wache, die Deputierten, «Schurken, die wahrscheinlich von England bezahlt werden», festzunehmen.

Einen Augenblick zögerten die Soldaten. Einige Abgeordnete standen an den Fenstern der Orangerie und riefen: «Nieder mit dem Diktator! Ächtet ihn!»

Dann ertönte der Ruf zum Angriff. Eine Trommel dröhnte durch das Schloß und bis in die Orangerie, wo die Wachen in der zunehmenden Dunkelheit die protestierenden Parlamentarier mit Bajonetten zurückdrängten. General Leclerc forderte die Deputierten auf, sich zurückzuziehen, und als sie sich weigerten, brüllte General

Murat seinen Soldaten zu: «Werft diese Leute hinaus!» Inzwischen war es fünf Uhr und fast dunkel. Die Trommel schlug unaufhörlich, während die Parlamentswache die Abgeordneten vertrieb, die sie eigentlich beschützen sollte.

Die Abgeordneten kletterten, von ihren langen Gewändern behindert, durch die Fenster der Orangerie und verschwanden im Nebel. Am nächsten Tag fand man ihre roten Togen im Park auf der Erde verstreut oder an den fast kahlen Bäumen.

Lucien schickte die Grenadiere los, um einige versprengte Abgeordnete der Fünfhundert wieder zurückzubringen, um wenigstens den Anschein eines legalen Regierungswechsels zustande zu bringen. Ungefähr fünfzig nasse und frierende Deputierte konnten im Park und in den benachbarten Schenken aufgestöbert werden. Vor den umgestürzten Bänken in der von ein paar Kerzen notdürftig erhellten Orangerie erklärten sie zusammen mit den restlichen Mitgliedern des Rats der Alten um zwei Uhr nachts das Direktorium für beendet und schworen einen Eid auf das Triumvirat der vorläufig eingesetzten Konsuln Napoleon Bonaparte, Emmanuel Sieyès und Roger Ducos.

20

Republikanische Schlichtheit

Am nächsten Morgen verließen die Bonapartes das Haus an der Rue de la Victoire für immer und tauschten Josephines hübsche *folie*, ihr mit Spiegeln verkleidetes, mit Vögeln und Schmetterlingen bemaltes Ankleidezimmer und ihre elegante moderne Einrichtung gegen Gohiers düstere Wohnung im Luxembourg.

Nicht eine Minute wurde an diesem ersten Tag vertan. Schon am Mittag traten die drei vorläufigen Konsuln zusammen. Mehrere Minister wurden vereidigt: Fouché als Polizeiminister, Talleyrand als Außenminister. Der neue Schatzminister Martin Gaudin mußte sein Amt innerhalb von zwei Stunden antreten und Bonaparte noch am selben Abend persönlich Bericht erstatten.

In den nächsten fünf Wochen traf sich täglich eine Kommission in Bonapartes Amtsräumen. Ihre Aufgabe war es, die provisorische Regierung zu ersetzen und eine neue Verfassung vorzubereiten. Bonaparte hielt es vor Ungeduld kaum auf seinem Stuhl, während Sieyès seine Ideen vortrug. Er kaute an den Fingernägeln, zerschnitt mit einem Federmesser die Armlehnen seines Sessels und verschwand immer wieder für ein paar Minuten in Josephines Wohnung im oberen Stock.

Im Dezember verlas Bonaparte vor den Mitgliedern der Kommission die «neue Verfassung». Sie war so abgefaßt, wie seiner Meinung nach alle Verfassungstexte sein sollten: «kurz und unklar», und hatte nur noch wenig mit Sieyès' ursprünglichem Entwurf zu tun. Obwohl die Kommission das Prozedere oder vielmehr den Verzicht darauf bemängelte, wagten es die erschöpften Mitglieder nicht – ihre Sitzungen hatten elf Tage lang bis in die Nacht gedauert –, von

Napoleon eine Abstimmung über die neue Verfassung zu verlangen. Nachdem die «Verfassung des Jahres VIII» angenommen war, schlug Bonaparte die Wahl eines Ersten Konsuls vor, der volle Entscheidungsgewalt haben sollte. Dann schaltete er Sieyès aus, der dieses Amt für sich erhofft hatte, und ernannte sich selbst zum Ersten Konsul, der nach zehn Jahren wiedergewählt werden durfte und das Recht hatte, einen Zweiten und Dritten Konsul zu ernennen, die beide nur beratende Funktion hatten. Das wesentliche Merkmal des neuen Regimes war die Konzentration der Entscheidungsgewalt auf einen einzigen Mann, auch wenn die unumschränkte Macht des Ersten Konsuls zunächst durch die Schaffung eines Senats, eines Tribunats, eines *Corps Législatif* und eines Staatsrats verschleiert wurde. Bonaparte wählte als seine Mitkonsuln Régis Cambacérès, früher Mitglied des Wohlfahrtsausschusses, der die Linke repräsentierte, und, um die Rechte versöhnlich zu stimmen, Charles Lebrun, einen Mann der Aufklärung mit angeblich monarchistischen Neigungen.

In einem Plebiszit sollte Frankreich über die neue Verfassung abstimmen und die Konsuln bestätigen. Bonaparte wußte jedoch, daß er bereits jetzt stark genug war, um dem ersten Jahr des neuen Jahrhunderts seinen Stempel aufzudrücken. Ohne das Ergebnis der Volksabstimmung abzuwarten – die Stimmen waren erst im Februar 1800 ausgezählt –, verkündete er am letzten Weihnachtsabend des alten Jahrhunderts, die neue Verfassung sei bereits in Kraft: «Bürger, die Revolution ist jetzt fest etabliert auf den Prinzipien, die ihr zugrunde lagen. Die Revolution ist beendet.»

Jeden Morgen um acht verließ Bonaparte Josephines Schlafzimmer. Pfeifend und vor sich hin summend zog er sich an und konnte es kaum erwarten, sich in seinem Büro an die Arbeit zu machen. Er arbeitete bis zwanzig Stunden am Tag und machte nur hin und wieder eine Pause, um über die Verbindungstreppe in die Wohnung hinaufzulaufen und mit Josephine zu plaudern.

Er stand vor der nichts weniger als gigantischen Aufgabe, die gesamte zentrale und lokale Verwaltung neu zu organisieren. Mit all seinen Talenten, seinem politischen Genie, seiner Organisationskraft und seinem perfekten Gedächtnis ging er daran, aus einem ruinierten Land einen im wesentlichen modernen Staat zu formen. An den Grenzen herrschte noch immer Krieg, im Land Haß und Verbitterung; in der Vendée hatten die Rebellen wieder zu den

Waffen gegriffen, und die Staatskasse war leer. Trotzdem schaffte er es mühelos, sich stets auf das zu konzentrieren, was gerade anstand – die Notlage der unbezahlten Armeen, die ruinierte Industrie, die Arbeitslosigkeit, der Krieg oder die schlechten Nachrichten aus Ägypten, wo General Kléber von dem Staatsstreich noch nichts wußte und seine verzweifelten Berichte über die unzufriedene und auf die Hälfte geschrumpfte Armee, ein Defizit von zwölf Millionen Francs und einen drohenden Angriff der Osmanen noch an das Direktorium adressierte.

Frankreich befand sich im Krieg mit den meisten europäischen Staaten und sogar mit den USA. Die Soldaten desertierten, die Flotte war seit der Schlacht am Nil praktisch nicht mehr vorhanden, Räuberbanden machten Landstraßen und Städte unsicher. Seit Beginn der Revolution standen Bettler und Obdachlose täglich Schlange vor den Armenküchen in den Pariser Straßen. Von Anfang an widmete sich Bonaparte jedem Aspekt der notwendigen Erneuerung, von der Aufforstung im ganzen Land bis zur Einfuhr von Färsen und Stieren aus der Schweiz, um die leeren Ställe in Frankreich wieder zu füllen.

Jeder Minister hatte allabendlich beim Ersten Konsul über den Zustand der Streitkräfte, der zivilen Verwaltung, der Einhaltung von Recht und Ordnung sowie über die öffentliche Meinung und die Staatsfinanzen zu berichten.

Ein Problem während der ersten Monate des Konsulats war die Beschaffung von Kapital. Das Ergebnis der Volksabstimmung lag noch nicht vor. Die Geldgeber brauchten jedoch Vertrauen in die neue Regierung, bevor sie dem Staat Kredite gewährten. Einige Privatbanken gaben Bonaparte vorsichtig befristete Darlehen in der Hoffnung, er werde den Staatshaushalt ausgleichen und vor allem den Krieg beenden.

Die Begeisterung im Volk hielt sich nach dem Coup in Grenzen. Wenige glaubten, das neue Regime werde sich lange halten. In Paris zeigte man sich einigermaßen optimistisch, man hörte Rufe wie: «Nieder mit den Jakobinern!» und «Frieden!» «Frieden durch Bonaparte», schrieb 1902 ein Historiker, «eine Gedankenverbindung, die uns heute verblüfft, war in den Köpfen aller eingeprägt... Es gab kein Plakat, keine öffentliche Erklärung, keine Broschüre zur Unterstützung des Staatsstreichs, die dieses Ziel nicht betonte, und die Rückkehr der Bourbonen im Jahr 1814 sollte mit dem gleichen Ruf nach ‹Frieden› begrüßt werden.»

Viel wichtiger als die Dauer der Regierung Bonapartes war für die Pariser Napoleons Ausspruch: «Die Revolution ist zu Ende.» Beinahe über Nacht verschwanden die letzten Kokarden von den Hüten. In diesem ersten Winter des neuen Jahrhunderts wurden in den offiziellen Almanachen neben den republikanischen Daten wieder die des alten Gregorianischen Kalenders angegeben, und neben einem Wort aus der Landwirtschaft, das den Tag kennzeichnete, standen die jeweiligen Heiligenfeste. Der 5. Frimaire, «Schwein», war jetzt auch der 26. November und das Fest der hl. Geneviève; der 8. Nivôse, «Jauche», war der 29. Dezember und das Fest des hl. Thomas. Dankbar begrüßten die Pariser die Wiedereinführung des Sonntags und der Sieben-Tage-Woche; nur die Beamten mußten sich weiterhin nach dem Décadi richten. Am Neujahrstag von 1800 stand eine Droschkenschlange – die Polizei berichtete von 157 Gefährten – vor den Konditoreien des Palais Egalité, weil die Bürger den alten Brauch wieder aufnahmen, sich mit Zucker überzogene Mandeln und *marrons glacés* zu schenken.

Das Erscheinen des Ersten Konsuls in der Öffentlichkeit wurde mit ungeheurer Neugier verfolgt. Nur ganz wenige Pariser hatten ihn je gesehen. Da er pompöse oder elegante Anlässe mied, sah man ihn meistens nur, wenn er – stets allein – das Institut de France besuchte oder die im Krieg zum Krüppel gewordenen Veteranen im Hôtel des Invalides. Seine «schlichte republikanische Würde» beeindruckte allgemein.

Baron Guillaume Hyde de Neuville – er leitete von London aus die royalistische Spionageagentur – wurde Ende Dezember eine Unterredung gewährt. Während er im Luxembourg in einem Vorzimmer wartete, «kam ein kleiner Mann herein mit gesenktem Kopf und ärmlich gekleidet», den er zunächst für einen Diener hielt. Doch sobald der General am Kamin stand und den Kopf hob, «erschien er plötzlich größer, und an dem funkelnden Blick, den er mir zuwarf, erkannte ich ihn als Bonaparte».

Um die Menschen, mit denen er zusammenarbeiten wollte, für sich zu gewinnen, setzte der Erste Konsul wie schon früher auf seine «beinahe weibliche Verführungskunst». «Seine originellen Ideen, die er in einer für die damalige Zeit ungewöhnlich direkten Sprache ausdrückte, sowie sein Elan» waren fast immer unwiderstehlich. Selbst der glühende Royalist Hyde de Neuville war beeindruckt, als Napoleon zu ihm sagte: «Kommen Sie zu mir; meine Regierung wird eine Regierung von Geist und Jugend sein.»

Josephines glanzvoller Aufstieg erfolgte nicht sofort. Sie wurde bei keinem öffentlichen Anlaß mit ihrem Mann gesehen. Der Erste Konsul wollte noch immer als Sohn der Republik gelten, und er hielt es für wichtig, daß die «Bürgerin Gemahlin des Ersten Konsuls» in keiner Weise an der Stellung ihres Mannes teilhatte.

Dennoch änderte sich ihr Leben von Grund auf. Im Luxembourg, wo sie bis vor wenigen Wochen zusammen mit Thérésia Tallien regiert hatte, empfing sie auf Napoleons Anordnung hin nur noch Damen mit tadellosem Ruf und war folglich ihrer sämtlichen alten Freundinnen beraubt. Besuchen durfte sie nur, wer im Besitz eines ovalen Kärtchens war, das mit Genehmigung des Ersten Konsuls von Bourrienne unterschrieben sein mußte. Auch die Art ihrer Beschäftigung war strikt vorgeschrieben: tagsüber Wohltätigkeitsveranstaltungen in Begleitung von Hortense; nach dem Diner um fünf Uhr nachmittags meistens ein Kartenspiel mit den beiden anderen Konsuln.

Dachte Josephine, die so leicht vergaß, manchmal an Jérôme Gohier, der sie in den Appartements des Palais Luxembourg bewundert hatte? Erinnerte sie sich gar, daß Alexandre de Beauharnais während der Schreckensherrschaft hier in diesem Palast seine erste Zeit in einem Gefängnis verbracht hatte? Auch das Karmeliterkloster lag nur eine halbe Meile weiter an derselben Straße, in der sie jetzt wohnte. Aber die Ereignisse folgten einander damals so schnell, daß selbst nachdenklichere Menschen wie Josephine vergaßen, sich zu erinnern. Nur die schreckliche Szene nach Bonapartes Rückkehr aus Ägypten blieb ihr für immer im Gedächtnis; die Eiseskälte jener Nacht vergaß sie nie. Es fiel auf, daß sie ständig Napoleons Blick suchte und auf seine Reaktionen zu achten schien. «Sie zitterte wie ein Blatt, wenn er erschien», berichtete Victorine de Chastenay.

Der Erste Konsul wollte nicht nur die französische Nation einen, sondern auch zu den alten Werten der Familie und sogar zu Sittsamkeit in der Kleidung zurückkehren. Erwähnte jemand die frühere Herrschaft im Luxembourg, explodierte er: «*Ich* werde mich nicht von Huren beherrschen lassen», womit er sich auf Josephines liebste Freundin bezog. Josephine wagte es nicht, gegen Thérésia Talliens Verbannung aus dem Luxembourg oder das Verbot durchsichtiger Kleider zu protestieren. Den Zeitungen befahl er zu drucken: «Frauen tragen wieder Seide, nicht wegen der Kälte, sondern weil es der Anstand und die Mode erfordern.» Und er ließ die bereits zensierte Presse berichten, daß der Erste Konsul im Luxembourg abends in jedem Kamin ein Feuer entzünden lasse, «weil es nachts kalt ist und diese Damen praktisch nackt sind».

Eine Zeitung merkte an, daß Madame (nicht mehr die Bürgerin) Bonaparte, als sie mit ihrem Mann das Theater besuchte, weiße Seide und antike Kameen, aber «keine Diamanten» trug. Die Tage, wo Josephines Freundin Fortunée nackt bis zur Taille und mit Diamanten bedeckt in einer Loge sitzen konnte, waren vorbei.

Ihr Stiefvater, schrieb Hortense, wünsche die Lyoner Seiden- und Samtmanufakturen zu fördern und «wollte uns von dem an England bezahlten Zoll befreien [Der in Indien gewebte reine Baumwollmusselin wurde aus Großbritannien importiert]. Wenn meine Mutter und ich angekleidet waren, lautete seine erste Frage stets: ‹Tragt ihr Musselin?› Manchmal verriet uns unser Lächeln, und dann riß er unsere Kleider entzwei.»

Als Talleyrand den Ersten Konsul von dem Pariser Klatsch über die Schulden seiner Frau unterrichtete, schickte Napoleon Bourrienne zu Josephine, um ihr die Höhe der Summe zu entlocken. Sie sollte ihm sämtliche Rechnungen vorlegen. «Das kann ich nicht, Bourrienne», protestierte sie. «Ich weiß, wie heftig er werden kann, und ich könnte seinem Zorn nicht trotzen.» Sie sagte, die Summe sei so groß, daß sie statt der 1,2 Millionen Francs, die sie schuldete, nur 600 000 zugeben könne. Vergebens versuchte Bourrienne ihr zu erklären, daß Napoleon sich nicht einmal die 600 000 vorstellen und bei der doppelten Summe auch nicht viel wütender werden könne. Doch schließlich legte er seinem Herrn die Rechnungen über die Hälfte ihrer Schulden vor. Als sie sie gemeinsam durchgingen, fragten sie sich, wie Josephine in einem Sommermonat, den sie zurückgezogen in Malmaison verbrachte, 38 Hüte kaufen konnte. Bourrienne wurde angewiesen, alle Rechnungen zur Hälfte zu bezahlen; und damit hielt Napoleon die Angelegenheit für erledigt.

Die ersten zwei Jahre des neuen Jahrhunderts, ungemein optimistische Jahre für Frankreich, wurden in der Erinnerung sowohl für Napoleon als auch für Josephine die glücklichsten ihres Lebens. Symbolhaft für diese Zeit des Neubeginns war vor allem Malmaison. Die «republikanische Schlichtheit» des Guts und die frische ländliche Atmosphäre erwiesen sich als die ideale Umgebung für den Ersten Konsul.

Von Paris aus dauerte die Fahrt nach Malmaison in einer der neuen leichten und schnellen Kutschen nur knapp eine Stunde (viel weniger als zwei Jahrhunderte später mit dem Auto), und die Bonapartes verbrachten dort so viel Zeit wie nur möglich. Die Minister fuhren zweimal die Woche nach Malmaison. Bei schönem Wetter wurde im Freien gegessen; anschließend spielten der Erste Konsul, die Minister, ihre Frauen und all die jungen Leute bis es dunkel wurde «Blindekuh» und «Barlauf», und bei beiden mogelte Napoleon schamlos. Es schien, als habe er hier eine Kindheit gefunden, die er nie gekannt hatte.

In jenen ersten Tagen von Bonapartes Glanzzeit waren alle wichtigen Rollen von jungen Leuten besetzt. Die weiß gekleideten Mädchen in Malmaison wurden von Generälen begleitet, von denen keiner älter als dreißig war. Hortense und die Bonaparte-Schwestern luden ihre Freundinnen aus der Schule von Madame Campan ein, von denen viele die Gemahlinnen künftiger Marschälle wurden und einen Teil des kaiserlichen Hofs bilden sollten. Ney, Macdonald, Lannes und Bessières – sie alle lernten ihre Frauen in Malmaison kennen. Auch Eliza Monroe, die Tochter des amerikanischen Sonderbotschafters in Frankreich (und späteren Präsidenten der Vereinigten Staaten), die ebenfalls Schülerin bei Madame Campan war, nahm an den großen Mittwochsgesellschaften und den Picknicks, Spielen und Amateurtheateraufführungen teil – letztere liebte der Erste Konsul besonders. Und Hortense erinnerte sich, daß Bonaparte stets nach dem Diner seine Frau unterhakte und zu einem Spaziergang zu zweit unter den Bäumen des Parks entführte.

Der Erste Konsul, der entschlossen war, eine offizielle Familie zu gründen, drängte die Mädchen, «jung zu heiraten und einen Salon zu eröffnen». Doch wer in seinem Gefolge wen heiratete, wollte er selbst bestimmen. Als sich die romantische Hortense in den jungen General Christophe Duroc verliebte, Napoleons Lieblingsadjutanten, wurde ihr verboten, davon zu sprechen. Für die Stieftochter des Ersten Konsuls werde man eine bessere Partie arrangieren. Hortense weinte, aber sie rebellierte nicht.

Hortense war das beliebteste Mädchen in Madame Campans Schule. Obwohl nie besonders schön (ihre Portraits zeigen ihre Ähnlichkeit mit Alexandre de Beauharnais, der seine Vaterschaft ja zunächst bestritten hatte), aber «schlank wie eine Palme», war sie mit ihrem hellen Teint und dem liebenswürdigen Charme ihrer Mutter der Liebling aller. Napoleon empfand sogar etwas wie Scheu vor ihr.

Der wie ein Armeezelt mit Streifen bemalte Eingang von Malmaison zur Zeit des Konsulats. (Musée de la Malmaison – Cap-Viollet)

Gartenfront von Malmaison. Links ist Napoleon abgebildet. (Musée de la Malmaison – Collection Viollet)

Es fiel auf, daß er «in ihrer Gegenwart nie unanständige Ausdrücke gebrauchte».

Ihr Bruder, der gutaussehende und stets freundliche Eugène, schien damals der einzige Mann, der keine anderen Ambitionen hatte als seinen Beruf als Offizier. Sein Stiefvater hatte ihn eben zum Hauptmann befördert. Er diente bei der Parlamentswache, die jetzt Konsularwache hieß und aus der Napoleon ein Elitekorps machen wollte. Napoleon trug als Oberst der Kavallerieschwadron der Wache häufig den dunkelgrünen Uniformrock mit den roten Aufschlägen. Eugène erinnerte sich sein Leben lang an die schönen Tage des frühen Konsulats in Malmaison.

Bonaparte hatte an dem Gut ebensoviel Freude wie Josephine. Er kaufte noch mehr Land dazu – Wälder, Wiesen und Weingärten. Ställe für die Pferde, Kühe, Schafe, Schweine und Hühner wurden gebaut, und besonders stolz waren die Bonapartes auf ihren berühmten Wein. Das Wohnhaus mußte vergrößert werden. Zuerst wurde wie in der Rue de la Victoire der Eingang mit einem stählernen und wie ein Zelt bemalten Vorbau versehen, um einen Vorraum für die Adjutanten des Ersten Konsuls zu schaffen. Nachdem das Schloß von der Straße aus eingesehen werden konnte und es immer wieder Mordanschläge auf Bonaparte gegeben hatte, wurde auf Drängen Fouchés für die Konsularwache eine Unterkunft errichtet, die sechsmal größer war als das Wohnhaus.

Später wurden Dekorateure bestellt, um das Haus mit den unbezahlbaren Bildern und Marmorstatuen aus Italien zu schmücken, und Louis Girodet sollte mehrere Wandgemälde mit Motiven aus Gedichten des von Napoleon so geschätzten Ossian malen. Aber zunächst einmal wurde das Haus nur wohnlich gemacht, obwohl schon damals im Ankleidezimmer des Konsuls ein im Italienfeldzug «befreiter» Leonardo und ein Perugino hingen.

Laure d'Abrantès beklagte sich über die unkomfortablen Schlafzimmer im dritten Stock und die Kälte der nackten roten Ziegelfußböden. Drei kleine Zimmer im Parterre wurden für die Kabinettsversammlungen zu Sitzungszimmern umgestaltet. Sie wurden wie ein Feldlagerzelt tapeziert und mit kriegerischen Emblemen geschmückt – «ein Muster an *grandeur* in einem häuslichen Maßstab, das dieselbe Eleganz und Schlichtheit ausstrahlte wie das ganze Château». Hier arbeitete der Erste Konsul an einem Tisch, auf dem ein Modell des Schiffs stand, mit dem er aus Ägypten geflohen war. Er arbeitete auch gern im Freien. Im Sommer ließ er sich auf einer

Brücke ein kleines Zelt aufstellen mit einem Schreibtisch und einem Stuhl darin. Im Park weideten Gazellen; manchmal trat Bonaparte ans Fenster seines Arbeitszimmers und fütterte sie mit seinem Schnupftabak.

Da man wußte, daß Bonaparte am liebsten weiß gekleidete Frauen sah, wurde Weiß zu einer Art Uniform für alle Frauen in Malmaison. Vielleicht verzichtete er hier auf seine übliche Frage nach dem Musselin, denn Josephine trug in Malmaison selten Kleider aus einem anderen Material, «das so fein war», sagte Laure d'Abrantès, «daß es in Indien unter Wasser gewebt werden mußte, damit die Fäden nicht rissen. Es war maßlos teuer.»

Der Erste Konsul sah auch über ein weiteres «Vergehen» Josephines hinweg, wenn sie sich von eroberten englischen Schiffen Samen und Pflanzen bringen ließ. Ihre *jardins à l'anglaise* verdienten diese Bezeichnung nicht nur aufgrund der natürlichen, «romantischen» Anlage. Auch ihre Gewächshäuser waren weitgehend von den Londoner Kew Gardens inspiriert, die Pierre Redouté besichtigt und gemalt hatte. Seine ersten Bilder von Rosen und Kamelien hingen in Josephines Schlafzimmer; die berühmte Serie *Les Roses* wurde jedoch erst nach ihrem Tod veröffentlicht.

Josephine zog in ihren Gewächshäusern jede damals bekannte Pflanzenart. Sie hatte bereits mehrere bislang in Frankreich unbekannte Arten eingeführt, so die Kamelie, den Phlox und den Jasmin aus Martinique. Für ihre Lieblingsnelken und die Tulpenzwiebeln aus Holland gab sie ein Vermögen aus. Rosen waren damals noch nicht populär, obwohl sie heute mit Malmaison in einem Atemzug genannt werden; sie hatten kleine schlichte Blüten, die rasch welkten. Gern wies Josephine darauf hin, daß drei ihrer Pflanzen an Eroberungen ihres Mannes erinnerten: die Lilie vom Nil (wir nennen sie Schmucklilie), die Damiette-Rose (Damiette ist ein Nebenarm des Nils) und das Parmaveilchen.

Im nächsten Winter erhielt das Gewächshaus eine Rotunde, wo die Gesellschaft inmitten von blühenden Büschen speisen konnte. An manchen Abenden, erinnerte sich Claire de Rémusat, zog sich Napoleon nach dem Essen in den von Kerzen erhellten Salon zurück, wo er «sich mit einem Stück Gaze zudecken ließ und völlige Ruhe befahl... dann hörte er sanfte Musik. Wir sahen ihn in Träumerei versinken. Wenn er aus diesem Zustand wieder erwachte, war er gewöhnlich heiterer und mitteilsamer und beschrieb gern die Gefühle, die er dabei erlebt hatte... Die geometrische Art seines

Verstandes veranlaßte ihn, sogar seine Empfindungen zu analysieren. Kein Mensch meditierte mehr als Bonaparte über das ‹Warum›, welches das menschliche Handeln leitet.»

Er versuchte jedoch nicht, «das romantische, beinahe mystische Element in seinem Charakter» zu analysieren, von dem Claire de Rémusat glaubte, daß es ihn mit Josephine verband, obwohl Claire nichts von Napoleons Brief an seine Frau gewußt haben konnte, in dem er «das magnetische Fluidum» beschrieb, das es seiner Meinung nach zwischen «Menschen, die sich lieben», gab und das er sich offenbar als eine Form von Elektrizität vorstellte.

Josephine fühlte sich in Malmaison vollkommen glücklich. Ihr Interesse beschränkte sich nun auf ihre Familie, ihre Blumen, Gewächshäuser, Tiere, ihre Sammlung exotischer Vögel und vor allem darauf, ihren Mann zufriedenzustellen.

«Josephine kannte meinen komplizierten Charakter genau», erklärte Napoleon einmal. Sie erfaßte seine Stimmungen und lernte, sich ihnen anzupassen. Stets ging sie bereitwillig auf seine Kaprizen ein und verwandelte sich seit seiner Rückkehr aus Ägypten in die zärtliche, fügsame und hilfsbereite Frau, von der er geträumt hatte. Diese zwei Jahre, als es für sie noch keine Kaiserwürde und kein Protokoll gab, keine quälenden Fragen nach einem Erben, keine Eifersucht und keine drohende Scheidung, waren in der Tat der Zenit ihres Lebens.

21

Er ist ein Komet

Weder Josephine noch eine andere Frau war seit Bestehen des Konsulats bei offiziellen Anlässen in Erscheinung getreten. Doch dies änderte sich, als Bonaparte nach einhundert Tagen im Luxembourg beschloß, in die Tuilerien umzuziehen, das Schloß der Bourbonenkönige, das seit August 1792, als die königliche Familie ins Temple-Gefängnis geschickt wurde, nicht mehr bewohnt war.

Napoleon bezog die Räume Ludwigs XVI. im zweiten Stock, aber er schlief trotz des Prunkbetts, das er sich dort aufstellen ließ, bei Josephine in der ersten Etage, der früheren Wohnung Marie Antoinettes. Die Appartements in den Tuilerien waren noch dunkler als die im Luxembourg, weil die Fenster, die auf die Gärten hinausgingen, erst über Augenhöhe begannen. «Für so viel Großartigkeit bin ich nicht geschaffen», gestand Josephine ihrer Tochter. «Ich werde hier nie glücklich sein. Ich fühle förmlich, wie mich der Geist der Königin fragt, was ich in ihrem Bett zu suchen habe.»

Napoleon schien keine solchen Probleme zu haben. In der ersten Nacht nahm er seine Frau auf den Arm und trug sie in ihr Schlafzimmer mit den Worten: «Komm ins Bett deiner Herren, kleine Kreolin.»

Der Widerstand gegen Bonaparte hatte sich nicht gelegt. Die Ergebnisse der Volksabstimmung, die als überwältigend positiv ausposaunt wurden, bestätigten, daß der Staatsstreich des Brumaire keine Begeisterung hervorgerufen hatte. Es gab nur wenige Neinstimmen, aber vier Millionen Stimmenthaltungen. Da die Wahl nicht geheim

Blick auf die Tuilerien (1870 abgebrannt) vom linken Seineufer. Der Pavillon de Flore (rechts) und der Flügel entlang des Seinekais stehen noch. Am Horizont sieht man die Windmühlen von Montmartre. (Musée Carnavalet – Bulloz)

war, fürchteten die Bürger Vergeltungsmaßnahmen für den Fall eines weiteren Regierungswechsels. Die Armee, die nicht wählte, galt jedoch als einstimmige Befürworterin der Verfassung.

Gemäßigte Pariser schienen anfangs bloß erleichtert, daß der Mann, der für Frieden stand, nun für die Führung des Landes verantwortlich war. «Die große Masse hielt ihn immer für einen Beschützer der Republik, nach innen wie nach außen; sie sah ihn nie als Oberhaupt des Staates», und ein großer Teil der damaligen Haltung gegenüber Napoleon schien – ausgenommen die intellektuelle Elite – mehr auf der allgemeinen Erschöpfung nach den Revolutionsjahren zu beruhen als auf dem Gefühl, Bonaparte könnte ein bleibender Herrscher sein.

Die Nation und die Zeitungen – die meisten waren im Jahr 1800 rechtsgerichtet – erwarteten weiterhin, daß Bonapartes Pseudorepublik nur eine Übergangsregelung sein werde bis zur Einführung einer konstitutionellen Monarchie mit dem Thronprätendenten (dem künftigen Ludwig XVIII.) oder einem der Söhne des Herzogs von Orléans.

Der Erste Konsul wußte, wie zerbrechlich seine Macht war und daß sich seine Regierung auflösen würde, sollte er eine militärische Niederlage erleiden. Jakobiner und Monarchisten warteten bereits hinter den Kulissen. «Meine Macht hängt von meinem Ruhm ab und mein Ruhm von meinen Siegen», sagte er zu Bourrienne.

Obwohl die französischen Armeen die Zweite Koalition unmittelbar nach Bonapartes Rückkehr aus Ägypten besiegt hatten, befand sich Frankreich immer noch mit Österreich, Rußland, England und den Vereinigten Staaten im Krieg – am Rhein, an der Donau, am Atlantik sowie in den annektierten Niederlanden, in Italien und in der Schweiz. Bonaparte entschied sich für einen sensationellen Plan, um die von den Österreichern in Genua belagerten Franzosen zu befreien. Er verließ Paris heimlich, um seinen Gegnern möglichst wenig Zeit zu lassen, während seiner Abwesenheit gegen ihn zu intrigieren. Bevor er an einem Maimorgen in unauffälligem Zivil abreiste, schärfte er Josephine ein, niemandem sein wahres Ziel zu verraten.

Sobald seine Abwesenheit bekannt wurde, gab es in den Tuilerien nur noch Schwarzseherei und Intrigen. Wer sollte Bonapartes Nachfolger werden, wenn er in der Schlacht geschlagen oder getötet würde. Jeder kochte sein eigenes Süppchen – die Jakobiner, die früheren Thermidorianer, die Royalisten, Sieyès, der bereits eine neue Verfassung zur Hand hatte, sowie Fouché und die meisten, die am Brumaire beteiligt waren. Jede Partei stellte ihre eigene Liste für eine neue Regierung und einen neuen Ersten Konsul auf.

Lafayette wurde genannt, Carnot, Bernadotte und der Herzog von Orléans. Josephine wurde von allen ignoriert, vor allem von Lucien Bonaparte, der sich weigerte, einen Fuß in die Tuilerien zu setzen, weil er es als mutmaßlicher Erbe für unter seiner Würde hielt, sie zu besuchen.

Josephine erhielt mit jedem Kurier Briefe von Napoleon, die nicht mehr so leidenschaftlich waren wie einst, dafür um so zärtlicher, und trotz ihrer Angst war sie wie früher zu faul, um zu antworten, worüber er sich ständig beklagte. Er brauchte sie noch immer in seiner Nähe. Am 15. Mai schrieb er ihr aus der Schweiz: «Ich habe keine Post von Dir bekommen ... tausend zärtliche Gedanken, meine süße Kleine.» Im nächsten Brief schrieb er, daß sie in zwölf Tagen zu ihm kommen könne. Am selben Tag befahl er den Frauen, die der Truppe folgten, nach Frankreich zurückzukehren; ihr Gesuch, doch bleiben zu dürfen, wies er zurück und schrieb quer darüber: «Man nehme sich ein Beispiel an der Bürgerin Bonaparte, die in Paris geblieben ist.»

Aus Mailand sandte er Josephine einen kurzen Bericht über sein gewagtes logistisches Manöver. Wie Hannibal vor zweitausend Jahren hatte er seine Armee über den Großen St. Bernhard geführt, wo im Mai noch Schnee lag. Er überraschte die Österreicher, als er hinter den feindlichen Linien in Italien auftauchte. Trotzdem griffen die Österreicher am 14. Juni bei Marengo mit einem an Soldaten und Feuerkraft überlegenen Heer an. Um zwei Uhr nachmittags war die französische Armee geschlagen. Plötzlich erschien General Desaix mit Verstärkung, und um fünf Uhr hatten die Franzosen bei Marengo gesiegt. Bonaparte hatte seine Zukunft auf diese Schlacht gesetzt und hätte sie beinahe verloren. Eine Niederlage hätte das Ende seiner Karriere bedeutet.

Als Josephine am 20. Juni einen Empfang für das diplomatische Corps gab, erreichten sie Gerüchte, die französische Armee sei geschlagen und Bonaparte getötet worden. Alle Anwesenden hatten dieselbe Nachricht gehört und beobachteten sie. Aber sie behielt die Nerven, und gerade, als die Gäste gingen, stürmte ein Bote herein und legte Josephine zwei von Kugeln zerfetzte österreichische Fahnen zu Füßen.

Nach dem Sieg von Marengo begann Napoleons eigentliche Herrschaft. Der Erste Konsul hatte eine so immense Popularität erreicht, daß sogar der Royalist Mathieu Molé schrieb: «Niemals, mit Ausnahme Washingtons in Amerika, ist der Präsident einer Republik so allgemein beliebt gewesen.»

Dank der absichtlich vage gehaltenen Verfassung des Jahres VIII besaß der Erste Konsul bereits mehr Macht als der Präsident der Vereinigten Staaten oder der König von England. Mit seinem zusätzlichen Machtmandat konnte er nun daran gehen, ein neues Frankreich für das 19. Jahrhundert zu schaffen. Die meisten seiner bedeutenden Einrichtungen entstanden in der Zeit zwischen Marengo und dem Ende des Friedens von Amiens, während das Land noch glaubte, das Ende des zehnjährigen Krieges sei erreicht.

In den zwei Jahren des Konsulats legte er den Grundstein zu den administrativen und fiskalischen Errungenschaften, die sein eigentliches Denkmal wurden. Er schuf die streng zentralisierte Verwaltung, die bis heute, wenn auch vielfach modifiziert, in Frankreich überlebt hat, ein neues Rechtswesen, ein öffentliches Erziehungswesen sowie die Bank von Frankreich.

Seine dauerhafteste Leistung war der *Code civil*, besser bekannt als Code Napoléon. Am deutlichsten erkennbar ist hier sein Einfluß im Eigentumsrecht, in der Definition der Familie als Kern der Gesellschaft sowie des zivilrechtlichen Status der Frauen und in der klaren, verständlichen Sprache. Der *Code civil* wurde auf die Satellitenrepubliken sowie die von Frankreich eroberten und besetzten Länder übertragen und wurde zur Grundlage des Zivilrechts vieler moderner Staaten.

Die Frauen verloren durch den Code Napoléon Freiheit und Eigentumsrecht, die sie unter dem *ancien régime* und während der Revolution hatten. «Eine Frau muß Gehorsam und Treue in der Ehe versprechen», heißt es in einem der Paragraphen. Zweifellos waren Gedanken an seine Frau und den Kreis in der Chaumière nicht fern, als er zum Entwurf dieses Paragraphen anmerkte: «Wir brauchen ein Gefühl für Gehorsam vor allem in Paris, wo die Frauen meinen, sie könnten tun und lassen, was ihnen gefällt.»

Nur in einem Punkt versuchte der Code nicht, die alte Familie zu schützen. Das Scheidungsgesetz blieb flexibel. Frankreich nahm dies auch im Zusammenhang mit Josephines Unfruchtbarkeit zur Kenntnis und glaubte, der Erste Konsul habe seine Gründe gehabt für diese Ausnahme.

Der wirtschaftliche Aufschwung setzte nicht sofort ein. Nach Marengo festigte sich das Vertrauen der Finanzwelt, da der Frieden gesichert schien, aber solange die Kriege anhielten – während des Konsulats und dann in der Kaiserzeit –, galt Napoleons Stellung bei den Finanzexperten als prekär. Zu Beginn jedes neuen Feldzugs fielen die Börsenkurse um mehrere Punkte und stiegen wieder, sobald ein neuer Frieden geschlossen war.

Dennoch erholte sich das Land in den ersten zwei Jahren des Konsulats ungemein, selbst wenn man die unvermeidlichen Übertreibungen der bonapartistischen Historiker von der Zerrüttung des Staates unter dem Direktorium berücksichtigt. Und «ein weiterer Aspekt dieses wunderbaren Monuments», schrieb Madelin, ist «die einzigartige Dauer eines Werks, das unter Bedingungen entstand, die ein Abgeordneter als ‹furiosen Wirbelwind› beschrieb». Auf St. Helena erkannte auch Napoleon: «Mein größter Sieg war meine Zivilregierung.»

Obwohl sich die Franzosen nach Marengo im großen und ganzen unter dem Konsulat sammelten, wurde der Code Napoléon vom Institut de France und von der intellektuellen Elite des Tribunats heftig bekämpft. In diesen Kreisen glaubte man, im Code seien viele demokratische Versprechen der Revolution nicht erfüllt worden, und sie stimmten nicht mit dem Ersten Konsul überein, daß dieses Gesetzeswerk «die wesentlichen Errungenschaften der Revolution dauerhaft mache».

Fouché, der angewiesen war, jede organisierte Opposition seitens der Royalisten, Jakobiner oder Intellektuellen zu unterdrücken, versuchte Napoleon zu überzeugen, daß es politisch geschickter wäre, eine gewisse Opposition zuzulassen; aber er hatte damit ebensowenig Erfolg wie Talleyrand, der Bonaparte riet, sich durch einen Besuch bei der Witwe des Philosophen Helvétius mit den ehemaligen Konstitutionalisten zu versöhnen.

Zum ersten offen geäußerten Widerstand seitens der Revolution kam es nach der Ankündigung eines Pakts zwischen Bonaparte und dem Papst. Bonaparte war entschlossen, die Religion wieder einzuführen, «nicht zu Ihrem Wohl», wie er zu den Abgeordneten der katholischen Vendée sagte, «sondern in meinem eigenen Interesse». In dem mit der Kirche ausgehandelten Konkordat wurde der römisch-katholische Glaube als die offizielle Religion der Mehrheit des französischen Volkes anerkannt. Der Klerus sollte jedoch keine unabhängige Institution, sondern von der Regierung bezahlt und vom Heiligen Stuhl praktisch unabhängig sein.

Die Restauration des Katholizismus war zweifellos ein geschickter politischer Schachzug, nicht nur, weil nun wieder jeder siebte und nicht erst jeder zehnte Tag ein Ruhetag war. Das Konkordat neutralisierte auch einen großen Teil der royalistischen Argumente gegen das Regime und entsprach der neuen religiösen Toleranz in Frankreich. Den Samen für die wiederaufkeimende Religiosität sowie für die frühe romantische Bewegung in Frankreich legte der Dichter René de Chateaubriand mit seinem Essay «Le génie du christianisme ou...», das unter anderem auch wegen der herausgehobenen Stellung des Autors – er war Minister unter Napoleon – sehr *en vogue* wurde. In der eleganten Kirche St. Roch war kein Platz mehr frei, als sich eines Sonntags herumsprach, die bekannte Schönheit Madame Récamier werde dort zur Kommunion gehen.

Die roten Mützen verschwanden von den Kirchtürmen, auf dem Land läuteten wieder die Kirchenglocken, und am Ostersonntag des Jahres 1801 riefen die Glocken der Pariser Kirchen zum erstenmal nach zehn Jahren zu einem Tedeum, um die neue Allianz zwischen Frankreich und dem Heiligen Stuhl zu feiern. Um sieben Uhr morgens fuhr die Kutsche des Ersten Konsuls, begleitet von berittenen Dragonern, Husaren, Grenadieren, Mamelucken und dem Generalstab, zur Kathedrale Notre Dame. Kutscher und Lakaien trugen die neue grüne Livree des Konsuls. Madame Bonaparte fuhr in einem unbegleiteten Wagen und saß in der Kirche neben dem Ersten und Zweiten Konsul.

Als bei der Wandlung die Hostie in die Höhe gehalten wurde, präsentierten die Soldaten zum Erstaunen der Anwesenden die Waffen. Die Generäle Lannes und Augereau hörte man während des Gottesdienstes laut lachen.

Bonaparte war entschlossen, den heftigen Widerstand in der Armee gegen diesen Verrat an der Revolution zu ignorieren. Als Augereau darum bat, seine Soldaten vom Besuch der Messe zu dispensieren, befahl ihm der Erste Konsul, seinen Befehlen zu gehorchen. Und als Bonaparte einen anderen General fragte, wie er das Tedeum in der Notre Dame gefunden habe, antwortete er: «Das einzige, was fehlte, waren die einhunderttausend Mann, die getötet wurden, als sie versuchten, das abzuschaffen, was Sie eben wieder eingeführt haben.»

Was Josephine betraf, vermutete man, daß sie als Dame des *ancien régime* die religiösen Bräuche zumindest nach außen hin befolgen werde. Doch die Ansichten des Ersten Konsuls waren ziemlich eindeutig: «Nicht wir, die Adligen, brauchen die Religion», erklärte er, «aber für das Volk ist sie notwendig, und ich werde sie wieder einführen.»

In den Tuilerien sowie in Malmaison spielte Josephine eine wesentliche Rolle in Bonapartes Achtzehn-Stunden-Tag. Er brauchte ihre Heiterkeit und ihr sanftes Lächeln zur Entspannung und Beruhigung. Sobald er morgens ihr Schlafzimmer verließ, ging er nach oben in seine eigene Wohnung, trank eine Tasse Tee oder Orangenblütenwasser, und während er badete, las ihm Bourrienne Depeschen und Zeitungen vor. Manchmal nahm er sich Zeit für ein kurzes Mittagessen mit Josephine, und abends aß er mit ihr, auch wenn es schon auf Mitternacht ging. Aber zwischen den Konferenzen, Diktaten und Truppenparaden lief er immer wieder die schmale Treppe, die ihre Wohnungen in den Tuilerien verband, hinunter zu Josephine, um ein paar Minuten bei ihr zu sein. Wenn er in ihrem blau und weiß ausgeschlagenen Boudoir ruhig und nachdenklich neben dem Kamin saß, verhielt sie sich ebenfalls still. Saß sie vor dem Spiegel – ihr Make-up war ein Kunstwerk, das viel Zeit in Anspruch nahm –, kramte er gern in ihren Töpfchen und Fläschchen, und wenn er alles durcheinander brachte, ihr das Haar zerzauste und sie zwickte, protestierte sie meistens nur leise: «Hör auf, Bonaparte.»

Sie war sich ihrer starken physischen Anziehungskraft auf Bonaparte bewußt. Doch obwohl er mit ihr schlief und ganz offensichtlich das Bedürfnis hatte, bei ihr zu sein, fürchtete sie ihn neuerdings. Sie hatte Angst vor seinen plötzlichen Wutausbrüchen, Angst, ihm ihre Schulden zu beichten, und vor allem vor der Möglichkeit einer Scheidung.

Ihre Befürchtungen wegen Bonapartes Seitensprung in Ägypten hatten sich zwar gelegt, als sie erfuhr, daß Pauline Fourès im vorangegangenen Winter ohne ein Kind zurückgekehrt war und Bonaparte sich weigerte, die «Kleopatra vom Nil» wiederzusehen. (Er hatte ihr Geld geschickt und eine Heirat für sie arrangiert.) Doch die Nachricht, daß General Berthier auf dem Rückweg von Marengo den Ersten Konsul mit der berühmten Sängerin Giuseppina Grassini in Mailand im Bett angetroffen hatte, stürzte sie erneut in Angst und Schrecken. Die Grassini hatte schon während des Italienfeldzugs versucht, Napoleon zu verführen. Damals, als sie in der Blüte ihrer Jahre war und ihr ganz Italien zu Füßen lag, war er ihr gegenüber kalt geblieben; jetzt jedoch, da sie «seiner nicht mehr würdig» war – sie meinte damit, sie sei mit ihren 27 Jahren zu alt für ihn –, hatte er sich mit ihr eingelassen.

Stimmen hatten eine große Wirkung auf Napoleon – vor allem die von Josephine –, aber diesmal siegten der Sopran und die Reize der Grassini. Nachdem er sie in Paris in einem kleinen Haus unweit der Rue de la Victoire untergebracht hatte, betrog sie ihn prompt, und er vergaß sie bald.

Als Josephine erfuhr, daß sich die Grassini in Paris aufhielt, wandte sie sich an ihre alte Freundin Madame de Krény: «Ich bin so unglücklich, Liebste», schrieb sie, «jeden Tag kommt es zu Szenen mit Bonaparte, und das ohne Grund... Ich versuchte, eine Erklärung zu finden, und erfuhr, daß die Grassini letzte Woche in Paris gewesen ist. Anscheinend ist sie die Ursache all meiner Unannehmlichkeiten... Bitte finden Sie heraus, wo diese Frau wohnt und ob er zu ihr geht oder sie zu ihm hierher kommt.»

Josephine hatte ihr vergleichsweise freies Leben in der Rue de la Victoire gegen ein streng geregeltes Protokoll im Tuilerienschloß eingetauscht. Doch auch hier konnte sie es trotz der Gefahr, der sie sich aussetzte, nicht lassen, wieder Geschäfte mit Heereslieferanten zu machen. Mindestens zweimal, als aus dem Handel nichts wurde oder die Firmen Bankrott machten, ließ sie ihre Freunde im Stich, die für sie verhandelt hatten und sich ihr gegenüber loyal erwiesen, indem sie ihren Namen nicht erwähnten. Napoleon schien durch Bourrienne einiges von Josephines Beteiligung an diesen schmutzigen Geschäften gewußt zu haben.

Sie schrieb einen offenbar erfolglosen Empfehlungsbrief für einen Freund von Hippolyte Charles, wieder in Sachen Heereslieferungen, und einen Brief an Hippolyte selbst, in dem sie bedauerte, daß er sich nicht eher an sie gewandt habe, «denn ich wäre glücklich gewesen, Dir zu beweisen, daß nichts meine Gefühle zärtlichster und dauerhaftester Freundschaft für Dich ändern wird».

Aber sie sah ihn nie wieder. Oder doch? In einem mysteriösen Brief Josephines an Madame de Krény – ebenfalls eine Kreolin und die Frau, mit der sie sich unmittelbar nach Thermidor eine Wohnung geteilt hatte –, ist von einem Gärtner die Rede, der die Neugier ihrer Biographen weckte.

Madame de Krény war die einzige von Josephines Freundinnen, die in den Kreisen des Ersten Konsuls zugelassen wurde. Bonaparte mochte sie nicht besonders, aber er wollte ihrem Liebhaber, Vivant Denon, gefällig sein, der ihn auf dem Ägyptenfeldzug begleitet hatte und jetzt für die Einrichtung des Louvre-Museums verantwortlich war.

An Madame de Krény schrieb Josephine den folgenden undatierten Brief:

Bonaparte beschloß gestern abend um sieben Uhr, daß wir in Malmaison schlafen würden; wir fuhren sofort los, und so bin ich hier, Liebste, auf das Land verbannt für ich weiß nicht wie lang. Es macht mich todtraurig, daß Malmaison, das einst so viel Anziehendes für mich enthielt, in diesem Jahr ein öder und langweiliger Ort für mich ist. Ich mußte gestern so schnell aufbrechen, daß ich keine Zeit hatte, dem Gärtner eine Nachricht zu hinterlassen. Da ich unbedingt entschlossen bin, ihm zu schreiben, bitte lassen Sie mich wissen, was ich sagen soll. Ich weiß nicht, was Sie mit ihm vereinbart haben. Vor allem, Liebste, möchte ich ihm meine Enttäuschung erklären, weil sie sehr real ist.»

Josephines Tage während jener ersten Monate in den Tuilerien waren ziemlich eintönig. An den meisten Abenden besuchte sie mit Hortense das Theater; anschließend spielte sie in ihrer Wohnung mit dem Zweiten Konsul Whist oder Piquet.

Ihre früheren Freunde durften nicht in die Tuilerien kommen. Napoleon hatte jedoch keine Skrupel, sich von Josephines altem Freund Gabriel Ouvrard Millionen zu leihen, wenn ihm die anderen Banken größere Kredite verweigerten – um sie hinterher nicht zurückzuzahlen. Zu Beginn des Konsulats schickte Josephine an Ouvrard eine Warnung, daß er verhaftet werden solle, weil er es ablehnte, der Regierung Geld zu leihen; doch er erhielt ihre Nachricht nicht, weil er sich bei Thérésia aufhielt, die gerade ihr gemeinsames Kind bekam. Er wurde unter einem Vorwand festgenommen und erst wieder freigelassen, nachdem er sich bereit erklärt hatte, den Marengofeldzug zu finanzieren, der geplatzt wäre, wie Napoleon zugab, wäre Ouvrard nicht in letzter Minute eingesprungen. Zweifellos wußte Bonaparte auch von den Krediten, die Ouvrard Josephine gewährt hatte.

In dem neuen moralischen Klima war nicht daran zu denken, daß Frauen wie Thérésia (immer noch verheiratete Tallien) oder Fortunée Hamelin, die an die Zeit nach Thermidor erinnerten, mit Josephine verkehrten. Auch Germaine de Staël, die dem Ersten Konsul weiterhin Avancen machte, beklagte sich, daß sie nie in die Tuilerien eingeladen wurde.

Bonaparte wünschte auch nicht, daß jemand Paul Barras in seinem Exil in Grosbois besuchte. Zu den wenigen, die sich darüber hinwegsetzten, gehörte Madame de Staël. Sie warf Barras «Trägheit» vor, aber er meinte, man könne im Augenblick nichts für Frankreich tun. «Das Land ist fasziniert von Prestige und militärischem Ruhm», sagte er, «und muß sich dem Despotismus unterwerfen, bevor sich das Bedürfnis nach Freiheit wieder regt.»

Barras' Briefe an Josephine und den Ersten Konsul blieben unbeantwortet. Er erinnerte Bonaparte, daß er ihn verteidigt hatte, «als Sie in Italien steckten und Ihre Feinde Ihren republikanischen Ruhm angriffen ... und als Ihre Brüder bedroht wurden, kamen sie zu mir um Hilfe ... Ist das der Dank für das, was Sie meine großen Dienste nannten, für die Sie ewige Dankbarkeit gelobten?»

Ein Jahr nach Brumaire erschien die Polizei bei Barras, konfiszierte seine Papiere einschließlich der drei großen Kartons mit den Briefen der Familie Bonaparte und drohte ihm mit Verhaftung, wenn er Grosbois nicht innerhalb von 24 Stunden verlasse. Damit begann für Barras ein langes Exil.

Bonaparte hatte von Anfang an klargemacht, daß er vor allem die Anhänger der Monarchie für sich gewinnen wollte. Sofort nach Brumaire schaffte er die Todesstrafe für illegal zurückkehrende Emigranten ab; und 1802 erließ er eine Generalamnestie für praktisch alle, die für vogelfrei erklärt im Ausland lebten. Ausgenommen davon blieben Männer, die in fremden Armeen gegen Frankreich gekämpft hatten; als weitere Einschränkung galt, daß Emigranten ihren früheren Besitz nicht zurückfordern konnten, wenn dieser bereits in Volkseigentum übergegangen war. Allein im ersten Jahr des Konsulats durften über vierzigtausend Familien nach Frankreich zurückkehren.

Bonaparte ermunterte Josephine, frühere Aristokraten zu empfangen und sich dafür einzusetzen, daß ihre Namen von der Liste der «Feinde der Republik» gestrichen wurden; den entsprechenden Ministern gab er zu verstehen, bei den Protegés seiner Frau großzügig zu verfahren. Josephine konnte nun mit offizieller Genehmigung ihrer Leidenschaft frönen, sich für andere einzusetzen. Sie führte Familien zusammen, die manchmal bis zu zehn Jahre getrennt hatten leben müssen, und fühlte sich geschmeichelt, daß sich sogar einige von Frankreichs bedeutenden Familien an sie um Hilfe wandten. In ihrem berühmten Gelben Salon riefen diese Menschen den Segen des Himmels auf den «gütigen Engel» Josephine herab; doch die weniger Dankbaren flüsterten hinter vorgehaltener Hand, sie sei zwar in ihrem Benehmen und ihrer Sprache kaum von den Aristokraten des Hofs von Versailles zu unterscheiden, aber an ihrem Übereifer und ihrem ehrerbietigen Bemühen, sich nützlich zu erweisen, merke man doch, daß sie keine der ihren sei.

Josephine überschwemmte Minister und Beamte mit Gesuchen um die Rückerstattung verstaatlichten Eigentums und die Gewährung der bürgerlichen Rechte für heimkehrende Emigranten. Sie wäre unendlich dankbar, schrieb sie immer und immer wieder, wenn der Bürger Minister freundlicherweise den Fall von Graf X und Madame Y beschleunigen könnte. Die Akten Hunderter aus dem Exil zurückgekehrter Franzosen enthalten von Madame Bonaparte geschriebene Petitionen, die anscheinend nie müde wurde, sich all diese traurigen Geschichten anzuhören. Ihren Verwandten widmete sie besondere Aufmerksamkeit und ermöglichte sogar die Rückkehr ihres Schwagers François de Beauharnais, obwohl er in Koblenz in die Armee der Royalisten eingetreten war. Der Erste Konsul ließ den Fall nicht nur vertuschen, sondern verschaffte Beauharnais sogar einen Botschafterposten.

Napoleon glaubte, daß er einen großen Teil seiner erfolgreichen «Fusionspolitik» Josephine verdankte. «Meine Ehe mit Madame de Beauharnais», diktierte er auf St. Helena, «ermöglichte mir den Kontakt mit einer ganzen Partei, was für meinen Fusionsplan, eines der vorrangigsten und wichtigsten Ziele meiner Amtszeit, notwendig war ... Ohne meine Frau hätte ich keine natürliche Verbindung mit dieser Partei gehabt.»

Josephines Bemühungen um ehemalige Aristokraten nützten Bonaparte auch insofern, als sie die bereits gespaltenen monarchistischen Parteien noch mehr zersplitterten. Dem Thronanwärter Ludwig XVIII., der sich in Polen aufhielt, liefen immer mehr seiner Anhänger davon, da nur die eingefleischtesten Royalisten die Gelegenheit, nach Frankreich zurückzukehren, nicht wahrnahmen und nach dem Konkordat auch die Katholiken zu Napoleon überliefen.

Der Kronprätendent, der sowohl über die Stimmung in Frankreich als auch die Ambitionen des Ersten Konsuls nicht ausreichend informiert war, schickte Bonaparte einen Brief, in dem er ihm vorschlug, die Bourbonen mit Hilfe seines «Schwerts» wieder auf den Thron zu bringen. An Josephine, die man aufgrund ihres Geschmacks und ihrer Neigungen allgemein für eine Royalistin hielt, schrieb er, ihre Ansichten seien ihm wohlbekannt und er vertraue auf ihren Einfluß. Bonaparte antwortete Ludwig, der Staatsstreich vom Brumaire «wurde in meinem eigenen Interesse unternommen», und überdies müsse der Thronprätendent bei seiner Rückkehr über 100 000 Leichen gehen.

Die Republikaner zeigten sich mit der Antwort des Ersten Konsuls zufrieden – er hatte dafür gesorgt, daß sie an die Presse gelangte, noch bevor sie abgeschickt war –, aber Josephine war entsetzt. Sie hatte kein Vertrauen in den revolutionären Titel des Konsuls und fürchtete eine weitere Revolution. Und sie war überzeugt, daß Bonaparte selbst Absichten auf den Thron hatte – und daß ein König einen Erben wollte.

Als sie und Hortense Napoleon baten, die Vorschläge der Royalisten noch einmal zu überdenken, lachte er nur und sagte im Vertrauen zu Bourrienne: «Diese verdammten Frauen sind verrückt. Der Faubourg Saint Germain (das alte Aristokratenviertel von Paris) hat ihnen den Kopf verdreht. Sie sollten wieder stricken und mich in Frieden lassen. Aber ich nehme es ihnen nicht übel.»

Obwohl Bonaparte wußte, daß sowohl Royalisten als auch Jakobiner Attentate auf sein Leben geplant hatten, war er überzeugt, daß die Opposition der Linken seinem Regime gefährlicher werden konnte. Er vermutete, daß Joseph Fouché die früheren Konventsmitglieder schützte und ihn loswerden wollte. Nach einem Mordanschlag am Weihnachtsabend des Jahres 1800 mußte Fouchés Entlassung jedoch auf später verschoben werden.

Ein Schal und Bonapartes Interesse an der Kleidung seiner Frau hatte ihnen beiden das Leben gerettet. Kaschmirschals, die Bonapartes Offiziere aus Ägypten mitgebracht hatten, waren groß in Mode. Es waren «Stoffe aus dem flaumigen Haar der Kirgisenziegen, weicher als Seide, wärmer als Wolle und so fein, daß sie durch einen Ring gezogen werden konnten». Sie waren ein Luxus, den sich nur die Frauen und Mätressen von Bankiers leisten konnten wie Madame Récamier und Madame Tallien, bis sie von einem Schotten nachgemacht wurden, der sie in Paisley webte. Hortense beschrieb sie als «die einzige nicht in Frankreich hergestellte Bekleidung, die Bonapartes Verbot widerstand, trotz seiner häufigen Drohungen, sie zu verbrennen». Für Josephine waren sie ein Geschenk des Himmels, um die eng anliegenden Kleider, die sie weiterhin trug, anmutig, aber nicht ganz zu verhüllen.

Am Heiligen Abend hatten sich Josephine, Hortense und Caroline, die seit kurzem mit General Murat verheiratet war, für den Besuch der Erstaufführung von Haydns *Schöpfung* in der Oper angekleidet. Die Zeitungen hatten angekündigt, daß sie vom Ersten Konsul begleitet würden. Als alle fertig waren, um zu gehen, fand Bonaparte, Josephines Kaschmirschal passe nicht zu ihrem Kleid. Während er vorausfuhr, holte sie sich einen anderen Schal und folgte ihm kurz danach mit Hortense und Caroline. Nur wenige Augenblicke später erschütterte eine Explosion vor ihnen die Kutsche; die Kutschenfenster splitterten, und eines der Pferde wurde getötet. Hortenses Kleid war blutbefleckt. Josephine fiel in Ohnmacht. Nur Caroline, die im achten Monat schwanger war, blieb ruhig. Sie fuhren zur Oper weiter, wo der Erste Konsul wohlbehalten in seiner Loge saß. Er verlor kein Wort, als sie eintraten, sondern verlangte kühl ein Programm für die Damen. Die Bombe war in der Rue St. Nicaise hochgegangen, genau zwischen den beiden Kutschen. Zweiundfünfzig Schaulustige und ein Teil der Eskorte wurden verletzt, mehrere tödlich. Nach der Aufführung ließ Bonaparte Fouché in die Tuilerien kommen und schrie ihn an, die Jakobiner seien für dieses Attentat verantwortlich und müßten erschossen werden. Der Polizeiminister konnte jedoch beweisen, daß der Mordanschlag ein Werk der Royalisten war. Zwei Chouans – royalistische Untergrundkämpfer – wurden guillotiniert; ein dritter entkam nach Amerika. Trotzdem bestand Bonaparte darauf, daß nahezu einhundert ehemalige Jakobiner deportiert wurden.

Um noch mehr Macht und Einfluß zu gewinnen, ließ Napoleon nun auch seine Frau in der Öffentlichkeit eine bedeutende Rolle spielen. Sie erschien bei offiziellen Diners, und als sie wieder einmal zur Kur nach Plombières reiste, begleitet von Hortense und Madame Letizia Bonaparte, befahl er ihr, Bälle und Empfänge zu geben.

Ob Josephine oder ihr Arzt noch an eine Wirkung der Trinkkuren und Bäder bezüglich der Fruchtbarkeit glaubte, weiß man nicht. Napoleon jedoch war 1801 noch hoffnungsvoll. Nach Josephines Rückkehr platzte er eines Tages in Bourriennes Arbeitszimmer und rief: «Die Menses meiner Frau haben wieder eingesetzt!» Noch 1807 schrieb er ihr, er hoffe, das Wasser von Plombières würde ihr «ein kleines Rotes Meer» bescheren. Aber Madame de Rémusat erinnerte sich an eine grausame Szene in diesem Jahr. Als Elisa Baciocchi auf Josephines Unfruchtbarkeit zu sprechen kam, wies diese darauf hin, daß sie immerhin zwei Kindern das Leben geschenkt habe, Eugène und Hortense. Und Elisa entgegnete bissig: «Nur damals, Schwägerin, waren Sie jünger.» Der Erste Konsul betrat das Zimmer, als Josephine in Tränen ausbrach. «Es gibt ein paar Wahrheiten, die besser ungesagt bleiben», war sein einziger Kommentar.

Josephine wußte, daß die Bonapartes Napoleon ständig drängten, sich eine andere Frau zu nehmen, obwohl sie selbst Zweifel an seiner Zeugungsfähigkeit hegten. Aber die Familie glaubte, ohne Josephine und deren Kinder wäre ihr Einfluß größer; vor allem aber würden die Chancen der Bonaparte-Brüder steigen, Napoleon zu beerben.

Josephines Versuch, sich wenigstens einen Verbündeten in der Familie Bonaparte zu schaffen, war gescheitert. Als Caroline erklärte, sie wolle Joachim Murat heiraten – einen gutaussehenden, ungemein tapferen Offizier, der aber vulgär war und manchmal etwas lächerlich wirkte –, verweigerte Napoleon zunächst seine Zustimmung. «Murat ist nur der Sohn eines Gastwirts», wandte er ein, «und in meiner Position möchte ich mein Blut nicht mit dem seinen vermischen.» Vermutlich hatte er auch den Rumpunsch nicht vergessen, den Josephine zur Zeit des Italienfeldzugs angeblich für Murat gemacht hatte. Josephine setzte sich für Caroline ein und gewann. Doch Carolines Dank blieb aus.

Um ihre Ehe zu retten und zugleich die Bonaparte-Nachfolge zu sichern, war Josephine sogar bereit, ihre geliebte Hortense zu opfern. Ihre unrühmlichste Tat war vielleicht ihr Vorschlag, Hortense mit Louis Bonaparte zu verheiraten. Napoleon stimmte diesem Vorschlag sofort zu. Er hatte schon lange mit dem Gedanken gespielt, daß Louis eines Tages sein Nachfolger werden könnte, und anscheinend die Tatsache ignoriert, daß dieser einst reizende Junge, dessen Vormund er geworden war, inzwischen an Verfolgungswahn und einer «nicht diagnostizierten» Krankheit litt, vermutlich einer Gonorrhöe.

Die romantische Hortense war der Liebling des Hofs mit ihrem dichten blonden Haar, ihrer vollkommenen und schlanken Figur und ihrem liebenswürdigen Wesen. Sie glaubte, in dieser neuen Ära vielleicht aus Liebe heiraten zu dürfen, obwohl Eugène sie gewarnt hatte, daß dies angesichts von Napoleons Aufstieg wohl ein Traum bleiben müsse. Sie hatte zahlreiche Bewerber abgewiesen und erst kurz zuvor den einen verloren, den sie gern genommen hätte – General Christophe Duroc. Bonaparte war Duroc sehr zugetan; er war der Adjutant, dem er am meisten vertraute. Eines Abends fragte Napoleon seinen Sekretär Bourrienne: «Wo ist Duroc?» «Er ist in die Oper gegangen.» «Sobald er zurück ist, sagen Sie ihm, er kann Hortense haben. Die Hochzeit muß in den nächsten achtundvierzig Stunden stattfinden. Ich werde ihm 500 000 Francs geben und das Kommando über eine Division in Toulon. Sie werden einen Tag nach der Hochzeit dorthin gehen. Ich will keine Schwiegersöhne um mich haben, und ich will noch heute abend wissen, ob er einverstanden ist.» Bourrienne war nicht sonderlich überrascht, daß Duroc, nachdem er Bonapartes Bedingungen vernommen hatte, tief gekränkt aus dem Zimmer stürmte und rief: «Wenn das so ist, kann er seine Tochter behalten, und ich gehe ins Freudenhaus.»

Beide, Josephine und Napoleon, belehrten Hortense über Louis' Vorzüge. Es war damals üblich, daß Ehen von den Eltern arrangiert wurden; aber Hortense hatte nicht das geringste für Louis übrig und er nicht für sie. Doch für Hortense stand das Wohl ihrer Mutter stets an erster Stelle.

Die Ankündigung dieser Hochzeit löste bei den Bonapartes eine Flut von Gehässigkeiten aus. Caroline Murat, die ehrgeizigste der Schwestern, war besonders erbost, weil ein Sohn von Hortense und Louis nun bessere Chancen haben würde, Napoleons Nachfolger zu werden, als jedes andere Kind seiner Geschwister. Und Lucien behauptete gegenüber dem ständig mißtrauischen Louis, Hortense sei bestimmt schon von Napoleon schwanger.

Die eisige Hochzeitsfeier fand in der Rue de la Victoire statt. Im Haus, das der Erste Konsul dem jungen Paar zur Hochzeit schenkte, war der Salon zu einer Kapelle umgestaltet worden. Hortense war weißer als ihr Brautkleid, und ihre Augen waren vom Weinen geschwollen. Louis wirkte verdrossen. Nach der Messe – das Konkordat war kurz zuvor unterzeichnet worden – ließen auch Caroline und Joachim Murat ihre Ehe vom Priester segnen. Napoleon jedoch weigerte sich trotz Josephines Drängen, das gleiche zu tun, und sie konnte daraus nur schließen, daß er sich die Möglichkeit zur Scheidung offenhalten wollte.

In der Hochzeitsnacht, schreibt Hortense in ihren Memoiren, zählte ihr Louis alle angeblichen früheren Liebhaber ihrer Mutter auf und verbot ihr, je wieder eine Nacht mit Josephine unter einem Dach zu verbringen; und er drohte ihr, wenn sie auch nur einen Tag vor Ablauf der üblichen neun Monate ein Kind bekommen würde, «werde ich dich nie wieder sehen, solange ich lebe».

Obwohl Cambacérès der Meinung war, Bonaparte wünschte nie mehr zu sein als das Oberhaupt einer ordentlichen Republik, gaben sich andere keinen solchen Illusionen hin. Selbst der Thronprätendent erkannte, daß der jüngste Mordversuch Napoleons Stellung gestärkt hatte. Ludwigs Agenten in Paris informierten ihn 1802 vom Wunsch des Ersten Konsuls nach einem bleibenderen Titel, daß er immer mehr Gefallen an Prachtentfaltung finde und angeblich sogar überlege, einige Hofdamen für Josephine zu ernennen. In Paris, berichteten sie, würden Wetten auf den Sieg der Josephine-Fouché-Koalition über die Bonaparte-Familie abgeschlossen.

Diese Sicht der Dinge traf durchaus zu. Zwischen Talleyrand und Fouché, die zu Bonapartes offensichtlichen monarchischen Ambitionen gegensätzliche Standpunkte vertraten, begann ein gewaltiger Machtkampf. Talleyrand hielt Napoleons Bestrebungen für ein Bollwerk gegen die Rückkehr der Bourbonen. Fouché dagegen lehnte diese Idee wie die meisten früheren Jakobiner strikt ab, wollte aber die auf seiner Seite stehende Josephine nicht verlieren, die natürlich die Frage der Erbfolge fürchtete.

Bonapartes Popularität im Land war grenzenlos. Er war bereits der Verfasser des *Code civil,* der Mann, der «alle Wohltaten der Revolution bewahrt» und den Staatshaushalt ausgeglichen hatte (der neue Franc sollte bis 1914 stabil bleiben) und der Frankreich in zunehmendem Maße Wohlstand bescherte. Bilder von Napoleon vor den Pyramiden, dem Pesthaus von Jaffa, auf einem sich bäumenden Pferd in den Alpen hingen in jedem Haus.

Nur England führte noch Krieg gegen Frankreich, und im Jahr 1802 erfüllte Bonaparte den größten Wunsch der Nation, als er in Amiens einen Frieden zwischen den beiden Völkern unterzeichnete.

Dies war für den Ersten Konsul der Moment, um nach der höchsten Macht zu greifen. Der Senat wurde auf sein Betreiben gedrängt, «ihm das Jahrhundert zu geben, das mit ihm begann ... ein Geschenk, das er sich mit seiner Aufopferung verdient hat» – das Konsulat auf Lebenszeit.

Mit dem neuen Titel und dem in die Verfassung aufgenommenen Artikel der erblichen Nachfolge war es für Napoleon nur noch ein Schritt bis zur Krone; für Josephine bedeuteten diese Errungenschaften den Beginn ihrer Leidenszeit.

Paris feierte den Konsul auf Lebenszeit mit einem großen Feuerwerk. Sein Stern leuchtete zehn Meter groß über der Notre Dame. Aber «Josephines Melancholie stand in auffallendem Gegensatz zu der allgemeinen Fröhlichkeit», schrieb Bourrienne. «Sie hatte an jenem Abend eine Schar von Würdenträgern und hohen Beamten zu empfangen und tat dies mit ihrer gewohnten Anmut, trotz der tiefen Niedergeschlagenheit, die auf ihr lastete. Sie glaubte, jeder Schritt zum Thron hin führe einen Schritt von ihr fort.»

In diesem Jahr beschloß der Erste Konsul, in das Schloß von St. Cloud umzuziehen, das für ein höfisches Leben geeigneter war als

Malmaison. Er hatte zuerst an Versailles gedacht, aber dann fand er es altmodisch und sogar «monströs» und entschied sich für St. Cloud, das mit der Kutsche von den Tuilerien aus in einer Viertelstunde zu erreichen war. Die Tuilerien waren damals «weder ein Hof noch ein militärisches Hauptquartier, sondern etwas dazwischen». Die Renovierung von St. Cloud, das schon jetzt für ein glanzvolles höfisches Leben ausgestattet werden sollte, kostete Millionen.

Obwohl Napoleon Davids Vorschlag, besondere Uniformen für die Konsuln und Regierungsmitglieder anfertigen zu lassen, ursprünglich abgelehnt hatte, trug er in diesem Herbst 1802 zum erstenmal einen goldbestickten roten Samtrock und einen Degen, dessen Griff einige Kronjuwelen zierten, darunter auch der historisch bedeutsame «Régent»-Diamant. Elegante Kutschen wurden angeschafft, Livreen für die Diener der Konsuln und Uniformen für die höfischen Beamten. «Ich muß die Hoftracht meiner tugendhaften Republikaner nur vergolden, damit sie mir gehören», sagte Bonaparte, als er erfuhr, daß kein einziger ehemaliger Jakobiner gegen die reich bestickten roten Samtröcke protestiert hatte, die nun, mit einer blauen Schärpe und Kniehosen getragen, als neue Uniform bei Hofe vorgeschrieben waren.

Josephine erschien immer häufiger bei offiziellen Diners, Empfängen und Audienzen, und bei der sonntäglichen Messe in St. Cloud nahm sie zum erstenmal neben ihrem Mann Platz *über* dem Zweiten und Dritten Konsul. In der königlichen Loge der Kapelle stand Napoleon in militärischer Haltung und mit verschränkten Armen, während Josephine neben ihm graziös niederkniete.

Die von Jugend und Hoffnung erfüllte Atmosphäre verschwand, als sich der Mittelpunkt des Hofs von Malmaison nach St. Cloud verlagerte. Ein Beobachter meinte, es wäre klüger gewesen, wenn Napoleon einiges von der Nüchternheit des frühen Konsulats und seiner «republikanischen Schlichtheit» beibehalten hätte. Nach dem Umzug aus dem idyllischen Malmaison in die kalte Pracht von

Napoleon Bonaparte im roten Samtrock der von David entworfenen Konsulatsuniform. Der Degenkorb ist mit einigen Kronjuwelen besetzt. Seine Hand ruht auf einer Schriftrolle mit einer Liste seiner Friedensverträge einschließlich des Vertrages von Amiens und vom «18. Brumaire». (Musée de la Légion d'Honneur – Tallandier)

St. Cloud, das fast ebenso dunkel war wie die Tuilerien, meinte Hortense: «Mein Stiefvater ist ein Komet, von dem wir nur der Schweif sind; wir müssen ihm folgen, ohne zu wissen, wohin er uns trägt – zu unserem Glück oder zu unserem Unglück.»

22

Eine komfortable Frau

Zum erstenmal seit zehn Jahren herrschte in ganz Europa Frieden, und Ausländer strömten ins Land, gespannt auf das Paris nach der Revolution. Nur wenige konnten sich vorstellen, daß diese schmutzige, quirlige, vergnügungs- und prunksüchtige Stadt, in der viele alte Bräuche wieder auflebten, wo man gut essen und ins Theater gehen konnte, dieselbe Stadt war, die ihnen wenige Jahre zuvor von Emigranten geschildert worden war.

Für die heimkehrenden Emigranten war es eine Stadt mit nicht wiederzuerkennenden Gewohnheiten und doch eine vertraute Umgebung, in der sie fast täglich an der Stelle vorübergingen, wo Mitglieder ihrer Familien auf der Guillotine gestorben waren. Aber die vielen ausländischen Besucher waren überwältigt und fasziniert von dem verführerischen Reiz des neuen Paris.

Häuser und Straßen befanden sich noch in ziemlich schlechtem Zustand, aber man wußte, daß der Erste Konsul große Prachtstraßen plante. Zwischen den Tuileriengärten und der Rue St. Honoré wurden bereits die Grundmauern für die Arkaden der Rue de Rivoli errichtet. Aus London heimgekehrte Emigranten hatten auch Bürgersteige angeregt, doch da sie vor jeder Hauseinfahrt unterbrochen werden mußten, wurden sie erst später im 19. Jahrhundert weitergebaut. Zeitgenössische Darstellungen von Boilly und Duplessis zeigen viele Szenen mit Frauen, die ihre weißen Kleider raffen, um in ihren flachen Sandalen auf Brettern balancierend die Schmutzbäche auf den Straßen zu überqueren. Schockierend fanden die ausländischen Besucher die allzu deutlich sichtbaren und «beunruhigenden geschlechtlichen Unterschiede» an den Kolossalstatuen in den öffentlichen Tuileriengärten; aber sie konnten sich in den Parks sicher fühlen, die jetzt fast ebenso beliebt waren wie unmittelbar nach Thermidor. Wo einst Thérésia und Josephine regierten, saßen heute Paare im Schatten der Boskette und löffelten Eis; aber es war doch eine neue Moral zu spüren, die auf einem Plakat zum Ausdruck kam, auf dem ein Ball angekündigt wurde mit dem Hinweis: «Die besondere Schicklichkeit, die in einer so großen Gesellschaft herrscht, gestattet es den Familienmüttern, ihre jungen Damen in ein Lokal mitzunehmen, wo sie sich, ohne moralisch Schaden zu nehmen, vergnügen können.»

Englische Touristen überraschte, daß der neue Walzer mit Anstand getanzt werden konnte. «Ich beobachtete mit Erstaunen», heißt es in einem Bericht, «daß selbst Männer, die mit den hübschesten Frauen im Saal tanzten, genügend Selbstbeherrschung haben, um weder die Partnerin noch die Gesellschaft mit der geringsten Unschicklichkeit zu schockieren.» Das Palais Egalité war wie vor der Revolution ein Vergnügungszentrum. Sogar der kleine Laden, der heiße Waffeln verkaufte, hatte überlebt. Hier gab es die besten Restaurants, Spielsalons, Druckereien und Buchhandlungen, in denen jedoch nichts von der «neuen Moral» zu spüren war. Einige der unter den Arkaden ausgestellten Bücher «hätten nicht einmal in Sodom und Gomorrha gedruckt werden dürfen», meinte ein englischer Besucher. Kaum hatte er den Garten des Palais Egalité betreten, als im jemand zuflüsterte: «Möchten Monsieur ‹Das ausschweifende Leben von Madame Bonaparte› kaufen?» Der Garten des Palais Egalité, wo der junge Hauptmann Bonaparte seine sexuelle Initiation erlebt hatte, blieb auch während des Konsulats und der Kaiserzeit das Zentrum der Prostitution. Die Mädchen saßen in den Arkaden auf den niedrigen Fenstern der Zwischengeschosse, sangen, spielten Karten und riefen den Passanten aufmunternd zu. Sie trugen eng anliegende, auf dem Rücken geraffte Kleider und offensichtlich keinen Faden darunter, und dies auch, wenn es regnete oder schneite.

Trotz der Anweisungen des Ersten Konsuls konnte die französische Mode ausländische Besucher noch immer schockieren. Wer nicht Zeuge der übertriebenen Mode unmittelbar nach der Terrorherrschaft geworden war, ahnte nicht, wie radikal sich hier die Verhältnisse nach Thermidor geändert hatten. Britische Touristen beklagten die «anstößige Zurschaustellung des Busens», die «eher Entrüstung und Respektlosigkeit statt Bewunderung auslöste». Und die englische Schriftstellerin Fanny Burney wurde von ihrem Pariser Schneider gewarnt, wenn sie hier in Paris weiterhin ihre sechs Unterröcke und ihr altmodisches Korsett trage, werde man sie auf der Straße anstarren.

Die konservativen Engländer fanden auch die Pariser Männer «bemerkenswert unelegant», denn in der Männermode setzten sich die schwarzen oder dunkelblauen Schoßröcke des Engländers Beau Brummell durch, gepaart mit makellos weißen Hemden. Als die Portraitmalerin Elisabeth Vigée-Lebrun aus ihrem St. Petersburger Exil nach Frankreich zurückkehrte und nur noch dunkel gekleidete Männer sah, sagte sie, sie habe ständig den Eindruck, sich auf einer Beerdigung zu befinden. Die Haartracht der Männer entsprach noch dem Vorbild der römischen Büsten. Einen Engländer, der an seinem ersten Abend in Frankreich zum Friseur ging, wurde, noch bevor er protestieren konnte, sein gepuderter Zopf abgeschnitten, das Haar gestutzt und gekräuselt und ein Paar Koteletten auf die Wangen geklebt.

Das Essen, die Restaurants, der für die Engländer «abscheuliche» Brauch, erst um sieben Uhr abends die Hauptmahlzeit einzunehmen, die neue Sitte, die Sitzordnung von Gästen durch Tischkarten festzulegen, die verschiedenen Gänge einzeln zu servieren oder die Preise für Speisen und Getränke auf einem «langen Stück Papier, einer *carte*» anzuzeigen – all dies wurde von den Besuchern des postrevolutionären Paris mit großer Neugier registriert und nach Hause berichtet.

Gleich nach dem Abendessen strömten die Massen ins Theater. «Der Pariser», bemerkte ein englischer Besucher, «kauft sich zuerst eine Karte für das Theater, und wenn er danach noch etwas Geld übrig hat, trinkt er vielleicht einen Kaffee und knabbert einen Zwieback. In London ist ein Steak und ein Pint Sherry wichtiger als das Theater.» Und eine Engländerin stellte verwundert fest, daß, wenn auf das Abendessen kein Theaterbesuch folgte, «alles, womit wir uns am Abend beschäftigen, gemeinsam getan wird, weil Damen und Herren nicht daran denken, sich zu trennen oder abseits der Gesellschaft einem Vergnügen nachzugehen.»

Mit der Bedeutung, die der Erste Konsul der Herstellung von Luxusgütern zumaß, kehrte ein aufwendiger und vor allem auf Prestige ausgerichteter Lebensstil zurück. «Goldschmiede und Juweliere arbeiteten Tag und Nacht, um ihren Aufträgen nachzukommen», berichtete die nun allgegenwärtige Polizei. Wagenbauer und Schneider arbeiteten rund um die Uhr, und in jenem Winter wurden über eine Million Meter Seide und Tüll für Kleider verkauft, die auf schätzungsweise 8000 Bällen und 5000 Abendgesellschaften getragen wurden.

«Jacobs Möbelwerkstatt stellt verschiedene Dinge für Bonaparte her», schrieb ein Besucher. Von jenen, die es sich leisten konnten, wollte niemand mehr Louis-seize oder Louis-quinze besitzen. Die Kunsttischler schufen prunkvolle Mahagonimöbel im Konsulatsstil für Bankiers und Financiers sowie für alle Mitglieder der Bonaparte-Familie. Militärische Symbole waren beliebter denn je, und das kleine, wie ein Zelt ausgestattete Zimmer mit dem bronzefarbenen Bett in der Rue de la Victoire wurde in allen eleganten Häusern in größerem Maßstab kopiert.

Das höchste Ziel jedes ausländischen Besuchers war eine Einladung zu einem Empfang in den Tuilerien. Dafür bedurfte es einer Anfrage des entsprechenden ausländischen Botschafters beim Ersten Konsul, und nachdem dieser zunehmend heikel wurde hinsichtlich der Personen, die er sich vorstellen lassen wollte, drängten sich die Wartenden in Malmaison oder den Tuilerien und bestaunten die dunklen, hohen Räume des Schlosses mit den Wandbehängen und Malereien des 17. Jahrhunderts, den vergoldeten Decken und verhüllten Spiegeln. Auch die Wand- und Kronleuchter waren auf Wunsch des Ersten Konsuls mit Gaze umhüllt, weil er, wie er sagte, helle Lichter genauso wenig ausstehen konnte wie bunt gekleidete Frauen. Tische, Stühle, Kandelaber und Porzellane aus Sèvres waren alle nach damaligem Geschmack mit Sphinxköpfen, geflügelten Löwen und römischen Helmen verziert.

Gelegentlich äußerten sich Besucher auch sarkastisch über Napoleons Hof und seine Residenzen. Bertie Greatheed, ein Großgrundbesitzer aus der englischen Grafschaft Shropshire, notierte in seinem Tagebuch, Malmaison sei «eine alte, armselige Angelegenheit, gelb gestrichen, mit einem ordentlichen Stück Wald versehen und ohne den mindesten Geschmack bepflanzt ... Aber es gibt Schwäne und Nilgänse etc. und eine Fasanerie, und das Ganze sieht behaglich aus und vermittelt den Eindruck, daß die Hausherrin eine komfortable Frau ist.» In Josephines Zimmer fiel ihm auf, daß nur Bücher über Botanik zu sehen waren. «Das Bett, sehr hübsch vor der Wand, mit Spiegeln wie üblich. Bonaparte schläft immer bei seiner Frau.»

Bonaparte wollte seinen Hof zum großartigsten in ganz Europa machen. Der schwedische Graf Armfelt, der den Hof von Versailles gekannt hatte, war erstaunt über den «grandiosen staatlichen Prunk, der weitaus größer ist als an den meisten Höfen in unserer Zeit». Der preußische Gesandte, dessen König sich wie die schwedischen und englischen Monarchen mehr an die Schlichtheit des späten 18. Jahrhunderts hielt, schrieb, in den Tuilerien sei die Etikette von Versailles vorgeschrieben und der Aufwand, der mit Livreen und Equipagen getrieben werde, sei unvorstellbar. Bonaparte habe auch den Hofknicks wieder eingeführt, und die Damen knicksten tief, wenn er mit Josephine, die einige Schritte hinter ihm ging, einen Salon betrat, um Besucher zu empfangen. Zum unverhohlenen Ärger der Bonaparte-Schwestern erhoben sich die Frauen, wenn Josephine den Raum betrat oder verließ.

Bonaparte forderte die ausländischen Botschafter auf, bedeutende Persönlichkeiten ihrer Länder in die Tuilerien mitzubringen, und wenn sie Josephine vorgestellt wurden, galt die gleiche Etikette wie früher in Gegenwart der Königin von Frankreich. Josephine blieb bei diesen Empfängen zwar sitzen, aber bei jedem, der ihr vorgestellt wurde, erhob sie sich taktvoll ein wenig von ihrem Stuhl und murmelte einige passende Worte.

Bei diesen Empfängen, die in Josephines Räumen stattfanden, erschien sie gewöhnlich vor ihrem Gatten, die linke Hand anmutig auf den Handrücken der Rechten Talleyrands gelegt, der ihr die Gäste vorstellte. Der Erste Konsul tauchte nach einigen Minuten Verspätung aus Josephines privaten Gemächern auf.

Besucher der noch renommierteren wöchentlichen Diners schritten, flankiert von Grenadieren, die Treppen der Tuilerien hinauf, passierten mehrere Vorzimmer, in denen Militärmusik gespielt wurde, bis sie Josephines Gelben Salon erreichten. In dem Raum, in dem gespeist wurde, saßen der Erste Konsul und Madame Bonaparte, funkelnd von Diamanten, auf einem Podest. Der Duft der auf den Tischen in Moos gebetteten Orangenblüten und Rosen soll berauschend gewesen sein.

«Die Menschen waren einer Meinung hinsichtlich Josephines vollkommener Anmut und ihres gewandten, sowohl natürlichen als auch kultivierten Auftretens in den Salons des Konsulats», schrieb Napoleons Diener Constant; aber es bestand kein Zweifel, daß Bonaparte bei den Besuchern im Zentrum der Aufmerksamkeit stand.

Der deutsche Komponist Johann Friedrich Reichardt beschrieb seinen Besuch in St. Cloud. Millionen waren für die Restaurierung

Dieses Portrait Josephines von Gérard aus dem Jahr 1803 beschrieb man als «zu jugendlich« und «zu schmeichelhaft». (Musée de la Malmaison – Bulloz)

des Palastes durch Bonapartes Lieblingsarchitekten Percier und Fontaine ausgegeben worden, für Springbrunnen, Kaskaden und Fresken in den Galerien. Auf dem Vorhof zog bei der Ankunft von Besuchern die Konsulatsgarde auf. Über dem großen Marmortreppenaufgang hing Davids Gemälde *Napoleon bei der Überquerung der Alpen* und ein Portrait Josephines von Gérard. Im Audienzzimmer, wo Palastaufseher und Hofdamen die Besucher aufstellten, warteten an die hundert Gäste. Bonaparte betrat diesmal als erster den Saal, flankiert von zwei Hofbeamten, die kleiner waren als er. Er stellte einige Fragen und eilte weiter, meistens ohne auf eine Antwort zu warten. Josephine folgte, ebenfalls von Beamten hereingeführt, einige Schritte hinter ihm, doch sie ließ sich Zeit und zeigte lebhaftes Interesse. Madame Bonaparte erschien Reichardt «älter und dünner, als ich gedacht hatte; ihre Umgangsformen sind die des früheren Hofs, auch wenn sie vielleicht mehr Liebenswürdigkeit an den Tag legt, als ihre Stellung erfordern würde. Sie sprach einige Zeit mit den russischen und polnischen Damen, aber amüsanterweise galten ihr bezauberndstes Lächeln, ihre verführerischsten Blicke dem Ersten Konsul; besonders entzückend waren die polnischen Damen mit ihren schmachtenden Gesichtern und ausdrucksvollen Augen, die unverwandt ihrem Helden folgten. Seiner Gemahlin gegenüber benahmen sie sich tadellos, aber ganz anders. Sie warfen einen Blick auf ihr Diadem, und das war alles.»

Jeder Besucher berichtete über seinen Eindruck von Bonaparte, der damals vierunddreißig Jahre alt war. Viele waren verblüfft von «der magischen Kraft seines Ausdrucks». «Er hat einen Blick wie kein anderer auf der Welt ... Das verführerischste Lächeln, das ich je gesehen.» «Im Zorn nimmt sein Gesicht einen schrecklichen Ausdruck an; er hat das Auftreten eines Mannes, der Großes plant. Seine Züge scheinen einen heftigen und mörderischen Ehrgeiz zu verraten; etwas darin zeugt von düsteren und ungestümen Leidenschaften.»

An Madame Bonapartes Erscheinung waren alle weniger interessiert. Auch Mary Berry fand, daß Josephine älter aussah als auf ihren Portraits und dies noch verschlimmerte, indem sie ihr allzu schmeichelhaftes Portrait von Gérard in eines der Empfangszimmer hängen ließ. Sie gab jedoch zu, daß Madame Bonaparte «sehr distinguiert aussieht», während ein anderer Besucher, der Josephine sah, aber nicht mit ihr sprach, nichts unmittelbar Bemerkenswertes an ihr finden konnte. «Wenn sie der Zufall nicht auf einen solchen Gipfel gestellt hätte, würde sie kaum auffallen.»

Allgemein einig war man sich jedoch, daß die zwei Hauptakteure den Eindruck vermittelten, als hätten sie ihr Leben lang in dieser königlichen Pracht gelebt. Josephine hatte ganz natürlich die Stellung der ersten Dame Frankreichs übernommen, und «ihre Welterfahrenheit», schrieb Méneval, «ihre ausgesuchte Höflichkeit, ihr Gespür für das richtige Wort und die richtige Geste sowie ihre unwiderstehliche Anziehungskraft überzeugten uns alle, daß sie für diese Rolle geboren sein könnte, wäre sie ihr nicht vom Glück geschenkt worden». Für den Ersten Konsul hatte nie ein Zweifel bestanden, daß er für diese Rolle geboren war.

Nahezu ebenso interessant wie ein Besuch in den Tuilerien war für ausländische Gäste in Frankreich das ungewöhnliche gesellschaftliche Leben, das sich aufgrund der Revolution, der Emigration und einer neu entstandenen Gesellschaftsklasse entwickelt hatte. «Die Fusion», schrieb Mary Berry, «war noch lange nicht vollzogen.»

Die ausländischen Besucher strömten zu den *jours fixes* von Talleyrand, Laure Junot und sämtlicher Bonapartes sowie in die Salons der Dissidenten – vor allem zu den Donnerstagen von Juliette Récamier, deren Unterhaltungswert dem eines Theaterbesuchs gleichgesetzt wurde. In ihrem nach der neuesten Mode der Neureichen eingerichteten Haus – überall sah man ägyptische Motive, Löwenköpfe, Löwenpranken, Widderfüße und Sphinxen – drängten sich Regierungsmitglieder, die verschiedenen Bonapartes, ausländische Gäste, Beamte des Hofs und zurückgekehrte Emigranten. Die Hausherrin begrüßte jeden Gast mit den Worten: «Möchten Sie mein Schlafzimmer sehen?» und führte sie auch sogleich dorthin, wo man sich in Bewunderung erging über das auf einem Podest ruhende und in eine Wolke von weißem Musselin gehüllte Bett, das, für damalige Verhältnisse ganz ungewohnt, mit dem Kopfende an der Wand stand.

Juliette beendete ihre abendlichen Empfänge, indem sie für ihre Gäste tanzte oder vielmehr in mehrere Posen glitt, die angeblich Körperhaltungen auf griechischen Vasen glichen. Um besser sehen zu können, zögerten manche Besucher nicht, auf die kostbaren Jacob-Desmalter-Stühle zu steigen, und Monsieur Récamier, ein sparsamer Hausvater, legte eigenhändig eine Serviette unter ihre Schuhe, um die Polster zu schonen.

Madame Récamier konnte damals noch nicht zu den Dissidenten

gezählt werden, wohl aber Thérésia Tallien, deren Unbeliebtheit beim Ersten Konsul bekannt war. Obwohl sie von Bonaparte geschnitten wurde, empfing sie weiterhin jede Dame, die keine Angst vor dem großen Herrn hatte. Zurückkehrende Emigranten dankten ihr für ihre Rolle während der Schreckensherrschaft, und immer wieder mußte sie ihre Geschichte erzählen, wie sie damals im Gefängnis saß und Robespierre sie mit seinem Haß verfolgte.

Thérésias gesamte Korrespondenz ging durch die Hände der Polizei; sie selbst stand unter ständiger Beobachtung. Fouché versäumte nicht, Bonaparte auf jede Kleinigkeit aufmerksam zu machen, die sie lächerlich oder zweifelhaft erscheinen ließ. Gelegentlich sah man Aimée de Coigny in den Tuilerien, obwohl die ganze übrige Merveilleuse-Gesellschaft vom Hof des Ersten Konsuls verbannt war. Bei einem festlichen Anlaß soll sie Bonaparte vor einer dicht gedrängten Versammlung sichtlich in Verlegenheit gebracht haben, als sie auf seine primitive Frage: «Lieben Sie Männer immer noch so sehr wie früher, Madame?» kühl antwortete: «Ja, Sire, wenn sie höflich sind.»

Die ideale Zielscheibe für Bonapartes Geringschätzung intellektueller und unabhängiger Frauen war immer wieder Madame de Staël. Er machte sie als «Ideologin» verächtlich, weil sie noch an die ursprünglichen liberalen Prinzipien der Revolution glaubte, und erging sich laut in plumpen Details, die Staël sei zu männlich und versuche ständig, sich ihm an den Hals zu werfen. Er wußte, daß ihr Salon, auch nachdem ihr Mann nicht mehr Botschafter war, weiterhin als Forum für alle politischen Meinungen diente, daß sich bei ihr die gesamte napoleonische Elite versammelte, Minister und Beamte, die Bonaparte-Familie, selbst Talleyrand und Fouché.

Als Germaine erfuhr, daß sie Bonaparte auf einer Soiree, die General Berthier gab, endlich wieder begegnen werde, legte sie sich genau zurecht, was sie ihm alles sagen wollte. Doch sie erlitt erneut eine Schlappe. Sie hatte die Gewohnheit, besonders tief ausgeschnittene Kleider zu tragen. Als Napoleon die ungewöhnlich üppige Menge entblößten Fleisches sah, platzte er heraus: «Sie müssen alle Ihre Kinder selbst gestillt haben, Madame.» Germaine erstarrte und fand keine Antwort darauf.

Mit dem zunehmenden Autoritarismus des Regimes schwanden allmählich auch Germaines Illusionen. Nach der Einführung des Konsulats auf Lebenszeit wurde ihr Salon zum Sammelbecken der Opposition. Sie äußerte offen ihre Kritik am Konsulat auf Lebenszeit und versuchte, die intellektuelle Elite des Landes zu mobilisieren. Bonaparte war sich bewußt, daß mindestens zwei seiner Generäle, Moreau und Bernadotte, zum Kreis der Dissidenten um Germaine de Staël gehörten; beide galten als Führer der republikanischen Parteigänger und als seine Rivalen, die ihm die Macht streitig machen konnten.

Germaine de Staël hoffte aber weiterhin, den Ersten Konsul auf ihre Seite zu ziehen. Im Winter 1802 veröffentlichte sie ihren Roman *Delphine*. Die ersten Kritiken waren begeistert. «Wir sind alle in Tränen aufgelöst», schrieb Lady Bessborough in ihrem Pariser Hotel, «... kein Mensch ist auf der Straße», weil jeder zu Hause saß und las.

Viele erkannten die Protagonisten des Romans wieder, in dem zahlreiche ehemalige Liebhaber von Germaine eine Rolle spielten. Zwei Charaktere, die als Beispiele für die Treulosigkeit und Gefühllosigkeit der Männer dargestellt wurden, basierten eindeutig auf Benjamin Constant de Rebecque und Louis de Narbonne. Talleyrand diente als Vorbild für ein böses altes Weib. In der Heldin Delphine stellte Germaine sich selbst dar als eine empfindsame, begehrenswerte und hinreißend zarte junge Frau. Ihrer Freundin Juliette Récamier gegenüber gestand sie, daß sie sich immer gewünscht hatte, so schön zu sein wie sie.

Talleyrands Urteil über den Roman war verheerend. «Madame de Staël hat es geschafft, uns *beide* als Frauen zu verkleiden.»

Der Erste Konsul, den der Erfolg des Buchs ärgerte, las eine Kurzfassung von *Delphine*. Er fand die darin behandelten Themen unmoralisch und empörend: daß Liebe über die gesellschaftlichen Regeln gestellt wurde, die Heldin keinen Wert auf die Meinung der Welt legte, sondern verliebt war in die Liebe und die Freiheit und dadurch zum Opfer der Gesellschaft wurde. Er befahl dem offiziellen *Moniteur*, eine vernichtende Kritik zu schreiben, und verbannte Madame de Staël aus einem Vierzig-Meilen-Umkreis von Paris. Als sie von einem Besuch ihres Vaters in der Schweiz nach Paris zurückfuhr, um bei der Veröffentlichung ihres Buches zugegen zu sein, wurde sie von der Polizei aufgehalten und zurückgeschickt.

Ausländische Besucher versammelten sich auch im Salon von Joseph Bonaparte und kritisierten nahezu offen die körperlichen Mängel seiner Frau. «Madame Julie ist eine vollkommen gewöhnliche Frau – sehr dünn und sehr häßlich.» Das Haus ihrer Schwester Désirée Bernadotte gehörte nicht zur Besuchertour, aber den General konnte man bei Madame de Staël und in den Salons anderer Dissidenten antreffen.

Von der Szene verschwunden war auch der Bankier Gabriel Ouvrard, von dem man wußte, daß er Josephine immer wieder große Summen «geliehen» hatte, und Jean-Lambert Tallien, ein weiteres Mitglied des Chaumièrekreises, der inzwischen jedoch so unbedeutend geworden war, daß ihn die Polizei nicht einmal als Dissidenten führte. Bei seiner Rückkehr aus Ägypten realisierte er zunächst nicht, wie sehr sich Frankreich unter dem Konsulat verändert hatte, und er wußte auch nicht, daß Bonaparte seinen letzten Brief aus Kairo kannte. Tallien hatte an den Direktor Barras geschrieben und ihm die Situation der französischen Armee geschildert – «verlassen von einem General, der das Kommando über die Expedition hatte, die er selbst initiierte». Dann leistete er sich den Fehler – wie übrigens auch Ouvrard –, Barras in Grosbois zu besuchen. Ohne Geld, ohne Freunde und ohne ein Dach über dem Kopf (Thérésia hatte ihm mitgeteilt, daß die Chaumière vermietet war) mußte er zu allem Übel auch noch feststellen, daß die Minister des Ersten Konsuls Anweisung hatten, ihm jegliches Amt zu verweigern.

Die Familie Lafayette wurde umgehend als oppositionell eingestuft. Sie gehörte wie die ehemaligen Konstitutionalisten und die Reste der «Amerikanischen Schule» zum liberalen Establishment, das den Ersten Konsul weder bewunderte noch unterstützte und deshalb argwöhnisch beobachtet wurde. Obwohl Napoleon eine Weile versucht hatte, George Washington zu kopieren, und sich als moderner Cincinnatus verstand – eine Büste Washingtons stand immer auf dem Kamin seines Ankleidezimmers –, war er schließlich auch auf ihn eifersüchtig. Als Washington 1799 wenige Tage nach dem Coup Brumaire starb, hatte Talleyrand vorgeschlagen, in Paris eine Statue des amerikanischen Präsidenten aufzustellen, was jedoch von Bonaparte brüsk abgelehnt wurde. Bonaparte mißfiel auch Talleyrands Rede anläßlich des Todes von George Washington, in der er den Präsidenten pries und «das Volk, das eines Tages eine große Nation sein wird und schon jetzt das weiseste und glücklichste auf Erden ist».

Äußerst verärgert über die Begeisterung, mit der Lafayette nach seiner kürzlichen Entlassung aus dem Gefängnis in Paris begrüßt wurde, ließ ihn der Erste Konsul wissen, er wünsche, daß sich Lafayette so wenig wie möglich zeige. Zum endgültigen Bruch kam es 1802, als sich Lafayette weigerte, für das Konsulat auf Lebenszeit zu stimmen, mit der Begründung, er könne dies nicht tun, «solange die staatliche Freiheit nicht genügend gewährleistet» sei. Bonapartes Rache traf die gesamte Familie Lafayette. Der Name des Sohnes, George Washington Lafayette, wurde von der Beförderungsliste der Armee gestrichen, und auch der Schwiegersohn mußte die Armee verlassen.

Charles James Fox, der kurze Zeit britischer Außenminister war und die liberale, profranzösische Meinung in seinem Land verkörperte, weilte mit seiner Frau zu Besuch bei den Lafayettes. Die Legende von der herzlichen Freundschaft zwischen Fox und Bonaparte war entstanden, bevor sich die beiden je gesehen hatten. Fox' Empfang beim Ersten Konsul erwies sich als enttäuschend für beide, und sie trennten sich «in gegenseitigem Mißfallen». Danach vertraute Fox seinem Sekretär Trotter an, er habe ein langes Gespräch mit Madame Bonaparte über Gärten geführt: «Mag sie früher auch Fehler gemacht haben», meinte er, «sie hat sie wiedergutgemacht durch ihre vielen guten Taten.» – «Leider», fügte Trotter in seinem Tagebuch hinzu, «muß sie eine Menge Rouge auflegen wegen des großen Altersunterschiedes zwischen ihr und ihrem Mann.»

Trotz des Zaubers, der von dem neuen Paris ausging, wurde den Besuchern das zunehmend angespannte Klima bewußt. Sie wurden bewacht, sobald sie französischen Boden betraten.

Die Macht der Polizei war unverkennbar. Als Bonaparte nach dem Staatsstreich im November 1799 Fouché aufforderte, die Polizei neu zu organisieren, sagte er: «Bespitzeln Sie jeden außer mir.»

«Bonaparte brachte es nie über sich, beleidigende Äußerungen in den Zeitungen einfach zu ignorieren», schrieb Bourrienne. «Er mußte sich immer rächen. Er war zu allen Zeiten ein erklärter Feind der Pressefreiheit. Ständig gab es Streit zwischen dem Ersten Konsul und den englischen Zeitungen.» Bonaparte hatte den englischen Schatzkanzler sogar gebeten, gesetzliche Maßnahmen gegen den von ihm beklagten zügellosen Journalismus zu ergreifen. «Ich glaube», fügte Bourrienne hinzu, «daß diese Empfindlichkeit gegenüber den Schmähungen der englischen Zeitungen zu den neu beginnenden Feindseligkeiten ebenso viel und vielleicht noch mehr beigetragen hat als die Erwägung großer politischer Interessen.»

23

Sankt Napoleon

Europas Hoffnungen auf Frieden schwanden am 13. März 1804, als Bonaparte den britischen Botschafter bei einem öffentlichen Levee in den Tuilerien beleidigte – ein Vorfall, der zur Aufhebung des Friedens von Amiens führte. Und genau das schien Napoleon beabsichtigt zu haben.

Der englische Botschafter hatte bereits einige unangenehme Monate in Paris hinter sich. Ersuchte er um Zusammenkünfte mit Regierungsbeamten, erhielt er nur unfreundlich Antwort, und Zusagen wurden von Mal zu Mal teurer. Joseph Bonaparte, der Verhandlungsführer beim Vertrag von Amiens, verlangte für eine Audienz eine hohe Geldsumme; Talleyrands Preis war astronomisch.

Beide Länder hatten gegen die Bedingungen des Friedens verstoßen. Frankreich, so behauptete man in London, setze seine Annexions- und Okkupationspolitik fort (Holland, die Schweiz und das Piemont waren noch immer besetzt), und Großbritannien hatte Malta, das den Schlüssel zur Beherrschung des Mittelmeers darstellte, nicht wie vereinbart an den Malteserorden zurückgegeben, sondern dort immer noch Streitkräfte stationiert.

Malta war nicht der einzige Grund für die Unbeliebtheit des britischen Botschafters in den Tuilerien. Lord Whitworth war über einen Meter achtzig groß, und Bonaparte haßte große Männer. Er mußte sich auf die Zehen stellen, als er Whitworth seine Beleidigungen entgegenschleuderte – mit so derben Ausdrücken, daß sich der Botschafter in seinem Bericht an das Londoner Außenministerium weigerte, den genauen Wortlaut wiederzugeben. Zwei Monate lang zogen sich die Streitereien zwischen den beiden Ländern hin. Weder Bonaparte noch das britische Kabinett wollte nachgeben. Lord Whitworth und die meisten seiner Landsleute verließen Frankreich, und am 18. Mai 1803 erklärte George III. Frankreich den Krieg.

Wieder einmal stellte Bonaparte eine Armee für die Invasion in England auf. Im Juni befand er sich bereits an der Kanalküste, um Lager für See- und Landstreitkräfte zu errichten und neue Schiffstypen für den Transport von Soldaten, Pferden und Waffen zu inspizieren. Weitaus optimistischer als seine Offiziere glaubte er, «günstige Umstände und nebliges Wetter vorausgesetzt, innerhalb von drei Tagen Herr von London, dem Parlament und der Bank von England» zu sein.

Während einer dieser Inspektionsreisen muß Bonaparte Josephine einen Brief geschrieben haben, der sie so glücklich und dankbar machte, daß sie ihm sogar darauf antwortete, und dies in ergreifender Weise. Es ist praktisch der einzige Brief von Josephine an Napoleon, der uns erhalten geblieben ist.

> Meine ganze Traurigkeit ist verschwunden, als ich Deinen rührenden Brief und die Äußerung Deiner Gefühle für mich las. Wie dankbar ich Dir bin, daß Du Dir die Zeit genommen hast, so ausführlich an Deine Josephine zu schreiben. Du kannst Dir nicht vorstellen, wieviel Freude Du der Frau gemacht hast, die Du liebst ... Ich werde Deinen Brief, den ich an mein Herz drücke, immer behalten. Er wird mich über Deine Abwesenheit hinwegtrösten und mich leiten, wenn ich bei Dir bin, denn ich will in Deinen Augen immer so sein, wie Du mich haben möchtest, Deine süße und liebevolle Josephine, mein Leben nur Deinem Glück gewidmet.
>
> Wenn Du glücklich oder für einen Augenblick traurig bist, breite Deine Freude oder Deinen Kummer auf der Brust Deiner zärtlichen Frau aus; laß mich alle Deine Gefühle mit Dir teilen. Ich wünsche mir nur, Dich froh und glücklich zu machen ... Adieu, Bonaparte. Ich werde den letzten Satz Deines Briefes nie vergessen. Ich habe ihn in meinem Herzen verschlossen. Wie unauslöschlich hat er sich dort eingeprägt! Und mit welchem Entzücken hat mein Herz geantwortet! Ja, o ja, das ist auch mein Wunsch – Dir Freude zu machen und Dich zu lieben – oder vielmehr tief zu bewundern ...

Aber für Frankreich und auch für Josephine waren die idyllischen Jahre vorbei. Sie hatte allen Grund, Napoleons monarchische und dynastische Ambitionen zu fürchten.

Am 15. August 1803, an dem in jedem katholischen Land seit Jahrhunderten Maria Himmelfahrt gefeiert wurde, ließ der Erste Konsul offiziell seinen Geburtstag feiern und erklärte den Sankt-Napoleons-Tag zum staatlichen Feiertag. Wenige Monate später erschienen Goldmünzen mit der Inschrift «Napoleon Bonaparte, Premier Consul».

Im Frühjahr 1804 wurde wegen des Todes von General Victor Leclerc für den Hof eine zehntägige Trauer angeordnet. Die an den Tuilerien akkreditierten Botschafter waren verblüfft, daß sie, die Vertreter des Heiligen Römischen Reichs, des russischen Zaren und all der anderen europäischen Monarchen, im Namen ihrer Herrscher zum Tod eines Generals kondolieren sollten, der aus den Reihen der Sansculotten kam.

General Leclerc war aber auch der Schwager des Ersten Konsuls, und der hatte ihn nach Santo Domingo (heute Haiti) geschickt, um Frankreichs reichste Kolonie zurückzuerobern. Auf St. Helena beschrieb Napoleon dieses Unternehmen als «einen meiner größten Fehler... ich glaube, daß Josephine, da sie auf Martinique geboren wurde, einigen Einfluß auf diesen Feldzug hatte – nicht direkt, aber eine Frau, die mit ihrem Mann schläft, übt immer einen gewissen Einfluß auf ihn aus».

Auf Santo Domingo war die Sklaverei seit 1789 abgeschafft. Jetzt regierte dort der bemerkenswerte Toussaint l'Ouverture, der ein Jahr zuvor die Unabhängigkeit der Insel ausgerufen hatte. In einer Botschaft, übermittelt «von den Ersten der Weißen an die Ersten der Schwarzen», hatte sich Napoleon unmittelbar nach Brumaire an die Inselbevölkerung gewandt. Darin hieß es: «Vergeßt nicht, tapfere Neger, daß nur Frankreich eure Freiheit und eure gleichen Rechte anerkennt.»

General Leclerc kam mit einem Expeditionskorps von 30 000 Mann auf die Insel und mit dem Erlaß des Ersten Konsuls, die Sklaverei auf allen Inseln von Französisch Westindien, einschließlich Martinique, wo sie noch nicht abgeschafft war, aufrechtzuerhalten und die Freilassung von Sklaven auf Santo Domingo «einzuschränken». Das Dekret erlaubte außerdem die weitere Einfuhr von schwarzen Sklaven auf allen Inseln.

Obwohl General Henri Christophe – der spätere König von Haiti

– heldenhaft Widerstand leistete, wurde er schließlich von Leclercs Truppen geschlagen. Toussaint l'Ouverture wurde mit Hilfe einer List gefangengenommen und in Frankreich in eine Festung gesperrt, wo er nach wenigen Monaten starb. Ein Jahr nach dem Sieg kapitulierte die französische Garnison in Westindien vor der britischen Marine, nachdem nahezu 25 000 Soldaten und auch General Leclerc am Gelbfieber gestorben waren.

Bonaparte hatte darauf bestanden, daß Pauline ihren Mann nach Santo Domingo begleitete, nachdem er von Fouché erfahren hatte, was bereits ganz Paris wußte: daß sich seine Schwester kürzlich drei Tage und drei Nächte lang mit General Macdonald in ihrem Schlafzimmer eingeschlossen hatte. Obwohl Napoleon versprach, ihr regelmäßig Pariser Kleider zu schicken, war sie untröstlich, Paris und ihre Liebhaber verlassen zu müssen, von denen einer später schrieb: «Bevor sie nach Santo Domingo fuhr, waren es nicht weniger als fünf von uns im selben Haus, die sich Paulines Gunst teilten. Sie war das größte Flittchen, das man sich vorstellen kann, und das begehrenswerteste.»

Je mächtiger der Erste Konsul wurde, desto deutlicher zeigte sich seine Arroganz. Er wurde immer intoleranter gegenüber jeder Art von Opposition. Fünfzehn Mitglieder des Tribunats, das er jetzt als «ein unnötiges demokratisches Anhängsel» bezeichnete, mußten gehen, weil ihre Ansichten zu liberal waren. Einige in seiner Umgebung entdeckten bereits die ersten Anzeichen seines zunehmenden Größenwahns.

Der preußische Gesandte berichtete nach Berlin: «Jetzt hat der Erste Konsul die Freuden der Jagd entdeckt, und die Wälder, wo einst nur die Könige von Frankreich und die Prinzen von Geblüt ritten, sind jetzt ihm und den Offizieren seines Gefolges vorbehalten.» In den Tuilerien glaubte man, daß Bonaparte, der nur ein mittelmäßiger Reiter war, weniger die Jagd genoß als das Vergnügen, in königliche Fußstapfen zu treten.

Es gab andere Vergnügungen, die damals bei den Prinzen von Geblüt ebenfalls üblich waren, und diese schienen Josephine jetzt zu quälen, denn sie wußte, wenn sich Bonaparte in eine seiner gelegentlichen Mätressen verlieben sollte – vor allem, wenn eine von ihnen ein Kind bekäme –, drohte ihr unweigerlich die Scheidung. Obwohl Hortense einen Sohn geboren hatte, Napoleon Charles – glücklicherweise einige Tage nach Ablauf der von Louis vorgeschriebenen

Frist –, und obwohl der Erste Konsul das Kind als seinen Erben anzusehen schien, bestand wegen ihrer Unfruchtbarkeit immer noch die Möglichkeit einer gesetzmäßigen Scheidung.

In St. Cloud legte Napoleon zum erstenmal Wert auf getrennte Schlafzimmer. «Wir waren ein sehr bürgerliches Paar», sagte er auf St. Helena, «zärtlich und einander verbunden, und teilten ein Schlafzimmer und ein Bett. Das ist wichtig für ein Ehepaar, weil es den Einfluß der Frau und die Abhängigkeit des Mannes sichert, Intimität und Sittlichkeit aufrechterhält... Solange diese Gewohnheit bestand, entging Josephine kein Gedanke, keine Regung von mir. Sie glaubte, sie wisse alles, was für mich manchmal unangenehm war. All das endete nach einer ihrer Eifersuchtsszenen. Ich beschloß, mich nicht mehr unter dieses Joch zu begeben.» Als er zum zweitenmal heiratete, befürchtete er, Marie Louise werde darauf bestehen, bei ihm zu schlafen, «denn ich hätte nachgegeben. Es ist das legitime Vorrecht, das echte Recht einer Frau».

In manchen Nächten tappte Napoleon im Morgenrock und wegen der Kälte mit einem geknoteten Taschentuch auf dem Kopf durch die Gänge, die sein und Josephines Schlafzimmer in St. Cloud trennten. Constant ging mit einer Kerze voran und leuchtete. Nachdem er Josephine wie üblich um acht Uhr morgens verlassen hatte, rief sie ihre Hofdamen und informierte sie, wo Napoleon die Nacht verbracht hatte. «Deshalb stehe ich heute spät auf», fügte sie ermattet hinzu.

Bonaparte versuchte nicht mehr, seine kurzen Affären mit Schauspielerinnen vor Josephine geheimzuhalten. Als Bourrienne in jenem Jahr wegen zweifelhafter Geschäfte entlassen wurde, ließ sich Bonaparte die Schlüssel zum Zimmer seines Sekretärs geben, das neben seinem eigenen Arbeitszimmer lag und von nun an für seine Rendezvous reserviert war. Für frische Blumen sorgte Madame Bernard hier wie in Josephines Wohnung.

Durch ihre Spione wußte Josephine von Bonapartes jüngster Affäre mit Mademoiselle Duchesnois, einer Schauspielerin der Comédie Française, und auch, daß sie nicht lange gedauert hatte. Nachdem Constant die Dame in das Nebenzimmer geführt und an die Tür des Arbeitszimmers geklopft hatte, rief Napoleon: «Sag ihr, sie soll warten.» Eine Stunde später lautete die Antwort auf ein erneutes Anklopfen: «Sag ihr, sie soll sich ausziehen.» Die Duchesnois wartete frierend eine weitere Stunde. Als Constant dann wieder klopfte, brüllte Bonaparte: «Sag ihr, sie soll nach Hause gehen.»

Die Affäre mit der berühmten dramatischen Schauspielerin Marguerite Josephine George – «Georgina», wie sie Bonaparte nannte – war weniger auf die leichte Schulter zu nehmen. Georgina war nicht nur schön, sondern auch witzig, intelligent und temperamentvoll. Bonaparte blieb oft bis spät in die Nacht mit Mademoiselle George in Bourriennes früherer Wohnung, von der aus man über die Seine blickte. Eines Abends bestand Josephine darauf, daß Claire de Rémusat mit ihr die schmale Verbindungstreppe zu Napoleons Wohnung hinaufstieg, um die beiden dort oben zu überraschen. Auf halbem Weg glaubten sie den Mamelucken Roustam zu hören, der meistens die Tür des Ersten Konsuls bewachte. «Er zerreißt uns!» kreischte Josephine, ließ die Kerze fallen, und dann stolperten sie zitternd vor Angst die dunkle Stiege hinunter.

Die Affäre mit Georgina endete eines Abends, als man ihre Schreie durch das ganze Schloß hören konnte. Bonaparte hatte einen seiner epilepsieartigen Anfälle bekommen. Als er wieder zu sich kam, sah er, der nichts mehr fürchtete, als lächerlich zu wirken, Josephine und etliche Diener um sein Bett herumstehen, während sich eine spärlich bekleidete Mademoiselle George eilig aus dem Staub machte.

Bonaparte wußte, daß ihm Josephine ständig nachspionierte, und er haßte es. Er verachtete ihre Eifersucht und erklärte ihr, es sei für sie allmählich Zeit zu begreifen, daß er tue, was ihm gefalle. «Ich bin nicht wie andere Männer. Für mich gelten nicht die gewöhnlichen Gesetze von Moral und Anstand.» Zu ihrer Hofdame, Madame de Rémusat, sagte er: «Josephine macht sich mehr Sorgen als nötig. Sie hat ständig Angst, daß ich mich ernsthaft verlieben werde... Was ist schon Liebe? Eine Leidenschaft, die das ganze Universum auf eine Waagschale legt und die Geliebte auf die andere. Ich bin gewiß nicht der Mensch, der sich so überwältigenden Gefühlen hingibt. Warum macht sie sich Sorgen wegen dieser Liebeleien, die nichts mit meiner Zuneigung zu tun haben?»

«Sobald er eine neue Mätresse hatte», schrieb Madame Rémusat, «wurde Bonaparte gegenüber seiner Frau schroff, heftig und rücksichtslos. Er zögerte nicht, ihr von der Affäre zu erzählen, und legte eine fast grausame Verwunderung an den Tag, daß sie Vergnügungen, von denen er beweisen konnte, daß sie sowohl erlaubt als auch notwendig für ihn waren, mißbilligen konnte... Wenn Madame Bonaparte weinte oder sich über solche Erklärungen beklagte, wandte er sich mit so heftigen Worten an sie, die ich lieber nicht wiederhole.»

In Malmaison kam es zu einer Szene, die sowohl Josephine als auch Laure d'Abrantès ihr Leben lang nicht vergaßen. Josephine litt an einer ihrer schrecklichen Migränen, einer Folge ihres Gefängnisaufenthalts, wagte jedoch nicht, dem Wunsch des Ersten Konsuls zu widersprechen, ihn zu einem neu erworbenen Besitz in der Nähe zu begleiten.

Gehorsam bestieg sie mit Laure und zwei anderen Damen eine Kutsche, während Bonaparte und Bourrienne vorausritten. Als sie an einen Graben mit zwei hohen Böschungen kamen, bat Josephine, die immer Angst in Kutschen hatte, aussteigen zu dürfen, bevor der Wagen den Graben durchquerte. Aber Bonaparte nannte sie kindisch und lächerlich, schlug den Postillon mit der Reitgerte und befahl ihm, mit Tempo durch den Graben zu fahren. Die Pferde schafften es, aber die Kutsche schien unter dem Stoß auseinanderzubrechen. Napoleon schrie seine krampfhaft schluchzende Frau an, Tränen machten sie häßlich – eine Behauptung, der er auf St. Helena widersprach. Doch nach ihrem Streit, schrieb Claire de Rémusat, «kehrten sie immer wieder zu einem guten Verhältnis zurück und zu einer deutlicheren Intimität denn je».

Vielleicht fürchtete Josephine, daß einige der Gerüchte über ihr Eheleben bis zu ihrer Mutter nach Martinique dringen könnten. Josephine schrieb ihr, sie brauche sich keine Sorgen um ihre Tochter zu machen, und bat sie, wie schon einige Male zuvor, nach Frankreich zu kommen; auch Bonaparte teile diesen Wunsch. Und dann folgte erneut eine ihrer erstaunlichen Würdigungen ihres Mannes: «Du wirst Bonaparte sehr gern haben, er macht Deine Tochter sehr glücklich. Er ist freundlich, angenehm, in jeder Hinsicht ein reizender Mann, und er liebt Deine Yéyette.»

Es gab einiges, was Josephine für ihren Kummer entschädigte. Auf offiziellen Reisen und Feierlichkeiten trat sie als einzige Frau an Bonapartes Seite auf und förderte dabei die Popularität des Ersten Konsuls. Sie begleitete ihn auf einer Reise durch das nordöstliche Frankreich, Belgien (nun ein französisches Departement) und Holland, das zur Batavischen Republik unter französischem Protektorat geworden war. Diese einen Monat dauernde Reise wurde zu einem Triumph für Josephine. Wo immer das Paar auftauchte, wurde ihm zugejubelt. Ovationen, Reden, Galaempfänge und Bankette schienen ebenso ihr zu gelten wie ihm. Noch Jahre später erinnerte man sich an ihre Herzlichkeit, ihr aufrichtiges Interesse und ihr gutes Namensgedächtnis.

Bonaparte hatte Josephine die französischen Kronjuwelen gegeben, damit sie sie auf dieser Reise trage. Sein Interesse an ihrer Kleidung und ihrem Schmuck war nach wie vor groß, aber Luxus hatte für ihn auch eine politische Bedeutung. Hätte Josephine je das geringste Bedürfnis gehabt, sich wegen ihrer extravaganten Kleider zu rechtfertigen, Napoleon hätte ihr befohlen, bei allen öffentlichen Anlässen prachtvoll gekleidet zu erscheinen. Claire de Rémusat hörte einmal, wie Bonaparte zu seiner Frau sagte, sie solle besonders bezaubernd erscheinen und ihre kostbarsten Juwelen und ihr schönstes Kleid tragen. Als sie nicht darauf antwortete, fragte er: «Hast du gehört, Josephine?» «Ja, Bonaparte», antwortete sie, «aber dann wirst du mich wieder schelten oder gar einen Wutanfall bekommen und dich weigern, meine Einkäufe zu bezahlen.» Sie schmollte, aber hübsch, wie ein kleines Mädchen und bestens gelaunt. Sie sah ihn so entzückend an ... der Wunsch, ihm zu gefallen, leuchtete so unmißverständlich aus ihren Augen, daß er ein Herz aus Stein hätte haben müssen, um ihr zu widerstehen.

Selbst nach den Maßstäben der Tuilerien war Josephine märchenhaft gekleidet. Einige ihrer mehr exotischen Toiletten hielten nur einen Tag, darunter ein Kleid aus rosa Seidenkrepp, das ganz mit echten Rosenblättern besetzt war (und in dem man nicht sitzen konnte). Bei einem Besuch bei den «Josephs» in Mortefontaine trug sie ein Kleid aus Tukanfedern; jede Federspitze war mit einer Perle besetzt.

Aber selbst ihre größten Bewunderer hatten das Gefühl, sie kleide sich oft zu jugendlich. Rosa Tüll zum Beispiel, mit silbernen Sternen besetzt, dazu wie für einen Bühnenauftritt geschminkt und ein Dutzend mit Diamanten besetzte Vögel im Haar, hielten ihre Damen für unpassend bei der mittags und im Freien stattfindenden, 1804 erstmals von Bonaparte durchgeführten Verleihung des Ordens der Ehrenlegion. Doch nach dem Festakt schrieb Claire de Rémusat: «Die Eleganz ihrer Erscheinung, der Reiz ihres Lächelns und das Entzückende ihrer Miene machten einen solchen Eindruck, daß ihr bei dieser Gelegenheit eine Ovation bereitet wurde, indem die ganze Prozession sowie die Eskorte des Ersten Konsuls langsamer gehen mußte, um sich dem gemächlichen Schritt Madame Bonapartes anzupassen.»

Josephine war sich bewußt, daß sie für ihren Mann nicht nur

nützlich war, um die Monarchisten um sich zu scharen oder als hübsche, begehrenswerte Gattin, welche die Gangart und den Stil des neuen Hofs bestimmte, sondern daß ihr Einfluß auf ihn auch auf seiner Überzeugung beruhte, sie sei ein Talisman und das wesentliche Element seines Sterns.

Obwohl Bonaparte sich ständig auf die revolutionären Prinzipien und die «Souveränität des Volkes» berief, glaubten nun viele in seiner Umgebung, daß er mehr als bereit war, die Republik abzulösen und sich an die Spitze des Staates zu stellen.

Josephine versuchte, ihn davon abzuhalten. Eines Tages kam sie zu Napoleon, während er seinem Sekretär diktierte. «Sie näherte sich ihm auf ihre sanfte und betörende Art», schrieb Bourrienne, «und setzte sich auf sein Knie, liebkoste ihn und strich ihm mit den Fingerspitzen zart über Wange und Haar. Plötzlich sagte sie besorgt: ‹Bonaparte, ich flehe dich an, mach dich nicht zu einem König. Es ist dieser schreckliche Lucien, der Dich zu solchen Plänen anstiftet. Bitte, hör nicht auf ihn.›» Bourrienne berichtete, Bonaparte habe nur gelächelt und geantwortet: «Du mußt nicht ganz bei dir sein, Josephine. Solche wilden Gerüchte kannst du nur im Faubourg St. Germain gehört haben.»

Josephine wußte, daß sie in Talleyrand einen noch größeren Gegner hatte als in Lucien, daß er Bonapartes Machtgelüste förderte und ihm zur Scheidung riet. Sie konnte jedoch nicht wissen, daß Talleyrand nach dem Zusammenbruch des Friedens von Amiens zum Überläufer geworden war. Das Land hatte vielleicht noch Vertrauen in Bonaparte, den Mann des Friedens, aber der Außenminister Talleyrand hatte keine Illusionen mehr. Er sah, daß die zynisch opportunistische Außenpolitik des Ersten Konsuls und die sinnlose Zerrüttung des Friedens mit England nichts anderes bedeutete, als daß Bonaparte glaubte, die einzige Möglichkeit zur Erlangung der Macht sei eine nie endende Folge militärischer Siege.

Talleyrand begriff genauso wie Josephine, daß Bonaparte nur auf einen geeigneten Vorwand wartete, um sich die Krone aufsetzen zu lassen. Konnte es eine bessere Entschuldigung geben, als die Nutzlosigkeit der Ermordung des Ersten Konsuls zu beweisen, indem man einen Thron und eine erbliche Thronfolge schuf? Dieser Vorwand bot sich nun gleichsam von selbst.

In diesem Jahr 1804 gab es gleichzeitig eine royalistische und eine jakobinische Verschwörung gegen Bonaparte. Als ein Rebellenführer aus der Vendée in Paris gefangengenommen wurde und gestand, daß er und seine Komplizen geplant hatten, den Ersten Konsul zu ermorden, und «nur noch auf das Eintreffen eines Prinzen von königlichem Geblüt warteten, der sie anführen sollte, befanden Bonaparte – und Talleyrand –, daß damit die Rechtfertigung gefunden war. Obwohl Talleyrand jede Verantwortung für die Entführung und Ermordung des Herzogs von Enghien stets leugnete und alle in seinem Besitz befindlichen kompromittierenden Unterlagen 1814 beim Einzug der Alliierten in Paris verbrannte, wurde achtzig Jahre später in einem Schreibtisch, der ihm gehört hatte, hinter einer Schublade noch ein Brief gefunden. Dieser Brief bewies, was man schon 1804 vermutet hatte, daß er tief in den Mord eines unschuldigen Mannes verwickelt war.

Der Duc d'Enghien war ein Neffe Ludwigs XVI. Er war zweiunddreißig Jahre alt und lebte jenseits des Rheins im neutralen Herzogtum Baden. Konnte *er* nicht der erwartete Prinz sein?

Am Abend des 14. März 1804 machte sich Enghien, begleitet von seinem Hund, auf den Weg in ein badisches Nachbardorf, um seine Verlobte zu besuchen. Auf Befehl Napoleons wurde er von einer kleinen französischen Abteilung, welche die Grenze überquerte, entführt und in die Festung von Vincennes vor den Toren von Paris gebracht. Als die Nachricht von der noch geheimgehaltenen Entführung durchsickerte, war man in den Tuilerien entsetzt. Die royalistischen Höflinge, insbesondere Josephines Hofdame Claire de Rémusat, flehten Josephine an, den Herzog zu retten. Als sich Josephine Napoleon weinend zu Füßen warf und ihn bat, den jungen Mann zu verschonen, brauste er auf: «Frauen sollten sich nicht in Staatsangelegenheiten einmischen.» Und als sie später am Tag noch einmal darauf zurückkam, sagte er: «Geh, du bist nur ein Kind. Du verstehst nichts von Politik.» Er verbat ihr, das Thema wieder zu erwähnen.

Als Enghien in Vincennes ankam, wußte er immer noch nicht, was ihm vorgeworfen wurde. Sein Grab in der Festung war bereits ausgehoben. Bonaparte hatte befohlen, den Herzog zum Tode zu verurteilen und sofort hinzurichten; es gab keine Vernehmung, keinen Rechtsbeistand. Um halb drei Uhr morgens wurde Enghien in den dunklen Festungsgraben geführt, sein Hund immer noch an seiner Seite. Er mußte eine Laterne in Brusthöhe halten, um dem Erschießungskommando ein Ziel zu bieten. Die Männer des Pelotons waren von der Haltung und dem Mut Enghiens so beeindruckt, daß sie sich weigerten, die Kleider, die Uhr und das Geld des Hingerichteten an sich zu nehmen, was ihnen von Rechts wegen zugestanden hätte.

Drei Tage später veranstaltete Talleyrand im Auftrag Bonapartes ein Fest. Vermutlich erhofften sie sich die gleiche Publikumswirkung wie von dem Ball, den Talleyrand nach Napoleons Rückkehr aus Italien gegeben hatte. Die Atmosphäre soll «gespannt und gezwungen» gewesen sein. Das gesamte diplomatische Corps befand sich in einem Schockzustand. Die Grenzverletzung, der Verzicht auf ein Gerichtsverfahren und das Vergießen von königlichem Blut – das monarchistische Europa würde Napoleon nie vergeben.

Der Bericht in der zensierten Presse von der Schuld des Herzogs wurde in Frankreich bereitwillig geglaubt. Um die öffentliche Meinung zu testen, besuchte Bonaparte in der folgenden Woche das Theater. Gewöhnlich ging er direkt, ohne auf Josephines nachfolgende Kutsche zu warten, in seine Loge. An diesem Tag jedoch ließ er sich – «sehr bleich» – etwas Zeit, so daß sie das Theater gemeinsam betreten konnten. Anscheinend vertraute er auf ihre Popularität. Dann schritt er, «als blicke er feindlichem Feuer entgegen», hinein, gefolgt von Josephine, die beherzt und wie immer mit geschlossenen Lippen lächelte.

Aber er hätte sich nicht zu fürchten brauchen. Wie gewöhnlich brach das Haus in Beifall aus. Die Popularität des Ersten Konsuls war ungebrochen.

Barras sagte, Talleyrand habe «einen Strom von Blut zwischen Napoleon und die Bourbonen legen wollen». Die Königsmörder stellten erleichtert fest, daß Bonaparte jetzt einer der ihren war: Auch er hatte königliches Blut vergossen. Eine Restauration des Hauses Bourbon würde es unter ihm nicht geben, und so fürchteten sie auch keine Ambitionen Bonapartes auf den Thron von Frankreich.

Auch Joseph Fouché, der weder eine Scheidung von Josephine noch die Wiedereinführung der Monarchie befürwortete, war nicht unzufrieden mit dieser endgültigen Trennung von den Bourbonen. Er wußte, daß Talleyrand in die Angelegenheit verstrickt war, und meinte ohne Bedauern, die Hinrichtung des Herzogs sei «schlimmer als ein Verbrechen, nämlich Pfusch» – ein Zitat, das gewöhnlich Talleyrand zugeschrieben wird.

Rückblickend fand auch Bonaparte, daß er hier vielleicht einen Fehler gemacht hatte. Zur Zeit des Geschehens erweckte er jedoch kaum den Anschein, an eine Schuld Enghiens zu glauben, sondern pochte darauf, Royalisten und Jakobiner für immer zum Schweigen gebracht zu haben. Mit der Einführung der Erbfolge, erklärte er, werde er ihren Verschwörungen und Mordversuchen ein Ende bereiten. Drei Wochen nach Enghiens Hinrichtung stimmte der Senat auf Bonapartes Anregung dafür, daß der Konsul auf Lebenszeit zum Kaiser ausgerufen werden sollte.

24

Bürger Kaiser

In Paris dröhnten noch die Kanonen, die einundzwanzig Schuß Salut abgaben, als die Senatoren am 18. Mai 1804, dem Tag, an dem das Kaiserreich ausgerufen wurde, in St. Cloud eintrafen. Napoleon «empfing sie ruhig und als hätte er sein Leben lang ein Recht auf den Titel gehabt». Das sichtliche Unbehagen der übrigen Anwesenden schien ihn nicht zu berühren, und es war ihm offensichtlich auch nicht peinlich, wenn die Senatoren bei der Anrede ins Schleudern gerieten und ihn abwechselnd «Bürger Konsul», «Bürger Kaiser» und «Monsieur Sire» nannten. Josephine war angeblich die einzige, die ebenso gelassen wirkte wie Bonaparte, obwohl sie zitterte, als sie zum erstenmal als «Kaiserliche Majestät» angesprochen wurde. Vielleicht erinnerte sie sich an die Worte der Wahrsagerin auf Martinique, daß sie größer sein werde als eine Königin.

Beim Familienessen an jenem Abend brach die ganze Eifersucht und Mißgunst der Familie Bonaparte hervor. Am schlimmsten gebärdeten sich Napoleons Schwestern Elisa und Caroline. Der Kaiser neckte seine Familie, indem er jeden mit seinem neuen Titel anredete. Nur die Mitglieder der kaiserlichen Familie, die für die Erbfolge in Frage kamen, sollten den Titel Fürst oder Fürstin führen. Joseph und Louis Bonaparte erhielten diesen Titel sofort. Caroline brach in Tränen aus, als Napoleon Hortense als Fürstin Louis anredete, während sie und Elisa Madame Murat und Madame Baciocchi blieben.

Zehn Tage später gab er dem Drängen der Schwestern nach und verlieh ihnen den Titel «Kaiserliche Hoheit»; ihre Gatten blieben Bürgerliche. Auch Pauline, die jetzt mit dem römischen Fürsten

Borghese verheiratet und deshalb, wie sie hervorhob, «eine *echte* Fürstin» war, wurde zur Kaiserlichen Hoheit erhoben. Doch dies war nur der Anfang des fürchterlichen Gezänks vor der Krönung; zu den schlimmsten Streitereien kam es im Zusammenhang mit der Nachfolge und Josephines übergeordnetem Rang.

Nur in einer Sache war sich die Bonaparte-Familie einig. «*La Beauharnais*» durfte nicht gekrönt werden, denn danach wäre es unmöglich, sie fortzujagen. Sie erklärten Napoleon, er müsse sich endlich scheiden lassen.

Napoleon war überrascht, aber ungerührt von der heftigen Reaktion auf die Ausrufung des Kaiserreichs. Die Armee und die meisten Generäle waren tief beunruhigt. Andoche Junot, ein leidenschaftlicher Republikaner, weinte, als er die Nachricht erfuhr. In der liberalen Oberschicht sowie bei den ehemaligen Konstitutionalisten, von denen viele geglaubt hatten, sie hätten in Bonaparte den Erben der Aufklärung und der Revolution gefunden, herrschte bittere Enttäuschung.

Selbst in der Regierung fehlte es an Vertrauen in den neuen Titel. Der Zweite Konsul Cambacérès sagte zu Lebrun, dem Dritten Konsul, seiner Meinung nach «wird das, was wir jetzt machen, nicht von Dauer sein. Wir haben mit ganz Europa Krieg geführt, um Republiken zu schaffen, Töchter der Französischen Republik, und jetzt werden wir wieder Krieg führen, um neue Monarchen einzusetzen, die Söhne und Brüder unseres eigenen.»

Überall in Europa löste diese Nachricht heftige Reaktionen aus. Beethoven zerriß die Widmung zu seiner 5. Symphonie, der *Eroica*, die er Napoleon zugedacht hatte. Der freiheitsbegeisterte Lord Byron beklagte seine Ernüchterung in «Champion of Liberty».

Napoleon hatte einige Zeit über einen geeigneten Titel nachgedacht. Er entschied sich für «Kaiser», weil damit jede Erinnerung an die Bourbonenkönige ausgelöscht und an das Alte Rom erinnert wurde. Doch seine Stellung war merkwürdig genug. Er war Kaiser «von Gottes Gnaden und der Verfassung der Republik»; er war «Kaiser der Franzosen»; und er hatte geschworen, «die Vollständigkeit des Territoriums der Republik zu erhalten». Das *Corps Législatif* und der Senat blieben; das Tribunat ebenfalls, bis es drei Jahre später aufgegeben wurde.

Indem er sich zum Nachfolger Karls des Großen ernannte, dem Begründer eines europäischen Reichs und Nachfolger der römischen Kaiser, konnte er sich als dessen geistiger Sohn präsentieren. Karl der

Große war nach Rom gereist, um sich krönen zu lassen, aber wer diesmal reisen würde, stand außer Frage. Papst Pius VII., ein kranker alter Mann, sollte für die Krönung nach Paris kommen.

Napoleon wußte genau, wie schwer die weitgehend kirchenfeindlich eingestellten gesetzgebenden Körperschaften zu überzeugen sein würden, daß eine Salbung sowie eine Krönung notwendig waren. Er mußte vor der französischen Öffentlichkeit glänzen, die europäischen Herrscher beeindrucken und vor allem auf eine gleiche Stufe mit ihnen gestellt werden. Die Mehrheit des Staatsrats bestand aus früheren Vorsitzenden revolutionärer Klubs, fanatischen Antiklerikalen, die scharenweise Priester auf die Guillotine geschickt hatten und schon jetzt nicht einsehen wollten, warum eine Krönung in einer Kirche stattfinden sollte.

Napoleon erklärte, die Krönung werde kein Volksfest werden. Nur hervorragende Persönlichkeiten und Offiziere sollten zu der Zeremonie eingeladen werden und «nicht zwanzigtausend Fischweiber oder andere Mitglieder der korrupten Großstadtbevölkerung». In seiner Angst vor dem Pariser Mob drohte er sogar, die Krönung in eine andere Stadt zu verlegen.

Der geborene Propagandist Napoleon bedachte jede Einzelheit der Feier, die für den 2. Dezember festgesetzt war. Allein die Wahl der Embleme und Symbole seiner Herrschaft erforderte stundenlanges Nachdenken. Nach einigem Zögern entschied er sich anstelle des traditionellen gallischen Hahns für den Adler der Caesaren und seinen Schicksalsstern – und für die Biene, obwohl sie aufgrund ihrer Bedeutung zur Zeit der Merowingerdynastie zunächst weniger geeignet schien. Man stieß sich an dem Wort «Bienen*königin*», ungeachtet der Tatsache, daß sie seit der Revolution «Präsidentenkönigin» hieß und daß Bienen als «Mitglieder einer organisierten Republik» galten. Als solche schwärmten sie schließlich auf kaiserlichen Teppichen, Roben und Bannern.

Die Krönung sollte in der Notre Dame stattfinden, obwohl das Innere der Kathedrale seit den dort gefeierten Saturnalien zu Ehren der Göttin der Vernunft verwüstet war. Jacques-Louis David und das Team Percier/Fontaine, zwei junge Männer, die Josephine schon für Malmaison engagiert hatte, erhielten den Auftrag, die «barbarische Gotik» der Kathedrale hinter Wandteppichen, Samtbehängen und Fahnen zu verstecken und den «Tempel der Vernunft» in einen pseudorömischen Tempel zu verwandeln. Das Äußere des Gotteshauses wurde mit Pappe verkleidet, und mehrere Häuser rings um die Kathedrale wurden abgerissen – obwohl die Bewohner, wie die Polizei berichtete, «nicht begeistert» waren –, um Platz zu schaffen für die Aufstellung einer Prozession.

Jacques-Louis David erhielt außerdem den Auftrag, die Zeremonie auf einem Gemälde festzuhalten, und zusammen mit Isabey entwarf er auch die Roben im Renaissancestil für die Marschälle, die zivilen und militärischen Würdenträger und für den Kaiser.

In den Tuilerien stand ein Modell der Kathedrale mit mehreren hundert mit Namen versehenen Papierpuppen, die auf die vorgesehenen Plätze verteilt waren. Nur der Platz von Josephines Puppe stand noch nicht fest; ihr kaiserlicher Ehrentitel verlieh ihr keinen offiziellen Rang.

Im Juli jenes Sommers, während sich Napoleon weiterhin über Josephines Rolle bei der bevorstehenden Krönungszeremonie ausschwieg und ihr Schicksal in der Schwebe hing, geriet sie nochmals nahe an den Rand einer Katastrophe. Sie hatte sich wieder einmal zu einer Bäderkur entschlossen, diesmal in Aachen, wo Karl der Große begraben liegt. Napoleon ließ sie mit ganz großem Staat reisen. Zu ihrem Troß gehörten vierzehn Hofdamen, zwei Kammerherren, zwei Kammerfrauen, der Oberkämmerer, ein Oberstallmeister, ein Schatzmeister, zwei Zeremonienmeister, zehn Lakaien, Küchenpersonal und Kutscher. Für die mindestens fünfzig Personen mußten an jeder Postmeisterei siebzig Pferde und 24 Postillions bereitstehen.

Die Städte auf ihrer Reiseroute empfingen sie mit Festbeleuchtung, Trommelwirbeln und Böllerschüssen. Dem Kaiser wurden Berichte zugestellt über alles, was über sie gesagt und wie sie aufgenommen wurde. Er war entzückt von Josephines Talent, auch mit Situationen fertig zu werden, die in den Anweisungen, die er ihr mitgegeben hatte, nicht vorgesehen waren. Als sie das Grab Karls des Großen besuchte und ihr ein Knochen, der angeblich von seinem Arm stammte, als Geschenk überreicht wurde, wich sie nicht zurück, lehnte ihn aber dennoch ab mit den Worten, «sie habe für ihren Halt einen Arm, der so stark sei wie der Karls des Großen».

Die Briefe, die sie vom Kaiser erhielt, waren besonders liebevoll. «Du bist immer noch unentbehrlich für mein Glück ...» «Ich bedecke Dich mit Küssen.» Und wie das Amen in der Kirche: «Ich habe seit einigen Tagen nichts von Dir gehört; ich wüßte gern, was es Neues gibt.»

Es war bekannt, daß sich Napoleon seine Mätressen häufig unter

Josephines Hofdamen aussuchte. Sie umgab sich ihr Leben lang mit attraktiven Frauen, anscheinend ohne irgendeine Konkurrenz zu befürchten. Die Hübscheste war in diesem Jahr Elisabeth de Vaudey. In Aachen vertraute ihr Josephine mit ihrem üblichen Mangel an Diskretion einiges über Napoleons Seitensprünge an, die er auf seine «Brunftzeit», wie er sich ausdrückte, zurückführte. («Liebe ist eine seltsame Leidenschaft, die Männer in Tiere verwandelt», sagte er einmal. «Ich werde läufig wie ein Hund.»)

Elisabeth de Vaudey schrieb später über Josephine: «Ich fürchte, daß sich die Kaiserin mit ihrem Bedürfnis, ihr Herz auszuschütten und all das zu wiederholen, was zwischen ihr und dem Kaiser geschieht, um Napoleons Vertrauen bringt ... Josephine ist in ihrer Freimütigkeit, ihrem Leichtsinn und ihren raschen Gemütsbewegungen wie ein zehnjähriges Kind; sie kann weinen und Minuten später wieder fröhlich sein ... Ungebildet wie die meisten Kreolinnen, hat sie fast ausschließlich durch Zuhören gelernt; da sie einen großen Teil ihres Lebens in den besten Kreisen verbrachte, lernte sie gute Manieren und jenen Jargon, der in der eleganten Gesellschaft häufig den Geist ersetzt ... Was ich jedoch reizend an ihr finde, ist ihre Schüchternheit, diesen in ihrer Stellung so bemerkenswerten Mangel an Überheblichkeit ... Ihr Charakter ist vollkommen sanft und ausgeglichen; es ist unmöglich, sie nicht zu lieben.»

Als Napoleon plötzlich ankündigte, er werde Josephine in Aachen treffen und sie auf einer anschließenden offiziellen Besuchsreise begleiten, brach sie vor Freude in Tränen aus. «Ich kann es nicht erwarten, Dich zu sehen und mit Küssen zu bedecken», schrieb er am Schluß seines Briefs. «Das Junggesellenleben ist schrecklich, und ich vermisse meine gute, zärtliche und schöne Frau.»

Wie sich herausstellte, vermißte er auch seine Mätresse. Josephine brauchte zwei Tage, während die kaiserliche Gesellschaft langsam rheinaufwärts fuhr, bis sie erkannte, daß Elisabeth de Vaudey der Grund war, weshalb Napoleon seine Pläne änderte. Wie gewöhnlich war das erste Anzeichen für eine neue Liaison, daß er seine Frau schikanierte. Als Josephine eines Abends in Mainz erklärte, sie fühle sich zu krank, um mit ihm auf einen Ball zu gehen, zerrte sie der Kaiser buchstäblich aus dem Bett und bestand darauf, daß sie sich sofort ankleidete.

Zurück in Paris wurde Madame de Vaudey wegen eines geringfügigen Diebstahls von Napoleon entlassen; aber auf Josephine wartete bereits eine neue Prüfung.

Die Murats führten die zwanzigjährige geschiedene Adèle Duchâtel am Hof ein, die gemäß Carolines Anweisungen alles daran setzte, um vom Kaiser schwanger zu werden. Als sie eines Abends in St. Cloud gleichzeitig mit dem Kaiser verschwand, ging Josephine die private Treppe hinter Bonapartes Arbeitszimmer hinauf, hörte seine und Adèles Stimme in dem verschlossenen Nebenraum und bestand darauf, daß man ihr öffnete. Sie fand das Paar in unbekleidetem Zustand und flüchtete vor Napoleons Zorn. Bald darauf hörte man laute Stimmen aus den Räumen der Kaiserin. Josephine schilderte Claire de Rémusat schluchzend, wie Bonaparte um sich trat, Möbel zertrümmerte und ihr befahl, St. Cloud augenblicklich zu verlassen; er habe ihr Spionieren satt und wolle eine Frau heiraten, die ihm Kinder schenken könne.

Josephine flehte Claire an, zu Hortense zu gehen und um ihre Vermittlung zu bitten, aber Hortense antwortete nur: «Ich kann nicht; Louis hat es mir verboten. Meine Mutter wird nur eine Krone verlieren.» Und traurig fügte sie hinzu: «Es gibt Frauen, die bemitleidenswerter sind als Sie. Außerdem besteht ihre einzige Hoffnung darin, durch ihr liebes und sanftes Wesen und ihre Tränen Einfluß auf ihn auszuüben.» Auch Eugène wollte sich nicht einmischen. Napoleon ließ ihn noch am selben Abend kommen, und als ihm der Kaiser sagte, er werde sich von Josephine scheiden lassen, ihn aber für jeden Rangverlust entschädigen, antwortete Eugène, er verlange keine Vergünstigungen; es sei seine Pflicht, seine Mutter zu begleiten, wohin auch immer, selbst nach Martinique.

Wenige Tage später fragte Napoleon Josephine, «ob sie sich freiwillig zurückziehen würde, wenn er feststellte, daß sie im nationalen Interesse gehen sollte, und ihm die Qual ersparen würde, sie zu zwingen». Sie war klug genug zu sagen, daß sie seine persönlichen Befehle erwarten würde, den Thron zu verlassen, auf den er sie gesetzt hatte. Mit «ihrer geschickten und freundlichen Art, ihrer vollkommenen Ergebenheit und der Haltung eines widerstandslosen Opfers», schrieb Claire de Rémusat, hatte es Josephine geschafft, Napoleon in einen Zustand von «Besorgnis und Unsicherheit» zu versetzen.

Napoleon hatte sich noch immer nicht entschieden, ob Josephine gekrönt werden solle. Er war tief beeindruckt, daß sich die Geschwister Beauharnais und Josephine so völlig anders verhielten als seine eigene Familie. Als Pierre-Louis Roederer das Thema Scheidung anschnitt, sagte er, seine Familie sei eifersüchtig auf Josephine,

Eugène und Hortense, und er liebe seine Stiefkinder, die nie etwas verlangten. Über Josephine sagte er: «Ich habe sie nie blind geliebt ... Es wäre nur gerecht, wenn sie Kaiserin würde. Wäre ich ins Gefängnis gekommen statt auf einen Thron, ich weiß, sie hätte mein Los mit mir geteilt ... Mein Dasein wäre unerträglich ohne etwas Glück und Entspannung im Privatleben ... Ja, sie wird gekrönt, und wenn es mich zweihunderttausend Mann kosten sollte!» schloß er merkwürdigerweise.

Die Nachricht, daß Josephine gekrönt und gesalbt werden solle, löste in der Bonaparte-Familie eine neue Welle der Empörung aus. Nicht einmal Marie Antoinette sei gekrönt worden. Die letzte Königin von Frankreich, die gekrönt und gesalbt wurde, sei Maria Medici gewesen, und das nur, weil sie die Regentschaft für ihren Sohn Louis XIII., der noch ein Kind war, übernehmen mußte. Und Joseph Bonaparte erinnerte Napoleon: «*Sie* war eine Mutter», und er fügte hinzu, «eine entfernte Verwandte trug ihre Schleppe und nicht die eigene Schwester des Königs!»

Die Schwestern Napoleons, an ihrer Spitze Caroline, streikten, als sie hörten, daß Napoleon von ihnen erwartete, sie, Julie und Hortense sollten bei der Krönung Josephines Schleppe tragen – fünfundzwanzig Meter roten Samt mit goldenen Bienen bestickt und mit russischem Hermelin gefüttert. Julies Gatte erklärte: «Man kann von Madame Joseph, einer tugendhaften Frau, nicht erwarten, daß sie die Schleppe trägt.»

«Sechs Tage lang habe ich deswegen nicht geschlafen», gestand Napoleon. «Nur meine Familie kann eine solche Macht über mich haben.» Erschöpft verfügte er schließlich, die Bonaparte-Damen sollten bei der Krönungsfeier nur so tun, als würden sie die Schleppe tragen; außerdem sollte jede von ihnen eine eigene, von sechs Kammerherren getragene Schleppe bekommen.

Seit der Ankunft des Papstes in Paris drängten sich die Audienzsuchenden in den Tuilerien. Die Pariser waren von der Bescheidenheit des Papstes und seinen edlen Gesichtszügen beeindruckt. Für diesen frommen Mann bedeutete es keinen Unterschied, ob der vor ihm kniende Mensch ein leidenschaftlicher Katholik oder ein ehemaliger Revolutionär war. In Rom hatte man ihm gesagt, die Franzosen seien zutiefst religionsfeindlich geblieben, und so hatte er nur eine kleine Anzahl Rosenkränze und Medaillons mitgebracht. Der Vorrat war bald erschöpft, da in Frankreich seit Jahren per Dekret keine Rosenkränze mehr hergestellt worden waren; und nun mußte er Uhren, Scheren, Tintenfässer, Brillen und andere Gegenstände segnen, die nicht nur von frommen Katholiken gebracht wurden, sondern auch von republikanischen Generälen, ehemaligen Terroristen, Enzyklopädisten, Jakobinern, ehemaligen Merveilleuses und Würdenträgern des kaiserlichen Hofs; sogar Dr. Guillotin und der atheistische Jacques-Louis David warteten im päpstlichen Vorzimmer. Täglich wurde der Papst auf den Balkon gerufen, um die in den Tuileriengärten knienden Menschen zu segnen.

Am 1. Dezember, einen Tag vor der Krönung, bat Josephine um eine Privataudienz beim Papst. Unter Tränen gestand sie, daß ihre zweite Ehe wegen der Revolution nur vor dem Standesamt geschlossen worden sei. Aber Pius VII. weigerte sich, ein in Sünde lebendes Paar zu weihen und mit heiligem Öl zu salben. Als Konkubine des Kaisers, sagte er, könne Josephine nicht gekrönt werden. Er hatte die zahlreichen Änderungen des alten Krönungsrituals hingenommen, auf denen man in den Tuilerien bestanden hatte; er war bereit, in die Kathedrale zu gehen statt wie üblich in der Sänfte getragen zu werden (die Ausrede der Tuilerien war hier, daß die Göttin der Vernunft von Sansculotten auf einem Stuhl in die Kathedrale getragen worden war), aber in diesem Punkt blieb er hart.

Napoleon wurde von seinem Onkel, Kardinal Fesch, von der päpstlichen Entscheidung unterrichtet. Die Krönung konnte unmöglich abgesagt werden; überdies war Napoleon nicht bereit, sich zum Gespött ganz Europas machen zu lassen. Doch das kanonische Recht war in diesem Punkt nicht zu widerlegen. Onkel Fesch mußte noch in derselben Nacht eine heimliche Trauung organisieren. Um Mitternacht wurden Napoleon und Josephine vor einem im Arbeitszimmer des Kaisers errichteten Altar kirchlich getraut – ohne Zeugen und ohne den Gemeindepfarrer, so daß ihre kirchliche Trauung beinahe ebenso regelwidrig war wie ihre standesamtliche. Die Kaiserin bat Kardinal Fesch um eine Kopie der Heiratsurkunde – ihre Versicherungspolice im Fall einer Scheidung.

Napoleon scheint Josephine diesen Trick nie verübelt zu haben, vielleicht, weil er wußte, wie illegal diese Veranstaltung war; vielleicht aber auch, weil er, wie er auf St. Helena sagte, bereits entschlossen war, sich scheiden zu lassen, «wenn es ihm paßte; die Krönung hatte damit nichts zu tun».

25

Ein Beweis meiner Liebe

In der Nacht zum 2. Dezember hatte es geschneit. Am Morgen regnete es. Es war der kälteste Tag des Jahres. Schon im Morgengrauen säumten die Pariser die Straßen zwischen den Tuilerien und der Notre Dame und wurden, trotz der dreifachen Kordons der Schutztruppen, von den vorbeifahrenden Karossen mit Schlamm bespritzt.

Pünktlich um neun verließ der Papst in seiner Kutsche die Tuilerien, eskortiert von vier Dragonerschwadronen. Nur seine erhobene weiße Hand war zu sehen, während er im Vorüberfahren die Zuschauer segnete. Viele blieben stehen und behielten den Hut auf, aber mindestens ebenso viele knieten nieder. Dem Papst folgten sechs Karossen mit Kardinälen, Bischöfen und Priestern. Als man in Paris das letzte Mal vor zehn Jahren so viele Geistliche auf dieser Route gesehen hatte, waren sie auf Schinderkarren zusammengepfercht zur Guillotine gefahren.

Während die Glocken läuteten und Kanonenschüsse krachten, rasten die sechsspännig gezogenen Staatskarossen in halsbrecherischem Tempo durch die engen Straßen, jede mit einer Vor- und Nachhut, Abteilungen der Chasseurs, Kürassiere und Mamelucken. Die Wagen schienen voll von wippenden Federn, und überall glitzerte es von Gold: auf den großen Orden der Ehrenlegion, den bestickten Uniformen, sogar die Pferdegeschirre waren vergoldet.

Murat, der Gouverneur von Paris, kam als erster; dann folgten Wappenherolde, die Kutschen der Minister, des Großkämmerers, des diplomatischen Corps, der Bonaparte-Fürstinnen und ihrer Ehrendamen und zum Schluß die Grenadiere der Wache.

In den Tuilerien waren schon vor dem Morgengrauen die Kerzen angezündet worden. Viele der Hofdamen hatten die Nacht sitzend verbracht, weil sie schon am Abend zuvor frisiert worden waren. Um sechs Uhr erschien Isabey mit seinen Pinseln, um die Kaiserin zu schminken und einen letzten Blick auf die Kostüme zu werfen, an deren Entwurf er mitgearbeitet hatte.

Napoleon ließ sich Zeit. Er hatte sich bestens gelaunt und leise vor sich hinsummend angekleidet. Mit dem großen Régent-Diamanten, der jetzt an seinem samtenen Barett prangte, und dem vielen Schmuck, den er trug, soll er ausgesehen haben «wie ein wandelnder Spiegel». Josephine, die pünktlich fertig war, wartete auf ihn in ihrem weißen Kleid und in einen mit goldenen Bienen übersäten Schleier aus Goldtüll gehüllt; auch sie funkelnd von Diamanten.

Endlich, nach zweistündiger Verspätung, verkündete ein Kanonensalut, daß der Wagen des Kaisers den Palast verließ. Es war eine neue, von Fontaine entworfene Karosse mit den Emblemen des neuen Reichs – Sterne, Bienen und Lorbeerblätter in Reliefarbeit – und überragt von Adlern und einer Kopie der Krone Karls des Großen. Der Kutscher auf dem vier Meter hohen Bock lenkte die acht Braunen, ein Stallbursche ritt auf dem Leitpferd, und neben jedem Pferd ging ein Lakai. Durch die acht großen Wagenfenster waren Napoleon und Josephine und ihnen gegenüber Joseph und Louis Bonaparte deutlich zu sehen. Alle vier waren in weiße Seide gekleidet und mit Diamanten geschmückt, doch Josephine zog alle Blicke auf sich. Die Pariser wußten, wie alt sie war, aber sie hatten nicht erwartet, sie als «ein strahlendes Mädchen von fünfundzwanzig» zu sehen. Ein großer Teil des Beifalls, der für Napoleon gedämpfter ausfiel als erwartet, galt ihr. Im Polizeibericht wurde am nächsten Tag der herzliche Beifall erwähnt, aber der Kaiser schrieb an Joseph: «Mir fiel auf, daß nirgends echte Begeisterung aufkam, aber immerhin passierte auch nichts Gegenteiliges.»

Als die kaiserliche Karosse die Notre Dame erreichte, drang die Sonne durch. Während die Kanonen donnerten und die Glocken läuteten, stieg das kaiserliche Paar aus, und die Menge in der Nähe der Kathedrale konnte einen ungehinderten Blick auf Napoleon und Josephine werfen. Der Kaiser, der etwas dicker geworden war, sah in der kurzen, ausgestellten Samtjacke über den gebauschten Pantalons nicht vorteilhaft aus. Seine Uniform stand ihm besser; dies fand zumindest Madame de Boigne, die später schrieb: «Auf dem Zeichenbrett vielleicht gelungen, aber am Kaiser, der klein, dick und linkisch ist, sah das Kostüm schrecklich aus ... Er sah aus wie der Karokönig.» Doch beim Anblick der Kaiserin, ihrer strahlenden Miene und anmutig majestätischen Haltung hielt die Menge den Atem an.

Inzwischen saß der größte Teil der Krönungsgesellschaft bereits fünf bis sechs Stunden in der eiskalten Kirche. Glücklicherweise wurden zwischendurch Semmeln und heiße Würstchen verkauft. Der Papst saß ohne jegliche wärmende Stärkung über seinen Thron gebeugt und betete still.

Aber die kaiserliche Prozession war immer noch nicht für die Kirche bereit, denn jetzt zog man sich in einem Raum neben der Kathedrale für die Krönung um. Napoleon legte ein knöchellanges Seidengewand und einen purpurnen, mit Bienen bestickten und Hermelin gefütterten Samtmantel an, der an der Taille und über der rechten Schulter befestigt wurde. In der Rechten hielt er ein Zepter. Mit dem goldenen Lorbeerkranz auf dem Kopf glich er aufs Haar «einem Caesaren auf einer römischen Münze». Er sah würdig aus, sehr blaß und sehr bewegt. Eine Stunde später erschien das Kaiserpaar im Krönungsornat. Josephine, lächelnd und vollkommen unbefangen mit Diamantendiadem und Kaisermantel, schritt langsam unter einem Baldachin, während ihr die fünf fürstlichen Bonaparte-Damen halfen, den schweren Mantel zu tragen. Ihre Schleppen wiederum wurden von ihren Kammerherren getragen. Vor der Kaiserin gingen die Wappenherolde, die Pagen, der Großmeister der Zeremonien, drei Marschälle sowie die Kammerherren und Stallmeister ihrer kaiserlichen Majestät – jeder im Abstand von zehn Schritten. General Murat trug Josephines Krone auf einem Kissen, ein anderer Marschall ihren Ring.

Dann nahte das Gefolge des Kaisers. Seine Krone und seine Insignien, Schwert, Halskette und Reichsapfel, wurden von seinen Marschällen und von Kardinal Fesch vor ihm hergetragen. Seinen Purpurmantel hielten zwei seiner Brüder und die früheren Mitkonsuln. Napoleon schien sich unter seinem Baldachin ebenso wohl zu fühlen wie die Kaiserin. Als sich die Prozession seiner Meinung nach zu langsam bewegte, versuchte er, den Herrschaften Beine zu machen, indem er Onkel Fesch mit dem kaiserlichen Zepter in den Rücken piekte.

Als die zwei Prozessionen die Notre Dame betraten, spielten die vier Orchester einen Triumphmarsch, und die Gemeinde, die völlig vergaß, wo sie sich befand, applaudierte, bis das Kaiserpaar bei den

Die Kaiserin Josephine (Musée de Versailles – Roger-Viollet)

zwei Thronen vor dem Altar angelangt war. Dann folgte eine Messe ohne Kommunion und ohne die bei der Krönung der Könige von Frankreich übliche Proskynese. Nur während der Salbung auf Kopf und Hände kniete das Kaiserpaar vor dem Papst nieder, und Laure d'Abrantès, die nur wenige Schritte von Napoleon entfernt stand, war überzeugt, daß er in diesem Moment ausschließlich daran dachte, wie er das Öl wieder abwischen könnte.

Nach dem Hochamt begaben sich Napoleon und Josephine wieder auf ihre Throne, während der Papst die zwei Kronen segnete und dann auf den Altar legte. In der nun eingetretenen Stille stieg Napoleon die Altarstufen hinauf, und bevor der Papst etwas tun konnte, ergriff er die größere der zwei Kronen mit beiden Händen, und sich den Menschen im Kirchenschiff zuwendend, hob er sie hoch und setzte sie sich langsam auf den Kopf.

«In diesem Augenblick», schrieb Laure d'Abrantès, «war er richtig schön, und seine Miene war von einem Ausdruck erhellt, der fast nicht zu beschreiben ist.» Dann nahm er Josephines kleinere Krone und stieg langsam die Altarstufen hinunter. Madame de Rémusat schrieb:

> «Sie war so natürlich, so anmutig, als sie auf den Altar zuging und mit so schlichter Eleganz niederkniete, daß aller Augen entzückt waren von dem Bild, das sie bot – die Personifizierung von Eleganz und Majestät. In Napoleons Gesicht konnte ich all das lesen, was ich eben gesagt habe. Mit zufriedener Miene blickte er auf die Kaiserin, als sie auf ihn zuging; und als sie niederkniete und die Tränen, die sie nicht zurückhalten konnte, auf ihre zum Himmel oder vielmehr zu Napoleon erhobenen Hände fielen, schienen beide einen jener kurzen Momente gemeinsamen Glücks zu genießen, die einzigartig im Leben sind. Der Kaiser hatte jede im Lauf der Zeremonie von ihm geforderte Handlung mit besonderer Bereitwilligkeit ausgeführt, aber die Art, wie er Josephine krönte, war höchst bemerkenswert. Nachdem er ihre kleine Krone genommen hatte, setzte er sie erst sich selbst auf und dann ihr. In dem Augenblick, als er der Frau, die beim abergläubischen Volk als sein guter Engel galt, die Krone aufsetzte, wirkte sein Benehmen fast spielerisch. Er gab sich große Mühe, diese kleine Krone genau richtig über Josephines Diadem zu plazieren; er setzte sie ihr auf, nahm sie wieder ab und setzte sie ihr schließlich noch einmal auf, als wollte er ihr sagen, daß sie sie elegant und leicht tragen sollte.»

Nachdem der religiöse (und für die meisten der Versammelten unsichtbare) Teil der Zeremonie beendet war, konnte der weltliche Teil beginnen. Die Sitzordnung ließ diese Absicht klar erkennen. Die weniger hochgestellten Persönlichkeiten saßen näher beim Altar, und die bedeutendsten zu Füßen der zwei hoch über der großen Eingangstür der Kathedrale errichteten Throne.

Als das Kaiserpaar, Josephine voran, den gefährlichen Aufstieg begann, war für die Bonaparte-Schwestern der Augenblick der Rache gekommen. Während Josephine die 24 steilen Stufen hinaufstieg, ließen sie den schweren Mantel los – oder versäumten, ihn zu «tragen». Vom Gewicht des Mantels nach hinten gezogen, verlor Josephine beinahe das Gleichgewicht. Ein scharfes Wort von Napoleon brachte seine Schwestern zur Raison.

Die Krönung. Als das Gemälde nach vier Jahren fertiggestellt war, wurden mehrere Veränderungen vorgenommen. Die Bonaparte-Prinzessinnen «halten» nun nicht mehr Josephines Schleppe, sondern stehen links; die bei der

Krönung nicht anwesende Madame Mère wurde hineingemalt. (Musée du Louvre – Collection Viollet)

Nachdem der Papst die Herrscher gesegnet und sein «Vivat Imperator in aeternum!» verkündet hatte, zog er sich in die Sakristei zurück, da er nicht den Anschein erwecken wollte, als billige er sämtliche Grundsätze des Verfassungseids, den die legislativen Körperschaften dem Kaiser abverlangt hatten. Mit fester Stimme, die in der ganzen Kathedrale zu hören war, schwor Napoleon feierlich, «die Einheit der Territorien der Republik zu erhalten, die politische, bürgerliche und religiöse Freiheit zu achten sowie die Unwiderruflichkeit des Verkaufs von nationalem Eigentum». Er sollte in jedem Punkt, ausgenommen dem letzten, eidbrüchig werden.

Wieder donnerten die Kanonen, und die große Glocke der Notre Dame dröhnte, als das gekrönte Paar langsam die Stufen herabstieg und mit seinem Gefolge die Kathedrale verließ.

Inzwischen war es drei Uhr nachmittags, und bald darauf wurde es dunkel. Für den Rückweg zu den Tuilerien war ein längerer Weg durch die Stadt vorgesehen, damit möglichst viele Pariser ihren neu gekrönten Herrschern zujubeln konnten. Fünfhundert Pagen und Lakaien, beritten oder zu Fuß, beleuchteten den prächtigen Zug mit brennenden Fackeln. Große Ns, von Lorbeer umkränzt, hingen an jedem Gebäude und der noch unfertigen Madeleine. Auf der Place de la Concorde leuchtete an der Stelle, wo Ludwig XVI. auf dem Schafott gestorben war, ein riesiger Stern. Kronleuchter hingen zwischen Säulen der dortigen Palais, und als die Karossen durch die Tore des Tuilerienschlosses rollten, funkelten Gärten und Palast von tausend Lichtern.

Der frisch gesalbte Kaiser und seine Kaiserin beendeten diesen langen Tag mit einem intimen Diner zu zweit. Er bat sie, während dieses Tête-à-tête ihre Krone zu tragen, «weil sie ihr so gut stand, weil sie so hübsch aussah» und weil «niemand eine Krone anmutiger tragen konnte».

Jacques-Louis David arbeitete vier Jahre an seinem Krönungsgemälde. Als Napoleon und Josephine 1808 sein Atelier besuchten, um das fertige Bild zu begutachten, studierte der Kaiser über eine Stunde lang jede Einzelheit der grandiosen Komposition. Er war entzückt vom Realismus des Bildes und all den erkennbaren Gesichtern. «Ich bin Ihnen dankbar, David», sagte er, «daß Sie für die Nachwelt den Beweis der Liebe festgehalten haben, den ich der Frau zu geben wünschte, die mit mir die Bürde des Amtes teilt.»

26

Die Sonne von Austerlitz

Der 2. Dezember 1804 war möglicherweise der glücklichste Tag in Josephines Leben. Für Napoleon kam dieser Tag genau ein Jahr später.

In den nächsten Monaten war das Kaiserpaar vollauf beschäftigt, alle die vom Kaiser bis ins kleinste geplanten Festlichkeiten zu absolvieren: Die «Verteilung der Adler» auf dem Marsfeld, den Empfang der ausländischen Fürsten in den Tuilerien, ein Bankett für die Großwürdenträger des Reichs, Bälle, die der Kriegs- und der Marineminister gaben, die Eröffnungssitzung des *Corps Législatif* und die Vorstellung des Hofstaats aller fürstlichen Bonapartes.

Napoleon, bereits Präsident der von ihm geschaffenen Lombardischen Republik, beschloß im Frühjahr 1805, auch König der Lombardei zu werden, und die Abgeordneten des Marionettenstaats erhielten die Anweisung, ihm die eiserne Krone, die einst Karl dem Großen gehörte, anzubieten. Während der Reise nach Mailand, wo die Krönung stattfinden sollte, war Napoleon bester Laune, und Josephine fühlte sich seit der Kaiserkrönung so sicher, daß sie Napoleon keine allzu großen Vorwürfe machte, als sich herausstellte, daß er eine Affäre mit ihrer hübschen neuen Vorleserin hatte. Und alles war wieder im Lot, als er nichts gegen die Rückkehr von Mademoiselle Lacoste nach Frankreich einzuwenden hatte.

Die italienische Krönung verlief ähnlich wie die in der Notre Dame, nur gehörte diesmal die Kaiserin zu den Zuschauern. Am Abend war Napoleon so glänzender Laune, daß er in ihren Privaträumen die Krönungszeremonie nachahmte (er hatte sich wie in Paris die Krone selbst aufgesetzt und sie zum Entsetzen aller lässig wie einen Hut unter dem Arm in die Kirche getragen). Dann spielte er Kinderspiele mit Josephine, jagte sie durch die Zimmer, kitzelte und zwickte sie, bis sie ihn flehentlich bat, aufzuhören.

Napoleons Geschwistern war befohlen worden, auch bei dieser Krönung anwesend zu sein. In stummem Zorn beobachteten sie «*la* Beauharnais», die jetzt als Königin von Italien bei den offiziellen Levees auf einem zweiten Thron saß. Als sie jedoch in Mailand erfuhren, daß Eugène zum Vizekönig von Italien ernannt und von Napoleon als ein «Sohn von Frankreich» adoptiert werden sollte, gab Caroline Murat eine plötzliche Unpäßlichkeit vor, um keine höfischen Aufgaben übernehmen zu müssen, und Marschall Murat zerbrach im Zorn seinen Degen über dem Knie.

Von Mailand reiste der Kaiser direkt an den Ärmelkanal, um die Armee für die Invasion in England zu inspizieren. Er schrieb Josephine liebevolle und sogar neckische Briefe. «Ich habe eine prima Armee und eine prima Flotte hier sowie alle Annehmlichkeiten; nur meine süße Josephine fehlt... aber Frauen soll man ihre Macht besser nicht wissen lassen. Tausend zärtliche Küsse überall...»

Josephine wußte wahrscheinlich schon, daß zu den «Annehmlichkeiten» auch ein italienisches Mädchen gehörte, das er nachkommen ließ. Aber sie war entschlossen zu schweigen. Ihre Kinder hatten sie immer gedrängt, die Liebschaften des Kaisers zu übersehen. Josephine schrieb in jenem Monat an Eugène: «Keine Eifersuchtsszenen mehr, mein lieber Eugène, das kann ich ehrlich sagen, und so sind wir beide viel glücklicher.»

Napoleon verbrachte jedoch keineswegs eine angenehme Zeit. Seine zehntausend Mann starke Armee stand bereit, um in Dover an Land zu gehen. «Beherrschen wir für sechs Stunden den Kanal», ließ er den Marineminister wissen, «sind wir die Herren der Welt!» Admiral Villeneuve erhielt Befehl, in den Ärmelkanal einzulaufen. Als er nicht kam, tobte Napoleon und schickte stündlich rüde Botschaften, während Villeneuve von der britischen Flotte belagert im spanischen Hafen von Cadiz festsaß.

Inzwischen lieferte Talleyrand den Beweis, daß sich Österreich definitiv auf einen Krieg vorbereitete. Napoleons Krönung in Italien und seine Herrschaft über die meisten der früheren österreichischen Besitzungen dort hatten Kaiser Franz I. veranlaßt, sich mit England und Rußland in der Dritten Koalition zusammenzutun. Der König von Preußen zögerte noch, und so beschloß Napoleon, mit einem Gewaltmarsch seiner Armee direkt ins Herz Europas vorzustoßen und die Österreicher und Russen zu schlagen, bevor sich die Preußen anschließen konnten. Danach wollte er an die Küste zurück und England erobern.

Am 24. September um vier Uhr früh verließ das Kaiserpaar die Tuilerien im Schlafwagen des Kaisers und fuhr ohne nennenswerte Unterbrechung 58 Stunden durch. An jeder Postmeisterei mußte Wasser über die heiß gelaufenen Räder gegossen werden, während der Achterzug der Pferde gewechselt wurde. Im ehemaligen bischöflichen Palais in Straßburg war für das Kaiserpaar eine Wohnung neu tapeziert worden. Silber, Wäsche, Möbel und Küchengeräte hatte der unschätzbare Pierre Fontaine aus Paris vorausgeschickt.

Nach einem ausgiebigen heißen Bad verließ der Kaiser Straßburg an der Spitze eines Heereszuges der Grande Armée, die er aufgefächert «in fünf reißenden Strömen» über das Antlitz Europas jagte. Leibwache und Eskorte setzten sich aus dem Elitekorps der Kaiserlichen Wache zusammen. Eine Kavallerieabteilung begleitete den Wagen des Kaisers; ihr Kommandant ritt neben der Wagentür. Wenn der Kaiser ausstieg, um sich zu erleichtern, hielt die gesamte Karawane an; die Garde umringte ihn, vier Chasseurs bildeten ein Karree und standen Gewehr bei Fuß mit dem Rücken zum Kaiser in ihrer Mitte. Im Feld schliefen zwei Offiziere der Wache im kaiserlichen Zelt. Dieses Zelt, dessen einzelne Teile numeriert waren, konnte in einer halben Stunde aufgestellt werden mit Eisenbett, grünseidenen Bettvorhängen und zusammenklappbarem Schreibtisch. Sobald der Kaiser seinen Wagen verließ, saß die berittene Eskorte ab, um seinen «Palast» – für die Wache bedeutete dieses Wort jede Residenz Seiner Majestät, ob St. Cloud, die Tuilerien oder das Zelt im Feldlager – zu bewachen, und die diensthabenden Einheiten des Elitekorps zogen ihre makellosen «Palast»-Uniformen an, die sie in ihren Satteltaschen mitführten.

General Berthier, der Chef des Stabs, begleitete den Kaiser gewöhnlich in dessen berühmtem Feldzugsgefährt, und der Mameluck Roustam war verantwortlich, daß unterwegs stets bestimmte Dinge zur Hand waren: Arzneimittel, ein Teleskop, Napoleons Mantel, Taschentücher und Handschuhe, Kognak, Tinte und Federn, Siegellack und ein Kompaß. Im Wageninneren gab es eingebaute Fächer für Karten und Papier sowie eine kleine Reisebibliothek mit besonders gedruckten, kleinformatigen Büchern.

Die Troßwagen enthielten Küchenutensilien, einen tragbaren Herd und den Chambertin-Wein. Wenn der Kaiser fand, es sei Zeit für eine Mahlzeit, holten Roustam und die Lakaien die vergoldeten Silberteller aus den Lederbehältern und servierten vorbereitete Gerichte. Eine halbe Stunde später wurde alles «mit Blitzgeschwindigkeit», wie es Napoleons Diener Constant ausdrückte, wieder in den zweiundfünfzig Wagen verstaut, und die Fahrt ging weiter.

Geschwindigkeit war entscheidend bei diesem Feldzug. Napoleon mußte die Österreicher zu fassen bekommen, solange ihre russischen Verbündeten noch etliche Tagesmärsche entfernt waren und die Preußen zögerten. Die legendäre Mobilität der französischen Armee beruhte zum großen Teil darauf, daß sie mit leichtem Gepäck marschierte. Der Nachschub konnte mit den Truppen unmöglich Schritt halten. Die Soldaten hatten Verpflegung für eine Woche im Feldgepäck, doch manchmal war davon nicht mehr übrig als «ein harter Zwieback, der an einem Stück Schnur um den Hals des Soldaten hing». In Deutschland lebten sie vom Land. Einem österreichischen Offizier kamen diese Männer vor wie «wandelnde Speisekammern, behangen mit Speckseiten und Fleischstücken».

Sobald die Grande Armée die Donau überquert hatte, stieß sie auf einen Teil der österreichischen Armee, die auf die Russen wartete. Ihr General glaubte Napoleon noch an der Kanalküste. Die Österreicher wurden umzingelt und in die Flucht geschlagen; ihre gesamte Armee kapitulierte in Ulm. «Ich habe mein Schicksal erfüllt. Ich habe die österreichische Armee vernichtet ... Ich habe nur fünfzehnhundert Mann verloren ... Dies wird der kürzeste, erfolgreichste und glänzendste meiner Feldzüge ... Adieu, meine Josephine, tausend süße Küsse überall», frohlockte Napoleon, als er Josephine diesen Sieg mitteilte.

Er schrieb ihr getreulich alle paar Tage, während sie in Straßburg seine Anweisungen befolgte. Sie gab Diners, Audienzen, Empfänge und besuchte Krankenhäuser, als die verwundeten Franzosen von der Front gebracht wurden. Zwei Monate lang war Straßburg der Sammelpunkt aller, die etwas mit dem Kaiser oder mit Frankreich zu tun hatten. In Straßburg erreichte Josephine eine Nachricht, die Napoleon noch unbekannt war: Am 21. Oktober, dem Tag des Sieges in Ulm, war die französische Flotte bei Trafalgar von Nelson vernichtet worden. Als Napoleon erfuhr, daß seine Hoffnungen auf eine Invasion in England gescheitert waren, verfaßte er gerade das triumphierende Bulletin vom Sieg von Austerlitz. Mit gleicher Post wie die Siegesmeldung ging ein Befehl an die französische Presse, die Niederlage bei Trafalgar nur am Rande zu erwähnen.

Nun war ein totaler Sieg auf dem Kontinent doppelt wichtig geworden; dies allein würde die Preußen hindern, sich der Koalition anzuschließen. (Wie das übrige Europa glaubte Napoleon, die preußische Armee sei noch ebenso schlagkräftig wie zur Zeit Friedrichs des Großen.) In seinem nächsten Brief teilte er Josephine mit, daß sie möglicherweise erst in fünf oder sechs Tagen wieder von ihm hören werde, aber «es geht mir gut, und ich liebe Dich». In Wirklichkeit goß es in Strömen, und seine Füße waren naß und kalt. «Ich rücke jetzt gegen die Russen vor; sie sind so gut wie geschlagen.»

Im November, bei Matsch und Schneeregen – die Pferde versanken bis zu den Bäuchen im Schlamm – kam die Grande Armée nicht mehr so rasch voran, während sie nach Osten schwenkte, um den Teil des österreichischen Heers zu verfolgen, der sich mit der Armee des Zaren vereinigt hatte. Napoleons Ausdauer war bis mindestens 1807 außergewöhnlich. Während eines Feldzugs konnte er zehn Stunden im Sattel sitzen, ob es regnete oder schneite – völlig in sich zusammengesunken, in Gedanken wer weiß wo und die Zügel lose oder gar nicht in der Hand. Er ließ seinen Wagen und sein Feldbett zurück und schlief in Scheunen oder im Freien auf seinem zusammengerollten Mantel. Nun war der graue Mantel triefnaß, der Dreispitz eine formlose Masse. Kein Wunder, daß seine Briefe an Josephine während dieses Feldzugs gewöhnlich mit der Feststellung begannen: «Ich bin etwas erkältet.»

Als Napoleon Mähren erreichte, schneite es. Er wußte, daß die gegnerischen Armeen nicht weit entfernt waren, seine Soldaten erschöpft, die Nachschublinie wie gewöhnlich viel zu ausgedehnt, sein Troß weit zurückgefallen, und daß dies alles auch der Gegenseite bekannt war. Wieder einmal galt es, das Äußerste zu wagen.

Die Alliierten mußten angreifen, und zwar bald, um die Franzosen vom Nachschub abzuschneiden. Napoleon beschloß, diesen Angriff abzuwarten auf einem Gelände, das er dafür ausgesucht hatte, und bei dem schon sehr siegessicheren Gegner den Eindruck zu erwekken, er werde sich zurückziehen. Er sah der kommenden Schlacht mit absoluter Zuversicht entgegen, denn seine überlegene Taktik würde die zahlenmäßige Überlegenheit des Feindes, der mehr Soldaten und Waffen zur Verfügung hatte, wettmachen. Seine Fähigkeit, die Gedanken seiner Gegner zu lesen, brachte ihm den Sieg in jener ersten großen Schlacht der modernen Geschichte – seiner taktisch brillantesten, wie er selbst meinte.

Am 1. Dezember erwartete Napoleon die alliierten Streitkräfte in der Nähe des Dorfes Austerlitz. In der stillen nebligen Nacht am Vorabend des ersten Jahrestags seiner Krönung war nur das Klirren der Sporen und Pferdegeschirre aus den Lagern der Feinde zu hören. Die Russen und Österreicher waren ihm in die Falle gegangen; sie bezogen die Stellungen, die er für sie ausgesucht hatte.

Am Morgen des 2. Dezember lag die Landschaft unter einer milchweißen Nebeldecke, in der die französischen Stellungen und Marschall Soults Truppenkonzentration in einem Tal nicht zu sehen waren. Wie in der Woche zuvor durchbrach erwartungsgemäß um acht Uhr eine große rote Sonne den Nebel, die berühmte «Sonne von Austerlitz», die in Tolstois «Krieg und Frieden» unsterblich wurde. Als die Sonne den Nebel zerstreute, griffen Napoleons Soldaten einen völlig unvorbereiteten Feind an, der mit einem Rückzug der Franzosen gerechnet hatte.

Innerhalb von drei Stunden waren die österreichisch-russischen Streitkräfte voneinander abgeschnitten. Gegen Mittag griffen die Riesen der russischen kaiserlichen Garde ein, doch ihre Bajonettangriffe wurden von der französischen kaiserlichen Garde und den Scimitaren der Mamelucken abgeschlagen. Es war schon fast dunkel, als sich mehrere tausend Russen mit Pferden und Artillerie über einen dünn zugefrorenen See zurückzogen. Napoleon befahl, rotglühende Kanonenkugeln aufs Eis zu schießen. Zwanzigtausend Mann, behauptete er, seien eingebrochen und ertrunken.

Napoleon war auf seinem Feldherrnhügel geblieben, nicht aus Feigheit – er glaubte, sein Stern mache ihn unverwundbar –, sondern weil es an seinem taktischen Plan kaum etwas zu ändern gab. In seinem Brief an Josephine beschrieb er die Schlacht als «die schönste, die ich je geschlagen habe... über 30 000 Tote, ein schrecklicher Anblick!» Als er sich an jenem Abend in seinen Mantel gehüllt auf einem Strohhaufen schlafen legte, sagte er zu seinem Sekretär Méneval: «Heute ist der glücklichste Tag meines Lebens.»

Austerlitz war ein totaler Sieg. Die Österreicher baten um Kapitulationsbedingungen, und die Russen zogen sich nach Osten zurück. Napoleon fuhr nach Wien, wo er im Schloß Schönbrunn den

Friedensvertrag mit Österreich regelte. Die habsburgische Kaiserfamilie war wieder einmal auf der Flucht. Marie Louise, die damals vierzehnjährige Tochter des Kaisers, brach bei der Nachricht von der Niederlage ihres Landes und den harten Bedingungen der Franzosen in Tränen aus. Sie schrieb in ihr Tagebuch, das französische Ungeheuer sei angeblich der Antichrist, sein Tod sei noch für dieses Jahr vorausgesagt und: «Wie froh wäre ich, wenn das wahr wäre.» Als in Wien einer von Napoleons Generälen meinte, er solle sich von seiner unfruchtbaren Frau scheiden lassen und eine der heiratsfähigen österreichischen Erzherzoginnen ehelichen, winkte der Kaiser ab und meinte, diese Damen seien für Frankreich stets verheerend gewesen, «und die Erinnerung an Marie Antoinette ist noch zu lebendig».

Nach Talleyrands Meinung hätte man Österreich durch einen maßvollen Friedensvertrag zu einem Bollwerk gegen Rußland machen können und damit ein Gleichgewicht der Kräfte in Europa geschaffen. Napoleon bestand jedoch auf einer Zerstückelung Österreichs und der Auflösung des Heiligen Römischen Reichs. Einige Gebiete dieses Reichs wie Bayern und Württemberg, die sich von Napoleon gezwungen dem neuen Rheinbund anschließen mußten, wurden zu Königreichen erhoben, um die weitläufige Bonaparte-Familie besser mit glänzenden Verbindungen versorgen zu können.

Der erste, der von dieser Politik profitierte, war Eugène de Beauharnais. Sein Stiefvater informierte ihn, daß er in ein paar Tagen die Tochter des bayerischen Kurfürsten heiraten werde. Die Meldung war bereits an die französische Presse gegangen.

Die Korrespondenz mit Josephine war unbefriedigend wie eh und je. Nachdem Napoleon auf zwei seiner Briefe nach dem Sieg von Austerlitz keine Antwort erhalten hatte, beschwerte er sich in plump neckischem Ton: «Mächtige Kaiserin ... ich habe keine Zeile von Dir erhalten ... nicht sehr nett oder sehr liebevoll. Geruhe aus Deiner glanzvollen Höhe Deinen Sklaven ein wenig zur Kenntnis zu nehmen ...» Er informierte sie über seine Pläne für Eugène und daß sie sich in München bei der Hochzeit ihres Sohnes treffen würden.

Dann folgten genaue Anweisungen für ihre Reise, die erste, die sie als Kaiserin allein unternehmen sollte. Alle deutschen Höfe, die sie unterwegs besuchen sollte, waren Vasallen des Kaisers oder standen kurz davor, es zu werden. «Sei höflich zu allen», schrieb Napoleon, «aber nimm ihre Huldigung entgegen als etwas, das Dir zusteht.»

Die Zeit, in der es der Erste Konsul für nötig gehalten hatte, «spontane Dankesbezeigungen» gegenüber Josephine anzuordnen, waren vorbei. Sie beherrschte ihre öffentliche Rolle längst ebenso gut wie Napoleon die seine, und ihre Gastgeber, die deutschen Kurfürsten, Fürsten und Herzöge, wetteiferten darum, die Frau des Eroberers willkommen zu heißen. Stets hinreißend gekleidet und scheinbar ohne je zu ermüden überreichte sie Tabatieren und Miniaturen, zeigte sich dankbar für die Ehrenbezeigungen bei ihrer Ankunft und lauschte den üblichen bombastischen Reden an die «Erhabene Tugend» oder «Die französische Minerva». Napoleon zeigte sich zufrieden und kaum überrascht, als man ihm von ihrem Erfolg berichtete. «Ich gewinne Schlachten», sagte er, «aber Josephine erobert Herzen.»

Als Napoleon in München eintraf, stieß er auf eine Reihe von Widerständen gegen die geplante Heirat. Prinzessin Augusta war bereits mit dem Kronprinzen von Baden verlobt und wollte ihn heiraten. Ihr Vater hatte gegen Eugène einzuwenden, daß er «nur ein französischer Adliger» sei, und erklärte dem Kaiser, es wäre ihm lieber, wenn er sich von Josephine scheiden lassen und dann selbst Augusta heiraten würde. Und schließlich war da noch Augustas junge Stiefmutter, die nicht nur die Schwester des Prinzen von Baden war, sondern auch einmal gehofft hatte, den Herzog von Enghien zu heiraten; sie verabscheute Napoleon.

Der Kaiser machte kurzen Prozeß. Er ließ Eugène kommen, bestimmte, daß der Prinz von Baden eine Beauharnais-Nichte von Josephine heiraten werde, und besiegelte das Ganze, indem er den Kurfürsten zum König von Bayern ernannte und Eugène, seinen offiziell adoptierten Sohn, zur Kaiserlichen Hoheit, Vizekönig von Italien.

Eugène galoppierte in vier Tagen von Padua nach München mit dem Portrait seiner Verlobten auf einer Tasse in seiner Satteltasche und wurde drei Tage nach seiner Ankunft verheiratet.

Die Heirat erwies sich als glückliche Fügung. Eugène und Augusta wurden ein Liebespaar. Ihre älteste Tochter Josephine heiratete später Alexandre Bernadotte, den Sohn von Désirée und Jean Bernadotte, und diese beiden wurden die Ahnen von praktisch jedem Königshaus in Europa.

Franz I. von Österreich hatte in einer Klausel des Wiener Friedensvertrags der Auflösung des Heiligen Römischen Reichs zugestimmt, dessen Oberhaupt seit Jahrhunderten ein Habsburger Kaiser gewesen war. Anschließend begann Napoleon als «Protektor des Rheinbunds» seine und Josephines Familie in den von Österreich abgetrennten Ländern des ehemaligen Reichs als Herrscher einzusetzen. Damit wollte er die Staaten des Rheinbunds als Pufferstaaten vor Frankreich zusammenfügen. Zwei Jahre später wurden auch der Prinz von Baden und der Prinz von Arenberg in diese Allianz aufgenommen, nachdem sie zwei junge Verwandte von Josephine geheiratet hatten.

Sobald das mit den Briten verbündete Königreich von Neapel und Sizilien von französischen Truppen erobert war, erhielt Joseph Bonaparte diese Krone. Die Batavische Republik wurde zum Königreich Holland mit Louis Bonaparte auf dem Thron. Obwohl Josephs schüchterner Frau gestattet worden war, in Paris zu bleiben, mußte Hortense, die viel lieber in der Nähe ihrer Mutter geblieben wäre und keinen Wert auf königliche Würden legte, ihren Mann nach Den Haag begleiten. Louis Bonapartes Gesundheitszustand hatte sich verschlechtert, und er versuchte, sich mit immer abwegigeren Mitteln zu kurieren. Damals trug er nachts die Lumpen eines Bettlers, und Hortense mußte im selben Bett mit ihm schlafen.

Die Murats erhielten zu ihrem Verdruß nur das neu geschaffene Herzogtum Berg in Deutschland mit Düsseldorf als Hauptstadt. Elisa wurde Großherzogin der Toskana, wo ihr Mann bei Hofe stets einige Schritte hinter ihr gehen mußte. Nur Pauline hatte andere Ambitionen. Sie war – geradezu liebenswert – immer noch entschlossen, jede andere Frau auszustechen, und plauderte ungeniert mit ihrer Mutter – die im übrigen ebenfalls schmollte, weil sie nur Madame Mère geworden war – über die Zeit, als sie noch bettelarm in Marseille lebten.

Für Jérôme konnte in diesem Jahr noch nichts getan werden, da sich der Papst weigerte, die kirchlich geschlossene Ehe dieses jüngsten Bonaparte-Bruders zu annullieren. Während Frankreich und England Krieg führten, hatte Jérôme das Schiff, das er in Westindien kommandierte, verlassen und war allein zu einem Besuch in die Vereinigten Staaten gereist. Dort heiratete er Betsy Patterson, «die Schöne von Baltimore». Als er mit seiner schwangeren Frau über Holland nach Frankreich zurückkehren wollte, erhielt Betsy Patterson auf Befehl Napoleons keine Einreiseerlaubnis. Nachdem Jérôme ein Königreich in Aussicht gestellt wurde, stimmte er einer Annullierung seiner Ehe durch das Offizialat in Paris, einer Erfindung des Konkordats, zu. Betsy fand Zuflucht in England, wo sie einen Sohn zur Welt brachte und als Opfer der napoleonischen Tyrannei gefeiert wurde.

Lucien weigerte sich, seine Alexandrine zu verlassen, obwohl ihm eine Krone angeboten wurde, wenn er seine Frau als Konkubine und seine Kinder für illegitim erklären würde. Es kam zu einer heftigen Auseinandersetzung zwischen den Brüdern, und als Napoleon brüllte, Lucien habe «eine Hure geheiratet», erhielt er prompt zur Antwort: «Wenigstens ist *meine* Hure jung und hübsch!»

Doch alle diese Beförderungen seiner Familienmitglieder konnten das Problem nicht lösen, wer eines Tages die kaiserliche Krone von Frankreich erben sollte. Obwohl Eugène, Napoleons loyaler Vizekönig in Italien, von der Erbfolge nicht ausgeschlossen war und Joseph und Lucien nur Töchter gezeugt hatten, weigerte sich Louis, daß sein Sohn Napoleon Charles zum Erben des Kaisers ernannt wurde. Er beschuldigte seinen Bruder, ihn durch seinen eigenen Sohn zu «enterben».

Es gab endlose Streitereien innerhalb des Clans, bei denen Madame Mère bald für den einen, bald für den anderen Partei ergriff. Nur in einer Sache war sich die ganze Familie einig – man mußte «diese Frau» loswerden –, obwohl sie allesamt der Meinung waren, daß der «Genius» bei Napoleon im Kopf stärker konzentriert war als an der Stelle, die ihm einen natürlichen Nachfolger hätte bescheren können.

Caroline Murat hatte die Hoffnung auf eine Scheidung ihres Bruders von «der Beauharnais» schon fast aufgegeben, es sei denn, seine Zeugungsfähigkeit könnte bewiesen werden. In jenem Winter stellte sie ihm eine weitere ehemalige Schülerin von Madame Campan vor – die achtzehnjährige, schlanke, dunkeläugige und ehrgeizige Eléonore Denuelle. Um ein kontrolliertes Experiment durchzuführen, wurde sie in einem Flügel des Murat-Hauses außerhalb von Paris, wo sie der Kaiser regelmäßig besuchen konnte, praktisch unter Quarantäne gestellt. Bald wußte ganz Paris, daß sich Eléonore bei diesem «Boudoir-Arbeitsdienst», wie man es nannte, so langweilte, daß sie jedesmal, wenn Napoleon sie besuchte, die Uhr in ihrem Schlafzimmer um eine halbe Stunde vorstellte.

27

Ein Strahl seines Sterns

Nach Napoleons Rückkehr von Austerlitz sollte er für acht Monate in Paris bleiben – bis zur nächsten Schlacht. Die glanzvollen Höfe in Wien und München hatten Napoleon tief beeindruckt, so daß er sie seitdem in jeder Hinsicht zu übertreffen suchte. Indessen nahm sein Despotismus von Tag zu Tag zu. Das geschwächte Tribunat, der Senat und das *Corps Législatif* bestanden im Grunde nur noch, um die Fiktion aufrechtzuerhalten, daß der Kaiser eine Republik regierte. Napoleon erstellte in diesem Jahr einen kaiserlichen Katechismus, in dem er sich praktisch zum Heiligen machte. Auf die Frage: «Was soll man von einem denken, der seine Pflichten gegenüber dem Kaiser nicht erfüllt?» hatte ein französisches Kind zu antworten: «Nach dem Wort des Apostels Paulus würde er sich der von Gott selbst eingerichteten Ordnung widersetzen und die ewige Verdammnis verdienen.»

Napoleon war unzugänglicher geworden; ein Gedankenaustausch oder neues Wissen zu erwerben interessierten ihn immer weniger. An seinem sagenhaften Gedächtnis hatte sich jedoch nichts geändert, besonders in bezug auf die Armee. Caulaincourt behauptete, der Kaiser habe zu jeder Zeit den genauen Standort, die Ausrüstung und die Namen der Offiziere jedes einzelnen Regiments gewußt.

Sein wachsender Despotismus wirkte sich auch auf seine private Umgebung aus, wo Ungeduld und Wutanfälle bald zur Tagesordnung gehörten. «Morgens ließ sich der Kaiser wie ein Kind von Kopf bis Fuß anziehen», schrieb sein Diener Constant. Nachdem ihn Constant mit Eau de Cologne oder Lavendelwasser gewaschen hatte (kein anderes Parfüm durfte in seiner Gegenwart getragen werden), überreichte er ihm Taschentuch, Schnupftabakdose und eine kleine Schildpattdose mit kleingeschnittener Lakritze.

Keine dieser Handreichungen war ohne Risiko, denn der Kaiser schlug seine Diener, sobald ihn etwas ärgerte; er stieß sie grob und warf mit der Nagelschere nach ihnen. Schon früher hatte er sich jedes Kleidungsstück, das ihn beengte, vom Leib gerissen; jetzt schleuderte er es ins Feuer und schlug die Person, die versucht hatte, es ihm anzuziehen. Abends ließ er Hut, Mantel, Schuhe und Orden einfach auf den Boden fallen oder warf sie im Zimmer umher und schlug den Nächstbesten, der in seiner Reichweite stand. Seine Diener mußten alles Nötige nachbestellen – am häufigsten Stiefel, da er beim Sprechen gewohnheitsmäßig nach den Holzscheiten im Feuer trat, das sommers wie winters in seinen Räumen brannte.

Um neun Uhr betrat der Kaiser sein Arbeitszimmer. Neben dem Kamin sitzend oder stehend, diktierte er schnell und ohne Pause seinem Sekretär Claude de Méneval, der eine eigene Kurzschrift entwickelt hatte und dennoch manchmal einen zweiten Sekretär brauchte, um dem raschen Redefluß folgen zu können. Dann begann er auf und ab zu gehen, um mindestens sechs Stunden lang weiter zu diktieren. Am Schluß folgten meistens einige Artikel für die französische Presse. Wenn ihm Méneval die Morgenzeitungen vorlas, sagte Napoleon deshalb gewöhnlich: «Nein, nicht den *Moniteur*. Ich weiß schon, was drin steht.» Mit Duroc ging er regelmäßig die für den Palast anfallenden Rechnungen durch. In den Appartements der Höflinge durften auf seine Anweisung hin Bettwäsche nur noch einmal im Monat, Handtücher nur einmal in der Woche gewechselt werden.

Mittags aß er gewöhnlich allein oder manchmal mit Josephine an irgendeinem Tisch. Er aß hastig, oft mit den Fingern und achtlos alles durcheinander. Nach zehn Minuten war er fertig und bereit, Audienzen zu geben oder an einer Sitzung des Staatsrats teilzunehmen.

«Napoleons Gewohnheit, sehr schnell zu essen, verursachte ihm häufig schreckliche Leibschmerzen, die meistens damit endeten, daß er sich erbrach», schrieb Constant. Er erinnerte sich an eine Szene, die anscheinend keine Seltenheit war, bei der er Napoleon in seinem Schlafzimmer auf dem Teppich liegend fand, «was er oft tat, wenn er sich krank fühlte. Josephine saß neben ihm, und Napoleons Kopf ruhte in ihrem Schoß».

Nach fünf Uhr nachmittags ging Napoleon gewöhnlich hinunter

zu Josephine, um ihr beim Ankleiden zuzusehen, aber oft kehrte er danach in sein Büro zurück und dachte nicht an das für sechs Uhr bestellte Diner, bis es neun Uhr oder Mitternacht war. Wurde zu einer normalen Tageszeit zu Abend gegessen, trafen sich Napoleon und Josephine nach dem Diner im Gelben Salon mit einigen Kammerherren, Generälen der Kaiserlichen Wache und ihren Frauen. Napoleon unterhielt sich eine Weile mit ihnen, oder er spielte Schach oder Billard. Beim Billard konnte ihn Josephine oder auch jeder andere jederzeit schlagen. Diese Gesellschaft im Gelben Salon wirkte immer steif und gezwungen und lebte erst auf, wenn Napoleon gegen neun oder zehn Uhr ging, um sich schlafen zu legen oder an seinem Schreibtisch zu arbeiten. Dann rief er häufig Josephine zu sich, um mit ihr zu plaudern oder damit sie ihm vorlas. Manchmal stand er mitten in der Nacht auf, schickte nach Méneval und diktierte in einem dampfend heißen Bad liegend mehrere Stunden.

Josephines Tagesablauf war ziemlich gleichförmig. Nachdem man sie geweckt oder der Kaiser ihr Schlafzimmer verlassen hatte, wurden die Hunde hereingelassen – sie durften nicht mehr in ihrem Zimmer schlafen – und die vier Zofen gerufen. Sie badete, schminkte sich und ließ sich, in ein Negligé gehüllt, frisieren. Für die Abendfrisur kam ein besonderer Haarkünstler, der, wenn nötig, etwas Farbe zugab «von einem kräftigen Kastanienbraun». Während der Friseur am Werk war, brachten die Garderobedamen körbeweise Kleider, Schals, Hüte und Schuhe zur Auswahl für den Vormittag. Im Lauf des Tages würde sich Josephine noch zweimal von Kopf bis Fuß umkleiden. Nach beendeter Toilette begab sich Josephine zu den in einem Vorraum wartenden Händlern – Juweliere, Schneider, Kunsttischler, Buchhändler, Portraitmaler – und sah sich an, was sie zu bieten hatten. Sie gab Audienzen, schrieb ausführlich an ihre Kinder in Holland und Italien und die unvermeidlichen Empfehlungsschreiben, um Freunden zu Posten und Pensionen zu verhelfen. Ihre Briefe waren liebenswürdig und noch eleganter abgefaßt als früher.

Sie unterhielt eine umfangreiche Korrespondenz für ihre Samen- und Pflanzensammlung und ihre Tiere in Malmaison; in keinem europäischen Zoo lebten Tiere damals in Halbfreiheit wie hier. Als in jenem Jahr eine Expedition aus Australien zurückkehrte, bat Josephine um einige der mitgebrachten Tiere. Bald gab es in Malmaison Känguruhs, ein Gnu, ein Zebra, ein Orang-Utan-Weibchen, Lamas aus Peru und ein Emu-Pärchen. Die Kaiserin liebte es, die Pfauen und Silber- und Goldfasane in den Gärten zu füttern; aber ihr größter Stolz waren die schwarzen australischen Schwäne, die man auf dieser Seite der Erde noch nie gesehen hatte.

Trotz des Krieges und der Kontinentalsperre und obwohl sie weiterhin auch bei französischen Gärtnern kaufte, erstand sie eine große Menge Pflanzen für Malmaison von einem Londoner Züchter und erhielt sogar einen Paß für ihn, so daß er zu Kriegszeiten zwischen beiden Ländern hin- und herreisen konnte.

Während ihrer Zeit als Kaiserin zog Josephine mindestens zweihundert Pflanzen, Blumen und Bäume, die es zuvor in Frankreich nicht gegeben hatte, wie zum Beispiel Pfingstrosen, Dahlien und Pelargonien. Duplikate verschenkte sie großzügig an Freunde. Chateaubriand erinnerte sich an eine «damals in Frankreich einzigartige, purpurrot blühende Magnolie», die sie ihm geschenkt hatte. Sie hoffte, in ganz Frankreich botanische Gärten zu schaffen. «Ich möchte, daß Malmaison bald zu einer Quelle von Schätzen für alle Departements wird», schrieb sie an einen Präfekten. «Deshalb habe ich viele Bäume und Sträucher aus Australien und Nordamerika gepflanzt. In zehn Jahren möchte ich, daß jedes Departement eine Sammlung seltener Pflanzen aus meinen Gewächshäusern besitzt.»

Josephine gab zahllose Geschenke und war großzügig gegenüber ihren Wohlfahrtseinrichtungen in Paris und St. Cloud. In vielen ihrer Briefe geht es um Verwandte und Freunde, die sie unterstützte. Ihre Mutter weigerte sich noch immer, Martinique zu verlassen, aber Onkel Robert Tascher und fünf seiner neun Kinder nahmen ihr Angebot an. Sie brachte sie einstweilen alle im Haus an der Rue de la Victoire unter, zahlte die Schulden ihres Onkels und verschaffte seinen Kindern Posten und Ämter. Auch ihre Cousins mütterlicherseits, die Vergers de Sannois, kamen nach Frankreich. Hortenses Gouvernante Lannoy, Josephines Zofe Euphémie Lefèvre, die sie aus Martinique begleitet hatte, und ihr Patenkind Josephine Tallien (letztere ganz im geheimen) wurden alle großzügig versorgt; ebenso Alexandre de Beauharnais' Amme, seine uneheliche Tochter und seine Mätresse Laure de la Touche, derentwegen sie einst so gelitten hatte.

Genau um Viertel vor zehn – Josephine war so pünktlich, daß Laure d'Abrantès behauptete, sie habe «die Kaiserin kein einziges Mal den Salon um 9 Uhr 43 oder 9 Uhr 47 betreten sehen» – empfing sie ein paar Freunde zum zweiten Frühstück im Gelben Salon, wenn sie nicht von Napoleon dazu eingeladen wurde. Abends speiste sie stets allein mit dem Kaiser außer bei besonderen Anlässen oder am Sonntag, wenn sich die Bonaparte-Familie einfand. Fertig angekleidet und mit Juwelen geschmückt, wartete sie geduldig, bis Napoleon mit der Arbeit Schluß machte und sie rufen ließ.

Waren Einkäufe und Korrespondenz erledigt, schien sie laut Madame de Rémusat nichts zu tun. Sie las nicht; manchmal nahm sie eine Handarbeit auf und bat ihre Besucherinnen, ihr dabei zu helfen. Wenn sie in Malmaison gelegentlich Harfe spielte, «war es immer dieselbe Melodie», bemerkte Méneval unfreundlich. Nach dem Diner spielte sie Karten oder Backgammon.

Josephines Verschwendungssucht war bereits legendär. «Selbst alle Einnahmen aus sämtlichen Provinzen Frankreichs hätten ihre Extravaganz nicht befriedigen können», hatte der Marquis de Sade zur Zeit des Direktoriums über Josephine de Beauharnais gesagt. Sie kaufte fast alles, was man ihr brachte, fragte selten nach dem Preis und unternahm nicht den geringsten Versuch, mit ihrer Apanage auszukommen. Für persönliche Ausgaben wie Kleider, Schmuck und Geschenke erhielt sie jährlich ungefähr eine Million Francs – für heutige Verhältnisse rund eine Million US-Dollar.

Keine Königin besaß je so viele Juwelen wie Josephine – der Schmuckschrank von Marie Antoinette war zu klein für Josephines Kollektion –, denn ihr gehörten neben ihrem eigenen Schmuck auch die Kronjuwelen. Wenn Mademoiselle Avrillon, die für die kaiserlichen Juwelen zuständig war, gerufen wurde und die Schatullen für Josephine öffnete, hatte sie die Wahl zwischen märchenhaften Perlen, Garnituren (bestehend aus Diadem, Kollier, Ohrringen, Armbändern und Broschen) aus Rubinen und Diamanten, Türkisen und Diamanten, Opalen und Diamanten, Smaragden und Diamanten, aus Achat, Malachit, Bernstein und unzähligen Stücken aus Korallen und Stahl; dazu kamen die besonders wertvollen klassischen Kameen.

Wegen ihrer Schulden, ihrer Verschwendungssucht und großzügigen Verteilung von Renten kam es immer wieder zu heftigen Auseinandersetzungen. Der Kaiser fluchte und tobte, schien aber Josephines in seinen Augen typisch weibliche Schwäche mit einer gewissen Befriedigung hinzunehmen.

Er liebte es, wenn Josephine stark geschminkt und tief dekolletiert war; und wenn er fand, ihr Schal verhülle zu viel, riß er ihn ihr von den Schultern und warf ihn ins Feuer. Sie protestierte nie, sondern ließ sich einen anderen bringen. Sie besaß Hunderte dieser kostbaren Schals; sie hingen als Draperien in einem ihrer Boudoirs, wurden zu Bettüberwürfen und Kleidern und sogar zu Kissen für ihre Hunde verarbeitet.

Napoleon war nach wie vor von allem fasziniert, was mit Josephines Garderobe zu tun hatte. Wenn er in ihr Ankleidezimmer kam, stöberte er in ihren Juwelen und Kleidern herum und sie mußte sich mehrmals umziehen, bis er mit der Wirkung zufrieden war. Ein Kleid aus rosa und silbernem Lamé, das er nicht mehr sehen wollte, übergoß er mit Tinte, als es Josephine bereits für einen Abendempfang trug.

Kleidung bedeutete für Napoleon auch immer Propaganda. Der ganze Luxus an seinem Hof war seiner Meinung nach ein Ausdruck von Macht und Ruhm. Wenn die Damen am Hof extravagant gekleidet waren, so nicht deshalb, weil sie die Kaiserin nachahmten, sondern weil der Kaiser darauf bestand, daß keine Frau zweimal mit demselben Kleid bei Hofe erscheinen sollte. «Madame», sagte er zu Laure d'Abrantès, «dieses Kleid ist hübsch, aber wir haben es schon gesehen.» Die Damen trugen damals glitzernden, mit Gold und Silber bestickten und gaufrierten Lamé und Roben, die ihre Figuren weniger gnadenlos enthüllten als die von David entworfenen «griechischen» Modelle. Zur Förderung der Lyoner Textilindustrie waren bei Hof Samtschleppen vorgeschrieben. Josephines stummer Protest gegen die Verbannung von Gaze und die vorgeschriebenen Brokate und schweren Seidenstoffe waren ihre Schleppen aus Tüll und Schwanendaunen.

Josephine fühlte sich nun als gesalbte, gekrönte und kirchlich getraute Kaiserin nahezu unverwundbar. Das Leben, das sie führte, war von verblüffender Gleichförmigkeit und wurde gänzlich vom Kaiser bestimmt. Sie erwartete seine Befehle und wollte ihm gefällig sein. Nie kam eine Klage über ihre Lippen, und das Wort Langeweile schien sie nicht zu kennen. Heiter, lächelnd und gelassen war sie stets bereit, mit ihm zu sprechen, auszufahren oder ihm vorzulesen. Ihre sanfte Unterwerfung sagte ihm zu und vielleicht auch ihr. Im Grunde führte sie das Leben einer Mätresse oder Lieblingsfrau. Anweisungen Napoleons wie diese: «Die Kaiserin empfängt in ihren inneren Gemächern keinen Mann, der nicht in ihrem Dienst steht», erinnerten ein wenig an einen Harem. «Es fehlten nur die Wasserpfeife und Rosenblättersorbets.»

Napoleon schien Josephine zu dieser Zeit nicht weniger zu lieben wie nach seiner Rückkehr aus Ägypten. Er bewunderte ihre heitere Nachsicht gegenüber den Angriffen seiner Familie. Seine Zuneigung beruhte auch auf der Tatsache, daß sie nie intrigierte, ihn nie zu etwas drängte und nicht nachtragend war. Madame de Rémusat konnte nicht umhin festzustellen: «Wenn Napoleon je wirklich von einem Gefühl bewegt wurde, dann durch sie und für sie.»

Wenn Napoleon die Nacht bei ihr verbrachte, betrat Constant die Gemächer der Kaiserin «morgens zwischen sieben und acht Uhr. Ich fand das Paar kaum jemals schlafend vor. Wenn mich der Kaiser um Tee oder einen Aufguß von Orangenblüten bat und sich anschickte aufzustehen, sagte die Kaiserin lächelnd: ‹Mußt du schon aufstehen? Bleib noch ein wenig liegen.› Seine Majestät antwortete dann: ‹Heißt das, du schläfst nicht mehr?› Und er wickelte sie in ihre Decke, tätschelte lachend ihre Wange und ihre Schultern und küßte sie.»

Doch wenn Constant, der ein treuer Bewunderer Josephines war, die Tür neben dem Arbeitszimmer des Kaisers mit den Worten öffnete: «Ich habe Anweisung, niemanden einzulassen, nicht einmal Ihre Majestät die Kaiserin», wußte Josephine, daß Napoleon wieder einmal eine Liaison hatte. Damen des Hofs oder Schauspielerinnen frequentierten zunehmend das besagte Nebenzimmer oder wurden vorübergehend in Pariser Privathäusern untergebracht. Gegenüber den Männern am Hof und selbst vor Josephine «äußerte er sich kritisch über die körperlichen Mängel, anatomischen Merkwürdigkeiten und das Gebaren der Damen», und diese Informationen gingen dann sofort per diplomatischen Kurier an alle europäischen Kabinette.

«Der Preis für Josephines Entschlossenheit, die Gemahlin zu bleiben, war ihre Bereitschaft, die Seitensprünge ihres Mannes zu ignorieren», schrieb Madame de Rémusat, «und er berichtete ihr von seiner jeweiligen Affäre mit der ungehörigsten Offenheit.» Er erzählte ihr mehr, als sie hören wollte, und vermehrte ihren Schmerz, indem er ihr auch andere Damen des Hofes nannte, die ihm ihre Gunst erwiesen hatten, aber Josephines Spionen entgangen waren.

Die tränenreichen Eifersuchtsszenen, auf die er mit brutalen Äußerungen reagierte, begannen erneut; ebenso der ständige Streit, ob er tatsächlich imstande sei, ein Kind zu zeugen. Wenn Josephine auf ihre Kinder aus erster Ehe hinwies, zitierte er ihren Arzt: «Deine Menses haben aufgehört.» Aber auch Napoleon litt unter Eifersucht. «Er nannte den Namen von Monsieur Charles nie», schrieb Laure d'Abrantès, «und erlaubte auch nicht, daß er in seiner Gegenwart ausgesprochen wurde. Er haßte Charles ... Ich hätte nie geglaubt, daß Napoleon eines so tiefen Gefühls fähig sein könnte ... Eines Tages, als er mit General Duroc spazierenging, fühlte Duroc einen Druck auf seinem Arm ... Das Gesicht des Kaisers war plötzlich noch bleicher als sonst. Duroc wollte schon Hilfe herbeirufen, als ihn der Kaiser beruhigte. ‹Mir fehlt nichts, seien Sie still!› Eine Kutsche war vorbeigefahren, und der Fahrgast darin war Monsieur Charles. Napoleon hatte ihn zum erstenmal seit dem Italienfeldzug wiedergesehen.»

In Napoleons zunehmender Isoliertheit war Josephine die einzige, die ihn duzen und Bonaparte nennen durfte. Sie wußte, daß bei seinen Affären mit anderen Frauen keine Romantik im Spiel war, denn immer wieder mußte sie ihm helfen, Frauen loszuwerden, die er nicht mehr zu sehen wünschte.

Sie hatte noch einen festen Platz in seiner poetischen Seele, die Mondschein und Ruinen, Geistergeschichten, melancholische Musik und Frauen – oder besser, eine Frau liebte, die in weißen Gewändern durch eine Waldlandschaft schwebte. Laure d'Abrantès war Zeugin, wie bewegt Napoleon reagierte, als Josephine eines Abends in St. Cloud in einem dieser hauchzarten weißen Kleider mit einem goldenen und schwarzen Löwenmedaillon auf jeder Schulter den Raum betrat. «Der Kaiser war ebenso hingerissen von ihrem reizenden Ensemble wie ich», schrieb sie, «denn er ging zu ihr hin, küßte sie auf Schulter und Stirn und führte sie zu einem Spiegel, damit er sie von allen Seiten gleichzeitig sehen konnte. ‹Nun, Josephine, ich denke, ich sollte eifersüchtig sein; du mußt eine Eroberung im Schilde führen. Warum bist du heute so schön?› Josephine antwortete: ‹Ich weiß, daß du mich gern in Weiß siehst, deshalb habe ich ein weißes Kleid angezogen, das ist alles.› ‹Dann ist es gut. Wenn du mir eine Freude machen wolltest, so ist dir das wirklich gelungen.› Woraufhin er sie erneut küßte.»

Doch seine Sentimentalität in bezug auf Josephine war bedingt. Als er im selben Jahr von Fouché und den Bonapartes gedrängt wurde, sich scheiden zu lassen, antwortete er: «Das hat keine Eile. Wenn sie stirbt, werde ich wieder heiraten und Kinder haben.»

Er fügte nicht hinzu, daß sie insgeheim weiterhin sein Talisman blieb. Josephine äußerte gegenüber ihrer Freundin Sophie Gay ihre Vermutung, sie sei eher Napoleons «Aberglaube als seine Liebe ... er hält mich für einen Strahl seines Sterns».

28

Ich habe nur Sie gesehen

Im Sommer 1806 schloß Friedrich Wilhelm III. von Preußen einen Bündnisvertrag mit Zar Alexander, mit dem er befreundet war. Die Gründung des Rheinbunds unter dem Protektorat Napoleons hatte Preußen bereits beunruhigt, und nun fühlte es sich von der französischen Grande Armée bedroht, die sich als arrogante Besatzungsmacht in den süddeutschen Vasallenstaaten einquartiert hatte. Die neuen Verbündeten forderten den Abzug aller französischen Truppen vom rechten Rheinufer und die Auflösung des Rheinbunds, andernfalls würden sie mit England eine neue Koalition gegen Frankreich bilden.

Im August ließ Friedrich Wilhelm III. mobil machen, obwohl der Zar erst mehrere Wochen später in der Lage sein würde, ihm zu Hilfe zu kommen. Als Napoleon in St. Cloud erfuhr, daß sich die preußischen Truppen bereits den vorgeschobenen Posten der Grande Armée näherten, beschloß er, sofort zuzuschlagen, bevor Rußland sich den Preußen anschließen konnte. Aber er schien diesmal wenig Lust auf einen Feldzug zu haben, wie Claire de Rémusat glaubte, und den Luxus zu genießen, der ihn umgab. Richtig ist, daß er dieses Gerücht verbreiten ließ; die ausländischen Botschafter in Paris sollten nach Hause berichten, daß Napoleon gegen seinen Willen in den Krieg eintrat und nur zu den Waffen griff, um sich zu verteidigen.

Als die Kaiserin am 24. September erfuhr, daß Napoleon seinen Wagen für vier Uhr morgens bestellt hatte, lief sie die Treppen hinunter und warf sich dem Kaiser, der eben einsteigen wollte, in die Arme – und fort ging es in halsbrecherischem Tempo Richtung

Rhein. Das Gefolge der Kaiserin, ihre Hofdamen und Zofen, Kleiderkisten und Mademoiselle Avrillon mit den Juwelenschatullen, erreichte sie erst in Mainz.

Napoleon und Josephine trafen in einem Zustand tiefer Niedergeschlagenheit in Mainz ein – er immer noch zögernd wegen dieses neuen Feldzugs; sie von düsteren Vorahnungen gequält, als erwartete sie eine lange Trennung und die sich daraus ergebenden fatalen Folgen für ihre Beziehung. Monsieur de Rémusat war Zeuge ihres bewegten Abschieds. Napoleon hielt Josephine im Arm, und nach der Hand von Talleyrand greifend murmelte er – unverständlicherweise: «Es tut weh, die zwei Menschen zu verlassen, die ich am meisten liebe.» «Der Kaiser hielt seine Frau», fuhr Monsieur de Rémusat fort, «als wollte er sie nicht mehr loslassen... Er weinte, dann bekam er einen Krampf und nervöse Zuckungen, die zu heftigem Erbrechen führten» – eine Szene, die an das Ende der Affäre mit Mademoiselle George erinnerte.

Am 1. Oktober reiste der Kaiser ab, und Josephine hielt gemäß seinen Anweisungen kaiserlich Hof in der Vasallenstadt. Sie eröffnete Bälle, ging in die Oper, empfing Abordnungen, besuchte die Verwundeten, verteilte Unmengen an Uhren und Schnupftabaksdosen mit ihrem in Diamanten eingelegten Monogramm und gab Empfänge für die deutschen Fürsten und Könige. Zurück in ihren Gemächern im früheren erzbischöflichen Palais von Mainz nahm sie ihre Karten zur Hand, die ihr ihr Schicksal voraussagen sollten. Sie war ständig in Tränen, entweder weil die Karten kein Glück verhießen oder weil sie wußte, daß Eléonore Denuelle, die bei den Murats als potentielle Gebärerin eines Kinds von Napoleon lebte, inzwischen im sechsten Monat schwanger war.

Als Napoleon seine Truppen in Süddeutschland inspizierte, mußte er feststellen, daß sie nicht mehr so viel Begeisterung zeigten wie früher. Doch er schrieb Josephine, alles lasse sich besser an als erwartet. «Mit Gottes Hilfe werden die Ereignisse leider noch schrecklicher werden für den König von Preußen, den ich persönlich mag. Die Königin ist bei ihm. Wenn sie eine Schlacht sehen will, wird sie das grausame Vergnügen haben.»

Die Grande Armée begann ihren Marsch nach Norden, und bevor Rußland sich seinem Verbündeten anschließen konnte, hatte Napoleon die preußische Armee von Berlin abgeschnitten und in der Doppelschlacht bei Jena und Auerstedt vernichtend geschlagen.

Napoleon schrieb regelmäßig an Josephine, und seine Briefe

wurden nicht mehr in Schubladen gestopft, um irgendwann gelesen zu werden. Sie waren auch leichter zu entziffern, denn an Stelle der früheren, aufs Geratewohl hingeworfenen Zeilen erhielt sie nun diktierte Briefe mit einem richtigen Anfang und Schluß, bei dem es hieß: «Ich liebe und umarme Dich» oder «Ich liebe und begehre Dich». Manchmal schrieb er zweimal am Tag, und wenn er wußte, daß er ein paar Tage nicht zum Schreiben kommen würde, kündigte er dies im voraus an.

Josephine wußte, daß Napoleon seit Jahren befürchtete, «seine Kräfte werden nachlassen» und er werde mit vierzig fett werden. Er war jetzt siebenunddreißig, und sein Gewicht machte ihm bereits zu schaffen. Mehrere Male schrieb er, er habe seit seiner Abreise aus Mainz zugenommen, «obwohl ich täglich zwanzig oder fünfundzwanzig Meilen reite».

Trotz der zunehmend zärtlichen Briefe war Josephine von schlimmen Vorahnungen erfüllt. «Alles in dieser Welt muß enden», schrieb ihr Napoleon aus Preußen, «Geist, Gefühl, sogar die Sonne, was jedoch nie enden wird, ist das Glück, das ich bei Dir gefunden habe – in der unendlichen Güte und Liebenswürdigkeit meiner Josephine.»

Nach einer Nacht in Sanssouci, dem Schloß seines Idols Friedrich des Großen, zog Napoleon, umgeben von seinen Marschällen und den berittenen Grenadieren der Kaiserlichen Garde, mit großem Pomp durch das Brandenburger Tor in Berlin ein. Das preußische Königspaar hatte sich nach Königsberg zurückgezogen. Die harten Bedingungen des Vertrags, den Napoleon den Preußen aufzwang, waren angeblich auf seinen besonderen Haß auf die schöne Königin Luise zurückzuführen, die ihren zaghaften Mann dazu bewegt hatte, gegen Frankreich mobil zu machen. Als sie es jetzt wagte, gegen die schonungslosen Vertragsbedingungen zu protestieren, schrieb Napoleon in einem offiziellen Bulletin: «Wie bedauernswert sind jene Fürsten, die ihren Frauen erlauben, sich in Staatsangelegenheiten einzumischen.» Josephine machte ihm offenbar Vorwürfe wegen seiner beleidigenden Äußerungen gegenüber der Königin. «Du scheinst verstimmt, weil ich schlecht von Frauen spreche», schrieb er ihr. «Es ist wahr, daß ich intrigierende Frauen verachte. Ich bin Frauen gewöhnt, die sanft, lieb und faszinierend sind. Du bist selbst schuld – Du hast mich für die anderen verdorben.»

Der Vertrag, den Napoleon am 21. November 1806 in Berlin unterzeichnete, sah auch die Schließung der preußischen Häfen für den britischen Handel vor. Dieses «Berliner Dekret» wurde später auf alle französischen Verbündeten und Vasallen übertragen und zur berühmten Kontinentalsperre, mit der Napoleon England, das er auf dem Seeweg nicht mehr erreichen konnte, in die Knie zwingen wollte. Die Kontinentalsperre würde aber die Länder des Kontinents zugleich ihres wichtigsten Handelspartners sowie aller Produkte aus den Kolonien berauben. Für dieses riesige Projekt mußte Napoleon Herr des gesamten europäischen Kontinents sein, und er würde Kriege führen müssen, um es zu verwirklichen. Die schrecklichen Kriege gegen Spanien und Rußland hatten nur diesen einen Grund.

Um Preußen zu unterstützen, zog eine russische Armee nach Westen durch Polen, ein Land, das zwischen Preußen, Österreich und Rußland aufgeteilt war. Napoleon entschloß sich zu einem gefährlichen Winterfeldzug; die Soldaten hatten im September keine Wintermäntel bekommen; außerdem bedeutete dieser Feldzug einen weiten Marsch durch Polen, und das mit einer wenig begeisterten und geschwächten Armee. Napoleon beabsichtigte, die russische Armee zu schlagen und einen großzügigen Friedensvertrag mit dem Zaren zu schließen. Den Polen versprach er zunächst die Unabhängigkeit; später drohte er ihnen, sie könnten ihre Hoffnung auf ein freies Polen vergessen, wenn sie sich nicht seiner Armee zum Einmarsch in Rußland anschlössen.

Er schien ungewöhnlich zu zögern, sich noch weiter von Josephine zu entfernen, und sie glaubte immer mehr an ein bevorstehendes Verhängnis. «Talleyrand [der französische Außenminister war mit anderen Staatsministern nach Berlin gerufen worden und hatte in Mainz Station gemacht] sagt mir, daß Du ständig weinst», schrieb ihr Napoleon. «Du mußt tapfer sein und daran denken, daß Du eine Kaiserin bist.» Der schönste Brief für Josephine kam, als Napoleon seinen Vormarsch nach Osten antrat. «Es tut mir leid, daß Du in Mainz nicht glücklich bist. Vielleicht kannst Du hierher kommen, denn der Feind ist auf der anderen Seite der Weichsel.»

Am 3. Dezember schrieb er ihr zweimal. Einen dieser Briefe beendete er mit seiner üblichen Philosophie. «Ich sehe, Du hast Deinen kleinen Kreolenkopf verloren. Ich schrieb Dir, daß Du kommen könntest, sobald wir wissen, wo wir Winterquartier nehmen werden ... Je größer die eigene Stellung, um so geringer ist die Wahl, die man hat, und um so abhängiger ist man von Ereignissen und Umständen. Ich selbst bin angekettet; mein Herr hat kein Erbarmen, und dieser Herr ist die Natur der Dinge.»

Nun waren ihre Rollen vertauscht. Josephine schrieb flehende

Briefe, er möge ihr erlauben, zu ihm zu kommen. Als sie schrieb, sie habe geträumt, er habe eine Frau gefunden, die er lieben könnte, antwortete er ihr: «Ich denke, Du bist eifersüchtig, und ich bin darüber entzückt. Aber Du irrst Dich. In dieser eisigen polnischen Wüste ist einem kaum danach, an schöne Frauen zu denken ... Es gibt für mich nur eine Frau. Kennst Du sie? Ich könnte ihr Portrait für Dich malen, aber es würde Dich eitel machen ... Die Winternächte sind lang so ganz allein.»

Er vertröstete sie noch einen weiteren Monat. Sie bat, er möge sie nach Warschau kommen lassen, sobald er dort sein werde, und spielte erneut auf die schönen polnischen Damen an. An Silvester 1806 antwortete er ihr: «Über Deinen Brief mußte ich lachen. Du überschätzt die Faszination der polnischen Damen.»

Am selben Tag erhielt er die Nachricht, daß Eléonore Denuelle einen Sohn geboren hatte, «Vater unbekannt». Seine Freude hielt sich jedoch in Grenzen, denn er vermutete – wie Eléonore später zugab, zu Recht –, daß auch der Schwerenöter Joachim Murat Zugang zum Pavillon in Neuilly und zu ihrem Bett gehabt hatte.*

Am selben Silvesterabend geschah es, daß sich an der letzten Poststation vor Warschau eine begeisterte Menge um den Wagen des Mannes scharte, der verkündet hatte, er werde Polen befreien. Im Schneegestöber stand auch ein scheinbar bäuerlich gekleidetes Mädchen. Ihr blondes Haar kräuselte sich unter der Kapuze. Schüchtern ging sie auf General Duroc zu und bat ihn, sie dem Kaiser vorzustellen. Als Napoleon das Kutschenfenster öffnete, war er verblüfft von der Schönheit, der offensichtlichen Bescheidenheit und dem kindlich bewundernden Ausdruck des Mädchens, das in französischer Sprache ihrer Freude Ausdruck gab, den Mann zu sehen, der Österreich, Rußland und Preußen besiegt hatte – die drei Feindesmächte, die ihr Land zerstückelt hatten. Er reichte ihr durchs Fenster einen der Sträuße, die man ihm zugeworfen hatte, und dann fuhr die sechsspännig gezogene Kutsche weiter nach Warschau. Dort angekommen, befahl der Kaiser Duroc, «die Bäuerin von der Posthalterei vor Warschau» zu finden.

Am 3. Januar hatte sich der Ton in Napoleons Briefen an Josephine geändert. «Ich denke, Du solltest nach Paris zurückkehren, wo Du

* Photos des künftigen Comte Léon zeigen jedoch eine deutliche Familienähnlichkeit. Napoleon erkannte ihn in seinem Testament als seinen Sohn an.

gebraucht wirst», schrieb er; und vier Tage später: «Die Straßen sind schlecht und keineswegs sicher. Geh für den Winter nach Paris zurück. Führe dasselbe Leben in den Tuilerien, als wenn ich dort wäre. Es ist mein Wunsch; glaube mir, daß es mich mehr kostet als Dich.» Und am 8. Januar: «Paris braucht Dich. Es ist mein Wunsch. Ich hätte die langen Winternächte gern hier mit Dir verbracht.» Aber am 8. Januar verbrachte er die langen Winternächte schon nicht mehr allein. Die «reizende Bäuerin» war gefunden. Sie hieß Marie Walewska und war die achtzehnjährige Frau eines leidenschaftlichen Patrioten und Mutter eines kleinen Sohnes. Napoleon drohte, einen ihm zu Ehren veranstalteten Ball nur zu besuchen, wenn die Gräfin Walewska ebenfalls anwesend sei. Eine Delegation von polnischen Würdenträgern erschien bei dem siebzigjährigen Grafen Walewski und beschwor ihn, Marie zur Annahme der Einladung zu bewegen. Ihre Anwesenheit sei für die ganze Nation von äußerster Wichtigkeit. Und Marie erklärten sie, auch Esther habe sich Ahasverus hingegeben und damit die Ehre gehabt, ihr Land zu retten.

Empört und beschämt betrat sie an der Seite ihres Mannes den Ballsaal. Sie trug kein einziges Schmuckstück und ein betont verhüllendes Kleid. Napoleon ging auf sie zu und sagte leise: «Weiß auf Weiß ist keine Art, sich zu kleiden, Madame.» Zeitgenossen werteten dies anscheinend nicht als eine seiner üblichen Auslassungen über weibliche Mode, sondern als den Versuch, Verständnis zu äußern für Maries Motiv, sich in einem Kokon aus weißem Tüll zu verstecken.

Zu Maries Verdruß bewirkte Napoleons Geflüster, daß sie sich unmittelbar danach von Männern und Frauen umringt sah, die ihr, «der neuen Macht», schmeichelten. Sie tanzte mit niemandem, aber Napoleons Eifersucht war bereits geweckt. Zwei seiner Offiziere, die versucht hatten, mit Marie zu flirten, wurden noch in derselben Nacht zu einem fernen Armeestützpunkt abkommandiert.

Nach dem Fest erhielt Marie den ersten Brief des Kaisers. «Ich habe nur Sie gesehen, nur Sie bewundert. Ich begehrte nur Sie. Um die brennende Ungeduld zu beruhigen, sofortige Antwort an N.» «Es gibt keine Antwort», beschied sie dem wartenden Boten.

Die wenig erbauliche, plumpe Umwerbung ging weiter. Marie Walewska weigerte sich, mit dem Kaiser allein zu speisen. Täglich schrieb er leidenschaftliche Briefe, das heißt, er diktierte und unterschrieb sie; einem legte er ein rotes Lederetui mit einem Schmuckstück bei, das Marie, ohne es zu öffnen, auf den Boden warf mit den Worten: «Er muß mich für eine Dirne halten.»

Für Napoleon galt es, eine Zitadelle zu erobern, die erste seit der kurzen Belagerung von Josephine de Beauharnais. Brief folgte auf Brief. «Oh, verweigern Sie einem armen Herzen, das bereit ist, Sie zu vergöttern, nicht ein gewisses Maß an Freude.» Und dann wird erpreßt: «Kommen Sie zu mir; alle Ihre Hoffnungen werden erfüllt. Ihr Land wird mir teurer sein, wenn Sie sich meines armen Herzens erbarmen ... Immer, wenn ich gedacht habe, etwas sei unmöglich oder schwer zu erlangen, habe ich es um so mehr begehrt. Nichts entmutigt mich ... Ich bin es gewöhnt, daß meinen Wünschen entsprochen wird ... Ich möchte Sie zwingen, ja, *zwingen,* mich zu lieben. Marie, ich habe den Namen Ihres Landes ins Leben zurückgeholt. Ich werde viel mehr tun!»

Es bedurfte der Bitten und Drohungen der polnischen Patrioten und des Grafen Walewski, bis Marie schließlich einwilligte, Napoleon eines Abends in seiner offiziellen Residenz zu besuchen. Als sie sich gegen seine Zudringlichkeiten wehrte, schrie er sie an: «Vergiß nicht, wenn du mich zu weit treibst, wird der Name Polen, werden alle eure Hoffnungen zerschlagen werden wie diese Uhr», worauf er seine Uhr auf den Boden warf und mit dem Absatz zertrat. In ihren Memoiren, die sie für ihren Sohn schrieb, berichtete Marie, daß sie vor Angst ohnmächtig wurde, und als sie erwachte, mußte sie feststellen, daß sie vom Kaiser mißbraucht worden war.

«Sie hat sich nicht übermäßig gewehrt», lautete Napoleons Version auf St. Helena, und als spräche er von einer Prostituierten, fügte er hinzu: «Es war Talleyrand, der mir Madame Walewska besorgte.»

Marie Walewska berichtet, der Kaiser habe ihr die Tränen abgewischt, nachdem sie sich von ihrer Ohnmacht erholt hatte, und ihr versichert: «Du kannst dich darauf verlassen, Marie, daß ich tun werde, was ich dir versprochen habe.» Den polnischen Adeligen erklärte er, es sei seine Mission, «die Polen von Rußland zu erlösen», und alle schienen ihm zu glauben. Der polnische Patriot Kościuszko gehörte zu den wenigen, die sich nicht täuschen ließen. Er meinte: «Er wird Polen nicht wiederherstellen; er denkt nur an sich, und er ist ein Despot. Sein einziges Streben ist persönlicher Ehrgeiz.»

Während Napoleon in Ostpreußen einmarschierte in der Hoffnung, die russische Armee dort zu schlagen, verließ Marie Walewska Mann und Kind und zog sich auf den Landsitz ihrer Mutter zurück, wo sie wartete, bis der Kaiser sie zu sich rief. Sie hatte sich in ihn verliebt, obwohl sie wußte, wie sie später zugab, daß «seine Passionen vorübergehend waren». Er achtete und bewunderte sie jedoch, denn sie war tugendhaft und ehrlich, eine glühende Patriotin und – wie Josephine – fügsam, sanft und anspruchslos. Eine Zeitlang war Napoleon in sie verliebt. Aus jedem Lager schrieb er ihr zärtliche Briefe und ermutigte sie, zu glauben, er werde vom Zaren eine Garantie für ein freies Polen bekommen.

Napoleons Liebesgeschichte mit Marie Walewska bedeutete jedoch nicht, daß weniger Kuriere mit Briefen an Josephine nach Mainz galoppierten. Im Gegenteil (vielleicht war es das schlechte Gewissen des korsischen Familienmenschen), er hatte ihr seit der ersten Zeit ihrer Ehe nie so häufig geschrieben wie während der polnischen Idylle. «Wenn ich meinem Herzen gehorchte, würden wir zusammen sein», schrieb er ihr, als er Warschau verließ.

Josephine hatte ihre Abreise nach Paris immer wieder hinausgeschoben in der Hoffnung, Napoleon werde ihr doch noch erlauben, zu ihm zu kommen. Sie wußte, wie sehr seine Liebe für sie von ihrer Anwesenheit abhing, und nichts konnte sie von der Vorstellung einer polnischen Rivalin abbringen.

Gehorsam trat sie nun mit all dem Pomp, auf dem der Kaiser bestand, die Rückreise an in ein düsteres Paris. Napoleon hatte recht, als er meinte, ihre Rückkehr werde dort zur Hebung der Moral beitragen.

Seit einem halben Jahr befanden sich die Armee, etliche Kabinettsmitglieder und das Gefolge des Kaisers fern von Paris. Die Minister hofften auf einen baldigen Frieden. In der Hauptstadt kursierten Gerüchte über die schrecklichen Strapazen, denen die Soldaten während des Winterfeldzugs ausgesetzt waren, von Kanonen, die im Schlamm versanken, von der knietief im Schlamm watenden Infanterie – «... wir nahmen ein Bein und zogen es heraus wie eine Möhre, setzten es ab, und dann holten wir das andere nach» – und sogar von verzweifelten Selbstmorden. Die Kontinentalsperre machte den Pariser Winter noch trister, denn es fehlten die Importe aus Westindien – Rum, Kaffee, Schokolade und Zucker.

Josephine hatte nie versucht, wieder Kontakt mit ihren Freunden aus den Tagen des Thermidor aufzunehmen. Sogar nach der Scheidung kam es ihr nicht in den Sinn, sich Napoleons Anordnungen in diesem Punkt zu widersetzen. Als sie jetzt – der Kaiser war insgesamt zehn Monate abwesend und sie selbst fast völlig isoliert – anfragte, ob sie die frischverheiratete Prinzessin de Chimay, früher Madame Tallien, empfangen dürfe, erhielt sie eine schroffe Abfuhr aus Preußen. «Du wirst sie nicht empfangen. Irgendein Trottel hat sie mit ihren acht Bastarden geheiratet; ich finde sie verabscheuungswürdiger denn je. Sie war eine leidlich nette Schlampe; sie ist eine abscheuliche, verrufene Frau geworden.» Vielleicht hat er Thérésia nicht nur ihre Vergangenheit, sondern angesichts seiner eigenen Nachfolgerprobleme auch ihre Fruchtbarkeit übelgenommen. Sie hatte inzwischen vier Kinder von Chimay, vier uneheliche Kinder von Gabriel Ouvrard, einen Sohn von Fontenay und eine Tochter von Tallien.

In jenem Winter erfuhr Josephine von der «polnischen Frau». Trotz ihrer Niedergeschlagenheit gab sie Empfänge für den Senat, das *Corps Législatif*, das Domkapitel der Notre Dame und besuchte offizielle Diners, Operngalas und Empfänge für ausländische Botschafter. Jede Veranstaltung hatte genau nach den von Napoleon in einem dicken Band niedergelegten Vorschriften der «Etiquette du Palais Impérial» abzulaufen. Wenn Josephine nach Malmaison hinaus durfte (der Kaiser bestimmte von Preußen aus, an welchen Tagen sie dort oder in St. Cloud zu sein hatte), verbrachte sie die meiste Zeit mit ihrem englischen Gärtner und plante das neue «große Gewächshaus».

Ihre Kinder und die beiden Enkel fehlten ihr sehr. Sie schrieb an Eugène in Italien und an Hortense in Holland, ihr Herz sei «sehr traurig wegen der langen Abwesenheit des Kaisers, trotz seiner häufigen Briefe».

Den Kaiser erreichten Berichte von der Unzufriedenheit in Paris und im übrigen Frankreich. Das Volk war entsetzt über die neuen Rekrutierungen; nach der Beinahe-Katastrophe bei der Schlacht von Preußisch-Eylau waren die Aktien stark gefallen, was Fouché mit der allgemeinen Angst begründete, nachdem «die Geschicke Frankreichs jedesmal von einer einzigen Kugel abzuhängen schienen». Verärgert beschied Napoleon seinen Polizeiminister: «Frankreich stand nie besser da ... was Eylau betrifft, so wiederhole ich, daß das Bulletin die Verluste übertreibt ... was sind schließlich zwanzigtausend Tote für eine große Schlacht?» Aber während er in Ostpreußen auf besseres Wetter wartete, war ihm vollkommen klar, daß es mit seinem Reich vorbei sein würde, wenn er den Österreichern erlaubte, sich der Armee des Zaren anzuschließen. Noch war es ihm nicht gelungen, die Russen vernichtend zu schlagen. In der Schlacht bei Preußisch-Eylau am 11. Februar 1807, der bisher blutigsten

Schlacht in der Geschichte der Neuzeit, hatte er den Zaren mit Müh und Not besiegt, aber nicht entscheidend genug, um ihn in die Flucht zu jagen. Obwohl das volle Ausmaß der französischen Verluste in der Siegesmeldung nicht bekanntgegeben wurde, kamen in Paris zum erstenmal Gerüchte auf, daß die eigenen Verluste höher seien als die des Gegners, möglicherweise bis zu 25 000 Mann, und daß die Verwundeten eine ganze Nacht lang auf dem eisigen Schlachtfeld gelegen hätten.

Napoleon ermahnte Josephine, nicht auf das «dumme Geschwätz» zu hören; das schlechte Wetter, fügte er hinzu, bedeute, daß er ins Winterquartier müsse, «aber bald wird mich das Glück, Dich zu sehen, meine Langeweile vergessen lassen. Tausende und Tausende von Küssen.»

Es kam noch ein weiterer herzlicher Brief, in dem er sich entschuldigte, daß er zwei oder drei Tage nicht geschrieben hatte. «Ich mache mir Vorwürfe, weil ich weiß, wie sehr Du Dich sorgst», aber ab dann erhält Josephine nur noch strikte Anweisungen, wie sie sich in Paris zu verhalten hat; und aus einem dieser Briefe geht sehr deutlich hervor, wie er sich und sein Leben sah: «Ich möchte Dich genauso gern wiedersehen wie Du mich, und ja, ich kann auch andere Dinge außer Krieg führen, aber zuerst kommt die Pflicht. Mein ganzes Leben lang habe ich alles – Ruhe, Vergnügen und Glück – meiner Bestimmung geopfert.»

Um den späten nordeuropäischen Frühling abzuwarten, verlegte Napoleon sein Hauptquartier in das luxuriöse Schloß Finkenstein in Ostpreußen. Er ließ Marie Walewska kommen und schrieb Josephine einen harmlos klingenden Bericht: «Dieses Schloß hat riesige offene Kamine, was sehr angenehm ist, da ich nachts immer wieder aufstehe. Ich sehe gern ein Feuer.»

Ihre trübseligen Klagen hielten an, und auf eine ging er in einem Antwortbrief ein: «Es tut mir leid, daß Du krank gewesen bist, aber es ist die Krankheit, die Du jeden Monat bekommst. [Glaubte er wirklich nicht, daß die Menses seiner Frau aufgehört hatten?] Es wäre wunderbar, wenn Dich die Bäder mit einem kleinen Roten Meer heilen würden. Zweifle nie an meiner Liebe. N.»

Aber Josephine muß die Anwesenheit der Gräfin Walewska auf Schloß Finkenstein vermutet haben. «Ich weiß nicht, was Du mit Damen meinst, mit denen ich, wie Du sagst, liiert bin», schrieb er im Mai. «Ich liebe nur meine kleine Josephine, die gute, schmollende und kapriziöse Josephine, die genauso anmutig zu streiten versteht wie alles andere, was sie tut; denn sie ist immer liebenswürdig, außer wenn sie eifersüchtig ist – dann wird sie zu einem Dämon ... Aber zurück zu jenen Damen. Ich hoffe, diejenigen, an die Du denkst, haben hübsche Rosenknöspchen!»

Napoleon führte in Finkenstein ein heiteres Privatleben, als ob Josephine dort wäre. Sein Diener Constant mußte zugeben, daß «die polnische Frau» die vollkommene Gefährtin war und ebenso geduldig auf Napoleon wartete wie seine echte Frau. Er bemerkte jedoch einige Unterschiede. Marie Walewska las, wenn sie allein war – und sie nahm keine Geschenke an. Als der türkische Sultan Napoleon dreißig wundervolle Kaschmirschals schickte, akzeptierte sie einen – für eine Freundin in Polen.

Napoleon regierte seine inzwischen rund sieben Millionen Untertanen weiterhin von Preußen aus. Ein ständiger Strom von Kurieren zwischen Paris und der Ostseeküste transportierte die verschiedenartigsten Ordres. Sie betrafen das Ausbildungs- und Gesundheitswesen, Theaterklatsch und die Lebensführung der Kaiserin. Junot, der Gouverneur von Paris, solle jeden Mittag auf der Place Vendôme eine Parade abhalten. Fouché solle dafür sorgen, «daß die verrückte Madame de Staël» in Genf blieb. Dem Direktor der Oper müsse eine Schnupftabaksdose überreicht werden. Bruder Jérôme solle seine Hämorrhoiden mit Blutegeln behandeln. Die Schülerinnen der neuen Schule der Ehrenlegion müßten religiös sein; sie dürften nicht räsonieren, sollten etwas Geographie und Geschichte lernen, aber kein Latein und keine andere Fremdsprache; drei Viertel des Tages sollten sie nähen, alle Arten weiblicher Fertigkeiten und etwas Kochen lernen. «Ich denke, wir brauchen uns keine Umstände mit einem Lehrplan für Mädchen zu machen», schrieb er.

Der Kaiser erinnerte seine Mutter an das sonntägliche Familienessen in den Tuilerien. Die Kaiserin, schrieb er, vertrete ihn während seiner Abwesenheit als Familienoberhaupt, und es sei Madame Mères Pflicht, anwesend zu sein. Joseph, der König von Neapel, wurde scharf an seine Pflichten als Vasall des Reiches gemahnt. Und General Murat schrieb er, daß sein eigener «erotischer Trieb nie lebhafter war».

Außerdem bereitete der Kaiser seinen zweiten Feldzug gegen Rußland vor. Er organisierte Ausrüstung und Unterkünfte, studierte Landkarten, schickte Erkundungstrupps aus, analysierte Berichte über die Vorhut des Feindes und verlangte weitere Verstärkung. Er ordnete an, daß der Rekrutenjahrgang, der 1808 eingezogen werden sollte, schon jetzt, eineinhalb Jahre vorher, einberufen wurde, und verlangte von den deutschen Satellitenstaaten 100 000 Mann als Unterstützung, und das sofort.

Im Juni kam es bei Friedland in Ostpreußen zu der lang erwarteten Schlacht, und diesmal errang Napoleon nach einem zwei Tage währenden Kampf einen entscheidenden Sieg. Auf beiden Seiten wurden 30 000 Soldaten getötet oder gefangengenommen. Der Kaiser schickte Moustache, seinen Lieblingskurier, zu Josephine nach St. Cloud; als Moustache im Schloßhof vom Pferd stieg, brach das Tier tot zusammen.

Dieser Sieg überdeckte die erschütternde Nachricht, die ihn Mitte Mai erreicht hatte: Napoleon Charles, der vierjährige Sohn von Hortense, war plötzlich an Diphtherie gestorben. Napoleon hatte das Kind geliebt und wollte es zu seinem Erben machen. Da dies jetzt nicht mehr möglich war und seit er von der Geburt des Kindes von Eléonore Denuelle erfahren hatte, hoffte er wieder auf einen eigenen Sohn. Er wurde zunehmend ungeduldig mit Josephine, die um ihr Enkelkind trauerte, wobei der Tod des Kindes auch für sie noch eine zweite Bedeutung hatte. «Ich wünschte, Du wärst vernünftig», schrieb Napoleon. «Möchtest Du denn meinen eigenen Kummer noch vergrößern? Trauer hat ihre Grenzen; sei in den Deinen etwas bescheidener.» Nicht weniger ungehalten war er über den Bericht, wonach Hortense nach dem Tod des Kindes stundenlang wie gelähmt war und dann in einer Art Betäubungszustand lebte, unfähig zu weinen, zu sprechen oder zu essen. Aus Furcht vor dem Kaiser hatte es Josephine nicht gewagt, nach Holland zu eilen, um Hortense zu trösten, bevor sie nicht durch einen Kurier aus dem kaiserlichen Hauptquartier die ausdrückliche Erlaubnis dazu erhielt. Napoleon schrieb Josephine, seine Stieftochter solle mehr Courage zeigen, und dann: «Hortense ist unvernünftig, sie verdient unsere Liebe nicht, da sie nur ihr Kind liebte. Versuche, ruhig zu sein, und mach mir nicht noch mehr Kummer.»

Talleyrand erzählte Claire de Rémusat, er habe Napoleon geraten, bei einem angekündigten Kondolenzbesuch einer Abordnung mehr Mitgefühl an den Tag zu legen, worauf Napoleon antwortete, «er habe nicht die Zeit, um sie wie andere Menschen für Gefühle und Trauer zu vergeuden.»

«Ich bin sehr verärgert über Hortense, die mir keine einzige Zeile geschrieben hat», beklagte er sich bei Josephine. Und an Hortense schrieb er: «Ich wünschte, Du wärest beherzter ... Deine Mutter und ich hatten gehofft, mehr Platz in Deinem Herzen einzunehmen. Ich habe am 14. Juni einen großen Sieg errungen.»

Es fiel dem Kaiser schwer zu glauben, daß die zwei Frauen noch immer um einen kleinen Jungen trauerten, während sein Sieg bei Friedland die Landkarte Europas verändert hatte. Der Zar hatte um einen Waffenstillstand gebeten, und angesichts der Situation in Frankreich fand Napoleon, es sei Zeit für einen Friedensvertrag mit Rußland.

Auf dem Weg nach Tilsit, wo er sich mit dem Zaren treffen wollte, schrieb er an Josephine: «Ich habe Deinen Brief vom 25. Juni erhalten, und es schmerzt mich, zu sehen, daß Du völlig egoistisch bist und an meinen militärischen Siegen nicht interessiert scheinst. Auch ich sehne unser Beisammensein herbei, aber das muß vom Willen des Schicksals entschieden werden.»

Auf einem überdachten Floß, das in der Mitte des Njemen ankerte, trafen sich die beiden Kaiser. Jeder war vom anderen ein wenig geblendet – Alexander von Napoleons Macht, Napoleon von Alexanders glänzendem Aussehen. Napoleon kannte auch die liberalen Ansichten des Zaren, der versuchte, in Rußland die Leibeigenschaft abzuschaffen. Er wußte jedoch nichts von seinem labilen, von Idealismus und Eitelkeit geprägten Charakter.

Während sich die Adjutanten an den Ufern üppig bewirten ließen, redeten die Kaiser in ihrem mit grünen Girlanden geschmückten schwimmenden Zelt bis spät in die Nacht und versuchten, sich gegenseitig mit Geschenken zu übertrumpfen. Den zobelgefütterten Mantel, den Napoleon von Alexander erhielt, trug er bei all seinen späteren Winterfeldzügen.

Napoleon verlangte, daß sich der Zar der Kontinentalsperre anschloß – eine harte Bürde für Rußland, das auf die Einfuhr von britischen Waren angewiesen war –, während der Zar die Zusicherung haben wollte, daß Napoleon keinen polnischen Staat schaffen werde. Napoleon willigte ein und bot Alexander auch noch den preußischen Teil Polens an. Als Verbündeter Preußens lehnte der Zar die Übernahme dieser Gebiete jedoch ab und bestand darauf, daß sich das preußische Königspaar gemeinsam mit ihnen in Tilsit an einen Tisch setzte – ein Vorschlag, dem Napoleon nur zögernd zustimmte.

Obwohl Napoleon bereit war, mit Rußland einen großzügigen

Friedensvertrag zu schließen – ihm kam es nur auf die Einhaltung der Kontinentalsperre an –, zwang er Preußen in einem Separatfrieden die härtesten Bedingungen auf. Manch einer, der in Tilsit dabei gewesen war, hatte den Eindruck, daß die preußische Königin Luise einiges damit zu tun hatte. Sie war ungemein beliebt und mutig; sie war mit dem Zaren befreundet und hatte großen Einfluß auf ihren Mann – alles Eigenschaften, die in Napoleons Augen gegen sie sprachen. Als Luise von den ungewöhnlich grausamen Friedensbedingungen für ihr Land erfuhr – Verlust der Hälfte seiner Gebiete, eine zeitlich unbeschränkte militärische Okkupation und riesige Reparationszahlungen –, warf sie sich Napoleon buchstäblich zu Füßen und bat um wenigstens ein paar Zugeständnisse. Doch er weigerte sich, auch nur eine Zeile des Vertragstextes zu ändern; und um ihr zu zeigen, was er davon hielt, daß sie sich eine politische Rolle anmaßte, fragte er sie, ob «ihr Kleid aus Crêpe oder italienischer Gaze sei».

Napoleon verließ Tilsit mit der Überzeugung, den Zaren für sich gewonnen zu haben, wogegen Alexander, der anfangs überwältigt war, einem Mann zu begegnen, den er heimlich bewunderte, seiner Mutter gegenüber erklärte, Napoleons Bedingungen seien diktiert von «der Eitelkeit eines Monsieur Bonaparte», der den Zaren als seinesgleichen behandelte. Er wagte nicht, ihr zu sagen, daß «das Ungeheuer» Anspielungen gemacht hatte, eine Verbindung mit der Schwester des Zaren wäre ihm willkommen.

Unter dem Eindruck der französischen Fremdherrschaft war in Deutschland bereits ein Nationalbewußtsein entstanden, das sich angesichts Napoleons unnachgiebiger Haltung gegenüber Preußen verstärkte und schließlich dazu führte, daß sich die deutschen Kleinstaaten trotz politischer Gegensätze einten in dem Ziel, die Franzosen loszuwerden. Tilsit galt als der Höhepunkt von Napoleons Herrschaft. Sein Reich erstreckte sich von den Häfen an der Nord- und Ostsee bis nach Süditalien, von der Bretagne bis nach Rußland. Der gesamte Kontinent bestand für ihn aus Verbündeten und Vasallenstaaten. Nur die iberische Halbinsel beteiligte sich noch nicht an der Wirtschaftsblockade gegen England – den einzigen noch verbliebenen Gegner.

29

Unser ungewöhnliches Schicksal

Napoleon kehrte als ein veränderter Mann nach Paris zurück. Sogar seine Stimme klang anders. Er wirkte wie berauscht vom Gefühl seiner grenzenlosen Macht und gab sich noch weniger Mühe als früher, seine Menschenverachtung zu verbergen; die wenigen und keineswegs zuverlässigen Anzeichen von Zuneigung galten einzig Josephine und Hortense. Talleyrand sah sofort, daß der Kaiser «von sich fasziniert» war.

Die Acht-Uhr-Audienzen begannen vierundzwanzig Stunden nach der Rückkehr des Kaisers. Er tobte bereits, noch bevor Fouché seinen ersten Vortrag beendet hatte, in dem er berichtete, daß es in der Bevölkerung zu Unmutsäußerungen gekommen war wegen der schrecklichen Kälte, unter der die Soldaten zu leiden hatten, und wegen des unentschiedenen Ausgangs der Schlachten.

Fouché hatte das Gefühl, der Kaiser könne unwillkommene Tatsachen nicht mehr akzeptieren. Er schien sich weder der neuen sozialen und wirtschaftlichen Probleme bewußt, nachdem der Krieg nahezu die einzige Industrie in Frankreich geworden war, noch der Apathie im Land, das allmählich begriff, wie hoch der Blutzoll war, den es für den militärischen Ruhm zahlte.

Napoleon schien nur noch an seiner Alleinherrschaft interessiert. Er begann, die politischen Institutionen zu unterdrücken. Proteste tat er mit der Bemerkung ab, «Eitelkeit, nicht der Wunsch nach Freiheit, hatte die Revolution gemacht». Was aus der Zeit des Konsulats noch an konstitutioneller Regierungsform übrig war, wurde zur Fassade oder ganz abgeschafft. Das *Corps Législatif* tagte nur noch wenige Wochen im Jahr, und der Staatsrat war mit nichts anderem beschäftigt, als sich die endlosen Monologe des Kaisers anzuhören über Themen, die ihm gefielen.

Überall gab es Polizeispitzel. Akademiker, Kaufleute, Politiker, Frauen in der Umgebung des Hofs wurden von der Polizei rekrutiert und mußten Berichte abliefern. «Verdächtige» wurden sofort festgenommen und inhaftiert. Alle Intellektuellen unterstanden der Zensur, auch das von Napoleon einst so geliebte Institut de France, ebenso die Presse, Bücher und Theater. Die Pariser, die in der ersten Zeit der Revolution eine Vorliebe für kritische Gazetten entwickelt hatten, mußten feststellen, daß alle bis auf vier verschwunden waren. Dennoch beklagte sich Napoleon bei Fouché; er sehe keinen Bedarf für mehr als eine Zeitung, den offiziellen *Moniteur* und vielleicht noch das *Journal des Modes* – und das im Ernst, denn er hielt die Mode für einen Spiegel der wirtschaftlichen und politischen Zustände.

Die Begegnung mit dem Zaren hatte Napoleons Wunsch nach einer Verbindung mit einem Königshaus verstärkt. Im kaiserlichen *Cercle* war er sich mehr denn je einer gewissen Freimaurerei bewußt geworden, von der er sich ausgeschlossen fühlte. Nur ein halbköniglicher Sohn, so sagte er zu seinem Bruder Joseph, wäre ein geeigneter Nachfolger; eine Schwester des Zaren zum Beispiel wäre eine passende Mutter für seinen Sohn. Auf St. Helena sagte er, nach seiner Rückkehr aus Tilsit sei er «seiner Bestimmung so sicher» gewesen, daß er die Unvermeidbarkeit seiner Scheidung und Wiederverheiratung erkannt habe.

Aber noch wagte er es nicht, hier etwas zu unternehmen. Marie Walewska, die ihrem Mann mit siebzehn Jahren einen Sohn geboren hatte, war nicht schwanger. Wenn er sich von Josephine scheiden ließ, um eine russische Großfürstin zu heiraten, und dann keinen Erben zeugte, machte er sich zum Gespött von ganz Europa. Britische Pamphletisten amüsierten sich schon längst über seine Impotenz. Und das Kind der Denuelle konnte genausogut von Murat stammen.

Generäle und Staatsmänner wie Fouché und Talleyrand, die das Ende von Napoleons Militärdiktatur voraussahen, drängten zunehmend auf einen Erben. Fouché meinte, wenn Napoleon auf einer Verbindung mit einer kaiserlichen Familie bestehe, solle es die Zarenfamilie sein. Die österreichische Alternative, eine Heirat mit einer Nichte von Marie Antoinette, wollte er nicht in Betracht ziehen. Josephines langjähriger Verbündeter hatte beschlossen, sie aufzugeben.

«Es ist sehr zu wünschen, daß die Kaiserin stirbt», informierte er Bourrienne. «Damit wären viele Schwierigkeiten beseitigt ... Napoleons Brüder sind entsetzliche Nichtskönner, und wir müssen die Rückkehr der Bourbonen verhindern.» Doch als Fouché das Thema gegenüber dem Kaiser anschnitt, erwiderte Napoleon, er hänge noch an Josephine aus Gewohnheit und «einer Art Aberglaube» und er fürchte sich am meisten davor, ihr zu sagen, daß er sich von ihr scheiden lassen wolle.

Eines Sonntags zog Fouché die Kaiserin nach dem Besuch der Messe in Fontainebleau beiseite und sagte ihr, die Initiative für das «unvermeidliche Opfer» einer Scheidung sollte von ihr ausgehen, da nur ein Sohn von Napoleon die Fortdauer der Dynastie sichern könne.

Die Kaiserin wurde, so berichtete er, erst rot und dann leichenblaß. Stammelnd fragte sie Fouché: «Hat der Kaiser Ihnen befohlen, mir das zu sagen?» Als der Polizeiminister verneinte, erwiderte sie: «Ich schulde Ihnen keine Antwort. Ich werde dieses Thema mit niemandem außer ihm besprechen, und ich werde niemals etwas ohne seine Befehle tun.» Dann ging sie direkt zu Napoleon und fragte ihn, ob er von Fouchés Ansinnen an sie gewußt habe. «Fouché war nur übereifrig und sollte nicht getadelt werden», sagte er. «Wir sollten seinen Rat einfach ignorieren. Du weißt sehr wohl, daß ich ohne dich nicht leben könnte.» Nachdem sie sich anscheinend beruhigt hatte, fragte er sie – dies erzählte sie Claire de Rémusat –, was sie denn von Fouchés Vorschlag halte und ob sie, «um ihm zu helfen, die Initiative für dieses Opfer ergreifen» würde. Sie sagte, sie könnte nie die erste sein, um etwas anzuregen, das sie von ihm trennen würde. «Unser gemeinsames Schicksal ist zu ungewöhnlich gewesen, als daß es nicht von der Vorsehung bestimmt sein könnte. Du allein mußt über mein Schicksal entscheiden.» Und dann ziemlich gerissen: «Ich habe zu große Angst, uns beiden Unglück zu bringen; wenn es nur um mich ginge, würde ich mein Leben von deinem trennen.» Weinend klammerten sie sich aneinander, und für eine Weile kam Napoleon wieder jede Nacht zu ihr und «schwor ewige Liebe».

Der neue österreichische Botschafter, Fürst von Metternich, berichtete jedoch nach Wien, nichts könne den Hof überzeugen, daß Fouché ohne das Einverständnis des Kaisers so weit gegangen sei.

Und Fouché selbst bemerkte: «Ich war damals der Meinung, daß sich der Kaiser bereits für eine Scheidung entschieden hatte, sonst hätte er mich geopfert statt sich von meinem Vorstoß einfach zu distanzieren.»

Napoleon hatte nicht die Absicht, den jüngeren Sohn von Hortense und Louis zu seinem Nachfolger zu machen. Als er Hortense – die noch in Trauer war und mager und nervös und wie ein Gespenst wirkte – den Grund dafür erklärte, daß nämlich halb Europa geglaubt habe, Napoleon Charles sei sein Sohn, und daß es deshalb sinnlos wäre, ihren überlebenden Jungen zu adoptieren, war er aufrichtig erstaunt über ihre Reaktion. Völlig verblüfft fragte er, warum sich Hortense so aufrege, und meinte: «Es war ein Glück, daß es alle geglaubt haben; deshalb betrachte ich seinen Tod als ein großes Unglück.»

In seiner Beziehung zu Josephine gab es das übliche Auf und Ab. Fürst Metternich berichtete nach Wien: «Seit seiner Rückkehr aus dem Feld hat sich der Kaiser gegenüber seiner Gemahlin kalt und häufig wie peinlich berührt verhalten ... Sie benützen kein gemeinsames Schlafzimmer. Viele seiner täglichen Gewohnheiten haben sich geändert.»

Immer, wenn Josephine nicht in der Nähe war, fand es Napoleon leicht, sich von ihr scheiden zu lassen und auf seine Familie zu hören. Nun unterlag er erneut ihrem Zauber. Diese Unfähigkeit, sich zu entscheiden, die nirgends sonst in seinem damaligen Leben zu beobachten war, grenzte an ein Wunder und beweist seine einzigartige Bindung an Josephine. Als sie nach der Scheidung gefragt wurde, wie sie sein Zögern während der zwei letzten Jahre ihrer Ehe habe ertragen können, antwortete sie: «Ich kannte meinen Bonaparte besser als irgend jemand. Ich wußte genau, daß er schließlich seinen Willen durchsetzen würde.»

Claire de Rémusat schrieb, daß Napoleon nach seiner Rückkehr aus Tilsit «für Josephine bald wieder die Art von Liebe empfand, die sie ursprünglich in ihm geweckt hatte und die ihm häufig zu schaffen machte, da er sich schuldig fühlte, wenn er sie besonders verletzt hatte». Dies hinderte ihn jedoch nicht, gleichzeitig zwei, wenn auch nicht sehr heftige Affären nebenher zu haben und Josephine, bei der er fast jede Nacht verbrachte, nicht nur die Namen der betreffenden Damen zu nennen, sondern ihr auch noch die körperlichen Details zu schildern; und wie um sie besonders zu verletzen, wurde ein Name zwischen ihnen nie erwähnt: Marie Walewska.

Josephine wußte, daß sie in seinen Augen die jungen Schönheiten am Hof immer noch in den Schatten stellen konnte, daß ihre unvergleichliche Grazie sein Ideal blieb und daß Napoleon das lebhafte Rot und Weiß ihres Make-ups den ungeschminkten Gesichtern der jüngeren Frauen vorzog. «Gehen Sie und legen Sie Rouge auf», rüffelte er die Frau eines Höflings. «Sie sehen aus wie eine Leiche.» «Josephine war gegenüber dem Kaiser gleichbleibend und unfehlbar liebenswürdig», schrieb Mademoiselle Avrillon. «Sie paßte sich seinen Stimmungen, seinen Launen mit einem solchen Entgegenkommen an, wie ich es noch bei niemandem auf der Welt gesehen habe. Sie achtete auf die geringste Veränderung in seinem Ausdruck oder Ton und brachte ihm nur das entgegen, was er in diesem Augenblick von ihr verlangte.» Möglicherweise waren Josephines Talente als Gemahlin in seinen Augen ebenso wichtig wie ihre anderen Eigenschaften. Obwohl sie nicht für ihre Rolle erzogen worden war, hatte sie sich besser als viele königliche Ehefrauen der Disziplin angepaßt, die das höfische Leben erforderte. Ihre Natürlichkeit, ihre rasche Auffassungsgabe, ihre scheinbar unermüdliche Teilnahme und Aufmerksamkeit sowie ihre Fähigkeit, immer das richtige Wort zu finden, waren wahrhaft königlich. All dies bewunderte Napoleon und ebenso ihre Ausdauer während der offiziellen Reisen durch sein riesiges Reich. Zweifellos schätzte der Theaterliebhaber auch ihre Kunst, sich in Szene zu setzen, in der sie ihm ebenbürtig war.

Obwohl der Kaiser spürte, daß Josephines Anwesenheit seinem Hof die richtige Aura gab, blieb er unzufrieden. Er hatte den Unterschied zwischen den Tuilerien und den königlichen und kaiserlichen Entouragen, die er in jüngster Zeit kennengelernt hatte, nicht vergessen. Nun saß er stundenlang mit den Überlebenden des Versailler Hofs zusammen und beriet über Protokollfragen und alle möglichen Einzelheiten des höfischen Zeremoniells. Er umgab sich immer mehr mit Mitgliedern der früheren Aristokratie, während tüchtige Beamte aus der Zeit des Konsulats entlassen wurden. «Ich will nicht leugnen», schrieb Méneval, «daß die Vorliebe des Kaisers für die alte *noblesse* eine Wirkung auf seine Gesinnung ausübte, die er zu verbergen suchte.»

Napoleon war jetzt entschlossen, eine eigene Dynastie zu gründen. Der «Sohn der Revolution», der 1791, begeistert von den

Prinzipien Rousseaus, eine beredte Verurteilung des Feudalismus geschrieben hatte, «schaffte nun mit einem einzigen Federstrich die Beschlüsse von der Nacht des 4. August 1789 ab», als die französische Aristokratie alle Rechte auf Titel und feudale Privilegien aufgehoben hatte.

Im Krönungsjahr 1804 hatte er vierzehn Generäle zu Marschällen des Reichs ernannt; sechs repräsentierten die großen Tage der republikanischen Armeen, weitere sechs kamen aus der Italienarmee. Er verlieh ihnen zudem die Titel seiner Siege in einem Dutzend Ländern und ernannte mehrere hundert Fürsten, Herzöge, Grafen und Barone.

Laure d'Abrantès beschrieb die komische Szene in den Tuilerien, als sie von einer Bekannten zur anderen lief und fragte, nach welchem ruhmreichen Sieg oder welcher Belagerung ihre Männer jetzt hießen, denn Napoleon hatte ihnen nur ausländische Titel und Besitzungen verliehen. Laures Mann erhielt damals den Titel Duc d'Abrantès. Wie Laure erfuhr, hätte man ihm beinahe das Herzogtum von Nazareth – dem Ort einer Schlacht während des Ägyptenfeldzugs – angeboten, doch Napoleon wollte keinen Marschall mit dem Namen Junot von Nazareth.

Auch die hohen Würdenträger des Reichs erhielten Titel: Talleyrand wurde Seine Hoheit Prince de Bénévent und Vice Grand Electeur, was Fouché, jetzt Duc d'Otrante, zu der Bemerkung veranlaßte: «Un vice nouveau pour Talleyrand.»*

Titel von ruhmreichen Schlachten wie Magenta und Montebello bedeuteten gleichzeitig riesige Vermögen und Domänen. Der Kaiser verlangte von den Nutznießern, daß sie in Paris Häuser erwarben und in großem Stil lebten, und bestimmte sogar den Wortlaut der Inschriften über dem Haupteingang dieser Residenzen. Die schokkierte Öffentlichkeit nahm mit einiger Erleichterung zur Kenntnis, daß mit diesen Titeln wenigstens keine feudalen Privilegien verbunden waren, und man amüsierte sich über die Marschälle, die nicht schnell genug ein eigenes Wappen bekommen konnten.

Während der zehn Monate, die Napoleon und die Armee im Feld verbracht hatten, waren die Tuilerien ein trauriger Ort gewesen, wo man um Ehemänner, Söhne und Liebhaber bangte. Napoleon wollte jedoch ein solches Stimmungstief an seinem Hof nicht dulden. Von

* Ein neues Laster – *vice* – für Talleyrand.

Preußen aus hatte er die völlige Neueinrichtung von Fontainebleau angeordnet, das von jedem seiner königlichen Vorgänger bewohnt wurde. Percier und Fontaine bewältigten diese Aufgabe – Möblierung, Vergoldung der Stukkaturen, Seidentapeten und ein neuer Thron – in Rekordzeit, und im Herbst 1808 zogen der gesamte Hof und die Kabinettsminister wie zur Zeit der Bourbonenkönige nach Fontainebleau. Über 1200 Personen wohnten in jenen tristen Monaten in dem Palast und den dazugehörenden Nebengebäuden. Der Außenminister kam aus Paris, alle Bonapartes quartierten sich mit ihren Hofdamen und Kammerherren ein, und der Kaiser bestimmte, daß jeden Abend in den Gemächern von einem der fürstlichen Haushalte im Schloß ein Ball gegeben wurde, den er und Josephine nach einem Diner zu zweit besuchten. Die höfischen Vergnügungen hatten genauso abzulaufen wie in der Vergangenheit.

Doch das vom Kaiser angestrebte oder vielmehr befohlene gesellschaftliche Leben erwies sich als enttäuschend. Napoleon sagte zu Talleyrand, er könne nicht begreifen, daß sich der Hof «nicht amüsierte und mit langen Gesichtern herumsaß», obwohl er doch persönlich jede Unterhaltung bis ins Detail organisiert habe.

«Langeweile und Furcht», schrieb Madame de Rémusat, «waren die beherrschenden Gefühle am Hof, dessen Zeremoniell jetzt so geregelt war, daß niemand außer Josephine an den Kaiser herankam.» Napoleon war sich mehr denn je des harmonischen und fröhlichen Klimas bewußt, das Josephine um sich schuf; doch in diesem Jahr blieb die Stimmung am Hof trotz ihres Einflusses steif, beklommen und düster. Laure d'Abrantès schilderte die Panik der Männer und Frauen, Minister und ausländischen Botschafter, «bedeckt mit Juwelen und Orden, wenn der kleine Mann in der schlichten Uniform eines Obersten der Chasseurs den Raum betrat». Napoleon genoß die nervöse Spannung. «Unsicherheit fördert den Ehrgeiz» war eine seiner Theorien.

Die schrecklichen Abende in Fontainebleau begannen nach dem Diner. Der Hofstaat saß schweigend im Kreis. Dann trat Josephine ein mit einem freundlichen Wort für jeden, setzte sich und wartete schweigend auf Napoleon. Sobald er erschien, standen alle auf, warteten, bis er neben seiner Frau Platz genommen hatte und dann «mit bedrohlicher Miene» zusah, wie die Gesellschaft tanzte.

Die Hirschjagd, ein farbenprächtiges Spektakel, das an die französischen Könige erinnerte, liebte Napoleon besonders. Dreimal in der Woche wurde gejagt, egal bei welchem Wetter. Seine Brüder und

Schwestern und ihr jeweiliger Hofstaat trugen Reitröcke in besonderen Jagdfarben. Sein eigener Reitrock war aus grünem Samt und mit Silber bestickt; Josephine und ihr Gefolge trugen Lila; Carolines Farbe war Rosa. Hortense mußte ihre Trauer ablegen und in ihrem Blau und Silber erscheinen. Die Damen, mit üppigen weißen Federn auf dem Dreispitz, folgten der Jagd in offenen Kaleschen und gesellten sich zu den Männern zum Jagdfrühstück unter einem Zelt im Wald.

Josephine führte die Reihe der offenen Kutschen an, und es war eine Tortur für sie, mit anzusehen, wie die Tiere erlegt wurden. Eines Tages flüchtete sich ein Hirsch unter ihren Wagen. Sie bat, ihn am Leben zu lassen, und der Hirsch erhielt ein silbernes Halsband «zum Schutz beim nächsten Mal», wie der Kaiser sagte.

Laure d'Abrantès schrieb, «die Pracht, der phantastische Luxus, der das kaiserliche Paar jetzt umgab», sei unvorstellbar gewesen, aber ebenso der Gegensatz, den ihre traurigen Gesichter dazu bildeten. In Fontainebleau grassierten in diesem Herbst 1807 Intrigen und Klatsch: über die neuesten Mätressen des Kaisers, seinen häufig geistesabwesenden Ausdruck, die Bemühungen der Kaiserin, glücklich zu wirken, ihre trotzdem offensichtliche Melancholie – und alle beschäftigten die Scheidungsgerüchte.

Josephine fühlte, daß der Tod von Napoleon Charles und die Geburt des Jungen von Eléonore Denuelle nicht ohne Einfluß auf ihre Zukunft bleiben würden. Die Bonaparte-Familie, und bald auch der ganze Hof, tuschelte über die «polnische Frau» und ihren heimlichen Aufenthalt in Paris. Napoleon hatte Marie Walewska wenige Monate nach seiner Rückkehr nach Paris kommen lassen und besuchte sie regelmäßig, verkleidet als wohlbeleibter und, wie Fouché sagte, leicht zu erkennender Bürger. Als Napoleon im darauffolgenden Frühjahr Paris verließ, schickte er Marie nach Polen zurück.

Als im Juni die Nachricht eintraf, daß Josephines Mutter gestorben war, durfte dies auf Napoleons Befehl nicht publik gemacht werden, denn ein Monat Hoftrauer hätte die «Lustbarkeiten» beendet. Rose-Claire de la Pagerie hatte ihre Würde bis zuletzt aufrechterhalten sowie ihre Vorurteile gegen Männer im allgemeinen und ganz konkret gegen die der Revolution. Sie war eine Royalistin geblieben und konnte sich nicht überwinden, von ihrem Schwiegersohn als dem Kaiser zu sprechen. Jeden Vorschlag, nach Frankreich zu kommen und alle Vorteile und Ehren einer Kaiserinmutter zu genießen, lehnte sie ab. Sie lebte nahezu verarmt. Einen Monat vor ihrem Tod gewährte ihr Napoleon eine großzügige Rente, doch sie kam zu spät, und Madame de la Pagerie hätte sie vermutlich gar nicht gewollt, ebensowenig wie den kaiserlichen Pomp ihres Staatsbegräbnisses.

Die Ankündigung des Kaisers, daß die Hochzeit des Königs von Westfalen in Fontainebleau gefeiert werden solle, ließ den Hof auf ein Ende der Langeweile hoffen. Napoleons jüngster Bruder Jérôme war jetzt Monarch eines kürzlich geschaffenen Königreichs, das Napoleon eigens für ihn aus Teilen von Preußen, Braunschweig und Hessen zusammengeflickt hatte; und er hatte für seinen Bruder auch eine hochherrschaftliche Ehe arrangiert. Der Papst weigerte sich zwar, Jérômes amerikanische Ehe zu annullieren («Ich hoffe dennoch», lautete der Schluß seines Schreibens an den Kaiser, «daß Eure Kaiserliche Hoheit dies als einen Beweis meiner persönlichen Zuneigung ansehen werden»), so daß sich Napoleon verärgert mit einer – per kaiserlichem Edikt erzwungenen – Eheannullierung durch das Kirchengericht von Paris begnügen mußte.

Im Frühjahr 1808 kamen alle Vasallenfürsten des Rheinbunds zur großartigen Hochzeitsfeier nach Paris. Die sehr rundliche und schüchterne Braut, Prinzessin Katharina von Württemberg, wurde angewiesen, um vier Uhr morgens zu einer Nonstop-Reise nach Paris aufzubrechen, wo sie Josephine sofort unter ihre Fittiche nahm. Katharina war wie geblendet von Jérôme. Sie errötete tief, als sie ihm vorgestellt wurde, und liebte ihn ihr ganzes Eheleben lang, obwohl er sie immer wieder betrog.

Zu Napoleons höchster Befriedigung wurden während der drei Monate dauernden Festlichkeiten die strengen höfischen Regeln eingehalten, die er sich am Hof in München und Schönbrunn abgeschaut hatte. Das jungvermählte Königspaar verließ Paris mit einem vom Kaiser persönlich verfaßten Buch mit dem Titel «Etikette am Königshof von Westfalen».

30

Einfach vollkommen

Im November 1807 war für Josephine das Gefühl eines drohenden Verhängnisses bereits so konkret, daß sie nicht protestierte, als Napoleon sie nicht nach Mailand mitnahm, wo sie Gelegenheit gehabt hätte, Eugène zu besuchen. Sie wußte nicht, daß der Kaiser mit einer Liste aller in Frage kommenden heiratsfähigen Prinzessinnen reiste, doch die Vermutung lag nahe, daß einer der Gründe für seinen Besuch in Mailand die Prinzessin Charlotte von Bayern war, die ihm dann aber nicht gefiel.

Von der einstigen Merveilleuse oder der leichtsinnigen Madame Bonaparte war kaum noch etwas zu spüren, so daß sie in jenem Frühjahr an Eugène schreiben konnte: «Für mich ist das Herz des Kaisers das Wichtigste. Wenn ich das verliere, bedeutet mir alles übrige nichts... Ich kann mich nur wehren, indem ich ein tadelloses Leben führe. Ich gehe nicht mehr aus, leiste mir keine Vergnügungen. Die Leute wundern sich, daß ich, die ich eine größere Unabhängigkeit gewöhnt bin, ein solches Leben ertragen kann.»

Während sich Napoleon in Italien aufhielt, wagte es Josephine nicht einmal, sich von der offenkundigen Bewunderung des Herzogs Friedrich Ludwig von Mecklenburg-Schwerin geschmeichelt zu fühlen, einem gutaussehenden jungen Witwer, der zu Jérômes Hochzeit nach Paris gekommen war. Als Napoleon jedoch hörte, daß Josephine mit einigen der deutschen Fürsten, darunter auch Friedrich Ludwig, das Theater besucht hatte, schrieb er ihr einen wütenden Brief, in dem er ihr «skandalöses Benehmen» mit dem von Marie Antoinette verglich. Und Talleyrand wies er an, dafür zu sorgen, daß der Herzog Paris innerhalb von zwei Tagen verlasse.

Trotzdem scheute Napoleon noch vor einer Veränderung seines Familienlebens zurück. Wer außer Josephine, fragte er Talleyrand, könnte es mit so viel Heiterkeit füllen – wer seine Vorlieben und seine Gewohnheiten so gut kennen? «Ich würde all den Zauber aufgeben, den sie in mein Privatleben gebracht hat ... Sie paßt ihre Gewohnheiten den meinen an und versteht mich vollkommen ... Ich würde mich undankbar zeigen für alles, was sie für mich getan hat.»

Doch eines Vormittags im Frühjahr 1808 informierte Talleyrand die Rémusats, daß sich der Kaiser endlich zu einer Scheidung entschlossen habe. Am Abend sollte in den Tuilerien ein großer Empfang stattfinden, zu dem der Kaiser wegen «einer leichten Indisponiertheit» nicht erschien. Josephine wartete bereits festlich gekleidet in ihren Gemächern, als ihr mitgeteilt wurde, Napoleon sei erkrankt. Sie fand ihn angekleidet auf seinem Bett, weinend und über Leibschmerzen klagend. Er zog sie zu sich nieder, legte die Arme um sie und stieß schluchzend hervor: «Meine arme Josephine, ich kann dich unmöglich verlassen.» Nichts könne ihn beruhigen, sagte er, außer sie käme zu ihm ins Bett. «Es war eine Liebesnacht, nur dann und wann unterbrochen von unruhigem Schlaf», sagte Josephine zu Claire de Rémusat.

«Warum zum Teufel kann er sich nicht entscheiden?» wetterte Talleyrand. Doch da er, im Gegensatz zu Fouché, von der Idee einer russischen Allianz ohnehin nichts hielt und so gut wie sicher war, daß eine Ehe mit einer Schwester des Zaren nicht zustande kommen würde, konnte er warten.

Die spanische Krise ließ Napoleon die Scheidung erneut aufschieben. Seine Obsession, England mit einer verschärften Wirtschaftsblockade unter Druck zu setzen, führte ihn auf die iberische Halbinsel, die er später als «die offene Wunde» bezeichnete, «die meinem Reich zum Verderben wurde». Im vorangegangenen Jahr, als sich Portugal als langjähriger Verbündeter Englands weigerte, der Kontinentalsperre beizutreten, hatte Napoleon Junot mit einer kleinen Armee losgeschickt, um Lissabon einzunehmen. Zuvor hatte er mit dem spanischen König Karl IV. einen Vertrag abgeschlossen, der ihm die militärischen Stationierungs- und Durchmarschrechte in Spanien sicherte. Als der spanische König im März 1808 durch einen Volksaufstand gestürzt und sein Sohn Ferdinand zum König ausgerufen wurde, wandte sich Karl IV. an den Kaiser um «Rat». Napoleon schickte sofort französische Truppen unter Marschall Murat nach Madrid und ließ die spanische Königsfamilie nach Bayonne kommen. Er wiegte Karl IV. im Glauben, er könne später wieder auf seinen Thron zurückkehren. In Wirklichkeit hielt er ihn praktisch gefangen, um Ferdinand abzusetzen und einen Bonaparte auf den spanischen Thron zu bringen.

Als Napoleon zur spanischen Grenze reiste, um die Königsfamilie zu treffen, war er zur Scheidung entschlossen. Doch kaum in Bayonne angelangt, ließ er Josephine nachkommen, weil er ihre Unterstützung brauchte, um die Spanier für sich einzunehmen.

Dies war ungefähr das letzte Mal, daß Josephine noch echtes Zutrauen in die Zukunft ihrer Ehe hatte. Sie war wie immer Napoleons tüchtige Gastgeberin, half ihm bei der nahezu unmöglichen Unterhaltung nach den stürmischen Verhandlungen, und sie empfand Mitleid mit der grotesken Königin Maria Luisa, die Goya so erbarmungslos dargestellt hat; doch das Urteil ausländischer Diplomaten jener Zeit lautete einstimmig, daß die Königin häßlich war und der König dumm. Josephine lieh der Königin, die schmutzig und halb verrückt war, ihre eigenen Kleider und Juwelen und sogar ihren Friseur.

Während die spanische Königsfamilie in Bayonne weilte, kam es in Madrid zu dem berühmten Aufstand vom 2. Mai. Napoleon benutzte ihn gegen Karl IV., der daraufhin zugunsten von Joseph Bonaparte abdankte. Der Aufstand in Spanien, der sich gegen den frankreichfreundlichen Staatsminister Godoy, einen sich skrupellos bereichernden Günstling der Königin, richtete, war auch die erste spontane nationale Erhebung gegen eine französische Besatzung und wurde von Murat mit äußerster Grausamkeit unterdrückt.

Sobald die spanische Königsfamilie zu ihrem goldenen Käfig in Frankreich abgereist war, benahmen sich Josephine und Napoleon wie zwei Kinder. Sie waren unzertrennlich, balgten sich und liefen barfuß über den Sandstrand. Wenn Napoleon im Meer badete, wurde er von einer ganzen Kavallerie-Abteilung, die «soweit wie möglich ins Wasser vorrückte», bewacht aus Furcht vor einem Überfall der Briten, die auf die Kontinentalsperre mit einer Blockade aller französischen Häfen geantwortet hatten.

Als sie im Juli Bayonne verließen, konnten sie wegen der großen Hitze nur nachts reisen. Wenn sie am Morgen eine Stadt erreichten, folgten all die Formalitäten – Begrüßungskomitees, Geschenke, Bankette –, bei denen Josephine glänzte, stets dankbar und strahlend, um abends wieder in die Kutsche zu steigen und eine weitere Nacht lang durchgeschüttelt zu werden.

Zurück in St. Cloud erwarteten den Kaiser nur schlechte Nachrichten. Die Massenaufstände in Spanien hielten an. In Portugal hatte Junot vor den Aufständischen, die von einem britischen Expeditionskorps unterstützt wurden, kapituliert. Joseph Bonaparte war nach der Niederlage der französischen Truppen bei Bailén in Spanien noch vor seiner Krönung zum König von Spanien aus Madrid geflohen. Die Nachricht von dieser Niederlage elektrisierte Europa, und Napoleon wußte, daß dieser Schlag die nach Rache dürstenden Österreicher ermutigen würde. Wenn er mit der Armee nach Spanien gehen wollte, brauchte er die sichere Rückendeckung durch den Zaren. Er schlug ein Treffen im September in Erfurt vor, und Alexander willigte sofort ein.

Bevor der Kaiser Paris verließ, besuchte er, begleitet von Josephine, die neu errichteten Arkaden der Rue de Rivoli, und kurz vor seiner Abreise, schrieb Constant, «spielten er und die Kaiserin und einige Freunde noch einmal Fangen. Es war Nacht. Zwei Lakaien trugen Fackeln und folgten den Spielern. Einmal, als der Kaiser hinter der Kaiserin herlief, fiel er hin, und als er genug hatte, verschwand er mit ihr trotz der Proteste der übrigen Spieler. Es war das letzte Mal, daß ich den Kaiser spielen sah.»

Nach diesen glücklichen Wochen schrieb Josephine an Eugène: «Du weißt, welcher Druck auf mir lastete. Ich habe dafür mit schauderhaften Kopfschmerzen bezahlt, aber der Kaiser bewies seine Anteilnahme durch so viel Fürsorge und stand manchmal bis zu viermal in der Nacht auf, um nach mir zu sehen. Im vergangenen halben Jahr war er einfach vollkommen zu mir, so daß ich ihn heute morgen zwar mit Trauer abreisen sah, aber ohne Sorge hinsichtlich unserer Beziehung.»

Napoleon war an jenem Tag nach Erfurt abgereist mit der festen Absicht, um die Hand der Schwester des Zaren anzuhalten. Die Rückendeckung für Spanien war vielleicht nur ein sekundärer Grund für Napoleons Entschlossenheit, dem Zaren die Zustimmung für eine Heirat mit einer seiner Schwestern abzuringen. Natürlich war sein scheinbar vordringlichstes Ziel, daß Alexander die im Frieden von Tilsit implizierte Bündnispartnerschaft anerkannte und Napoleon im Fall eines österreichischen Angriffs zu Hilfe kam. Aber Talleyrand wurde mehr aus dem anderen, dem dynastischen Grund im Majestätsplural befohlen, «zwei oder drei Tage vor Uns anzukommen, um sich mit Unserem Freund, dem Zaren, vertraut zu machen». «Bevor wir anfangen», erklärte Napoleon weiter, «möchte ich, daß dem Kaiser die Luft wegbleibt beim Anblick meiner Macht.» Und da er die mystischen Neigungen des Zaren kannte, fügte er hinzu: «Gebrauchen Sie die Sprache, die er versteht. Sagen Sie ihm, daß der große Plan der Vorsehung in den Wohltaten, die unsere Verbindung für die Menschheit haben wird, klar ersichtlich ist ... Wir sind beide jung, es hat keine Eile. Diesen Punkt sollten Sie betonen.»

Die Vasallenkönige von Bayern, Württemberg und Sachsen, das sich ebenfalls dem Rheinbund anschließen mußte, sowie alle übrigen Herzöge und Fürsten des Rheinbunds waren nach Erfurt befohlen worden als Beweis dafür, daß ganz Europa, ausgenommen Schweden, England und Spanien, entweder unter Napoleons Herrschaft stand oder mit ihm verbündet war. Für das russische Gefolge wurden großartige Unterkünfte vorbereitet mit Gemälden, Bronzen und Wandteppichen, die eigens aus Paris herbeigeschafft wurden. Französische Küchenchefs sorgten für die Bankette. Die Comédie Française und ihr Star Talma reisten aus Paris an, um vor den Hoheiten zu spielen. Jeden Tag gab es Gesellschaften und Empfänge; mehrere Jagden wurden organisiert, darunter auch eine Hasen- und Rebhuhnjagd auf dem Schlachtfeld von Jena, wo 30 000 tote Soldaten begraben lagen.

Obwohl Talleyrand bald nach seiner Rückkehr von Tilsit sein Amt als Außenminister niedergelegt hatte, wandte sich der Kaiser für heikle Verhandlungen immer wieder an ihn. Talleyrand hegte bereits seit dem Frieden vom Amiens im Jahr 1802 die Absicht, Napoleon zu verraten. Er hatte schon damals die nicht endenden Eroberungskriege vorausgesehen. Die extrem harten Bedingungen für Preußen und vor allem die brutale Zerstückelung des habsburgischen Kaiserreichs erschreckten ihn. Er sah Österreich als die südliche Barriere vor Rußland, denn seiner Meinung nach drohte Europa vom Osten Gefahr. Frankreichs Rückkehr zu den Grenzen von 1792 war nach Talleyrands Ansicht die einzige Garantie für den Frieden. Seine endgültige Entscheidung, Napoleon zu verraten, fiel, als der Krieg mit Spanien zur Gewißheit und eine der letzten «natürlichen Grenzen» – die Pyrenäen – mißachtet wurde. Ob ihn die Österreicher damals bereits bezahlten, weiß man nicht.

Es gab auch persönliche Gründe, warum Talleyrand dem Kaiser nicht wohlwollte. Als Erster Konsul hatte Napoleon seinen Außenminister gezwungen, die blonde, schöne und dumme Catherine Grand, mit der er zusammenlebte, innerhalb von 24 Stunden zu heiraten, weil das diplomatische Corps in Paris an dieser Liaison Anstoß nahm. «Man muß nur einmal Madame de Staël geliebt haben, um zu verstehen, wie befriedigend es ist, eine Idiotin zu lieben», erklärte Talleyrand später. Napoleons Version auf St. Helena lautete: «Trotz allem, was ich sagen konnte, und zum Ärgernis ganz Europas heiratete Talleyrand seine schamlose Mätresse.»

Ganz so dumm konnte Madame Grand aber nicht gewesen sein. Als sie bald nach ihrer Heirat die Tuilerien besuchte, hielt ihr Napoleon vor versammeltem Hofstaat eine Standpauke. Sie solle versuchen, sich auf würdigere Weise zu benehmen, schrie er, damit man ihr früheres unmoralisches Betragen vergessen könne; worauf die neue Madame Talleyrand geantwortet haben soll: «In dieser Hinsicht wie in jeder anderen kann ich nichts Besseres tun, als mir ein Beispiel an Madame Bonaparte zu nehmen.»

In Erfurt verbrachte der Vice Grand Electeur Talleyrand viele Stunden mit dem Kaiser, um die überaus wichtigen Protokollfragen zu regeln. Von Napoleon gedrängt, den Zaren privat kennenzulernen, traf er ihn täglich zur Teestunde bei der Fürstin von Thurn und Taxis, die zu Alexanders Gefolge gehörte und die Schwester der preußischen Königin Luise war. Er riet dem Zaren, sich Napoleons Forderungen zu widersetzen. In dieser Sache, so betonte er, gehe es nicht nur um Frankreich, sondern um das Wohl ganz Europas. Napoleon müsse aufgehalten und zum Frieden gezwungen werden, und nur ein Bündnis zwischen Rußland und Österreich könne dies erreichen und das Gleichgewicht der Kräfte in Europa wiederherstellen.

Alexanders Begeisterung für das Bündnis mit Frankreich hatte sich seit seiner Rückkehr von Tilsit nach St. Petersburg merklich gelegt. Seine Familie und seine Generäle waren einstimmig gegen einen Pakt mit dem «Ungeheuer»; man war empört über Napoleons Grausamkeit gegenüber Preußen und vernahm mit Sorge, daß der Kaiser vom Zaren verlangte, alle französischen Bürger auszuweisen, die seit 1801 in Rußland Zuflucht gesucht hatten. Als Alexander hörte, daß in Frankreich eine heimliche Oppositionspartei existiere, fühlte er sich in seinem Entschluß bestärkt, Napoleons Forderungen nicht nachzugeben. Jedesmal, wenn sich Napoleon beschwerte, daß er den Zaren nicht zur Vereinbarung eines förmlichen Beistandspakts bringen konnte, versicherte ihm Talleyrand, der Zar sei nach wie vor begeistert von ihm. Anschließend berichtete er über dieses Gespräch am Teetisch der Fürstin und half Alexander, dessen weiteres Vorgehen zu planen.

Talleyrand erkannte bald den eigentlichen Grund, warum ihn Napoleon nach Erfurt gerufen hatte. Eines Abends bestand Napoleon darauf, daß Talleyrand länger blieb. «Seine Erregung war bemerkenswert; er stellte Fragen, ohne die Antwort abzuwarten; er versuchte, mir etwas zu sagen», schrieb Talleyrand in seinen Memoiren. Es war ihm offensichtlich peinlich, Talleyrand zu bitten, den Zaren in der Angelegenheit einer Heirat mit seiner Schwester zu drängen. «Sagen Sie ihm, ich werde mit jedem seiner Pläne zur Teilung der Türkei einverstanden sein ... Nützen Sie jedes Argument, das Ihnen beliebt. Ich weiß, daß Sie für eine Scheidung sind, Josephine weiß es auch.» Bei Louis de Caulaincourt, seinem Botschafter in St. Petersburg, der ein Freund und Bewunderer Josephines war, versuchte er es auf andere Weise: «Es wird ein Beweis sein, ob Alexander ein wahrer Freund ist, dem das Schicksal Frankreichs wirklich etwas bedeutet, denn es wäre für mich ein echtes Opfer. Ich liebe Josephine; ich werde nie mit einer anderen glücklicher sein, aber meine Familie und Talleyrand und Fouché und sämtliche Politiker bestehen im Namen Frankreichs darauf.»

Doch Alexander legte sich nicht fest. Durch Talleyrand ließ er Napoleon wissen, er werde gern sein Einverständnis geben, «aber da ist noch ein anderes zu bekommen». Talleyrand war erleichtert, aber kaum überrascht, als nur einen Monat später die Verlobung des Herzogs von Oldenburg mit der Großfürstin Katharina bekanntgegeben wurde. Die verwitwete Zarinmutter hatte keine Zeit verloren, ihre älteste Tochter zu schützen.

Als der Fürstentag zu Erfurt zu Ende ging, hatte Alexander im Gegensatz zu Napoleon seine Ziele erreicht. Frankreich ließ ihm freie Hand bei der Übernahme von Finnland und der Provinzen an der türkischen Grenze, doch Rußland würde Napoleon nur im Fall einer Kriegserklärung durch Österreich zu Hilfe kommen. Um das Gesicht zu wahren, wurde ein vages und nur Nebensächlichkeiten betreffendes Abkommen unterzeichnet. Doch der Kaiser schrieb an Josephine: «Ich bin mit Alexander zufrieden, und er sollte mit mir zufrieden sein. Wenn er eine Frau wäre, würde ich mich vermutlich leidenschaftlich in ihn verlieben.* Ich werde bald bei Dir sein. Bleib gesund, auf daß ich Dich rund und rosig vorfinde.»

Nach Erfurt verbrachte Napoleon nur zehn Tage in Paris, bevor er nach Spanien weiterreiste. Der Krieg dort war bereits unpopulär. Die Truppenaushebungen konnten zum erstenmal nicht mit einer gegen das revolutionäre Frankreich gerichteten Koalition entschuldigt werden. Als der Kaiser ankündigte, er werde nach Spanien gehen, um seine Armeen zu befehligen, und dann seinen Bruder zum spanischen König Joseph I. krönen, brachte er die Bevölkerung noch mehr gegen sich auf. Tausende von Franzosen sollten dynastischen Zielen geopfert werden, die kaum etwas mit den Interessen der Nation zu tun hatten. Dann wurde bekannt, daß das Ehepaar Murat den von Joseph geräumten Thron von Neapel erhalten solle – endlich wurde Caroline Königin! –, und ganz Paris lachte über Chateaubriands Beschreibung des «Reise-nach-Jerusalem»-Spiels der Familie Bonaparte, bei dem der Kaiser «jene Kronen auf die Köpfe der zwei neuen Könige setzte, und schon zogen sie ab wie zwei Rekruten, die auf Befehl ihres Kommandanten Mützen getauscht hatten».

Napoleon war sich vielleicht nicht bewußt, wie unbeliebt er und seine Familie neuerdings waren, doch letztere wußte es genau. Als Pauline erfuhr, daß er zur Armee in Spanien wolle, heulte und jammerte sie, daß alle Bonapartes umgebracht würden, wenn dem Kaiser etwas zustieße.

Napoleon schien sich seit seiner Rückkehr aus Erfurt in Josephines Gegenwart nicht ganz wohl zu fühlen. Er wußte nicht, wieviel sie von seinen Bemühungen um die Hand der Schwester des Zaren erfahren hatte; und sie wagte nicht, ihn zu fragen. «Zu ihrem Leidwesen wurde die Kaiserin nicht gebeten, ihn zu begleiten», aber bevor Napoleon nach Spanien abreiste, holte er sich bei ihr seinen üblichen Kuß, der ihm Glück bringen sollte. «Wirst du nie aufhören, Krieg zu führen?» fragte sie, worauf er mit seiner häufig gebrauchten Rechtfertigung seiner Taten antwortete: «Ich bestimme den Lauf der Ereignisse nicht, ich gehorche ihnen nur.»

* Eine andere Bemerkung, die er auf St. Helena machte, ist noch erstaunlicher. Damals sagte er, seine Freundschaft mit gutaussehenden Männern beginne gewöhnlich mit körperlicher Attraktion «in den Lenden und an einer anderen Stelle, die ich nicht nennen will».

Schon in der nächsten Woche schrieb ihm Josephine, sie habe gehört, Österreich rüste wieder auf; doch er wollte nichts davon wissen. «Du bist düster gestimmt», antwortete er. «Österreich wird nicht Krieg gegen mich führen ... und Rußland wird uns nicht im Stich lassen. Die Leute in Paris sind verrückt! Hier läuft alles großartig.»

Aber die Stimmung in der Grande Armée befand sich im Herbst 1808 auf einem Tiefpunkt. In Spanien gab es keinen der üblichen napoleonischen Blitzkriege, nur Gewaltmärsche durch gebirgiges Land und die Angst der Soldaten, von Freischärlern getötet zu werden, wenn sie zurückblieben. Während eines Schneesturms weigerte sich die Armee weiterzumarschieren, und diese Gehorsamsverweigerung geriet zur Sensation in ganz Europa. Im Dezember hatte sich Napoleon bis Madrid durchgekämpft, aber statt gegen die von Portugal aus in Spanien eindringenden britischen Expeditionstruppen vorzurücken, verließ er Madrid am 3. Januar 1809, nachdem er einen Packen Depeschen aus Paris erhalten hatte, die unter anderem auch die Nachricht enthielten, daß es weitere Beweise für eine österreichische Aufrüstung gebe.

Weitaus beunruhigender waren jedoch die Berichte über eine auffallende Annäherung zwischen den alten Rivalen Talleyrand und Fouché. Arm in Arm und ins Gespräch vertieft waren sie durch die Salons der Tuilerien spaziert. Das Erstaunliche an diesem Auftritt – und darin stimmten alle Berichte überein –, «war die Öffentlichkeit, die ihm die beiden Personen offensichtlich zu geben wünschten»; sie vermittelten den Eindruck, als wären sie sich des bevorstehenden Endes des napoleonischen Reichs sehr sicher. Napoleon war sich im klaren, daß man diesen Paukenschlag in ganz Europa vernommen hatte und daß Österreich zu demselben Schluß gekommen sein mußte. Stunden später hatte er Spanien und seine Armee verlassen, um nie mehr zurückzukommen.

Talleyrand und Fouché hatten eine provisorische Regierung geplant und sogar schon eine Nachricht an König Joachim Murat in Neapel geschickt, sich für eine sofortige Rückkehr nach Paris bereitzuhalten, wenn Napoleon getötet würde. Obwohl Napoleon davon erfahren hatte, wagte er nicht, seinen Polizeiminister, den er mehr fürchtete als Talleyrand, direkt anzugreifen. Fouché hatte die Schreckensherrschaft überlebt; er wußte, wie man ein Regime zu Fall brachte; er hatte sowohl das Konsulat auf Lebenszeit verzögert als auch bei der Errichtung des Kaiserreichs mitgeholfen.

Fouchés Ehrgeiz war nicht geringer als Napoleons und ebensowenig seine Menschenverachtung, «beruhend auf der Tatsache», sagte Talleyrand, «daß Fouché sich selbst genau studiert hat». Napoleon wußte, daß Fouché nicht zögern würde, die Akten des Polizeiministeriums gegen ihn zu verwenden. Einmal hatte Napoleon versucht, Fouché einzuschüchtern, indem er ihn öffentlich daran erinnerte, daß er für die Ermordung Ludwigs XVI. gestimmt hatte. Doch Fouché hatte gelassen geantwortet: «Ja, Sire, und das war der erste von vielen Diensten, die ich die Ehre hatte, Eurer Majestät zu erweisen.»

Talleyrand wurde jedoch vor den Kaiser zitiert, und es kam zu einer berühmten Szene vor zahlreichen Zeugen. Talleyrand stand mit seinem verkrüppelten Fuß gegen einen Tisch gelehnt und hörte sich ungerührt drei Stunden lang die wütenden Tiraden des Kaisers an. Er habe Talleyrand mit Wohltaten überhäuft, und jetzt habe er ihn verraten. «Und wer hat mich gedrängt, gegen jenen unglücklichen jungen Mann vorzugehen?» Der Name Enghien wurde nicht genannt. «Wer hat mir gesagt, wo er lebt?» brüllte der Kaiser. Die Szene endete mit der berühmten Beleidigung: «Sie sind nichts als Sch... in einem Seidenstrumpf!»

Talleyrand blieb unbewegt bis zuletzt; dann begab er sich auf direktem Weg zur österreichischen Botschaft. «Die Zeit ist gekommen», sagte er zu dem neuen jungen Botschafter Metternich. Er verlangte eine Million Francs für zu leistende Dienste und erhielt sie sofort.

Metternich wußte mehr über das Talleyrand-Fouché-Komplott als fast jeder andere, denn er verfügte über ausgezeichnete Informationsquellen. Zunächst war er der Liebhaber von Laure d'Abrantès geworden, die ihm eine Menge vertraulicher Informationen lieferte. Dann fand er einen noch besseren Maulwurf in Caroline Murat.

Sie plante seit einiger Zeit ihre und ihres Mannes Nachfolge auf den Thron Napoleons. Geschäft und Vergnügen mischend, unterhielt sie eine Liaison mit dem österreichischen Botschafter, dessen Land sie für eine Allianz zu interessieren suchte, und gleichzeitig mit Andoche Junot, dem Duc d'Abrantès, der Gouverneur von Paris war und für ihren Coup die Truppen von Paris beisteuern konnte. Laure, deren Liaison mit Metternich wegen dieser besseren Informationsquelle ein Ende fand, lieferte sich daraufhin vor einem interessierten Paris einige lebhafte Geplänkel mit Caroline.

Napoleon erfuhr von diesem Betrug erst allmählich, denn Fouché wußte, daß der Kaiser über die sexuellen Abenteuer seiner Geschwister lieber nicht informiert werden wollte; außerdem genoß es Fouché, «nach eigenem Belieben zu enthüllen und zu verschweigen».

Die Ende 1808 ständig zunehmende Unzufriedenheit in der Bevölkerung verschwieg Fouché jedoch nicht. Die Wirtschaft war nur zum Teil dafür verantwortlich; sie hatte bis dahin floriert. Die enormen Kriegskosten sowie der größte Teil der Ausgaben für den Unterhalt der Familie Bonaparte, für Josephine und sogar für die ständigen Renovierungen der kaiserlichen Paläste waren sämtlich von den besetzten Ländern bezahlt worden. Doch jetzt begannen die französischen Häfen und die Textilindustrie zu klagen, daß sie durch die Kontinentalsperre ruiniert würden.

Ernsthafter war die öffentliche Reaktion auf die Unruhen, zu denen es in Paris und den Provinzen jedesmal kam, wenn wieder Soldaten eingezogen wurden. Ein Zehntel der neuen Rekruten desertierte, andere versteckten oder verstümmelten sich. Einige Jahre war es üblich gewesen, daß Heeresbulletins und Siegesberichte in den Theatern vorgelesen wurden. Jetzt machte Talma mit diesem Brauch Schluß; denn zu viele im Publikum wurden ohnmächtig, wenn sie die Namen der gefallenen Offiziere hörten.

Als Napoleon seinen Polizeiminister informierte, er werde eine weitere halbe Million Rekruten einberufen, warnte ihn Fouché, daß bei einer Million Franzosen unter Waffen und jährlich 200 000 Gefallenen allein in Spanien Siegesfeiern nicht mehr mit Begeisterung aufgenommen würden. Daraufhin wurden Polizei und Provinzverwaltungen angewiesen, «spontane Beifallsbekundungen zu begünstigen».

Eines sah der Kaiser zumindest ein: «Dieses Jahr ist ein ungünstiger Zeitpunkt, um die Öffentlichkeit mit einer Verstoßung der beliebten Kaiserin zu schockieren», sagte er zu Fouché. «Ich werde bereits nicht geliebt. Sie ist ein Bindeglied zwischen mir und vielen Leuten, und sie bindet einen Teil der Pariser Gesellschaft an mich, der mich dann verlassen würde.»

31

L'Enfant de Wagram

Josephine schien zu wissen, daß dies nur eine Atempause war. Als Napoleon im April 1809 erfuhr, daß die Österreicher bereits in Bayern einmarschiert waren, versuchte er am 13. April um ein Uhr morgens abzureisen, «ohne die Kaiserin, die ihn überallhin begleiten wollte... aber sie hörte die Aufbruchgeräusche und sprang aus dem Bett und lief in Pantoffeln und ohne Strümpfe in den Hof. Weinend wie ein Kind warf sie sich in seine Kutsche; sie war so leicht bekleidet, daß Seine Majestät ihr den pelzgefütterten Mantel umlegte und dann befahl, ihr Gepäck nachzuschicken.»

Es sollte ihre letzte gemeinsame Reise werden.

Josephine blieb in Straßburg im Palais Rohan, während der Kaiser an die Front weiterreiste. Hortense kam zu ihr mit ihren beiden Söhnen. Eine kurze Versöhnung mit Louis nach dem Tod von Napoleon Charles hatte zur Geburt eines weiteren Sohnes geführt – achtzehn Tage vor dem von Louis zweifellos genau errechneten Geburtstermin. Seine früheren Verdächtigungen wären diesmal berechtigt gewesen, denn die unglückliche Hortense war von etlichen Tröstern umworben worden. Das Kind erhielt den Namen Louis Napoleon und wurde später Kaiser Napoleon III.; er war vielleicht der Neffe von Napoleon I., mit Sicherheit jedoch Josephines Enkel.

Nach einer nicht entscheidenden Schlacht zogen sich die Österreicher nach Böhmen zurück. Napoleon kämpfte sich bis Wien vor, wo die Kaiserfamilie erneut flüchten mußte, und quartierte sich in Schönbrunn ein.

Wenige Wochen später kam es zur Schlacht bei Aspern, die mit einem Patt endete; für die Österreicher war es jedoch ein Sieg. Die französische Armee mußte sich, dicht davor, überrannt zu werden, zurückziehen, und jede Seite hatte zwanzigtausend Mann verloren – Tote, Verwundete und Vermißte. Der Zar war Napoleon nicht zu Hilfe gekommen.

In Paris fielen die Börsenkurse dramatisch. Das Schicksal des Reichs hing wieder einmal von einer einzigen Schlacht ab, und dies «mehr als seit irgendwann nach Marengo». Außerdem regte sich von Tirol bis zur Ostsee in den Vasallenstaaten ein neuer nationaler Widerstand; und Erzherzog Karl, der die österreichischen Truppen bei Aspern geführt hatte und als ein außerordentlich fähiger Feldherr galt, hatte ein Manifest an die «deutschen Völker» gerichtet mit der Aufforderung, sich Österreich anzuschließen.

Der Kaiser ließ aus Frankreich und Italien Verstärkung kommen. Sechs Wochen später, im Juli 1809, gewann er die schwierige Schlacht bei Wagram. Es war Napoleons letzter großer Sieg und der blutigste; fünfzigtausend Soldaten blieben tot oder sterbend auf dem Schlachtfeld zurück.

Den ganzen Sommer, zwischen der Schlacht bei Wagram und der Unterzeichnung des Friedens von Schönbrunn im Oktober, regierte Napoleon sein riesiges Reich von Schönbrunn aus. Nachmittags schickte er Constant zu einer der Villen im Park, um die Gräfin Walewska zu holen. Im September erfuhr er, daß Marie Walewska, seine erste «kontrollierte» Mätresse, schwanger war. Damit war Josephines Schicksal besiegelt.

Jetzt war er überzeugt, daß er alles haben konnte – eine Dynastie, einen «Bauch», wie er sich ausdrückte, aus einem legitimen Königshaus, die Walewska, und dies alles, ohne Josephine zu verlieren. Zu seinem Bruder Louis sagte er: «Natürlich würde ich lieber meine Mätresse krönen lassen, aber ich muß mich mit Monarchen verbünden.»

Als Josephine von der Beinahe-Katastrophe bei Aspern erfuhr, beschloß sie, nach Frankreich zurückzukehren. Sie war tief bedrückt von dieser ersten Niederlage des Kaisers, die in Europa ein noch größeres Echo hervorgerufen hatte als im Jahr zuvor die Kapitulation des französischen Korps in Bailén. Napoleon schrieb ihr nur noch selten; sogar seine Aufforderungen, sich in der Oper sehen zu lassen oder Empfänge zu geben, blieben aus. Nach einem Besuch in

Plombières – diesmal ohne das übliche Ziel – fuhr sie direkt nach Malmaison.

Sie hatte den Kaiser nicht gebeten, ihm nach Wien folgen zu dürfen, obwohl sie erst später erfuhr, daß sich Marie Walewska in Schönbrunn aufhielt. Sie wirkte lethargisch wie jemand, der jede Hoffnung aufgegeben hatte, obwohl ihr der letzte Schlag, die Nachricht von der Schwangerschaft der Gräfin Walewska, noch einige Wochen erspart blieb.

Es gab genug andere schlechte Neuigkeiten. Die Briten hatten Martinique zurückerobert, und – noch beunruhigender für Josephines abergläubisches Wesen – der Papst hatte den Kaiser exkommuniziert. Napoleon hatte von Wien aus befohlen, Pius VII. gefangenzunehmen aufgrund seiner Weigerung, die Häfen des Kirchenstaats für britische Schiffe zu schließen. Der Kirchenstaat wurde annektiert, der alte Mann in eine Kutsche verfrachtet, nachdem man ihm sogar sein Brevier weggenommen hatte, und in seine «eingeschränkte Residenz» nach Norditalien gebracht. Dort verkündete er «mit Bedauern» die Exkommunikation «meines Sohnes Napoleon».

Josephine fand in jenem Sommer wenig Frieden in den Rosengärten oder bei den Volieren mit den tropischen Vögeln in Malmaison. Sie war so niedergeschlagen, daß sie ständig fror. Sogar in den geheizten Gewächshäusern hüllte sie sich in ihren Schal, als sie Laure d'Abrantès gestand, die mit ihrer kleinen Tochter zu Besuch gekommen war: «Ich, die ich nie Neid gekannt habe, litt tatsächlich, wenn eine von ihnen ihre Kinder zu mir brachte. Ich weiß, daß ich schimpflich aus dem Bett des Mannes verstoßen werde, der mich gekrönt hat, aber Gott ist mein Zeuge, daß ich ihn mehr liebe als mein Leben und mehr als den Thron.»

Mitte Oktober wurde der Friedensvertrag von Schönbrunn unterzeichnet. Es war ein grausamer Friede, der Österreich zu einem Binnenstaat reduzierte. Franz I. verlor Salzburg, das Innviertel und Nordtirol an Bayern, Südtirol an Italien, Westgalizien an das Großherzogtum Warschau, Tarnopol an Rußland und die Provinzen an der Adriaküste an Frankreich – insgesamt 100 000 Quadratkilometer mit 3,5 Millionen Einwohnern. Als die junge Erzherzogin Marie Luise von einem möglichen Besuch Napoleons bei der kaiserlichen Familie erfuhr, schrieb sie in ihr Tagebuch: «Den Mann zu sehen wäre die schlimmste Art von Folter.» Ein halbes Jahr später sollte sie mit ihm verheiratet sein.

Am Vorabend seiner Abreise aus Wien kreisten Napoleons Gedanken um seine Scheidung und möglichst baldige Wiederverheiratung. Sein Botschafter in St. Petersburg wurde angewiesen, sofort herauszufinden, ob die jüngere Schwester des Zaren, die noch nicht ganz sechzehnjährige Großfürstin Anna, schon reif genug sei, um Kinder zu gebären. Obwohl Marie Walewska noch bei ihm in Schönbrunn war und er vermutete, daß Zar Alexander als Gegenleistung für eine Heirat mit seiner Schwester freie Verfügung über Polen fordern werde, ließ ihm Napoleon in einer dringenden Botschaft mitteilen, er stimme vollkommen mit ihm überein, daß die Worte «Polen» und «polnisch» nicht nur «aus jedem Vertrag, sondern auch aus der Geschichte gestrichen» werden sollten.

Wußte Marie Walewska, daß ihr Opfer umsonst gewesen war? Aber inzwischen war es für sie kein Opfer mehr, denn sie liebte Napoleon. Sie bat ihn, nach Paris zurückkehren zu dürfen, um dort ihr Kind zur Welt zu bringen, aber Napoleon schickte sie zu ihrem geschiedenen Mann, der sie bereitwillig aufnahm. Das Kind, schrieb er, sollte in seinem Haus geboren werden und seinen Namen erhalten.*

Als Napoleon nach der Zukunft des erwarteten Kindes gefragt wurde, antwortete er: «*L'enfant de Wagram* wird eines Tages König von Polen sein.»

Doch obwohl jetzt kein Zweifel mehr bestand, daß nicht er, sondern Josephine unfruchtbar war, graute ihm vor der Scheidung. Er wiederholte seine bekannte Klage: «Mein Leben lang habe ich alles, jegliche Ruhe und jegliches Glück, meiner Bestimmung geopfert», und jetzt schien es, daß seine Bestimmung auch das Opfer seiner Liebe zu Josephine verlangte.

Josephine, die inzwischen von Marie Walewskas Schwangerschaft erfahren hatte, fühlte sich kaum besser, als sie einen ungewöhnlich liebevollen Brief von Napoleon erhielt: «Ich kann es nicht erwarten, wieder bei Dir zu sein.» Dann bat er sie, ihn «am 26. oder 27. Oktober in Fontainebleau zu treffen». Diese Nachricht an sie hatte Napoleon abgeschickt, als er München verließ. Er muß beabsichtigt haben, Josephine von vornherein ins Unrecht zu setzen, denn er wußte, daß sie Fontainebleau nicht mehr am selben Tag erreichen konnte, an dem sein Kurier in Malmaison eintreffen würde. Am

* Der Sohn von Marie, Graf Alexandre Walewski, wurde später Außenminister seines Cousins Kaiser Napoleon III.

frühen Morgen des 26. kam Napoleon in Fontainebleau an; Josephine kam erst, als es bereits dunkel wurde. Zum erstenmal ging ihr der Kaiser nicht entgegen, um sie zu begrüßen. Er schrieb in seinem Arbeitszimmer und hob kaum den Kopf, als sie eintrat. «Ah, endlich hier?» war alles, was er zur Begrüßung sagte.

Als Josephine ihre neu dekorierten Gemächer betrat, sah sie sofort, daß die Tür zwischen ihrer Wohnung und der Napoleons zugemauert war. Napoleon hatte diese Maßnahme von Wien aus angeordnet.

Die nächsten drei Wochen in Fontainebleau waren die qualvollsten in Josephines Leben.

Zum erstenmal nahm an allen ihren gemeinsamen Mahlzeiten das eine oder andere Mitglied der Bonaparte-Familie teil. Nachts, wenn Josephine allein im Bett lag, sah sie auf der anderen Seite des Hofs die Lichter in Paulines Salons. Die Fürstin Borghese gab jeden Abend eine Gesellschaft für ihren Bruder, zu der sie zahlreiche hübsche Frauen einlud, darunter auch eine blonde Italienerin speziell für Napoleon.

Manchmal galoppierte der Kaiser stundenlang durch die Wälder, oder er machte seiner Frustration bei einem wüsten Jagdgemetzel Luft. Die Damen hielten sich die Augen zu, als eines Tages über achtzig Wildschweine abgestochen wurden in einem eigens zu diesem Zweck errichteten Pferch. Josephine zwang sich, bei diesen abstoßenden Veranstaltungen zu lächeln, mit den Mitgliedern des Hofs zu plaudern und sich zu benehmen, als bemerke sie die veränderte Haltung bei einigen Damen und Herren in ihrer Umgebung nicht. Nicht nur die triumphierende Bonaparte-Familie, sondern auch andere wandten sich ab, wenn sie sich näherte. Einige Damen blieben sogar sitzen – eine Protokollverletzung, die Napoleon früher nie geduldet hätte. Trotzdem behandelte die Kaiserin jeden genauso freundlich wie früher; «ihr Benehmen war sowohl würdevoll als auch bezaubernd».

Napoleon schwieg oder geriet in Wut, sobald er Josephine sah, statt ihr offen zu sagen, wozu er sich entschlossen hatte. Sein Kammerdiener Constant bemerkte «ungewohnte Kälte beim Kaiser ... Wutausbrüche unter dem geringsten Vorwand, die dieses normalerweise friedliche Paar belasteten». Und Hortense erinnerte sich: «Es gab keine Zärtlichkeit mehr für meine Mutter, keine Rücksicht ... Er wurde ungerecht, er quälte sie.»

Der Kaiser bat Hortense, sie möge Josephine seine Entscheidung mitteilen; aber sie weigerte sich. Dann bat er Cambacérès, dann Eugène. Alle lehnten ab.

Als der Hof am 27. November nach Paris zurückkehrte, hatte Napoleon immer noch nicht mit Josephine gesprochen. Bei den Mahlzeiten, die sie jetzt wieder allein einnahmen, waren die einzigen Geräusche das Klappern des Geschirrs und das Klirren der Gläser. Josephine saß da mit geschwollenen Augen, und Napoleon beobachtete sie heimlich. Er erkundigte sich beim Kämmerer nach dem Wetter, dann herrschte wieder Schweigen.

Beim Abendessen am 30. November konnte Josephine die Tränen kaum noch zurückhalten und sah aus wie «die Verkörperung von Kummer und Verzweiflung». Napoleon schwieg. «Sie berührten kaum etwas von den aufgetragenen Speisen», schrieb der Kämmerer, Comte de Bausset. «Als der Kaffee gebracht und das Tablett wie gewöhnlich der Kaiserin gereicht wurde, damit sie dem Kaiser einschenkte, griff der Kaiser danach, goß sich selbst Kaffee in die Tasse, ließ den Zucker zergehen, und während der ganzen Zeit sah er die Kaiserin an, die wie betäubt dastand. Er trank aus und gab alles dem Pagen zurück. Dann deutete er an, daß er allein zu sein wünsche, und schloß die Tür des Salons hinter sich.»

Dann hörte Bausset schrille Schreie von Josephine. Der Kaiser kam an die Tür und bat Bausset hereinzukommen. Die Kaiserin lag weinend und stöhnend auf dem Teppich.

Gemeinsam trugen sie Josephine die schmale Treppe hinunter, die zu ihren Gemächern führte – Napoleon mit einer Kerze in der Hand; Bausset, der rückwärts gehen mußte, stolperte beinahe über seinen Degen. Napoleon befand sich «in einem Zustand ungewöhnlicher Erregung und hatte Tränen in den Augen». Keuchend vor Anstrengung und Aufregung klärte er Bausset über den Vorfall auf – einen Mann, der an Türen lauschte und tratschte und dem er normalerweise nie etwas anvertraut hätte. «Das Interesse Frankreichs und meiner Dynastie hat mein Herz vergewaltigt», vernahm Bausset, «... politische Notwendigkeit ... hat mich überrascht ... ihre Tochter hätte sie vorbereiten sollen ...»

Nachdem sie Josephine in ihr Schlafzimmer gebracht hatten, riß Napoleon mehrmals heftig am Klingelzug und ging. Bausset war hinsichtlich des Gesundheitszustandes der Kaiserin etwas beruhigt, weil sie ihm auf der Treppe zugeflüstert hatte: «Sie drücken mich.»

Napoleon schickte Hortense zu Josephine. «Wir werden mit dir gehen», tröstete sie ihre Mutter. «Ich weiß, mein Bruder wird ebenso empfinden wie ich. Zum erstenmal in unserem Leben werden wir fern von der Welt und vom Hof ein richtiges Familienleben führen und unser erstes wirkliches Glück kennenlernen.»

Napoleon hatte zuvor in scharfem Ton zu Hortense gesagt: «Nichts wird mich bewegen zurückzugehen, weder Bitten noch Tränen.» Hortense antwortete mit dem Takt und der Würde ihrer Mutter: «Sie sind der Gebieter, Sire. Niemand wird sich Ihnen widersetzen. Wenn es für Ihr Glück erforderlich ist, so genügt das ... Wundern Sie sich nicht über die Tränen meiner Mutter. Es wäre erstaunlicher, wenn sie nach einer dreizehnjährigen Ehe jetzt keine Tränen vergießen würde. Sie wird sich fügen, und wir alle werden fortgehen und die Erinnerung an Ihre Freundlichkeit mitnehmen.» Bei diesen Worten wurde Napoleon bleich, und «er stieß schluchzend hervor: ‹Was? Ihr alle wollt mich verlassen? Liebt ihr mich denn nicht mehr?›» Ihm schien zum erstenmal bewußt zu werden, daß er mit Josephine auch ihre Kinder verlieren würde. Hortense antwortete, das sei sie ihrer Mutter schuldig. «Wir können nicht mehr in Ihrer Umgebung leben. Es ist ein unvermeidliches Opfer, und wir werden es bringen.»

Sobald Eugène angekommen war, sprach Napoleon mit ihm über dieses Thema. Er stellte Überlegungen an, ob Josephine nicht gänzlich getrennt von ihm leben könnte, und sprach sogar davon, die Scheidung fallen zu lassen. Eugène und Hortense sagten, dazu sei es zu spät, denn «das, woran er unseres Wissens dachte, hätte der Kaiserin nicht ermöglicht, glücklich mit ihm zu leben». Der Kaiser bot Eugène das Königreich Italien an, aber Eugène lehnte ab mit der Begründung, er könne nicht etwas annehmen, was wie eine Belohnung für das Unglück seiner Mutter aussähe.

Josephine hätte sich jetzt eigentlich erleichtert fühlen können. Seit Napoleons Rückkehr aus Ägypten hatte sie, ausgenommen einige wenige Monate, mit der Drohung einer Scheidung gelebt. Alles andere müßte besser gewesen sein als die kleinlichen Szenen und die Ungewißheit der letzten fünf Wochen. Aber jetzt, da die Sache entschieden war, zeigte sich Napoleon wieder liebevoll – und voller Selbstmitleid. Er sah sich wieder einmal als «Gefangener der Umstände» und sicher nicht als ein Mann, der sich freiwillig von seiner Frau trennte.

In jenen Tagen verfügte er, Josephine solle Rang und Titel einer Königin und Kaiserin behalten und ebenso Malmaison; sie solle den

Elyséepalast als Stadtwohnung bekommen, eine Apanage von drei Millionen Francs, und ihre laufenden Schulden sollten bezahlt werden. Doch als er ihr ein italienisches Fürstentum mit der Hauptstadt Rom anbot, löste er einen Tränenstrom aus. Außerhalb Frankreichs, fern von Paris zu leben, wäre für sie beinahe so tragisch gewesen wie der Verlust ihres Ehemannes.

Doch noch war die Scheidung nicht öffentlich. Mit all der eisernen Disziplin, deren Josephine fähig war, perfektionierte sie nun das Bild, das sie hinterlassen wollte. Anfang Dezember 1809 kamen die deutschen Könige und fürstlichen Vasallen des Kaisers nach Paris, um die Siege des österreichischen Feldzugs zu feiern. Lächelnd und anmutig erfüllte sie ihre Repräsentationspflichten bei Empfängen, Militärparaden und Soupers für fünfhundert Gäste; nachts war sie in Tränen aufgelöst und stöhnte unter ihrer Migräne.

Doch jetzt kehrte der Kaiser zu seiner früheren Taktik zurück. Um die Öffentlichkeit auf die Scheidung vorzubereiten, ignorierte er sie. Beim Tedeum in der Notre Dame zur Feier des fünften Jahrestages der Krönung trug die Kaiserin zwar ihre Krone, aber sie durfte weder in der Kutsche noch in der Kathedrale neben dem Kaiser sitzen. Zu dem Fest im Rathaus ließ sich Napoleon von seiner Schwester Caroline begleiten. Josephine wurde am Eingang nicht empfangen und begab sich allein zum Podest. «Sie setzte sich rasch», schrieb Laure d'Abrantès, «da die Beine unter ihr nachzugeben drohten; sie wäre wohl am liebsten in den Erdboden versunken, doch irgendwie rang sie sich ein Lächeln ab.»

Am 14. Dezember trat Josephine zum letztenmal öffentlich auf. Bei einer großen Gesellschaft in den Tuilerien kamen ihr ihr Stolz, ihre Selbstbeherrschung oder vielleicht auch ihr Trotz zu Hilfe. Pasquier, der spätere Kanzler und Josephines Nachbar zu der Zeit, als sie mit sehr beschränkten Mitteln in Croissy wohnte, konnte seine Bewunderung nicht verhehlen, wie vornehm sie ihre Rolle als Kaiserin während dieser Festlichkeiten spielte, obwohl jeder wußte, daß es das letzte Mal war. «Ich bezweifle», schrieb er, «daß eine andere Frau dies mit solcher Anmut und Würde vollbracht hätte. Um Napoleons Haltung war es schlechter bestellt als um die seines Opfers.»

Für die Scheidungszeremonie waren Einladungen verschickt worden, und im Thronsaal brannten genauso viele Kerzen wie bei einem großen Ball. Der gesamte Hof war anwesend, geschmückt mit Diamanten und Orden. «Die Bonapartes freuten sich diebisch», schrieb Hortense, «auch wenn sie versuchten, es nicht zu zeigen; ihre Befriedigung und ihr Triumph waren ihnen ins Gesicht geschrieben». Josephine erschien in einem schlichten weißen Kleid, blaß und ruhig. Hortense begleitete sie. Eugène stand mit verschränkten Armen da und zitterte heftig.

Der Kaiser gab die Scheidung bekannt; dann legte er seine Notizen beiseite und fuhr fort: «Gott weiß, daß mir diese Entscheidung schwergefallen ist. Ich habe nur den Mut dazu gefunden, weil ich überzeugt bin, daß sie den besten Interessen Frankreichs dient ... Ich kann nur meinen Dank ausdrücken für die Hingabe und Zärtlichkeit meiner innigst geliebten Frau. Sie hat dreizehn Jahre meines Lebens verschönt; die Erinnerung daran werde ich für immer in meinem Herzen bewahren.» Dann setzte er sich, und die Tränen liefen ihm über die Wangen.

Josephine versuchte tapfer, die für sie aufgesetzte Rede vorzulesen: «Mit Erlaubnis Unseres erhabenen und geliebten Gemahls muß ich erklären, daß ich ... bereit bin, ihm den größten Beweis von Liebe und Ergebenheit zu erbringen, der jemals auf Erden einem Gatten erbracht wurde ...» Sie versuchte fortzufahren. Nach einer vollen Minute des Schweigens reichte sie den Text ihrer Rede an einen Adjutanten weiter, der sie zu Ende vorlas.

Nachdem der Kaiser, die Kaiserin und Mitglieder der Familie das Protokoll unterschrieben hatten, küßte Napoleon Josephine, nahm sie bei der Hand und führte sie zu ihren Gemächern «wie ein verwundeter Soldat, der vom Schlachtfeld getragen wird». Eugène wurde, von seinen Gefühlen übermannt, ohnmächtig, sobald er den Thronsaal verlassen hatte.

32

Eine elegante Egalité

«Mit zerzaustem Haar und schmerzverzerrtem Gesicht», schrieb Constant, «kam Josephine in jener Nacht ins Schlafzimmer des Kaisers. Sie fiel auf das Bett, legte die Arme um den Hals Seiner Majestät und überhäufte ihn mit den rührendsten Zärtlichkeiten ... Auch der Kaiser begann zu weinen; er setzte sich auf und drückte Josephine an sich, indem er sagte: ‹*Allons,* meine liebe Josephine, sei tapfer, ich werde immer dein Freund sein.› Die Kaiserin konnte vor Schluchzen nicht antworten. Es folgte ein mehrere Minuten dauerndes Schweigen, während sich ihre Tränen und Schluchzer vermischten.»

Napoleon sorgte dafür, daß er am Morgen von Josephines Abreise nicht mit ihr allein war. Begleitet von Méneval, kam er über die Privattreppe zu Josephine herunter, umarmte sie und ging, um die Wachparade abzunehmen. Im Schloßhof hatten sich viele aus ihrem Gefolge versammelt, die Josephine weinend nachwinkten, als sie im strömenden Regen nach Malmaison aufbrach. Eine Kolonne von Kutschen folgte ihr mit Gesellschafterinnen und Kammerherren, ihrem Gepäck, ihren Hunden und einem Papagei. Hortense saß neben der Kaiserin, die sich kein einziges Mal nach dem Palast umdrehte, den sie nie wiedersehen sollte.

Eine Stunde später verließ Napoleon die Tuilerien und fuhr nach Versailles, wo er sich im Grand Trianon einschloß. Dort erinnerte nichts an Josephine. Um Mitternacht weckte er den Kurator, um ihm zu sagen, daß alle Stuhlbezüge und Wandbehänge im Palast ausgewechselt und alle Bilder noch in dieser Nacht anders gehängt werden sollten.

Am nächsten Tag fuhr er nach Malmaison und ging Hand in Hand mit Josephine im Regen spazieren, für aufmerksame Augen an den Fenstern stets gut sichtbar. Eine Woche lang trafen sich die beiden täglich. Napoleon betrat nie das Haus, sie umarmten sich nie. Und es regnete ununterbrochen.

In Versailles war Napoleon gereizt, unfreundlich zu seinen Schwestern und seiner italienischen Mätresse. Drei Tage lang gab er keine Audienzen und erkundigte sich nicht nach den neuesten Ereignissen. Er wirkte tief deprimiert und schien nur an Josephine zu denken.

Täglich gingen aufgeregte Briefe hin und her. Napoleon bat Josephine dringend, stark zu sein um seinetwillen; er meinte immer noch, das «Opfer», das er zur Aufrechterhaltung seiner Dynastie brachte, sei für ihn ebenso groß wie für sie. Sie antwortete ihm mit leidenschaftlichen Briefen. Wenn sie seine zärtlichen Briefe abends erreichten, fand sie keinen Schlaf, und es wurde noch schlimmer, als der Kaiser aus Paris schrieb, daß er sich in dem großen Schloß einsam fühle («Ich werde ganz allein speisen»). Sie sei völlig verzweifelt, berichtete Madame de Rémusat ihrem Mann und bat ihn, Napoleon zu ersuchen, «seine Ausdrücke des Bedauerns zu mäßigen».

Napoleon schickte Josephine zusätzlich Geld, um «in Malmaison zu pflanzen, was Du möchtest», und in einem weiteren Anfall von schlechtem Gewissen bestellte er in Sèvres ein vollständiges Speiseservice für sie.

Napoleon hatte die Idee, weiterhin mit Josephine zusammenzuleben, noch immer nicht aufgegeben. Beide erwogen, im Landhaus eines Marschalls unter demselben Dach zu schlafen; aber es war Josephine, die davor warnte. Der Kaiser stimmte ihr insoweit zu, als es «im ersten Jahr» unschicklich wirken könnte.

Daß er immer noch auf ein Triumvirat mit zwei Kaiserinnen hoffte, beweist seine Anweisung an die Archivare, in den Akten des Königshauses nach einem künftigen höfischen Rang für Josephine zu suchen. Doch es gab natürlich kein Präzedens für eine geschiedene Gemahlin. Sollte Josephine als Kaiserinwitwe wie in Rußland eine höhere Stellung einnehmen? Sollte sie zur Rechten des Thrones sitzen und die neue Kaiserin zur Linken, wo Josephine früher zu sitzen pflegte? Napoleon schien Josephine immer noch als seine Frau zu betrachten und die andere als eine dynastische, politische Notwendigkeit.

Im Februar wurden die Briefe des Kaisers jedoch seltener. Wenn

Josephine hörte, daß er bei Malmaison jagen werde, stellte sie sich an ein Fenster im dritten Stock, um seinen Wagen vorbeifahren zu sehen. Bei seinen früheren Besuchen in Malmaison hatte Napoleon festgestellt, daß einige aus Josephines Haushalt abtrünnig geworden waren und nur noch wenige Besucher kamen. In Paris fragte er seine Höflinge: «Haben Sie die Kaiserin besucht?» Und daraufhin taten sie es. «Trotz des Regens», schrieb Claire de Rémusat, «wurde die Straße von Paris nach Malmaison zu einer nicht endenden Prozession von Kutschen mit Menschen, die ihr Respekt zollten». Besucher bemerkten, daß Josephine, obwohl ihr leicht die Tränen kamen, nie ein anklagendes Wort oder etwas anderes als Liebe für den Kaiser äußerte. Claire schrieb, daß sie «wirklich so sanft und liebevoll wie ein Engel» war.

Im Gegensatz zu anderen Höflingen fuhr die Frau des österreichischen Botschafters unaufgefordert zu Josephine nach Malmaison. Anfang Februar 1810 vertraute ihr Josephine an, sie hoffe, daß eine von ihr selbst arrangierte Heirat zwischen Napoleon und einer Tochter des österreichischen Kaisers beweisen werde, «daß sich das Opfer, das sie eben gebracht hatte, gelohnt habe». Wollte Josephine wieder im Mittelpunkt der Ereignisse stehen, sich die Freundschaft des Kaisers oder einen Platz am Hof sichern? Oder kehrte sie einfach zu ihren lebenslangen Gewohnheiten zurück? Man weiß es nicht. Die Frau des Botschafters war jedenfalls wie vom Donner gerührt und konnte es kaum erwarten, ihrem Mann die Nachricht zu überbringen.

Doch Napoleon hatte die Angelegenheit bereits selbst in die Hand genommen. Am 5. Februar erhielt er Post von seinem Botschafter in St. Petersburg, der ihm schilderte, wie zögerlich der Zar das Thema einer Ehe zwischen der fünfzehnjährigen Großfürstin und Napoleon behandelte und welche Ausreden er benützte. Und plötzlich begriff der Kaiser, daß Alexander in diese Heirat nicht einwilligen würde. Er setzte sofort einen anderen Plan in Gang, denn noch konnte er es so aussehen lassen, als hätte er auch eine andere Wahl. Er schickte Eugène (anscheinend um zu beweisen, daß Josephine nicht richtig *geschieden* war; «verstoßen» war ein von ihm häufig benutzter Ausdruck) zur Österreichischen Botschaft. Eugène überbrachte im Namen seines Stiefvaters die Bitte um die Hand der Großherzogin von Österreich; der Antrag müsse jedoch sofort akzeptiert und der Vertrag schon am nächsten Tag unterschrieben werden, auch wenn keine Zeit bleibe, Wien zu konsultieren. Der Botschafter, eilends von einer Jagd zurückgeholt, versuchte vergeblich, Einwände zu erheben. Als Napoleon erfuhr, daß sein Vorschlag angenommen worden war, war er nach Eugènes Worten «von wahnsinniger, unbändiger Freude erfüllt». Die Nachricht wurde der Nation noch am selben Abend verkündet. In Österreich wußte man von der bevorstehenden Heirat noch nichts.

Zur weiteren Ausführung des Plans diktierte Napoleon zwei Briefe; der erste informierte den Zaren, daß er von einer Ehe mit der zu jungen Großfürstin Abstand nehme; der zweite ging einen Tag später nach St. Petersburg ab mit der Ankündigung seiner bevorstehenden Hochzeit mit der österreichischen Erzherzogin. Beide Kuriere Napoleons kreuzten sich mit dem des Zaren, der die Nachricht von der Entscheidung des Zaren überbrachte, Napoleon die Hand seiner Schwester nicht zu geben.

Der Fürst von Metternich, nun österreichischer Außenminister, lobte seinen Botschafter in Paris wegen seiner Entscheidung. Die Heirat, erklärte er, werde Österreich Bewegungsfreiheit verschaffen. «Von jetzt an müssen wir weiterhin geschickt zu Werke gehen, jede militärische Aktion vermeiden und schmeicheln ... bis zum Tag der Erlösung.»

Die neunzehnjährige Erzherzogin Marie Louise war entsetzt, einen geschiedenen und exkommunizierten Mann heiraten zu müssen, der alt genug war, ihr Vater zu sein, ein Feind ihres Landes und Herrscher eines Volkes, das ihre Großtante auf die Guillotine geschickt hatte. Von Kindheit an zu strenger Disziplin erzogen, überwand sie Furcht und Abscheu und war bereit, wie sie einer Freundin schrieb, für dieses «schmerzliche Opfer» zum Wohl des Staates.

In Wien wurde unverzüglich ihre Aussteuer vorbereitet, Einladungen für Bälle und Empfänge waren bereits verschickt, als sich der Erzbischof von Wien zu Wort meldete. Für die Kirche bedeute eine Eheschließung Marie Louises mit Napoleon nichts anderes als die Segnung von Ehebruch oder Bigamie. Selbst nach dem herrschenden französischen Gesetz konnte nur der Papst eine königliche Ehe annullieren. In Paris war eine Nichtanerkennung ausgesprochen worden, aber wie konnte sie gültig sein ohne den Segen des Papstes, den der französische Kaiser unter Hausarrest gestellt hatte?

Als Grund für die Annullierung führte Onkel Fesch an, daß bei der eilends vorgenommenen Eheschließung zwischen Napoleon und Josephine kein Priester der Diözese Paris und keine Zeugen zugegen gewesen seien; überdies habe Seine Majestät unter Druck und auf Josephines Drängen gehandelt und seine Einwilligung zur Heirat nicht freiwillig gegeben. Die Österreicher lachten über die Vorstellung eines vergewaltigten Napoleon, aber das Offizialat von Paris erklärte die kaiserliche Ehe aus den genannten Gründen für ungültig.

Fünf Wochen lang war Napoleon fast ausschließlich mit seiner Vergangenheit und mit Josephine beschäftigt gewesen; nun widmete er sich voll und ganz seinen Heiratsplänen. Josephine kehrte im Februar nach Paris zurück und war dort einsamer als in Malmaison.

Der Kaiser, der sie Ende Januar noch ermutigt hatte, in den Elyséepalast zu kommen, wo er «sie häufiger sehen könnte ... und Du weißt, wie sehr ich Dich liebe», hatte keine Zeit, um sie regelmäßig zu besuchen. Nachdem die österreichische Hochzeit im April stattfinden sollte, feierte man in Paris ein Fest nach dem anderen, und jedes wurde vom Kaiser besucht. Josephine hörte durch Hortense von Diners, Bällen und Empfängen am Hof, in den Häusern der Marschälle und der Bonapartes. Sie wurde selbstverständlich zu keinem dieser Feste eingeladen; und die Damen und Herren ihres Haushalts schienen es übelzunehmen, daß sie wegen ihr, der Verstoßenen, nicht an dem festlichen Trubel in den Tuilerien teilnehmen durften, wo Napoleon Walzer tanzen lernte und neue Kleider machen ließ.

Josephine erfuhr auch, daß der Kaiser der Presse verboten hatte, ihren Namen zu erwähnen. Kein Wunder, sagte sie, daß sie «sich fühlte, als sei sie gestorben». «Ich habe Ihnen gesagt, dafür zu sorgen, daß die Zeitungen nicht von der Kaiserin Josephine sprechen», schrieb Napoleon an Fouché, «aber sie tun kaum etwas anderes. Sehen Sie zu, daß sie diese neue Reklame nicht wiederholen.»

Napoleon vertiefte sich so in die Einzelheiten seiner bevorstehenden Hochzeit, daß er Regierung und Armee zu vernachlässigen schien. Diese Hochzeit sollte in allem so sein wie die von Ludwig XVI. und Marie Antoinette. Napoleon diskutierte stundenlang mit dem Zeremonienmeister und studierte die Akten jener 1770 gefeierten Hochzeit. Orden wurden vergeben, Gefängnisstrafen erlassen, Volksfeste und wohltätige Stiftungen organisiert. Der Kaiser ließ das Schloß von Compiègne vollständig neu ausstatten, wo er wie seinerzeit Ludwig XVI. seine Braut empfangen wollte. Ein großer Teil der Tuilerien wurde ebenfalls neu tapeziert, einschließlich Josephines frühere Gemächer.

Caroline Bonaparte war offiziell für die Brautausstattung zuständig, aber letzten Endes entschied Napoleon alles selbst. In den Tuilerien ließ er alle Geschenke sowie die nach den Maßen der neuen Kaiserin angefertigten Roben, Reitkostüme, die mit Nerz und Schwanendaunen besetzten Schuhe, die diamantenbesetzten Fächer und sogar die Unterwäsche für die Braut auspacken, um sie zu begutachten. Josephines bevorzugter Schneider durfte bis Ende März nur noch für die neue Kaiserin arbeiten, desgleichen ihr Lieblingsfriseur, dessen Lohn verdoppelt wurde, und der Kaiser fuhr mehrmals nach Compiègne, um die neu eingerichteten Gemächer Marie Louises – nur das Badezimmer blieb mit Josephines Kaschmirschals dekoriert – zu inspizieren.

All dies erfuhr Josephine von Hortense, die zu einer der Hofdamen der neuen Kaiserin ernannt worden war; und verständlicherweise litt sie darunter.

Marie Louise sollte in Wien ferngetraut werden und am 27. März in Compiègne eintreffen. Plötzlich fiel Napoleon ein, daß Josephine Paris vor der Ankunft der Österreicher verlassen mußte. Er schenkte ihr das Schloß Navarre in der Normandie. «Du solltest hier am 25. März abreisen und den April dort verbringen», schrieb er, anscheinend in der Erwartung, daß sie unmittelbar danach nach Malmaison oder Paris zurückkehren werde.

Die unglückliche Marie Louise, die an einer Erkältung litt und sich inmitten ihres unbekannten französischen Gefolges einsam und verlassen fühlte, wurde von Caroline tyrannisiert, die sämtliche Hofdamen Marie Louises und sogar ihren kleinen Hund nach Wien zurückgeschickt hatte. Doch Marie Louise hatte das unverhoffte Vergnügen, an jeder Poststation einen Liebesbrief vom Kaiser zu erhalten. «Sie werden einen Ehemann vorfinden, der vor allem Ihr Glück wünscht», schrieb er, und im nächsten Brief: «Nichts interessiert mich außer Ihnen», was nicht ganz der Wahrheit entsprach, da seine italienische Mätresse erst einen Tag zuvor die Tuilerien verlassen hatte.

In Compiègne beschloß der Kaiser, der wie «berauscht vor Glück und Ungeduld» gewesen sein soll, Marie Louise trotz strömenden Regens entgegenzufahren. Im durchnäßten grauen Soldatenmantel stieg er zu ihr in die Kutsche und umarmte sie. Als sie im Schloß von

Compiègne ankamen, war es dunkel. Der Kaiser schob Könige und Königinnen zur Seite, ließ die Kinder mit ihren Blumensträußen und die Höflinge, die darauf warteten, vorgestellt zu werden, stehen und führte Marie Louise schnurstracks nach oben. Er bestellte ein Diner für drei Personen (Caroline war noch bei ihnen) und ließ Onkel Fesch kommen. Ob er jetzt verheiratet sei, fragte er den Kardinal. Nach bürgerlichem Recht, ja, nach kirchlichem, nein, lautete die Antwort. Napoleon informierte Marie Louise, daß er sofort mit ihr schlafen wolle. Auf St. Helena schloß er seinen Bericht von dieser Nacht mit dem berühmten Zitat: «Sie bat mich, es noch einmal zu tun.»

Eine Woche später, am Tag der zivilen und kirchlichen Trauung in Frankreich, hatten die Pariser zum erstenmal Gelegenheit, ihre neue Kaiserin zu sehen, als sie mit ihrem Mann über die Champs-Elysées und die Place de la Concorde fuhr. Der Kaiser war mit seinen Rüschen und dem federgeschmückten Barett nicht leicht zu erkennen. «Wer ist die ehrbare Dame neben der Braut?» hörte man einen Zuschauer fragen, als er durch das Kutschenfenster spähte. «Wahrscheinlich das Anstandsfräulein der Großherzogin», antwortete ein anderer. Die Menge schien trotz der Buffets im Freien und der Brunnen, aus denen Wein statt Wasser floß, nicht übermäßig begeistert.

Wieder trugen Hortense und die Bonaparte-Schwestern bei der kirchlichen Feier, die in den Tuilerien stattfand, den Mantel der Kaiserin. Eugène war unter den Königen, Vizekönigen und Höflingen des Gefolges. Zahllose frühere Mitglieder des Konvents und des Wohlfahrtsausschusses, jetzt Mitglieder des Tribunats und nahezu sämtlich Königsmörder, waren anwesend. Hortense berichtete ihrer Mutter, der Hof sei weniger begeistert von der Braut als der triumphierende Kaiser. Man kritisierte erbarmungslos, sie sei plump, ihr Teint eher rot als rosig, ihr Busen zu groß, ihre blauen Augen ausdruckslos.

Dieses harsche Urteil beruhte zum Teil auf der Tatsache, daß Napoleons Scheidung unpopulär war. Josephine hatte die Franzosen an die revolutionäre Vergangenheit des Kaisers erinnert, und sie spürten instinktiv, daß eine Verbindung zwischen dem Kaiserreich und einer bedeutenden Zeit in der Geschichte ihres Landes gerissen war. Die Marschälle, Generäle und Minister in der Umgebung des Kaisers, die noch aus den revolutionären Tagen stammten, empfanden eine gewisse Solidarität mit der Kaiserin Josephine, die mit ihnen aufgestiegen war und die gleichen Unruhen und Gefängnisse erlebt hatte wie sie. Außerdem kursierte das Gerücht, eine Geheimklausel im Ehevertrag sehe vor, daß alle, die für den Tod Ludwigs XVI. gestimmt hatten, ausgewiesen werden sollten.

In dem riesigen, aber heruntergekommenen Schloß Navarre qualmten die Kamine, die Fenster waren undicht, und Josephines Haushalt schmollte. Einige ihrer Damen und Herren verließen sie und hatten die Stirn, sie um eine Empfehlung für die Tuilerien zu bitten. Die Bitte wurde stets freundlich erfüllt.

Beängstigende Gerüchte drangen nach Schloß Navarre. Marie Louise hatte angeblich geäußert, daß die Kaiserinwitwe in zu großer Nähe lebe; dann hieß es, Malmaison solle ihr genommen werden, und der Kaiser wünsche nicht, daß sie nach Paris oder Malmaison zurückkehre.

Einige Monate später schrieb Madame de Rémusat Josephine im Auftrag des Kaisers aus Paris, Marie Louise sei schwanger und der Kaiser sähe es lieber, wenn sie sich jetzt nicht in Malmaison aufhielte. «Marie Louises eifersüchtige Veranlagung ... In dieser Zeit großer Festlichkeiten ... könnten Sie sich vielleicht von einer ganzen Nation vergessen fühlen ... Der Kaiser, dem seine junge Frau sehr am Herzen liegt, obwohl er immer noch von seinen Gefühlen für Sie bewegt ist ... bittet Sie, ein weiteres Opfer zu bringen ... Wollen Sie dem Kaiser schreiben, daß Sie den Winter in Italien verbringen werden?»

Napoleon sagte zu Hortense, er habe gehofft, daß sich seine beiden Frauen kennenlernen würden, aber «die Kaiserin Marie Louise ist besorgt nach dem, was sie über die Attraktivität deiner Mutter und ihren Einfluß auf mich gehört hat». (Dies ist eine höfliche Umschreibung von Marie Louises ungehaltener Bemerkung: «Wie kann er diese alte Frau sehen wollen? Eine Frau von niedriger Herkunft!») Als Josephine bat, die neue Kaiserin kennenzulernen, antwortete ihr Napoleon: «Nein, sie denkt, Du seist sehr alt. Wenn sie Dich und Deine Reize sieht, würde sie sich Sorgen machen; sie würde mich bitten, Dich fortzuschicken, und ich müßte es tun.» Ein bittersüßes Kompliment.

Josephine wollte sich Marie Louise zur Freundin machen, weil sie glaubte, solange die neue Frau eifersüchtig auf sie war, müßte sie ständig befürchten, ins Exil geschickt zu werden. Ihr graute davor, fern von Paris leben zu müssen. Aus demselben Grund lehnte sie wenige Wochen nach der Scheidung den Heiratsantrag ihres Bewunderers, des Herzogs Friedrich Ludwig von Mecklenburg-Schwerin ab.

Ein Jahr lang reiste sie durch die Schweiz und Savoyen. Dann wurde ihr erlaubt, nach Malmaison zurückzukehren, und es entwikkelte sich ein neuer Briefwechsel zwischen Napoleon und Josephine, liebevoll und fürsorglich auf seiner Seite, zärtlich und hingebungsvoll auf der ihren. Er überwachte weiterhin alles, was sie sagte und tat, tadelte sie, weil sie die kaiserliche Etikette nicht wahrte – sie durfte nicht ohne die vorgeschriebene Eskorte ausfahren –, wegen ihrer ständigen Extravaganz und zu großzügigen Wohltätigkeiten, und verglich ihre Ausgaben mit den bescheidenen von Marie Louise. Er veranlaßte den Minister des Schatzamts, ihr Vorhaltungen wegen ihrer neuen Schulden in Malmaison zu machen, und wies darauf hin, daß Marie Louise nie Schulden mache. Doch als er hörte, daß Josephine auf diese Nachricht hin weinte, rügte er seinen Minister: «Sie hätten sie nicht zum Weinen bringen sollen», und er schrieb ihr, um sie zu trösten.

Josephine pflegte in Malmaison ihren Kaiserkult. Nichts durfte in seinen Räumen verändert werden, wo sie angeblich eigenhändig die Möbel abstaubte. Niemand aus ihrer Familie oder ihrem Haushalt hörte je, daß sie Kritik an Napoleon übte. Sie hatte keinerlei Kontakt mit der Merveilleuse-Connection, weder mit Barras noch mit Hippolyte Charles. Sie widmete sich ganz ihrer Familie und ihren Schwänen, Antilopen, Schafen und Straußen und ihren berühmten Gewächshäusern.

Nach der Hochzeit mit Marie Louise führte der Kaiser fast ein Jahr lang ein völlig anderes Leben als früher. Während dieser ausgedehnten Flitterwochen verbrachte er seine Zeit auf Bällen, Jagden und in der Oper. Er kam zu spät zu den Sitzungen des Staatsrats und verschob ein ums andere Mal seine Abreise nach Spanien, wo er das Kommando über seine Armee übernehmen sollte. Metternich, der es für politisch klug hielt, einige Monate nach der Hochzeit in Paris zu bleiben, schrieb an Kaiser Franz I.: «Der Kaiser ist von seiner Frau sehr eingenommen ... und wenn ihn die Kaiserin weiterhin beherrscht, könnte sie sich und ganz Europa große Dienste erweisen. Er ist so offensichtlich verliebt in sie, daß er alle seine Gewohnheiten ihren Wünschen unterordnet.» Marie Louise war Napoleon außerordentlich zugetan und hing an ihm wie früher an ihrem Vater. Der

Kaiser schien immer noch eine gewisse Scheu vor ihr zu haben, und sie sagte zu Metternich: «Ich habe keine Angst vor Napoleon, aber ich denke allmählich, er hat Angst vor mir.»

Es sah tatsächlich so aus, als würde Napoleon zum Pantoffelheld. Statt sich um sein riesiges Reich zu kümmern, führte er ein lässiges Leben. Minister und Marschälle staunten, ihn mit seiner Frau bei üppigen Banketten wenn schon nicht essen, so doch stundenlang sitzen zu sehen. Ihr zuliebe hatte er seine sonst eher kargen täglichen Mahlzeiten aufgegeben und bestand darauf, daß bei jedem Diner allein vierzehn Desserts serviert wurden.

Während einer Reise des Kaiserpaars durch Belgien, Holland und die Rheinprovinzen, alles frühere österreichische Besitzungen, stellte Napoleon mit Befremden fest, daß seine habsburgische Frau im Gegensatz zu Josephine schüchtern, kühl und hochmütig auftrat und unfähig war, unverbindlich und freundlich zu plaudern; daß sie gegen die zahlreichen Empfänge, Audienzen und Umzüge aufbegehrte, sich über das Wetter, ihre nassen Schuhe und ihre Kopfschmerzen beklagte.

In ihrem Tagebuch beschreibt sie die für sie entsetzliche Reise freimütig: «Fast zwei Uhr morgens, und der Kaiser erlaubte mir nicht, in der Kutsche zu essen! Er sagt, eine Frau sollte nie essen müssen. Ich war so ungehalten und so hungrig, daß ich eine schreckliche Migräne bekam und so schlechte Laune, daß der Kaiser wütend wurde. Es war mir egal. Wenn ich wieder auf die Welt komme, werde ich bestimmt nicht noch einmal heiraten.»

Napoleon ärgerte sich über den geringen Erfolg seiner Frau, möglicherweise auch über ihren mangelnden Sinn für politisches Theater. Auf St. Helena erklärte er es so: «Marie Louise war schüchtern und hatte stets Angst inmitten des französischen Volkes, das ihre Tante ermordet hatte.»

Napoleon war überzeugt, daß ihm Marie Louise einen Sohn schenken werde, und sobald sie schwanger wurde, beschäftigte er sich mit allen Einzelheiten der Geburt, der Taufe, der Wohnung des Kindes in den Tuilerien. Er wählte die Kinderbücher aus, die Möbel, das vergoldete Eßgeschirr und wies Fontaine an, einen riesigen Palast zu entwerfen für den «König von Rom» – so der Titel des erwarteten Sohnes.

Eugène und Hortense wurden an den Hof gerufen, um bei der Geburt des Kindes dabei zu sein; anschließend fuhren sie nach Schloß Navarre, um ihrer Mutter das Ereignis zu schildern. Als die

Marie Louise und der König von Rom, von Franque (Musée de Versailles – Photo R. M. N.)

ersten Wehen der Kaiserin einsetzten, füllte sich ihr Schlafzimmer mit Höflingen, Ärzten und der Bonaparte-Familie. Napoleon war schrecklich in Sorge, als Marie Louise vor Schmerzen schrie. Während der lang anhaltenden Wehen wich er kaum von ihrer Seite. Als ihn der Geburtshelfer beiseite nahm, um ihn zu warnen: «Es ist eine Steißlage, und es besteht Gefahr für Mutter und Kind», antwortete Napoleon ohne zu zögern: «Retten Sie die Mutter. Es ist ihr Recht. Wir werden ein anderes Kind bekommen.» Eugène berichtete, wie hysterisch sich Caroline und Elisa unmittelbar nach der glücklichen Geburt des Kindes aufführten, da sie sich nun ihrer eigenen Hoffnungen auf den Thron beraubt sahen. Auch für die Royalisten, schrieb Frénilly, war der 22. Schuß Salut, der die Geburt eines männlichen Erben bedeutete, «ein tödlicher Schlag».

Napoleon schickte einen Pagen zu Josephine mit der Nachricht von der Geburt seines Sohnes. «Er ist dick und gesund ... Ich hoffe, er wird sein Schicksal erfüllen», und sie teilte ihm in einem selbstlosen Brief mit, daß sie sich mit ihm freue. Zwei Jahre lang bat sie, den König von Rom sehen zu dürfen, «der sie so viele Tränen gekostet hatte», und Napoleon sorgte schließlich dafür, daß sie den Kleinen und seine Gouvernante einmal wie zufällig traf. Sie verbrachte eine ganze Stunde mit ihm und konnte sich kaum von ihm trennen. Als Marie Louise davon erfuhr, mußte ihr Napoleon versprechen, daß weder er noch das Kind Malmaison jemals besuchen würden.

Josephine liebte ihre Enkelkinder. Als sie sich in jenem Jahr in Mailand aufhielt, lernte sie die vier Kinder von Eugène und Augusta kennen; aber ihr Liebling war Hortenses jüngster Sohn, Louis Napoleon, der künftige Kaiser der Franzosen. Er vergaß die Zeit nie, die er mit ihr in Malmaison verbracht hatte, wo sie ihn unglaublich verwöhnte und ihm zeigte, wie man das Zuckerrohr aus ihrem Gewächshaus kaute, so wie sie es als Kind auf Martinique getan hatte.

Dank des ruhigen Lebens in Malmaison mit regelmäßigen Mahlzeiten waren Josephines Kopfschmerzen verschwunden, aber sie hatte auch zugenommen. «Ein besonderes Merkmal ihrer Figur hatte wahrhaft unglaubliche Proportionen angenommen», berichtete Laure d'Abrantès, «und sie erklärte sich nur mit dem größten Widerwillen bereit, ein steifes Korsett zu tragen wie andere Damen.»

Ihre Gesellschaften, die als besonders schick galten und bei denen sie ihre Gäste häufig in ihrem großen Gewächshaus mit selbst gezogenen exotischen Früchten bewirtete, wurden berühmt für die lebhafte Unterhaltung, die dort geführt wurde. Josephines Art zu plaudern wird oft als schmeichlerisch beschrieben; insofern liest man überrascht, was die geistreiche Victorine de Chastenay über die Unterhaltung bei den Diners in Malmaison schrieb: «Diese bemerkenswerte Frau hatte die Gabe, sie sowohl allgemein als auch angeregt zu gestalten.»

In Paris glaubte man nicht, daß die Kaiserinwitwe gänzlich ungetröstet lebte. Auch in ihrem Haushalt wurde über ihre Beziehung mit dem einzigen ledigen Kammerherrn geklatscht. Théodor Lancelot de Turpin Crissé war 27 Jahre alt, als er nach der Scheidung in ihre

Dienste trat, und Josephine schien seine offensichtliche Bewunderung nicht gleichgültig gelassen zu haben. Als sie im Sommer 1810 nach Aix fuhr, reiste sie inkognito. Ihre Begleitung bestand nur aus einem Rittmeister und Lancelot sowie Claire de Rémusat und einer weiteren Freundin. Madame de Rémusat, deren scharfen Augen nicht zu trauen war, kehrte bald nach Paris zurück, während die vier übrigen ihre ausgedehnte Reise durch Savoyen und die Schweiz fortsetzten. Turpin, ein recht guter Zeichner, machte täglich Skizzen von der kleinen Gruppe: Josephine auf einem Maultier reitend, beim Picknick, beim Betrachten von Wasserfällen und unter dem Sonnenschirm vor einem Gletscher.

In Savoyen gesellte sich Hortense dazu. Ihr Mann war von Napoleon als König von Holland abberufen worden, und Napoleon hatte dem Paar endlich erlaubt, getrennt zu leben. Auch Charles de Flahaut, der Sohn aus einer Liaison zwischen Adèle de Flahaut und Talleyrand, schloß sich der kleinen Gesellschaft an, und hier begann zwischen ihm und Hortense eine lange und leidenschaftliche Liebesbeziehung.

Nach der Geburt des Königs von Rom im März 1811 kehrte Napoleon zu einigen seiner alten Gewohnheiten zurück. Er aß mittags wieder allein, hielt sich länger in seinem Arbeitszimmer auf, aber nach Spanien zog es ihn immer noch nicht. Er arbeitete langsamer und unsteter als früher und verbrachte noch mehr Zeit mit Trivialitäten wie höfische Etikette und Kleidung. Er hatte wieder mehrere Verhältnisse mit Frauen. Marie Walewska und ihr Sohn bezogen ein Haus in Paris. Von «Opfern» zugunsten seiner Dynastie war nicht mehr die Rede, denn inzwischen war sie für Napoleon ebenso alt und legitim wie diejenige der Habsburger. Seinen Vorgänger auf dem Thron nannte er seinen «armen Onkel Ludwig XVI.» Als Marschall Bernadotte auf den schwedischen Thron gewählt wurde, protestierte er: «Damit kommt ein Bürgerlicher auf einen Thron, ein Affront für gekrönte Häupter.»

Der Krieg in Spanien war für das Reich eine blutende Wunde. In Frankreich hatte sich der Brotpreis verdoppelt, ein Warnzeichen, das Napoleon früher nicht vernachlässigt hätte. In den Jahren 1810 und 1811 kam es zu schweren Finanzkrisen, und in Paris erschienen die ersten aufrührerischen Plakate, als weitere Soldaten, Männer zwischen zwanzig und sechzig, eingezogen werden sollten.

Nach Josephine gab es in der Umgebung des Kaisers niemanden

mehr, der seine Unmenschlichkeit hätte mäßigen können. Constant schrieb, der Hof vermisse ihre unerschöpfliche Fröhlichkeit, und ein Zeitgenosse berichtete, daß sich die Atmosphäre der Hauptstadt gänzlich verändert habe. Seiner Ansicht nach lag es nicht nur an der Arbeitslosigkeit und der neuen Unbeliebtheit des Kaisers, sondern auch an der Steifheit des neuen Hofs, denn «solange Josephine Napoleons Thron teilte, bewahrte ihre Anwesenheit eine Erinnerung an die Vergangenheit – eine elegante Egalité».

Im Jahr 1811 informierte der Fürst von Metternich seinen Kaiser: «Napoleon wird seinen neuen Feldzug im Frühjahr 1812 beginnen.»

Die französisch-russischen Beziehungen hatten sich so verschlechtert, daß Napoleon offensichtlich bereit war für eine entscheidende Kraftprobe mit Rußland. Nach den verheerenden Auswirkungen der Kontinentalsperre auf den russischen Handel hatte der Zar Ende 1810 seine Häfen für die Schiffe neutraler Länder wieder geöffnet, und diese Lücke machte ein Aushungern der Briten unmöglich. Auch der Zar war zu einem Krieg mit Frankreich bereit, das der Wirtschaft in seinem Land nur schadete und nach der Annektierung der hanseatischen Häfen auch die Ostsee kontrollierte.

Obwohl Talleyrand vor einem zweiten Feldzug warnte, solange die Armee noch in Spanien engagiert war, ging Napoleon daran, die bisher größte Armee in der Geschichte aufzustellen – über 675 000 Mann einschließlich der Kontingente des Rheinbunds. Alle Vasallen – die Schweiz, Polen, Italien, Belgien, Holland und die deutschen Länder – waren darin vertreten; sogar Österreich mußte 30 000 Soldaten stellen.

Vor dem Beginn des Feldzugs ließ Josephine Constant, Napoleons Kammerdiener, zu sich kommen und bat ihn, sich um die Gesundheit und Sicherheit des Kaisers zu kümmern; er war verblüfft, wie sehr «sie sich um den Mann sorgte, der sie verlassen hatte, genauso, als wäre sie noch die geliebteste Gattin». Napoleon besuchte sie in Malmaison, bevor er abreiste, und saß zwei Stunden bei ihr auf einer runden Bank unter einer Magnolie, doch immer so, daß er von den Fenstern aus zu sehen war.

Obwohl Napoleon dem Zaren nicht den Krieg erklärt hatte, war er im Mai bereit, mit der Armee nach Rußland aufzubrechen. Vorher mußte er sich jedoch noch der österreichischen Neutralität vergewissern. Marie Louise begleitete ihn bis Dresden, wo er ein Treffen mit seinen Vasallen und Verbündeten und mit der österreichischen Kaiserfamilie vereinbart hatte – vor allem, um letztere mit einer Demonstration seiner Macht zu beeindrucken.

Das französische Gefolge blendete die versammelten Monarchen, aber es rief auch Animositäten hervor. Ein schockierter Österreicher bemerkte: «Marie Louise hat einhundertfünfzig Lakaien, Pagen und Diener; der Kaiser von Österreich hat nur zwei.» Die Kaiserin der Franzosen protzte mit ihren Juwelen vor ihrer Familie und schrieb an ihre Erste Kammerfrau in Paris, daß im Vergleich zu deren Kleidern sogar ihre ältesten Sachen superb aussähen.

Während Napoleon nach Norden marschierte, schrieb er fast täglich an Marie Louise und wiederholte freundlich seine Anweisungen, wen sie empfangen und wie sie sich verhalten solle. Seine wachsenden Zweifel hinsichtlich der österreichischen Neutralität erwähnte er jedoch nie. Und wenn er an Josephine schrieb, klangen seine Briefe ebenso fröhlich wie die an Marie Louise.

Auf dem Vormarsch nach Osten verlor der Kaiser jeden Tag Tausende von Soldaten durch Hunger, Erschöpfung und Fahnenflucht. In Rußland stieß er auf ein patriotisches und fanatisch religiöses Volk, das sich gegen die Eindringlinge wehrte. Der Zar hatte befohlen, dem Feind nichts zu überlassen, und so brannten die Russen alles nieder, bevor sie sich zurückzogen. Einige aus der Alten Garde, die Veteranen des Italien- und Ägyptenfeldzugs, hörte man murren, daß *la vieille* ihnen mehr Glück gebracht hätte als die Österreicherin und daß «er seine alte Dame besser nicht verlassen hätte».

Am 14. September erreichte die erschöpfte französische Armee ein verlassenes und brennendes Moskau. Mitte Oktober, der russische Winter stand bereits vor der Tür, gab der Kaiser den Befehl zum Rückzug. Er hätte den Winter über in Moskau bleiben können – es waren genügend Lebensmittel vorhanden –, aber ein Kurier benötigte von Paris nach Moskau zwei Wochen, und Napoleon befürchtete, zu lange von seinem Reich abgeschnitten zu sein.

Auf dem mörderischen Rückzug hatten die Soldaten kein Brennholz, kein Licht; ihre Stiefel waren durchgelaufen; sie wurden von Partisanen überfallen, und wenn sie schliefen, erfroren sie. «Die Artilleristen hielten ihre Hände an die Nüstern der Pferde, um den warmen Atem der Tiere zu fühlen.» Dann starben die Pferde zu Tausenden, und die Armee lebte von Pferdefleisch. Als es am 5. November zu schneien begann, verhungerten und erfroren die

Soldaten noch schneller. Inzwischen hatte die Grande Armée 540 000 Mann durch Tod, Gefangennahme und Desertion verloren.

Am 5. Dezember verließ Napoleon seine Armee und fuhr, nur von Caulaincourt begleitet, in einem Pferdeschlitten nach Paris. «Bei Morgengrauen des nächsten Tages wußte die Armee alles», schrieb ein Offizier an seine Familie. «Welchen Eindruck die Nachricht hinterließ, kann man sich nicht vorstellen; viele Soldaten verfluchten den Kaiser, weil er sie verlassen hatte.»

Caulaincourt berichtete, der Monolog des Kaisers während ihrer gemeinsamen Fahrt quer durch Europa habe einen Mann erkennen lassen, dem der Sinn für die Realität abhanden gekommen sei. Er schien sich nicht bewußt, daß er seine große Armee verloren hatte, seine gesamte Artillerie und Kavallerie; nur ein paar Garnisonen im besetzten Europa waren ihm geblieben. Seine Gespräche waren voller Selbsttäuschung und Rechtfertigung, voller unrealistischer Pläne für die Zukunft. Der einzige Vorwurf, den er sich machte, bestand darin, daß er sich zu lange in Moskau aufgehalten habe. Er habe Rußland nur angegriffen, behauptete er, um den Kontinent vor der britischen Vorherrschaft zu bewahren und damit die europäische Industrie zu schützen. Sein größtes Vergnügen sei es, anderen eine Freude zu machen, aber zu viele hätten ihn auszunützen versucht. Josephine habe ihn mit ihren «hinterhältigen» Tränen oft verleitet, ihr etwas zu geben, was er ihr besser verweigert hätte. «Unsere Katastrophen», vertraute er Caulaincourt an, «werden eine Sensation hervorrufen, aber meine Rückkehr wird die unglücklichen Wirkungen ausgleichen».

Am 16. Dezember wurde in Paris, das völlig unvorbereitet war, der 29. Heeresbericht veröffentlicht mit der Bekanntgabe der Vernichtung der Grande Armée. Die Mitteilung endete mit dem Satz: «Die Gesundheit Seiner Majestät war nie besser.» In Malmaison herrschte Bestürzung wegen des katastrophalen Rückzugs aus Moskau. «Wir waren um so entsetzter», schrieb Mademoiselle Avrillon, «weil wir nach zwanzig Jahren ununterbrochener Erfolge Rückschläge für unmöglich hielten. Die Wirkung, die der Heeresbericht auslöste, ist unmöglich zu beschreiben».

Josephine war seit Wochen in Tränen aus Sorge um den Kaiser und um Eugène. Sie wußte, daß Murat, der das Kommando über die Armee nach Napoleons Abreise hätte übernehmen sollen, desertiert war, angeblich wegen seiner Gicht, und daß Eugène seine Aufgabe übernommen hatte.

Am 19. Dezember erfuhr sie, daß der Kaiser in der Nacht zuvor, nur von Caulaincourt begleitet, in Paris angekommen war. In seinen Zobelmantel gehüllt, hatte er, unrasiert und nicht zu erkennen, die Tuilerien durch eine Hintertür betreten. Um Mitternacht schickte er einen Kurier nach Malmaison, und bald darauf fuhr er selbst dorthin, um Josephine zu besuchen. General Berthiers Nachricht erreichte ihn am folgenden Tag: «Sire, Ihre Armee existiert nicht mehr.»

Einen Tag darauf erschien Napoleon vor dem Hof in einem Kostüm aus Satin und Spitze. Constant fand den Kaiser – «genau wie vor dem russischen Feldzug» – unverändert heiter. Es war, als gäbe es die Vergangenheit für ihn nicht mehr, als lebte er bereits in der Zukunft. In den Tuilerien sollten sofort Aufsehen erregende Bälle, Empfänge und Galas stattfinden.

«In der kurzen Zeit, die ich in jenem Winter in Paris verbrachte», schrieb ein Offizier, «traf ich meine Familie und alle meine Freunde in einem Zustand von Angst und Schrecken an. Das berühmte 29. Bulletin hatte Frankreich jäh darüber in Kenntnis gesetzt, daß die Grande Armée vernichtet worden war. Der Kaiser war nicht länger unbesiegbar. Der Feldzug von 1813 sollte demnächst beginnen ... Was die Offiziere, die den Rückzug überlebt hatten, berichteten, führte dazu, daß die Karnevalsvergnügungen endeten. Daß der Kaiser inmitten dieser allgemeinen Bestürzung in den Tuilerien Feste feierte, empörte die Menschen. Es war eine Mißachtung des allgemeinen Leids und offenbarte eine grausame Gefühllosigkeit gegenüber den Opfern. Ich werde mich immer an einen jener furchtbaren Bälle erinnern, bei dem ich das Gefühl hatte, als tanzte ich auf Gräbern.»

33

Der Anfang vom Ende

Napoleon begriff offensichtlich nicht, wie sehr der Rußlandfeldzug der Legende von seiner Unbesiegbarkeit geschadet hatte. Seine Niederlage ermutigte zum Widerstand im unterjochten Europa, und gegen Ende des Jahres hatte der König von Preußen mit dem Zaren ein heimliches Bündnis geschlossen und Frankreich den Krieg erklärt.

Optimistisch brach Napoleon im April 1813 zu einem neuen Feldzug gegen die Alliierten auf. Seine Armee war stärker als die seiner Gegner. Er war überzeugt, daß seine Ehe mit Marie Louise den Kaiser von Österreich abhalten werde, gegen ihn Krieg zu führen, und er hatte keine Ahnung, wie verhaßt die kaiserlichen Besatzungsarmeen in Europa waren. Die Brandschatzungen und Plünderungen der Franzosen in Preußen, die hohen Steuern und Requirierungen sowie der Verfall und das Elend im ganzen Land hatten eine große patriotische Bewegung in Gang gesetzt; und die Russen brannten darauf, sich für die Verwüstung ihres Landes zu rächen.

Obwohl Metternich in seinen diplomatischen Noten stets auf die verwandtschaftlichen Verbindungen zwischen den beiden Ländern anspielte, hatte Napoleon, um sich zusätzlich abzusichern, Marie Louise zur Regentin ernannt, solange er nicht in Paris sein konnte. Er hatte sogar versucht, sie krönen zu lassen, aber sein Gefangener, der Papst, hatte sich geweigert, diese neue «Konkubine» zu krönen und zu salben. Aus dem Feldlager schrieb der Kaiser täglich zärtliche Briefe an Marie Louise mit den üblichen Anweisungen für ihr tägliches Leben und schüchternen Vorschlägen, was sie ihrem Vater schreiben solle. Er teilte ihr nur günstige Neuigkeiten mit und wies seine Minister an, ihr alles vorzuenthalten, was sie beunruhigen könnte.

Als Napoleon den Zaren nach mehreren teuer erkauften und nicht entscheidenden Schlachten um einen Waffenstillstand bat, glaubte er immer noch, seine ehelichen Verbindungen würden stärker sein als jede europäische Koalition. Man einigte sich darauf, daß Österreich als Vermittler fungieren sollte, und im Verlauf einer neunstündigen Konferenz mit Metternich gestand Napoleon: «Ich habe einen unverzeihlichen Fehler begangen, indem ich eine österreichische Erzherzogin heiratete, und ich bedaure es jetzt.» Laut Metternich redete er während jener langen Sitzung wild drauflos und erklärte: «Wenn sich das Schicksal gegen ihn wenden sollte, sei er gewillt, die ganze Gesellschaft in seinen Sturz hineinzuziehen.» Und als man auf den Rußlandfeldzug zu sprechen kam, bemerkte Napoleon: «Ein Mann wie ich macht sich keine großen Gedanken wegen des Lebens von einer Million Männer», und wenig diplomatisch fügte er hinzu, er habe, um die Franzosen in der Grande Armée zu schonen, «die Polen und Deutschen geopfert – nur dreißigtausend von dreihunderttausend Franzosen sind gefallen», worauf ihn Metternich daran erinnerte, daß er selbst aus einer rheinischen Adelsfamilie aus Koblenz stammte.

Als Napoleon die Friedensbedingungen der Koalition ablehnte, die Frankreich in seine natürlichen Grenzen zurückwiesen, besiegelte er das Schicksal seines Reichs. Im August erklärte Österreich Frankreich den Krieg, und der schwedische Kronprinz Bernadotte schloß sich der Koalition an. Der Zar benötigte den Beistand Schwedens so dringend, daß er die Hand seiner Schwester Katharina, die er Napoleon verweigert hatte, nun dem früheren Marschall Bernadotte anbot – natürlich unter der Bedingung, daß er seine Frau Désirée, Bonapartes «kleine Verlobte», verstieß.

Napoleon befahl, Marie Louise vorerst nicht über den Beitritt Österreichs zur Koalition zu informieren. Zurück in Paris ließ er die Kriegsdienstpflichtigen des Jahres 1814 einberufen und neue Steuern erheben. Seine Marschälle waren entsetzt über die Fortführung des Krieges. Macdonald, der Duc de Tarente, Augereau, der Duc de Castiglione, und Davout, der Fürst von Eggmühl, waren sich einig, daß der Kaiser völlig den Kopf verloren hatte und mehr auf die Kammerherren, Rittmeister und Adjutanten seines Gefolges hörte als auf sie. Sie beklagten, daß er die Schlachtfelder nicht mehr besuche, daß er nur wenige und unzusammenhängende Befehle gebe, die besten Kommandos früheren Adeligen übertrage und kaum etwas gegen die mangelhafte Disziplin seiner Truppen und die skandalösen Plünderungen unternehme, «die uns zum Gegenstand des Hasses und der Schande in anderen Nationen machen». Ihrer Ansicht nach kämpfte er eher für sein eigenes Ansehen als für Frankreich.

Sobald Napoleon nach Paris zurückgekehrt war, schickte er Méneval nach Malmaison, um Josephine zu beruhigen. Seit Beginn des später so genannten «düsteren Jahres 1813» hatte sie in ständiger Angst um den Kaiser und ihren Sohn gelebt.

«Niemand kennt den Charakter des Kaisers besser als ich», sagte sie zu ihren Hofdamen. «Er hält sich für ein auserwähltes Wesen und wird die Schicksalsschläge mit der gleichen Haltung tragen, die er auf dem Schlachtfeld zeigt.» Dennoch fühlte sie, daß «ihre lebenslangen bösen Ahnungen» sich jetzt bewahrheiteten. Ihre Migräneanfälle hatten sich wieder eingestellt. Mademoiselle Avrillon glaubte, daß ihre tiefe Niedergeschlagenheit und ihre Schlaflosigkeit nun auch ihre Lebenskraft zerrütteten.

Die beiden Söhne von Hortense verbrachten den größten Teil des Sommers bei ihr, und die Gräfin Walewska kam mit dem kleinen Alexandre häufig nach Malmaison. Jede Verbindung mit dem Kaiser war Balsam für Josephines Seele. Gemeinsam lasen die beiden Frauen die Heeresberichte, die Hortense ihrer Mutter schickte, zusammen mit allen Neuigkeiten über Napoleon, die sie durch Marie Louise erfuhr.

Als Josephine hörte, daß die Grande Armée nach einer Reihe nicht entscheidender Schlachten im Oktober 1813 bei Leipzig geschlagen worden war, schrieb sie dem Kaiser einen edelmütigen und liebevollen Brief: «Sire, obwohl ich nicht mehr an Ihren Freuden teilhaben kann, wird Ihr Kummer stets auch der meine sein ... Ich kann dem Bedürfnis, Ihnen das zu sagen, ebenso wenig widerstehen, wie ich aufhören könnte, Sie von ganzem Herzen zu lieben.» Madame de Rémusat konnte jetzt kaum noch behaupten, Josephine sei zu einem «anhaltenden Gefühl» nicht fähig.

Als sich die Armee quer durch Deutschland zurückzog, wo es zu Aufständen gegen die Besatzungsmacht gekommen war, setzte sich der Kaiser in seinem Reisewagen ab und fuhr zurück nach Paris, um mehr Soldaten, mehr Geld und Versorgungsmaterial aufzutreiben.

In den letzten fünfzehn Monaten hatte er zwei Armeen verloren und nahezu eine Million Soldaten. Marmont berichtete, daß Napoleon zum erstenmal das Gefühl gehabt habe, daß «ihm das Glück nicht mehr treu sei».

Die Vasallenfürsten des Rheinbunds fielen von Napoleon ab; als erster der König von Württemberg, dann die herrschaftliche Bonaparte-Familie. Elisa, die Großherzogin der Toskana, verhandelte mit dem Feind, um ihr Territorium zu behalten. Murat unterzeichnete, unterstützt von Caroline, mit Metternich einen Vertrag, der ihm den Thron von Neapel garantierte. Als Napoleon davon hörte, bemerkte er: «Caroline! Ich habe eine Familie von Vagabunden!» Holland und Belgien warteten gar nicht erst, bis sie von den Alliierten befreit wurden, sondern warfen die französischen Besatzungstruppen auf eigene Faust aus dem Land.

Josephine war unendlich erleichtert, als sie von Eugènes Loyalität erfuhr. König Maximilian von Bayern hatte ihm die Krone von Italien angeboten, wenn auch er sich der Koalition anschließe. Doch Eugène lehnte ab, und seine Frau, die Tochter des Bayernkönigs, erklärte sich mit der Entscheidung ihres Mannes einverstanden. Eugène schrieb an seine Mutter: «Der Stern des Kaisers verblaßt, aber das ist ein weiterer Grund, ihm treu zu bleiben.»

Obwohl die Alliierten im Frühjahr 1814 bereits am Rhein standen, ahnte Marie Louise wie so viele andere, die an Napoleons Wunder gewöhnt waren, kaum, daß Frankreich eine Invasion drohte. Hortense schickte einen Boten nach Malmaison, um ihre Mutter zu warnen. Der Staatsrat werde am 28. März zusammentreten; die Pariser könnten bereits das ferne Donnern der Artillerie hören, die kaiserlichen Archive in den Tuilerien würden verbrannt, und Josephine solle sich bereit halten, um sofort nach Navarre aufbrechen zu können.

In den Tuilerien beschloß der Staatsrat mit Josephine Bonaparte, Talleyrand und Cambacérès – Marie Louise führte den Vorsitz –, daß die Kaiserin und der König von Rom in Paris bleiben sollten. Ihre Abreise würde von der Bevölkerung als Beweis verstanden, daß die Regierung jeden Widerstand für aussichtslos hielt. Nur Joseph war nicht einverstanden und legte zwei Briefe Napoleons vor, datiert Anfang Februar, in denen der Kaiser empfahl, «wenn die Schlacht verloren wird», sollten die Kaiserin und der König von Rom, begleitet von den Ministern, den Großwürdenträgern, dem Senat, dem Staatsrat und dem Staatsschatz nach Rambouillet gebracht werden. Und er hatte hinzugefügt: «Wenn ich sterbe, dürfen sich mein Sohn und die Kaiserin nicht gefangennehmen lassen ... Lieber wäre mir, meinem Sohn würde die Kehle durchgeschnitten, als daß er als österreichischer Prinz in Wien aufgezogen wird.» Trotz des Einwands, die Briefe seien für andere Umstände geschrieben worden und Marie Louise werde von ihrem Vater jetzt sicher bessere Bedingungen für die Hauptstadt bekommen, wagte es noch keiner, den Befehlen des Kaisers zuwiderzuhandeln.

Die Kaiserin schrieb sofort an Napoleon: «Ich wäre tapfer genug gewesen, zu bleiben, und ich bin sehr verärgert, daß sie es mir nicht erlauben, insbesondere als die Pariser solchen Eifer zeigen, sich zu verteidigen.» Und im nächsten Brief läßt sie erkennen, daß Joseph sie gebeten hatte, sich der Gnade ihres Vaters auszuliefern; seiner Meinung nach werde der österreichische Kaiser dafür sorgen, daß alle Bonapartes angemessen leben könnten.

Am Morgen nach der Staatsratssitzung brach der Wagenzug der Kaiserin an die Loire auf, gefolgt von den Bonapartes und einigen Damen und Herren des Gefolges; sogar die Krönungskutsche wurde vollgepackt mitgeführt. Man kam nur mühsam voran, denn die Straßen nach Süden waren bereits von Flüchtlingen verstopft, die ihren wertvollen Hausrat aufs Land brachten.

Hortense widersetzte sich den Anweisungen ihres Mannes, die Bonapartes zu begleiten, und fuhr mit ihren beiden Söhnen nach Schloß Navarre. Josephine war bereits dorthin auf dem Weg mit ihren Diamanten und Perlen, die ihr Mademoiselle Avrillon in die Unterröcke eingenäht hatte, und in Todesängsten vor einem Angriff durch Kosaken. Die meisten ihrer Hofdamen und Kammerherren waren schon vor ihrer Abreise nach Paris zurückgekehrt. Madame de Rémusat trug bereits eine weiße Kokarde für die Bourbonen, und Lancelot de Turpin tat alles, um unter dem neuen Regime einen Posten an den Museen zu bekommen. Als Josephine am 3. April in Navarre eintraf, erhielt sie von einem der Marschälle die Nachricht, daß Paris von feindlichen Truppen besetzt worden sei und Napoleon, der die Hauptstadt nicht mehr erreichen konnte, in Fontainebleau die Entscheidung der Alliierten über sein weiteres Schicksal erwarte.

Josephine war sich möglicherweise nicht bewußt, in welchem Maß Claire de Rémusat an Talleyrands Intrigen beteiligt war. Claire kannte mit Sicherheit jedes Detail der Verschwörung in Talleyrands Haus, wo sich alles um die Rückkehr der Bourbonen drehte. Als Napoleon vom Rußlandfeldzug zurückkehrte, hatte Talleyrand verkündet: «Das ist der Anfang vom Ende.» Er hatte sich bereits für die Bourbonen entschieden, aber nun mußte er dafür sorgen, daß seine Glaubwürdigkeit anerkannt wurde. «Ich möchte nicht begnadigt werden oder mich rechtfertigen müssen», sagte er zu Aimée de Coigny, die zu seiner Koterie gehörte. In seinem großartigen Palais an der Place de la Concorde machte er sich mit Hilfe seiner weiblichen Anhängerschaft an die schwierige Aufgabe, wieder Verbindungen mit dem Kronprätendenten anzuknüpfen. Als Ludwig XVIII., der jetzt in England lebte, durch Talleyrands Onkel von diesem Versuch erfuhr, rief er: «Gott sei Dank! Bonaparte muß demnächst stürzen; denn als es mit dem Direktorium ebenso stand, hat Ihr Neffe sicherlich in ähnlichen Tönen an den Sieger von Italien geschrieben!»

Aimée de Coigny war Talleyrands Verbindungsglied zum Hof des Thronanwärters geworden dank ihrer Liaison mit Bruno de Boisgelin, einem Royalisten, der an eine Monarchie angelsächsischen Stils und an ein Parlament glaubte, also genau das, was Talleyrand in den Tagen der Verfassunggebenden Versammlung angestrebt hatte.

Aber für Talleyrands nächstes erfolgreiches Manöver war Claire de Rémusat verantwortlich. Talleyrand war entschlossen, in Paris zu bleiben, um die wichtigste Rolle seines Lebens zu spielen; in einer seiner leidenschaftlichen, beinahe stündlichen Botschaften an seine Mätresse verriet er ihr eine besondere List. Jener Brief endet: «Adieu, mein Engel, verbrenne das hier.» Nachdem Napoleon angeordnet hatte, daß ausnahmslos alle hohen Würdenträger Paris verlassen sollten, Talleyrand aber lieber bleiben wollte, fuhr er am selben Tag, an dem die Kaiserin die Tuilerien verlassen hatte, in seinem Reisewagen langsam durch Paris zum Stadttor Barrière de l'Enfer, wo scheinbar wie zufällig Monsieur de Rémusat als Hauptmann die Nationalgarde befehligte. Rémusat verlangte, den Paß des Passagiers zu sehen, und als Talleyrand sagte, er habe keinen, mußte seine Kutsche umkehren. Er fuhr nach Hause und schrieb an den Staatsrat, er habe das Stadttor verschlossen vorgefunden.

Die Frage, wer Frankreich in Zukunft regieren würde, sollte allein von Talleyrand geregelt werden.

Charles-Maurice, Prince de Talleyrand, im Alter von achtzig Jahren (Bibliothèque Nationale, Paris – Collection Viollet)

Am Morgen des 1. April 1814 ritt die alliierte Kavallerie in Dreißigerreihen über die Champs-Elysées zu den Tuilerien; es war die erste fremde Armee, die seit dem Hundertjährigen Krieg in Paris einrückte. Tödliche Stille empfing dieses erste Kontingent der Invasoren.

Tags zuvor war es zu einem ungleichen, aber heldenhaften Kampf um Paris gekommen. Joseph Bonaparte beobachtete die Kämpfe eine Weile vom Montmartre aus. Als die Preußen die Stadt mit Artillerie beschossen und Kosaken schon fast die östlichen Vororte erreicht hatten, beschloß er, seiner Familie nach Blois zu folgen, und ermächtigte Marschall Marmont, die Kapitulation von Paris zu unterzeichnen.

Am selben Abend traf Zar Alexander in Paris ein. Auf dem Weg zum Elyséepalast erhielt er einen anonymen Brief – man vermutete, daß er von Talleyrand stammte – mit der Warnung, der Palast sei vermint. Daraufhin wurde beschlossen, der Zar solle in Talleyrands Palais residieren, wo gleich Gespräche über Napoleons Nachfolger begannen. Der Zar hielt mit seiner Meinung nicht hinter dem Berg. Er glaubte, die Bourbonen seien zu unpopulär und zu wenig bekannt, um auf den Thron zurückzukehren – «so unbekannt im Frankreich von 1814 wie die Familie des Kaisers von China», schrieb Chateaubriand. Der Zar war bereit, eine Regentschaft Marie Louises zu akzeptieren in der Annahme, daß dies auch dem Wunsch ihres Vaters, des Kaisers von Österreich, entsprach. Talleyrand versicherte ihm jedoch, Frankreich würde die Bourbonen willkommen heißen, und verlangte nur die Sicherheit einer Verfassung; dann könnte der neue König, Ludwig XVIII., eingeladen werden, aus seinem Exil in England zurückzukehren. Für die Zwischenzeit sollte eine provisorische Regierung mit Talleyrand an der Spitze eingesetzt werden.

Am folgenden Tag traf Caulaincourt als Napoleons Abgesandter in Talleyrands Palais ein. Er hatte das Gefühl, die Residenz eines im Exil lebenden Monarchen zu betreten; die Treppen und Räume waren voll von Royalisten, Liberalen, Konstitutionalisten und dem Gefolge der russischen und preußischen Herrscher. Als Sitz der provisorischen Regierung und Hauptquartier des Zaren wurde das Gebäude Tag und Nacht von Kosaken bewacht, die im Hof auf Stroh schliefen.

Der Kaiser, meldete Caulaincourt, befinde sich in Fontainebleau und sei bereit, zugunsten seines Sohnes abzudanken. Der Zar hätte diese Bedingungen vielleicht angenommen, aber Talleyrand versicherte ihm, eine Regentschaft bedeute nur, daß Napoleon sehr schnell wieder da sein würde. In einem privaten Gespräch vertraute der Zar seinem alten Freund Caulaincourt an, es sei vor allem Österreich gewesen, das die Bedingungen des Kaisers nicht habe akzeptieren wollen.

Gegen eine überwältigende Übermacht hatte Napoleon einige seiner brillantesten Schlachten geschlagen; aber auf seinem letzten Rückzug, bei dem er an der Spitze seiner Armee ritt, war er nicht näher an Paris herangekommen als bis zu dem 65 Kilometer südlich der Hauptstadt gelegenen Fontainebleau. Dort erfuhr er, daß Paris am Morgen nach seiner Ankunft im Auftrag Josephs kapituliert hatte. «Was für ein Verrat!» rief er wütend, «... wäre ich nur vier Stunden früher angekommen!» Er plante sofort einen neuen Feldzug – seine Armee, mindestens 50 000 Mann, befand sich nur vier Tagesmärsche entfernt, und 100 000 Soldaten waren noch in den besetzten Ländern stationiert. Als seine Generäle die Situation für hoffnungslos erklärten, verließ ihn seine Energie. «Er wirkte müde und teilnahmslos», berichtete Constant. «Seine Stimmungen schwankten, er konnte tief traurig sein und im nächsten Augenblick pfeifen.» Auch sein Ehrgeiz verließ ihn. Er versuchte sich zu vergiften, aber es gelang ihm nicht, weil das Medikament zu alt war.

Caulaincourt kehrte zum zweitenmal aus Paris zurück mit der Nachricht, der Senat habe sich auf eine leicht revidierte Version der Verfassung von 1791 geeinigt, und sobald Ludwig XVIII. sie angenommen und sich von einem schweren Gichtanfall erholt habe, werde er auf den Thron zurückkehren. Obwohl auch der Senat für die Abdankung des Kaisers gestimmt hatte, konnte sich Napoleon nicht dazu durchringen und begann, um die Höhe seines Einkommens zu feilschen. Er schien zu hoffen, daß ihm eine diesbezügliche Bitte Marie Louises an ihren Vater bessere Bedingungen schaffen könnte. Doch Caulaincourt protestierte: «Ich verzweifle, wenn ich sehe, wie Sie sich im Vertrauen auf die Gefühle Ihres Schwiegervaters täuschen lassen.»

Am 11. April stimmte Napoleon schließlich einer bedingungslosen Abdankung zu, worauf der Zar vorschlug, Napoleon zum Landesherrn von Elba zu ernennen und Marie Louise zur Herzogin von Parma. Und wieder war es der Zar, der darauf bestand, daß der frühere Kaiser die von ihm geforderten Einkünfte für sich und seine gesamte Familie erhielt.

Wie es aussah, waren Napoleon von den vielen Menschen, die ihm praktisch alles verdankten, nur Caulaincourt, die Geschwister Beauharnais, Josephine und Marie Louise treu geblieben. Die meisten Marschälle hatten ihn verlassen, ebenso Roustam, der Mameluck, der dreizehn Jahre auf dem Boden vor seiner Tür geschlafen hatte; Constant, sein langjähriger Kammerdiener, sollte folgen.

In Blois wurde die Kaiserin vom größten Teil ihres Gefolges verlassen, das nach Paris zurückkehrte. Joseph und Jérôme Bonaparte drängten sie, sich dem erstbesten österreichischen Korps zu ergeben, da dies die einzige Hoffnung der Bonapartes auf Rettung sei. Jérôme drohte ihr sogar, sie gewaltsam zu den österreichischen Linien zu bringen. Royalistische Gesandte, die den Staatsschatz zurückholen wollten, nahmen Marie Louise ihre Juwelen ab und sogar die Kette, die sie um den Hals trug. «Ich wäre tapferer, ruhiger, wenn ich Dein Schicksal teilen und Dich für alle Deine Rückschläge trösten könnte», schrieb sie an ihren Mann; und er antwortete ihr darauf, daß sie aus dem Staatsschatz jeweils eine Million Francs an Madame Mère, Louis, Jérôme, Pauline und Elisa zahlen und zwei Millionen Francs für sich und den König von Rom nehmen solle. Sie bezahlte sie alle, und dann verließen auch die Bonapartes sie. Madame Mère und Onkel Fesch setzten sich nach Rom ab, Joseph in die Schweiz.

Napoleons Briefe an Marie Louise blieben weiterhin vage. «Du kannst herkommen, wenn Du möchtest ... Du könntest hier bleiben.» Aus ihren besorgten Briefen sprechen große Zuneigung und bemerkenswert viel Mut für eine Frau, die, ihr Leben lang passiv, nur zwei Männern gehorcht hatte, von denen der eine jetzt alles tat, um sie von ihrem Mann fernzuhalten. «Du mußt mir jemanden schicken, der mir sagt, was ich tun soll», schrieb sie an Napoleon. Aber er schickte ihr keine Instruktionen und erwähnte auch seine Abdankung nicht. Sie schrieb ihm täglich: «Niemand liebt Dich mehr als Deine treue Louise» und fügte hinzu, daß sie erst ihren Vater sehen und dann ihren Mann nach Elba begleiten wolle.

Als Napoleon endlich eine Kavallerietruppe der Garde nach Blois schickte, um sie zu holen, hatten die Österreicher das Netz bereits zugezogen. «Man hat mich gezwungen abzureisen», schrieb ihm Marie Louise. «Befehle sind ergangen, mich daran zu hindern, daß ich zu Dir komme, und notfalls sogar Gewalt anzuwenden. Ich bin Deinetwegen in größter Sorge. Ich denke, wir werden hintergangen, aber ich werde meinem Vater gegenüber fest bleiben.» Und nach einem Gespräch mit dem Kaiser von Österreich schrieb sie, ihr Vater habe ihr den schlimmsten Schlag versetzt. «Er verbietet mir, zu Dir zu kommen oder Dich zu besuchen, und will mir nicht einmal erlauben, Dich nach Elba zu begleiten ... Ich soll erst zwei Monate in Österreich verbringen, dann nach Parma gehen, und dort könnte ich Dich sehen.»

Marie Louise wurde von einer Eskorte nach Compiègne gebracht, wo ihr der Zar und der König von Preußen ihre Aufwartung machten. Sie hatten erwartet, Marie Louise sei erleichtert, endlich von dem Ungeheuer Napoleon befreit zu sein, und trauten ihren

Augen nicht, als sie eine unglückliche und weinende Frau vorfanden. Eine ihrer früheren Hofdamen hatte angeblich nach Constant und Roustam geschickt und sie gedrängt, vor Marie Louise alle Liebschaften des Kaisers während seiner Ehe mit ihr aufzuzählen. Doch sie ließ sich nicht beirren. Auf der Fahrt nach Österreich schrieb sie in ihr Tagebuch, sie sei entschlossen, zu ihrem Mann ins Exil zu gehen.

Marie Louise ist für ihre Haltung fast von allen verdammt worden, doch sie scheint sich tadellos benommen zu haben, bis ihr Vater wieder alle Entscheidungen für sie traf. Umgeben von Verrätern, versuchte sie allein, Napoleon zu erreichen. Ihre Briefe an ihn sind während dieser Zeit ebenso liebevoll wie die aus Malmaison.

Kurz bevor Napoleon Fontainebleau verließ, schrieb er an Marie Louise, sie werde jetzt mehrere Tage nichts von ihm hören: «Sei mutig, laß Dir die Ehre Deines Rangs und meines Schicksals nicht nehmen.» Und an Josephine schrieb er: «Sie haben mich verraten ... ja, alle bis auf unseren lieben Eugène, der Deiner und meiner so würdig ist ... Adieu, meine liebe Josephine. Finde Dich ab, wie ich es tue, und vergiß nie den einen, der Dich nie vergessen hat und nie vergessen wird. P.S. Ich erwarte, von Dir zu hören, wenn ich auf Elba bin. Ich bin keineswegs bei guter Gesundheit.»

Bevor er im April nach Elba ging, verabschiedete er sich von der Alten Garde – eine der berühmten Inszenierungen der napoleonischen Ikonographie. Er hielt eine bewegte Rede vor den Männern, die sich im Schloßhof aufgestellt hatten, umarmte ihren General, und als er die Standarte des Ersten Grenadierregiments küßte, konnte er die Tränen nicht zurückhalten. Dann schritt er rasch zu seiner Kutsche und fuhr, begleitet von General Bertrand, dem früheren Hofmarschall, und den Kommissaren der alliierten Mächte davon. Die Gardisten verbrannten ihre Fahnen, und danach, als wollten sie sich auf keine Weise von ihnen trennen, aßen sie die Asche.

Josephine hielt sich in Navarre auf, als sie von Napoleons Abdankung erfuhr. Wie so oft während und nach der Revolution griff sie zur Feder. Sie schrieb an Talleyrand: «Wir sind untröstlich ... Ich erwarte die Entscheidung des Senats, und ich lege meine Situation und die meiner Kinder in Ihre Hände ... Ich werde vertrauensvoll Ihrem Rat folgen.» Talleyrand erkannte, daß sie für den neuen König nützlich sein könnte, und schrieb ihr, daß ihr von dem Vermögen, das der kaiserlichen Familie zugesichert wurde, eine jährliche Apanage von einer Million Francs zustehe; weitere 400 000 Francs kämen für Hortense.

Am 4. Mai kehrte der König nach Paris zurück – am selben Tag, an dem Napoleon die Insel Elba betrat –, ein enorm dicker Mann ohne Charisma, der wegen seiner Gicht beim Gehen auf beiden Seiten gestützt werden mußte. Aber die Pariser gerieten bei seinem Anblick in einen Freudentaumel. «Es ist ganz unverständlich», erklärte ein Zuschauer. «Hier ist ein Mann, den sie noch gestern nicht kannten, und schon sind sie voller Begeisterung für ihn!» In den Arbeitervorstädten waren die Menschen etwas kühl, aber im Stadtzentrum trugen die Frauen Bourbonenlilien auf den Hüten, und aus den Fenstern hingen Bettlaken, die bei dieser Gelegenheit «weiße Banner» hießen.

Seit dem Einzug der Alliierten in Paris wurde zwischen den Beauharnais und den Bonapartes ein Unterschied gemacht. Die Stellung Ludwigs XVIII. war keineswegs stabil, die Zivilbevölkerung war ihm gegenüber geteilter Meinung, die Armee offenkundig feindselig; aber alle Parteien konnten Josephine für sich in Anspruch nehmen. Man sah in ihr ein Verbindungsglied zwischen den beiden Lagern und ein nützliches Werkzeug, um die Bonapartes zu isolieren – die einzige Karte, die sie alle risikolos spielen konnten.

Metternich und der Zar schickten Boten nach Navarre, um Josephine zur Rückkehr nach Malmaison zu ermuntern. Russische Soldaten bewachten ihren Umzug dorthin. Die Pariser, die anfangs nur froh waren, daß es in der Stadt nicht zu Plünderungen gekommen war, und wenig Sympathie für den Zaren hatten – nur wenige wünschten den Sturz des Kaiserreichs, und viele, sogar die Ultra-Royalisten, fühlten sich durch die fremde Besatzung gedemütigt –, entdeckten nun ihr Herz für Alexander. Der Zar war der Held von Paris geworden; er genoß den öffentlichen Beifall und zeigte sich überall in einer betont schlichten Uniform. Er ging zu Fuß durch Paris und redete mit den Leuten. Er war ein Vorbild an Takt, und die Pariser staunten über die edelmütigen Gesten des blonden Riesen. Seine Kosaken kampierten friedlich essend, singend und ihre Kleider und Schuhe flickend entlang der Champs-Elysées. Als der Zar hörte, daß ihre Pferde dort die Bäume ruinierten, weil sie die Rinde abnagten, kam er für den Schaden auf.

Josephine und Hortense erwartete in Malmaison eine Nachricht des Zaren, der sie zu besuchen wünschte. Alexander war auf den ersten Blick entzückt von Josephine und noch mehr von Hortense.

Er besuchte sie täglich und setzte sich für Titel und Einkünfte für alle Beauharnais ein. Josephine bot er einen Palast in St. Petersburg an, obwohl er befürchtete, das Klima dort könnte zu rauh für sie sein. Auf sein Drängen hin wurde Hortense der Titel Duchesse de Saint Leu verliehen. Und seinem Beispiel folgend, gratulierte Ludwig XVIII. Eugène «zu all dem Guten, das seine Mutter in Frankreich getan hatte» und dankte «für ihre eifrigen Bemühungen bei dem Versuch, das Leben des Duc d'Enghien zu retten».

Bei vornehmen Ausländern galt es als schick, Malmaison zu besuchen. Seit der Scheidung war das Haus nicht mehr so belebt gewesen wie jetzt. Alle ausländischen Fürsten waren von Josephines würdevoller Haltung beeindruckt; ihr Mitgefühl für Napoleon war offensichtlich. Zusammen mit Hortense führte sie den König von Preußen, die russischen Großfürsten, ihren langjährigen Bewunderer, den Herzog von Mecklenburg-Schwerin, und alle die alliierten Herrscher durch die Gewächshäuser, die Menagerie und die Gärten. Der Kaiser von Österreich erklärte in einem höflichen Brief, er werde sie nicht besuchen aus Sorge, ihr möglicherweise Schmerz zu bereiten. «Aber er hat nicht mich entthront», erinnerte Josephine ihre Besucher, «sondern seine Tochter!»

Trotz ihres verringerten Einkommens bestellte Josephine am ersten Tag des Besuchs des Zaren in Malmaison für über sechstausend Francs weiße Musselinkleider. Sie griff auf ihre alten Mittel zurück, mit deren Hilfe sie die Trennung von ihrem ersten Mann, die Revolution und die Schreckensherrschaft überlebt hatte – sie paßte sich der neuen Macht an und pflegte einflußreiche Freundschaften. Man hat sie wegen ihres Opportunismus kritisiert – sowie für den Kauf dieser neuen Kleider – und ihr mangelnde Loyalität vorgeworfen, weil sie mit den Feinden des besetzten Frankreich verkehrte. Doch Napoleon selbst hatte Caulaincourt zu Josephine geschickt – zu der Zeit, als die Bonaparte-Brüder Marie Louise unter Androhung von Gewalt drängten, sich der österreichischen Armee auszuliefern –, um ihr sagen zu lassen, sie solle «ihr Vertrauen auf den Zaren setzen». Es gab auch Kritiker, die meinten, Josephine habe etwas von ihrer Würde verloren, indem sie den Zaren so häufig empfing und ihn bat, sich für materielle Vergünstigungen für sie und ihre Kinder zu verwenden. Begreiflicherweise war die Bestätigung, daß sie immer noch verführerisch war, für die Frau Josephine wichtiger als für die ehemalige Kaiserin Josephine.

Sie hat «Bonaparte» jedoch nie fallengelassen. Es besteht in der Tat kein Zweifel, daß sie, wie sie zu Georgette Ducrest und ihrem Arzt sagte, «geradewegs durch das besetzte Paris nach Fontainebleau gefahren wäre, um nie wieder [von Napoleon] getrennt zu sein», wäre sie noch Kaiserin gewesen. Und trotz ihres regen gesellschaftlichen Lebens und obwohl ihr die Mächtigen schmeichelten, vertraute sie Hortenses Vorleserin an: «Manchmal fühle ich mich so traurig, daß ich vor Verzweiflung sterben könnte; ich kann mich nicht mit Bonapartes Schicksal abfinden.» Sie sorgte sich unablässig um Napoleon, «gestürzt aus solcher Höhe, auf eine Insel abgeschoben, verlassen von Frankreich». Sie hatte inzwischen erfahren, daß er nach Elba geschickt werden sollte, und Hortenses Vorleserin hatte gehört, daß er bei der Abreise aus Fontainebleau gesagt haben soll: «Josephine hatte recht. Meine Trennung von ihr hat mir Unglück gebracht.»

Josephine wurde aufgeregt und ärgerlich, wenn ihr jemand unterstellte, sie dürfte sich nach allem schon einmal negativ über Napoleon äußern. Als Madame de Staël, endlich aus ihrem Exil zurück, Josephine besuchte und sie fragte, «ob sie Napoleon noch liebe», ließ Josephine sie ohne ein Wort stehen und sagte danach zu einer Freundin: «Wissen Sie, daß Madame de Staël die Stirn hatte zu fragen, ob ich den Kaiser noch liebe? Ich, die ich nie aufgehört habe, ihn in seinen glücklichen Zeiten zu lieben – wie könnte ich ihn jetzt weniger innig lieben?»

Mitte Mai, bei einer Ausfahrt mit dem Zaren und Hortense, erkältete sich Josephine. Ihr Arzt sagte, es bestehe kein Grund zur Beunruhigung. Als der Zar seinen Arzt hinzuziehen wollte, lehnte sie das Angebot ab, weil «es die Gefühle meines Doktors verletzen würde». Am 24. Mai bekam sie Schüttelfrost und Fieber. Hortense bat ihre Mutter, im Bett zu bleiben und nicht an dem Diner für die russischen und preußischen Herrscher teilzunehmen. Doch Josephine dinierte nicht nur mit ihren Gästen, sondern unternahm mit dem Zaren, nachdem sie den Ball mit ihm eröffnet hatte, einen langen Spaziergang durch die Gärten, um, wie sie sagte, den Duft des Flieders und der Maiglöckchen zu riechen.

Am nächsten Tag zeigte sie ihren Besuchern ihre Gemäldegalerie und die neuen schwarzen Schwäne auf dem See, obwohl sie der Arzt in der vergangenen Nacht wegen ihrer Halsentzündung und verschleimten Brust mit Senfpflastern behandelt hatte. Sie schleppte sich noch einige Tage hin. In der letzten Nacht, als ihre beiden Kinder nicht im Zimmer waren, glaubte die Frau, die bei ihr wachte, zu hören, wie Josephine flüsterte:

«Bonaparte ... Elba ... der König von Rom.»

Am nächsten Morgen, dem 29. Mai, konnte sie nicht sprechen. Hortense war zu bewegt, um im Schlafzimmer ihrer Mutter zu bleiben, und so starb Josephine in Eugènes Armen und «ging dem Tod so sanft und ruhig entgegen wie dem Leben».

Weder Hortense noch Eugène dachten daran, Napoleon sofort eine Nachricht vom Tod Josephines zu schicken. Er erfuhr davon aus einer französischen Zeitung und schloß sich daraufhin zwei Tage in seinem Zimmer ein, wo «er sich weigerte, jeden, ausgenommen den Hofmarschall, zu sehen».

Am 15. März 1815, nach zehn Monaten auf Elba, schlüpfte Napoleon durch die Sperre der britischen Schiffe und landete an der französischen Küste. Mit einer Handvoll Männer fuhr er nach Norden. Auf der Fahrt durch die Provence begegneten ihm die Menschen beinahe ebenso feindselig wie damals, als er Richtung Süden nach Elba reiste und sich in einer erniedrigenden Verkleidung vor den Angriffen des Mobs schützen mußte. Doch all das änderte sich nach einer Begegnung südlich von Grenoble, wo ihm ein Bataillon des Königs den Weg versperrte. Napoleon ging bis auf Pistolenschußweite nach vorn, öffnete seinen Mantel und rief: «Soldaten, wenn einer von euch seinen Kaiser töten will – hier bin ich!» Als Antwort schallte ihm ein vielstimmiges «*Vive l'Empereur!*» entgegen.

Sein Marsch auf Paris wurde von Tag zu Tag triumphaler. Als er am 20. März in der Hauptstadt eintraf, gab es Hochrufe, aber die Grundstimmung war apathisch. Die Cafés waren geschlossen, die Straßen leer.

Über den Tuilerien wehte die weiße Bourbonenfahne im kräftigen Märzwind. Die Betten waren ungemacht, die Öfen noch warm nach dem hastigen Aufbruch des Königs. Im Schloßhof begrüßte eine jubelnde Menge den früheren Kaiser, holte ihn aus der Kutsche, und mehr getragen als gehend gelangte er die Eingangsstufen hinauf.

Bonapartistische Generäle und Offiziere auf Halbsold – alle Marschälle bis auf Ney und Soult waren unter den Bourbonen gegangen oder in den Ruhestand getreten – strömten bereits ins Schloß. Vom

Napoleon I., von Horace Vernet (Tate Gallery, London – Collection Viollet)

kaiserlichen Kabinett erschien nur Fouché; von der Familie Hortense und Lucien. Marie Louises Name wurde nicht einmal erwähnt. Fortunée Hamelin war da und mehrere von Napoleons Mätressen, so die Duchâtel, Mademoiselle George und die Gräfin Walewska, alle in formeller Hoftracht. Während die Damen und Herren auf den Kaiser warteten, entdeckten sie, daß die Bourbonenlilien auf den Teppichen nur über die kaiserlichen Bienen geklebt waren; sie verbrachten einige Zeit auf allen vieren, um die unerwünschten Embleme abzureißen.

An diesem Tag feierte der Kaiser einen seiner letzten Triumphe. «Schon als er die Treppe hinaufgetragen wurde», schrieb ein Beobachter, «herrschte auf den Gesichtern seiner Generäle und früheren Minister ebenso viel Angst wie Freude ... Er hatte kaum Platz genommen, als ihm Worte wie ‹Verfassung› und ‹Freiheit› entgegenschallten ... eine bittere Pille, die er mit Anstand schluckte.»

Eine seiner ersten Fragen nach der Rückkehr aus Elba richtete er an seinen Arzt. «Warum ließen Sie meine arme Josephine sterben?» «Sire», antwortete Dr. Corvisart, «ich glaube, sie starb an gebrochenem Herzen.» Obwohl sich bei der Autopsie eine Lungenentzündung und «brandige Angina» als Todesursache herausgestellt hatte, glaubte Napoleon diese Diagnose, die ähnlich lautete wie die von Josephines Arzt. «Die gute Josephine!» sagte Napoleon zu ihm. «Sie hat mich wirklich geliebt, nicht wahr?» «O ja, Sire, ich hörte sie sagen, wenn sie noch Kaiserin der Franzosen gewesen wäre, sie wäre in einer achtspännigen Kutsche durch Paris gefahren, mit ihrem Haushalt in voller Livree, um zu Ihnen nach Fontainebleau zu kommen und Sie nie zu verlassen.» «Sie hätte es getan, Monsieur. Sie war imstande, so etwas zu tun.»

Zwei Tage nach seiner Rückkehr sagte er zu Hortense, er wolle Malmaison besuchen. Sie konnte ihren Stiefvater nicht im Stich lassen, obwohl sie seine Rückkehr aus Elba in einem Brief an Eugène als eine Nachricht kommentierte, «die unser armes Frankreich in einen erbärmlichen Zustand versetzen wird». Es erforderte einigen Mut von Hortense, zu Napoleon in die Tuilerien zu kommen. Sie riskierte nicht nur, daß er ihr Vorwürfe machte, sondern auch den Verlust ihrer Apanage im Fall einer Rückkehr des Königs; und es waren schon sarkastische Bemerkungen gefallen wegen des Titels, den ihr Ludwig XVIII. verliehen hatte.

In Malmaison ging Napoleon allein in das Zimmer hinauf, in dem Josephine gestorben war. Als er zurückkam, sah Hortense, daß seine Augen feucht waren.

Auf die Nachricht hin, daß Napoleon von Elba geflohen sei und auf Paris zumarschiere, hatten sich die abtrünnig gewordenen Marschälle und Höflinge abgesetzt. Madame de Staël flüchtete wieder einmal in die Schweiz. Claire de Rémusat verbrannte ihre Tagebücher, die sie seit dem Konsulat geführt hatte; zwanzig Jahre später rekonstruierte sie sie aus dem Gedächtnis.

Thérésia de Caraman Chimay, frühere Tallien, versuchte in einem Brief an ihren Mann in Brüssel die Stimmung in Paris zu beschreiben:

«Alle, die ich kenne, sind fort. Die Menschen auf den Straßen bieten ein merkwürdiges Bild; einige tragen die weiße, andere die Trikolorenkokarde, ohne ein Wort zu wechseln und anscheinend weder schockiert noch erstaunt über diese verschiedenen Meinungskundgebungen. Nur Veilchensträuße [ein bonapartistisches Symbol] beweisen die Loyalität derer, die sie tragen ... Es ist, als würden die Pariser bei einem Theaterstück zusehen, dessen Ausgang sie kennen und das sie persönlich nichts kostet.»

Die Pariser trauerten den Bourbonen keineswegs nach. Napoleon konnte sich der Armee sicher sein und des «Pariser Pöbels», wie er sich ausdrückte; beide waren dem König gegenüber abweisend geblieben. Aber in jeder Familie herrschte die Angst vor neuen Einberufungen. Napoleon erkannte bald, daß er sich auf Elba irreführen ließ von Berichten, er könne mit einem herzlichen Empfang rechnen, weil die alten Soldaten in den Cafés murrten und der neue König darauf bestand, die ruhmreiche Trikolore durch die weiße Bourbonenflagge zu ersetzen. Rufe wie «Nieder mit den Priestern!» und «Die Guillotine für die Aristokraten!» waren wesentlich häufiger zu vernehmen als Hochrufe für den Kaiser. «Sie ließen mich kommen, genauso wie sie den anderen Burschen gehen ließen», sagte er. Statt ein «gekrönter Robespierre» zu werden, zog er es vor, seinem Regime einen liberalen Anstrich zu geben. Auf Elba war er zu dem Schluß gelangt, daß «ihn nicht die Herrscherkoalition, sondern liberale Ideen» gestürzt hatten, und «wenn Pressefreiheit und eine parlamentarische Regierung für die Franzosen notwendig sind», sollten sie beides haben.

Joseph Fouché war von Ludwig XVIII. wieder zum Polizeiminister ernannt worden, und er blieb es auch unter Napoleon. Der Kaiser wies ihn an, Benjamin Constant de Rebecque, eine Ikone der Liberalen, für die Mitarbeit an einer neuen Verfassung zu gewinnen. Der neue Verfassungsentwurf wurde durch ein Referendum gebilligt, aber er gefiel weder den Bonapartisten noch den Liberalen. Zögernd akzeptierte der Kaiser eine aus zwei Kammern bestehende Versammlung, eine freie Presse und die Abschaffung der Zensur. Damit glaubte er das Problem der liberalen Opposition im Land gelöst zu haben. Auf St. Helena gab er zu, daß er «beabsichtigte, die Kammern zum Teufel zu jagen, sobald ich siegreich und sicher war».

Die Tuilerien fand man zu pompös für einen künftigen konstitutionellen Monarchen, und so zog der Kaiser in den Elyséepalast um, den er einst Josephine geschenkt hatte. Madame de Staël durfte nach

Frankreich zurückkehren, denn Napoleon brauchte sie als liberales Aushängeschild. Barras und Lafayette wurden Posten in der neuen Regierung angeboten; Lafayette nahm an, obwohl er an den amerikanischen Präsidenten Thomas Jefferson schrieb, wäre da nicht Napoleon, könnte der Krieg noch abgewendet werden.

Seit September 1814 tagte der Wiener Kongreß mit dem Ziel, in Europa einen stabilen Frieden herzustellen. Nach Napoleons Flucht von Elba erklärten die vier großen Mächte England, Rußland, Österreich und Preußen einstimmig nicht Frankreich, sondern Napoleon den Krieg, weil er den Frieden gebrochen habe. Die vier Länder vereinbarten, je ein Kontingent von 50 000 Mann zu stellen, bis der Friede in Europa wiederhergestellt sein werde. Talleyrand, der sein Land auf dem Kongreß vertrat, war zum Vermittler zwischen den Staatsmännern der gegnerischen Mächte Napoleons geworden; die gemeinsame Kriegserklärung war seine Idee.

Fouché war der gleichen Meinung wie Talleyrand. Frankreich mußte vor einem neuen Bürgerkrieg bewahrt werden, und Napoleon würde gehen müssen. Privat äußerte er: «Der Mann ist noch wahnsinniger als bei seiner Abreise nach Elba; er wird sich keine vier Monate halten.» Fouché blieb ohne Napoleons Wissen ständig in Kontakt mit Ludwig XVIII., der nach Holland geflüchtet war, und mit Talleyrand und Metternich in Wien. Cambacérès berichtete, daß Fouché in jenen Wochen so zahlreiche Äußerungen der Zuneigung von Talleyrand erhielt, «daß ihm natürlich angst und bange wurde».

Anfang Juni standen die alliierten Armeen im Norden, Osten und Südosten des Landes zum Angriff bereit. In der Umgebung des Kaisers fiel auf, daß eine Art Gleichgültigkeit und sogar Resignation an die Stelle seiner früheren Entschlossenheit getreten war. Das französische Heer hatte die besseren Chancen, wenn es sofort angriff. Wellington stand in Brüssel mit nur zehntausend Soldaten, und es war unbedingt notwendig zuzuschlagen, bevor sich ihm die in Holland und Belgien einberufenen Truppen und die Preußen unter General Blücher anschließen konnten. Doch Napoleon zögerte. Am 12. Juni schrieb Thérésia an ihren Mann: «Der Kaiser reiste heute um vier Uhr nachmittags ab. Es regnet ununterbrochen, und alle unsere Blumen sind in der Knospe verfault.» Der Regen setzte sich im Nordosten fort und verwandelte die Felder um Brüssel in Schlamm.

Als der Kaiser aufbrach, war er bester Laune im Vertrauen auf seinen Plan, Wellington und Blücher getrennt zu schlagen, und auf die beste Armee, die er seit Austerlitz befehligte. Einzig das frühere Oberkommando fehlte, denn die Mehrheit der Marschälle hatte dem König den Treueid geschworen. Nur Ney und Soult waren zu Napoleon zurückgekehrt. Auf dem Weg nach Belgien reiste er in einer gepanzerten Reisekutsche; in seinem Gepäck befanden sich ein Siegesbulletin, seine Prunkroben und eingenäht in seinen Mantel Diamanten im Wert von einer Million Francs.

Am 18. Juni standen sich die gegnerischen Heere in der Nähe des Dorfes Waterloo südlich von Brüssel gegenüber. Es war klar, daß die bevorstehende Schlacht über das Schicksal Europas entscheiden würde. Wellington hatte inzwischen in größter Eile mit seinen englischen, holländischen und belgischen Truppen feste Stellungen bezogen. Einige seiner Offiziere waren bis drei Uhr morgens auf einem Ball gewesen und hatten nicht einmal Zeit gehabt, sich umzuziehen. Blücher, der am 17. Juni bei Ligny von den Franzosen überrumpelt worden war, seine Streitkräfte jedoch wieder sammeln konnte, befand sich mit seinen Preußen noch fast einen Tagesmarsch entfernt.

Die Schlacht tobte den ganzen Tag und blieb unentschieden bis zum späten Nachmittag. Um sechs Uhr dreißig trafen die Preußen ein. Um sieben Uhr dreißig warf Napoleon die Garde, die er in Reserve gehalten hatte, in die Schlacht, um die Linie der Alliierten zu durchbrechen, bevor noch mehr Preußen anrückten. Die fünf Gardebataillone wurden von vorne von einer Anhöhe aus durch die Engländer beschossen; auf dem rechten Flügel griff die inzwischen eingetroffene preußische Kavallerie unter Zieten an, und im Rücken der Garde tauchten die Hannoveraner auf. Plötzlich ertönte über dem Lärm des Artilleriefeuers, der dröhnenden Trommeln und Märsche spielenden Militärkapellen ein Ruf, der sich über das ganze Schlachtfeld fortsetzte: «Die Garde weicht!» Die unbesiegbare Garde! Drei noch übrige Bataillone der Alten Garde versuchten vergeblich, den Rückzug zu decken.

Als es über dem rauchenden Schlachtfeld dunkel wurde, stieg Napoleon in seinen Reisewagen und fuhr im Eiltempo nach Paris zurück. Unterwegs verfaßte er seinen letzten Heeresbericht, in dem er behauptete, die Schlacht bei Waterloo sei bereits gewonnen gewesen, «bis eine plötzliche Welle der Panik über das gesamte Schlachtfeld hereinbrach». Bei Morgengrauen traf er im Elyséepalast ein. Caulaincourt half ihm aus der Kutsche. Anfangs konnte er fast nicht sprechen und wirkte wie gelähmt. Dann, so berichtete Constant, «sprach er mit erstaunlicher Ruhe und völliger Gleichgültigkeit von seiner Situation», obwohl er eine weitere große Armee verloren hatte.

Wie nach dem Rückzug aus Moskau und in Fontainebleau, als er zum erstenmal zur Abdankung gezwungen wurde, flüchtete er sich in Phantasien. Zuerst sprach er davon, den Widerstand des Volkes gegen die Invasoren zu organisieren. Doch darauf ließen sich die Kammern nicht ein. Sie bestanden zum Wohl des Volkes auf der Abdankung des Kaisers; denn Friedensverhandlungen, das hatten die Alliierten klargemacht, würde es nicht geben, solange er an der Macht war. Napoleon zögerte mehrere Tage und versuchte, eine Regentschaft für Marie Louise und den König von Rom auszuhandeln. Dann schlug er Fouché vor, der jetzt Präsident einer neuen provisorischen Regierung war, ihn nach seiner zweiten Abdankung in die Regierung aufzunehmen.

Fouché antwortete, er werde ihn festnehmen lassen, wenn er das Land nicht sofort verlasse; seine Anwesenheit in Paris mache Friedensverhandlungen unmöglich. Außerdem marschierten britische und preußische Streitkräfte ungehindert auf die Hauptstadt zu, und General Blücher hatte gedroht, Napoleon gefangenzunehmen und unter den gleichen Umständen und am selben Ort erschießen zu lassen wie den Duc d'Enghien.

Napoleon konnte sich nicht entscheiden, ob er sich den Briten ausliefern – er bewundere ihre Verfassung, war seine unerwartete Begründung – oder in der Neuen Welt Zuflucht suchen sollte. Auf seine Bitte hin ließ Fouché im Hafen von Rochefort zwei Fregatten bereitstellen für ihn und sein Gefolge, besorgte Pässe für Amerika und erklärte Napoleon, wenn er sich sofort auf den Weg machte, hätte er eine gute Chance, die britische Blockade zu durchbrechen. Nachdem Fouché auch Wellington über Napoleons Fluchtpläne informiert hatte, scheint er entschlossen gewesen zu sein, den Kaiser unter allen Umständen loszuwerden.

Napoleon zögerte noch immer, bald optimistisch, bald völlig apathisch. Schließlich, nach nur einhundert Tagen in Frankreich, bestellte er Hortense, seine Mutter, Marie Walewska und ihren Sohn sowie den Sohn der Denuelle nach Malmaison. Am 25. Juni verließ er den Elyséepalast durch ein Gartentor und fuhr zum letzenmal über die Champs-Elysées und durch den noch nicht fertiggestellten Arc de Triomphe.

Als er den Park von Malmaison betrat, waren seine ersten Worte:

«Meine arme Josephine! Ich sehe sie noch, wie sie die Wege entlanggeht und die Rosen pflückt, die sie so liebte ... Wir hatten nie wirklich Streit, ausgenommen wegen ihrer Schulden.» Und später sagte er zu Hortense: «Sie war das verführerischste, das bezauberndste Wesen, das ich je gekannt habe, eine Frau im wahrsten Sinn des Wortes, flatterhaft, munter und mit dem gütigsten Herzen der Welt.»

Er blieb fünf Tage in Malmaison, wo ihn alles im Haus an die frühen Tage ihres Zusammenlebens erinnerte. In Josephines Schlafzimmer hing noch der Duft ihres Parfüms, Gemälde aus der Rue de la Victoire stapelten sich im Speicher, und überall, auf Möbeln, Teppichen und Polstern, waren Schwäne abgebildet, ihr Emblem, das sie in jenem berauschenden italienischen Sommer für sich gewählt hatte. Schwäne mit ausgebreiteten Schwingen trugen das Bett, auf dem sie starb.

Dann erhielt er von Fouché die Nachricht, die preußische Vorhut befinde sich bereits in Versailles, und eine von Blücher entsandte Truppe, die den Auftrag hatte, ihn tot oder lebend zu fassen, sei nur aufgehalten worden, weil Davout befohlen habe, die Brücke in der Nähe von Malmaison zu sprengen.

Es gab einen tränenreichen Abschied. Marie Walewska erbot sich, Napoleon ins Exil zu begleiten, doch schließlich stieg er allein in die schlichte gelbe Kutsche, die ihn mit einer berittenen Eskorte am Tor erwartete. Über Nebenstraßen erreichte er am 2. Juli Rochefort an der Atlantikküste. Dort schlossen sich ihm einige Offiziere an, die sein Exil mit ihm teilen wollten, sowie die Bertrands und Joseph Bonaparte mit seiner Familie. Es wurde hin und her überlegt, in welche Richtung die Weiterreise gehen sollte. Während Napoleon zögerte, drängte Joseph dazu, die englische Blockade zu durchbrechen und nach Amerika zu fahren.

Am 16. Juli – Ludwig XVIII. war eine Woche zuvor nach Paris zurückgekehrt und mit «frenetischem Beifall» begrüßt worden –, entschloß sich Napoleon, an Bord eines britischen Kriegsschiffs zu gehen. Josephs Angebot, die Rollen zu tauschen – ihre Ähnlichkeit war verblüffend –, um zu entkommen und als reicher Farmer in der Neuen Welt zu leben, lehnte er nach einiger Überlegung ab. Er entschied sich für einen Auftritt nach klassischem Vorbild. In voller Uniform und mit dem großen Orden der Ehrenlegion, gefolgt von seinen Offizieren, sechzig Dienern und einer großen Menge Silber aus dem Elysée präsentierte er sich dem britischen Schiffskapitän. In einem Brief an den Prinzregenten in London hatte er geschrieben, er vertraue sich «der Gastfreundschaft des englischen Volkes» an.*

Erst an Bord der *Bellerophon* erfuhr Napoleon, daß er England nicht betreten durfte, sondern als Kriegsgefangener der Alliierten zunächst auf ein anderes Schiff und dann in sein endgültiges Exil gebracht werden solle.

Eine englische Dame, die beobachtete, wie Napoleon am 9. August vor Plymouth auf das andere Schiff umstieg, schrieb an eine Freundin: «Ich habe Bonaparte deutlich gesehen. Ich war mindestens drei Minuten ganz in seiner Nähe ... er ähnelt keinem menschlichen Wesen, das ich je gesehen habe ... Er steht abseits der übrigen Menschheit ... Er hat nicht das geringste militärische oder königliche Flair, aber etwas, das größer ist, beeindruckender, außergewöhnlicher ... Er scheint völlig unempfänglich für menschliche Empfindsamkeit oder menschlichen Schmerz – doch er ist wundervoll ... Madame Bertrand hat tatsächlich versucht, sich ins Meer zu stürzen [als sie erfuhr, daß ihr Ziel eine abgelegene Insel im südlichen Atlantik war] ... Während Napoleon umstieg, herrschte eine unheimliche Stille, man hätte eine Stecknadel ins Meer fallen hören können.»

An Bord des Schiffes, das ihn nach St. Helena brachte, wirkte Napoleon unverändert gutgelaunt. Nachdem er während der zehnwöchigen Überfahrt schon mehrere Kapitel seiner Memoiren diktiert hatte, bemerkten seine Begleiter eine ungewöhnliche Veränderung an ihm, eine neue Heiterkeit. Er hatte erkannt, daß er jetzt seine einzige bleibende Eroberung machen würde – die napoleonische Legende.

* Napoleons Begleiter schienen damit gerechnet zu haben, in «einem komfortablen Landhaus untergebracht zu werden», einer der Offiziere soll sich sogar erkundigt haben, welche Auszeichnungen sie erwarten könnten.

Epilog

Was wäre Napoleons Legende gewesen ohne das Exil, in dem etwas entstand, das als «die faszinierendste und gekonnteste Apologie» beschrieben wurde?

Über dreißig Personen begleiteten Napoleon ins Exil: General Las Cases und sein Sohn, General Gourgaud, General Montholon mit Frau und Kind sowie General Bertrand mit Frau und zwei Kindern. Alle diese Familien hatte mehrere Domestiken. Zu Napoleons Haushalt gehörten ein Maître d'hôtel, drei Kammerdiener, ein Kaplan, ein Arzt, ein Pförtner, ein Lakai, zwei Köche, ein Konditor, ein Kutscher und ein Pferdeknecht. Alle vier Generäle veröffentlichten später ihre Tagebücher, die den Grundstein legten für die napoleonische Legende.

Der Tagesablauf auf der fernen Vulkaninsel im Atlantik wurde mit der für Napoleon typischen Gründlichkeit organisiert, schon bevor der frühere Kaiser in das für ihn vorgesehene Haus oder die Offiziere in ihre Unterkünfte ziehen konnten. Er begann schon morgens in der Laube seiner vorübergehenden Gastgeber zu diktieren oder besser einen nie endenden Monolog zu halten. Mittlerweile wurde ein Bauernhaus für ihn umgebaut, die von Diamanten umrahmten Familienportraits aufgehängt, das Sèvres-Porzellan mit Darstellungen französischer Siege ausgepackt und die vergoldeten Toilettengegenstände angeordnet. Ein Billardtisch wurde aufgestellt, das eiserne Feldbett des Kaisers mit grünen Taftvorhängen sowie Bücherregale für die aus zweitausend Bänden bestehende Bibliothek, die Napoleon mitgenommen hatte und die regelmäßig ergänzt wurde.

Von Anfang an wahrte die kleine Gesellschaft auf St. Helena die strengste Etikette. Beim Diner brannten Kerzen in den silbernen Kandelabern, und die Diener servierten in der grünen, mit silberner

Litze besetzten Livree der Tuilerien. Die Generäle trugen Uniform, die Damen die vorgeschriebenen Abendkleider, die vom Kaiser wie einst am Hof gelegentlich scharf kritisiert wurden.

Die tägliche Routine blieb immer gleich, zumindest bis sich Napoleons Gesundheitszustand verschlechterte. Nachdem die Kammerdiener den Kaiser – er wurde nie anders genannt – mit Eau de Cologne eingerieben und angekleidet hatten, diktierte er auf und ab gehend bald dem einen, bald dem anderen General die Geschichte seiner Feldzüge, seiner Außen- und Innenpolitik, und erläuterte die zugrundeliegende politische Philosophie. Napoleon wirkte auf seine Gefährten nahezu erleichtert durch diese veränderten äußeren Umstände. Er hatte Frankreich auf dem absoluten Tiefpunkt seines Ansehens verlassen, als man ihn am häufigsten mit Attila und Dschingis-Khan verglich. In ganz Europa verband sich mit ihm die Erinnerung an Tod und Zerstörung, und das besiegte Frankreich war auf die Grenzen von 1792 reduziert. Jetzt hatte er die Gelegenheit, sein Leben und seine Taten mit seinen eigenen Worten darzustellen und damit seine letzte Schlacht zu gewinnen, die das Urteil der Nachwelt bestimmen würde. «Es gibt keine Unsterblichkeit», hatte er einmal geschrieben, «außer der Erinnerung, die man im Gedächtnis der Menschen zurückläßt.»

Las Cases' *Le Mémorial de Sainte-Hélène,* Napoleons offizielle Biographie, wurde 1823 in Frankreich als die erste der St. Helena-Memoiren veröffentlicht, und es war auch die einflußreichste. Mit dem *Mémorial* begann der Napoleonkult, der dazu beitrug, daß Louis Napoleon in der Mitte des Jahrhunderts auf den Thron kam. Er fand ein großes Echo in der neuen romantischen Bewegung; für Schriftsteller wie Hugo, Balzac, Puschkin, Byron, Dumas und Chateaubriand wurde Napoleon zum romantischen Helden. Stendhal, der einst gegen die Unterdrückung des Kaisers protestiert hatte, ließ seinen Helden in *Rot und Schwarz* das *Mémorial* als «den Leitfaden meines Lebens, den Gegenstand meiner entzückten Bewunderung» preisen. Die Schlachten des Kaisers – sogar der Rußlandfeldzug – wurden Themen sentimentaler Balladen wie nie zuvor während Napoleons Kaiserzeit.

Nachdem Las Cases die Insel mit dem edlen *Mémorial* im Gepäck verlassen hatte, setzte der Kaiser seine stundenlangen Diktate fort. Manchmal diktierte er den drei verbliebenen Generälen gleichzeitig, die trotzdem bei der Niederschrift seiner Monologe kaum mitkamen. Man könnte fast sagen, daß er bis zum endgültigen Verfall seiner Gesundheit sechs Jahre lang nur selten nicht geredet hat. Da er seinen unaufhörlich arbeitenden Geist nicht abstellen konnte, mußten seine Gefährten oft bis spät nach Mitternacht bei ihm bleiben, während er auf seinem Feldbett hinter vorgezogenen Gardinen Selbstgespräche führte.

Während seiner Krankheit in den letzten zwei Jahren fehlte seinen Diktaten mehr und mehr der Zusammenhang. Er vermutete, daß er an der gleichen Krankheit sterben werde wie sein Vater. Doch an manchen Tagen leerte er weiterhin die verschiedenen Schubladen seines Gehirns, wie er sich ausdrückte. Mit seinem erstaunlichen Gedächtnis konnte er über jede Aktion, jeden Schlachthergang, jeden Aspekt seiner Feldzüge berichten; er schilderte präzis seine Ansichten über die Marschälle, seine Familie, über alte Geschichte, Religion, Psychologie, Militärtechnik, nur von seinen wirklich großen Taten wie dem *Code Civil* oder den eindrucksvollen Leistungen seiner Verwaltung sprach er fast nie.

Sowohl Montholon als auch Gourgaud veröffentlichten ihre Memoiren nach Napoleons Tod. Das lebendigste Bild sowohl von Napoleons geistiger Verfassung als auch von seinem Leben auf der Insel vermitteln jedoch die *Cahiers* von Bertrand.

Bertrand schrieb in einer selbst erfundenen Kurzschrift, die erst Mitte dieses Jahrhunderts entziffert wurde. Leidenschaftslos berichtet er von den Äußerungen des Kaisers über Menschen und Ereignisse, die im offiziellen Diktat nicht vorkommen; von den Streitigkeiten und Eifersüchteleien des kleinen Hofs auf St. Helena, vom Wetter, den Picknicks, der unterschiedlichen Qualität des Champagners oder Burgunders; den Neuigkeiten aus den britischen Zeitungen, die sie aus London erhielten, vom Gesundheitszustand seiner Frau und vor allem von dem Napoleons. In den letzten Jahren berichtete er haarklein über den erbärmlichen Krankheitsverlauf des Kaisers, sein Erbrechen, seinen Ausschlag und seine Durchfälle.

Durch Bertrand erfahren wir vieles über die sorgfältig inszenierte Propaganda, die von St. Helena ausging, die Entstellung von Fakten und Ereignissen und vom Zynismus in Napoleons Bemerkungen über das französische Volk, über Religion und Moral.

Im *Mémorial* wird Marie Louise manchmal erwähnt; Josephine ganz selten. Doch privat sprach Napoleon oft mit Bertrand und Gourgaud über seine Frauen und Mätressen.

Apotheose. Mitte des 19. Jahrhunderts, auf der Höhe der napoleonischen Legende, hatte Josephine die Habsburgerin Marie Louise verdrängt, die hier zwischen Napoleon und dem König von Rom dargestellt ist. (Private Sammlung – Philip Charles)

«Ich habe nie geliebt, nicht wirklich, höchstens vielleicht Josephine – ein wenig –, und das, weil ich siebenundzwanzig war, als ich sie kennenlernte.» Er sagte, er habe sie geheiratet, weil sie ihm vorgaukelte, sie besitze ein großes Vermögen, aber wie sich herausstellte, war nichts davon wahr. «Ich habe sie tatsächlich geliebt, aber ich schätzte sie nicht, sie hat zu viel gelogen, aber sie hatte ein gewisses unwiderstehliches Etwas ..» Und nach ein paar erotischen Erinnerungen fuhr er fort: «Ich schätzte Marie Louise weit mehr, obwohl ich sie vielleicht weniger liebte als Josephine, deren Benehmen nicht gerade vorschriftsmäßig war. Aber sie hing sehr an mir, und es gefiel mir, daß sie mich nie verlassen wollte.»

Nachdem er einige Josephine-Memoiren von zweifelhafter Herkunft gelesen hatte, sagte er zu Bertrand, er könnte einige Irrtümer, die darin vorkamen, korrigieren. Josephine habe zum Beispiel nie versucht, sich für Enghien einzusetzen. «Sie war immer nur auf ihr eigenes Wohl bedacht, sie bat nie um etwas, nicht einmal für ihren Sohn ... In der Italienarmee habe ich ihre Briefe geöffnet – Sie wissen, daß das etwas ist, was ich oft tue – und erfuhr, daß sie Wechsel über drei- oder viertausend Ecus verschickte, um ihre Schulden zu bezahlen. Sie hat mich bestohlen ... so war sie ihr Leben lang, immer Schulden, die sie immer verheimlichte, immer ableugnete.»

Gegenüber Gourgaud schilderte er seinen Eindruck von Josephine, als er sie das erste Mal sah – «damals eine der sympathischsten Frauen, voll anmutigen Charmes; eine Frau im wahrsten Sinne des Wortes ... Ihre erste Reaktion war immer, nein zu sagen, um Zeit zum Überlegen zu finden ... Nicht unbedingt eine Lüge, aber mehr eine Vorsichtsmaßnahme. Sie log beinahe ständig, aber geschickt.» Später fragte er: «Ich nehme an, es stimmt, daß sie mich zum Hahnrei gemacht hat?» Und Gourgaud konnte nur antworten: «Angeblich, Sire.»

Nachdem er Gourgaud seine erste Nacht mit Marie Louise beschrieben hatte, fügte er hinzu, obwohl er seine zweite Frau geliebt habe, glaube er, Josephine mehr geliebt zu haben. «Das war natürlich, wir hatten zusammen angefangen, und dann war sie *une vraie femme,* eine, die ich mir selbst ausgesucht hatte ... Ich hätte sie nie verlassen, wenn sie fähig gewesen wäre, ein Kind zu bekommen.»

Über die Frauen in seinem Leben äußerte er sich zunehmend verbittert. Sogar Marie Walewska kritisierte er vernichtend, als er erfuhr, daß sie wieder geheiratet hatte. Er hatte auch von der offenen Liaison Marie Louises mit einem Mann erfahren, den ihr Metternich als Kammerherrn zugeteilt hatte; trotzdem änderte er seine Anweisung nicht, daß sein Herz nach seinem Tod in einem versiegelten Sarg zu ihr nach Parma gebracht werden solle.

Ende April 1821, eine Woche, bevor Napoleon starb, schien er am frühen Morgen Josephine zu sehen. «Sie wollte mich nicht küssen», sagte er zu Montholon. «Sie stahl sich in dem Augenblick fort, als ich sie in die Arme nehmen wollte ... Sie hat sich nicht verändert, immer dieselbe, immer noch zärtlich zu mir. Sie sagte, wir würden uns bald wiedersehen, um uns nie mehr zu trennen.» Bertrand glaubte, die letzten Worte des Kaisers seien gewesen: «Wer weicht zurück? ... an der Spitze der Armee!» Und Montholon glaubte, er habe ihn murmeln hören: «Josephine.»

Stammbäume

Tascher de la Pagerie

Gaspard-Joseph ⚭ 1734 Françoise Boureau de la Chevalerie

Joseph-Gaspard
1735–1790
⚭
Rose-Claire des Vergers de Sannois
1736–1807

Robert-Marguerite, Baron Tascher
1740–1806

Marie-Euphémie-Désirée
1739–1803
⚭
(1) Alexis Renaudin, 1759
(2) François, Marquis de Beauharnais, 1796
(3) Pierre de Montardat, 1801

Marie Joseph Rose
Kaiserin Josephine
1763–1814
⚭
(1) Alexandre, Vicomte de Beauharnais, 1779
geschieden 1785
(2) Napoleon Bonaparte, 1796
Kaiser der Franzosen
geschieden 1810

Cathérine-Désirée
1764–1777

Marie-Françoise
1766–1791

Eugène-Rose
1781–1824
Fürst Eugène
Vizekönig von Italien
Herzog von Leuchtenberg

Hortense-Eugénie
1783–1837
Königin von Holland
Herzogin von Saint-Leu

Bonaparte

Carlo Maria Buonaparte ⚭ 1764 Letizia Ramolino
1746–1785 1750–1836

Joseph
1768–1844
König von Neapel
König von Spanien
⚭
Julie Clary

NAPOLEON
1769–1821
Kaiser der Franzosen
⚭
(1) JOSEPHINE DE BEAUHARNAIS,
1796
geschieden 1810
⚭
(2) Marie Louise von Österreich,
1810

SOHN
Napoleon François
König von Rom
1811–1832

weitere Kinder mit:

(3) Eléonore Denuelle de la Plaigne:
Léon Denuelle
1806–1881

(4) Gräfin Marie Walewska:
Alexandre Florian,
Graf Walewski
1810–1868

Lucien
1775–1840
⚭
(1) Christine Boyer
(2) Marie Jouberthon

Maria Anna Elisa
1777–1820
⚭
Großherzog der Toskana, Felix Baciocchi

Louis 1778–1846 *König von Holland*	PaolaMaria (Pauline) 1780–1825	Maria Annunziata (Caroline) 1782–1839 *Königin von Neapel*	Jérôme 1784–1860 *König von Westfalen*
⚭	⚭	⚭	⚭
Hortense Beauharnais	(1) General Emmanuel Leclerc Fürst Borghese	Joachim Murat *König von Neapel*	(1) Elizabeth Patterson (2) Katharina von Württemberg
KINDER Napoleon Charles 1802–1807 Napoleon Louis 1804–1831 Charles Louis Napoleon 1808–1873 *Napoleon III.*			

Literaturhinweise

Abrantès, Duchesse d', *Mémoires,* 4 Bde., Paris, Albin Michel, o. J.

Alméras, Henri, *Barras et son temps,* Paris, Albin Michel, o. J.

–, *La Vie parisienne sous la Révolution et le Directoire,* Paris, Albin Michel, o. J.

–, *La Vie parisienne sous le Consulat et l'Empire,* Paris, Albin Michel, o. J.

Arnault, Antoine V., *Souvenirs d'un Sexagénaire,* Paris, 1833.

Aronson, Theo, *Napoleon & Josephine,* Frankfurt/M., Fischer, 1992.

Aubert, Raymond, *Journal d'un bourgeois de Paris sous la Révolution,* Paris, France-Empire, 1974.

Audiger, M. G., *Souvenirs et anecdotes sur les comités révolutionnaires 1793–1795,* Paris, Auguste Mie, 1830.

Avrillon, Mademoiselle, *Mémoires de Mademoiselle Avrillon,* Paris, Mercure de France, 1969.

Babeau, Albert, *Paris en 1789,* Paris, Albin Michel, 1989.

Baczko, Bronislaw, *Comment sortir de la Terreur,* Paris, Gallimard, 1989.

Bainville, Jacques, *Le 18 Brumaire,* Paris, Hachette, 1925.

Barnett, Corelli, *Bonaparte,* London, Allen and Unwin, 1978.

Barras, Paul, *Mémoires de Barras, membre du Directoire,* 3 Bde., Paris, Hachette, 1895.

Barthou, Louis, *Le neuf Thermidor,* Paris, Hachette, 1926.

Bausset, Louis François Joseph, Baron de, *Mémoires anecdotiques sur l'intérieur du palais et sur quelque évènements de l'Empire,* Paris, Baudoin Frères, 1827–29.

Berry, Mary, *Voyages de Miss Berry à Paris, 1782–1836, traduits par Mme la Duchesse de Broglie,* Paris, A. Roblot, 1905.

Bertin, Ernest, *La Société du Consulat et de l'Empire,* Paris, Hachette, 1890.

Bertrand, Général, *Cahiers de Sainte Hélène,* Paris, Albin Michel, 1951–59.

Bessand-Massenet, Pierre, *La Fin d'une société,* Paris, Plon, 1952.

–, *Les Deux France,* Paris, Plon, o. J.

–, *Quand la France attendait Bonaparte 1794–1800,* Paris, Perrin, 1978.

Bessborough, Countess of, *Letters to Lord Gower,* Briefe, hrsg. v. Castalia, Countess Granville, London, John Murray, 1917.

Beugnot, Comte, *Mémoires du Comte Beugnot, 1779–1785,* Paris, Hachette, 1959.

Bibesco, Princesse, *Lettres d'une fille de Napoléon*, Paris, Flammarion, 1933.
Bizardel, Yvon, *Les Américains à Paris pendant la Révolution française*, Paris, Calmann-Levy, 1972.
Blanc, Olivier, *La dernière lettre*, Paris, Robert Laffont, 1984.
Bluche, Frédéric, *Septembre 1792, logique d'un massacre*, Paris, Ed. Robert Laffont, 1986.
Boigne, Comtesse de, *Mémoires*, Paris, Mercure de France, 1971.
Bonaparte, Lucien, *Mémoires de Lucien Bonaparte, Prince Canino, écrits par lui-même*, Paris, Gosselin, 1836.
Bonsal, Stephen, *The Cause of Liberty*, London, Michael Joseph, 1947.
Bord, Gustave, und Louis Bigard, *La Maison du «Dix-huit Brumaire»*, Paris, Hachette 1930.
Bordonove, Georges, *Napoléon*, Paris, Pygmalion, 1978.
Bouillé, Louis-Amour, Marquis de, *Souvenirs pour servir aux mémoires de ma vie et de mon temps*, Paris, P. Picard, 1906–11.
Bouloiseau, Marc, *Le Comité de salut public 1793–1795*, Paris, Presses Universitaires de France, 1962.
Bourgeat, J., Hg., *Napoléon: Lettres à Joséphine*, Paris, Guy Le Prat, 1941.
Bourrienne, Louis-Antoine, *Mémoires*, 5 Bde., Paris, Garnier, o.J.
Brault, Eliane, *La Franc-maçonnerie et l'émancipation des femmes*, Paris, Dervy, 1953.
Bredin, Jean-Denis, *Sieyès, La clé de la Révolution française*, Paris, Fallois, 1988.
Brett-James, Antony, *1812*, New York, St. Martin's Press, 1966.
Brinton, Crane, *The Anatomy of Revolution*, New York, Vintage, 1965.
–, *A Decade of Revolution*, New York, Harper and Row, 1963.
Broglie, Victor Duc de, *Souvenirs, 1785–1870*, Paris, C. Lévy, 1886.
Bryant, Arthur, *The Age of Elegance 1812–1822*, London, Collins, 1950.
Cabanis, José, *Le Sacre de Napoléon*, Paris, Gallimard, 1970.
Carlyle, Thomas, *The French Revolution*, London, James Fraser, 1839.
Castelnau, Jacques, *Madame Tallien*, Paris, Hachette, 1937.
–, *Les Grands jours de la Convention 1792–1793*, Paris, Hachette, 1950.
Castelot, André, *Bonaparte*, Paris, Académique Perrin, 1967.
Caulaincourt, Louis de, Duc de Vicence, *Mémoires*, Paris, Plon, 1933.
Challamel, Augustin, *Les Clubs contre révolutionnaires*, Paris, Editions L. Cerf, 1895.
Chanson, P., *Lafayette et Napoléon*, Lyon-Paris, Les Editions de Lyon, 1958.
Chardigny, Louis, *L'Homme Napoléon*, Paris, Perrin, 1987.
Chastenay, Comtesse Victorine de, *Mémoires*, Paris, Plon, 1896.
Chateaubriand, René de, *Erinnerungen von jenseits des Grabes*, München, ars una, 1994.
Chevallier, Bernard, und Christophe Pincemaille, *Kaiserin Joséphine*, München, Heyne, 1991.
Chimay, Princesse de, *Madame Tallien*, Paris, Plon, 1936.
Chuquet, Arthur, *La Jeunesse de Naploléon*, 3 Bde., Paris, Collin, 1897.
Cobb, Richard, *Death in Paris, 1795–1801*, Oxford, Oxford University Press, 1978.
–, *The People's Armies*, New Haven, Yale University Press, 1987.

–, *Terreur et subsistances 1793–1795*, Paris, Clavreuil, 1964.
Cobban, Alfred, *The Social Interpretation of the French Revolution*, New York, Cambridge University Press, 1964.
Coignet, Capitaine, *Les cahiers du capitaine Coignet, publiés d'après le manuscrit original par Loredan* (1776–1850), Paris, Hachette, 1883.
Colbert, Marquis Auguste de, *Traditions et souvenirs touchant le temps et la vie du Général Auguste Colbert par le Marquis de Colbert*, Paris, Didot Frères, 1863–73.
Cole, Hubert, *Josephine*, New York, Viking, 1963.
Constant, Benjamin, *Mémoire sur les cent jours*, Paris, Beschut, 1820, 1822.
Constant, Louis, *Mémoires de Constant, premier valet de chambre de Napoléon Ier*, Paris, Albin Michel, 1909.
Cooper, Alfred Duff, *Talleyrand*, London, Jonathan Cape, 1932.
Correspondance de Napoléon Ier rassemblée dans les ouvrages publiés par les soins de Napoléon III (1858–69).
Coston, Baron François Gilbert de, *Biographie des premières années de Napoléon Bonaparte*, Paris et Valence, Marc Aurèle Frères, 1840.
Cronin, Vincent, *Napoleon*, München, Heyne, 1983.
Dauban, C. A., *La Démagogie en 1793 à Paris*, Paris, Plon, 1868.
–, *Paris en 1794 et en 1795*, Paris, Plon, 1868.
Davout, Maréchal Louis-Nicolas, Duc d'Auerstädt et Prince d'Eckmühl, *Correspondance*, Paris, Plon-Nourrit, 1885.
Despatys, Baron, *La Révolution, la Terreur, le Directoire 1791–1799*, Paris, Plon, 1909.
Diaz-Plaja, Fernando, *Teresa Cabarrus*, Barcelona, Olimpo, 1943.
Doyle, William, *The Oxford History of the French Revolution*, Oxford, Oxford University Press, 1989.
Ducrest, Georgette, *Mémoires sur l'Impératrice Joséphine*, 3 Bde., Paris, L'Advocat Libraire, 1828.
Espinchal, Comte H. d', *Journal d'emigration*, Paris, Perrin, 1912.
Estré, Henry d', *Bonaparte, Les Années obscures*, Paris, Plon, 1942.
Fain, Baron, *Mémoires*, Paris, Plon-Nourrit, 1908.
Fauville, Henri, *La France de Bonaparte vue par les visiteurs anglais*, Aix-en-Provence, Edisud, 1989.
Faÿ, Bernard, *L'Esprit révolutionnaire en France et aux Etats-Unis*, Paris, Edouard Champion, 1925.
Fezensac, R. P., Duc de Montesquiou Fezensac, *Journal de la campagne de Russie en 1812*, Tours, A. Mame, 1849.
Fisher, H. A. L., *A History of Europe*, New York, Houghton Mifflin, 1936.
Forneron, H., *Histoire générale des emigrés*, 3 Bde., Paris, E. Plon, Nourrit, 1884.
Fort, Bernadette, *Fictions of the French Revolution*, Evanston, Ill., Northwestern University Press, 1991.
Fouché, Joseph, *Mémoires*, Paris, Tournon et Nouvelles, 1957.
Frénilly, Baron de, *Souvenirs du Baron de Frénilly*, Paris, Plon-Nourrit, 1909.
Furet, François, und Denis Richet, *Die französische Revolution*, Frankfurt/M., Fischer, 1993.

Gallet, Michel, *Paris Domestic Architecture of the 18th Century*, London, Barrie & Jenkins, 1972.
Gaubert, Henri, *Le Sacre de Napoléon Ier*, Paris, Flammarion, 1964.
Gavoty, André, *Les amoureux de l'Impératrice Joséphine*, Paris, Librairie Arthèmè Fayard, 1961.
Gaxotte, Pierre, *Paris au XVIIIe siècle*, Paris, B. Arthaud, 1968.
Gay, Sophie, *Salons célèbres*, Paris, Michel Lévy, 1864.
Gayot, André, *Fortunée Hamelin*, Paris, Emile-Paul, o.J.
Gershoy, Leo, *The Era of the French Revolution 1789–1799*, Princeton, Van Nostrand, 1957.
Girardin, Stanislas de, Vicomte d'Ermenonville, *Mémoires*, Paris, Moutardier, 1829.
Girod de l'Ain, Gabriel, *Désirée Clary*, Paris, Hachette, 1959.
Godechot, Jacques, *The Counter-Revolution, Doctrine and Action 1789–1804*, London, Routledge and Kegan Paul, 1972.
Goncourt, E. und J., *Histoire de la Société française pendant le Directoire*, Paris, l'Académie Goncourt, o.J.
Gourgaud, General Gaspard, *Journal inédit de 1815 á 1818*, Paris, Flammarion, 1899.
Greatheed, Bertie G., *An Englishman in Paris, 1803*, London, Geoffrey Bles, 1953.
Gronow, Captain, *The Reminiscences and Recollections of Captain Gronow*, London, The Bodley Head, 1964.
Guerrini, Maurice, *Napoléon et Paris*, Paris, P. Tequi, 1967.
Guillemin, Henri, *Madame de Staël, Benjamin Constant et Napoléon*, Paris, Plon, 1959.
Hamelin, Antoine R., *Douze ans de ma vie. Revue de Paris*, November 1926 und Januar 1927.
Hampson, Norman, *A Cultural History of the French Revolution*, London, Routledge and Kegan Paul, 1963.
Hanoteau, Jean, *Le Ménage Beauharnais*, Paris, Plon, 1935.
Harten, Elke, und Hans-Christian Harten, *Frauen – Kultur – Revolution 1789–1799*, Pfaffenweiler, Centaurus, 1988.
Hastier, Louis, *Le grand amour de Joséphine*, Paris, Corea Buchet/Chastel, o.J.
Héricault, C. d', *La Révolution de Thermidor*, Paris, Didier, 1876.
Herold, J. Christopher, *The Age of Napoleon*, Middlesex, England, Penguin Books, o.J.
–, *The Mind of Napoleon*, Translated by J. Christopher Herold, New York, Columbia University Press, 1955.
–, *Mistress to an Age: A Life of Madame de Staël*, New York, Bobbs-Merrill, 1958.
–, *Bonaparte in Egypt*. London, Hamish Hamilton, 1962.
Holland, Henry Edward Fox, Fourth Baron, *Journal, 1818–1830*, London, Thornton Butterworth, 1923.
Honour, Hugh, *Neo-Classicism*, Middlesex, England, Penguin Books, 1968.
Horne, Alistair, *Napoleon: Master of Europe 1805–1807*, London, Butter and Tanner, 1979.

Hortense, Reine, *Mémoires de la reine Hortense, publiés par le prince Napoléon,* Paris, Plon, o.J. (Déposé Bibliothèque Nationale, 1928).
Hyde de Neuville, Baron Jean Guillaume, *Mémoires et souvenirs, publiés par la Vicomtesse de Bardennet,* Paris, Plon-Nourrit, 1888, 1890, 1892.
Ivray, Jehan d', *La Lombardie au temps de Bonaparte,* Paris, 1919.
Janssens, Jacques, *Joséphine de Beauharnais et son temps,* Paris, Berger-Levrault, 1963.
Kelly, Linda, *Women of the French Revolution,* London, Hamish Hamilton, 1987.
Knapton, Ernest John, *Empress Josephine,* Cambridge, Harvard University Press, 1963.
Kotzebue, Auguste, *Souvenirs de Paris en 1804,* 2 Bde., Paris, Chaignieau Aîné, 1805.
Kunstler, Charles, *La Vie privée de l'Impératrice Joséphine,* Paris, Hachette, 1939.
Lachouque, Commandant H., *Bonaparte et la cour consulaire,* Paris, Bloud and Gay, 1958.
Lachouque, Henri, und Anne S. K. Brown, *The Anatomy of Glory: Napoleon and His Guard,* London, Lund Humphries, 1961.
Lacretelle, Jean-Charles-Dominique de, *Histoire de la révolution Française,* Paris, Treuttel et Würtz, 1821–26.
Lamothe-Langon, Comte de, *Les après-diners de Cambacérès,* Paris, Editions Fournier-Valdes, 1946.
Las Cases, Emmanuel, Comte de, *Mémorial de Sainte Hélène,* Paris, Pleïade, 1948.
La Tour du Pin, Marquise de, *Mémoires d'une femme de cinquante ans,* Paris, Chapelot, 1914.
Laver, James, *The Age of Illusion, Manners and Morals, 1750–1848,* New York, McKay, 1972.
Lees-Milne, James, *The Age of Adam,* London, B. T. Batsford, 1947.
Lefebvre, G., *Les Thermidoriens,* Paris, Armand Colin, 1937.
Lezay-Marnesia, M. de, *Souvenirs,* Blois, Dezairs, 1857.
Lucas-Dubreton, J., *Le Culte de Napoléon, 1815–1848,* Paris, Albin Michel, 1960.
Lurie, Alison, *The Language of Clothes,* New York, Random House, 1981.
MacDonell, A. G., *Napoleon and His Marshals,* New York, MacMillan, 1934.
Madelin, Louis, *La Révolution,* Paris, Hachette, 1938.
Mallet du Pan, Jacques, *Mémoires et correspondance pour servir à l'histoire de la révolution française,* Paris, Amyot et Cherbulliez, 1851.
–, *Mémoires et Correspondance de Mallet du Pan,* 2 Bde., Paris, Crapelet, 1851.
Mansel, Philip, *The Court of France 1789–1830,* Cambridge, Mass., Cambridge University Press, 1988.
Marbot, Baron de, *Mémoires du Général Baron de Marbot,* 3 Bde., Paris, Plon, 1898.
Markham, Felix, *Napoleon,* London, Weidenfeld and Nicolson, 1963.
Marmont, Auguste, Frédéric, Duc de Raguse, *Mémoires,* Paris, Perrotin, 1857.
Marquiset, Alfred, *Une Merveilleuse, Fortunée Hamelin,* Paris, Honoré Champion, 1909.

Martin, Kingsley, *French Thought in the Eighteenth Century,* London, Turnstile Press, 1954.
Martineau, Gilbert, *Marie-Louise,* Paris, France-Empire, 1985.
Masson, Frédéric, *Josephine Impératrice et Reine,* Paris, Société d'Editions Littéraires et Artistiques, 1907.
–, *Joséphine répudiée,* Paris, Société d'Editions Littéraires et Artistiques, Librairie Paul Ollendorff, o. J.
–, *Joséphine de Beauharnais,* Paris, Paul Ollendorf, 1899.
–, *L'Impératrice Marie-Louise,* Paris, Société d'Editions Littéraires et Artistiques, o. J.
–, *Madame Bonaparte,* Paris, Albin Michel, o. J.
Mathiez, Albert, *La Réaction Thermidorienne,* Paris, Armand Colin, 1929.
Mavor, Elizabeth, *The Grand Tours of Katherine Wilmot France 1801–3 and Russia 1805–7,* London, Weidenfeld and Nicolson, 1992.
Meister, H., *Souvenirs de mon dernier voyage à Paris, 1795,* Zürich, Ebez, Orell, Gessner, Füssli, 1797.
Méneval J. E., Baron de, *L'impératrice Joséphine d'après les témoinages de ses principaux historiens,* Paris, C. Lévy, 1910.
Mercier, Sébastien, *Le Nouveau Tableau de Paris,* 6 Bde., Paris, Fuchs, Pougens, Cramer, o. J.
Merimée, Prosper, *Correspondance générale,* Paris, 1955.
Michelet, *Histoire de la Révolution française,* Paris, Bibliothèque de la Pléiade, 1952.
Miot de Mélito, Comte A. F., *Mémoires du Comte Miot de Mélito,* 3 Bde., Paris, Michel Levy, 1873.
Mitchell, S., *A. Family Lawsuit: The Romantic Story of Elizabeth Patterson and Jerome Bonaparte,* New York, Farrar, Straus and Cudahy, 1958.
Molé, Mathien, *Souvenirs d'un témoin 1791–1803,* Genf, Milieu du Monde, 1943.
Montgaillard, J. G. M., Rocques, Comte de, *Mémoires diplomatiques extraits des Archives du Ministère de l'Intérieur, avec introduction et notes par Clément de Lacroix,* Paris, Paul Ollendorf, 1895.
Montholon, Général Comte Jean-François-Charles-Tristan, *Récits de la captivité de l'Empereur à Sainte Hélène,* Paris, Paulin, 1847.
Morris, Gouverneur, *A Diary of the French Revolution 1789–93,* London, George G. Harrap, 1939.
Mossiker, Frances, *Napoleon and Josephine: The Biography of a Marriage,* New York, Simon and Schuster, 1964.
Mounier, Baron C. P. E., *Souvenirs,* Paris, Paul Ollendorf, 1896.
Napoleon, Joseph, *Mémoires et correspondance du roi Joseph par le Baron du Casse (1856–69).*
Nicolson, Nigel, *Napoleon 1812,* London, Weidenfeld and Nicolson, 1985.
Normand, Suzanne, *Telle fut Joséphine,* Paris, Editions de Sud, 1962.
Norvins, M. de, *Histoire de Napoléon,* Paris, A. Thoisnier-Desplaces, 1839.
Ollivier, Albert, *Le Dix-huit Brumaire,* Paris, Gallimard, 1959.
Oman, Carola, *Napoleon's Viceroy, E. de Beauharnais,* London, Hodder and Stoughton, 1966.
Orieux, Jean, *Talleyrand,* Frankfurt/M., Societäts-Verlag, 1989.

Ouvrard, G. J., *Mémoires sur sa vie,* Paris, Moutardier, 1826.
Ozouf, Mona, *La Fête révolutionnaire 1789–1799,* Paris, Gallimard, 1976.
Palewski, Gaston, *Le Miroir de Talleyrand, Lettres inédites à la Duchesse de Courlande pendant le Congrès de Vienne,* Paris, Perrin, 1976.
Palmer, Arnold, *Moveable Feasts,* London, Oxford University Press, 1952.
Papillard, François, *Cambacérès,* Paris, Hachette, 1961.
Pasquier, Chancelier, *Mémoires,* 2 Bde., Paris, Plon, 1894.
Pichevin, René, *L'Impératrice Joséphine,* Paris, P. E. Blondel-La Rougery, 1909.
Plutarch, *The Female Revolutionary,* 3 Bde., London, J. Murray, 1808.
Poniatowski, Michel, *Talleyrand aux Etats Unis, 1794–1796,* Paris, Presses de la Cité, 1967.
–, *Talleyrand et le Consulat,* Paris, Perrin, 1954.
–, *Talleyrand et le Directoire,* Paris, Académique Perrin, 1982.
Reichardt, J. F., *Un Hiver à Paris sous le Consulat,* Paris, E. Plon, Nourrit, 1896.
–, *Un Prussien en France en 1792,* Paris, Perin, 1892.
Rémusat, Madame de, *Mémoires, 1802–1808,* 3 Bde., hrsg. v. Calman Lévy, Paris, Michel Lévy, 1893.
Reubell, Jean-François, *La diplomatie du Directoire et de Bonaparte d'apres les papiers inédits de Reubell,* Paris, Bernard Nabonne, 1951.
Rheinardt, E. A., *L'Impératrice Joséphine,* Paris, Grasset, o.J.
Rice, Howard C., Jr., *Thomas Jefferson's Paris,* Princeton, NJ, Princeton University Press, 1976.
Richardson, Frank, *Napoleon, Bi-Sexual Emperor,* London, William Kimber, 1977.
Rigotard, Jean, *La Police parisienne de Napoléon,* Paris, Tallandier, 1990.
Robiquet, J., *La Vie quotidienne au temps de Napoléon,* Paris, Hachette, 1943.
Rocquain, F., *L'Esprit révolutionnaire avant la Révolution 1715–1789,* Paris, Plon, 1878.
Roederer, Comte Pierre-Louis, *Journal,* Paris, H. Daragon, 1909.
Rudé, George, *The French Revolution,* London, Weidenfeld and Nicolson, 1988.
Russell, John, *Paris,* New York, Abrams, 1983.
Saint-Amand, Imbert de, *La Citoyenne Bonaparte,* Paris, Libraire de la Société des Gens de Lettres, 1883.
Saint Bris, Gonzague, *Les Aiglons dispersés,* Paris, Jean-Claude Lattès, 1993.
Sainte-Croix de la Ronçière, G. de, *Joséphine,* Paris, Chez L'Auteur, 1934.
Saurel, Louis, *Le Jour où finit la Terreur,* Paris, Robert Laffont, 1962.
Savant, Jean, *Napoléon et Joséphine,* Paris, Club du Meilleur Livre, 1955.
–, *Cahiers,* Paris, L'Académie Nationale d'Histoire, 1972.
Schumann, Maurice, *Qui a tué le Duc d'Enghien?,* Paris, Perrin, 1984.
Sédillot, René, *Le Coût de la Révolution française,* Paris, Perrin, 1987.
Simiot, Bernard, *De quoi vivait Bonaparte,* Paris, Albin Michel, 1992.
Six, George, *Les Généraux de la Révolution et de l'Empire,* Paris, Bordas, 1947.
Soboul, A., *La Ière République,* Paris, C. Lévy, 1968.
Sorel, A., *Le couvent des Carmes pendant la Terreur,* Paris, Didier, 1864.
Staël, Germaine de, *Sur l'influence des passions sur le bonheur des hommes et des nations,* Paris, Oeuvres complètes, Treuttel et Würtz, 1820–21.
Stendhal, *Mémoires sur Napoléon,* Paris, Ancienne Honoré Champion, 1929.

Thiard, A. T. M. de, Comte de Bissy, *Souvenirs diplomatiques et militaires du Général Thiard, chambellan de Napoléon Ier*, Paris, Flammarion, 1900.
Thibaudeau, A. C., *Mémoires sur la Convention et le Directoire*, 2 Bde., Paris, Baudouin, 1824.
Thiébault, Général Paul, *Mémoires publiés sous les auspices de sa fille Mlle Claire Thiébault et d'après le manuscrit original par F. Calmettes*, Paris, 1894–1910.
Thiry, Jean, *L'Aube du Consulat*, Paris, Berger-Levrault, 1948.
Tomalin, Claire, *The Life and Death of Mary Wollstonecraft*, London, Weidenfeld and Nicolson, 1974.
Trahard, Pierre, *La Sensibilité révolutionnaire 1789–94*, Paris, Boivin, 1936.
Trotter, John Bernard, *Memoirs of the latter years of C. J. Fox*, London, Printed for Richard Phillips, 1811.
Tulard, Jean, *Napoleon oder Der Mythos des Retters*, Berlin, Ullstein, 1982.
Tulard, Jean, Hg., *Napoleon – Liebesbriefe an Joséphine*, Berlin, Ullstein, 1985.
Vandal, Albert, *L'Avènement de Bonaparte*, 2 Bde., Paris, Plon-Nourrit, 1902.
Vaudey, Madame de, *Souvenirs du Directoire et de l'Empire par Madame la Baronne de Vaudey*, Paris, Imprimerie de Cosson, 1848.
Wagener, Françoise, *Madame Récamier*, Paris, Jean-Claude Lattes, 1986.
Walpole, Horace, *Correspondence*, hrsg. v. Wilmarth S. Lewis, New Haven, Yale, 1948.
Williams, Helen Maria, *Souvenirs de la Révolution française*, Paris, Dondey Dupré, 1827.
Yalom, Marilyn, *Blood Sisters*, New York, Basic Books, 1993.
Yorke, Henry Redhead, *Paris et la France sous le Consulat*, Paris, Perrin, 1921.

Register

Kursivierte Seitenzahlen verweisen auf Bildlegenden